2011

中国第三产业统计年鉴

CHINA STATISTICAL YEARBOOK OF THE TERTIARY INDUSTRY

中 华 人 民 共 和 国 国 家 统 计 局 编
Compiled by National Bureau of Statistics of China

中国统计出版社
China Statistics Press

(京)新登字 041 号

图书在版编目（CIP）数据

中国第三产业统计年鉴．2011/中华人民共和国国家统计局编．-- 北京：中国统计出版社，2011.11
ISBN 978-7-5037-6414-1

Ⅰ．①中… Ⅱ．①中… Ⅲ．①第三产业－经济统计－统计资料－中国－2011－年鉴 Ⅳ．①F719-54

中国版本图书馆 CIP 数据核字(2011)第 221643 号

中国第三产业统计年鉴-2011

作　　者/中华人民共和国国家统计局
责任编辑/佘竞雄　高媛媛
封面设计/杨　超
出版发行/中国统计出版社
通信地址/北京市西城区月坛南街 57 号
邮政编码/100826
办公地址/北京市丰台区西三环南路甲 6 号
网　　址/www.stats.gov.cn/tjshujia
电　　话/邮购（010）63376907　书店（010）68783172
印　　刷/河北天普润印刷厂
经　　销/新华书店
开　　本/880×1230 毫米　1/16
字　　数/1320 千字
印　　张/42.5
版　　别/2011 年 11 月第 1 版
版　　次/2011 年 11 月第 1 次印刷
书　　号/ISBN 978-7-5037-6414-1/F·3067
定　　价/320.00 元

《中国第三产业统计年鉴—2011》

编委会和编辑出版人员

编者说明

一、《中国第三产业统计年鉴—2011》收录了全国和各省、自治区、直辖市2010年第三产业方面的统计数据以及部分历史数据，是一部反映中华人民共和国第三产业发展情况的资料性年刊。

二、本年鉴正文内容分为7个篇章：1.第三产业单位数和人员数；2.第三产业增加值；3.第三产业固定资产投资；4.第三产业部分行业主要财务指标；5.第三产业部分行业主要业务指标；6.第三产业复合性行业情况；7.港澳台第三产业情况。同时附录一个篇章：世界及主要国家第三产业主要统计资料。各篇章前设有《简要说明》，对本篇章的主要内容、资料来源、统计范围、统计方法以及历史变动情况予以简要概述，篇末附有《主要统计指标解释》。

三、本年鉴所涉及的全国性统计数据，除森林面积和森林覆盖率外，均未包括香港、澳门特别行政区和台湾省数据。

四、香港、澳门特别行政区的统计是构成国家统计总体的一部分。但根据中华人民共和国"香港特别行政区基本法"和"澳门特别行政区基本法"的有关原则，香港、澳门与内地是相对独立的统计区域，根据各自不同的统计制度和法律规定，独立进行统计工作。本年鉴中香港、澳门特别行政区统计资料分别由香港特别行政区政府统计处、澳门特别行政区政府统计暨普查局提供，国家统计局国际统计信息中心负责整理、编辑。

五、台湾省数据来自台湾省行政院主计处统计资料，国家统计局国际统计信息中心负责整理、编辑。

六、与2010年版《中国第三产业统计年鉴》相比较，本年鉴内容主要做了如下修订：将"第三产业部分行业主要财务指标"篇中的原"其他服务业"拆分为"电信"和"部分服务业"；对"第三产业部分行业主要业务指标"篇中的"卫生、社会保障和社会福利业"和"文化、体育和娱乐业"的有关统计资料进行了充实；在"第三产业单位数和人员数"篇，根据第六次人口普查数据对2001年及以后年份的数据进行了重新修订。

七、本年鉴中凡未注明年份的数据，均指2010年的数据。

八、本年鉴所使用的度量衡单位，均采用国际统一标准计量单位。

九、本年鉴中部分数据合计数或相对数由于单位取舍不同而产生的计算误差，均未做机械调整。

十、符号使用说明：年鉴各表中的"空格"表示该项统计指标数据不足本表最小单位数、数据不详或无该项数据；"#"表示其中的主要项。港澳台部分的符号使用方法具体见其篇章说明。

目录

一、第三产业单位数和人员数

二、第三产业增加值

三、第三产业固定资产投资

四、第三产业部分行业主要财务指标

五、第三产业部分行业主要业务指标

5-13　**文化、体育和娱乐业**

六、第三产业复合性行业情况

七、港澳台第三产业情况

附录一、世界及主要国家第三产业主要统计资料

1 第三产业单位数和人员数

简要说明

一、主要内容

本篇单位数统计资料通过对一定时期第三产业法人单位数量上的描述，反映报告期内第三产业法人单位的数量变化。

就业基本情况主要包括经济活动人口、就业人员、私营企业和个体就业人数等。

二、统计范围与统计口径

第三产业基本单位统计范围包括：我国境内从事社会经济第三产业活动的法人单位，未包括香港、澳门特别行政区和台湾省。

《劳动统计报表制度》的调查范围为法人企业、事业、行政单位（不包括乡镇企业、私营企业和个体工商户）；《人口变动情况抽样调查方案》的调查范围为全国人口，本篇资料的统计范围为16岁及以上人口；《乡村社会经济调查方案》的调查范围为全国乡镇以下农村地区；《培训、就业统计报表制度》的调查范围为全国的城镇人口；私营企业及个体工商户统计范围为全社会。1990年及以后的经济活动人口、就业人员数据根据劳动力调查、人口普查推算，2001年及以后数据根据第六次人口普查数据重新修订，因此，与相应年份的分地区、分类型、分行业的资料相加不等于总计。1998年及以后城镇单位就业人员等指标中不再包括离开本单位仍保留劳动关系的职工。

三、资料来源

1.第三产业基本单位统计2004年和2008年的数据，来源于第一次和第二次全国经济普查数据，其余年份来源于基本单位统计数据。

2.就业基本情况资料，是国家统计局人口和就业统计司根据《劳动统计报表制度》、《人口变动情况抽样调查方案》、《劳动力调查制度》及《乡村社会经济调查方案》搜集资料，加工整理。

3.私营企业及个体工商业就业人员，由国家工商行政管理总局提供。

1-1　第三产业法人单位数及所占比重

单位：个

年　份	全部法人单位数	第一产业	第二产业	第三产业	比重(%)
1997	4344278	65307	1492302	2786669	64.1
1998	4417508	59692	1567816	2790000	63.2
1999	4221995	57177	1442405	2722413	64.5
2000	4366141	57542	1500106	2808493	64.3
2001	5107015	59104	1467937	3579974	70.1
2002	5170852	59522	1492241	3619089	70.0
2003	5214144	156033	1537037	3521074	67.5
2004	5169036	1835	1579340	3587861	69.4
2005	5647823	68800	1733605	3845418	68.1
2006	6068912	78205	1889475	4101232	67.6
2007	6495064	98546	2039702	4356816	67.1
2008	7098765	2023	2200376	4896366	69.0
2009	8003868	184764	2386389	5432715	67.9
2010	8754588	242429	2568818	5943341	67.9

注：2004年和2008年第一产业法人单位数为兼营第二、三产业的第一产业法人单位。

1-2 第三产业分行业法人单位数

单位：个

行　　业	2005	2006	2007	2008	2009	2010
第三产业总计	**3845418**	**4101232**	**4356816**	**4896366**	**5432715**	**5943341**
交通运输、仓储和邮政业	**91565**	**104635**	**117228**	**157589**	**175914**	**195829**
铁路运输业	**334**	**548**	**714**	**440**	**698**	**1022**
道路运输业	41340	47412	53673	73202	82287	92605
城市公共交通业	6253	6547	6840	7689	8156	8375
水上运输业	5853	6391	6984	8009	8770	9365
航空运输业	627	857	1034	808	942	1081
管道运输业	53	60	77	85	122	156
装卸搬运和其他运输服务业	22757	26847	30489	44661	49326	54039
仓储业	11799	12864	13943	18207	19814	20926
邮政业	2549	3109	3474	4488	5799	8260
信息传输、计算机服务和软件业	**85499**	**100614**	**115101**	**153290**	**176326**	**191182**
电信和其他信息传输服务业	15651	18645	22224	22590	28423	32354
计算机服务业	43813	50279	56019	90843	99514	103803
软件业	26035	31690	36858	39857	48389	55025
批发和零售业	**994953**	**1122489**	**1246042**	**1403141**	**1670315**	**1965118**
批发业	599766	684812	767147	854007	1027725	1226014
零售业	395187	437677	478895	549134	642590	739104
住宿和餐饮业	**101853**	**109892**	**118173**	**145297**	**154895**	**164762**
住宿业	41951	44175	46826	54316	57385	60089
餐饮业	59902	65717	71347	90981	97510	104673
金融业	**26828**	**29201**	**31815**	**28668**	**36907**	**45512**
银行业	17156	16850	16541	7706	9242	10822
证券业	1270	1471	1644	1116	1437	1864
保险业	4573	5619	6747	9146	10580	11687
其他金融活动	3829	5261	6883	10700	15648	21139
房地产业	**148059**	**165865**	**187444**	**214391**	**244043**	**284726**
房地产业	148059	165865	187444	214391	244043	284726
租赁和商务服务业	**291498**	**331904**	**368763**	**427001**	**511666**	**590478**
租赁业	10890	12949	14829	18330	23202	27835
商务服务业	280608	318955	353934	408671	488464	562643
科学研究、技术服务和地质勘查业	**153076**	**166240**	**176677**	**201689**	**233221**	**256865**
研究与试验发展	16668	18900	20460	21317	26573	31316
专业技术服务业	75294	81584	87374	99966	111782	122314
科技交流和推广服务业	58487	62911	65722	76591	90652	98795
地质勘查业	2627	2845	3121	3815	4214	4440
水利、环境和公共设施管理业	**46847**	**48811**	**50953**	**57553**	**61740**	**64794**
水利管理业	18922	18844	19022	20827	21220	21327
环境管理业	10523	11145	11862	12801	13945	14790
公共设施管理业	17402	18822	20069	23925	26575	28677
居民服务和其他服务业	**93947**	**102228**	**110525**	**120467**	**141936**	**158152**
居民服务业	46149	50349	53493	61339	68079	71728
其他服务业	47798	51879	57032	59128	73857	86424
教育	**305446**	**308760**	**312339**	**335065**	**342003**	**342408**
教育	305446	308760	312339	335065	342003	342408
卫生、社会保障和社会福利业	**183760**	**185014**	**187376**	**206480**	**209016**	**205778**
卫生	156998	157828	159362	171449	172838	169189
社会保障业	9135	9381	9688	11428	11784	11838
社会福利业	17627	17805	18326	23603	24394	24751
文化、体育和娱乐业	**69490**	**72873**	**76430**	**81878**	**90891**	**95633**
新闻出版业	5291	5460	5607	6278	6733	6943
广播、电视、电影和音像业	14539	14769	15139	13481	14432	15049
文化艺术业	29742	30970	32253	33830	37948	39803
体育	6022	6322	6581	7405	8262	8637
娱乐业	13896	15352	16850	20884	23516	25201
公共管理和社会组织	**1252597**	**1252706**	**1257950**	**1363857**	**1383842**	**1382104**
中国共产党机关	40137	39835	39829	39846	40062	39702
国家机构	334091	335246	338413	396222	399955	399140
人民政协和民主党派	5684	5670	5689	6209	6234	6217
群众团体、社会团体和宗教组织	149582	156823	163156	234644	247353	249577
基层群众自治组织	723103	715132	710863	686936	690238	687468

注：2008年铁路运输业单位数只包括铁路系统从事第二、三产业活动的企业和单位。

1-3 各地区第三产业法人单位数

单位：个

地区	2000	2001	2002	2003	2004	2005	2006	2007	2008	2009	2010
全国	**2808493**	**3579974**	**3619089**	**3521074**	**3587861**	**3845418**	**4101232**	**4356816**	**4896366**	**5432715**	**5943341**
北京	72207	202002	207162	151226	183368	245878	263513	269987	229389	326070	333119
天津	42081	60395	61104	66880	59579	60468	64945	73215	98185	99464	115642
河北	114873	156140	156153	154289	140691	149265	157775	164897	186396	214124	226856
山西	79904	91855	92336	89922	99336	106664	115662	123459	125381	136363	142929
内蒙古	61310	59696	59054	58417	57395	62495	66923	72388	89959	98756	105566
辽宁	119629	147232	149862	144846	141357	152738	165102	178286	210793	227113	242397
吉林	57686	68262	68323	66481	61408	64075	66135	68672	92475	95522	85508
黑龙江	72264	83485	83489	81502	77727	82706	86166	89162	111957	121344	130178
上海	233730	180807	203108	204896	266168	262116	265885	269674	260136	259954	289813
江苏	150665	220727	222771	217095	216449	240130	267939	292981	336147	386037	479293
浙江	133962	195252	198958	205903	206307	221409	239312	265194	298851	328369	364092
安徽	110434	131746	131778	131360	114906	125930	130233	135710	138043	150844	162753
福建	72870	97503	98031	95263	108706	117178	127690	140569	156314	178045	201768
江西	72368	105370	104045	97917	80243	87722	85933	88429	102964	113261	124181
山东	194980	232950	231842	228752	237085	257960	284328	304705	397970	441614	505592
河南	129906	174134	174131	171382	177069	180643	190390	198698	227803	241904	249744
湖北	95940	126512	126131	118558	123618	129609	139130	153270	218863	241083	253804
湖南	107456	130696	130527	127247	131927	133148	137102	139855	184994	194537	209186
广东	194386	247502	250094	261554	279006	303434	337402	373128	401828	459624	522154
广西	72750	102736	102550	97838	99826	104380	110849	118180	127997	147604	166446
海南	14556	25326	27692	27653	20257	21287	22308	23796	24778	25822	30322
重庆	57432	68270	68551	64708	61434	66188	75490	82382	99975	108699	121050
四川	161031	207371	208938	213585	204461	214587	227621	235118	242396	256626	267267
贵州	63545	73571	73318	67566	65075	68906	72624	75697	78319	83325	88095
云南	61866	78991	78908	74674	74850	76833	79024	84756	98542	114897	130783
西藏	435	15033	15062	14505	12621	12617	12912	13053	14582	14940	15244
陕西	147952	131470	130627	125781	123319	125244	128793	132944	141049	156630	160258
甘肃	42012	69803	69729	68249	71341	72333	73158	75899	79055	83061	87505
青海	16861	17939	17803	17247	17918	18479	18924	19533	20686	21533	22915
宁夏	8964	20118	20133	19299	18806	21402	23466	25353	23903	26354	28000
新疆	44438	57080	56879	56479	55608	59594	64498	67826	76636	79196	80881

1-4 各地区第三产业法人单位数及所占比重

单位：个

地 区	全部法人单位数	第一产业	第二产业	第三产业	
					比重(%)
全 国	**8754588**	**242429**	**2568818**	**5943341**	**67.9**
北 京	384525	3133	48273	333119	86.6
天 津	168535	1803	51090	115642	68.6
河 北	345762	11789	107117	226856	65.6
山 西	205152	23340	38883	142929	69.7
内蒙古	138466	5740	27160	105566	76.2
辽 宁	369014	11026	115591	242397	65.7
吉 林	118001	4242	28251	85508	72.5
黑龙江	175798	4250	41370	130178	74.0
上 海	399549	2815	106921	289813	72.5
江 苏	862205	15525	367387	479293	55.6
浙 江	685493	21038	300363	364092	53.1
安 徽	242591	5435	74403	162753	67.1
福 建	307811	11042	95001	201768	65.5
江 西	184559	6774	53604	124181	67.3
山 东	773550	16083	251875	505592	65.4
河 南	400721	14315	136662	249744	62.3
湖 北	345826	7392	84630	253804	73.4
湖 南	297153	7708	80259	209186	70.4
广 东	802824	9650	271020	522154	65.0
广 西	204970	4486	34038	166446	81.2
海 南	37648	1588	5738	30322	80.5
重 庆	177894	13097	43747	121050	68.0
四 川	353042	11580	74195	267267	75.7
贵 州	110274	3365	18814	88095	79.9
云 南	170893	10133	29977	130783	76.5
西 藏	16218	26	948	15244	94.0
陕 西	206664	6238	40168	160258	77.5
甘 肃	108433	3425	17503	87505	80.7
青 海	28326	1159	4252	22915	80.9
宁 夏	35963	1390	6573	28000	77.9
新 疆	96728	2842	13005	80881	83.6

1-5 交通运输、仓储和邮政业按地区分组的法人单位数

单位：个

地区	法人单位数(2010年)	#多产业法人单位	法人单位数(2009年)	#多产业法人单位
全国	**195829**	**9294**	**175914**	**8896**
北京	7755	438	7715	541
天津	7347	156	6435	159
河北	6529	153	6122	131
山西	4101	178	3560	164
内蒙古	3758	180	3525	178
辽宁	10230	305	9603	286
吉林	2562	70	2979	75
黑龙江	3811	149	3460	143
上海	14411	889	13410	765
江苏	18907	434	15236	405
浙江	12628	826	11331	831
安徽	6140	306	5747	299
福建	7383	349	6582	327
江西	4873	155	4021	134
山东	17174	328	14790	314
河南	5785	139	5422	144
湖北	7489	323	7032	307
湖南	4317	154	3972	146
广东	20038	1547	17231	1454
广西	4634	393	3929	371
海南	772	67	666	66
重庆	4527	349	4149	298
四川	6821	424	6420	422
贵州	1586	117	1397	114
云南	3178	268	2635	234
西藏	175	25	168	25
陕西	3756	167	3635	164
甘肃	1614	124	1460	125
青海	471	64	432	62
宁夏	615	35	531	34
新疆	2442	182	2319	178

1-6 信息传输、计算机服务和软件业按地区分组的法人单位数

单位：个

地 区	法人单位数(2010年)	#多产业法人单位	法人单位数(2009年)	#多产业法人单位
全 国	**191182**	**4830**	**176326**	**4847**
北 京	20878	736	20987	944
天 津	2314	32	2072	35
河 北	4875	81	4773	74
山 西	2770	87	3088	80
内蒙古	2009	83	1913	83
辽 宁	8721	145	7777	131
吉 林	1684	66	1837	70
黑龙江	3007	91	2690	89
上 海	12051	491	10989	431
江 苏	16029	220	13174	204
浙 江	14967	299	13166	285
安 徽	5499	78	5427	69
福 建	6537	125	5775	114
江 西	1884	74	1711	71
山 东	15138	193	12911	189
河 南	5266	73	5001	72
湖 北	7071	135	7043	135
湖 南	8381	89	7725	80
广 东	18622	803	16479	764
广 西	5997	123	5610	133
海 南	913	19	792	19
重 庆	4051	148	3668	150
四 川	9162	177	8802	175
贵 州	2051	51	1889	50
云 南	3719	103	3278	93
西 藏	158	23	157	22
陕 西	3264	64	3600	71
甘 肃	1035	58	922	61
青 海	403	37	383	36
宁 夏	697	25	677	21
新 疆	2029	101	2010	96

1-7 批发和零售业按地区分组的法人单位数

单位：个

地 区	法人单位数(2010年)	#多产业法人单位	法人单位数(2009年)	#多产业法人单位
全 国	**1965118**	**67087**	**1670315**	**65353**
北 京	116396	5622	113263	6707
天 津	51763	797	43702	783
河 北	72724	1617	64573	1526
山 西	39691	1909	35126	1811
内蒙古	31565	930	27710	862
辽 宁	88875	1677	80425	1561
吉 林	25303	365	31202	405
黑龙江	43777	1263	39512	1261
上 海	130212	7456	116462	6853
江 苏	224964	5289	169042	5324
浙 江	133480	6294	112898	6172
安 徽	46945	1885	37307	1805
福 建	66702	2649	53092	2383
江 西	25660	562	20410	526
山 东	194517	2667	154520	2605
河 南	58769	1775	54469	1772
湖 北	80274	2030	68643	1912
湖 南	40943	651	32058	582
广 东	205711	7806	172071	7384
广 西	42383	3040	33174	2843
海 南	7622	356	6011	334
重 庆	37348	1964	31087	1733
四 川	51501	2382	46364	2372
贵 州	15592	841	13607	799
云 南	39075	1950	30430	1785
西 藏	923	68	886	67
陕 西	40581	836	35657	771
甘 肃	19036	881	16361	893
青 海	4080	228	3421	222
宁 夏	8001	230	6994	210
新 疆	20705	1067	19838	1090

1-8 住宿和餐饮业按地区分组的法人单位数

单位：个

地 区	法人单位数(2010年)	#多产业法人单位	法人单位数(2009年)	#多产业法人单位
全 国	**164762**	**7167**	**154895**	**7058**
北 京	12897	1034	13195	1165
天 津	3231	97	2950	100
河 北	4178	107	4372	122
山 西	3310	111	3183	107
内蒙古	3452	125	3250	113
辽 宁	6016	179	5989	160
吉 林	1738	32	2413	35
黑龙江	2983	68	2334	69
上 海	10687	692	9464	601
江 苏	10176	385	9012	351
浙 江	7549	1088	6958	1126
安 徽	4453	197	4355	185
福 建	5055	192	4347	161
江 西	3145	42	3243	35
山 东	16745	234	14021	244
河 南	8240	186	9212	193
湖 北	7576	189	7794	189
湖 南	7331	80	6707	78
广 东	16105	862	14257	815
广 西	2764	166	2378	146
海 南	1371	65	1066	56
重 庆	4795	242	4407	215
四 川	6726	277	6060	276
贵 州	1542	34	1366	35
云 南	3044	167	2672	166
西 藏	303	5	294	4
陕 西	4909	92	5488	94
甘 肃	2150	102	1943	107
青 海	595	28	550	27
宁 夏	644	16	561	15
新 疆	1052	73	1054	68

1-9 金融业按地区分组的法人单位数

单位：个

地 区	法人单位数(2010年)	#多产业法人单位	法人单位数(2009年)	#多产业法人单位
全 国	**45512**	**11515**	**36907**	**11359**
北 京	1298	187	1159	237
天 津	884	252	702	254
河 北	1669	459	1443	435
山 西	1257	358	993	343
内蒙古	1606	368	1345	362
辽 宁	2055	493	1735	483
吉 林	838	267	744	270
黑龙江	1244	360	1111	358
上 海	920	222	817	210
江 苏	4190	573	2763	560
浙 江	2484	646	2168	629
安 徽	1979	421	1524	413
福 建	2596	379	1963	365
江 西	1132	340	913	331
山 东	3901	710	2588	705
河 南	1694	517	1466	513
湖 北	1457	421	1330	408
湖 南	1223	425	1040	427
广 东	3207	889	2625	871
广 西	1249	374	938	367
海 南	245	65	211	61
重 庆	1169	328	1053	316
四 川	1842	625	1687	624
贵 州	759	240	647	237
云 南	1541	449	1158	431
西 藏	115	65	109	64
陕 西	1104	345	1018	352
甘 肃	677	283	583	283
青 海	213	88	186	88
宁 夏	281	71	241	70
新 疆	683	295	647	292

1-10 房地产业按地区分组的法人单位数

单位：个

地　区	法人单位数(2010年)	#多产业法人单位	法人单位数(2009年)	#多产业法人单位
全　国	**284726**	**12205**	**244043**	**11404**
北　京	14162	1210	13935	1392
天　津	4735	241	4303	236
河　北	9066	199	7165	166
山　西	4988	148	4286	124
内蒙古	5322	67	4500	54
辽　宁	13737	314	12424	301
吉　林	3593	26	3537	21
黑龙江	5839	164	4940	168
上　海	13537	853	12128	770
江　苏	23761	802	18651	725
浙　江	16748	1166	14531	1141
安　徽	9396	335	7977	292
福　建	10014	590	8672	555
江　西	6077	100	4843	74
山　东	20209	266	16263	256
河　南	9330	68	7985	54
湖　北	12569	410	11468	328
湖　南	8182	68	6946	57
广　东	37573	2818	32983	2645
广　西	9014	388	7084	346
海　南	4022	94	2879	82
重　庆	7133	557	6024	435
四　川	10329	507	9358	481
贵　州	4614	133	4046	127
云　南	6826	291	5174	226
西　藏	102		106	
陕　西	6346	90	5112	73
甘　肃	2635	71	2268	70
青　海	856	39	741	41
宁　夏	1006	22	886	16
新　疆	3005	168	2828	148

1-11 租赁和商务服务业按地区分组的法人单位数

单位：个

地区	法人单位数(2010年)	#多产业法人单位	法人单位数(2009年)	#多产业法人单位
全国	**590478**	**13479**	**511666**	**12940**
北京	71741	1460	69420	1945
天津	14482	177	11299	170
河北	11434	241	10000	214
山西	8404	291	7580	275
内蒙古	7531	149	6963	135
辽宁	24503	341	22526	286
吉林	6094	58	6655	65
黑龙江	10152	191	9124	184
上海	50753	1579	43880	1402
江苏	51979	851	38185	743
浙江	50294	1350	43411	1286
安徽	12280	261	10574	235
福建	20864	484	17485	405
江西	7406	128	5704	103
山东	39873	410	32470	382
河南	13289	134	11949	125
湖北	20117	324	18029	297
湖南	11022	199	9379	162
广东	72830	2708	63854	2581
广西	15392	543	12964	489
海南	3636	105	2872	99
重庆	12963	273	10629	199
四川	17363	364	15702	357
贵州	5001	113	4420	115
云南	10324	282	8281	248
西藏	251	2	238	2
陕西	9141	109	7451	94
甘肃	3577	107	3240	110
青海	1075	47	978	43
宁夏	1696	23	1553	22
新疆	5011	175	4851	167

1-12 科学研究、技术服务和地质勘查业按地区分组的法人单位数

单位：个

地　区	法人单位数 (2010年)	#多产业法人单位	法人单位数 (2009年)	#多产业法人单位
全　国	**256865**	**7240**	**233221**	**7122**
北　京	33970	725	32508	995
天　津	7525	86	5859	83
河　北	5432	99	5053	101
山　西	4502	129	4309	117
内蒙古	3971	84	3837	78
辽　宁	12685	156	11819	157
吉　林	4026	48	4355	47
黑龙江	6083	162	5670	162
上　海	17544	460	15096	397
江　苏	17746	333	14409	294
浙　江	16517	622	14259	570
安　徽	5453	179	4822	172
福　建	7901	311	7175	269
江　西	3999	101	3653	96
山　东	14485	180	13020	168
河　南	6207	89	5648	79
湖　北	11958	328	11242	320
湖　南	7042	199	6768	187
广　东	23373	935	20148	861
广　西	8397	543	7627	524
海　南	1178	72	1004	67
重　庆	4026	162	3739	153
四　川	11184	301	10808	293
贵　州	3213	89	3063	90
云　南	5710	381	5222	372
西　藏	169	16	164	16
陕　西	5433	105	5055	105
甘　肃	2172	113	2095	116
青　海	915	52	864	50
宁　夏	716	25	684	26
新　疆	3333	155	3246	157

1-13 水利、环境和公共设施管理业按地区分组的法人单位数

单位：个

地区	法人单位数（2010年）	#多产业法人单位	法人单位数（2009年）	#多产业法人单位
全国	**64794**	**2548**	**61740**	**2533**
北京	2398	69	2323	78
天津	1202	35	1074	36
河北	1877	58	1786	55
山西	1968	71	1863	68
内蒙古	1724	74	1676	75
辽宁	2944	63	2788	66
吉林	1254	23	1303	23
黑龙江	1594	73	1563	72
上海	1994	52	1931	43
江苏	5610	102	5175	97
浙江	4024	188	3826	189
安徽	1891	137	1781	140
福建	2334	94	2128	88
江西	1668	55	1532	53
山东	3683	127	3442	125
河南	2406	51	2352	49
湖北	3794	171	3860	180
湖南	2896	110	2813	110
广东	4649	216	4323	207
广西	2376	128	2227	126
海南	311	17	296	20
重庆	1504	76	1337	75
四川	3239	113	3150	108
贵州	1119	39	1075	38
云南	1926	113	1816	114
西藏	40	3	39	3
陕西	2037	47	1988	49
甘肃	877	112	847	112
青海	304	11	286	12
宁夏	263	18	257	18
新疆	888	102	883	104

1-14 居民服务业和其他服务业按地区分组的法人单位数

单位：个

地区	法人单位数(2010年)	#多产业法人单位	法人单位数(2009年)	#多产业法人单位
全国	**158152**	**3788**	**141936**	**3710**
北京	14613	632	14974	745
天津	6236	99	5547	94
河北	4331	86	3867	76
山西	3592	90	3239	88
内蒙古	2350	51	2022	47
辽宁	6686	77	6221	75
吉林	1914	10	2257	17
黑龙江	3426	50	3298	48
上海	13036	495	12303	470
江苏	13907	199	10283	185
浙江	7194	295	6330	294
安徽	3269	83	3089	73
福建	4856	144	4210	134
江西	3047	25	2394	22
山东	13944	131	11342	127
河南	4445	51	4227	47
湖北	7963	111	7722	91
湖南	5317	30	4976	31
广东	15975	588	14123	549
广西	2666	97	2152	87
海南	645	19	529	18
重庆	3408	104	2862	84
四川	4091	85	3834	84
贵州	1623	27	1417	24
云南	2407	74	2033	68
西藏	108	3	101	3
陕西	3368	34	3229	32
甘肃	1502	41	1305	42
青海	297	9	250	9
宁夏	527	7	451	6
新疆	1409	41	1349	40

1-15 教育按地区分组的法人单位数

单位：个

地 区	法人单位数(2010年)	#多产业法人单位	法人单位数(2009年)	#多产业法人单位
全 国	**342408**	**32400**	**342003**	**33176**
北 京	8192	253	8220	312
天 津	3233	254	3132	268
河 北	19003	1142	19059	1150
山 西	8762	1095	9144	1092
内蒙古	5491	342	5435	341
辽 宁	11459	1052	11668	1057
吉 林	5258	655	5699	670
黑龙江	7682	703	7558	703
上 海	5590	120	5244	115
江 苏	15415	848	14801	858
浙 江	16018	926	15997	1031
安 徽	13065	1627	13346	1642
福 建	11898	1041	11694	1039
江 西	9741	1361	10018	1362
山 东	20774	2017	20607	2027
河 南	22900	2010	22752	2007
湖 北	16426	2229	16918	2475
湖 南	14810	2115	14723	2118
广 东	30779	1410	29967	1398
广 西	17126	1211	16776	1211
海 南	2139	240	2113	241
重 庆	7761	1606	7612	1765
四 川	19749	2664	19612	2720
贵 州	9592	1308	9520	1309
云 南	7618	1373	7424	1387
西 藏	1040	272	1039	272
陕 西	13871	887	15030	944
甘 肃	9123	846	9047	847
青 海	1236	218	1220	239
宁 夏	1391	164	1379	163
新 疆	5266	411	5249	413

1-16 卫生、社会保障和社会福利业按地区分组的法人单位数

单位：个

地区	法人单位数(2010年)	#多产业法人单位	法人单位数(2009年)	#多产业法人单位
全国	**205778**	**13695**	**209016**	**13844**
北京	3044	210	3014	224
天津	1406	205	1360	205
河北	7170	309	7237	310
山西	5124	452	5369	459
内蒙古	4479	255	4436	256
辽宁	10128	334	10201	334
吉林	3278	127	3620	134
黑龙江	4831	502	4793	502
上海	2685	88	2491	86
江苏	10020	974	9796	973
浙江	6922	872	7206	949
安徽	6077	817	7124	772
福建	6161	378	6084	368
江西	7984	363	7554	366
山东	15810	1260	15714	1263
河南	26174	224	26115	223
湖北	10984	1082	12176	1150
湖南	8274	756	8255	759
广东	8949	871	8587	870
广西	6445	395	6363	393
海南	770	20	761	20
重庆	5897	588	5880	600
四川	14227	579	14283	581
贵州	3988	313	3910	314
云南	4332	844	4252	846
西藏	504	25	504	25
陕西	12415	232	14267	240
甘肃	3497	304	3479	305
青海	769	94	761	95
宁夏	803	45	801	45
新疆	2631	177	2623	177

1-17 文化、体育和娱乐业按地区分组的法人单位数

单位：个

地 区	法人单位数(2010年)	#多产业法人单位	法人单位数(2009年)	#多产业法人单位
全 国	**95633**	**2521**	**90891**	**2560**
北 京	11762	284	11456	352
天 津	1428	54	1233	56
河 北	2272	56	2207	55
山 西	2579	82	2463	81
内蒙古	1801	33	1744	30
辽 宁	3782	62	3660	67
吉 林	1572	22	1793	23
黑龙江	1793	54	1760	56
上 海	4166	143	3810	134
江 苏	6312	105	5518	98
浙 江	5274	182	5016	189
安 徽	2280	63	2336	59
福 建	3829	125	3503	119
江 西	2303	34	2145	35
山 东	4992	108	4559	108
河 南	3750	51	3629	52
湖 北	4486	131	4476	127
湖 南	4199	68	4028	67
广 东	7010	292	6367	282
广 西	3005	104	2795	101
海 南	662	24	588	25
重 庆	2128	63	2050	59
四 川	4394	106	4245	108
贵 州	1480	19	1428	20
云 南	2561	90	2381	86
西 藏	169		163	
陕 西	2554	35	2542	39
甘 肃	1226	48	1168	51
青 海	394	20	380	20
宁 夏	329	13	324	12
新 疆	1141	50	1124	49

1-18 公共管理和社会组织按地区分组的法人单位数

单位：个

地区	法人单位数(2010年)	#多产业法人单位	法人单位数(2009年)	#多产业法人单位
全国	**1382104**	**149497**	**1383842**	**151625**
北京	14013	1089	13901	1139
天津	9856	515	9796	522
河北	76296	4763	76467	4949
山西	51881	12963	52160	12959
内蒙古	30507	3076	30400	3079
辽宁	40576	3452	40277	3629
吉林	26394	1568	27128	1762
黑龙江	33956	4213	33531	4230
上海	12227	328	11929	325
江苏	60277	2821	59992	2838
浙江	69993	2463	71272	2601
安徽	44026	6330	45435	6106
福建	45638	10738	45335	10738
江西	45262	4236	45120	4232
山东	124347	12036	125367	12314
河南	81489	5009	81677	5004
湖北	61640	11235	63350	11906
湖南	85249	7561	85147	7568
广东	57333	8642	56609	8643
广西	44998	6779	43587	6764
海南	6036	583	6034	583
重庆	24340	2840	24202	3199
四川	106639	8365	106301	8385
贵州	35935	2972	35540	3077
云南	38522	5910	38141	5919
西藏	11187	643	10972	646
陕西	51479	8569	52558	8683
甘肃	38384	5203	38343	5224
青海	11307	1370	11081	1373
宁夏	11031	673	11015	671
新疆	31286	2552	31175	2558

1-19 第三产业按行业、东中西部以及东北地区分组的法人单位数

单位：个

行业	法人单位数	东部地区	中部地区	西部地区	东北地区
第三产业总计	**5943341**	**3068651**	**1142597**	**1274010**	**458083**
交通运输、仓储和邮政业	**195829**	**112944**	**32705**	**33577**	**16603**
铁路运输业	1022	429	252	261	80
道路运输业	92605	46733	18648	19333	7891
城市公共交通业	8375	3132	2072	2113	1058
水上运输业	9365	5864	1868	1212	421
航空运输业	1081	495	141	316	129
管道运输业	156	74	33	32	17
装卸搬运和其他运输服务业	54039	38683	5111	5979	4266
仓储业	20926	12031	3557	3126	2212
邮政业	8260	5503	1023	1205	529
信息传输、计算机服务和软件业	**191182**	**112324**	**30871**	**34575**	**13412**
电信和其他信息传输服务业	32354	16441	5581	7457	2875
计算机服务业	103803	55348	21014	21956	5485
软件业	55025	40535	4276	5162	5052
批发和零售业	**1965118**	**1204091**	**292282**	**310790**	**157955**
批发业	1226014	801881	152510	173444	98179
零售业	739104	402210	139772	137346	59776
住宿和餐饮业	**164762**	**87994**	**34055**	**31976**	**10737**
住宿业	60089	28812	12655	14507	4115
餐饮业	104673	59182	21400	17469	6622
金融业	**45512**	**21394**	**8742**	**11239**	**4137**
银行业	10822	3810	2272	3672	1068
证券业	1864	1059	366	311	128
保险业	11687	5444	2471	2624	1148
其他金融活动	21139	11081	3633	4632	1793
房地产业	**284726**	**153827**	**50542**	**57188**	**23169**
房地产业	284726	153827	50542	57188	23169
租赁和商务服务业	**590478**	**387886**	**72518**	**89325**	**40749**
租赁业	27835	15581	3957	6467	1830
商务服务业	562643	372305	68561	82858	38919
科学研究、技术服务和地质勘查业	**256865**	**145671**	**39161**	**49239**	**22794**
研究与试验发展	31316	19610	4201	4015	3490
专业技术服务业	122314	70180	18968	22655	10511
科技交流和推广服务业	98795	54551	15188	20757	8299
地质勘查业	4440	1330	804	1812	494
水利、环境和公共设施管理业	**64794**	**28082**	**14623**	**16297**	**5792**
水利管理业	21327	6454	5782	7062	2029
环境管理业	14790	6638	3060	3741	1351
公共设施管理业	28677	14990	5781	5494	2412
居民服务和其他服务业	**158152**	**94737**	**27633**	**23756**	**12026**
居民服务业	71728	41099	13609	10566	6454
其他服务业	86424	53638	14024	13190	5572
教育	**342408**	**133041**	**85704**	**99264**	**24399**
教育	342408	133041	85704	99264	24399
卫生、社会保障和社会福利业	**205778**	**62937**	**64617**	**59987**	**18237**
卫生	169189	49882	55438	49819	14050
社会保障业	11838	3440	2951	4426	1021
社会福利业	24751	9615	6228	5742	3166
文化、体育和娱乐业	**95633**	**47707**	**19597**	**21182**	**7147**
新闻出版业	6943	3654	1306	1378	605
广播、电视、电影和音像业	15049	6477	3333	4044	1195
文化艺术业	39803	18235	8849	9748	2971
体育	8637	4774	1452	1648	763
娱乐业	25201	14567	4657	4364	1613
公共管理和社会组织	**1382104**	**476016**	**369547**	**435615**	**100926**
中国共产党机关	39702	9873	10204	15938	3687
国家机构	399140	115238	108549	136408	38945
人民政协和民主党派	6217	2053	1468	2102	594
群众团体、社会团体和宗教组织	249577	92878	53428	84539	18732
基层群众自治组织	687468	255974	195898	196628	38968

注：东部地区包括北京、天津、河北、上海、江苏、浙江、福建、山东、广东、海南；中部地区包括山西、安徽、江西、河南、湖北、湖南；西部地区包括内蒙古、广西、重庆、四川、贵州、云南、西藏、陕西、甘肃、青海、宁夏、新疆；东北地区包括辽宁、吉林、黑龙江。

1-20 第三产业按行业、机构类型分组的法人单位数

单位：个

行业	法人单位数	企业法人	事业法人	机关法人	社会团体	其他
第三产业总计	**5943341**	**3764118**	**709819**	**250257**	**202214**	**1016933**
交通运输、仓储和邮政业	**195829**	**185975**	**6536**			**3318**
铁路运输业	1022	966	27			29
道路运输业	92605	85723	5208			1674
城市公共交通业	8375	8173	93			109
水上运输业	9365	8759	448			158
航空运输业	1081	1003	56			22
管道运输业	156	148	4			4
装卸搬运和其他运输服务业	54039	53140	73			826
仓储业	20926	20073	524			329
邮政业	8260	7990	103			167
信息传输、计算机服务和软件业	**191182**	**181726**	**3947**			**5509**
电信和其他信息传输服务业	32354	27796	3208			1350
计算机服务业	103803	99479	647			3677
软件业	55025	54451	92			482
批发和零售业	**1965118**	**1963277**	**9**			**1832**
批发业	1226014	1224281	6			1727
零售业	739104	738996	3			105
住宿和餐饮业	**164762**	**158544**	**886**			**5332**
住宿业	60089	57947	700			1442
餐饮业	104673	100597	186			3890
金融业	**45512**	**42829**	**877**	**342**		**1464**
银行业	10822	9891	374	342		215
证券业	1864	1765	48			51
保险业	11687	11333	106			248
其他金融活动	21139	19840	349			950
房地产业	**284726**	**278640**	**2472**			**3614**
房地产业	284726	278640	2472			3614
租赁和商务服务业	**590478**	**515596**	**30176**			**44706**
租赁业	27835	27021	51			763
商务服务业	562643	488575	30125			43943
科学研究、技术服务和地质勘查业	**256865**	**177722**	**66678**			**12465**
研究与试验发展	31316	23360	5926			2030
专业技术服务业	122314	92006	27764			2544
科技交流和推广服务业	98795	59356	31634			7805
地质勘查业	4440	3000	1354			86
水利、环境和公共设施管理业	**64794**	**28693**	**33387**		**71**	**2643**
水利管理业	21327	2228	17910			1189
环境管理业	14790	6427	7719		71	573
公共设施管理业	28677	20038	7758			881
居民服务和其他服务业	**158152**	**141736**	**5634**			**10782**
居民服务业	71728	60160	4067			7501
其他服务业	86424	81576	1567			3281
教育	**342408**	**25723**	**222131**		**1**	**94553**
教育	342408	25723	222131		1	94553
卫生、社会保障和社会福利业	**205778**	**16222**	**105145**		**1644**	**82767**
卫生	169189	15085	84603			69501
社会保障业	11838	330	10722			786
社会福利业	24751	807	9820		1644	12480
文化、体育和娱乐业	**95633**	**47435**	**36797**		**1925**	**9476**
新闻出版业	6943	3040	3615			288
广播、电视、电影和音像业	15049	7186	7406			457
文化艺术业	39803	13012	22151			4640
体育	8637	2395	2629		1925	1688
娱乐业	25201	21802	996			2403
公共管理和社会组织	**1382104**		**195144**	**249915**	**198573**	**738472**
中国共产党机关	39702		2057	37645		
国家机构	399140		192787	206353		
人民政协和民主党派	6217		300	5917		
群众团体、社会团体和宗教组织	249577				198573	51004
基层群众自治组织	687468					687468

1-21 第三产业按地区、机构类型分组的法人单位数

单位：个

地 区	法人单位数	企业法人	事业法人	机关法人	社会团体	其他
全 国	**5943341**	**3764118**	**709819**	**250257**	**202214**	**1016933**
北 京	333119	302908	10957	2149	4129	12976
天 津	115642	96761	6178	1831	1865	9007
河 北	226856	118203	32797	11998	5467	58391
山 西	142929	69779	23277	8914	5365	35594
内蒙古	105566	58619	16541	7650	5556	17200
辽 宁	242397	169259	26969	9489	8121	28559
吉 林	85508	45412	16533	5699	3489	14375
黑龙江	130178	77552	19252	9962	5519	17893
上 海	289813	265800	8130	1846	3177	10860
江 苏	479293	377258	36990	10192	13934	40919
浙 江	364092	255492	26941	7830	14059	59770
安 徽	162753	93106	22730	9747	8207	28963
福 建	201768	127279	25089	8010	10720	30670
江 西	124181	53572	24248	9361	6303	30697
山 东	505592	327889	36320	12145	13530	115708
河 南	249744	109859	40175	11837	5650	82223
湖 北	253804	148686	37184	10185	9363	48386
湖 南	209186	89952	40076	12923	7904	58331
广 东	522154	408213	39629	11593	11018	51701
广 西	166446	81126	39091	10382	8098	27749
海 南	30322	20218	3447	1368	815	4474
重 庆	121050	78127	16255	4469	4197	18002
四 川	267267	112007	50913	19580	16617	68150
贵 州	88095	33507	21500	7265	3525	22298
云 南	130783	73053	19692	10853	7296	19889
西 藏	15244	2078	2159	4105	562	6340
陕 西	160258	75611	29600	9838	4761	40448
甘 肃	87505	32586	17875	7075	5353	24616
青 海	22915	8156	3568	2769	1558	6864
宁 夏	28000	13824	2773	1485	2266	7652
新 疆	80881	38226	12930	7707	3790	18228

1-22 第三产业按行业、控股情况分组的企业法人单位数

单位：个

行业	企业法人单位数	国有控股	集体控股	私人控股	港澳台商控股	外商控股	其他
第三产业总计	**3764118**	**180408**	**162999**	**2911396**	**31476**	**40710**	**437129**
交通运输、仓储和邮政业	**185975**	**16130**	**10425**	**134271**	**2096**	**1693**	**21360**
铁路运输业	966	277	79	455			155
道路运输业	85723	5037	4755	64774	477	303	10377
城市公共交通业	8173	1190	823	5038	50	29	1043
水上运输业	8759	920	866	5760	99	74	1040
航空运输业	1003	275	30	517	13	22	146
管道运输业	148	48	6	68	4	3	19
装卸搬运和其他运输服务业	53140	2399	2429	41312	949	605	5446
仓储业	20073	4738	1293	10912	477	634	2019
邮政业	7990	1246	144	5435	27	23	1115
信息传输、计算机服务和软件业	**181726**	**5950**	**2082**	**148560**	**2307**	**4570**	**18257**
电信和其他信息传输服务业	27796	4048	677	18677	302	354	3738
计算机服务业	99479	975	689	86865	425	831	9694
软件业	54451	927	716	43018	1580	3385	4825
批发和零售业	**1963277**	**59384**	**66131**	**1584078**	**10010**	**14940**	**228734**
批发业	1224281	37411	33579	1000265	8015	12729	132282
零售业	738996	21973	32552	583813	1995	2211	96452
住宿和餐饮业	**158544**	**11223**	**8455**	**117288**	**1910**	**2135**	**17533**
住宿业	57947	8542	5119	36698	707	540	6341
餐饮业	100597	2681	3336	80590	1203	1595	11192
金融业	**42829**	**11729**	**4334**	**18871**	**267**	**703**	**6925**
银行业	9891	4999	2628	767	92	264	1141
证券业	1765	580	79	729	7	16	354
保险业	11333	4093	1054	3484	97	325	2280
其他金融活动	19840	2057	573	13891	71	98	3150
房地产业	**278640**	**20471**	**19209**	**200821**	**6079**	**3583**	**28477**
房地产业	278640	20471	19209	200821	6079	3583	28477
租赁和商务服务业	**515596**	**25923**	**31248**	**384440**	**5386**	**7878**	**60721**
租赁业	27021	796	789	21647	83	120	3586
商务服务业	488575	25127	30459	362793	5303	7758	57135
科学研究、技术服务和地质勘查业	**177722**	**13982**	**7700**	**129961**	**2043**	**3522**	**20514**
研究与试验发展	23360	1251	672	17059	565	1034	2779
专业技术服务业	92006	8991	4146	66163	895	1361	10450
科技交流和推广服务业	59356	3074	2784	44959	571	1086	6882
地质勘查业	3000	666	98	1780	12	41	403
水利、环境和公共设施管理业	**28693**	**3936**	**2229**	**18519**	**192**	**201**	**3616**
水利管理业	2228	739	278	876	7	7	321
环境管理业	6427	892	467	4083	48	98	839
公共设施管理业	20038	2305	1484	13560	137	96	2456
居民服务和其他服务业	**141736**	**3814**	**6235**	**110878**	**595**	**802**	**19412**
居民服务业	60160	1573	2748	47767	296	361	7415
其他服务业	81576	2241	3487	63111	299	441	11997
教育	**25723**	**1552**	**1369**	**18725**	**115**	**165**	**3797**
教育	25723	1552	1369	18725	115	165	3797
卫生、社会保障和社会福利业	**16222**	**1374**	**1522**	**10832**	**37**	**71**	**2386**
卫生	15085	1152	1334	10322	35	67	2175
社会保障业	330	85	71	107			67
社会福利业	807	137	117	403	2	4	144
文化、体育和娱乐业	**47435**	**4940**	**2060**	**34152**	**439**	**447**	**5397**
新闻出版业	3040	1652	205	875	7	6	295
广播、电视、电影和音像业	7186	1859	490	4062	53	33	689
文化艺术业	13012	719	515	10079	44	65	1590
体育	2395	208	100	1695	39	47	306
娱乐业	21802	502	750	17441	296	296	2517

1-23 第三产业按地区、控股情况分组的企业法人单位数

单位：个

地区	企业法人单位数	国有控股	集体控股	私人控股	港澳台商控股	外商控股	其他
全国	**3764118**	**180408**	**162999**	**2911396**	**31476**	**40710**	**437129**
北京	302908	13884	15086	246238	4017	7460	16223
天津	96761	5349	3471	66748	763	1574	18856
河北	118203	5990	7069	91265	155	195	13529
山西	69779	5822	4750	51807	78	70	7252
内蒙古	58619	2880	1472	44286	66	77	9838
辽宁	169259	9117	10315	135306	878	2230	11413
吉林	45412	2918	1418	34927	72	146	5931
黑龙江	77552	5633	2963	52974	124	153	15705
上海	265800	9970	8918	219508	7448	13396	6560
江苏	377258	9638	10439	327884	2049	2747	24501
浙江	255492	8305	11279	230373	1320	1930	2285
安徽	93106	6143	3939	68008	276	285	14455
福建	127279	7214	4238	91326	1666	1087	21748
江西	53572	5006	2145	37240	271	204	8706
山东	327889	10508	9462	238718	633	1334	67234
河南	109859	7007	6215	85115	194	178	11150
湖北	148686	8041	5411	98656	427	425	35726
湖南	89952	5373	3858	72765	316	284	7356
广东	408213	14562	26901	304646	8926	4937	48241
广西	81126	5355	4032	58573	292	243	12631
海南	20218	1460	853	13095	253	151	4406
重庆	78127	4270	2400	56383	339	336	14399
四川	112007	6059	4014	89516	331	534	11553
贵州	33507	3450	1834	22384	90	91	5658
云南	73053	4075	3156	54544	153	202	10923
西藏	2078	521	133	1042	2	8	372
陕西	75611	4771	3442	48477	184	245	18492
甘肃	32586	2531	1963	21204	61	62	6765
青海	8156	906	418	5633	24	23	1152
宁夏	13824	732	382	11316	13	25	1356
新疆	38226	2918	1023	31439	55	78	2713

1-24 第三产业按行业、登记注册类型分组的企业法人单位数

单位：个

行业	企业法人单位数	内资					
			国有	集体	股份合作	国有联营	集体联营
第三产业总计	**3764118**	**3686301**	**113585**	**113809**	**42298**	**1589**	**3093**
交通运输、仓储和邮政业	**185975**	**181326**	**11200**	**7469**	**2234**	**166**	**314**
铁路运输业	966	962	190	68	11	3	2
道路运输业	85723	84755	3261	3204	1157	42	174
城市公共交通业	8173	8065	762	453	192	18	22
水上运输业	8759	8441	489	731	103	13	25
航空运输业	1003	942	164	15	15	5	
管道运输业	148	136	27	1	1	1	
装卸搬运和其他运输服务业	53140	51347	1309	1952	504	50	46
仓储业	20073	18755	3875	975	194	26	37
邮政业	7990	7923	1123	70	57	8	8
信息传输、计算机服务和软件业	**181726**	**174210**	**2871**	**635**	**1042**	**62**	**36**
电信和其他信息传输服务业	27796	26860	2346	294	223	38	15
计算机服务业	99479	98158	291	241	539	9	14
软件业	54451	49192	234	100	280	15	7
批发和零售业	**1963277**	**1937172**	**38614**	**50232**	**18186**	**630**	**1473**
批发业	1224281	1202824	24388	24483	8456	324	716
零售业	738996	734348	14226	25749	9730	306	757
住宿和餐饮业	**158544**	**153817**	**8851**	**6600**	**2454**	**98**	**176**
住宿业	57947	56364	6944	4272	1014	81	110
餐饮业	100597	97453	1907	2328	1440	17	66
金融业	**42829**	**41484**	**4369**	**2044**	**1878**	**48**	**46**
银行业	9891	9537	2392	1828	1291	17	22
证券业	1765	1709	146	2	17	1	2
保险业	11333	10596	810	55	330	13	9
其他金融活动	19840	19642	1021	159	240	17	13
房地产业	**278640**	**268687**	**12020**	**11594**	**2833**	**171**	**203**
房地产业	278640	268687	12020	11594	2833	171	203
租赁和商务服务业	**515596**	**501618**	**15111**	**20998**	**6090**	**192**	**350**
租赁业	27021	26805	457	501	319	9	18
商务服务业	488575	474813	14654	20497	5771	183	332
科学研究、技术服务和地质勘查业	**177722**	**171699**	**9418**	**4411**	**2574**	**97**	**132**
研究与试验发展	23360	21631	813	333	393	11	12
专业技术服务业	92006	89532	6220	2364	1275	53	72
科技交流和推广服务业	59356	57597	1881	1647	868	29	46
地质勘查业	3000	2939	504	67	38	4	2
水利、环境和公共设施管理业	**28693**	**28222**	**2542**	**1538**	**354**	**32**	**49**
水利管理业	2228	2217	572	255	21	8	8
环境管理业	6427	6255	573	322	85	7	7
公共设施管理业	20038	19750	1397	961	248	17	34
居民服务和其他服务业	**141736**	**140155**	**2495**	**4621**	**2683**	**30**	**192**
居民服务业	60160	59403	1083	2075	1307	11	83
其他服务业	81576	80752	1412	2546	1376	19	109
教育	**25723**	**25415**	**1204**	**957**	**592**	**20**	**43**
教育	25723	25415	1204	957	592	20	43
卫生、社会保障和社会福利业	**16222**	**16093**	**1172**	**1341**	**446**	**11**	**29**
卫生	15085	14964	974	1158	428	10	24
社会保障业	330	330	76	77	3		1
社会福利业	807	799	122	106	15	1	4
文化、体育和娱乐业	**47435**	**46403**	**3718**	**1369**	**932**	**32**	**50**
新闻出版业	3040	3023	1371	151	43	14	3
广播、电视、电影和音像业	7186	7083	1449	356	102	8	5
文化艺术业	13012	12897	454	284	377	5	12
体育	2395	2297	129	62	61		3
娱乐业	21802	21103	315	516	349	5	27

1-24 续表 1

单位：个

行业	国有与集体联营	其他联营	国有独资公司	其他有限责任公司	股份有限公司	私营独资	私营合伙
第三产业总计	**1125**	**2535**	**9688**	**502097**	**79950**	**663020**	**119062**
交通运输、仓储和邮政业	**101**	**204**	**712**	**24804**	**4951**	**27792**	**8502**
铁路运输业	1		12	166	35	122	21
道路运输业	31	119	213	11903	2605	15082	4184
城市公共交通业	9	17	72	1698	512	948	347
水上运输业	2	9	50	1247	303	905	810
航空运输业		2	25	199	43	57	14
管道运输业			1	32	10	22	4
装卸搬运和其他运输服务业	17	28	117	6587	918	6406	1975
仓储业	24	22	201	2176	392	3216	949
邮政业	17	7	21	796	133	1034	198
信息传输、计算机服务和软件业	**25**	**109**	**238**	**17470**	**2942**	**57678**	**7181**
电信和其他信息传输服务业	14	53	152	3128	1208	7091	1004
计算机服务业	9	40	41	6452	837	48045	5235
软件业	2	16	45	7890	897	2542	942
批发和零售业	**464**	**1294**	**2089**	**241563**	**31187**	**371156**	**54019**
批发业	242	630	1483	152901	17807	176155	29657
零售业	222	664	606	88662	13380	195001	24362
住宿和餐饮业	**71**	**143**	**280**	**15749**	**2882**	**53359**	**7944**
住宿业	46	53	208	7027	1436	15573	2978
餐饮业	25	90	72	8722	1446	37786	4966
金融业	**34**	**30**	**376**	**6444**	**9581**	**2389**	**737**
银行业	18	4	49	244	2890	137	14
证券业	2	1	36	531	299	108	27
保险业	4	4	50	1221	5410	351	121
其他金融活动	10	21	241	4448	982	1793	575
房地产业	**113**	**166**	**1463**	**70061**	**9828**	**21014**	**5288**
房地产业	113	166	1463	70061	9828	21014	5288
租赁和商务服务业	**142**	**288**	**3019**	**71882**	**9852**	**51641**	**19457**
租赁业	9	9	46	3514	566	4654	1115
商务服务业	133	279	2973	68368	9286	46987	18342
科学研究、技术服务和地质勘查业	**65**	**94**	**645**	**26274**	**3943**	**13466**	**3900**
研究与试验发展	12	15	60	3278	457	1949	560
专业技术服务业	31	51	439	15008	2539	6919	2215
科技交流和推广服务业	19	27	113	7404	832	4373	1068
地质勘查业	3	1	33	584	115	225	57
水利、环境和公共设施管理业	**21**	**26**	**433**	**4717**	**949**	**3454**	**756**
水利管理业	2	1	68	323	71	203	51
环境管理业	5	5	106	1051	197	695	165
公共设施管理业	14	20	259	3343	681	2556	540
居民服务和其他服务业	**49**	**69**	**152**	**14669**	**2240**	**38223**	**6058**
居民服务业	27	33	54	4727	875	19895	3020
其他服务业	22	36	98	9942	1365	18328	3038
教育	**12**	**46**	**33**	**2172**	**464**	**7128**	**1607**
教育	12	46	33	2172	464	7128	1607
卫生、社会保障和社会福利业	**7**	**24**	**21**	**757**	**205**	**6052**	**1304**
卫生	4	22	18	677	187	5829	1268
社会保障业				35	13	30	4
社会福利业	3	2	3	45	5	193	32
文化、体育和娱乐业	**21**	**42**	**227**	**5535**	**926**	**9668**	**2309**
新闻出版业	2	6	66	405	58	142	34
广播、电视、电影和音像业	6	6	72	1120	238	495	139
文化艺术业	5	6	55	1826	227	1454	362
体育		4	20	379	48	349	85
娱乐业	8	20	14	1805	355	7228	1689

1-24 续表 2

单位：个

行业	私营有限责任公司	私营股份有限公司	其他内资企业	港澳台商投资	合资经营	合作经营
第三产业总计	**1787492**	**104417**	**142541**	**32582**	**6835**	**1730**
交通运输、仓储和邮政业	**82196**	**5428**	**5253**	**2354**	**691**	**319**
铁路运输业	241	22	68			
道路运输业	37187	2818	2775	528	129	262
城市公共交通业	2503	342	170	62	30	9
水上运输业	3278	240	236	156	95	7
航空运输业	356	22	25	21	12	
管道运输业	27	5	5	3	1	
装卸搬运和其他运输服务业	29022	1350	1066	1025	246	26
仓储业	5613	397	658	530	166	14
邮政业	3969	232	250	29	12	1
信息传输、计算机服务和软件业	**75028**	**3358**	**5535**	**2432**	**333**	**41**
电信和其他信息传输服务业	9316	560	1418	409	50	8
计算机服务业	31389	1514	3502	424	81	13
软件业	34323	1284	615	1599	202	20
批发和零售业	**998809**	**55269**	**72187**	**10152**	**1419**	**174**
批发业	689889	33630	42063	8097	967	101
零售业	308920	21639	30124	2055	452	73
住宿和餐饮业	**44797**	**3783**	**6630**	**2116**	**653**	**158**
住宿业	13485	1369	1768	832	368	95
餐饮业	31312	2414	4862	1284	285	63
金融业	**10785**	**1177**	**1546**	**274**	**72**	**6**
银行业	258	65	308	89	5	
证券业	425	47	65	7	6	
保险业	1640	249	329	99	26	2
其他金融活动	8462	816	844	79	35	4
房地产业	**117887**	**9634**	**6412**	**6180**	**2115**	**670**
房地产业	117887	9634	6412	6180	2115	670
租赁和商务服务业	**268619**	**14244**	**19733**	**5473**	**732**	**141**
租赁业	13548	1021	1019	83	29	6
商务服务业	255071	13223	18714	5390	703	135
科学研究、技术服务和地质勘查业	**91781**	**4482**	**10417**	**2124**	**404**	**49**
研究与试验发展	12361	623	754	586	97	10
专业技术服务业	47097	2495	2754	926	179	20
科技交流和推广服务业	31219	1264	6807	598	125	17
地质勘查业	1104	100	102	14	3	2
水利、环境和公共设施管理业	**11319**	**892**	**1140**	**219**	**78**	**19**
水利管理业	462	43	129	5	2	1
环境管理业	2581	179	277	56	17	5
公共设施管理业	8276	670	734	158	59	13
居民服务和其他服务业	**57795**	**3956**	**6923**	**624**	**142**	**45**
居民服务业	21400	1659	3154	326	78	28
其他服务业	36395	2297	3769	298	64	17
教育	**7408**	**622**	**3107**	**115**	**28**	**18**
教育	7408	622	3107	115	28	18
卫生、社会保障和社会福利业	**2597**	**325**	**1802**	**42**	**17**	**8**
卫生	2410	310	1645	39	16	7
社会保障业	58	1	32			
社会福利业	129	14	125	3	1	1
文化、体育和娱乐业	**18471**	**1247**	**1856**	**477**	**151**	**82**
新闻出版业	559	44	125	8	3	1
广播、电视、电影和音像业	2746	163	178	58	25	7
文化艺术业	6946	360	524	51	16	4
体育	998	68	91	44	8	7
娱乐业	7222	612	938	316	99	63

1-24 续表 3

单位：个

行业	独资	股份有限	外商投资	合资经营	合作经营	独资	股份有限
第三产业总计	**22757**	**1260**	**45235**	**9735**	**1617**	**31903**	**1980**
交通运输、仓储和邮政业	**1216**	**128**	**2295**	**860**	**225**	**1097**	**113**
铁路运输业			4	3		1	
道路运输业	103	34	440	144	168	106	22
城市公共交通业	17	6	46	25	9	8	4
水上运输业	37	17	162	107	7	38	10
航空运输业	7	2	40	15	1	16	8
管道运输业		2	9	8		1	
装卸搬运和其他运输服务业	707	46	768	279	22	433	34
仓储业	331	19	788	251	17	487	33
邮政业	14	2	38	28	1	7	2
信息传输、计算机服务和软件业	**1864**	**194**	**5084**	**867**	**64**	**3825**	**328**
电信和其他信息传输服务业	248	103	527	64	9	335	119
计算机服务业	301	29	897	161	19	669	48
软件业	1315	62	3660	642	36	2821	161
批发和零售业	**8225**	**334**	**15953**	**2602**	**268**	**12606**	**477**
批发业	6796	233	13360	1809	157	11049	345
零售业	1429	101	2593	793	111	1557	132
住宿和餐饮业	**1222**	**83**	**2611**	**729**	**165**	**1585**	**132**
住宿业	338	31	751	310	86	316	39
餐饮业	884	52	1860	419	79	1269	93
金融业	**176**	**20**	**1071**	**478**	**10**	**400**	**183**
银行业	77	7	265	13	1	217	34
证券业		1	49	43		4	2
保险业	63	8	638	378	5	114	141
其他金融活动	36	4	119	44	4	65	6
房地产业	**3219**	**176**	**3773**	**1444**	**329**	**1886**	**114**
房地产业	3219	176	3773	1444	329	1886	114
租赁和商务服务业	**4427**	**173**	**8505**	**1182**	**224**	**6764**	**335**
租赁业	41	7	133	33	10	83	7
商务服务业	4386	166	8372	1149	214	6681	328
科学研究、技术服务和地质勘查业	**1600**	**71**	**3899**	**955**	**122**	**2655**	**167**
研究与试验发展	465	14	1143	256	23	824	40
专业技术服务业	687	40	1548	395	42	1026	85
科技交流和推广服务业	439	17	1161	300	29	790	42
地质勘查业	9		47	4	28	15	
水利、环境和公共设施管理业	**113**	**9**	**252**	**100**	**29**	**99**	**24**
水利管理业	2		6	2		4	
环境管理业	32	2	116	44	16	49	7
公共设施管理业	79	7	130	54	13	46	17
居民服务和其他服务业	**404**	**33**	**957**	**241**	**53**	**603**	**60**
居民服务业	208	12	431	101	21	279	30
其他服务业	196	21	526	140	32	324	30
教育	**64**	**5**	**193**	**47**	**23**	**112**	**11**
教育	64	5	193	47	23	112	11
卫生、社会保障和社会福利业	**11**	**6**	**87**	**43**	**28**	**13**	**3**
卫生	11	5	82	42	28	9	3
社会保障业							
社会福利业		1	5	1		4	
文化、体育和娱乐业	**216**	**28**	**555**	**187**	**77**	**258**	**33**
新闻出版业	3	1	9	4		5	
广播、电视、电影和音像业	25	1	45	24	2	18	1
文化艺术业	29	2	64	19	4	38	3
体育	27	2	54	15	4	32	3
娱乐业	132	22	383	125	67	165	26

1-25 第三产业按地区、登记注册类型分组的企业法人单位数

单位：个

地区	企业法人单位数	内资	国有	集体	股份合作	国有联营	集体联营
全国	**3764118**	**3686301**	**113585**	**113809**	**42298**	**1589**	**3093**
北京	302908	291636	6401	7596	12416	61	135
天津	96761	93948	2978	3169	509	40	70
河北	118203	117741	4372	5092	1305	45	118
山西	69779	69607	4442	3787	787	32	61
内蒙古	58619	58411	1674	889	519	20	22
辽宁	169259	165931	6345	7173	2019	44	96
吉林	45412	45140	2113	1170	313	22	41
黑龙江	77552	77164	3881	2366	1166	27	74
上海	265800	244219	4618	6438	1250	138	174
江苏	377258	372118	5716	7895	1476	77	185
浙江	255492	251785	4357	7307	1136	70	122
安徽	93106	92446	4033	3238	1104	49	94
福建	127279	124083	4772	3857	1108	129	116
江西	53572	53027	3765	1510	1055	43	221
山东	327889	325513	6667	6482	1490	96	245
河南	109859	109376	4868	4740	970	48	93
湖北	148686	147586	5461	4063	1695	66	198
湖南	89952	89268	3740	2155	1043	51	100
广东	408213	393247	9152	16258	4374	245	280
广西	81126	80478	3853	3306	907	46	141
海南	20218	19733	986	627	236	19	13
重庆	78127	77384	2220	1604	834	46	71
四川	112007	111036	3855	3292	1500	43	116
贵州	33507	33294	2436	1445	535	23	35
云南	73053	72631	2422	2230	678	20	78
西藏	2078	2056	408	92	38	7	8
陕西	75611	75083	3577	3215	1030	37	93
甘肃	32586	32425	1589	1572	503	21	52
青海	8156	8084	645	295	130	5	10
宁夏	13824	13774	491	257	76	7	4
新疆	38226	38077	1748	689	96	12	27

1-25 续表 1

单位：个

地区	国有与集体联营	其他联营	国有独资公司	其他有限责任公司	股份有限公司	私营独资	私营合伙
全国	**1125**	**2535**	**9688**	**502097**	**79950**	**663020**	**119062**
北京	83	56	1082	51338	4147	13078	3736
天津	22	67	169	11408	1277	10601	2172
河北	30	85	234	19939	4298	33004	4921
山西	16	118	146	9772	2879	14903	2301
内蒙古	6	21	129	12946	1901	9742	1331
辽宁	30	71	317	30152	3050	35799	2769
吉林	15	73	126	6737	1454	12323	935
黑龙江	15	104	152	13240	2931	14547	1717
上海	205	110	492	13232	1244	25935	7529
江苏	65	100	372	22842	5297	61228	7689
浙江	67	43	1218	24376	2830	29070	8479
安徽	32	84	433	11823	2717	17922	3971
福建	34	134	407	18085	2716	19047	6915
江西	33	66	125	9210	2392	11408	4447
山东	54	141	338	29318	6168	91460	7727
河南	18	119	241	19378	3912	33737	3821
湖北	60	181	193	27390	3842	35522	7254
湖南	93	98	292	7764	2623	30864	7631
广东	86	395	854	62021	6090	51884	12311
广西	19	69	270	9475	2798	18810	3307
海南	12	19	60	7425	697	1444	618
重庆	26	74	362	12341	2669	18251	4099
四川	30	99	432	21800	4750	25412	4450
贵州	11	39	245	11041	1140	5945	1502
云南	19	36	295	8163	2022	10430	2190
西藏	1	6	13	298	141	380	80
陕西	21	44	230	17408	1787	16303	2665
甘肃	8	55	79	5349	1273	6382	1078
青海	3	12	62	1317	248	1333	354
宁夏	3	5	66	1655	235	2317	426
新疆	8	11	254	4854	422	3939	637

1-25 续表2

单位：个

地区	私营有限责任公司	私营股份有限公司	其他内资企业	港澳台商投资	合资经营	合作经营
全国	**1787492**	**104417**	**142541**	**32582**	**6835**	**1730**
北京	183915	7168	424	4000	897	213
天津	54827	1768	4871	858	263	26
河北	33593	4159	6546	184	73	11
山西	23737	2674	3952	86	34	10
内蒙古	25528	1454	2229	63	20	3
辽宁	68172	4278	5616	918	351	40
吉林	16344	1601	1873	72	33	3
黑龙江	28045	2986	5913	140	56	9
上海	176072	5928	854	7587	890	181
江苏	239945	9462	9769	2089	535	59
浙江	165400	3561	3749	1492	523	50
安徽	40063	2991	3892	279	81	9
福建	58555	3634	4574	1758	404	69
江西	11794	2573	4385	285	103	8
山东	140852	9223	25252	675	250	35
河南	29790	2732	4909	212	85	11
湖北	47550	3783	10328	519	175	19
湖南	21887	3938	6989	342	170	20
广东	208365	7862	13070	9112	1262	845
广西	29597	3669	4211	318	122	32
海南	6355	577	645	268	57	18
重庆	27562	3313	3912	342	102	9
四川	37152	3694	4411	333	99	17
贵州	6884	1142	871	92	36	2
云南	37823	3396	2829	169	74	9
西藏	466	70	48	2		
陕西	20679	4327	3667	201	64	13
甘肃	11832	1048	1584	71	28	3
青海	2921	527	222	37	16	2
宁夏	7348	455	429	18	6	2
新疆	24439	424	517	60	26	2

1-25 续表 3

单位：个

地区			外商投资				
	独　资	股份有限		合资经营	合作经营	独　资	股份有限
全　国	**22757**	**1260**	**45235**	**9735**	**1617**	**31903**	**1980**
北　京	2827	63	7272	1591	232	5304	145
天　津	540	29	1955	535	54	1319	47
河　北	75	25	278	96	32	115	35
山　西	32	10	86	38	9	27	12
内蒙古	25	15	145	42	10	77	16
辽　宁	476	51	2410	762	92	1438	118
吉　林	29	7	200	53	19	117	11
黑龙江	60	15	248	91	16	110	31
上　海	6446	70	13994	1482	251	12083	178
江　苏	1277	218	3051	760	76	1769	446
浙　江	858	61	2215	665	38	1418	94
安　徽	168	21	381	117	13	214	37
福　建	1201	84	1438	363	59	914	102
江　西	142	32	260	88	9	115	48
山　东	355	35	1701	509	46	1035	111
河　南	105	11	271	127	15	103	26
湖　北	295	30	581	194	22	328	37
湖　南	134	18	342	178	20	125	19
广　东	6713	292	5854	1223	458	3938	235
广　西	140	24	330	113	37	147	33
海　南	176	17	217	69	6	128	14
重　庆	200	31	401	136	15	221	29
四　川	185	32	638	206	39	327	66
贵　州	47	7	121	41	9	57	14
云　南	75	11	253	62	6	156	29
西　藏	1	1	20	10	2	6	2
陕　西	99	25	327	87	13	198	29
甘　肃	34	6	90	37	3	43	7
青　海	19		35	17	6	11	1
宁　夏	3	7	32	12	1	15	4
新　疆	20	12	89	31	9	45	4

1-26 第三产业就业人员数及比重

单位：万人

年 份	经济活动人口	就业人员合计	第一产业	第二产业	第三产业	比重(%)
1952	21106	20729	17317	1531	1881	9.1
1957	23971	23771	19309	2142	2320	9.8
1962		25910	21276	2059	2575	9.9
1965		28670	23396	2408	2866	10.0
1970		34432	27811	3518	3103	9.0
1975		38168	29456	5152	3560	9.3
1978	40682	40152	28318	6945	4890	12.2
1979	41592	41024	28634	7214	5177	12.6
1980	42903	42361	29122	7707	5532	13.1
1981	44165	43725	29777	8003	5945	13.6
1982	45674	45295	30859	8346	6090	13.5
1983	46707	46436	31151	8679	6606	14.2
1984	48433	48197	30868	9590	7739	16.1
1985	50112	49873	31130	10384	8359	16.8
1986	51546	51282	31254	11216	8811	17.2
1987	53060	52783	31663	11726	9395	17.8
1988	54630	54334	32249	12152	9933	18.3
1989	55707	55329	33225	11976	10129	18.3
1990	65323	64749	38914	13856	11979	18.5
1991	66091	65491	39098	14015	12378	18.9
1992	66782	66152	38699	14355	13098	19.8
1993	67468	66808	37680	14965	14163	21.2
1994	68135	67455	36628	15312	15515	23.0
1995	68855	68065	35530	15655	16880	24.8
1996	69765	68950	34820	16203	17927	26.0
1997	70800	69820	34840	16547	18432	26.4
1998	72087	70637	35177	16600	18860	26.7
1999	72791	71394	35768	16421	19205	26.9
2000	73992	72085	36043	16219	19823	27.5
2001	73884	72797	36399	16234	20165	27.7
2002	74492	73280	36640	15682	20958	28.6
2003	74911	73736	36204	15927	21605	29.3
2004	75290	74264	34830	16709	22725	30.6
2005	76120	74647	33442	17766	23439	31.4
2006	76315	74978	31941	18894	24143	32.2
2007	76531	75321	30731	20186	24404	32.4
2008	77046	75564	29923	20553	25087	33.2
2009	77510	75828	28890	21080	25857	34.1
2010	78388	76105	27931	21842	26332	34.6

1-27 各地区第三产业就业人员数及比重(2010年底)

单位：万人

地 区	就业人员合计	第一产业	第二产业	第三产业	
					比重(%)
全 国	**76105.0**	**27930.5**	**21842.1**	**26332.3**	**34.6**
北 京	1317.7	65.1	275.8	976.8	74.1
天 津	520.8	75.9	213.5	231.4	44.4
河 北	3790.2	1469.6	1261.1	1059.5	28.0
山 西	1665.1	638.2	440.2	586.7	35.2
内蒙古	1184.7	571.0	206.2	407.5	34.4
辽 宁	2238.1	700.2	586.4	951.5	42.5
吉 林	1248.7	524.9	266.3	457.5	36.6
黑龙江	1743.4	774.8	337.4	631.2	36.2
上 海	924.7	36.3	347.4	540.9	58.5
江 苏	4731.7	883.3	2141.9	1706.5	36.1
浙 江	3989.2	633.9	1914.0	1441.3	36.1
安 徽	3846.8	1538.5	1132.4	1175.8	30.6
福 建	2181.3	636.5	815.9	728.9	33.4
江 西	2306.1	867.2	684.2	754.8	32.7
山 东	5654.7	2004.4	1839.9	1810.4	32.0
河 南	6041.6	2711.7	1753.4	1576.5	26.1
湖 北	3116.5	920.6	907.9	1288.0	41.3
湖 南	4007.7	1871.9	860.9	1275.0	31.8
广 东	5776.9	1483.3	2018.0	2275.6	39.4
广 西	2945.3	1571.2	619.5	754.7	25.6
海 南	445.7	222.1	53.6	170.1	38.2
重 庆	1912.1	632.7	555.7	723.7	37.8
四 川	4997.6	2142.1	1153.6	1701.9	34.1
贵 州	2402.2	1192.1	285.0	925.1	38.5
云 南	2814.1	1671.5	382.6	759.9	27.0
西 藏	175.0	93.0	19.4	62.7	35.8
陕 西	1952.0	856.0	487.8	608.2	31.2
甘 肃	1431.9	731.5	216.3	484.1	33.8
青 海	294.1	123.4	66.4	104.3	35.5
宁 夏	326.0	128.3	86.2	111.5	34.2
新 疆	852.6	436.1	119.8	296.6	34.8

1-28 按登记注册类型分第三产业城镇单位就业人员数(2010年底)

单位：万人

行业	合计	国有单位	城镇集体单位	其他单位
交通运输、仓储和邮政业	**631.1**	**403.3**	**19.8**	**208.0**
铁路运输业	175.6	161.9	3.2	10.6
道路运输业	161.7	90.0	7.3	64.3
城市公共交通业	112.0	45.9	2.0	64.0
水上运输业	44.5	16.8	2.0	25.7
航空运输业	27.2	11.7	0.1	15.4
管道运输业	2.7	1.8		0.9
装卸搬运和其他运输服务业	28.6	8.9	4.2	15.5
仓储业	25.4	16.8	0.9	7.8
邮政业	53.4	49.4	0.2	3.8
信息传输、计算机服务和软件业	**185.8**	**62.5**	**1.0**	**122.3**
电信和其他信息传输服务业	121.1	59.2	0.7	61.2
计算机服务业	20.1	2.3	0.2	17.5
软件业	44.6	1.0	0.1	43.5
批发和零售业	**535.1**	**137.3**	**48.0**	**349.9**
批发业	266.6	95.1	22.0	149.5
零售业	268.5	42.1	26.0	200.3
住宿和餐饮业	**209.2**	**54.6**	**9.6**	**145.1**
住宿业	125.0	45.1	6.8	73.1
餐饮业	84.3	9.5	2.8	72.0
金融业	**470.1**	**144.3**	**52.1**	**273.7**
银行业	285.3	112.6	51.2	121.5
证券业	16.5	1.6		14.8
保险业	158.7	26.3	0.2	132.2
其他金融活动	9.6	3.7	0.7	5.1
房地产业	**211.6**	**45.4**	**9.2**	**157.1**
租赁和商务服务业	**310.1**	**131.5**	**37.6**	**140.9**
租赁业	5.1	1.0	0.5	3.5
商务服务业	305.0	130.5	37.1	137.4
科学研究、技术服务和地质勘查业	**292.3**	**219.6**	**4.2**	**68.6**
研究与试验发展	71.6	63.6	0.4	7.5
专业技术服务业	132.0	85.6	2.6	43.8
科技交流和推广服务业	52.0	37.1	0.9	14.0
地质勘查业	36.7	33.3	0.2	3.2
水利、环境和公共设施管理业	**218.9**	**189.9**	**10.5**	**18.5**
水利管理业	47.0	45.3	0.6	1.1
环境管理业	104.6	91.2	8.3	5.1
公共设施管理业	67.2	53.4	1.5	12.3
居民服务和其他服务业	**60.2**	**28.9**	**7.8**	**23.5**
居民服务业	28.9	16.8	3.7	8.4
其他服务业	31.4	12.0	4.2	15.2
教育	**1581.8**	**1517.4**	**17.5**	**46.8**
卫生、社会保障和社会福利业	**632.5**	**562.6**	**51.4**	**18.6**
卫生	602.8	535.1	50.2	17.5
社会保障业	15.9	15.3	0.3	0.2
社会福利业	13.8	12.2	0.8	0.8
文化、体育和娱乐业	**131.4**	**113.1**	**2.2**	**16.2**
新闻出版业	28.7	26.2	0.3	2.2
广播、电视、电影和音像业	41.6	37.8	0.4	3.4
文化艺术业	42.5	38.9	1.2	2.4
体育	9.0	7.8		1.1
娱乐业	9.7	2.4	0.2	7.1
公共管理和社会组织	**1428.5**	**1415.6**	**2.2**	**10.7**
中国共产党机关	56.7	56.7		
国家机构	1326.5	1325.5		
人民政协和民主党派	9.4	9.4		
群众团体、社会团体和宗教组织	26.8	22.5	0.8	3.5

1-29 按第三产业行业门类分城镇单位就业人员数

单位：万人

行业门类	2003	2004	2005	2006	2007	2008	2009	2010
交通运输、仓储和邮政业	636.5	631.8	613.9	612.7	623.1	627.3	634.4	631.1
信息传输、计算机服务和软件业	116.8	123.7	130.1	138.2	150.2	159.5	173.8	185.8
批发和零售业	628.1	586.7	544.0	515.7	506.9	514.4	520.8	535.1
住宿和餐饮业	172.1	177.1	181.2	183.9	185.8	193.2	202.1	209.2
金融业	353.3	356.0	359.3	367.4	389.7	417.6	449.0	470.1
房地产业	120.2	133.4	146.5	153.9	166.5	172.7	190.9	211.6
租赁和商务服务业	183.5	194.4	218.5	236.7	247.2	274.7	290.5	310.1
科学研究、技术服务和地质勘查业	221.9	222.1	227.7	235.5	243.4	257.0	272.6	292.3
水利、环境和公共设施管理业	172.5	176.1	180.4	187.0	193.5	197.3	205.7	218.9
居民服务和其他服务业	52.8	54.2	53.9	56.6	57.4	56.5	58.8	60.2
教育	1442.8	1466.8	1483.2	1504.4	1520.9	1534.0	1550.4	1581.8
卫生、社会保障和社会福利业	485.8	494.7	508.9	525.4	542.8	563.6	595.8	632.5
文化、体育和娱乐业	127.8	123.4	122.5	122.4	125.0	126.0	129.5	131.4
公共管理和社会组织	1171.0	1199.0	1240.8	1265.6	1291.2	1335.0	1394.3	1428.5

1-30 按第三产业行业门类分国有单位就业人员数

单位：万人

行业门类	2003	2004	2005	2006	2007	2008	2009	2010
交通运输、仓储和邮政业	492.8	473.4	443.3	433.0	432.0	424.5	413.9	403.3
信息传输、计算机服务和软件业	72.0	74.1	65.8	65.6	62.5	63.0	64.6	62.5
批发和零售业	301.0	259.6	214.7	186.7	174.1	160.7	144.2	137.3
住宿和餐饮业	73.4	70.5	67.5	63.8	58.6	56.6	55.2	54.6
金融业	208.1	196.4	177.5	165.1	161.4	155.4	146.0	144.3
房地产业	52.2	50.9	47.5	45.0	45.2	43.5	43.5	45.4
租赁和商务服务业	106.0	107.9	114.6	121.0	120.5	125.9	125.4	131.5
科学研究、技术服务和地质勘查业	185.1	188.6	188.5	193.0	197.5	201.6	209.4	219.6
水利、环境和公共设施管理业	155.3	158.0	161.0	165.4	169.8	172.8	178.3	189.9
居民服务和其他服务业	22.1	24.2	24.9	27.7	28.7	28.8	28.3	28.9
教育	1378.3	1409.7	1424.9	1448.0	1462.9	1481.9	1490.6	1517.4
卫生、社会保障和社会福利业	430.9	437.9	452.4	466.8	483.2	501.2	529.9	562.6
文化、体育和娱乐业	117.0	111.9	110.5	110.1	111.3	110.9	111.9	113.1
公共管理和社会组织	1165.1	1191.8	1234.3	1257.5	1285.0	1328.8	1380.0	1415.6

1-31 按第三产业行业门类分城镇集体单位就业人员数

单位：万人

行业门类	2003	2004	2005	2006	2007	2008	2009	2010
交通运输、仓储和邮政业	38.7	34.1	30.6	27.2	24.6	22.2	20.6	19.8
信息传输、计算机服务和软件业	1.8	1.3	1.4	1.1	0.9	0.8	1.1	1.0
批发和零售业	128.6	108.9	89.9	77.4	69.0	58.6	52.5	48.0
住宿和餐饮业	16.2	15.0	13.7	12.7	11.6	11.0	10.4	9.6
金融业	67.0	66.6	63.8	62.1	61.3	60.1	53.1	52.1
房地产业	7.4	7.8	8.2	8.0	7.7	7.4	8.7	9.2
租赁和商务服务业	30.2	30.7	35.2	34.1	34.4	33.1	36.7	37.6
科学研究、技术服务和地质勘查业	4.8	4.5	3.8	3.5	3.4	3.4	4.2	4.2
水利、环境和公共设施管理业	10.7	10.2	9.6	10.0	10.2	10.8	10.5	10.5
居民服务和其他服务业	15.2	13.5	10.3	9.8	8.9	8.8	8.2	7.8
教育	57.1	43.1	40.2	36.0	34.3	24.6	17.4	17.5
卫生、社会保障和社会福利业	51.2	50.0	48.3	48.8	48.7	49.8	49.9	51.4
文化、体育和娱乐业	3.2	2.8	2.5	2.3	2.3	2.3	2.2	2.2
公共管理和社会组织	5.0	4.8	3.5	3.6	2.9	2.4	2.7	2.2

1-32 按第三产业行业门类分其他单位就业人员数

单位：万人

行业门类	2003	2004	2005	2006	2007	2008	2009	2010
交通运输、仓储和邮政业	105.0	124.4	140.0	152.6	166.4	180.6	199.9	208.0
信息传输、计算机服务和软件业	43.0	48.3	62.8	71.5	86.8	95.7	108.1	122.3
批发和零售业	198.6	218.3	239.4	251.6	263.8	295.0	324.2	349.9
住宿和餐饮业	82.5	91.6	100.1	107.3	115.7	125.6	136.5	145.1
金融业	78.3	93.1	117.9	140.2	167.0	202.0	249.9	273.7
房地产业	60.6	74.7	90.9	101.0	113.6	121.8	138.7	157.1
租赁和商务服务业	47.3	55.8	68.7	81.6	92.3	115.7	128.4	140.9
科学研究、技术服务和地质勘查业	32.0	29.0	35.5	38.9	42.5	52.0	59.0	68.6
水利、环境和公共设施管理业	6.5	7.9	9.8	11.6	13.5	13.7	16.8	18.5
居民服务和其他服务业	15.6	16.5	18.7	19.0	19.8	19.0	22.3	23.5
教育	7.4	14.0	18.1	20.4	23.7	27.5	42.3	46.8
卫生、社会保障和社会福利业	3.6	6.8	8.2	9.8	11.0	12.6	16.0	18.6
文化、体育和娱乐业	7.5	8.7	9.6	10.0	11.5	12.7	15.4	16.2
公共管理和社会组织	0.8	2.5	3.0	4.4	3.3	3.8	11.6	10.7

1-33 各地区按第三产业行业门类分城镇单位就业人员数(2010年底)

单位：万人

地区	交通运输、仓储和邮政业	信息传输、计算机服务和软件业	批发和零售业	住宿和餐饮业	金融业	房地产业	租赁和商务服务业
全国	**631.1**	**185.8**	**535.1**	**209.2**	**470.1**	**211.6**	**310.1**
北京	51.0	41.7	55.4	28.0	27.2	31.5	77.8
天津	12.5	2.2	12.4	4.8	7.0	3.6	6.9
河北	25.1	6.3	22.5	4.5	24.2	4.2	4.9
山西	20.4	4.1	17.6	4.2	13.8	2.6	6.4
内蒙古	16.3	3.9	6.7	2.4	10.1	1.5	2.8
辽宁	30.2	7.0	16.9	6.4	20.7	8.8	12.2
吉林	14.5	5.2	8.9	3.0	10.2	3.6	4.5
黑龙江	25.2	5.6	17.7	3.7	14.2	4.9	5.9
上海	36.3	6.7	26.4	11.7	23.6	11.2	18.6
江苏	31.2	8.7	29.0	10.6	26.9	7.3	12.0
浙江	25.2	11.2	31.0	15.6	29.4	13.6	26.0
安徽	15.1	3.8	14.0	3.7	14.7	4.9	4.6
福建	16.7	4.6	13.9	7.6	12.9	9.0	12.3
江西	15.3	3.3	7.9	1.6	10.5	2.1	2.9
山东	34.7	6.6	38.2	11.0	33.2	11.4	11.9
河南	29.1	4.9	38.2	9.9	22.6	9.0	11.3
湖北	25.4	4.5	21.5	7.7	16.1	6.6	5.1
湖南	21.0	5.7	16.3	9.0	18.6	9.7	8.4
广东	56.1	17.6	42.6	25.2	41.2	29.0	30.1
广西	18.0	3.6	11.9	4.3	9.8	4.3	8.9
海南	4.3	0.7	3.5	4.4	2.1	3.2	2.2
重庆	14.3	2.9	11.1	4.3	10.7	5.6	5.3
四川	23.1	6.3	17.1	5.5	21.3	5.4	5.9
贵州	9.5	2.7	10.3	2.6	6.4	3.9	3.3
云南	13.4	3.5	15.6	5.8	9.0	4.1	7.2
西藏	0.7	0.4	0.6	0.3	0.8		0.1
陕西	19.1	7.1	12.4	6.3	14.1	5.1	3.5
甘肃	10.1	1.8	5.7	1.9	6.8	1.7	1.9
青海	3.3	0.8	1.7	0.5	2.0	0.6	0.8
宁夏	2.9	0.6	1.5	0.4	2.7	0.8	1.4
新疆	11.1	1.8	6.4	2.3	7.1	2.3	4.8

注：城镇单位就业人员数不含私营企业和个体。

1-33 续表 单位：万人

地区	科学研究、技术服务和地质勘查业	水利、环境和公共设施管理业	居民服务和其他服务业	教育	卫生、社会保障和社会福利业	文化、体育和娱乐业	公共管理和社会组织
全国	**292.3**	**218.9**	**60.2**	**1581.8**	**632.5**	**131.4**	**1428.5**
北京	45.7	8.8	7.4	40.6	20.7	15.3	41.1
天津	6.5	3.5	6.9	16.4	9.0	1.8	13.7
河北	8.9	10.1	2.0	86.3	27.8	5.0	77.2
山西	6.0	6.4	0.7	48.6	16.1	4.6	55.9
内蒙古	4.3	7.3	2.0	34.7	12.3	3.3	35.3
辽宁	12.0	12.8	2.9	52.3	25.6	5.1	49.5
吉林	6.7	8.1	1.1	36.7	15.3	3.7	31.4
黑龙江	12.0	9.7	6.5	46.1	19.7	3.9	41.6
上海	23.2	5.9	3.3	26.1	16.7	4.7	18.7
江苏	10.9	12.3	1.0	85.5	36.3	5.7	63.1
浙江	14.0	10.9	1.6	61.1	32.4	6.2	57.5
安徽	6.7	6.4	0.5	60.5	22.0	3.4	46.7
福建	5.4	4.4	1.4	44.7	15.7	3.7	30.4
江西	5.1	5.6	0.5	47.6	16.8	3.2	43.5
山东	11.0	11.6	3.5	109.1	43.5	6.7	105.0
河南	11.5	12.2	1.9	114.1	40.8	7.0	105.7
湖北	10.8	8.9	1.2	65.7	30.1	5.1	55.0
湖南	8.3	8.7	1.5	70.2	31.1	4.6	78.0
广东	18.1	14.0	6.4	112.3	50.3	9.4	94.2
广西	7.0	7.4	0.8	58.1	22.9	3.2	39.4
海南	1.7	2.2	0.3	11.8	4.1	1.2	9.7
重庆	5.5	3.7	0.9	35.0	11.6	2.6	24.6
四川	13.6	9.8	1.0	82.0	33.0	4.4	77.4
贵州	4.3	3.3	1.0	41.9	11.9	1.8	40.3
云南	6.2	5.3	0.8	51.8	15.8	3.6	46.1
西藏	0.7	0.2		4.0	1.5	0.6	8.8
陕西	12.8	7.9	1.7	55.1	19.2	4.6	49.4
甘肃	5.2	3.4	0.2	34.2	10.0	2.8	36.8
青海	2.3	1.1	0.3	7.5	3.2	0.7	8.9
宁夏	1.2	1.8		7.9	3.3	0.8	8.3
新疆	4.8	5.1	0.6	33.9	13.8	2.7	35.3

1-34 各地区按第三产业行业门类分国有单位就业人员数(2010年底)

单位：万人

地 区	交通运输、仓储和邮政业	信息传输、计算机服务和软件业	批发和零售业	住宿和餐饮业	金融业	房地产业	租赁和商务服务业
全 国	**403.3**	**62.5**	**137.3**	**54.6**	**144.3**	**45.4**	**131.5**
北 京	10.7	1.3	4.1	5.2	2.2	3.1	23.1
天 津	6.4	0.3	3.3	0.7	0.9	0.9	4.9
河 北	19.5	3.2	8.9	2.7	2.7	1.9	2.8
山 西	17.3	2.9	8.5	2.0	5.3	0.8	3.3
内蒙古	14.8	3.2	3.4	1.1	4.5	0.8	1.8
辽 宁	22.1	2.2	3.8	1.8	7.3	2.5	6.3
吉 林	10.3	2.5	2.8	1.2	4.2	1.2	2.7
黑龙江	23.0	2.8	6.2	2.0	5.1	2.6	3.7
上 海	14.9	1.8	3.1	1.6	5.0	2.8	8.8
江 苏	18.4	2.5	4.8	1.9	8.6	1.7	5.3
浙 江	12.3	2.2	3.1	1.9	6.8	1.8	8.9
安 徽	9.8	2.1	5.3	1.0	5.4	1.2	2.0
福 建	12.0	1.7	3.9	1.9	5.0	2.3	3.3
江 西	13.3	1.8	4.2	0.9	4.1	1.1	2.0
山 东	23.8	2.4	9.1	4.9	7.8	2.6	4.7
河 南	21.6	2.8	13.3	3.8	6.3	1.3	5.2
湖 北	17.4	2.1	5.3	1.3	7.6	2.0	2.6
湖 南	14.9	2.8	3.5	2.4	4.5	1.7	3.5
广 东	25.5	5.0	8.2	4.2	13.5	4.3	15.0
广 西	12.3	2.0	4.4	1.6	5.0	1.1	4.0
海 南	1.8	0.2	0.6	0.8	0.9	0.5	1.3
重 庆	9.7	1.0	2.8	0.8	2.7	1.4	2.4
四 川	16.4	3.2	5.8	1.8	8.8	1.1	3.7
贵 州	7.8	1.2	3.7	0.9	1.9	0.8	1.0
云 南	8.8	1.7	3.7	1.5	4.5	0.5	2.4
西 藏	0.7	0.4	0.4	0.3	0.7		
陕 西	15.3	4.0	4.9	1.9	4.2	1.4	2.1
甘 肃	8.4	1.1	2.3	1.0	3.0	0.8	1.4
青 海	2.8	0.6	0.7	0.2	1.5	0.2	0.5
宁 夏	2.6	0.4	0.7	0.1	1.2	0.3	0.2
新 疆	8.7	1.0	2.1	1.2	3.2	0.6	2.3

1-34 续表

单位：万人

地 区	科学研究、技术服务和地质勘查业	水利、环境和公共设施管理业	居民服务和其他服务业	教 育	卫生、社会保障和社会福利业	文化、体育和娱乐业	公共管理和社会组织
全 国	**219.6**	**189.9**	**28.9**	**1517.4**	**562.6**	**113.1**	**1415.6**
北 京	19.9	6.0	1.3	33.6	17.5	10.8	35.4
天 津	4.2	3.0	3.9	15.9	8.6	1.6	13.6
河 北	7.9	9.4	1.6	85.8	25.9	4.7	77.1
山 西	5.7	5.9	0.4	47.4	14.1	4.3	55.9
内蒙古	4.1	6.8	1.7	34.3	10.9	3.3	35.3
辽 宁	9.6	12.1	2.0	50.6	23.1	4.7	49.3
吉 林	5.6	6.8	0.8	36.0	14.0	3.3	31.3
黑龙江	10.8	9.0	4.6	45.6	18.9	3.8	41.5
上 海	19.9	4.7	1.0	24.4	14.5	3.7	18.4
江 苏	7.6	9.1	0.5	82.6	27.1	4.8	63.1
浙 江	7.5	6.6	0.7	55.3	27.0	5.4	55.2
安 徽	5.8	5.8	0.3	58.6	16.3	3.1	46.5
福 建	3.8	3.8	0.8	43.1	12.6	3.2	30.3
江 西	5.0	5.0	0.4	46.7	15.9	3.1	43.5
山 东	8.6	10.6	2.3	104.3	37.1	6.2	104.7
河 南	9.6	11.6	0.7	102.0	36.7	6.4	104.1
湖 北	9.5	7.9	0.7	63.2	28.0	4.7	54.7
湖 南	6.9	8.0	0.5	66.0	27.8	3.8	77.5
广 东	10.3	10.7	1.9	107.5	46.6	7.1	94.0
广 西	6.3	7.0	0.2	57.1	22.5	2.9	39.4
海 南	1.3	1.9	0.1	10.6	3.6	0.8	9.6
重 庆	3.0	3.0	0.2	33.8	10.2	2.1	24.6
四 川	12.9	8.9	0.4	81.0	27.8	4.0	77.4
贵 州	3.7	3.0	0.3	41.1	11.5	1.6	40.2
云 南	5.4	4.4	0.3	50.9	15.2	2.9	46.0
西 藏	0.7	0.2		4.0	1.5	0.6	8.6
陕 西	11.6	7.6	0.5	53.4	18.0	3.5	49.4
甘 肃	4.9	3.4	0.2	34.2	9.7	2.8	36.8
青 海	2.1	1.1	0.2	7.3	3.1	0.7	8.9
宁 夏	1.0	1.7		7.8	3.3	0.8	8.3
新 疆	4.3	4.8	0.4	33.6	13.6	2.6	35.3

1-35 各地区按第三产业行业门类分城镇集体单位就业人员数(2010年底)

单位：人

地区	交通运输、仓储和邮政业	信息传输、计算机服务和软件业	批发和零售业	住宿和餐饮业	金融业	房地产业	租赁和商务服务业
全国	**197797**	**10044**	**479504**	**95509**	**520764**	**91699**	**376211**
北京	8148	1208	15656	11140		16961	56973
天津	1105	68	6083	715	3405	498	3041
河北	5290	544	35571	3167	40305	1006	10112
山西	5013	79	35963	3326	37539	1137	24728
内蒙古	2851	16	3218	1913	22771	98	1666
辽宁	8908	234	18613	3407	23839	2484	20317
吉林	11396	395	6763	2852	17999	355	2751
黑龙江	5657	262	14218	3492	19512	1543	5476
上海	5287	318	10790	1475	11	3079	15261
江苏	10343	684	19188	3527	23086	2478	16690
浙江	12820	887	9306	6103	10453	5021	32477
安徽	7501	165	13432	1261	17246	942	5208
福建	3199	35	12946	2930	12071	2468	16411
江西	5736	213	7897	498	17973	217	7052
山东	10769	1923	47986	6025	38365	7857	26840
河南	18931	460	84110	10042	33061	5773	17470
湖北	10020	44	10812	3120	20806	1197	7179
湖南	12952	195	7226	2668	16213	3202	17610
广东	18259	1058	37255	9884	43146	22388	43445
广西	9256	112	15359	2417	16111	1340	7686
海南	881	43	3368	1192	2978	918	847
重庆	2920	159	5960	1878	3552	1297	1336
四川	9438	265	11318	3834	27312	1574	7433
贵州	3350	29	7051	795	9484	1683	4729
云南	2075	221	11055	2891	18451	821	7176
西藏	14		265	89			50
陕西	3920	380	15788	2580	18780	3819	6914
甘肃	941	43	5534	633	11760	358	2912
青海	106		1215	521	1787	593	1409
宁夏	20		733	4	3619	10	584
新疆	691	4	4825	1130	9129	582	4428

1-35 续表　　　　　　　　　　　　　　　　　　　　　　　　　单位：人

地　区	科学研究、技术服务和地质勘查业	水利、环境和公共设施管理业	居民服务和其他服务业	教　育	卫生、社会保障和社会福利业	文化、体育和娱乐业	公共管理和社会组织
全　国	**41708**	**105160**	**78476**	**175404**	**513740**	**21543**	**21728**
北　京	7248	3393	8338	12303	13300	1664	666
天　津	474	129	7168	2713	2732	87	421
河　北	214	1705	3025	1213	18246	1748	1013
山　西	500	4002	1598	4240	17617	2322	100
内蒙古	176	2757	2076	280	12355	41	
辽　宁	3030	2575	3090	3121	15337	364	1315
吉　林	795	8421	1611	761	9713	234	264
黑龙江	1216	3621	12860	2377	6684	211	467
上　海	1930	4481	2522	2458	20625	1661	2666
江　苏	1143	18583	1951	6262	69369	2558	6
浙　江	4270	12088	1348	15900	42512	913	1808
安　徽	1848	1054	194	2027	46896	894	2380
福　建	702	1246	1397	1218	26557	737	191
江　西		3786	542	53	6292	11	132
山　东	4365	4317	2269	22965	53334	874	1549
河　南	2857	1207	4115	68050	17531	1744	3146
湖　北	822	5066	1941	5015	13925	462	1933
湖　南	951	2638	2256	5522	18570	476	279
广　东	4189	11387	7441	8094	20559	1243	1654
广　西	626	720	2613	1309	677	159	136
海　南	487	120	32	337	5362	547	36
重　庆	242	2640	512	486	13189	222	297
四　川	611	4759	3003	949	47427	890	294
贵　州	347	1688	948	1730	892	74	135
云　南	1065	1915	860	1693	957	53	741
西　藏						22	
陕　西	845	579	3805	3949	9293	1091	25
甘　肃	407		339	270	1924	149	57
青　海	288	109	394	8	198	89	
宁　夏		174			167		
新　疆	60		228	101	1500	3	17

1-36 各地区按第三产业行业门类分其他单位就业人员数(2010年底)

单位：万人

地区	交通运输、仓储和邮政业	信息传输、计算机服务和软件业	批发和零售业	住宿和餐饮业	金融业	房地产业	租赁和商务服务业
全国	**208.0**	**122.3**	**349.9**	**145.1**	**273.7**	**157.1**	**140.9**
北京	39.5	40.3	49.7	21.6	25.0	26.8	49.0
天津	6.0	2.0	8.5	4.1	5.8	2.7	1.7
河北	5.1	3.0	10.1	1.5	17.6	2.2	1.1
山西	2.6	1.2	5.4	1.9	4.7	1.6	0.6
内蒙古	1.2	0.7	3.0	1.1	3.4	0.7	0.8
辽宁	7.3	4.8	11.2	4.3	11.0	6.1	3.9
吉林	3.0	2.7	5.5	1.6	4.2	2.4	1.5
黑龙江	1.6	2.8	10.0	1.3	7.1	2.1	1.7
上海	20.9	4.8	22.3	10.0	18.6	8.1	8.3
江苏	11.8	6.1	22.3	8.4	16.0	5.3	5.0
浙江	11.6	8.9	27.0	13.1	21.6	11.4	13.9
安徽	4.6	1.6	7.4	2.5	7.5	3.6	2.1
福建	4.3	2.9	8.7	5.4	6.8	6.5	7.3
江西	1.4	1.5	2.9	0.6	4.6	1.0	0.2
山东	9.8	3.9	24.4	5.5	21.6	8.0	4.5
河南	5.7	2.0	16.5	5.2	13.0	7.1	4.4
湖北	7.0	2.4	15.0	6.0	6.4	4.5	1.8
湖南	4.8	2.9	12.0	6.3	12.5	7.7	3.2
广东	28.8	12.4	30.7	20.1	23.4	22.4	10.7
广西	4.8	1.5	5.9	2.5	3.2	3.0	4.1
海南	2.4	0.5	2.6	3.4	0.9	2.6	0.8
重庆	4.3	1.8	7.8	3.3	7.6	4.1	2.7
四川	5.7	3.1	10.2	3.3	9.8	4.2	1.5
贵州	1.4	1.5	5.9	1.6	3.6	2.9	1.9
云南	4.4	1.8	10.8	4.0	2.7	3.6	4.0
西藏			0.1		0.1		0.1
陕西	3.4	3.1	6.0	4.1	8.0	3.3	0.7
甘肃	1.7	0.6	2.8	0.8	2.6	0.9	0.2
青海	0.5	0.1	1.0	0.2	0.3	0.4	0.2
宁夏	0.3	0.2	0.7	0.3	1.1	0.5	1.1
新疆	2.4	0.9	3.8	1.0	3.0	1.6	2.1

1-36 续表 单位：万人

地 区	科学研究、技术服务和地质勘查业	水利、环境和公共设施管理业	居民服务和其他服务业	教 育	卫生、社会保障和社会福利业	文化、体育和娱乐业	公共管理和社会组织
全 国	**68.6**	**18.5**	**23.5**	**46.8**	**18.6**	**16.2**	**10.7**
北 京	25.1	2.4	5.3	5.8	1.8	4.3	5.6
天 津	2.2	0.6	2.2	0.3	0.1	0.1	0.1
河 北	1.0	0.5	0.1	0.4	0.1	0.1	
山 西	0.3	0.1	0.2	0.8	0.3	0.1	
内蒙古	0.2	0.2	0.1	0.3	0.1	0.1	
辽 宁	2.0	0.4	0.6	1.3	1.0	0.4	0.1
吉 林	1.0	0.5	0.2	0.6	0.3	0.4	
黑龙江	1.0	0.4	0.6	0.4	0.1	0.1	
上 海	3.2	0.7	2.1	1.5	0.1	0.9	
江 苏	3.1	1.4	0.4	2.3	2.3	0.6	
浙 江	6.1	3.1	0.8	4.2	1.2	0.7	2.2
安 徽	0.7	0.5	0.2	1.7	0.9	0.2	
福 建	1.5	0.5	0.5	1.5	0.4	0.4	
江 西	0.1	0.2	0.1	1.0	0.2	0.1	
山 东	1.9	0.6	1.0	2.6	1.0	0.4	0.1
河 南	1.6	0.5	0.8	5.3	2.4	0.5	1.3
湖 北	1.2	0.6	0.3	2.0	0.7	0.4	
湖 南	1.3	0.4	0.8	3.6	1.4	0.7	0.6
广 东	7.3	2.2	3.8	4.1	1.6	2.2	
广 西	0.6	0.4	0.3	0.9	0.4	0.3	
海 南	0.4	0.3	0.2	1.1		0.3	0.1
重 庆	2.5	0.5	0.7	1.2	0.1	0.5	
四 川	0.7	0.4	0.3	0.8	0.4	0.3	
贵 州	0.5	0.1	0.6	0.6	0.3	0.2	0.1
云 南	0.8	0.7	0.4	0.7	0.5	0.7	0.1
西 藏							0.3
陕 西	1.1	0.2	0.8	1.3	0.3	1.1	
甘 肃	0.2				0.1		
青 海	0.2	0.1		0.2	0.1		
宁 夏	0.2			0.1			
新 疆	0.5	0.3	0.2	0.2	0.1	0.1	

1-37 各地区按第三产业行业门类分私营企业和个体就业人员数(2010年底)

单位：万人

地 区	第三产业合计	交通运输、仓储和邮政业	信息传输、计算机服务和软件业	批发和零售业	住宿和餐饮业	金融业	房地产业
全 国	**10977.0**	**487.6**	**275.7**	**6388.5**	**996.4**	**30.3**	**333.9**
北 京	450.4	15.0	6.4	146.4	29.2	0.4	14.8
天 津	91.6	6.1	1.0	44.5	5.6	0.4	2.6
河 北	357.0	17.8	7.6	237.4	30.1	1.7	8.9
山 西	222.0	5.9	3.6	143.1	23.4	0.9	3.5
内蒙古	206.6	13.1	3.8	114.5	26.5	1.2	7.2
辽 宁	497.4	67.2	19.5	259.2	37.9	2.2	18.9
吉 林	219.3	12.3	3.8	125.9	29.2	0.8	5.3
黑龙江	317.5	15.2	7.9	159.5	38.3	0.5	6.2
上 海	437.1	22.2	11.1	219.2	19.2	0.5	16.1
江 苏	920.5	38.9	17.2	571.6	59.6	2.8	33.7
浙 江	628.3	24.2	17.3	380.5	47.8	1.5	18.1
安 徽	429.1	10.6	10.4	264.4	42.4	1.7	10.7
福 建	334.0	7.7	9.3	206.5	25.3	1.3	9.3
江 西	337.2	16.8	5.6	214.7	34.9	0.4	9.9
山 东	768.5	38.0	17.8	493.3	61.3	2.3	23.5
河 南	503.1	14.9	8.6	328.1	49.7	1.3	12.5
湖 北	468.9	22.8	11.2	276.0	51.6	1.0	11.3
湖 南	446.8	16.3	17.8	250.1	27.3	0.8	14.3
广 东	1065.6	27.6	33.9	638.3	86.2	4.2	35.9
广 西	318.8	19.6	5.1	213.3	25.9	0.4	8.6
海 南	72.3	4.8	2.6	33.3	7.7	0.2	6.0
重 庆	248.6	8.8	13.3	135.2	21.2	0.9	11.3
四 川	564.8	25.0	17.8	305.9	69.7	0.8	14.9
贵 州	128.0	6.1	2.6	75.5	14.0	0.3	4.5
云 南	305.0	9.6	7.0	183.7	38.0	0.9	10.4
西 藏	29.5	0.8	0.5	15.6	5.5		0.3
陕 西	231.7	8.1	6.1	134.6	34.9	0.3	5.3
甘 肃	139.0	2.8	2.6	87.0	20.6	0.3	3.7
青 海	39.9	1.6	0.5	21.9	6.9		1.1
宁 夏	63.8	1.7	1.0	37.9	7.2	0.3	1.3
新 疆	134.9	6.3	2.9	71.6	19.3	0.3	3.8

1-37 续表

单位：万人

地 区	租赁和商务服务业	科学研究、技术服务和地质勘查业	水利、环境和公共设施管理业	居民服务和其他服务业	教 育	卫生、社会保障和社会福利业	文化、体育和娱乐业	其 他
全 国	**815.4**	**395.0**	**37.1**	**956.0**	**13.9**	**33.8**	**123.9**	**89.5**
北 京	65.2	118.1	2.9	21.2	0.6	1.0	27.7	1.5
天 津	11.0	13.0	0.5	5.3		0.4	1.2	
河 北	11.6	3.5	0.8	31.8	0.3	1.1	1.8	2.6
山 西	7.5	1.4	0.6	27.2	0.2	1.3	2.0	1.3
内蒙古	9.8	2.1	0.5	22.3	0.8	1.0	1.7	2.2
辽 宁	27.4	12.3	1.8	41.4	0.3	2.1	4.0	3.4
吉 林	8.5	3.7	0.6	22.6	0.4	1.4	1.5	3.4
黑龙江	14.5	5.3	0.6	59.7	0.4	0.7	2.7	6.0
上 海	71.1	51.2	3.8	16.8	0.3	1.1	4.4	
江 苏	68.1	38.2	4.8	74.0	1.2	2.4	8.0	0.1
浙 江	57.1	16.0	2.3	53.1	0.9	1.4	6.3	1.8
安 徽	21.3	5.0	1.2	43.1	0.5	0.7	3.7	13.5
福 建	30.8	7.9	1.2	29.5	0.4	0.9	3.7	0.1
江 西	11.4	0.9	0.3	30.2	0.2	0.6	3.1	8.1
山 东	50.1	10.3	2.6	63.7	0.6	1.9	3.2	
河 南	23.5	4.3	0.9	47.3	0.3	0.7	2.2	8.8
湖 北	23.1	9.3	1.0	48.8	1.3	1.0	3.6	6.9
湖 南	68.4	10.7	1.2	32.0	0.6	1.3	5.6	0.3
广 东	89.3	50.5	3.5	82.7	1.8	0.8	8.4	2.6
广 西	15.7	3.6	0.7	19.6	0.4	0.8	3.4	1.7
海 南	7.0	1.0	0.3	7.3	0.1	0.4	1.4	0.2
重 庆	29.3	5.7	1.5	17.9	0.5	0.5	2.6	
四 川	41.6	11.5	1.0	55.0	0.7	3.1	8.5	9.5
贵 州	5.3	0.6	0.3	12.6	0.3	1.0	1.3	3.7
云 南	15.5	4.4	1.0	26.2	0.4	2.5	4.2	1.2
西 藏	1.4	0.1		3.2		0.1	1.2	0.9
陕 西	12.1	1.4	0.3	21.0	0.1	0.6	2.3	4.6
甘 肃	4.7	0.9	0.2	13.0	0.2	1.2	1.3	0.6
青 海	0.8	0.1	0.1	3.8		0.2	0.4	2.4
宁 夏	3.4	0.6	0.1	8.7	0.1	0.3	0.6	0.7
新 疆	9.1	1.6	0.3	15.0	0.1	1.3	1.8	1.5

1-38 各地区按第三产业行业门类分城镇私营企业和个体就业人员数(2010年底)

单位：万人

地区	第三产业合计	交通运输、仓储和邮政业	信息传输、计算机服务和软件业	批发和零售业	住宿和餐饮业	金融业	房地产业
全国	**7676.4**	**322.9**	**213.8**	**4280.6**	**713.3**	**22.5**	**262.3**
北京	301.2	6.6	3.6	88.7	21.0	0.3	8.6
天津	83.1	5.5	0.9	39.8	4.6	0.4	2.4
河北	214.5	10.2	5.0	136.2	20.2	0.6	7.2
山西	146.4	3.3	2.6	94.1	15.6	0.5	2.6
内蒙古	175.1	10.8	3.4	94.9	23.1	1.0	6.7
辽宁	384.4	46.5	17.1	193.9	31.0	1.8	16.6
吉林	179.6	10.3	3.4	102.5	21.4	0.6	4.9
黑龙江	243.7	11.3	6.7	114.0	28.4	0.4	5.1
上海	262.9	13.6	5.7	121.5	16.4	0.4	12.0
江苏	696.4	29.3	15.2	408.4	52.5	2.2	27.7
浙江	458.2	15.6	15.3	269.8	36.1	1.2	14.6
安徽	316.8	6.7	7.2	190.7	37.0	1.0	6.4
福建	195.3	5.1	6.2	115.1	16.1	1.1	6.2
江西	184.7	10.2	3.1	108.8	22.1	0.2	6.6
山东	454.0	19.9	12.3	279.3	36.0	1.5	16.7
河南	292.2	6.1	5.8	186.9	28.8	0.9	8.2
湖北	349.1	15.1	8.6	207.6	32.6	0.9	9.3
湖南	312.3	10.1	13.7	162.9	20.9	0.6	8.4
广东	901.2	24.4	30.3	523.9	71.3	3.5	32.7
广西	194.3	11.3	3.3	120.5	18.5	0.3	6.8
海南	63.9	4.3	2.4	28.7	6.6	0.1	5.7
重庆	217.4	7.3	12.3	114.6	19.2	0.9	10.6
四川	366.7	15.7	13.3	191.7	43.4	0.6	12.3
贵州	78.9	3.4	1.9	44.3	8.9	0.2	3.6
云南	235.6	7.1	6.4	136.7	28.0	0.9	9.8
西藏	25.3	0.7	0.5	13.5	4.4		0.2
陕西	61.4	2.6	2.2	30.9	8.9	0.1	2.0
甘肃	102.3	2.0	2.0	63.5	14.9	0.2	3.2
青海	31.3	1.5	0.5	17.1	5.7		0.8
宁夏	40.3	1.2	0.7	23.3	5.1	0.2	1.0
新疆	107.7	5.4	2.3	56.7	14.6	0.2	3.3

1-38 续表 单位：万人

地 区	租赁和商务服务业	科学研究、技术服务和地质勘查业	水利、环境和公共设施管理业	居民服务和其他服务业	教 育	卫生、社会保障和社会福利业	文化、体育和娱乐业	其 他
全 国	**646.4**	**311.2**	**25.7**	**685.0**	**10.7**	**26.8**	**97.5**	**57.5**
北 京	46.8	85.6	1.5	15.4	0.4	0.8	21.0	0.9
天 津	10.1	12.8	0.4	4.7		0.4	1.1	
河 北	9.2	2.7	0.6	19.6	0.2	0.7	1.6	0.6
山 西	5.9	1.0	0.4	17.1	0.1	1.0	1.5	0.7
内蒙古	9.1	1.9	0.4	19.2	0.8	0.8	1.5	1.6
辽 宁	24.2	11.3	1.5	32.0	0.3	1.9	3.6	2.9
吉 林	7.7	3.4	0.6	20.0	0.3	1.3	1.3	1.9
黑龙江	12.6	4.7	0.5	52.6	0.3	0.6	2.1	4.5
上 海	45.1	30.0	1.9	12.0	0.2	1.0	3.2	
江 苏	57.9	32.1	3.5	57.6	1.0	2.0	7.0	0.1
浙 江	44.8	13.4	1.6	38.4	0.6	1.1	4.9	0.7
安 徽	13.5	3.2	0.7	34.4	0.3	0.5	3.0	12.2
福 建	19.7	4.7	0.8	16.6	0.3	0.8	2.6	0.1
江 西	6.6	0.3	0.1	19.2	0.1	0.4	2.1	5.0
山 东	39.1	7.8	1.7	35.7	0.3	1.3	2.3	
河 南	17.8	3.4	0.6	27.7	0.2	0.4	1.6	4.0
湖 北	20.1	8.8	0.8	35.2	1.2	0.8	2.9	5.2
湖 南	56.2	8.9	0.8	23.0	0.5	1.2	4.8	0.1
广 东	83.9	49.1	2.9	67.5	1.6	0.6	7.5	2.0
广 西	12.2	2.6	0.5	14.7	0.3	0.6	2.4	0.3
海 南	6.6	0.9	0.3	6.4	0.1	0.3	1.3	0.2
重 庆	27.2	4.9	1.2	15.8	0.5	0.5	2.4	
四 川	31.3	9.5	0.8	33.6	0.4	2.2	5.8	6.3
贵 州	4.3	0.4	0.2	8.1	0.1	0.7	0.9	2.0
云 南	14.5	4.2	0.9	20.0	0.3	2.2	3.6	0.9
西 藏	1.3	0.1		2.8		0.1	1.1	0.5
陕 西	4.0	0.8	0.1	7.1		0.3	1.2	1.1
甘 肃	4.0	0.8	0.1	9.2	0.1	0.8	1.1	0.3
青 海	0.7	0.1	0.1	2.8		0.2	0.4	1.6
宁 夏	1.9	0.4	0.1	5.5		0.2	0.4	0.4
新 疆	8.2	1.5	0.2	11.4	0.1	1.0	1.5	1.2

【主要统计指标解释】

法人单位 指具备以下条件的单位：（1）依法成立，有自己的名称、组织机构和场所，能够独立承担民事责任；（2）独立拥有和使用资产，承担负债，有权与其他单位签订合同；（3）会计上独立核算，能够编制资产负债表。

经济活动人口 指在16周岁及以上，有劳动能力，参加或要求参加社会经济活动的人口。包括就业人员和失业人员。

就业人员 指在16周岁及以上，从事一定社会劳动并取得劳动报酬或经营收入的人员。这一指标反映了一定时期内全部劳动力资源的实际利用情况，是研究我国基本国情国力的重要指标。

各单位的就业人员 指在各级国家机关、政党机关、社会团体及企业、事业单位中工作，取得工资或其他形式的劳动报酬的全部人员。包括在岗职工、再就业的离退休人员、民办教师以及在各单位中工作的外方人员和港澳台方人员、兼职人员、借用的外单位人员和第二职业者。不包括离开本单位仍保留劳动关系的职工。各单位的就业人员反映了各单位实际参加生产或工作的全部劳动力。

城镇私营和个体就业人员 城镇私营就业人员指在工商管理部门注册登记，其经营地址设在县城关镇(含县城关镇)以上的私营企业就业人员，包括私营企业投资者和雇工。城镇个体就业人员指在工商管理部门注册登记，并持有城镇户口或在城镇长期居住，经批准从事个体工商经营的就业人员，包括个体经营者和在个体工商户劳动的家庭帮工和雇工。

国有单位 指资产归国家所有的经济组织。包括按《中华人民共和国企业法人登记管理条例》规定登记注册的非公司制的经济组织，以及中央、地方各级国家机关、事业单位和社会团体。

集体单位 指生产资料归集体所有，并按《中华人民共和国企业法人登记管理条例》规定登记注册的经济组织。

其他单位 包括股份合作单位、联营单位、有限责任公司、股份有限公司、港澳台商投资单位以及外商投资单位等其他登记注册类型单位。

2 第三产业增加值

简要说明

国内生产总值数据是由国家统计局国民经济核算司根据不同产业部门、不同支出构成的特点和资料来源情况计算的。

本年鉴公布的国内生产总值以及与之有关的指标数据，最后一年数据不是最终数，还会在获得更多的财务和行政记录等资料后发生变动。如果遇到普查，在能够获得更详细的基础资料的情况下，国内生产总值的历史数据还会发生变动。

国内生产总值是一个价值量指标，其价值的变化受价格变化和物量变化两大因素影响。不变价国内生产总值是把按当期价格计算的国内生产总值换算成按某个固定期（基期）价格计算的价值，从而使两个不同时期的价值进行比较时，能够剔除价格变化的影响，以反映物量变化，反映生产活动成果的实际变动。国内生产总值指数就是根据两个时期不变价国内生产总值计算得到的。随着经济的不断发展，各行业的价格结构也会不断发生变化，为了更好的反映这种变化对于经济的影响，计算不变价国内生产总值需要每隔若干年调整一次基期。我国自开始核算国内生产总值以来，共有1952年、1957年、1970年、1980年、1990年、2000年、2005年7个不变价基期，目前的基期是2005年。也就是说，2006年的不变价国内生产总值是按照2005年价格计算的。由于计算不变价国内生产总值采用按不同基期分段计算，因此本年鉴中的不变价国内生产总值数据也按分段方式公布。

本篇所列分地区的数据来自各省、自治区、直辖市统计局的国民经济核算资料。由于采取分级核算，各地区数据相加不等于全国总计。

2-1 第三产业增加值及所占比重

单位：亿元

年 份	国内生产总值	第一产业	第二产业	第三产业	比重(%)
1978	3645.2	1027.5	1745.2	872.5	23.9
1979	4062.6	1270.2	1913.5	878.9	21.6
1980	4545.6	1371.6	2192.0	982.0	21.6
1981	4891.6	1559.5	2255.5	1076.6	22.0
1982	5323.4	1777.4	2383.0	1163.0	21.8
1983	5962.7	1978.4	2646.2	1338.1	22.4
1984	7208.1	2316.1	3105.7	1786.3	24.8
1985	9016.0	2564.4	3866.6	2585.0	28.7
1986	10275.2	2788.7	4492.7	2993.8	29.1
1987	12058.6	3233.0	5251.6	3574.0	29.6
1988	15042.8	3865.4	6587.2	4590.3	30.5
1989	16992.3	4265.9	7278.0	5448.4	32.1
1990	18667.8	5062.0	7717.4	5888.4	31.6
1991	21781.5	5342.2	9102.2	7337.1	33.7
1992	26923.5	5866.6	11699.5	9357.4	34.8
1993	35333.9	6963.8	16454.4	11915.7	33.7
1994	48197.9	9572.7	22445.4	16179.8	33.6
1995	60793.7	12135.8	28679.5	19978.5	32.9
1996	71176.6	14015.4	33835.0	23326.2	32.8
1997	78973.0	14441.9	37543.0	26988.1	34.2
1998	84402.3	14817.6	39004.2	30580.5	36.2
1999	89677.1	14770.0	41033.6	33873.4	37.7
2000	99214.6	14944.7	45555.9	38714.0	39.0
2001	109655.2	15781.3	49512.3	44361.6	40.5
2002	120332.7	16537.0	53896.8	49898.9	41.5
2003	135822.8	17381.7	62436.3	56004.7	41.2
2004	159878.3	21412.7	73904.3	64561.3	40.4
2005	184937.4	22420.0	87598.1	74919.3	40.5
2006	216314.4	24040.0	103719.5	88554.9	40.9
2007	265810.3	28627.0	125831.4	111351.9	41.9
2008	314045.4	33702.0	149003.4	131340.0	41.8
2009	340902.8	35226.0	157638.8	148038.0	43.4
2010	401202.0	40533.6	187581.4	173087.0	43.1

注：本表按当年价格计算。

2-2 第三产业分行业增加值

单位：亿元

年 份	第三产业	交通运输、仓储和邮政业	批发和零售业	住宿和餐饮业	金融业	房地产业	其他
1978	872.5	182.0	242.3	44.6	68.2	79.9	255.6
1979	878.9	193.7	200.9	44.0	66.9	86.3	287.1
1980	982.0	213.4	193.8	47.4	75.0	96.4	356.0
1981	1076.6	220.7	231.1	54.1	79.8	99.9	390.9
1982	1163.0	246.9	171.4	62.3	114.8	110.8	456.8
1983	1338.1	274.9	198.7	72.5	149.0	121.8	521.2
1984	1786.3	338.5	363.5	96.8	203.9	162.3	621.2
1985	2585.0	421.7	802.4	138.3	259.9	215.2	747.5
1986	2993.8	498.8	852.6	163.2	356.4	298.1	824.6
1987	3574.0	568.3	1059.6	187.1	450.0	382.6	926.3
1988	4590.3	685.7	1483.4	241.4	585.4	473.8	1120.6
1989	5448.4	812.7	1536.2	277.4	964.3	566.2	1291.6
1990	5888.4	1167.0	1268.9	301.9	1017.5	662.2	1470.9
1991	7337.1	1420.3	1834.6	442.3	1056.3	763.7	1819.9
1992	9357.4	1689.0	2405.0	584.6	1306.2	1101.3	2271.3
1993	11915.7	2174.0	2816.6	712.1	1669.7	1379.6	3163.7
1994	16179.8	2787.9	3773.4	1008.5	2234.8	1909.3	4465.8
1995	19978.5	3244.3	4778.6	1200.1	2798.5	2354.0	5602.9
1996	23326.2	3782.2	5599.7	1336.8	3211.7	2617.6	6778.3
1997	26988.1	4148.6	6327.4	1561.3	3606.8	2921.1	8423.0
1998	30580.5	4660.9	6913.2	1786.9	3697.7	3434.5	10087.3
1999	33873.4	5175.2	7491.1	1941.2	3816.5	3681.8	11767.7
2000	38714.0	6161.0	8158.6	2146.3	4086.7	4149.1	14012.4
2001	44361.6	6870.3	9119.4	2400.1	4353.5	4715.1	16903.3
2002	49898.9	7492.9	9995.4	2724.8	4612.8	5346.4	19726.7
2003	56004.7	7913.2	11169.5	3126.1	4989.4	6172.7	22633.9
2004	64561.3	9304.4	12453.8	3664.8	5393.0	7174.1	26571.2
2005	74919.3	10666.2	13966.2	4195.7	6086.8	8516.4	31488.0
2006	88554.9	12183.0	16530.7	4792.6	8099.1	10370.5	36579.1
2007	111351.9	14601.0	20937.8	5548.1	12337.5	13809.7	44117.7
2008	131340.0	16362.5	26182.3	6616.1	14863.3	14738.7	52577.1
2009	148038.0	16727.1	28984.5	7118.2	17767.5	18654.9	58785.9
2010	173087.0	18968.5	35746.1	8068.5	20980.6	22315.6	67007.8

注：本表按当年价格计算。

2-3 第三产业分行业增加值构成

单位：%

年份	第三产业	交通运输、仓储和邮政业	批发和零售业	住宿和餐饮业	金融业	房地产业	其他
1978	100.0	20.9	27.8	5.1	7.8	9.2	29.3
1979	100.0	22.0	22.9	5.0	7.6	9.8	32.7
1980	100.0	21.7	19.7	4.8	7.6	9.8	36.3
1981	100.0	20.5	21.5	5.0	7.4	9.3	36.3
1982	100.0	21.2	14.7	5.4	9.9	9.5	39.3
1983	100.0	20.5	14.8	5.4	11.1	9.1	38.9
1984	100.0	19.0	20.3	5.4	11.4	9.1	34.8
1985	100.0	16.3	31.0	5.3	10.1	8.3	28.9
1986	100.0	16.7	28.5	5.5	11.9	10.0	27.5
1987	100.0	15.9	29.6	5.2	12.6	10.7	25.9
1988	100.0	14.9	32.3	5.3	12.8	10.3	24.4
1989	100.0	14.9	28.2	5.1	17.7	10.4	23.7
1990	100.0	19.8	21.5	5.1	17.3	11.2	25.0
1991	100.0	19.4	25.0	6.0	14.4	10.4	24.8
1992	100.0	18.0	25.7	6.2	14.0	11.8	24.3
1993	100.0	18.2	23.6	6.0	14.0	11.6	26.6
1994	100.0	17.2	23.3	6.2	13.8	11.8	27.6
1995	100.0	16.2	23.9	6.0	14.0	11.8	28.0
1996	100.0	16.2	24.0	5.7	13.8	11.2	29.1
1997	100.0	15.4	23.4	5.8	13.4	10.8	31.2
1998	100.0	15.2	22.6	5.8	12.1	11.2	33.0
1999	100.0	15.3	22.1	5.7	11.3	10.9	34.7
2000	100.0	15.9	21.1	5.5	10.6	10.7	36.2
2001	100.0	15.5	20.6	5.4	9.8	10.6	38.1
2002	100.0	15.0	20.0	5.5	9.2	10.7	39.5
2003	100.0	14.1	19.9	5.6	8.9	11.0	40.4
2004	100.0	14.4	19.3	5.7	8.4	11.1	41.2
2005	100.0	14.2	18.6	5.6	8.1	11.4	42.0
2006	100.0	13.8	18.7	5.4	9.1	11.7	41.3
2007	100.0	13.1	18.8	5.0	11.1	12.4	39.6
2008	100.0	12.5	19.9	5.0	11.3	11.2	40.0
2009	100.0	11.3	19.6	4.8	12.0	12.6	39.7
2010	100.0	11.0	20.7	4.7	12.1	12.9	38.7

注：本表按当年价格计算。

2-4 第三产业不变价增加值

单位：亿元

年 份	第三产业	交通运输、仓储和邮政业	批发和零售业	住宿和餐饮业	金融业	房地产业	其他
			按1970年价格计算				
1978	846.0	180.9	253.2	44.8	75.2	46.4	245.4
1979	912.4	195.9	275.3	49.8	73.1	48.3	270.1
1980	967.2	204.3	270.2	51.7	77.9	52.1	311.0
			按1980年价格计算				
1980	982.9	214.0	201.9	48.3	86.6	57.1	375.0
1981	1085.3	218.0	261.6	56.7	90.3	55.1	403.7
1982	1226.2	242.8	259.6	74.6	130.6	60.1	458.5
1983	1412.2	265.8	314.7	89.1	165.8	63.2	513.6
1984	1685.5	305.4	392.6	96.3	217.3	80.7	593.3
1985	1991.6	347.5	524.2	102.3	254.1	100.9	662.5
1986	2231.4	395.7	573.7	118.3	334.4	127.0	682.3
1987	2551.8	433.7	658.2	129.8	412.3	164.2	753.6
1988	2887.6	488.0	735.6	162.4	492.5	185.0	824.1
1989	3042.4	508.5	656.8	178.4	620.0	214.5	864.0
1990	3113.4	551.0	622.2	184.7	631.5	227.9	896.1
			按1990年价格计算				
1990	5768.5	1167.0	1268.9	301.9	1234.5	325.3	1470.9
1991	6280.3	1290.2	1334.6	326.5	1263.0	364.2	1701.7
1992	7061.8	1420.0	1474.9	414.7	1364.0	490.6	1897.5
1993	7922.3	1598.0	1601.5	448.9	1512.0	543.4	2218.6
1994	8801.0	1734.2	1732.6	570.7	1653.7	608.4	2501.3
1995	9667.0	1924.6	1875.2	629.1	1794.3	684.1	2759.6
1996	10578.2	2137.0	2018.4	672.1	1928.9	711.7	3110.1
1997	11711.9	2333.7	2195.4	745.7	2092.0	741.1	3604.1
1998	12692.4	2580.8	2338.3	828.2	2194.8	798.0	3952.4
1999	13876.6	2894.9	2541.9	892.1	2300.0	845.4	4402.3
2000	15229.4	3143.3	2781.3	975.4	2449.3	905.5	4974.6
			按2000年价格计算				
2000	38714.0	6161.0	8158.6	2146.3	4086.7	4149.1	14012.4
2001	42685.0	6703.6	8900.6	2310.4	4350.2	4605.1	15815.2
2002	47142.3	7181.3	9684.7	2590.9	4651.3	5061.4	17972.7
2003	51622.2	7621.2	10647.2	2911.0	4975.3	5557.6	19910.0
2004	56813.6	8724.5	11346.4	3270.2	5159.4	5885.5	22427.6
2005	63761.8	9702.0	12824.4	3671.2	5870.0	6605.7	25088.6
			按2005年价格计算				
2005	74919.3	10666.2	13966.2	4195.7	6086.8	8516.4	31488.0
2006	85511.6	11729.4	16684.6	4723.0	7662.9	9834.8	34876.8
2007	99179.7	13113.6	20057.5	5177.3	9777.1	12230.1	38824.2
2008	109497.4	14074.1	23236.6	5674.3	11080.8	12347.3	43084.3
2009	119969.4	14661.9	26048.9	5985.1	13099.9	13740.4	46433.3

注：1.更换基期的年份有两个不变价数据，一个按上一基期价格计算，一个按新基期价格计算。
2.有关不变价国内生产总值的解释见简要说明。

2-5 第三产业分行业增加值及占GDP的比重

行业	2008		2009	
	增加值(亿元)	占GDP的比重(%)	增加值(亿元)	占GDP的比重(%)
第三产业总计	**131340.0**	**41.8**	**148038.0**	**43.4**
交通运输、仓储和邮政业	16362.5	5.2	16727.1	4.9
信息传输、计算机服务和软件业	7859.7	2.5	8163.8	2.4
批发和零售业	26182.3	8.3	28984.5	8.5
住宿和餐饮业	6616.1	2.1	7118.2	2.1
金融业	14863.3	4.7	17767.5	5.2
房地产业	14738.7	4.7	18654.9	5.5
租赁和商务服务业	5608.2	1.8	6191.4	1.8
科学研究、技术服务和地质勘查业	3993.4	1.3	4721.7	1.4
水利、环境和公共设施管理业	1265.5	0.4	1480.4	0.4
居民服务和其他服务业	4628.0	1.5	5271.5	1.5
教育	8887.5	2.8	10481.8	3.1
卫生、社会保障和社会福利业	4628.7	1.5	5082.6	1.5
文化、体育和娱乐业	1922.4	0.6	2231.0	0.7
公共管理和社会组织	13783.7	4.4	15161.7	4.4

注：本表按当年价格计算。

2-6 第三产业分行业增加值指数

上年＝100

年 份	第三产业	交通运输、仓储和邮政业	批发和零售业	住宿和餐饮业	金融业	房地产业	其他
1978	113.8	108.9	123.1	118.1	109.8	105.7	111.0
1979	107.9	108.3	108.7	111.1	97.2	104.1	110.1
1980	106.0	104.3	98.1	103.9	106.6	107.9	115.1
1981	110.4	101.9	129.5	117.5	104.3	96.5	107.6
1982	113.0	111.4	99.3	131.6	144.6	109.1	113.6
1983	115.2	109.5	121.2	119.4	127.0	105.2	112.0
1984	119.3	114.9	124.7	108.1	131.1	127.7	115.5
1985	118.2	113.8	133.5	106.3	116.9	125.0	111.7
1986	112.0	113.9	109.4	115.6	131.6	125.9	103.0
1987	114.4	109.6	114.7	109.7	123.3	129.3	110.4
1988	113.2	112.5	111.8	125.1	119.5	112.7	109.4
1989	105.4	104.2	89.3	109.9	125.9	115.9	104.9
1990	102.3	108.3	94.7	103.5	101.9	106.2	103.7
1991	108.9	110.6	105.2	108.2	102.3	112.0	115.7
1992	112.4	110.1	110.5	127.0	108.0	134.7	111.5
1993	112.2	112.5	108.6	108.2	110.9	110.8	116.9
1994	111.1	108.5	108.2	127.1	109.4	112.0	112.7
1995	109.8	111.0	108.2	110.2	108.5	112.4	110.3
1996	109.4	111.0	107.6	106.8	107.5	104.0	112.7
1997	110.7	109.2	108.8	110.9	108.5	104.1	115.9
1998	108.4	110.6	106.5	111.1	104.9	107.7	109.7
1999	109.3	112.2	108.7	107.7	104.8	105.9	111.4
2000	109.7	108.6	109.4	109.3	106.5	107.1	113.0
2001	110.3	108.8	109.1	107.6	106.4	111.0	112.9
2002	110.4	107.1	108.8	112.1	106.9	109.9	113.6
2003	109.5	106.1	109.9	112.4	107.0	109.8	110.8
2004	110.1	114.5	106.6	112.3	103.7	105.9	112.6
2005	112.2	111.2	113.0	112.3	113.8	112.2	111.9
2006	114.1	110.0	119.5	112.6	125.9	115.5	110.8
2007	116.0	111.8	120.2	109.6	127.6	124.4	111.3
2008	110.4	107.3	115.9	109.6	113.3	101.0	111.0
2009	109.6	104.2	112.1	105.5	118.2	111.3	107.8
2010	109.6	108.9	114.3	110.0	110.0	105.8	108.0

注：本表按不变价格计算。

2-7 第三产业分行业增加值指数

1978年=100

年份	第三产业	交通运输、仓储和邮政业	批发和零售业	住宿和餐饮业	金融业	房地产业	其他
1978	100.0	100.0	100.0	100.0	100.0	100.0	100.0
1979	107.9	108.3	108.7	111.1	97.2	104.1	110.1
1980	114.3	112.9	106.7	115.5	103.6	112.3	126.7
1981	126.2	115.0	138.2	135.6	108.0	108.4	136.4
1982	142.6	128.1	137.2	178.5	156.2	118.2	154.9
1983	164.3	140.2	166.3	213.1	198.3	124.3	173.5
1984	196.0	161.1	207.4	230.3	259.9	158.7	200.4
1985	231.7	183.3	277.0	244.8	304.0	198.4	223.8
1986	259.6	208.8	303.2	283.1	400.0	249.7	230.5
1987	296.8	228.9	347.8	310.5	493.2	322.9	254.6
1988	335.9	257.5	388.7	388.5	589.1	363.8	278.4
1989	353.9	268.3	347.1	426.9	741.6	421.8	291.9
1990	362.1	290.7	328.8	441.8	755.4	448.2	302.8
1991	394.3	321.4	345.8	477.9	772.8	501.7	350.3
1992	443.3	353.7	382.2	607.0	834.6	675.9	390.6
1993	497.4	398.1	414.9	657.0	925.2	748.6	456.7
1994	552.5	432.0	448.9	835.3	1011.9	838.2	514.9
1995	606.9	479.4	485.9	920.8	1097.9	942.5	568.1
1996	664.1	532.4	523.0	983.8	1180.3	980.5	640.2
1997	735.3	581.3	568.8	1091.4	1280.1	1021.0	741.9
1998	796.8	642.9	605.9	1212.2	1343.0	1099.4	813.6
1999	871.2	721.2	658.6	1305.7	1407.4	1164.7	906.2
2000	956.1	783.0	720.7	1427.7	1498.7	1247.5	1024.0
2001	1054.2	852.0	786.2	1536.8	1595.4	1384.6	1155.7
2002	1164.2	912.7	855.5	1723.4	1705.8	1521.8	1313.4
2003	1274.9	968.6	940.5	1936.4	1824.6	1671.0	1455.0
2004	1403.1	1108.9	1002.2	2175.3	1892.1	1769.6	1639.0
2005	1574.7	1233.1	1132.8	2442.0	2152.7	1986.1	1833.4
2006	1797.3	1356.0	1353.3	2748.9	2710.2	2293.5	2030.7
2007	2084.6	1516.0	1626.9	3013.3	3457.9	2852.1	2260.6
2008	2301.4	1627.1	1884.7	3302.6	3919.0	2879.5	2508.6
2009	2521.5	1695.0	2112.8	3483.5	4633.1	3204.4	2703.6
2010	2762.4	1845.6	2414.8	3832.1	5098.1	3388.8	2920.8

注：本表按不变价格计算。

2-8 三次产业贡献率

单位：%

年 份	国内生产总值	第一产业	第二产业	第三产业
1990	100.0	41.7	41.0	17.3
1991	100.0	7.1	62.8	30.1
1992	100.0	8.4	64.5	27.1
1993	100.0	7.9	65.5	26.6
1994	100.0	6.6	67.9	25.5
1995	100.0	9.1	64.3	26.6
1996	100.0	9.6	62.9	27.5
1997	100.0	6.8	59.7	33.5
1998	100.0	7.6	60.9	31.5
1999	100.0	6.0	57.8	36.2
2000	100.0	4.4	60.8	34.8
2001	100.0	5.1	46.7	48.2
2002	100.0	4.6	49.7	45.7
2003	100.0	3.4	58.5	38.1
2004	100.0	7.9	52.2	39.9
2005	100.0	5.6	51.1	43.3
2006	100.0	4.8	50.0	45.2
2007	100.0	3.0	50.7	46.3
2008	100.0	5.7	49.3	45.0
2009	100.0	4.5	51.9	43.6
2010	100.0	3.9	57.6	38.5

注：1.产业贡献率指各产业增加值增量与GDP增量之比。
2.本表按不变价格计算。

2-9 三次产业对国内生产总值增长的拉动

单位：百分点

年 份	国内生产总值	第一产业	第二产业	第三产业
1990	3.8	1.6	1.6	0.6
1991	9.2	0.6	5.8	2.8
1992	14.2	1.2	9.2	3.8
1993	14.0	1.1	9.2	3.7
1994	13.1	0.9	8.9	3.3
1995	10.9	1.0	7.0	2.9
1996	10.0	1.0	6.3	2.7
1997	9.3	0.6	5.6	3.1
1998	7.8	0.6	4.8	2.4
1999	7.6	0.4	4.4	2.8
2000	8.4	0.4	5.1	2.9
2001	8.3	0.4	3.9	4.0
2002	9.1	0.4	4.5	4.2
2003	10.0	0.3	5.9	3.8
2004	10.1	0.8	5.3	4.0
2005	11.3	0.6	5.8	4.9
2006	12.7	0.6	6.4	5.7
2007	14.2	0.4	7.2	6.6
2008	9.6	0.6	4.7	4.3
2009	9.2	0.4	4.8	4.0
2010	10.4	0.4	6.0	4.0

注：1.产业拉动指GDP增长速度与各产业贡献率之乘积。
2.本表按不变价格计算。

2-10 各地区第三产业增加值

单位：亿元

地 区	1994	1995	1996	1997	1998	1999	2000	2001	2002
北 京	560.97	789.72	1001.19	1219.80	1460.53	1695.19	2051.13	2489.58	2998.28
天 津	271.39	352.62	445.16	519.10	602.47	671.30	764.36	881.30	997.47
河 北	682.46	895.41	1087.42	1257.64	1381.08	1519.63	1704.45	1906.31	2149.75
山 西	306.25	412.89	493.62	576.58	642.58	721.67	807.49	902.43	992.69
内蒙古	232.01	288.10	345.50	408.60	462.06	525.93	605.74	699.24	811.47
辽 宁	883.80	1011.20	1145.90	1364.20	1495.10	1649.40	1821.20	2048.09	2258.17
吉 林	281.42	358.02	433.73	529.21	561.90	594.96	783.89	858.74	958.88
黑龙江	449.30	571.60	655.80	774.40	863.00	932.40	1036.55	1181.15	1319.40
上 海	794.80	1020.20	1292.11	1592.74	1855.36	2129.60	2486.86	2728.94	3038.90
江 苏	1186.64	1573.75	1940.91	2232.68	2512.69	2740.30	3069.46	3454.90	3891.92
浙 江	852.52	1153.07	1361.43	1512.64	1676.38	1862.87	2236.12	2665.68	3227.99
安 徽	439.23	566.45	682.79	782.21	878.38	991.30	1103.54	1231.06	1399.02
福 建	560.52	747.74	920.23	1079.46	1214.82	1351.03	1495.52	1618.24	1765.80
江 西	295.58	391.35	488.44	581.75	661.21	740.43	817.17	883.56	972.73
山 东	1178.04	1587.44	1899.54	2194.70	2397.49	2628.52	2904.45	3279.53	3700.52
河 南	611.26	830.40	1019.43	1171.26	1299.02	1413.73	1597.26	1788.22	1978.37
湖 北	541.84	709.43	859.75	1016.69	1136.71	1260.86	1445.71	1613.97	1795.93
湖 南	527.41	676.16	826.09	951.73	1074.14	1243.30	1473.39	1593.35	1780.79
广 东	1673.52	2168.34	2592.22	3091.81	3469.21	3882.66	4755.42	5544.35	6343.94
广 西	398.52	512.06	579.02	624.04	669.76	734.59	808.58	945.64	1081.16
海 南	142.54	155.87	167.01	179.51	194.66	208.04	230.85	248.56	270.96
重 庆	243.27	339.78	425.60	512.95	580.80	630.85	694.46	782.38	891.17
四 川	621.27	799.84	945.62	1095.87	1237.84	1373.46	1549.51	1739.81	1943.68
贵 州	146.10	176.56	213.56	244.84	273.95	319.34	367.52	425.34	480.37
云 南	318.85	384.68	488.15	545.33	609.64	681.05	746.14	825.83	914.50
西 藏	16.97	19.39	26.46	31.13	39.99	47.86	54.37	69.65	89.56
陕 西	302.82	377.91	450.99	540.93	583.66	656.64	763.20	868.17	963.62
甘 肃	151.07	190.28	222.42	265.58	311.48	354.42	437.13	459.34	514.83
青 海	48.22	63.60	73.75	84.36	92.54	103.32	114.73	130.29	148.83
宁 夏	50.31	65.10	79.09	91.05	101.58	112.67	127.56	151.89	171.14
新 疆	225.52	290.17	337.92	374.75	420.15	474.18	537.80	629.57	704.50

2-10 续表

单位：亿元

地 区	2003	2004	2004	2005	2006	2007	2008	2009	2010
北 京	3449.07	4113.26	4092.27	4854.33	5837.55	7236.15	8375.76	9179.19	10600.84
天 津	1150.81	1322.40	1319.76	1658.19	1902.31	2250.04	2886.65	3405.16	4238.65
河 北	2439.68	2842.33	2805.47	3340.54	3895.36	4600.72	5276.04	6068.31	7123.77
山 西	1176.65	1375.67	1375.67	1611.07	1846.18	2257.99	2759.46	2886.92	3412.38
内蒙古	1000.79	1270.00	1270.00	1542.26	1934.35	2467.41	3212.08	3696.65	4209.02
辽 宁	2487.85	2811.95	2811.95	3295.45	3798.25	4486.74	5207.72	5891.25	6849.37
吉 林	1075.48	1223.64	1223.64	1413.83	1687.07	2025.44	2412.26	2756.26	3111.12
黑龙江	1467.90	1670.30	1657.77	1857.42	2096.35	2493.04	2905.68	3371.95	3861.59
上 海	3404.19	4097.26	4097.26	4776.20	5508.48	6821.11	7872.23	8930.85	9833.51
江 苏	4493.31	5198.03	5198.03	6612.22	7914.11	9730.91	11888.53	13629.07	17131.45
浙 江	3890.79	4594.72	4584.22	5360.10	6281.86	7613.46	8799.31	9918.78	12063.82
安 徽	1638.42	1963.92	1963.92	2137.77	2390.29	2789.78	3234.64	3662.15	4193.68
福 建	1949.91	2206.02	2196.60	2551.41	3022.83	3770.00	4346.40	5048.49	5850.62
江 西	1043.08	1225.80	1216.58	1411.92	1614.65	1918.95	2355.86	2637.07	3121.40
山 东	4112.43	4764.70	4732.60	5924.74	7187.26	8620.24	10358.64	11768.18	14343.14
河 南	2358.86	2722.40	2677.13	3181.27	3721.44	4511.97	5099.76	5700.91	6607.89
湖 北	2003.08	2292.55	2281.37	2655.94	3111.98	3812.34	4466.85	5127.12	6053.37
湖 南	1995.78	2294.60	2410.30	2882.88	3229.42	3835.40	4633.67	5402.81	6369.27
广 东	7178.94	8364.05	8335.30	9772.50	11585.82	14076.83	16321.46	18052.59	20711.55
广 西	1184.75	1369.60	1361.89	1560.92	1835.12	2156.76	2529.51	2919.13	3383.11
海 南	293.85	335.30	335.30	377.17	433.57	528.84	643.47	748.59	953.67
重 庆	1012.66	1151.96	1151.96	1440.32	1649.20	1825.21	2160.48	2474.44	2881.08
四 川	2189.69	2510.30	2506.54	2836.73	3319.62	3881.60	4561.69	5198.80	6030.41
贵 州	558.28	661.80	655.95	815.32	989.38	1312.94	1652.34	1885.79	2177.07
云 南	1013.76	1206.69	1192.53	1374.62	1557.91	1896.78	2218.81	2519.62	2892.31
西 藏	96.76	123.30	123.30	137.24	159.76	188.06	218.67	240.85	274.82
陕 西	1063.89	1250.20	1234.60	1546.59	1806.36	2178.20	2699.74	3143.74	3688.93
甘 肃	589.91	692.09	688.41	787.36	900.16	1037.11	1234.21	1363.27	1536.50
青 海	169.81	193.70	193.70	213.37	249.04	294.91	355.93	398.54	470.88
宁 夏	195.46	227.73	225.64	259.49	294.78	366.18	475.00	563.74	702.45
新 疆	753.91	848.41	833.36	929.41	1058.16	1246.89	1421.38	1587.72	1766.69

注：本表按当年价格计算。1994-2004年数据基于《国民经济行业分类》（GB/T 4754-1994），2004-2010年数据基于《国民经济行业分类》（GB/T 4754-2002）。

2-11 各地区第三产业增加值占地区生产总值的比重

地区生产总值=100

地 区	1994	1995	1996	1997	1998	1999	2000	2001	2002
北 京	49.0	52.4	56.0	58.8	61.5	63.3	64.9	67.1	69.2
天 津	37.0	37.8	39.7	41.0	43.8	44.7	44.9	45.9	46.4
河 北	31.2	31.4	31.5	31.8	32.4	33.6	33.8	34.6	35.7
山 西	37.0	38.4	38.2	39.1	39.9	43.3	43.7	44.5	42.7
内蒙古	33.4	33.6	33.8	35.4	36.6	38.1	39.3	40.8	41.8
辽 宁	35.9	36.2	36.3	38.1	38.5	39.5	39.0	40.7	41.4
吉 林	30.0	31.5	32.2	36.1	35.6	35.6	40.2	40.5	40.8
黑龙江	28.0	28.7	27.7	29.0	31.1	32.5	32.9	34.9	36.3
上 海	39.9	40.8	43.7	46.3	48.8	50.8	52.1	52.4	52.9
江 苏	29.2	30.5	32.3	33.4	34.9	35.6	35.9	36.5	36.7
浙 江	31.7	32.4	32.5	32.3	33.2	34.2	36.4	38.6	40.3
安 徽	33.3	31.3	32.6	33.3	34.5	36.5	38.0	37.9	39.7
福 建	34.1	35.7	37.1	37.6	38.4	39.6	39.7	39.7	39.5
江 西	31.2	33.5	34.7	36.2	38.4	39.9	40.8	40.6	39.7
山 东	30.6	32.0	32.3	33.6	34.2	35.1	34.8	35.7	36.0
河 南	27.6	27.8	28.0	29.0	30.1	31.3	31.6	32.3	32.8
湖 北	31.8	33.6	34.4	35.6	36.5	39.0	40.8	41.6	42.6
湖 南	32.0	31.8	32.5	33.4	35.5	38.7	41.5	41.6	42.9
广 东	36.2	36.5	37.9	39.8	40.7	42.0	44.3	46.1	47.0
广 西	33.3	34.2	34.1	34.3	34.6	36.8	38.5	41.1	42.9
海 南	42.9	42.9	42.9	43.7	44.0	43.7	43.8	44.5	43.6
重 庆	32.1	33.4	35.9	37.7	40.3	42.3	43.3	44.3	44.8
四 川	31.1	32.8	32.9	33.8	35.6	37.6	39.4	40.5	41.1
贵 州	27.9	27.8	29.5	30.3	31.9	34.0	35.7	37.5	38.6
云 南	32.4	31.4	32.1	32.5	33.3	35.9	37.1	38.6	39.6
西 藏	36.9	34.6	40.7	40.3	43.7	46.7	48.6	52.4	52.9
陕 西	36.1	36.4	37.1	39.7	40.0	41.2	42.3	43.2	42.8
甘 肃	33.3	34.1	30.8	33.5	35.1	37.1	41.5	40.8	41.8
青 海	34.8	37.9	40.0	41.6	41.9	43.2	43.5	43.4	43.7
宁 夏	36.9	37.2	39.0	40.5	41.4	42.6	43.2	45.0	45.4
新 疆	34.1	35.6	37.5	36.0	38.0	40.8	39.5	42.2	43.7

2-11 续表 地区生产总值=100

地 区	2003	2004	2004	2005	2006	2007	2008	2009	2010
北 京	68.7	67.9	67.8	69.7	71.9	73.5	75.4	75.5	75.1
天 津	44.6	42.5	42.4	42.5	42.6	42.8	43.0	45.3	46.0
河 北	35.2	33.5	33.1	33.4	34.0	33.8	33.0	35.2	34.9
山 西	41.2	38.6	38.5	38.1	37.8	37.5	37.7	39.2	37.1
内蒙古	41.9	41.8	41.8	39.5	39.1	38.4	37.8	38.0	36.1
辽 宁	41.4	42.1	42.1	41.0	40.8	40.2	38.1	38.7	37.1
吉 林	40.4	39.2	39.2	39.1	39.5	38.3	37.5	37.9	35.9
黑龙江	36.2	35.2	34.9	33.7	33.7	35.1	34.9	39.3	37.2
上 海	50.9	50.8	50.8	51.6	52.1	54.6	56.0	59.4	57.3
江 苏	36.1	34.7	34.6	35.6	36.4	37.4	38.4	39.6	41.4
浙 江	40.1	39.4	39.4	39.9	40.0	40.6	41.0	43.1	43.5
安 徽	41.8	41.2	41.3	40.0	39.1	37.9	36.5	36.4	33.9
福 建	39.1	38.3	38.1	38.9	39.9	40.8	40.2	41.3	39.7
江 西	37.2	35.5	35.2	34.8	33.5	33.1	33.8	34.4	33.0
山 东	34.0	31.7	31.5	32.3	32.8	33.4	33.5	34.7	36.6
河 南	34.3	31.8	31.3	30.0	30.1	30.1	28.3	29.3	28.6
湖 北	42.1	40.7	40.5	40.3	40.9	40.8	39.4	39.6	37.9
湖 南	42.9	40.7	42.7	43.7	42.0	40.6	40.1	41.4	39.7
广 东	45.3	44.3	44.2	43.3	43.6	44.3	44.4	45.7	45.0
广 西	42.0	39.9	39.7	39.2	38.7	37.0	36.0	37.6	35.4
海 南	42.4	42.0	42.0	42.0	41.5	42.2	42.8	45.3	46.2
重 庆	44.6	42.8	42.8	41.5	42.2	39.0	37.3	37.9	36.4
四 川	41.0	39.4	39.3	38.4	38.2	36.7	36.2	36.7	35.1
贵 州	39.1	39.4	39.1	40.7	42.3	45.5	46.4	48.2	47.3
云 南	39.6	39.1	38.7	39.7	39.1	39.7	39.0	40.8	40.0
西 藏	53.7	56.0	56.0	55.2	54.9	55.1	55.4	54.6	54.2
陕 西	41.1	39.4	38.9	39.3	38.1	37.8	36.9	38.5	36.4
甘 肃	42.1	41.0	40.8	40.7	39.5	38.4	39.0	40.2	37.3
青 海	43.5	41.6	41.6	39.3	38.4	37.0	34.9	36.9	34.9
宁 夏	43.9	42.4	42.0	42.4	40.6	39.8	39.5	41.7	41.6
新 疆	40.0	38.4	37.7	35.7	34.7	35.4	34.0	37.1	32.5

注：本表按当年价格计算。1994-2004年数据基于《国民经济行业分类》（GB/T 4754-1994），2004-2010年数据基于《国民经济行业分类》（GB/T 4754-2002）。

2-12 各地区第三产业增加值指数

上年=100

地 区	1994	1995	1996	1997	1998	1999	2000	2001
北 京	115.0	120.5	113.4	113.2	110.1	110.6	112.9	113.1
天 津	115.6	117.9	115.4	113.4	113.0	108.9	110.5	111.7
河 北	113.7	114.6	113.0	112.5	110.6	109.0	110.4	111.0
山 西	110.2	112.5	111.9	113.5	110.2	109.6	110.0	112.6
内蒙古	116.1	114.1	112.3	114.3	114.7	112.7	114.5	115.5
辽 宁	111.1	107.8	108.4	109.2	107.9	108.9	109.6	111.5
吉 林	115.6	110.9	111.8	116.7	108.1	109.6	111.7	109.9
黑龙江	108.6	109.0	109.3	112.7	111.5	109.9	111.8	108.8
上 海	116.2	113.7	118.1	117.9	114.8	113.4	113.5	109.4
江 苏	111.4	114.9	114.3	114.1	112.9	110.0	111.2	111.5
浙 江	115.8	118.3	111.1	110.5	111.7	109.9	111.8	111.7
安 徽	122.0	116.7	114.5	112.1	110.8	112.5	111.5	112.3
福 建	113.0	114.2	114.6	114.5	110.8	109.9	110.0	109.2
江 西	115.0	113.7	113.2	114.0	112.5	110.7	110.4	107.9
山 东	120.7	117.0	112.5	114.5	111.2	109.3	110.4	111.2
河 南	113.1	113.1	112.4	111.8	109.4	109.3	109.2	110.3
湖 北	112.4	112.5	111.3	113.5	111.5	111.0	111.5	110.8
湖 南	111.0	110.6	112.9	111.6	111.5	111.4	110.9	110.6
广 东	118.4	114.6	111.5	110.7	110.4	111.2	113.2	112.0
广 西	110.7	111.1	108.2	107.3	109.8	109.8	113.4	111.8
海 南	106.9	104.0	105.5	106.9	108.3	107.0	108.8	108.7
重 庆	118.3	115.3	114.6	114.2	113.9	108.0	109.4	109.1
四 川	110.7	114.7	115.4	112.8	112.2	108.6	113.1	109.8
贵 州	109.8	109.3	109.2	109.3	110.5	107.3	113.7	113.6
云 南	114.7	115.2	115.1	112.3	110.3	109.3	110.4	111.7
西 藏	125.5	113.2	134.9	116.7	115.6	113.2	112.6	116.0
陕 西	106.9	108.0	108.9	114.8	110.7	113.7	112.1	111.2
甘 肃	114.0	115.9	115.1	114.5	113.1	114.1	112.7	111.0
青 海	110.8	111.5	109.8	110.3	109.0	109.8	111.4	110.7
宁 夏	109.7	111.0	107.9	112.2	110.6	113.5	111.6	110.3
新 疆	115.3	110.9	108.0	109.7	109.6	112.3	112.1	112.1

2-12 续表

上年=100

地 区	2002	2003	2004	2005	2006	2007	2008	2009	2010
北 京	113.3	110.8	113.1	113.4	114.3	115.4	112.5	110.2	109.3
天 津	111.4	111.9	111.9	112.1	113.6	115.0	115.2	115.2	114.2
河 北	110.2	110.0	112.6	113.2	114.3	114.1	111.1	111.4	113.1
山 西	111.2	115.5	115.9	113.3	110.0	116.3	112.6	110.5	109.4
内蒙古	115.3	114.5	122.0	118.1	115.9	116.0	115.8	115.0	112.4
辽 宁	111.3	111.7	110.7	112.1	112.9	114.5	111.6	112.1	112.5
吉 林	110.1	108.3	111.0	113.6	117.4	116.4	115.3	113.0	110.7
黑龙江	110.2	110.1	109.3	110.8	112.4	114.8	112.6	110.7	111.8
上 海	110.9	109.0	114.1	112.8	113.6	118.8	111.7	112.2	105.7
江 苏	111.6	112.4	113.4	114.9	115.5	116.4	113.4	113.6	113.3
浙 江	113.7	114.4	114.0	115.2	115.1	115.3	111.7	112.5	112.3
安 徽	113.0	114.3	114.2	108.2	109.6	112.4	111.1	111.0	110.1
福 建	109.2	109.7	110.8	113.7	117.1	114.6	112.3	112.3	110.6
江 西	106.9	107.4	109.8	110.8	109.9	111.7	111.5	110.7	111.2
山 东	110.9	111.4	112.3	114.4	114.5	114.6	113.9	111.2	113.5
河 南	109.9	110.1	110.4	112.8	112.9	114.1	110.7	111.1	111.4
湖 北	111.4	110.8	110.6	111.8	113.5	115.9	112.4	112.3	111.3
湖 南	110.5	109.7	110.5	113.8	112.0	115.7	115.5	111.3	111.7
广 东	112.5	111.3	112.0	114.3	113.8	113.8	109.8	110.8	110.6
广 西	112.0	110.0	110.7	111.3	112.1	114.6	111.8	113.8	111.1
海 南	108.5	107.8	110.3	110.8	112.6	116.4	115.5	114.1	120.1
重 庆	109.3	109.5	110.5	112.4	113.2	112.1	112.2	113.5	112.4
四 川	111.5	111.2	110.9	110.6	114.2	112.5	112.1	112.4	110.2
贵 州	109.4	110.1	112.0	117.6	116.0	121.1	115.8	113.1	112.1
云 南	111.4	109.1	112.8	111.7	109.0	112.5	110.7	113.1	111.5
西 藏	113.9	115.2	115.1	109.7	112.4	116.0	112.4	110.4	113.7
陕 西	111.0	109.8	109.7	112.5	114.9	116.5	115.8	115.3	112.1
甘 肃	111.3	112.0	113.0	112.8	111.1	110.5	113.2	111.2	109.9
青 海	110.6	109.9	110.3	110.2	113.1	114.2	112.2	109.8	112.1
宁 夏	109.4	110.4	109.8	108.9	110.2	110.3	111.5	110.0	111.6
新 疆	110.4	112.3	111.5	109.4	113.6	114.3	109.2	109.2	110.8

注：本表按不变价格计算。1994-2004年数据基于《国民经济行业分类》（GB/T 4754-1994），2004-2010年数据基于《国民经济行业分类》（GB/T 4754-2002）。

2-13 各地区第三产业分行业增加值

单位：亿元

地 区	第三产业	交通运输、仓储和邮政业	批发和零售业	住宿和餐饮业	金融业	房地产业	其他
北 京	10600.84	712.01	1888.51	317.34	1863.61	1006.52	4812.85
天 津	4238.65	585.37	1090.68	157.66	572.99	377.59	1454.36
河 北	7123.77	1745.91	1529.26	265.02	615.42	697.79	2270.37
山 西	3412.38	654.08	695.51	231.62	448.30	192.00	1190.87
内蒙古	4209.02	875.61	1051.96	332.24	346.44	309.25	1293.52
辽 宁	6849.37	926.81	1651.66	369.61	639.27	733.37	2528.65
吉 林	3111.12	373.93	753.37	180.01	190.12	212.32	1401.37
黑龙江	3861.59	469.31	880.83	240.13	288.19	370.79	1612.34
上 海	9833.51	834.40	2594.34	266.45	1950.96	1002.50	3184.86
江 苏	17131.45	1768.30	4447.50	710.98	2105.92	2600.95	5497.80
浙 江	12063.82	1076.67	2646.14	523.67	2326.58	1618.17	3872.59
安 徽	4193.68	527.02	887.66	193.78	396.17	532.17	1656.88
福 建	5850.62	871.16	1310.94	266.47	767.58	679.03	1955.44
江 西	3121.40	446.22	666.89	200.71	241.49	340.56	1225.53
山 东	14343.14	1971.00	4257.40	670.97	1361.45	1622.15	4460.17
河 南	6607.89	873.30	1293.50	605.23	697.68	773.23	2364.95
湖 北	6053.37	753.61	1291.68	385.11	561.27	564.41	2497.29
湖 南	6369.27	832.28	1434.68	354.91	463.16	464.21	2820.03
广 东	20711.55	1825.29	4647.76	1074.85	2658.76	2813.95	7690.94
广 西	3383.11	480.17	656.83	241.34	384.53	405.79	1214.46
海 南	953.67	101.90	220.65	69.45	78.12	188.33	295.22
重 庆	2881.08	389.55	624.33	142.11	496.56	266.38	962.15
四 川	6030.41	573.75	1016.03	478.42	654.70	558.56	2748.95
贵 州	2177.07	480.32	367.52	180.73	231.51	139.64	777.35
云 南	2892.31	193.26	685.38	190.34	375.08	223.45	1224.80
西 藏	274.82	22.12	31.43	15.75	27.08	14.54	163.90
陕 西	3688.93	474.60	856.65	218.16	384.75	315.95	1438.82
甘 肃	1536.50	227.18	272.13	97.40	100.54	110.02	729.23
青 海	470.88	61.26	81.44	16.30	54.53	25.41	231.94
宁 夏	702.45	145.17	89.50	31.00	97.87	60.53	278.38
新 疆	1766.69	222.47	276.28	68.06	225.20	143.44	831.24

注：本表按当年价格计算。

2-14 各地区第三产业分行业增加值构成

第三产业增加值=100

地区	交通运输、仓储和邮政业	批发和零售业	住宿和餐饮业	金融业	房地产业	其他
北京	6.7	17.8	3.0	17.6	9.5	45.4
天津	13.8	25.7	3.7	13.5	8.9	34.3
河北	24.5	21.5	3.7	8.6	9.8	31.9
山西	19.2	20.4	6.8	13.1	5.6	34.9
内蒙古	20.8	25.0	7.9	8.2	7.3	30.7
辽宁	13.5	24.1	5.4	9.3	10.7	36.9
吉林	12.0	24.2	5.8	6.1	6.8	45.0
黑龙江	12.2	22.8	6.2	7.5	9.6	41.8
上海	8.5	26.4	2.7	19.8	10.2	32.4
江苏	10.3	26.0	4.2	12.3	15.2	32.1
浙江	8.9	21.9	4.3	19.3	13.4	32.1
安徽	12.6	21.2	4.6	9.4	12.7	39.5
福建	14.9	22.4	4.6	13.1	11.6	33.4
江西	14.3	21.4	6.4	7.7	10.9	39.3
山东	13.7	29.7	4.7	9.5	11.3	31.1
河南	13.2	19.6	9.2	10.6	11.7	35.8
湖北	12.4	21.3	6.4	9.3	9.3	41.3
湖南	13.1	22.5	5.6	7.3	7.3	44.3
广东	8.8	22.4	5.2	12.8	13.6	37.1
广西	14.2	19.4	7.1	11.4	12.0	35.9
海南	10.7	23.1	7.3	8.2	19.7	31.0
重庆	13.5	21.7	4.9	17.2	9.2	33.4
四川	9.5	16.8	7.9	10.9	9.3	45.6
贵州	22.1	16.9	8.3	10.6	6.4	35.7
云南	6.7	23.7	6.6	13.0	7.7	42.3
西藏	8.0	11.4	5.7	9.9	5.3	59.6
陕西	12.9	23.2	5.9	10.4	8.6	39.0
甘肃	14.8	17.7	6.3	6.5	7.2	47.5
青海	13.0	17.3	3.5	11.6	5.4	49.3
宁夏	20.7	12.7	4.4	13.9	8.6	39.6
新疆	12.6	15.6	3.9	12.7	8.1	47.1

注：本表按当年价格计算。

2-15 各地区第三产业分行业增加值指数

上年=100

地 区	第三产业	交通运输、仓储和邮政业	批发和零售业	住宿和餐饮业	金融业	房地产业	其他
北 京	109.3	111.7	120.9	115.2	108.6	85.8	109.1
天 津	114.2	112.2	120.5	106.0	118.1	106.0	111.5
河 北	113.1	122.6	120.1	101.6	111.1	106.7	107.0
山 西	109.4	107.1	119.0	106.0	106.5	105.5	108.0
内蒙古	112.4	113.0	111.9	112.3	110.8	109.3	113.2
辽 宁	112.5	111.2	113.4	113.7	112.1	113.5	112.1
吉 林	110.7	110.0	107.1	112.1	103.7	102.9	114.8
黑龙江	111.8	108.3	112.6	113.0	121.3	117.5	110.1
上 海	105.7	116.0	115.6	106.8	105.1	70.7	109.8
江 苏	113.3	116.6	115.8	102.1	117.0	108.9	112.5
浙 江	112.3	114.0	114.8	113.3	114.3	103.7	112.3
安 徽	110.1	111.0	113.6	116.6	108.4	101.3	110.4
福 建	110.6	112.1	115.2	110.6	114.9	101.2	109.3
江 西	111.2	112.5	112.6	114.9	114.8	101.3	111.7
山 东	113.5	110.2	121.5	110.4	127.4	113.1	105.6
河 南	111.4	105.3	117.9	110.9	133.7	110.9	106.5
湖 北	111.3	110.6	120.2	111.1	110.3	103.1	109.5
湖 南	111.7	113.3	111.7	111.1	109.1	109.3	112.1
广 东	110.6	112.0	114.2	110.5	111.9	104.9	109.7
广 西	111.1	117.0	111.6	108.9	110.9	105.9	110.9
海 南	120.1	113.9	123.6	110.5	113.9	127.1	121.0
重 庆	112.4	113.8	117.5	101.4	119.8	107.3	108.4
四 川	110.2	108.3	111.2	111.1	108.7	98.3	112.8
贵 州	112.1	115.2	121.6	116.6	112.4	100.9	107.6
云 南	111.5	109.9	113.5	114.1	103.4	107.0	113.8
西 藏	113.7	111.6	113.5	111.9	120.6	106.0	113.8
陕 西	112.1	108.5	113.5	115.8	110.3	121.3	111.0
甘 肃	109.9	103.8	112.7	103.7	109.6	103.5	112.3
青 海	112.1	109.7	118.1	106.0	114.4	105.2	111.6
宁 夏	111.6	108.7	110.1	109.5	110.7	103.6	115.8
新 疆	110.8	107.9	108.3	105.8	113.6	119.0	110.9

注：本表按不变价格计算。

【主要统计指标解释】

国内生产总值（GDP） 指按市场价格计算的一个国家所有常住单位在一定时期内生产活动的最终成果。国内生产总值有三种表现形态，即价值形态、收入形态和产品形态。从价值形态看，它是所有常住单位在一定时期内生产的全部货物和服务价值超过同期投入的全部非固定资产货物和服务价值的差额，即所有常住单位的增加值之和；从收入形态看，它是所有常住单位在一定时期内创造并分配给常住单位和非常住单位的初次收入之和；从产品形态看，它是所有常住单位在一定时期内最终使用的货物和服务价值与货物和服务进出口价值之和。在实际核算中，国内生产总值有三种计算方法，即生产法、收入法和支出法。三种方法分别从不同的方面反映国内生产总值及其构成。生产法GDP等于国民经济各行业增加值之和。

对地区而言，该指标称为“地区生产总值”。

3 第三产业固定资产投资

简要说明

一、主要内容

固定资产投资资料通过对一定时期第三产业建造和购置固定资产活动的数量方面的描述，反映报告期内第三产业固定资产投资的规模和速度、结构和比例关系、资金来源及投资效果等。

二、统计范围

第三产业固定资产投资统计的范围包括：城乡建设项目投资，房地产开发投资，国防、人防建设项目投资及农户投资。

三、资料来源

跨省、自治区、直辖市项目资料来自国务院各部门；农户固定资产投资资料来自国家统计局农村社会经济调查司的乡村社会经济调查；除此以外的固定资产投资统计资料均来自国家统计局固定资产投资统计司统计调查。

四、统计调查方法

除农户固定资产投资统计采用抽样调查方法外，其他均为全面调查。

五、统计口径变化

自1997年起，除房地产开发投资、非农户投资、农户投资及城镇和工矿区私人建房投资外，固定资产投资的统计起点由5万元提高到50万元。

自2006年起，非农户固定资产投资统计改为按项目统计，调查方法由抽样调查改为全面统计报表，起点提高到50万元。

自2006年起，城镇和工矿区私人建房投资改为按项目统计，起点为50万元。

3-1 按行业门类分第三产业全社会固定资产投资

单位：亿元

行业门类	2003	2004	2005	2006	2007	2008	2009	2010
第三产业合计	**32562.8**	**39846.3**	**47613.2**	**58769.2**	**72766.7**	**90802.7**	**121453.1**	**152096.7**
交通运输、仓储和邮政业	6289.4	7646.2	9614.0	12138.1	14154.0	17024.4	24974.7	30074.5
信息传输、计算机服务和软件业	1660.7	1657.7	1581.8	1875.9	1848.1	2162.6	2589.0	2454.5
批发和零售业	922.7	1273.0	1716.4	2265.3	2880.3	3741.8	5132.8	6032.2
住宿和餐饮业	423.0	560.8	808.8	1095.7	1519.4	1959.2	2625.4	3366.8
金融业	90.2	136.0	109.5	121.4	157.6	260.6	360.2	489.4
房地产业	13143.4	16678.9	19505.3	24524.4	32438.9	40441.8	49358.5	64877.3
租赁和商务服务业	375.5	420.8	549.6	725.6	949.3	1355.9	2036.2	2692.6
科学研究、技术服务和地质勘查业	285.8	333.1	435.1	495.3	560.0	782.0	1200.8	1379.3
水利、环境和公共设施管理业	4365.8	5071.7	6274.3	8152.7	10154.3	13534.3	19874.4	24827.6
居民服务和其他服务业	241.6	313.7	363.5	389.5	434.7	522.0	801.9	1114.1
教育	1671.1	2024.8	2209.2	2270.2	2375.6	2523.8	3521.2	4033.6
卫生、社会保障和社会福利业	405.8	516.7	661.8	769.0	885.0	1155.6	1858.6	2119.0
文化、体育和娱乐业	531.5	773.4	857.0	955.4	1243.4	1589.9	2383.4	2959.4
公共管理和社会组织	2153.7	2437.4	2926.8	2990.5	3166.1	3748.5	4735.9	5676.6
国际组织	2.5	2.0	0.2	0.1		0.3	0.2	

3-2 按行业门类分第三产业投资占全社会投资比重

单位：%

行业门类	2003	2004	2005	2006	2007	2008	2009	2010
第三产业合计	**58.6**	**56.5**	**53.6**	**53.4**	**53.0**	**52.5**	**54.1**	**54.7**
交通运输、仓储和邮政业	11.3	10.8	10.8	11.0	10.3	9.9	11.1	10.8
信息传输、计算机服务和软件业	3.0	2.4	1.8	1.7	1.3	1.3	1.2	0.9
批发和零售业	1.7	1.8	1.9	2.1	2.1	2.2	2.3	2.2
住宿和餐饮业	0.8	0.8	0.9	1.0	1.1	1.1	1.2	1.2
金融业	0.2	0.2	0.1	0.1	0.1	0.2	0.2	0.2
房地产业	23.7	23.7	22.0	22.3	23.6	23.4	22.0	23.3
租赁和商务服务业	0.7	0.6	0.6	0.7	0.7	0.8	0.9	1.0
科学研究、技术服务和地质勘查业	0.5	0.5	0.5	0.5	0.4	0.5	0.5	0.5
水利、环境和公共设施管理业	7.9	7.2	7.1	7.4	7.4	7.8	8.8	8.9
居民服务和其他服务业	0.4	0.4	0.4	0.4	0.3	0.3	0.4	0.4
教育	3.0	2.9	2.5	2.1	1.7	1.5	1.6	1.5
卫生、社会保障和社会福利业	0.7	0.7	0.7	0.7	0.6	0.7	0.8	0.8
文化、体育和娱乐业	1.0	1.1	1.0	0.9	0.9	0.9	1.1	1.1
公共管理和社会组织	3.9	3.5	3.3	2.7	2.3	2.2	2.1	2.0
国际组织								

3-3 各地区按登记注册类型分第三产业全社会固定资产投资

单位：亿元

地 区	总 计	内 资				
			国 有	集 体	股份合作	联 营
全国总计	**152096.7**	**144855.3**	**60873.4**	**7554.5**	**566.0**	**444.4**
北 京	4839.4	4577.2	1076.0	95.1	4.2	0.8
天 津	3344.6	3150.1	1576.1	166.7	11.7	12.0
河 北	7893.2	7795.9	2712.7	842.6	20.8	14.8
山 西	3153.8	3127.3	1742.9	226.9	10.9	4.5
内 蒙 古	4068.9	4041.8	1992.2	58.9	34.2	9.3
辽 宁	8186.7	7134.9	2478.3	324.7	34.4	29.5
吉 林	3074.9	2983.0	1300.9	21.3	4.6	4.3
黑 龙 江	3452.6	3394.6	1784.6	21.5	8.9	2.6
上 海	3692.4	3300.5	1419.4	82.6	4.9	55.3
江 苏	10499.2	9809.4	3279.1	713.6	34.0	19.0
浙 江	7263.0	6821.2	2307.7	250.5	19.5	23.6
安 徽	5962.6	5754.1	2058.8	208.3	17.2	18.6
福 建	5085.9	4607.7	2049.0	177.9	6.7	43.8
江 西	3474.9	3361.8	1576.5	103.6	22.7	8.1
山 东	11668.8	11271.5	2472.2	1875.3	67.2	34.8
河 南	7518.9	7357.4	1945.4	702.8	53.6	23.2
湖 北	5800.8	5583.6	2407.7	346.5	25.0	30.9
湖 南	5190.5	5100.0	2502.7	110.9	45.4	19.9
广 东	10150.1	9010.0	3321.6	587.2	37.0	18.9
广 西	4252.0	4131.1	1617.1	101.1	12.4	5.9
海 南	1104.0	964.5	268.3	1.7	16.6	1.5
重 庆	4048.1	3771.7	1630.8	33.6	8.1	17.9
四 川	7698.5	7358.8	3724.0	77.8	18.3	23.9
贵 州	1897.8	1869.4	953.7	3.7	4.9	2.1
云 南	3529.7	3469.1	1932.3	54.6	8.3	2.4
西 藏	304.9	304.8	230.5	2.9	2.3	
陕 西	4857.4	4770.5	2251.1	320.8	24.0	12.0
甘 肃	1481.5	1463.9	831.4	30.9	2.7	4.5
青 海	475.2	472.2	293.2	2.2	4.0	
宁 夏	678.8	666.2	274.5	2.8		0.2
新 疆	1551.3	1534.6	966.4	5.4	1.3	0.1
不分地区	5896.4	5896.4	5896.4			

3-3 续表

单位：亿元

地　区	有限责任公司	股份有限公司	私　营	个　体	其　他	港澳台商投资	外商投资
全国总计	**34837.1**	**5918.4**	**23567.8**	**7043.2**	**4050.5**	**4277.4**	**2963.9**
北　京	2765.8	335.6	228.4	50.3	21.1	133.2	129.0
天　津	982.9	102.8	227.4	17.9	52.6	95.8	98.8
河　北	1697.0	349.9	1546.5	405.8	205.8	30.2	67.0
山　西	424.4	106.7	374.4	184.8	51.9	13.0	13.4
内蒙古	1041.3	159.1	645.7	51.6	49.4	10.7	16.4
辽　宁	1822.4	255.2	1912.7	188.4	89.4	596.1	455.7
吉　林	843.8	95.0	532.8	112.0	68.4	59.7	32.2
黑龙江	662.1	280.6	370.8	202.7	60.7	20.0	38.0
上　海	1077.8	66.3	577.0	1.9	15.3	196.0	195.9
江　苏	2327.2	359.5	2564.1	309.1	203.6	420.3	269.5
浙　江	2207.1	138.3	1287.8	465.8	120.9	268.2	173.7
安　徽	1536.1	190.9	1087.8	420.4	216.1	117.4	91.0
福　建	1013.4	165.1	814.4	187.8	149.6	308.0	170.2
江　西	609.2	171.9	515.3	283.7	70.8	71.4	41.7
山　东	2656.1	539.4	2240.9	530.9	854.7	248.1	149.1
河　南	1601.1	368.8	1319.5	783.9	559.0	88.0	73.6
湖　北	1120.0	301.2	866.9	294.4	190.9	121.4	95.8
湖　南	1011.4	194.7	756.6	315.9	142.5	56.3	34.2
广　东	2378.5	621.8	1301.8	516.4	226.8	809.9	330.2
广　西	962.5	180.5	762.9	339.8	148.9	67.1	53.8
海　南	372.5	156.5	105.9	30.0	11.5	105.9	33.6
重　庆	1024.5	92.4	788.1	108.2	68.1	192.3	84.0
四　川	1728.1	328.4	854.3	426.5	177.5	146.9	192.8
贵　州	498.7	55.3	180.9	146.1	24.0	12.4	16.1
云　南	548.3	107.1	562.4	185.9	67.9	37.6	23.0
西　藏	5.9	11.3	10.9	18.3	22.6		0.1
陕　西	1271.7	113.0	460.4	209.7	107.8	41.4	45.5
甘　肃	231.6	43.2	180.9	90.1	48.7	2.4	15.2
青　海	65.9	3.0	54.6	45.1	4.2	1.3	1.7
宁　夏	143.0	6.1	198.4	38.8	2.4		12.6
新　疆	206.7	18.8	237.5	81.1	17.2	6.6	10.1
不分地区							

3-4 各地区按行业门类分第三产业全社会固定资产投资

单位：亿元

地区	第三产业合计	交通运输、仓储和邮政业	信息传输、计算机服务和软件业	批发和零售业	住宿和餐饮业	金融业	房地产业	租赁和商务服务业
全国合计	**152096.7**	**30074.5**	**2454.5**	**6032.2**	**3366.8**	**489.4**	**64877.3**	**2692.6**
北京	4839.4	694.4	143.3	30.8	36.1	30.3	3196.2	27.7
天津	3344.6	539.3	47.7	91.2	64.5	2.9	1143.2	294.9
河北	7893.2	1521.2	41.2	464.4	147.7	12.8	3549.6	109.8
山西	3153.8	895.8	41.7	83.8	39.4	2.6	1136.5	34.2
内蒙古	4068.9	1043.0	60.2	254.3	77.0	38.1	1316.8	43.4
辽宁	8186.7	1080.8	146.5	323.9	210.2	32.5	3755.5	340.8
吉林	3074.9	580.9	49.6	252.3	67.7	11.4	1131.3	38.6
黑龙江	3452.6	794.9	64.5	175.4	53.8	9.5	1279.3	57.6
上海	3692.4	655.2	116.6	73.1	45.5	30.1	2080.3	53.7
江苏	10499.2	1162.1	169.8	578.3	282.4	42.0	5182.9	325.2
浙江	7263.0	1068.7	158.7	209.5	145.1	36.3	4005.6	131.2
安徽	5962.6	477.9	85.4	252.5	158.7	22.2	3199.9	71.8
福建	5085.9	1189.0	141.4	157.9	101.9	27.0	2246.2	97.1
江西	3474.9	488.4	66.4	206.7	212.1	26.4	1094.7	83.1
山东	11668.8	1362.3	58.4	881.4	343.1	23.1	5260.3	222.0
河南	7518.9	791.4	58.9	465.9	213.4	15.1	3775.0	56.1
湖北	5800.8	935.3	75.6	304.2	191.3	18.7	2134.3	117.5
湖南	5190.5	1178.6	111.5	141.6	114.4	5.6	1965.0	51.5
广东	10150.1	1820.0	254.6	273.6	246.2	36.0	4574.1	160.0
广西	4252.0	842.5	84.0	139.7	85.6	19.7	1676.6	57.7
海南	1104.0	164.1	17.6	5.8	109.3	5.4	530.6	14.1
重庆	4048.1	645.3	76.7	91.5	36.1	3.7	1962.6	60.4
四川	7698.5	1576.2	111.8	163.0	121.1	10.6	3157.5	111.3
贵州	1897.8	518.5	46.7	17.3	21.8	6.2	782.1	5.8
云南	3529.7	977.6	51.8	123.1	82.1	4.9	1222.5	14.5
西藏	304.9	115.5	11.1	6.5	14.7	0.8	45.8	1.8
陕西	4857.4	739.6	79.4	139.9	91.8	3.3	1827.7	67.9
甘肃	1481.5	208.6	23.1	64.3	26.8	3.3	505.0	25.9
青海	475.2	146.4	2.5	7.4	7.3	1.2	175.4	2.5
宁夏	678.8	120.9	15.5	24.3	5.7	0.3	333.2	3.2
新疆	1551.3	415.6	42.0	28.4	13.9	7.2	631.6	11.4
不分地区	5896.4	5324.7						

3-4 续表

单位：亿元

地　　区	科学研究、技术服务和地质勘查业	水利、环境和公共设施管理业	居民服务和其他服务业	教　育	卫生、社会保障和社会福利业	文化、体育和娱乐业	公共管理和社会组织	国际组织
全国合计	**1379.3**	**24827.6**	**1114.1**	**4033.6**	**2119.0**	**2959.4**	**5676.6**	
北　京	85.3	352.7	6.8	88.8	39.1	71.9	36.0	
天　津	20.7	826.3	96.5	59.7	19.7	60.6	77.3	
河　北	60.9	1396.5	51.3	149.1	112.2	128.9	147.4	
山　西	27.0	489.5	8.3	241.5	56.0	66.0	31.5	
内蒙古	43.7	664.4	19.8	151.3	53.4	117.6	185.8	
辽　宁	122.3	1377.5	89.9	132.7	86.3	186.6	301.0	
吉　林	48.6	529.3	30.8	87.5	57.5	83.1	106.3	
黑龙江	35.5	591.9	15.4	71.3	64.8	41.0	197.8	
上　海	32.6	450.0	2.4	50.1	38.0	45.5	19.2	
江　苏	138.7	1755.3	125.4	214.9	111.6	187.6	223.0	
浙　江	38.2	1047.8	14.7	128.8	83.3	75.3	119.6	
安　徽	65.0	975.4	29.2	194.0	103.0	108.8	218.7	
福　建	18.0	707.9	14.9	116.5	60.1	79.5	128.7	
江　西	43.9	839.6	54.9	112.2	58.4	84.4	103.9	
山　东	156.0	1287.5	226.7	251.3	157.2	510.4	929.2	
河　南	52.7	1303.8	72.2	265.1	139.2	165.6	144.3	
湖　北	47.6	1084.2	39.5	160.3	92.8	115.1	484.5	
湖　南	29.2	1045.0	37.4	115.1	101.2	98.1	196.3	
广　东	100.2	1908.5	18.3	255.7	129.6	231.7	141.7	
广　西	19.1	878.2	22.0	175.4	74.1	63.5	113.8	
海　南	1.8	113.9	1.5	25.5	18.7	41.6	54.2	
重　庆	11.0	776.0	11.4	121.2	44.9	53.1	154.2	
四　川	25.9	1548.8	63.1	264.4	150.2	157.0	237.5	
贵　州	7.8	350.5	5.6	48.7	17.8	21.3	47.9	
云　南	7.8	632.3	8.0	181.2	67.1	50.8	106.0	
西　藏	1.8	25.3	1.3	11.7	3.7	6.9	58.0	
陕　西	81.2	982.9	26.0	179.2	83.3	41.6	513.5	
甘　肃	24.8	140.6	14.1	68.4	42.5	27.0	307.0	
青　海	4.9	53.1	1.6	22.0	7.7	10.4	32.8	
宁　夏	1.4	85.2	1.3	33.0	14.5	10.9	29.5	
新　疆	17.2	195.8	3.8	56.8	31.4	17.2	78.9	
不分地区	8.6	411.9					151.2	

3-5 按行业分第三产业城镇固定资产投资和建设总规模

单位：亿元

行业	建设总规模	在建总规模	投资额	建筑安装工程投资
第三产业合计	**492077.6**	**413015.9**	**136491.7**	**96438.9**
交通运输、仓储和邮政业	**108011.6**	**90372.6**	**27883.1**	**19614.6**
铁路运输业	35362.0	30654.9	7622.2	4998.7
道路运输业	42214.8	34345.4	12764.5	10564.2
城市公共交通业	13835.8	12697.5	2250.7	1133.2
水上运输业	6963.7	5309.9	2080.4	1118.4
航空运输业	3412.9	2502.2	892.5	334.3
管道运输业	256.0	208.1	94.9	56.0
装卸搬运和其他运输服务业	661.5	462.7	332.6	197.5
仓储业	5220.6	4134.8	1811.7	1194.0
邮政业	84.1	57.1	33.5	18.3
信息传输、计算机服务和软件业	**4485.9**	**3017.4**	**2392.9**	**1013.2**
电信和其他信息传输服务业	3407.8	2173.0	2007.0	787.7
计算机服务业	242.8	164.8	127.0	50.9
软件业	835.3	679.6	259.0	174.6
批发和零售业	**11706.8**	**7830.4**	**5233.4**	**3526.6**
批发业	5595.5	3932.0	2319.1	1498.7
零售业	6111.4	3898.4	2914.2	2027.9
住宿和餐饮业	**7230.3**	**5288.6**	**2980.2**	**2148.4**
住宿业	5847.3	4637.8	2080.8	1528.2
餐饮业	1383.0	650.9	899.4	620.1
金融业	**1337.8**	**1064.3**	**477.7**	**261.0**
银行业	650.5	440.8	315.9	166.1
证券业	306.5	296.7	52.9	26.0
保险业	183.0	168.3	33.1	26.2
其他金融活动	197.8	158.5	75.7	42.6
房地产业	**247007.5**	**219231.7**	**57633.1**	**40527.4**
租赁和商务服务业	**6859.2**	**5333.8**	**2486.4**	**1686.9**
租赁业	275.1	46.2	150.1	28.8
商务服务业	6584.2	5287.6	2336.3	1658.1
科学研究、技术服务和地质勘查业	**3641.0**	**2821.4**	**1269.2**	**747.4**
研究与试验发展	1318.0	1054.1	456.6	263.1
专业技术服务业	1216.9	956.6	385.5	235.1
科技交流和推广服务业	783.3	611.3	277.1	178.0
地质勘查业	322.9	199.5	150.0	71.3
水利、环境和公共设施管理业	**67898.5**	**53498.3**	**22333.7**	**16464.8**
水利管理业	10296.5	8637.2	2774.1	2017.9
环境管理业	3693.0	2733.4	1523.8	1112.0
公共设施管理业	53909.0	42127.8	18035.7	13335.0
居民服务和其他服务业	**1725.6**	**1271.5**	**757.1**	**495.2**
居民服务业	864.4	567.8	364.6	255.6
其他服务业	861.2	703.7	392.4	239.6
教育	**9375.1**	**6729.6**	**3718.1**	**3030.8**
卫生、社会保障和社会福利业	**4863.1**	**3514.2**	**1959.5**	**1406.5**
卫生	4297.0	3161.6	1685.0	1190.4
社会保障业	219.5	150.0	92.2	71.2
社会福利业	346.6	202.7	182.3	144.9
文化、体育和娱乐业	**8227.7**	**6535.7**	**2605.9**	**1898.0**
新闻出版业	220.0	183.7	50.9	36.4
广播、电视、电影和音像业	782.0	643.5	241.7	150.8
文化艺术业	2614.4	2022.6	900.3	702.5
体育	1287.6	846.4	501.7	403.1
娱乐业	3323.6	2839.4	911.4	605.2
公共管理和社会组织	**9707.5**	**6506.3**	**4761.6**	**3618.1**
中国共产党机关	91.3	55.0	33.4	26.7
国家机构	8157.7	5630.1	3852.2	2891.9
人民政协和民主党派	11.8	4.2	6.9	5.5
群众团体、社会团体和宗教组织	317.9	214.3	155.0	120.3
基层群众自治组织	1128.9	602.8	714.1	573.8
国际组织				

3-5 续表

单位：亿元

行 业	设备工器具购置	其他费用	新建	扩建	改建和技术改造
第三产业合计	**10340.2**	**29712.6**	**57139.5**	**12875.4**	**11710.9**
交通运输、仓储和邮政业	**3901.0**	**4367.4**	**19049.1**	**3148.4**	**3071.5**
铁路运输业	1338.9	1284.6	5768.9	467.4	296.4
道路运输业	422.4	1777.8	8411.0	1683.9	2355.8
城市公共交通业	482.2	635.3	1929.1	73.7	81.7
水上运输业	720.5	241.5	1116.9	316.9	117.8
航空运输业	458.1	100.1	245.7	172.2	48.5
管道运输业	26.4	12.6	58.4	27.2	5.0
装卸搬运和其他运输服务业	89.3	45.8	215.2	65.7	20.3
仓储业	350.6	267.1	1283.1	338.1	142.2
邮政业	12.6	2.7	21.0	3.3	3.9
信息传输、计算机服务和软件业	**1211.6**	**168.1**	**814.7**	**697.3**	**581.0**
电信和其他信息传输服务业	1129.4	89.8	536.7	674.6	520.2
计算机服务业	38.5	37.5	78.2	11.7	24.9
软件业	43.7	40.8	199.9	11.0	35.9
批发和零售业	**910.0**	**796.8**	**3308.7**	**856.5**	**792.0**
批发业	490.1	330.4	1406.6	418.1	334.6
零售业	419.9	466.4	1902.1	438.4	457.3
住宿和餐饮业	**372.5**	**459.3**	**2031.9**	**394.2**	**472.6**
住宿业	211.2	341.4	1542.2	247.0	247.1
餐饮业	161.4	117.8	489.7	147.3	225.6
金融业	**133.6**	**83.1**	**253.3**	**51.7**	**76.6**
银行业	106.4	43.4	144.7	39.1	51.1
证券业	4.6	22.3	41.8	3.5	4.9
保险业	3.6	3.3	18.9	2.7	8.9
其他金融活动	19.0	14.1	47.9	6.4	11.7
房地产业	**783.1**	**16322.6**	**6632.5**	**858.0**	**773.2**
租赁和商务服务业	**333.7**	**465.9**	**1753.6**	**273.0**	**241.2**
租赁业	116.0	5.3	28.7	12.0	12.0
商务服务业	217.7	460.5	1724.8	261.1	229.2
科学研究、技术服务和地质勘查业	**303.8**	**218.0**	**777.1**	**176.3**	**173.4**
研究与试验发展	115.9	77.6	268.7	69.0	58.0
专业技术服务业	93.8	56.6	249.1	33.0	61.9
科技交流和推广服务业	53.7	45.4	190.7	31.2	30.8
地质勘查业	40.4	38.4	68.6	43.1	22.8
水利、环境和公共设施管理业	**837.7**	**5031.1**	**14376.1**	**3847.2**	**3729.7**
水利管理业	104.4	651.9	1658.4	435.7	598.1
环境管理业	170.4	241.4	866.7	202.1	383.0
公共设施管理业	562.9	4137.8	11851.1	3209.4	2748.6
居民服务和其他服务业	**102.9**	**158.9**	**462.8**	**134.1**	**117.2**
居民服务业	52.4	56.6	192.8	76.5	71.1
其他服务业	50.5	102.3	270.0	57.5	46.1
教育	**301.8**	**385.5**	**2102.5**	**817.7**	**432.9**
卫生、社会保障和社会福利业	**368.7**	**184.2**	**1020.1**	**433.1**	**194.4**
卫生	351.2	143.3	820.5	401.1	168.9
社会保障业	4.5	16.5	68.3	4.5	8.9
社会福利业	12.9	24.5	131.2	27.5	16.5
文化、体育和娱乐业	**298.8**	**409.1**	**1849.9**	**375.5**	**284.2**
新闻出版业	5.2	9.3	37.8	3.8	6.0
广播、电视、电影和音像业	67.8	23.1	126.9	41.6	39.8
文化艺术业	70.0	127.7	594.4	174.9	103.0
体育	33.3	65.3	419.1	44.9	30.6
娱乐业	122.5	183.7	671.6	110.3	104.8
公共管理和社会组织	**480.8**	**662.6**	**2707.3**	**812.5**	**771.1**
中国共产党机关	3.6	3.1	20.2	3.9	6.0
国家机构	423.8	536.5	2189.6	634.0	630.8
人民政协和民主党派	1.0	0.3	4.6	0.6	1.2
群众团体、社会团体和宗教组织	10.1	24.7	83.8	40.1	24.6
基层群众自治组织	42.3	98.1	409.2	134.0	108.6
国际组织					

3-6 按行业门类分第三产业城镇固定资产投资

单位：亿元

行业门类	2003	2004	2005	2006	2007	2008	2009	2010
第三产业合计	**28649.0**	**35548.1**	**42660.6**	**52705.6**	**65190.2**	**81588.0**	**108572.5**	**136491.7**
交通运输、仓储和邮政业	5669.0	7091.5	8860.4	11224.5	12997.1	15700.5	23271.3	27883.1
信息传输、计算机服务和软件业	1645.7	1638.0	1561.6	1772.0	1819.4	2131.3	2543.5	2392.9
批发和零售业	791.4	1117.2	1532.1	1896.5	2450.6	3193.0	4491.0	5233.4
住宿和餐饮业	321.3	438.1	675.9	938.7	1329.9	1735.0	2328.6	2980.2
金融业	86.2	97.6	105.6	118.7	151.9	252.8	348.5	477.7
房地产业	11105.3	14547.0	17098.2	21586.2	28619.2	35914.2	43127.6	57633.1
租赁和商务服务业	309.8	361.7	486.2	662.6	860.7	1255.1	1880.4	2486.4
科学研究、技术服务和地质勘查业	281.7	311.8	424.5	465.1	521.2	717.6	1084.0	1269.2
水利、环境和公共设施管理业	4220.2	4890.8	6097.9	7506.7	9276.0	12279.1	17878.9	22333.7
居民服务和其他服务业	65.6	107.6	135.5	183.6	235.8	312.7	518.6	757.1
教育	1474.1	1803.0	1966.9	2128.8	2220.9	2355.4	3242.5	3718.1
卫生、社会保障和社会福利业	357.7	446.9	591.8	708.0	809.4	1065.9	1698.0	1959.5
文化、体育和娱乐业	479.6	531.2	685.8	858.2	1129.8	1436.5	2125.4	2605.9
公共管理和社会组织	1841.2	2165.6	2438.1	2655.8	2768.4	3239.0	4034.2	4761.6
国际组织	0.3	0.3		0.1				

3-7 按行业、登记注册类型和控股情况分第三产业城镇固定资产投资

单位：亿元

行　业	投资额	内　资	港澳台商投资	外商投资
第三产业合计	**136491.7**	**129397.4**	**4199.0**	**2895.4**
交通运输、仓储和邮政业	**27883.1**	**27533.9**	**226.9**	**122.3**
铁路运输业	7622.2	7587.2	33.1	1.9
道路运输业	12764.5	12731.8	17.2	15.5
城市公共交通业	2250.7	2230.2	16.2	4.2
水上运输业	2080.4	1966.6	72.1	41.7
航空运输业	892.5	890.0		2.6
管道运输业	94.9	92.0	0.5	2.4
装卸搬运和其他运输服务业	332.6	317.0	8.9	6.7
仓储业	1811.7	1685.6	78.9	47.2
邮政业	33.5	33.5		0.1
信息传输、计算机服务和软件业	**2392.9**	**1808.8**	**245.4**	**338.7**
电信和其他信息传输服务业	2007.0	1474.2	226.4	306.3
计算机服务业	127.0	119.3	4.6	3.1
软件业	259.0	215.2	14.4	29.3
批发和零售业	**5233.4**	**5022.5**	**89.4**	**121.5**
批发业	2319.1	2255.1	30.2	33.9
零售业	2914.2	2767.4	59.2	87.6
住宿和餐饮业	**2980.2**	**2751.0**	**132.5**	**96.7**
住宿业	2080.8	1878.6	119.1	83.1
餐饮业	899.4	872.3	13.4	13.7
金融业	**477.7**	**470.5**	**1.8**	**5.3**
银行业	315.9	311.1	0.2	4.6
证券业	52.9	51.9	0.4	0.6
保险业	33.1	33.0		
其他金融活动	75.7	74.5	1.2	
房地产业	**57633.1**	**52404.2**	**3204.8**	**2024.0**
租赁和商务服务业	**2486.4**	**2352.3**	**74.4**	**59.8**
租赁业	150.1	148.2	1.0	0.9
商务服务业	2336.3	2204.1	73.4	58.8
科学研究、技术服务和地质勘查业	**1269.2**	**1207.4**	**39.2**	**22.6**
研究与试验发展	456.6	430.1	14.1	12.4
专业技术服务业	385.5	376.2	7.3	2.0
科技交流和推广服务业	277.1	253.9	17.8	5.5
地质勘查业	150.0	147.3		2.8
水利、环境和公共设施管理业	**22333.7**	**22193.8**	**90.6**	**49.3**
水利管理业	2774.1	2772.0	0.9	1.2
环境管理业	1523.8	1512.4	5.0	6.3
公共设施管理业	18035.7	17909.4	84.7	41.7
居民服务和其他服务业	**757.1**	**742.7**	**8.5**	**5.8**
居民服务业	364.6	358.5	4.4	1.8
其他服务业	392.4	384.2	4.1	4.1
教育	**3718.1**	**3705.2**	**8.0**	**4.9**
卫生、社会保障和社会福利业	**1959.5**	**1941.9**	**11.3**	**6.2**
卫生	1685.0	1669.0	9.8	6.2
社会保障业	92.2	92.2		
社会福利业	182.3	180.7	1.5	
文化、体育和娱乐业	**2605.9**	**2508.2**	**64.8**	**32.9**
新闻出版业	50.9	50.9		
广播、电视、电影和音像业	241.7	240.0	1.1	0.5
文化艺术业	900.3	893.4	5.7	1.2
体育	501.7	485.1	16.3	0.3
娱乐业	911.4	838.9	41.6	30.9
公共管理和社会组织	**4761.6**	**4754.9**	**1.4**	**5.3**
中国共产党机关	33.4	33.4		
国家机构	3852.2	3849.2	0.4	2.6
人民政协和民主党派	6.9	6.9		
群众团体、社会团体和宗教组织	155.0	152.5	0.6	2.0
基层群众自治组织	714.1	713.0	0.4	0.7
国际组织				

3-7 续表

单位：亿元

行业	国有控股	集体控股	私人控股
第三产业合计	**70460.3**	**8527.4**	**45523.7**
交通运输、仓储和邮政业	**24312.6**	**766.4**	**2402.8**
铁路运输业	7381.1	75.4	159.2
道路运输业	11729.8	325.7	650.9
城市公共交通业	2133.4	59.4	29.2
水上运输业	1496.8	101.4	375.3
航空运输业	816.8	16.8	4.4
管道运输业	59.3	14.3	20.2
装卸搬运和其他运输服务业	68.2	24.3	221.4
仓储业	602.4	148.1	934.7
邮政业	24.7	0.8	7.7
信息传输、计算机服务和软件业	**1661.1**	**54.1**	**255.3**
电信和其他信息传输服务业	1536.3	24.4	75.1
计算机服务业	46.2	8.5	63.5
软件业	78.6	21.2	116.7
批发和零售业	**661.0**	**562.1**	**3738.0**
批发业	334.7	170.6	1730.9
零售业	326.3	391.6	2007.1
住宿和餐饮业	**418.6**	**201.6**	**2110.9**
住宿业	371.5	145.5	1358.5
餐饮业	47.1	56.2	752.4
金融业	**341.0**	**56.0**	**64.1**
银行业	239.7	49.2	16.5
证券业	38.7	0.8	11.5
保险业	25.7	3.2	3.2
其他金融活动	37.0	2.8	32.9
房地产业	**11709.2**	**4070.9**	**32026.5**
租赁和商务服务业	**1231.7**	**271.9**	**767.3**
租赁业	80.0	8.8	58.3
商务服务业	1151.7	263.1	708.9
科学研究、技术服务和地质勘查业	**801.7**	**64.0**	**341.1**
研究与试验发展	296.3	11.8	122.3
专业技术服务业	262.9	22.8	87.8
科技交流和推广服务业	132.4	17.9	104.5
地质勘查业	110.1	11.4	26.5
水利、环境和公共设施管理业	**19146.0**	**1224.8**	**1696.9**
水利管理业	2570.5	114.3	76.3
环境管理业	1207.2	91.6	200.5
公共设施管理业	15368.4	1018.9	1420.0
居民服务和其他服务业	**259.8**	**111.6**	**363.8**
居民服务业	113.5	69.6	170.1
其他服务业	146.2	42.0	193.7
教育	**3123.0**	**158.1**	**403.0**
卫生、社会保障和社会福利业	**1610.9**	**118.2**	**203.6**
卫生	1422.1	84.5	156.5
社会保障业	66.3	13.7	11.2
社会福利业	122.4	20.0	35.9
文化、体育和娱乐业	**1472.9**	**196.7**	**821.6**
新闻出版业	45.8	2.2	2.8
广播、电视、电影和音像业	162.3	10.2	65.0
文化艺术业	608.2	88.2	180.0
体育	442.6	10.8	32.0
娱乐业	213.9	85.4	541.8
公共管理和社会组织	**3710.9**	**671.0**	**328.9**
中国共产党机关	32.6	0.1	0.8
国家机构	3492.5	223.3	123.1
人民政协和民主党派	6.7		
群众团体、社会团体和宗教组织	51.3	31.6	51.2
基层群众自治组织	127.8	415.9	153.7
国际组织			

3-8 按行业分第三产业城镇投资资金来源和新增固定资产

单位：亿元

行　　业	本年资金来源合　　计	国家预算内资金	国内贷款	利用外资
第三产业合计	**163409.6**	**10673.2**	**30706.3**	**1386.3**
交通运输、仓储和邮政业	**27146.2**	**3403.0**	**10206.6**	**156.1**
铁路运输业	7308.3	1036.0	3469.7	28.9
道路运输业	12483.4	1982.7	4373.4	30.6
城市公共交通业	2073.9	129.3	1230.2	18.4
水上运输业	2020.8	105.3	541.2	35.4
航空运输业	878.7	85.3	365.1	15.1
管道运输业	101.1	9.1	4.7	
装卸搬运和其他运输服务业	340.2	8.3	35.0	2.8
仓储业	1902.1	45.6	186.5	25.0
邮政业	37.6	1.2	0.9	
信息传输、计算机服务和软件业	**2496.2**	**101.3**	**79.2**	**29.9**
电信和其他信息传输服务业	2081.4	91.2	45.5	8.9
计算机服务业	135.9	8.1	9.0	2.8
软件业	278.9	2.1	24.6	18.2
批发和零售业	**5722.8**	**45.2**	**454.8**	**102.9**
批发业	2569.9	29.2	211.0	26.4
零售业	3152.9	16.0	243.8	76.5
住宿和餐饮业	**3216.2**	**23.7**	**299.3**	**67.4**
住宿业	2279.3	21.3	258.7	54.3
餐饮业	936.8	2.5	40.5	13.1
金融业	**490.8**	**8.2**	**24.9**	**0.5**
银行业	322.9	7.4	11.5	0.5
证券业	54.9	0.1	8.0	
保险业	35.7	0.1		
其他金融活动	77.3	0.6	5.4	0.1
房地产业	**82897.6**	**774.8**	**13510.5**	**833.1**
租赁和商务服务业	**2614.3**	**144.6**	**351.6**	**26.5**
租赁业	152.2	0.1	8.9	1.3
商务服务业	2462.1	144.5	342.7	25.2
科学研究、技术服务和地质勘查业	**1341.6**	**165.6**	**92.0**	**12.8**
研究与试验发展	499.4	96.2	40.9	6.7
专业技术服务业	409.2	45.3	30.3	1.1
科技交流和推广服务业	276.0	19.6	17.4	3.1
地质勘查业	157.1	4.5	3.4	1.9
水利、环境和公共设施管理业	**22990.6**	**3272.3**	**4477.4**	**87.6**
水利管理业	3070.6	878.7	429.9	7.2
环境管理业	1537.0	271.6	178.6	9.1
公共设施管理业	18383.0	2122.0	3868.9	71.3
居民服务和其他服务业	**830.9**	**24.2**	**76.7**	**8.8**
居民服务业	422.1	21.2	15.4	3.2
其他服务业	408.8	2.9	61.3	5.6
教育	**3834.1**	**793.1**	**441.0**	**14.0**
卫生、社会保障和社会福利业	**2081.2**	**412.0**	**192.4**	**7.8**
卫生	1782.7	344.5	180.8	7.6
社会保障业	114.9	22.4	2.5	
社会福利业	183.6	45.1	9.1	0.3
文化、体育和娱乐业	**2719.4**	**326.6**	**229.8**	**31.7**
新闻出版业	57.0	2.8	5.7	
广播、电视、电影和音像业	249.5	29.9	12.4	0.3
文化艺术业	903.5	189.3	60.0	5.0
体育	513.6	71.9	91.1	3.3
娱乐业	995.9	32.7	60.6	23.2
公共管理和社会组织	**5027.7**	**1178.7**	**270.2**	**7.1**
中国共产党机关	44.6	19.6		
国家机构	4061.3	1105.0	247.5	5.6
人民政协和民主党派	7.3	5.1	0.3	
群众团体、社会团体和宗教组织	168.7	9.9	2.9	0.6
基层群众自治组织	745.7	39.1	19.6	0.9
国际组织				

3-8 续表

单位：亿元

行　业	自筹资金	其他资金	投资额	新增固定资产
第三产业合计	**80238.1**	**40405.7**	**136491.7**	**69706.8**
交通运输、仓储和邮政业	**11189.2**	**2191.3**	**27883.1**	**12387.4**
铁路运输业	1800.9	972.8	7622.2	2708.0
道路运输业	5168.8	927.9	12764.5	6361.3
城市公共交通业	595.2	100.7	2250.7	485.8
水上运输业	1261.0	78.0	2080.4	914.3
航空运输业	390.3	22.8	892.5	669.0
管道运输业	85.5	1.9	94.9	34.3
装卸搬运和其他运输服务业	286.3	7.9	332.6	199.2
仓储业	1566.1	78.9	1811.7	992.2
邮政业	35.1	0.4	33.5	23.3
信息传输、计算机服务和软件业	**2233.1**	**52.7**	**2392.9**	**1514.7**
电信和其他信息传输服务业	1892.4	43.4	2007.0	1310.7
计算机服务业	113.6	2.4	127.0	66.7
软件业	227.1	6.9	259.0	137.2
批发和零售业	**4846.2**	**273.7**	**5233.4**	**3495.2**
批发业	2208.1	95.1	2319.1	1491.8
零售业	2638.0	178.6	2914.2	2003.4
住宿和餐饮业	**2659.6**	**166.2**	**2980.2**	**1849.4**
住宿业	1815.4	129.6	2080.8	1162.8
餐饮业	844.2	36.5	899.4	686.6
金融业	**445.2**	**12.0**	**477.7**	**226.3**
银行业	296.1	7.4	315.9	167.7
证券业	46.2	0.6	52.9	8.8
保险业	35.1	0.5	33.1	12.6
其他金融活动	67.8	3.5	75.7	37.2
房地产业	**33800.1**	**33979.1**	**57633.1**	**27643.0**
租赁和商务服务业	**1969.8**	**121.8**	**2486.4**	**1323.5**
租赁业	128.3	13.5	150.1	78.1
商务服务业	1841.5	108.3	2336.3	1245.4
科学研究、技术服务和地质勘查业	**1013.1**	**58.2**	**1269.2**	**749.9**
研究与试验发展	342.9	12.7	456.6	245.2
专业技术服务业	320.3	12.1	385.5	237.5
科技交流和推广服务业	210.0	26.0	277.1	156.8
地质勘查业	139.8	7.5	150.0	110.3
水利、环境和公共设施管理业	**12838.2**	**2315.2**	**22333.7**	**11959.6**
水利管理业	1114.5	640.3	2774.1	1473.8
环境管理业	945.5	132.3	1523.8	841.2
公共设施管理业	10778.2	1542.6	18035.7	9644.7
居民服务和其他服务业	**625.9**	**95.3**	**757.1**	**411.6**
居民服务业	356.8	25.5	364.6	258.8
其他服务业	269.2	69.8	392.4	152.9
教育	**2252.8**	**333.3**	**3718.1**	**2364.2**
卫生、社会保障和社会福利业	**1318.4**	**150.5**	**1959.5**	**1222.6**
卫生	1139.0	111.0	1685.0	1028.2
社会保障业	73.9	16.1	92.2	60.2
社会福利业	105.5	23.5	182.3	134.2
文化、体育和娱乐业	**1951.8**	**179.4**	**2605.9**	**1448.1**
新闻出版业	46.7	1.8	50.9	21.3
广播、电视、电影和音像业	195.5	11.4	241.7	122.3
文化艺术业	578.5	70.8	900.3	507.5
体育	308.0	39.2	501.7	356.4
娱乐业	823.1	56.3	911.4	440.6
公共管理和社会组织	**3094.6**	**477.0**	**4761.6**	**3111.1**
中国共产党机关	12.3	12.7	33.4	22.0
国家机构	2352.0	351.2	3852.2	2476.4
人民政协和民主党派	1.3	0.6	6.9	7.0
群众团体、社会团体和宗教组织	136.1	19.1	155.0	101.2
基层群众自治组织	592.9	93.3	714.1	504.4
国际组织				

3-9 各地区按行业门类分第三产业城镇固定资产投资

单位：亿元

地　区	第三产业合　计	交通运输、仓储和邮政业	信息传输、计算机服务和软件业	批发和零售业	住宿和餐饮业	金融业	房地产业	租赁和商务服务业
全国合计	**136491.7**	**27883.1**	**2392.9**	**5233.4**	**2980.2**	**477.7**	**57633.1**	**2486.4**
北　京	4466.6	645.6	142.4	22.8	19.2	30.3	3039.0	22.4
天　津	3224.5	518.5	47.7	86.7	60.9	2.9	1129.6	281.3
河　北	7055.6	1388.1	40.8	409.2	139.6	12.7	3044.1	104.7
山　西	2828.9	859.5	40.9	75.8	37.2	2.6	943.6	34.2
内蒙古	3991.6	1032.5	60.2	251.4	69.3	38.1	1282.4	43.4
辽　宁	7863.5	1048.2	146.5	309.9	196.6	32.5	3599.6	333.6
吉　林	2911.3	525.8	48.1	248.1	65.8	10.9	1048.6	38.6
黑龙江	3227.3	747.4	64.5	172.6	52.3	9.3	1132.7	57.3
上　海	3516.8	640.4	115.6	28.1	32.3	29.0	2050.8	39.0
江　苏	9104.0	991.8	152.6	442.5	223.3	38.8	4751.6	269.0
浙　江	6075.0	908.6	155.8	155.5	111.4	34.7	3389.4	112.8
安　徽	5309.0	414.0	83.5	231.2	150.1	22.1	2785.5	64.6
福　建	4674.5	1123.8	140.3	145.6	96.0	26.7	2065.8	95.5
江　西	2966.1	420.7	62.8	194.3	201.5	25.8	866.4	76.3
山　东	9816.0	1133.5	54.1	730.2	298.5	22.7	4520.4	201.7
河　南	6064.9	661.9	56.3	385.1	195.1	14.3	2907.0	52.2
湖　北	5310.2	871.6	74.6	291.0	180.9	18.2	1871.8	115.6
湖　南	4627.5	1103.9	108.7	127.7	99.3	5.5	1670.6	49.9
广　东	8973.3	1636.9	253.0	170.2	185.6	35.3	4223.9	134.4
广　西	3817.3	759.9	78.1	135.7	82.2	19.7	1410.5	55.4
海　南	1062.7	161.8	17.6	5.3	108.8	5.4	503.3	14.1
重　庆	3806.4	604.3	76.7	90.4	34.1	3.7	1871.8	59.3
四　川	6537.6	1358.9	107.0	137.3	107.6	9.6	2717.3	103.5
贵　州	1683.7	489.2	45.3	15.6	21.2	6.0	646.7	5.4
云　南	3212.4	933.6	51.2	118.4	63.4	4.8	1060.5	13.4
西　藏	256.7	110.4	9.8	6.3	14.7	0.8	25.8	1.8
陕　西	4577.3	696.0	77.8	134.5	84.5	3.3	1674.2	67.2
甘　肃	1283.2	192.0	22.1	56.4	23.6	3.3	416.3	25.3
青　海	382.6	126.6	2.2	6.9	6.6	1.2	125.3	2.4
宁　夏	586.4	83.9	15.5	22.4	5.4	0.3	305.1	1.9
新　疆	1382.4	368.9	41.4	26.0	13.3	7.1	553.6	10.2
不分地区	5896.4	5324.7						

3-9 续表

单位：亿元

地区	科学研究、技术服务和地质勘查业	水利、环境和公共设施管理业	居民服务和其他服务业	教育	卫生、社会保障和社会福利业	文化、体育和娱乐业	公共管理和社会组织	国际组织
全国合计	**1269.2**	**22333.7**	**757.1**	**3718.1**	**1959.5**	**2605.9**	**4761.6**	
北京	81.9	263.9	3.8	72.4	36.1	59.5	27.3	
天津	20.7	813.4	93.1	58.8	19.4	49.9	41.6	
河北	58.2	1337.9	39.5	144.0	106.6	119.9	110.3	
山西	25.2	426.6	7.4	236.8	54.2	60.4	24.6	
内蒙古	42.8	651.6	18.1	149.9	53.2	117.1	181.5	
辽宁	122.0	1313.9	82.7	131.9	84.4	181.3	280.4	
吉林	47.3	521.4	30.6	87.5	56.1	82.0	100.3	
黑龙江	35.4	575.9	14.6	71.3	64.5	38.1	191.6	
上海	25.4	422.2	1.9	45.1	36.1	35.3	15.7	
江苏	114.3	1442.8	58.5	185.9	96.2	158.9	177.8	
浙江	31.1	846.7	5.6	103.5	74.9	60.6	84.4	
安徽	63.2	911.2	24.2	175.2	97.1	101.2	186.0	
福建	17.4	626.0	10.3	100.8	54.1	71.2	101.0	
江西	43.9	724.2	28.6	107.7	51.3	77.8	84.7	
山东	140.8	1067.2	157.6	229.2	141.4	392.5	726.4	
河南	41.7	1108.9	43.2	237.1	122.1	141.4	98.6	
湖北	46.3	1015.8	35.9	156.1	90.1	106.8	435.4	
湖南	25.0	968.2	19.6	106.0	94.9	85.0	163.3	
广东	84.8	1602.3	12.5	199.5	119.3	204.7	110.8	
广西	18.3	844.3	9.1	171.9	71.6	58.3	102.4	
海南	1.1	111.6	0.5	25.1	18.7	41.5	47.8	
重庆	10.5	716.5	8.5	117.0	38.2	52.1	123.3	
四川	23.4	1307.6	7.7	229.0	126.8	135.6	166.1	
贵州	7.3	326.4	3.6	46.7	15.9	18.9	35.5	
云南	6.8	584.7	4.4	168.5	63.0	49.5	90.1	
西藏	0.9	23.7	0.7	11.3	3.4	6.7	40.5	
陕西	80.8	947.8	21.6	178.7	82.1	40.1	488.6	
甘肃	23.5	128.9	7.4	64.3	39.4	23.8	256.9	
青海	2.9	43.6	1.2	20.8	6.8	9.5	26.5	
宁夏	1.1	70.5	1.0	32.4	12.5	10.6	23.9	
新疆	16.4	176.2	3.6	53.7	28.8	16.1	67.1	
不分地区	8.6	411.9					151.2	

【主要统计指标解释】

全社会固定资产投资 以货币形式表现的在一定时期内全社会建造和购置固定资产的工作量以及与此有关的费用的总称。该指标是反映固定资产投资规模、结构和发展速度的综合性指标，又是观察工程进度和考核投资效果的重要依据。全社会固定资产投资按登记注册类型可分为国有、集体、个体、联营、股份制、私营和个体、港澳台商、外商、其他等。

城镇固定资产投资 指城镇各种登记注册类型的企业、事业、行政单位及个体户进行的计划总投资50万元及50万元以上的建设项目投资和房地产开发投资。县城及以上区域内发生的投资，县及县以上各级政府及主管部门直接领导、管理的建设项目和企业事业单位的投资均为城镇固定资产投资。

建设总规模 指在报告期内所有施工项目的计划总投资。

在建总规模 指在报告期末所有在建项目的计划总投资。

固定资产投资的资金来源 根据固定资产投资的资金来源不同，分为国家预算内资金、国内贷款、利用外资、自筹资金和其他资金。

(1)国家预算内资金：分为财政拨款和财政安排的贷款两部分。包括中央财政的基本建设基金(分经营性基金和非经营性基金两部分)、专项支出、收回再贷、贴息资金，财政安排的挖潜改造和新产品试制支出、城建支出、商业部门简易建筑支出、不发达地区发展基金等资金中用于固定资产投资的资金；地方财政中由国家统筹安排的资金等。

(2)国内贷款：指报告期固定资产投资单位向银行及非银行金融机构借入的用于固定资产投资的各种国内借款，包括银行利用自有资金及吸收的存款发放的贷款、上级主管部门拨入的国内贷款、国家专项贷款、地方财政专项资金安排的贷款、国内储备贷款、周转贷款等。

(3)利用外资：指报告期收到的用于固定资产建造和购置的境外资金(包括设备、材料、技术在内)。包括对外借款(外国政府、国际金融组织贷款、出口信贷、外国银行商业贷款、对外发行债券和股票)、外商直接投资及外商其他投资。不包括我国自有外汇资金(国家外汇、地方外汇、留成外汇、调剂外汇和中国银行自有资金发行的外汇贷款等)。计算利用外资时，需要折算成人民币，折算中所使用的外汇汇率按现汇计算，即按使用外汇时的汇率计算。

(4)自筹资金：指固定资产投资单位报告期收到的，由各地区、各部门及企、事业单位筹集用于固定资产投资的预算外资金，包括中央各部门、各级地方和企、事业单位的自筹资金。

(5)其他资金：指在报告期收到的除以上各种资金之外其他用于固定资产投资的资金，包括企业或金融机构通过发行各种债券筹集到的资金、社会集资、个人资金、无偿捐赠的资金及其他单位拨入的资金等。

固定资产投资按国民经济行业分 根据现有企业、事业、行政单位和建设项目建成投产后的主要产品种类或主要用途及社会经济活动性质来确定国民经济行业。一般情况下，一个建设项目或一个企业、事业单位只能属于一种国民经济行业。

新增固定资产 指报告期内交付使用的固定资产价值。该指标是表示固定资产投资成果的价值指标，也是反映建设进度，计算固定资产投资效果的重要指标。

4 第三产业部分行业主要财务指标

4-1　批发和零售业

简要说明

一、主要内容

批发和零售业企业主要财务状况。

二、统计范围

限额以上批发和零售业企业。

三、统计调查方法

对限额以上批发和零售业法人企业采用全面调查的方法。

四、限额标准

批发业企业，年主营业务收入2000万元及以上。

零售业企业，年主营业务收入500万元及以上。

五、资料来源

本部分资料是国家统计局贸易外经统计司根据《批发和零售业、住宿和餐饮业统计报表制度》搜集的资料进行加工整理而得。

4-1-1 限额以上批发和零售业企业年末资产负债

单位：万元

项目	资产合计	#流动资产合计	#固定资产合计	负债合计	所有者权益合计
总计	**1085564036**	**830771920**	**90477823**	**780490919**	**304356580**
一、批发业	**839986146**	**665941050**	**48492275**	**604283854**	**235005002**
#国有控股	358107365	264107468	27242234	235412078	121997998
(一)按登记注册类型分					
内资企业	**740279250**	**583890605**	**45657161**	**538491462**	**201090499**
国有企业	161106942	121453141	15189598	100865480	60044464
集体企业	10389423	8182274	1045891	8395019	1994404
股份合作企业	1816080	1423234	200673	1305742	510339
联营企业	2147082	1785058	91300	1611841	535241
国有联营企业	820782	691555	37974	547302	273480
集体联营企业	187084	177071	2789	166268	20816
国有与集体联营企业	339342	293234	16151	257168	82174
其他联营企业	799874	623199	34386	641103	158771
有限责任公司	268038762	217144417	10928807	209664442	58374320
国有独资公司	46102813	32965903	1779394	33406157	12696657
其他有限责任公司	221935949	184178514	9149413	176258285	45677663
股份有限公司	87926938	56774941	8149563	52032290	35394356
私营企业	204805372	173889348	9738115	161760083	43045289
私营独资企业	6459510	4616423	865460	4159744	2299766
私营合伙企业	1527166	1269061	121028	1143291	383875
私营有限责任公司	188695423	161580191	8144694	150674383	38021039
私营股份有限公司	8123274	6423673	606933	5782665	2340609
其他企业	4048653	3238193	313215	2856566	1192087
港、澳、台商投资企业	**24487849**	**20792683**	**902305**	**17049602**	**7438247**
合资经营企业	4360041	3199250	281322	2700662	1659379
合作经营企业	158034	119811	19706	72802	85232
独资经营企业	19033398	16692257	550825	13592127	5441271
投资股份有限公司	936376	781365	50452	684011	252365
外商投资企业	**75219047**	**61257762**	**1932808**	**48742790**	**26476257**
中外合资经营企业	12256908	10428315	479062	9270902	2986006
中外合作经营企业	1329744	1201149	13302	1049577	280167
外资企业	61392949	49399688	1433146	38233291	23159658
外商投资股份有限公司	239446	228610	7298	189021	50426

4-1-1 续表 1

单位：万元

项目	资产合计	#流动资产合计	#固定资产合计	负债合计	所有者权益合计
(二)按国民经济行业分					
农畜产品批发	39811853	27998507	3461603	30427206	9384648
食品、饮料及烟草制品批发	86882001	67343011	9073347	43752071	43129930
#米、面制品及食用油批发	17531674	14876887	1269701	15171052	2360623
肉、禽、蛋及水产品批发	3230579	2005852	496109	2165354	1065225
饮料及茶叶批发	10518498	8532402	656743	7283086	3235412
烟草制品批发	40196750	31647096	5135550	8719353	31477397
纺织、服装及日用品批发	52734106	42580718	2660775	37906292	14827814
#服装批发	18919216	15292604	999437	13135175	5784040
鞋帽批发	3490358	2763484	235836	2406065	1084293
文化、体育用品及器材批发	15444050	11664815	975627	10233412	5210638
#文具用品批发	3805357	3382097	145048	3098307	707050
体育用品批发	1188879	971681	44972	833011	355868
图书批发	4771941	2712323	513907	2463798	2308144
医药及医疗器材批发	37347385	30928011	1580925	27350842	9996544
#西药批发	25043614	20334567	1038464	18073616	6969998
中药材及中成药批发	8405838	7205221	371377	6735244	1670595
矿产品、建材及化工产品批发	399971689	310410937	24494136	296848031	102426369
#煤炭及制品批发	57111856	43457682	2960653	39487606	17624251
石油及制品批发	87621548	56575724	13667002	54451558	32472701
金属及金属矿批发	170152314	142898322	3922734	137109467	33042847
建材批发	26741386	20869025	1341157	21062022	5679364
化肥批发	14292864	11146090	827315	11332001	2960863
农药批发	2204804	1685421	184937	1827454	377350
机械设备、五金交电及电子产品批发	152406663	128584222	4625234	113304765	39101898
#汽车、摩托车及零配件批发	37562014	31074079	1122241	28508733	9053281
家用电器批发	24255785	21687450	339262	20249786	4006000
计算机、软件及辅助设备批发	10460626	9598756	159499	8096032	2364594
通讯及广播电视设备批发	13742661	11989168	385079	7859392	5883270
贸易经纪与代理	34344520	29079600	602053	28383626	5960894
其他批发	21043878	17351229	1018575	16077610	4966269

4-1-1 续表 2

单位：万元

项目	资产合计	#流动资产合计	#固定资产合计	负债合计	所有者权益合计
二、零售业	**245577890**	**164830870**	**41985549**	**176207065**	**69351577**
#国有控股	51696938	27701760	11891906	31302749	20374729
(一)按登记注册类型分					
内资企业	**210579255**	**140888136**	**36154104**	**150490743**	**60069265**
国有企业	16036157	9010449	4087579	10498437	5537720
集体企业	3529993	2152026	947740	2464610	1065383
股份合作企业	1449860	814571	341150	1022167	427693
联营企业	673024	462582	118466	431432	241591
国有联营企业	345071	241040	47930	227737	117333
集体联营企业	67885	37903	12620	36515	31370
国有与集体联营企业	141403	112529	17344	100642	40761
其他联营企业	118666	71109	40572	66538	52127
有限责任公司	74346506	53404230	11786177	56362569	17984149
国有独资公司	1704407	918243	474197	882764	821644
其他有限责任公司	72642099	52485986	11311980	55479806	17162505
股份有限公司	42634999	22379347	8288709	26507560	16107980
私营企业	70176124	51544676	10226459	51911084	18265040
私营独资企业	5840486	3495836	1573901	3221701	2618785
私营合伙企业	993808	623516	215707	574059	419749
私营有限责任公司	58461749	43783934	7769652	44614582	13847167
私营股份有限公司	4880081	3641389	667200	3500743	1379338
其他企业	1732593	1120256	357824	1292885	439709
港、澳、台商投资企业	**14282531**	**9513640**	**2216595**	**10084055**	**4198476**
合资经营企业	4760888	3191911	755512	3161899	1598989
合作经营企业	1288418	1030163	74967	1047683	240734
独资经营企业	7478722	4999757	1221437	5349160	2129563
投资股份有限公司	754503	291810	164679	525313	229190
外商投资企业	**20716103**	**14429093**	**3614850**	**15632267**	**5083837**
中外合资经营企业	7274783	4994879	1406325	5421737	1853045
中外合作经营企业	1086438	803437	157665	749914	336524
外资企业	11372986	8218597	1787760	8899674	2473312
外商投资股份有限公司	981897	412181	263100	560942	420955

4-1-1 续表 3

单位：万元

项目	资产合计	#流动资产合计	#固定资产合计	负债合计	所有者权益合计
(二)按国民经济行业分					
综合零售	87467141	52699436	19085582	65033964	22433177
#百货零售	52538478	29347774	12330276	36942585	15595893
超级市场零售	32186445	21545509	6116653	26046707	6139738
食品、饮料及烟草制品专门零售	5213732	3347670	1207898	3024180	2189552
#粮油零售	1007746	626855	257119	695755	311992
肉、禽、蛋及水产品零售	660070	306443	255021	388075	271996
饮料及茶叶零售	1104884	776172	233261	708632	396252
烟草制品零售	902417	679752	75507	338388	564029
纺织、服装及日用品专门零售	9928636	6938274	1769451	7314157	2614479
#服装零售	7070510	4838530	1324969	5434196	1636314
文化、体育用品及器材专门零售	10049742	6350863	2179745	5587112	4462631
#体育用品零售	466456	361047	61130	314837	151619
图书零售	5971281	3367515	1571359	2990603	2980677
医药及医疗器材专门零售	11161479	8849102	1006200	8361306	2800173
#药品零售	10560573	8319661	964123	7895364	2665210
汽车、摩托车、燃料及零配件专门零售	85746368	59737087	12244267	61017312	24709597
#汽车零售	63158182	49393527	6449280	48789653	14368530
机动车燃料零售	20463354	8801982	5490131	10807083	9636811
家用电器及电子产品专门零售	23638553	19168614	1833705	17893312	5745453
#家用电器零售	18402562	14959872	1393566	14355095	4047679
计算机、软件及辅助设备零售	3184478	2587143	183725	2083643	1100835
通信设备零售	1578683	1219936	224777	1138364	440319
五金、家具及室内装修材料专门零售	6365560	3724577	1560303	3842755	2522805
无店铺及其他零售	6006679	4015246	1098398	4132968	1873711
#邮购及电子销售	1257329	1115901	43336	1203244	54084
(三)按零售业态分					
有店铺零售	243587020	163074660	41880677	174465750	69102022
#超市	14056897	9038673	2974528	10571698	3485198
大型超市	23658002	16071084	4293529	18939052	4718951
百货店	45007367	25181224	10373654	31303135	13704232
专业店	84462765	58799809	13059484	58347525	26115453
专卖店	61018945	44879182	7550354	44131916	16867570
无店铺零售	1990870	1756210	104871	1741315	249555

4-1-2 各地区限额以上批发和零售业企业年末资产负债

单位：万元

地区	资产合计	#流动资产合计	#固定资产合计	负债合计	所有者权益合计
全国	**1085564036**	**830771920**	**90477823**	**780490919**	**304356580**
北京	208565848	156857647	8446253	144216964	64348884
天津	39447658	33181977	2459582	30294098	9153560
河北	23155881	17663492	2803052	16421600	6143523
山西	24522686	18398828	2810516	19417539	5105147
内蒙古	9610369	6307114	1556800	6669073	2941296
辽宁	34274052	25772246	3567379	25185062	8945287
吉林	7921070	5119543	1548375	5812067	2109003
黑龙江	13355780	10651750	1553863	10690203	2665577
上海	102999720	81928081	5706070	72916432	30083289
江苏	91916903	71769180	7550503	67478252	24438651
浙江	96781210	77160328	6199997	74128404	22652806
安徽	20984587	16154872	2429398	15149328	5835259
福建	40600129	30427655	2381532	27341222	13258907
江西	7106006	4687129	1347756	4492527	2613478
山东	61086393	44317692	9324534	43145133	17941260
河南	21612552	15918449	3024029	15729227	5883537
湖北	26190969	18487561	4137222	18881752	7309218
湖南	14826986	9515370	2467971	8959544	5867442
广东	117164087	93891498	7848949	87796568	29367519
广西	10164898	7629914	1027668	7292081	2854307
海南	4101884	3071410	465343	2343625	1758259
重庆	17158264	11973415	1839943	12575817	4582447
四川	22202588	16689349	2294816	15201057	7001531
贵州	7430973	5714524	840817	4836982	2593991
云南	23780456	19133471	2184899	16238571	7541885
西藏	414738	215834	80903	181443	233296
陕西	13464970	9359196	1843558	9458612	4042580
甘肃	6547105	5114379	551575	3982752	2564353
青海	1570792	1024497	287381	881114	689678
宁夏	2502254	1869945	317689	1759044	743210
新疆	14102227	10765577	1579451	11014829	3087398

4-1-3 各地区限额以上批发业企业年末资产负债

单位：万元

地　区	资产合计	#流动资产合计	#固定资产合计	负债合计	所有者权益合计
全　国	**839986146**	**665941050**	**48492275**	**604283854**	**235005002**
北　京	181599382	135873491	5772456	123245193	58354190
天　津	33993393	29444825	1444669	26411952	7581441
河　北	16811493	13435300	1516423	11448273	4772463
山　西	19115489	14814556	1763300	15385357	3730132
内蒙古	5392403	3781445	747934	3732063	1660341
辽　宁	23290035	19053804	1379504	17325335	5840458
吉　林	4474451	3196080	614198	3269856	1204595
黑龙江	9312238	7977870	658734	7579586	1732652
上　海	87240911	71202299	3014782	61731923	25508988
江　苏	69953637	57405612	4021680	51544939	18408698
浙　江	78424881	63919296	3460154	60122173	18302708
安　徽	14587881	11586624	1325632	10442111	4145771
福　建	33139424	25399888	1374227	22469369	10670055
江　西	4522660	3102447	774571	2836088	1686573
山　东	39124175	30456507	4455796	27466803	11657373
河　南	13748427	10752389	1515812	9903888	3844539
湖　北	17219132	13426048	1949298	12818309	4400823
湖　南	8157207	5706030	835891	4822966	3334242
广　东	92055414	76542485	4560062	70841490	21213924
广　西	7320744	5596889	636731	5232475	2069759
海　南	2934083	2319534	197460	1647525	1286558
重　庆	12054792	8595617	974688	9104709	2950083
四　川	13161191	10875064	943820	9014313	4146878
贵　州	5302242	4322450	522181	3111765	2190477
云　南	19112258	15843372	1380877	13121672	5990587
西　藏	238886	122802	28621	91546	147340
陕　西	8102845	5929411	717191	5582499	2556567
甘　肃	5109319	4187806	334972	2935174	2174145
青　海	1174006	749321	213777	627451	546555
宁　夏	1509368	1178615	149380	1041830	467538
新　疆	11803778	9143172	1207454	9375224	2428555

4-1-4 各地区限额以上零售业企业年末资产负债

单位：万元

地区	资产合计	#流动资产合计	#固定资产合计	负债合计	所有者权益合计
全国	**245577890**	**164830870**	**41985549**	**176207065**	**69351577**
北京	26966466	20984156	2673797	20971771	5994694
天津	5454265	3737152	1014913	3882146	1572119
河北	6344388	4228192	1286629	4973327	1371061
山西	5407197	3584272	1047216	4032182	1375016
内蒙古	4217965	2525669	808867	2937010	1280955
辽宁	10984017	6718442	2187875	7859728	3104830
吉林	3446619	1923463	934177	2542211	904408
黑龙江	4043542	2673880	895129	3110617	932925
上海	15758809	10725781	2691288	11184509	4574301
江苏	21963267	14363568	3528823	15933313	6029954
浙江	18356329	13241032	2739843	14006232	4350097
安徽	6396706	4568248	1103766	4707217	1689489
福建	7460705	5027767	1007305	4871853	2588852
江西	2583346	1584682	573185	1656440	926906
山东	21962218	13861185	4868738	15678331	6283887
河南	7864126	5166060	1508217	5825339	2038999
湖北	8971838	5061513	2187925	6063443	2908395
湖南	6669778	3809340	1632080	4136578	2533200
广东	25108673	17349013	3288886	16955078	8153595
广西	2844155	2033025	390937	2059606	784548
海南	1167801	751876	267884	696099	471702
重庆	5103472	3377798	865255	3471108	1632364
四川	9041397	5814285	1350996	6186743	2854653
贵州	2128732	1392074	318636	1725217	403515
云南	4668198	3290099	804022	3116899	1551299
西藏	175852	93031	52282	89896	85956
陕西	5362125	3429785	1126366	3876112	1486013
甘肃	1437785	926573	216602	1047578	390207
青海	396786	275177	73604	253663	143123
宁夏	992886	691330	168309	717214	275672
新疆	2298449	1622405	371998	1639605	658844

4-1-5 限额以上批发和零售业企业损益及分配

单位：万元

项　目	主营业务收入	主营业务成本	营业费用	管理费用	财务费用	利润总额
总　计	**2488744037**	**2286630541**	**80576089**	**44180228**	**8552202**	**70238231**
一、批发业	**1977588807**	**1834822585**	**53253061**	**28451326**	**6011903**	**54274008**
#国有控股	861228192	803548990	16421775	10949650	1852195	27307528
(一)按登记注册类型分						
内资企业	**1751110632**	**1637411651**	**38217149**	**22641424**	**5979330**	**43081938**
国有企业	404792761	367701043	7212330	7175433	833471	18379984
集体企业	22478179	20998880	494309	390060	119733	549885
股份合作企业	7226062	6911724	151321	88366	18287	92668
联营企业	5644050	5342754	98135	70455	16129	147240
国有联营企业	2865874	2716732	34576	32533	5716	95870
集体联营企业	394582	370678	7910	3582	3323	7729
国有与集体联营企业	1111608	1044378	28040	10684	3246	22885
其他联营企业	1271986	1210966	27609	23657	3844	20756
有限责任公司	556478260	526539646	12317093	6042700	2045009	10242344
国有独资公司	73879647	70835251	897943	875591	384622	1448361
其他有限责任公司	482598614	455704396	11419150	5167109	1660387	8793983
股份有限公司	247486194	234905724	5817154	1905096	573510	5433502
私营企业	497458879	466353437	11874836	6756575	2338414	7947669
私营独资企业	20215341	18258129	511354	379227	104860	801987
私营合伙企业	5708191	5262489	140876	80186	21522	150501
私营有限责任公司	453661597	426359807	10698288	6033537	2131544	6608739
私营股份有限公司	17873751	16473013	524318	263625	80489	386441
其他企业	9546246	8658443	251972	212739	34776	288646
港、澳、台商投资企业	**50465758**	**44160090**	**3121840**	**1337852**	**79113**	**2313852**
合资经营企业	10521958	9720218	369421	150735	30797	273132
合作经营企业	731739	642227	29127	4802	199	54166
独资经营企业	36853732	31802265	2555079	1106257	47654	1846776
投资股份有限公司	2358328	1995381	168213	76059	462	139778
外商投资企业	**176012417**	**153250845**	**11914072**	**4472050**	**-46540**	**8878219**
中外合资经营企业	48789737	45031416	2440142	438443	53121	889862
中外合作经营企业	7416779	7237784	45243	22002	6562	89744
外资企业	119210044	100523496	9336540	3989104	-106498	7874693
外商投资股份有限公司	595857	458149	92147	22500	276	23921

4-1-5 续表 1

单位：万元

项目	主营业务收入	主营业务成本	营业费用	管理费用	财务费用	利润总额
(二)按国民经济行业分						
农畜产品批发	37497614	34060827	941310	755606	518418	945216
食品、饮料及烟草制品批发	170348285	137055565	7488408	6605243	227163	15289574
#米、面制品及食用油批发	19596926	18384212	756748	334529	177700	302920
肉、禽、蛋及水产品批发	8822312	7918936	349283	229222	47522	262024
饮料及茶叶批发	20827272	16036412	2038118	545480	36196	2154923
烟草制品批发	93703345	71130407	2455723	4708354	-183213	11563867
纺织、服装及日用品批发	113798583	100649902	6597942	2758836	393380	3840856
#服装批发	39358174	34631662	1962149	1110833	111147	1735895
鞋帽批发	8206969	6879907	498497	361852	24789	462802
文化、体育用品及器材批发	24000760	21760523	960118	592156	88585	724879
#文具用品批发	6605209	6268520	146307	103759	36037	50963
体育用品批发	2409788	1987705	229514	102004	-823	135164
图书批发	3520007	3044839	187749	180112	-1959	157724
医药及医疗器材批发	72028056	65304625	3426358	1579655	245863	1719245
#西药批发	49410459	45563636	1932801	918333	175375	978877
中药材及中成药批发	15983533	14308336	878159	355205	60958	366603
矿产品、建材及化工产品批发	1160992753	1110051719	18282017	8587913	3802329	18948728
#煤炭及制品批发	153354799	141868691	3632118	1467361	545778	5491156
石油及制品批发	362476952	346682456	6996193	2023591	516555	6106749
金属及金属矿批发	438931955	426380610	3778535	2375776	1898582	4221062
建材批发	54433650	50997591	867984	881766	247542	744477
化肥批发	23794271	22719420	485454	291647	160787	367566
农药批发	4456789	4274730	104250	51792	43051	16562
机械设备、五金交电及电子产品批发	315378323	287279942	13536339	6274553	433598	10560242
#汽车、摩托车及零配件批发	103342118	94872596	4401420	889729	132427	3520838
家用电器批发	53802964	49094540	3357503	811721	16718	887527
计算机、软件及辅助设备批发	28081766	26683501	739079	394187	14675	339266
通讯及广播电视设备批发	23351210	20182186	855190	1299818	51494	1619559
贸易经纪与代理	32385125	30209268	952971	534331	111277	1093843
其他批发	51159307	48450214	1067599	763035	191290	1151423

4-1-5 续表 2 单位：万元

项　　目	主营业务收入	主营业务成本	营业费用	管理费用	财务费用	利润总额
二、零售业	**511155230**	**451807956**	**27323028**	**15728902**	**2540299**	**15964224**
#国有控股	115264140	102447403	5364342	3258122	296887	4018475
(一)按登记注册类型分						
内资企业	**447157715**	**397322352**	**21219425**	**12918438**	**2344045**	**13537568**
国有企业	39652146	35226192	1644698	1108770	87907	1281039
集体企业	10438814	9063799	381765	323614	53431	441272
股份合作企业	2770186	2419464	107555	116664	18785	93844
联营企业	2065674	1868190	84114	34627	7553	61547
国有联营企业	1081698	985244	46885	15761	4110	25373
集体联营企业	247018	212468	10282	3929	1254	11434
国有与集体联营企业	479525	444088	15555	5045	1406	14088
其他联营企业	257434	226391	11393	9892	783	10652
有限责任公司	158991135	140972730	8760299	4704167	834933	4735457
国有独资公司	2611636	2217760	160294	128582	2963	212398
其他有限责任公司	156379499	138754971	8600005	4575586	831969	4523058
股份有限公司	74876058	66645231	3328356	2077427	307953	2853653
私营企业	154155227	137428551	6718799	4433154	1011435	3901131
私营独资企业	15140595	12649863	516228	423316	100439	868104
私营合伙企业	2773155	2332423	119512	77612	18127	150291
私营有限责任公司	126751174	113988158	5663393	3681012	836387	2614132
私营股份有限公司	9490302	8458108	419665	251214	56482	268604
其他企业	4208474	3698195	193838	120015	22048	169626
港、澳、台商投资企业	**26748905**	**22861841**	**2073026**	**1251589**	**92870**	**1208618**
合资经营企业	7577964	6459604	565077	323102	30311	499808
合作经营企业	3416361	3181543	71412	116957	4640	150739
独资经营企业	15018828	12659524	1376711	753680	48953	488823
投资股份有限公司	735753	561170	59826	57851	8966	69247
外商投资企业	**37248610**	**31623763**	**4030577**	**1558875**	**103385**	**1218038**
中外合资经营企业	17646471	15317789	1691139	562996	26946	548249
中外合作经营企业	2369852	2007227	243267	73786	2348	112214
外资企业	16070441	13305492	2004079	862684	66731	508467
外商投资股份有限公司	1161845	993256	92092	59410	7359	49108

4-1-5 续表 3

单位：万元

项　　目	主营业务收入	主营业务成本	营业费用	管理费用	财务费用	利润总额
(二)按国民经济行业分						
综合零售	140376086	120085290	11653806	6470361	766124	5134142
#百货零售	73797895	62307408	4789121	4081650	578621	3489522
超级市场零售	59771030	52051926	6287503	2130252	159210	1475202
食品、饮料及烟草制品专门零售	9816791	8036795	661419	394194	53859	602645
#粮油零售	1357638	1209362	69178	51606	13774	47864
肉、禽、蛋及水产品零售	1867801	1656206	57097	47704	7792	57630
饮料及茶叶零售	1641950	1228551	169430	70374	15543	126728
烟草制品零售	1826257	1470744	78954	87440	3447	200348
纺织、服装及日用品专门零售	17533214	12931741	2199428	1106802	120304	1301792
#服装零售	11723424	8562588	1418088	742516	78630	971563
文化、体育用品及器材专门零售	11771965	9195215	1048740	892215	52596	600384
#体育用品零售	691265	541650	72770	47212	4660	16715
图书零售	5374123	4012312	550191	576061	4391	307960
医药及医疗器材专门零售	20417157	17709588	1257187	724070	104018	515586
#药品零售	19414171	16879382	1186649	662480	100217	488826
汽车、摩托车、燃料及零配件专门零售	247551733	228275482	6582803	4109516	1165961	5712124
#汽车零售	170044050	157509662	4166144	3157438	1013235	3319362
机动车燃料零售	72470392	66410800	2242990	821504	125660	2227040
家用电器及电子产品专门零售	41667307	37139657	2521052	1147111	131182	1109295
#家用电器零售	29550340	26221034	1981121	768337	76260	854580
计算机、软件及辅助设备零售	7590100	6996589	260318	213073	29192	130927
通信设备零售	3505248	3017623	239011	125160	21559	95531
五金、家具及室内装修材料专门零售	11298144	9303437	722932	449727	104219	579244
无店铺及其他零售	10722834	9130752	675663	434907	42037	409013
#邮购及电子销售	2848215	2515604	274979	125429	9434	-71884
(三)按零售业态分						
有店铺零售	506704769	447938259	26878869	15532566	2527431	16030997
#超市	27813524	23957422	2587008	980396	120829	603560
大型超市	41295791	36033086	4258063	1503977	112142	1119281
百货店	61104826	51043315	4065479	3486856	481984	3217305
专业店	193763089	173440276	8088547	4724331	816296	5717104
专卖店	152110760	137098527	5831904	3518056	809563	4315766
无店铺零售	4450461	3869697	444160	196336	12869	-66773

4-1-6 各地区限额以上批发和零售业企业损益及分配

单位：万元

地区	主营业务收入	主营业务成本	营业费用	管理费用	财务费用	利润总额
全国	**2488744037**	**2286630541**	**80576089**	**44180228**	**8552202**	**70238231**
北京	319338111	294742086	11701746	6556680	698772	11221119
天津	118645990	113715262	2073725	975168	407075	1833064
河北	49793402	46334878	1514116	835306	184907	916326
山西	53120629	48600195	1499210	951969	287585	1183792
内蒙古	29377593	24816131	782414	466950	84513	1584026
辽宁	92940290	86966364	2595603	1494016	318957	1490939
吉林	21298947	19484526	670950	414527	91304	591775
黑龙江	27419313	24091849	1210339	797859	105953	835254
上海	288229746	266223435	11980593	4972103	491444	6927921
江苏	240343388	221841720	6646147	3843463	832387	6342706
浙江	209271308	197297574	5467242	2938303	1143360	3767195
安徽	44387446	40509471	1806210	881362	159331	1032664
福建	75482015	70065371	2184468	1176390	287789	1976154
江西	18469682	16426030	614883	353827	48352	708996
山东	156348844	139392355	4742832	3429064	778099	6013136
河南	57248348	52408521	1610542	1315618	236096	1372966
湖北	69822234	63456288	2145098	1284118	225113	1989215
湖南	35374688	30331167	1644501	1339150	172203	1253829
广东	286954997	265557138	9318365	4337594	983960	7206266
广西	23034580	20972946	792169	488390	87704	553228
海南	12554362	11675833	366008	195191	16376	316703
重庆	50798738	45731142	1786423	1133727	172392	1185816
四川	51132981	45946934	2128475	1070342	215529	1651796
贵州	14111257	11590622	649599	499740	23640	1354198
云南	39391788	35126604	1466550	815505	115689	1764781
西藏	887763	722547	73520	34496	1839	62857
陕西	39273136	32931482	1207324	771780	168370	3803463
甘肃	19920178	18525052	711868	243736	63323	277588
青海	3529741	3254932	81533	65902	8429	185187
宁夏	5313785	4886228	174003	92427	21621	149359
新疆	34928758	33005857	929633	405524	120091	685914

4-1-7 各地区限额以上批发业企业损益及分配

单位：万元

地　区	主营业务收入	主营业务成本	营业费用	管理费用	财务费用	利润总额
全　国	**1977588807**	**1834822585**	**53253061**	**28451326**	**6011903**	**54274008**
北　京	273761303	254125689	8519865	4907569	522701	10245995
天　津	105859244	102315613	1388444	647973	364291	1278733
河　北	38009442	35532403	987479	465439	120949	756609
山　西	41213595	37780119	1054160	685465	224537	962944
内蒙古	19390774	16171569	475932	270978	40046	992070
辽　宁	72610347	68966740	1699945	682067	201242	984845
吉　林	14229671	13008898	472403	157077	49585	380774
黑龙江	19551031	17342358	791116	445963	66042	609900
上　海	255178787	237667789	9090482	3479716	384176	5843759
江　苏	195647689	182065946	4391058	2409306	608868	4990317
浙　江	171552262	162683164	3666073	2005758	911458	3094371
安　徽	32220891	29542290	1240881	544836	98031	747368
福　建	61550856	57616123	1433341	830273	212008	1575039
江　西	13291222	11942315	358885	198619	16598	553462
山　东	107099488	96525921	2794643	1904789	448294	3988511
河　南	38653702	35683342	897214	810508	151918	877225
湖　北	51377748	47702228	1128625	680491	130975	1496234
湖　南	18792601	16013186	748416	753755	88430	754359
广　东	231415906	217283015	5786022	2828657	765363	4856277
广　西	17130005	15782720	467184	303161	64541	375923
海　南	9529077	8919592	227768	122269	6850	240532
重　庆	37401578	33750770	1114411	828669	102782	818104
四　川	30744638	27800824	1038891	608030	123271	1029095
贵　州	9749458	7674172	434140	396915	5197	1206471
云　南	30050381	26769128	1003431	584036	65639	1529770
西　藏	370520	281438	51527	18959	887	25158
陕　西	28224140	23887410	598672	359692	71804	3075170
甘　肃	16181340	15125608	559843	164330	47558	185828
青　海	2711967	2472199	47271	38615	5633	161501
宁　夏	3699246	3444085	92708	48520	12578	89979
新　疆	30389900	28945933	692233	268892	99654	547688

4-1-8 各地区限额以上零售业企业损益及分配

单位：万元

地区	主营业务收入	主营业务成本	营业费用	管理费用	财务费用	利润总额
全国	**511155230**	**451807956**	**27323028**	**15728902**	**2540299**	**15964224**
北京	45576808	40616398	3181880	1649111	176072	975124
天津	12786746	11399649	685281	327196	42784	554330
河北	11783961	10802475	526636	369868	63958	159717
山西	11907035	10820076	445050	266503	63048	220848
内蒙古	9986820	8644561	306482	195972	44468	591956
辽宁	20329943	17999624	895658	811949	117715	506095
吉林	7069276	6475628	198547	257451	41719	211000
黑龙江	7868282	6749492	419223	351896	39911	225354
上海	33050959	28555645	2890111	1492387	107268	1084162
江苏	44695700	39775774	2255089	1434157	223519	1352389
浙江	37719046	34614410	1801169	932545	231903	672824
安徽	12166555	10967180	565330	336526	61300	285296
福建	13931159	12449248	751127	346117	75782	401115
江西	5178460	4483716	255998	155208	31754	155534
山东	49249356	42866434	1948190	1524274	329805	2024625
河南	18594646	16725179	713329	505111	84179	495742
湖北	18444485	15754060	1016473	603627	94138	492981
湖南	16582087	14317981	896085	585395	83774	499470
广东	55539091	48274123	3532343	1508938	218597	2349989
广西	5904575	5190226	324985	185229	23163	177305
海南	3025285	2756242	138240	72922	9526	76172
重庆	13397160	11980372	672013	305057	69610	367712
四川	20388343	18146111	1089585	462312	92258	622702
贵州	4361800	3916450	215459	102825	18443	147727
云南	9341407	8357477	463119	231469	50050	235011
西藏	517243	441109	21994	15537	952	37700
陕西	11048997	9044072	608652	412088	96566	728294
甘肃	3738838	3399444	152025	79406	15765	91760
青海	817774	782733	34262	27288	2796	23686
宁夏	1614538	1442143	81295	43907	9043	59380
新疆	4538859	4059924	237399	136633	20437	138227

4-1-9 限额以上批发和零售业企业工资福利及增值税

单位：万元

项 目	本年应付工资总额	本年应付福利费总额	本年应交增值税
总 计	**27061406**	**2029949**	**36165946**
一、批发业	**15646386**	**1294799**	**25746211**
#国有控股	6430549	638318	10229865
(一)按登记注册类型分			
内资企业	**12267632**	**1013389**	**20719886**
国有企业	4045777	422539	6465142
集体企业	176861	13827	371036
股份合作企业	59199	6088	175448
联营企业	39299	2839	77973
国有联营企业	18383	1247	59123
集体联营企业	2384	84	2563
国有与集体联营企业	6555	924	10089
其他联营企业	11976	583	6199
有限责任公司	3580339	234600	5846998
国有独资公司	420372	32384	529063
其他有限责任公司	3159967	202216	5317936
股份有限公司	1340973	128524	1985768
私营企业	2940304	198370	5705760
私营独资企业	173211	32102	390659
私营合伙企业	41998	2956	52824
私营有限责任公司	2599678	154921	5024220
私营股份有限公司	125418	8391	238057
其他企业	84879	6602	91761
港、澳、台商投资企业	**818394**	**51801**	**1140687**
合资经营企业	125763	6547	218964
合作经营企业	13169	426	24710
独资经营企业	634833	41877	812097
投资股份有限公司	44630	2951	84916
外商投资企业	**2560360**	**229610**	**3885638**
中外合资经营企业	323679	19553	454454
中外合作经营企业	15195	1300	26481
外资企业	2203536	202879	3369290
外商投资股份有限公司	17950	5878	35413

4-1-9 续表 1

单位：万元

项目	本年应付工资总额	本年应付福利费总额	本年应交增值税
(二)按国民经济行业分			
农畜产品批发	361995	26925	185298
食品、饮料及烟草制品批发	3894062	370702	5349983
#米、面制品及食用油批发	200680	17965	199478
肉、禽、蛋及水产品批发	143948	8571	65599
饮料及茶叶批发	468680	29839	754778
烟草制品批发	2525761	277153	3791103
纺织、服装及日用品批发	1687751	103200	2063462
#服装批发	665390	32360	690046
鞋帽批发	126957	10653	224510
文化、体育用品及器材批发	375290	38307	423199
#文具用品批发	52875	2563	39821
体育用品批发	41242	3526	115660
图书批发	99864	7805	78509
医药及医疗器材批发	1180388	82217	1137092
#西药批发	706384	49633	698545
中药材及中成药批发	276458	14231	277681
矿产品、建材及化工产品批发	4022478	365630	8527524
#煤炭及制品批发	567793	53423	2028012
石油及制品批发	1395775	170566	2893052
金属及金属矿批发	964594	58581	2142020
建材批发	259320	21307	338485
化肥批发	157080	12645	222595
农药批发	24295	1430	5983
机械设备、五金交电及电子产品批发	3464853	262441	5032383
#汽车、摩托车及零配件批发	489039	36310	2052706
家用电器批发	595742	36135	770126
计算机、软件及辅助设备批发	274451	17285	291730
通讯及广播电视设备批发	399889	38405	487189
贸易经纪与代理	296337	19805	448767
其他批发	363232	25574	2578504

4-1-9 续表 2

单位：万元

项　　目	本年应付工资总额	本年应付福利费总额	本年应交增值税
二、零售业	**11415020**	**735150**	**10419736**
#国有控股	2333832	170117	2523518
(一)按登记注册类型分			
内资企业	**9600543**	**610248**	**8835859**
国有企业	832787	64500	1146850
集体企业	248499	15410	177364
股份合作企业	79876	21199	43317
联营企业	36961	2124	32581
国有联营企业	16702	982	16629
集体联营企业	4793	262	5964
国有与集体联营企业	7099	315	5310
其他联营企业	8367	565	4678
有限责任公司	3648933	213589	3053893
国有独资公司	84356	7018	54094
其他有限责任公司	3564577	206571	2999799
股份有限公司	1368959	97404	1462162
私营企业	3254870	190599	2800799
私营独资企业	332463	25332	280679
私营合伙企业	71653	3178	49288
私营有限责任公司	2644268	152043	2327256
私营股份有限公司	206486	10046	143576
其他企业	129659	5423	118894
港、澳、台商投资企业	**730304**	**48428**	**654809**
合资经营企业	211142	10878	208714
合作经营企业	38647	7904	44602
独资经营企业	462645	28152	386911
投资股份有限公司	17870	1496	14582
外商投资企业	**1084173**	**76474**	**929068**
中外合资经营企业	442020	30677	431378
中外合作经营企业	50123	4862	51670
外资企业	548996	37434	412775
外商投资股份有限公司	43034	3501	33246

4-1-9 续表 3

单位：万元

项　　目	本年应付工资总额	本年应付福利费总额	本年应交增值税
(二)按国民经济行业分			
综合零售	4659807	299118	3291554
#百货零售	2177658	142750	1811968
超级市场零售	2250189	131394	1355237
食品、饮料及烟草制品专门零售	363414	18543	245545
#粮油零售	47290	1959	20966
肉、禽、蛋及水产品零售	50012	2824	24446
饮料及茶叶零售	57395	3135	52641
烟草制品零售	59465	4126	40089
纺织、服装及日用品专门零售	828243	42048	663420
#服装零售	543460	25799	466835
文化、体育用品及器材专门零售	629645	44045	431863
#体育用品零售	25210	1020	23559
图书零售	409360	31815	124170
医药及医疗器材专门零售	682384	41417	441488
#药品零售	651003	39480	405946
汽车、摩托车、燃料及零配件专门零售	2754658	202058	3900818
#汽车零售	2014099	137247	2370275
机动车燃料零售	649098	57920	1443869
家用电器及电子产品专门零售	943063	47220	947731
#家用电器零售	645258	31125	730651
计算机、软件及辅助设备零售	160524	9137	119392
通信设备零售	113200	5904	80695
五金、家具及室内装修材料专门零售	292700	23084	232064
无店铺及其他零售	261105	17618	265254
#邮购及电子销售	60463	2419	57954
(三)按零售业态分			
有店铺零售	11314971	730809	10321806
#超市	1169642	51679	617682
大型超市	1431614	97658	955311
百货店	1818509	121259	1608545
专业店	3588368	237219	3824968
专卖店	2476470	156469	2557321
无店铺零售	100049	4342	97930

4-1-10 各地区限额以上批发和零售业企业工资福利及增值税

单位：万元

地区	本年应付工资总额	本年应付福利费总额	本年应交增值税
全国	**27061406**	**2029949**	**36165946**
北京	3566966	262505	3579076
天津	605323	26218	1794009
河北	523299	30687	550446
山西	516547	58953	949273
内蒙古	324375	31733	905908
辽宁	764132	58444	986850
吉林	252384	18176	329547
黑龙江	420016	31417	1446200
上海	2930984	193649	3443000
江苏	2252528	211109	3150501
浙江	1835290	114859	1861424
安徽	606182	52343	939330
福建	808201	60674	949058
江西	275440	24712	493731
山东	1839254	134427	2360200
河南	861754	47998	702519
湖北	823122	66299	1464169
湖南	684571	81003	887675
广东	3326989	207343	3899973
广西	363462	32003	396232
海南	118824	6691	176556
重庆	601870	47528	834220
四川	776456	56256	920873
贵州	298301	24559	449801
云南	569755	37824	779579
西藏	22068	773	30472
陕西	514283	43618	1008904
甘肃	157935	18898	223285
青海	45341	19362	45408
宁夏	75043	5256	93565
新疆	300711	24633	514161

4-1-11 各地区限额以上批发业企业工资福利及增值税

单位：万元

地 区	本年应付工资总额	本年应付福利费总额	本年应交增值税
全 国	**15646386**	**1294799**	**25746211**
北 京	2477999	200280	2759032
天 津	345500	17720	1536874
河 北	250919	15998	375472
山 西	320134	45785	689514
内 蒙 古	145458	15838	543936
辽 宁	330252	28019	525177
吉 林	135936	12046	235418
黑 龙 江	183252	18120	929754
上 海	2077420	139593	2574299
江 苏	1221000	131409	2463182
浙 江	1118043	72381	1288091
安 徽	324131	33282	674770
福 建	493434	40776	698518
江 西	148235	16097	420840
山 东	884099	71141	1576667
河 南	410291	27951	453592
湖 北	387100	43285	1083794
湖 南	338648	38648	563917
广 东	1884572	137489	2555506
广 西	180488	18745	295828
海 南	69450	3889	112712
重 庆	359563	33861	587118
四 川	352257	27698	544284
贵 州	220724	19418	345354
云 南	369915	26455	624746
西 藏	10480	276	20830
陕 西	261170	21151	595458
甘 肃	82910	14605	174278
青 海	26430	2965	34158
宁 夏	35686	2429	56541
新 疆	200890	17452	406553

4-1-12 各地区限额以上零售业企业工资福利及增值税

单位：万元

地　区	本年应付工资总额	本年应付福利费总额	本年应交增值税
全　国	**11415020**	**735150**	**10419736**
北　京	1088967	62225	820044
天　津	259822	8498	257135
河　北	272380	14690	174975
山　西	196413	13168	259759
内 蒙 古	178916	15895	361972
辽　宁	433880	30425	461673
吉　林	116448	6130	94129
黑 龙 江	236765	13298	516446
上　海	853564	54057	868701
江　苏	1031528	79700	687319
浙　江	717247	42479	573334
安　徽	282051	19061	264560
福　建	314767	19898	250541
江　西	127205	8616	72891
山　东	955156	63285	783533
河　南	451463	20047	248928
湖　北	436022	23014	380375
湖　南	345923	42355	323758
广　东	1442417	69854	1344466
广　西	182973	13258	100404
海　南	49375	2801	63844
重　庆	242308	13667	247102
四　川	424199	28558	376589
贵　州	77577	5142	104447
云　南	199840	11369	154833
西　藏	11588	497	9643
陕　西	253113	22467	413447
甘　肃	75025	4293	49008
青　海	18911	16397	11250
宁　夏	39357	2827	37024
新　疆	99821	7181	107608

【主要统计指标解释】

资产总计 指企业拥有或控制的能以货币计量的经济资源，包括各种财产、债权和其他权利。资产按其流动性(即资产的变现能力和支付能力)划分为：流动资产、长期投资、固定资产、无形资产、递延资产和其他资产。

流动资产合计 指企业可以在一年内或者超过一年的一个生产周期内变现或者耗用的资产，包括现金及各种存款、短期投资，应收及预付款项、存货等。

固定资产合计 指企业使用期限超过一年的房屋、建筑物、机器、机械、运输工具以及其他与生产、经营有关的设备、器具、工具等。单位价值在2000元以上，并且使用年限超过2年的，也应作为固定资产。

负债合计 指企业所承担的能以货币计量，将以资产或劳务偿付的债务，偿还形式包括货币、资产或提供劳务。负债一般按偿还期长短分为流动负债和长期负债。

所有者权益合计 指企业投资人对企业净资产的所有权。企业净资产为企业全部资产与企业全部负债的差额，包括实收资本、资本公积、盈余公积、未分配利润等。

主营业务收入 指企业在销售商品、提供劳务等日常活动中所产生的收入总额。

主营业务成本 指企业在销售商品、提供劳务等主要生产经营活动中而发生的各种耗费。

营业费用 指企业在销售商品、提供劳务等生产经营中发生的各项经营费用。

管理费用 指企业行政管理部门为组织和管理生产经营活动而发生的各项费用。

财务费用 指企业为筹集生产经营所需资金等而发生的费用，包括利息支出、汇兑损失以及相关的金融机构手续费等。

利润总额 指企业在生产经营过程中各种收入扣除各种耗费后的盈余，反映企业在报告期内实现的亏盈总额，包括营业利润、补贴收入、投资净收益和营业外收支净额。

本年应付工资总额 指企业在报告期内应支付给本单位职工的全部工资，它反映企业本期累计应付的工资总额，而不是会计“应付工资”科目的余额。

本年应付福利费总额 指企业在报告期内累计提取的福利费总额，它反映本期应付福利费的全部发生额，而不是会计“应付福利费”科目的余额。

本年应交增值税 指批发和零售业企业按税法规定，从事货物销售或提供加工、修理修配劳务等增加货物价值的活动本期应交纳的税金。指企业在报告期应交增值税额。计算公式为：本年应交增值税=销项税额-(进项税额-进项税额转出)-出口抵减内销产品应纳税额-减免税款+出口退税。

4 第三产业部分行业主要财务指标

4-2 住宿和餐饮业

简要说明

一、主要内容

住宿和餐饮业企业主要财务状况。

二、统计范围

限额以上住宿和餐饮业企业。

三、统计调查方法

对限额以上住宿和餐饮业法人企业采用全面调查的方法。

四、限额标准

住宿业企业，年主营业务收入200万元及以上。

餐饮业企业，年主营业务收入200万元及以上。

五、资料来源

本部分资料是国家统计局贸易外经统计司根据《批发和零售业、住宿和餐饮业统计报表制度》搜集的资料进行加工整理而得。

4-2-1 限额以上住宿和餐饮业企业年末资产负债

单位：万元

项 目	资产合计	#流动资产合计	#固定资产合计	负债合计	所有者权益合计
总 计	**103204638**	**34529234**	**47614646**	**69583256**	**33620241**
一、住宿业	**75763874**	**23021219**	**38161478**	**51578853**	**24184400**
#国有控股	25244903	6019328	14358367	14120318	11124584
(一)按登记注册类型分					
内资企业	**59552904**	**18009169**	**29925722**	**39723757**	**19828526**
国有企业	15226321	3605086	9079973	8496921	6729400
集体企业	1452430	394242	847261	979335	473096
股份合作企业	497889	122888	302047	318839	179050
联营企业	312777	71941	161517	177439	135338
国有联营企业	146239	34591	88353	65455	80784
集体联营企业	29821	9307	13301	24663	5158
国有与集体联营企业	79941	18643	38848	56375	23566
其他联营企业	56775	9401	21015	30945	25831
有限责任公司	21378476	6785657	10131609	15000507	6377968
国有独资公司	1206412	208298	614576	738680	467732
其他有限责任公司	20172063	6577358	9517033	14261827	5910236
股份有限公司	2893395	915388	1249059	1694827	1198568
私营企业	17145254	5842534	7887600	12656259	4488375
私营独资企业	2694795	854508	1376426	1580501	1113673
私营合伙企业	615956	214247	302572	396282	219674
私营有限责任公司	12835024	4416864	5720543	9952093	2882931
私营股份有限公司	999480	356915	488059	727383	272097
其他企业	646362	271432	266655	399631	246731
港、澳、台商投资企业	**9754931**	**3067250**	**4899581**	**7348000**	**2406930**
合资经营企业	5147507	1674276	2489309	3879796	1267711
合作经营企业	1194360	493039	572294	980316	214045
独资经营企业	3260530	840484	1764990	2361994	898536
投资股份有限公司	152534	59452	72988	125895	26638
外商投资企业	**6456040**	**1944801**	**3336176**	**4507095**	**1948945**
中外合资经营企业	2830586	961320	1317523	1902569	928016
中外合作经营企业	889137	235890	476580	811721	77416
外资企业	2575927	720435	1457850	1653334	922592
外商投资股份有限公司	160391	27156	84223	139471	20920
(二)按国民经济行业分					
旅游饭店	66888836	20148340	34098512	45771534	21116681
一般旅馆	7847586	2563437	3536849	5065157	2782429
其他住宿服务	1027452	309442	526117	742161	285291

4-2-1 续表

单位：万元

项目	资产合计	#流动资产合计	#固定资产合计	负债合计	所有者权益合计
二、餐饮业	**27440763**	**11508015**	**9453168**	**18004403**	**9435840**
#国有控股	2152193	730136	906393	1233088	919105
(一)按登记注册类型分					
内资企业	**22730945**	**9548976**	**8044089**	**14832198**	**7898747**
国有企业	1199886	337906	609978	723237	476648
集体企业	308903	102196	124988	186124	122778
股份合作企业	396413	143175	142201	227690	168722
联营企业	12090	6001	5004	8423	3667
国有联营企业	2080	472	1274	501	1580
集体联营企业	1107	697	365	832	276
国有与集体联营企业	660	175	324	595	65
其他联营企业	8243	4656	3041	6496	1747
有限责任公司	6055213	2490051	2095244	4156354	1898859
国有独资公司	89507	57902	12134	85229	4278
其他有限责任公司	5965706	2432149	2083110	4071125	1894581
股份有限公司	1513055	590549	405487	732300	780755
私营企业	12677103	5683794	4457917	8486325	4190778
私营独资企业	2953690	1019654	1382489	1472990	1480700
私营合伙企业	454873	183450	199589	234676	220197
私营有限责任公司	8405754	4105664	2634297	6190894	2214860
私营股份有限公司	862786	375026	241542	587765	275021
其他企业	568283	195305	203271	311745	256539
港、澳、台商投资企业	**2005818**	**947806**	**632462**	**1433384**	**572435**
合资经营企业	609237	283107	181928	504624	104613
合作经营企业	120164	51435	48532	74448	45716
独资经营企业	1209799	576030	378077	798684	411114
投资股份有限公司	66620	37235	23925	55628	10992
外商投资企业	**2704001**	**1011233**	**776617**	**1738822**	**964659**
中外合资经营企业	701236	261531	208343	408470	292766
中外合作经营企业	137732	71925	38926	93540	44192
外资企业	1747477	609473	505259	1149209	597748
外商投资股份有限公司	117555	68303	24089	87602	29953
(二)按国民经济行业分					
正餐服务	23751603	10053880	8441620	15783748	7967335
快餐服务	2583235	928595	736344	1629053	954182
饮料及冷饮服务	198649	92536	56678	97402	101247
其他餐饮服务	907276	433004	218526	494200	413076

4-2-2 各地区限额以上住宿和餐饮业企业年末资产负债

单位：万元

地区	资产合计	#流动资产合计	#固定资产合计	负债合计	所有者权益合计
全国	**103204638**	**34529234**	**47614646**	**69583256**	**33620241**
北京	12338607	4267018	5607263	8922496	3416111
天津	1890301	749407	709450	1301795	588506
河北	2459521	714512	1404297	1725557	733964
山西	2246037	690776	1077289	1616403	629634
内蒙古	1732249	501304	936542	1058192	674057
辽宁	3267149	988376	1809007	2285310	981839
吉林	1137099	250420	712130	604853	532246
黑龙江	886883	249521	513829	545062	341821
上海	7344239	2590378	3192123	4590901	2753338
江苏	7476101	2470910	3143157	5122953	2353148
浙江	9149309	3533198	3775124	6665035	2484274
安徽	2431787	878333	1076609	1640031	791755
福建	2916008	971840	1287312	1669196	1246812
江西	1465840	390326	690105	756709	709131
山东	6568758	2067319	3276215	4150918	2417320
河南	2809015	970542	1337611	1833767	975248
湖北	2717719	729312	1313861	1745130	972589
湖南	3262944	754717	1749762	2036408	1226536
广东	13170897	4943072	5559216	9394742	3776155
广西	1530904	408997	837814	1055758	475146
海南	2342258	973105	860595	1742341	599917
重庆	1995735	692541	788556	1315649	680086
四川	4227184	1399429	1794773	3064872	1162312
贵州	634460	197656	321745	391504	242956
云南	2033348	589507	1044310	1105110	928238
西藏	200379	33429	147352	81961	118418
陕西	2635649	844503	1233917	1783545	852105
甘肃	761927	210750	411366	421394	340533
青海	261696	87760	138171	124785	136290
宁夏	407593	149478	270930	288425	119168
新疆	903044	230798	594216	542454	360590

4-2-3 各地区限额以上住宿业企业年末资产负债

单位：万元

地区	资产合计	#流动资产合计	#固定资产合计	负债合计	所有者权益合计
全国	**75763874**	**23021219**	**38161478**	**51578853**	**24184400**
北京	9489039	2685139	5037736	6772406	2716633
天津	1247150	426216	550976	851659	395491
河北	2082802	562440	1240381	1447729	635073
山西	1286551	315732	739480	952741	333810
内蒙古	1033771	267891	633678	689044	344727
辽宁	2353139	665795	1361039	1714674	638466
吉林	793392	180536	521129	459595	333796
黑龙江	712683	175313	448318	455487	257196
上海	5199931	1447988	2612193	3029049	2170882
江苏	5278687	1515949	2410575	3550415	1728273
浙江	7106762	2553033	3129064	5154912	1951851
安徽	1723744	579712	818538	1162662	561081
福建	2224880	702351	1044016	1279501	945379
江西	1146990	306366	558761	614220	532771
山东	3622624	1059690	1977454	2376743	1245881
河南	2047701	670312	1028345	1415107	632594
湖北	1707650	412847	898278	1088620	619030
湖南	2640583	582319	1496498	1733710	906873
广东	10297018	3642686	4622439	7449473	2847545
广西	1384740	353193	783521	969673	415068
海南	2246359	928118	827243	1673663	572696
重庆	1335053	501015	572353	952006	383047
四川	2857115	917318	1380371	2199598	657516
贵州	495251	135879	278436	308733	186518
云南	1782469	490214	959751	946675	835794
西藏	197784	31380	146811	80126	117658
陕西	1701838	469645	918690	1247561	454278
甘肃	569823	134009	335608	315045	254778
青海	210792	63205	117231	85340	124831
宁夏	148572	44439	145009	103483	45089
新疆	838981	200489	567556	499207	339774

4-2-4 各地区限额以上餐饮业企业年末资产负债

单位：万元

地区	资产合计	#流动资产合计	#固定资产合计	负债合计	所有者权益合计
全国	**27440763**	**11508015**	**9453168**	**18004403**	**9435840**
北京	2849568	1581879	569527	2150090	699478
天津	643151	323191	158474	450136	193015
河北	376719	152072	163916	277828	98891
山西	959486	375044	337809	663662	295824
内蒙古	698478	233414	302864	369148	329329
辽宁	914009	322581	447967	570637	343373
吉林	343707	69884	191001	145258	198449
黑龙江	174199	74208	65512	89575	84625
上海	2144308	1142390	579930	1561852	582456
江苏	2197414	954961	732581	1572538	624876
浙江	2042547	980165	646060	1510123	532424
安徽	708043	298621	258072	477369	230674
福建	691128	269489	243296	389695	301433
江西	318850	83960	131344	142489	176361
山东	2946134	1007628	1298761	1774175	1171439
河南	761314	300229	309265	418661	342653
湖北	1010069	316464	415583	656510	353558
湖南	622362	172398	253263	302699	319663
广东	2873878	1300386	936777	1945269	928609
广西	146164	55805	54293	86085	60079
海南	95899	44987	33352	68679	27221
重庆	660682	191526	216203	363643	297039
四川	1370069	482111	414403	865273	504796
贵州	139210	61778	43309	82772	56438
云南	250878	99293	84559	158435	92444
西藏	2595	2049	542	1836	760
陕西	933811	374859	315228	535984	397827
甘肃	192104	76741	75758	106349	85755
青海	50904	24555	20940	39446	11459
宁夏	259021	105039	125921	184941	74079
新疆	64063	30309	26661	43247	20816

4-2-5 限额以上住宿和餐饮业企业损益及分配

单位：万元

项目	主营业务收入	主营业务成本	营业费用	管理费用	财务费用	利润总额
总计	**59919474**	**25779398**	**17079336**	**10695616**	**1434691**	**2443333**
一、住宿业	**28139653**	**10005502**	**8208860**	**7343537**	**1030863**	**468267**
#国有控股	8755881	2916416	2694988	2577844	195398	130601
(一)按登记注册类型分						
内资企业	**22724272**	**8291414**	**6882595**	**5699370**	**789164**	**150015**
国有企业	5552692	1963137	1807208	1575005	115601	-30762
集体企业	746131	312254	211265	163287	11618	12895
股份合作企业	218092	91975	56418	48581	7876	3108
联营企业	134105	47318	41083	37430	2329	1235
国有联营企业	58354	18203	19898	17653	992	-238
集体联营企业	22589	11217	4164	4453	96	1423
国有与集体联营企业	34189	11415	10542	11357	583	-364
其他联营企业	18973	6484	6480	3968	658	414
有限责任公司	7291546	2407509	2267424	2017004	285808	-16184
国有独资公司	315459	99921	102862	109956	692	-8102
其他有限责任公司	6976087	2307587	2164562	1907048	285116	-8082
股份有限公司	1038762	425260	248784	225186	37633	57751
私营企业	7372694	2893530	2160860	1551453	322070	100105
私营独资企业	1431657	687677	332142	218453	38572	77086
私营合伙企业	329925	165583	70829	49064	12887	11501
私营有限责任公司	5188704	1864420	1646195	1196189	249870	2565
私营股份有限公司	422409	175851	111694	87747	20740	8953
其他企业	370249	150431	89554	81424	6230	21867
港、澳、台商投资企业	**3204189**	**1074243**	**770773**	**960461**	**142236**	**151518**
合资经营企业	1880203	720266	392291	497166	80223	136653
合作经营企业	420145	106331	115072	129308	23045	23293
独资经营企业	850676	228355	251393	320392	37609	-12068
投资股份有限公司	53166	19291	12019	13595	1359	3639
外商投资企业	**2211192**	**639846**	**555491**	**683706**	**99463**	**166735**
中外合资经营企业	1037510	226439	274382	348063	47487	113509
中外合作经营企业	361872	141313	69849	92566	23853	17932
外资企业	764035	254774	197141	223749	27175	41408
外商投资股份有限公司	47775	17320	14119	19327	948	-6114
(二)按国民经济行业分						
旅游饭店	23868950	8341830	6893018	6403859	933194	318013
一般旅馆	3798717	1490345	1178514	806858	87659	134259
其他住宿服务	471986	173328	137327	132820	10010	15996

4-2-5 续表

单位：万元

项　目	主营业务收入	主营业务成本	营业费用	管理费用	财务费用	利润总额
二、餐饮业	**31779821**	**15773896**	**8870476**	**3352079**	**403828**	**1975066**
#国有控股	1469632	734147	376500	252807	12634	76671
(一)按登记注册类型分						
内资企业	**23863660**	**12807310**	**5628737**	**2657067**	**356662**	**1342705**
国有企业	784615	418203	176947	126095	7554	25486
集体企业	333896	194877	62808	38762	3536	18196
股份合作企业	295922	159952	63668	29103	3222	18768
联营企业	24291	13836	4862	2131	276	1087
国有联营企业	1584	1131	90	152	5	167
集体联营企业	4120	2299	1113	373	11	27
国有与集体联营企业	2334	614	491	155	110	35
其他联营企业	16253	9792	3168	1452	150	858
有限责任公司	4875390	2399775	1379927	672060	71526	160935
国有独资公司	89108	33306	26176	29790	585	-3965
其他有限责任公司	4786281	2366469	1353751	642270	70941	164900
股份有限公司	1005315	484639	239192	126050	20401	118046
私营企业	15929085	8787239	3577869	1609605	242184	962707
私营独资企业	4113277	2462125	593065	373949	54397	484711
私营合伙企业	699604	408784	127850	55630	7345	64993
私营有限责任公司	10065214	5351655	2592237	1093325	160456	343317
私营股份有限公司	1050990	564675	264718	86701	19986	69686
其他企业	615147	348790	123464	53261	7964	37481
港、澳、台商投资企业	**2467175**	**1036748**	**948656**	**234481**	**20017**	**133287**
合资经营企业	742961	302810	271012	71385	4729	44625
合作经营企业	149789	59406	50138	22270	1471	4391
独资经营企业	1484452	645183	578283	135067	12764	83778
投资股份有限公司	89973	29350	49223	5758	1053	493
外商投资企业	**5448987**	**1929838**	**2293083**	**460532**	**27149**	**499074**
中外合资经营企业	1231402	444746	508768	85903	5925	132101
中外合作经营企业	175086	83008	51472	22539	2178	8985
外资企业	3888267	1346370	1664150	343327	16803	345728
外商投资股份有限公司	154232	55713	68693	8763	2243	12259
(二)按国民经济行业分						
正餐服务	24644713	12935586	6103719	2784311	364162	1339576
快餐服务	5710896	2184067	2337229	406610	21849	539391
饮料及冷饮服务	326536	101640	150776	27523	1494	26966
其他餐饮服务	1097676	552602	278753	133636	16324	69133

4-2-6 各地区限额以上住宿和餐饮业企业损益及分配

单位：万元

地 区	主营业务收入	主营业务成本	营业费用	管理费用	财务费用	利润总额
全 国	**59919474**	**25779398**	**17079336**	**10695616**	**1434691**	**2443333**
北 京	7020402	2575743	2394184	1511875	150459	102662
天 津	1081094	457441	350883	175074	14653	38245
河 北	1009348	472167	301710	197710	33541	-44745
山 西	1204102	563977	393494	307599	33943	-8386
内蒙古	886951	449805	172970	142938	15080	65895
辽 宁	1875765	850530	480696	358096	33419	75479
吉 林	464762	228662	101984	90192	10370	20403
黑龙江	627144	255434	112783	79678	5951	114101
上 海	5541381	1976451	1884019	1012300	119197	351170
江 苏	4201887	1864571	1193637	778280	112042	59613
浙 江	5068947	2276615	1399522	919645	180247	140883
安 徽	1054463	498490	285191	180044	34905	12841
福 建	1958960	848322	547201	352312	50680	77852
江 西	740650	393452	147260	95283	16769	42838
山 东	4739362	2420478	888635	611239	99969	477925
河 南	1978801	1086983	378636	261308	43460	113526
湖 北	1666739	789670	457116	254852	42599	30571
湖 南	1745191	790500	338220	289805	59427	72759
广 东	8408659	3376819	2793319	1394706	174016	319748
广 西	669178	238189	231424	156295	21034	-6435
海 南	887827	235296	244299	249345	18531	95364
重 庆	1312832	728411	241773	164905	24581	74644
四 川	2129637	850063	646726	397862	59593	160708
贵 州	315786	125262	99253	72764	9868	1156
云 南	732492	283970	220120	178049	17168	12696
西 藏	43529	12949	16914	8722	523	2828
陕 西	1552969	684727	437831	268731	30110	48331
甘 肃	370540	165810	110347	60461	6186	5904
青 海	88275	34099	30271	20780	5303	-943
宁 夏	158275	68126	55450	30483	6670	-8248
新 疆	383528	176388	123470	74282	4400	-6051

4-2-7 各地区限额以上住宿业企业损益及分配

单位：万元

地区	主营业务收入	主营业务成本	营业费用	管理费用	财务费用	利润总额
全国	**28139653**	**10005502**	**8208860**	**7343537**	**1030863**	**468267**
北京	3057242	835710	949322	1059606	120254	-30311
天津	323822	111889	113298	101933	7617	-16926
河北	646050	269284	204107	162275	28439	-46926
山西	527535	235981	211530	118845	20167	-31679
内蒙古	415774	196872	96038	88114	6809	16374
辽宁	848080	340586	208351	257680	21213	-16712
吉林	268806	114684	75867	64386	7415	785
黑龙江	283637	88021	72560	57525	4039	39495
上海	2181774	522068	650813	639753	84492	200012
江苏	1844555	704808	513666	506837	80737	-27795
浙江	2968461	1177430	811357	712128	146105	51215
安徽	540714	225227	147161	124496	23867	-2837
福建	930964	333687	288261	209981	39359	27122
江西	395642	185864	89668	71313	12183	7615
山东	1623352	690852	392464	338134	45070	82896
河南	978799	478289	224986	185156	30033	18997
湖北	632117	259917	164747	153329	19108	3365
湖南	1022426	406323	202195	221506	47466	21338
广东	3955416	1262634	1345319	986622	138261	78427
广西	468804	142237	169409	138849	18967	-17755
海南	768380	173114	211078	235578	17379	92883
重庆	496674	215810	129107	115251	19947	-2398
四川	925559	282585	298221	262969	33776	33689
贵州	201002	64491	71095	55342	7962	337
云南	501762	163484	158240	151021	15085	2654
西藏	38556	11179	14153	8403	514	2514
陕西	688283	263698	194059	175676	19928	-3217
甘肃	190697	75578	59677	44595	3918	-1094
青海	54351	15998	20521	17058	4802	-1041
宁夏	55791	20561	22396	12834	2277	-3788
新疆	304629	136643	99197	66343	3675	-8971

4-2-8 各地区限额以上餐饮业企业损益及分配

单位：万元

地 区	主营业务收入	主营业务成本	营业费用	管理费用	财务费用	利润总额
全 国	**31779821**	**15773896**	**8870476**	**3352079**	**403828**	**1975066**
北 京	3963160	1740033	1444862	452269	30205	132973
天 津	757271	345552	237585	73141	7035	55170
河 北	363298	202883	97604	35435	5102	2181
山 西	676567	327996	181964	188754	13776	23294
内蒙古	471177	252933	76932	54824	8271	49521
辽 宁	1027685	509944	272345	100417	12206	92191
吉 林	195956	113978	26117	25806	2955	19618
黑龙江	343507	167414	40224	22154	1912	74605
上 海	3359607	1454382	1233206	372547	34705	151157
江 苏	2357331	1159763	679971	271443	31306	87408
浙 江	2100485	1099185	588165	207516	34142	89668
安 徽	513749	273263	138031	55549	11038	15678
福 建	1027996	514635	258940	142332	11321	50729
江 西	345008	207588	57592	23970	4586	35223
山 东	3116009	1729626	496171	273106	54899	395030
河 南	1000003	608694	153650	76152	13427	94530
湖 北	1034622	529752	292369	101523	23491	27206
湖 南	722764	384178	136024	68299	11961	51421
广 东	4453243	2114185	1448000	408084	35754	241321
广 西	200375	95952	62015	17446	2068	11320
海 南	119447	62182	33221	13767	1152	2482
重 庆	816158	512601	112666	49654	4633	77042
四 川	1204078	567479	348505	134893	25816	127019
贵 州	114784	60772	28158	17422	1907	819
云 南	230730	120486	61880	27028	2083	10043
西 藏	4973	1770	2761	319	9	314
陕 西	864686	421029	243772	93055	10183	51547
甘 肃	179843	90232	50670	15867	2268	6999
青 海	33925	18101	9750	3722	501	97
宁 夏	102484	47565	33054	17649	4393	-4460
新 疆	78900	39745	24273	7939	725	2920

4-2-9 限额以上住宿和餐饮业企业工资福利

单位：万元

项　　目	本年应付工资总额	本年应付福利费总额
总　　计	**9009715**	**687799**
一、住宿业	**4756477**	**410393**
#国有控股	1678109	134431
(一)按登记注册类型分		
内资企业	**3945740**	**302635**
国有企业	1104618	81596
集体企业	119164	9630
股份合作企业	39426	2357
联营企业	25729	1206
国有联营企业	13388	460
集体联营企业	3001	153
国有与集体联营企业	6187	306
其他联营企业	3153	287
有限责任公司	1278620	107230
国有独资公司	62962	7630
其他有限责任公司	1215658	99600
股份有限公司	158053	12213
私营企业	1157488	84048
私营独资企业	206602	12777
私营合伙企业	48461	2867
私营有限责任公司	836940	64104
私营股份有限公司	65485	4301
其他企业	62641	4356
港、澳、台商投资企业	**461535**	**60501**
合资经营企业	258439	29437
合作经营企业	60550	9505
独资经营企业	132592	20518
投资股份有限公司	9954	1042
外商投资企业	**349201**	**47257**
中外合资经营企业	162990	21533
中外合作经营企业	56881	4152
外资企业	121637	20893
外商投资股份有限公司	7694	680
(二)按国民经济行业分		
旅游饭店	4072752	367596
一般旅馆	604391	38000
其他住宿服务	79334	4797

4-2-9 续表

单位：万元

项　　目	本年应付工资总额	本年应付福利费总额
二、餐饮业	**4253239**	**277406**
#国有控股	267914	16606
(一)按登记注册类型分		
内资企业	**3251260**	**174686**
国有企业	138304	9026
集体企业	48234	3059
股份合作企业	40655	1430
联营企业	3738	146
国有联营企业	227	52
集体联营企业	788	64
国有与集体联营企业	182	21
其他联营企业	2540	9
有限责任公司	742941	44211
国有独资公司	15993	570
其他有限责任公司	726947	43641
股份有限公司	155361	9140
私营企业	2043703	104002
私营独资企业	447405	26978
私营合伙企业	85995	4687
私营有限责任公司	1369007	65048
私营股份有限公司	141296	7288
其他企业	78325	3672
港、澳、台商投资企业	**347383**	**24927**
合资经营企业	108655	12741
合作经营企业	23439	945
独资经营企业	207149	11137
投资股份有限公司	8140	104
外商投资企业	**654595**	**77793**
中外合资经营企业	152416	13496
中外合作经营企业	30389	1733
外资企业	451814	62339
外商投资股份有限公司	19976	225
(二)按国民经济行业分		
正餐服务	3369714	180436
快餐服务	673353	86461
饮料及冷饮服务	42143	1258
其他餐饮服务	168029	9251

4-2-10 各地区限额以上住宿和餐饮业企业工资福利

单位：万元

地区	合计		住宿业		餐饮业	
	本年应付工资总额	本年应付福利费总额	本年应付工资总额	本年应付福利费总额	本年应付工资总额	本年应付福利费总额
全　国	**9009715**	**687799**	**4756477**	**410393**	**4253239**	**277406**
北　京	1178024	72413	574136	41774	603888	30639
天　津	159575	11000	63593	4363	95982	6637
河　北	184610	7406	124489	5885	60120	1522
山　西	181730	8221	89328	5035	92403	3186
内蒙古	151487	17023	75098	10744	76389	6279
辽　宁	229537	33833	121630	17008	107907	16825
吉　林	69618	5490	44209	4251	25409	1239
黑龙江	91331	9117	47349	2876	43981	6241
上　海	726832	59689	305525	34318	421307	25371
江　苏	641215	55211	307623	28260	333592	26952
浙　江	640284	41005	405390	31154	234895	9851
安　徽	171868	12334	92185	8770	79683	3564
福　建	293759	18304	167184	12914	126575	5389
江　西	109932	10396	68509	5618	41423	4778
山　东	578035	45229	250288	17788	327747	27441
河　南	249600	12175	146675	7076	102925	5099
湖　北	257320	17189	111527	9036	145794	8152
湖　南	264651	24392	174944	16643	89707	7750
广　东	1403212	123924	742749	75907	660463	48018
广　西	119498	10547	88933	7702	30565	2846
海　南	133837	16341	118764	15192	15073	1148
重　庆	178505	10095	77983	6346	100522	3749
四　川	338592	22540	156509	10847	182084	11692
贵　州	60644	3250	40378	2609	20266	641
云　南	135150	10191	102854	7821	32296	2370
西　藏	10125	211	8976	209	1149	2
陕　西	262384	19732	124690	12442	137694	7290
甘　肃	67643	2601	40654	1862	26989	739
青　海	19031	828	12306	790	6725	38
宁　夏	30885	1380	11470	379	19416	1001
新　疆	70804	5732	60534	4774	10271	958

【主要统计指标解释】

资产总计 指企业拥有或控制的能以货币计量的经济资源，包括各种财产、债权和其他权利。资产按其流动性(即资产的变现能力和支付能力)划分为：流动资产、长期投资、固定资产、无形资产、递延资产和其他资产。

流动资产合计 指企业可以在一年内或者超过一年的一个生产周期内变现或者耗用的资产，包括现金及各种存款、短期投资，应收及预付款项、存货等。

固定资产合计 指企业使用期限超过一年的房屋、建筑物、机器、机械、运输工具以及其他与生产、经营有关的设备、器具、工具等。单位价值在2000元以上，并且使用年限超过2年的，也应作为固定资产。

负债合计 指企业所承担的能以货币计量，将以资产或劳务偿付的债务，偿还形式包括货币、资产或提供劳务。负债一般按偿还期长短分为流动负债和长期负债。

所有者权益合计 指企业投资人对企业净资产的所有权。企业净资产为企业全部资产与企业全部负债的差额，包括实收资本、资本公积、盈余公积、未分配利润等。

主营业务收入 指企业在销售商品、提供劳务等日常活动中所产生的收入总额。

主营业务成本 指企业在销售商品、提供劳务等主要生产经营活动中而发生的各种耗费。

营业费用 指企业在销售商品、提供劳务等生产经营中发生的各项经营费用。

管理费用 指企业行政管理部门为组织和管理生产经营活动而发生的各项费用。

财务费用 指企业为筹集生产经营所需资金等而发生的费用，包括利息支出、汇兑损失以及相关的金融机构手续费等。

利润总额 指企业在生产经营过程中各种收入扣除各种耗费后的盈余，反映企业在报告期内实现的亏盈总额，包括营业利润、补贴收入、投资净收益和营业外收支净额。

本年应付工资总额 指企业在报告期内应支付给本单位职工的全部工资，它反映企业本期累计应付的工资总额，而不是会计“应付工资”科目的余额。

本年应付福利费总额 指企业在报告期内累计提取的福利费总额，它反映本期应付福利费的全部发生额，而不是会计“应付福利费”科目的余额。

4 第三产业部分行业主要财务指标

4-3 房地产开发

简要说明

房地产开发统计资料来自2010年全国房地产开发企业上报的基层库，除个别指标外，均为自年初累计数据。主要内容包括：历年房地产开发企业主要财务情况。主要分组包括按地区、用途、登记注册类型、资质等级等。

数据口径变化：2004年财务指标为经济普查数据。

4-3-1 房地产开发企业(单位)经营情况

单位：亿元

年份 地区	主营业务收入	土地转让收入	商品房屋销售收入	房屋出租收入	其他收入	主营业务税金及附加	营业利润
1991	284.03	15.38	237.86	3.92	26.87	20.56	27.52
1992	528.56	42.74	426.59	5.96	53.26	41.44	63.52
1993	1135.91	83.93	863.71	10.63	177.63	96.59	155.92
1994	1288.19	95.94	1018.50	17.28	156.47	95.10	167.44
1995	1731.66	194.40	1258.28	25.79	253.19	90.30	143.41
1996	1968.79	120.34	1533.76	29.99	284.69	92.78	17.98
1997	2218.46	103.28	1755.21	38.79	321.18	104.21	-10.35
1998	2951.21	132.25	2408.41	49.32	361.23	138.81	-10.66
1999	3026.01	103.25	2555.02	62.74	305.00	145.36	-35.09
2000	4515.71	129.61	3896.82	95.32	393.96	214.57	73.28
2001	5471.66	188.99	4729.42	117.35	435.90	273.45	125.47
2002	7077.85	225.13	6145.80	144.57	562.34	370.15	252.91
2003	9137.27	279.72	8153.69	164.33	539.53	493.72	430.37
2004	13314.46	410.09	11752.20	305.58	846.59	413.04	857.97
2005	14769.35	341.43	13316.77	290.29	820.86	845.25	1109.19
2006	18046.76	300.65	16621.36	316.79	807.96	1127.12	1669.89
2007	23397.13	427.92	21604.21	386.81	978.19	1660.30	2436.61
2008	26696.84	466.85	24394.12	521.47	1314.40	1829.20	3432.23
2009	34606.23	498.05	32507.83	544.27	1056.08	2585.49	4728.58
2010	42996.48	519.19	40585.33	742.92	1149.04	3464.66	6111.48
北京	2907.03	139.70	2463.04	160.98	143.32	310.44	545.91
天津	933.78	30.33	859.06	13.75	30.64	76.47	141.65
河北	1199.86	3.21	1180.17	2.26	14.22	92.41	101.79
山西	286.25	1.85	263.01	1.66	19.74	21.04	4.97
内蒙古	826.59	17.08	797.45	1.01	11.04	55.15	116.01
辽宁	2059.80	7.40	2015.97	13.54	22.89	142.15	198.83
吉林	563.85	0.08	559.54	1.75	2.49	32.15	40.30
黑龙江	675.57	1.10	665.35	0.00	9.11	42.30	67.08
上海	3265.77	73.65	2660.44	241.19	290.49	300.26	973.74
江苏	5384.70	14.22	5280.77	28.68	61.03	413.99	793.91
浙江	3199.94	9.16	3126.49	16.86	47.43	273.97	545.19
安徽	1315.93	8.16	1272.85	8.57	26.34	97.23	153.45
福建	1261.82	13.20	1205.94	16.55	26.13	122.99	193.96
江西	666.49	1.63	650.09	2.95	11.82	51.23	76.45
山东	2751.52	12.36	2675.38	5.94	57.84	193.22	310.75
河南	1200.56	3.74	1167.64	13.74	15.44	89.55	135.17
湖北	1105.94	14.06	1035.52	11.23	45.14	89.10	123.03
湖南	1115.81	11.14	1081.27	4.63	18.77	75.97	95.74
广东	4168.07	40.13	3891.45	97.06	139.43	399.09	676.31
广西	643.31	4.59	619.32	4.09	15.31	51.89	70.92
海南	403.70	4.01	395.74	0.60	3.36	34.69	83.41
重庆	1473.22	25.41	1379.25	25.03	43.52	96.71	164.34
四川	2188.18	53.22	2041.32	45.72	47.93	160.45	214.87
贵州	933.21	3.10	924.71	2.26	3.14	69.93	81.02
云南	733.91	11.63	699.65	9.00	13.63	56.13	48.08
西藏	13.77	0.56	8.23	2.19	2.78	0.82	3.41
陕西	889.45	10.10	860.55	2.63	16.17	57.43	85.48
甘肃	190.68	1.14	180.89	3.90	4.75	13.78	11.12
青海	47.49		47.13	0.26	0.09	2.61	1.20
宁夏	178.35	1.34	174.88	0.95	1.18	12.02	7.62
新疆	411.94	1.90	402.25	3.93	3.86	29.50	45.77

4-3-2 按登记注册类型分的房地产开发企业(单位)资产总计

单位：亿元

地区	总计	内资	国有	集体	股份合作	国有联营	集体联营
全国	**224467.14**	**190353.88**	**20499.37**	**1678.82**	**492.52**	**884.90**	**44.57**
北京	26221.03	22114.18	1125.18	119.28	3.15		
天津	10201.43	9326.83	3686.89	96.38	32.76	4.76	0.21
河北	4811.26	4678.11	99.60	32.80	11.19		
山西	1943.75	1879.93	112.19	7.52	3.00		0.61
内蒙古	3995.11	3980.82	19.75	3.06	1.15		
辽宁	9936.17	7470.55	348.18	17.51	22.64	7.17	
吉林	2020.21	1884.51	17.42	1.83	0.36		
黑龙江	2587.42	2439.20	230.44	2.63	0.74		3.09
上海	26121.83	20796.59	5324.61	292.02	20.14	758.29	30.58
江苏	19791.32	16827.20	2273.85	181.01	53.69	4.89	2.41
浙江	18818.33	16760.62	569.78	77.49	17.29	61.04	
安徽	5430.65	4969.29	280.88	6.48	9.02	2.60	
福建	7794.93	5887.52	1198.26	42.26	14.94	14.59	1.25
江西	2271.74	1911.41	213.18	6.11	13.41		0.88
山东	11111.28	10026.79	872.26	251.20	71.00	0.62	1.85
河南	4524.38	4023.80	77.24	12.01	13.75	0.07	
湖北	5465.00	4899.99	641.62	36.92	26.73		
湖南	4329.02	4084.43	259.55	9.65	32.91	15.52	0.52
广东	25053.16	17996.39	863.54	364.96	43.35	9.63	1.25
广西	3150.65	2894.28	214.71	12.15	8.90		
海南	2017.48	1570.34	53.54	1.70	32.07		
重庆	6937.95	5983.66	1026.69	8.75	0.89		
四川	7732.52	6462.44	318.92	28.06	33.55	5.54	
贵州	2791.76	2694.03	70.32	6.38	3.92		1.20
云南	3217.46	3013.58	162.22	38.43	2.64	0.09	
西藏	76.32	76.32	21.04	0.07	3.82		
陕西	2799.10	2500.25	243.96	15.91	8.65		0.32
甘肃	866.84	808.05	74.98	5.18	2.62		
青海	352.78	338.17	27.41	0.37	4.17	0.09	
宁夏	837.09	802.12	16.44	0.60			0.37
新疆	1259.16	1252.50	54.75	0.11	0.09		

4-3-2 续表 1

单位：亿元

地 区	国有与集体联营	其他联营	国有独资公司	其他有限责任公司	股份有限公司	私营独资	私营合伙
全 国	**84.22**	**90.51**	**8079.82**	**84224.39**	**12830.62**	**2174.80**	**501.54**
北 京			1116.43	15577.65	2156.71	1.52	1.79
天 津			705.56	2523.47	345.62	122.63	40.14
河 北		0.36	34.78	2091.13	347.45	103.32	6.41
山 西			4.06	653.42	116.28	27.86	3.88
内蒙古			3.83	1360.80	54.29	33.99	3.43
辽 宁		0.19	107.14	2649.26	553.40	138.19	12.77
吉 林			45.90	960.39	242.21	16.15	1.91
黑龙江			64.15	1111.77	153.97	48.68	21.98
上 海	72.48	22.80	1472.89	6780.30	1085.18	242.31	22.67
江 苏	1.07	0.21	258.97	6456.75	755.38	470.96	64.88
浙 江	3.11	0.58	566.11	8207.51	965.53	149.33	21.72
安 徽	3.62	7.97	420.73	2603.00	229.86	63.77	25.28
福 建	0.76	1.15	452.56	2130.10	164.48	23.63	17.41
江 西			19.99	849.25	185.10	28.26	26.03
山 东		5.42	241.79	4379.21	787.27	103.80	19.42
河 南		0.75	24.86	2416.95	268.61	47.12	13.28
湖 北	1.75		276.05	1970.62	468.75	70.03	8.44
湖 南	0.07	3.98	130.80	2010.54	203.72	37.87	32.41
广 东		44.11	540.60	8039.23	2437.07	170.61	13.21
广 西		1.53	239.29	766.43	104.46	48.59	6.25
海 南	0.24	0.59	317.61	741.67	105.97	35.89	6.90
重 庆			425.67	1904.60	215.07	9.56	11.26
四 川			261.15	2923.76	520.02	57.25	7.06
贵 州		0.16	36.64	1294.83	92.98	14.55	3.48
云 南			92.18	1317.99	121.49	35.23	7.59
西 藏				10.53	5.33	3.00	0.97
陕 西	0.21	0.72	67.49	1409.88	90.37	48.66	6.34
甘 肃			4.54	389.15	29.74	7.72	0.80
青 海	0.91		31.11	113.19	6.93	5.64	2.80
宁 夏			75.48	141.71		3.67	2.18
新 疆			41.46	439.31	17.40	5.01	88.82

4-3-2 续表 2

单位：亿元

地区				港澳台商投资		
	私营有限责任公司	私营股份有限公司	其他内资企业		合资经营	合作经营
全国	**53287.20**	**3898.00**	**1582.60**	**21220.86**	**7191.55**	**3074.99**
北京	1944.65	67.82		2636.75	545.03	998.53
天津	1664.91	69.39	34.09	385.33	187.37	5.91
河北	1535.44	348.87	66.76	56.41	37.01	
山西	871.75	55.39	23.96	35.60	26.94	2.25
内蒙古	2469.54	17.75	13.24	6.82	6.82	
辽宁	3398.86	149.90	65.34	1369.66	723.07	34.31
吉林	560.49	32.92	4.92	111.17	50.47	0.44
黑龙江	737.10	52.89	11.76	41.10	23.11	0.10
上海	4178.09	366.67	127.55	3307.38	1402.56	99.45
江苏	5545.73	419.10	338.28	1707.10	715.30	73.02
浙江	5787.49	245.33	88.30	830.33	347.10	10.30
安徽	1121.70	116.31	78.06	262.84	113.51	4.90
福建	1681.54	126.60	17.99	1524.77	404.70	63.73
江西	467.94	82.67	18.61	268.44	113.13	1.11
山东	2881.39	257.63	153.93	717.56	402.00	46.94
河南	1047.05	51.21	50.90	204.07	72.86	23.60
湖北	1187.94	158.36	52.77	329.32	129.15	0.94
湖南	1191.87	128.46	26.56	140.46	92.06	2.93
广东	4710.31	605.53	152.99	5097.31	968.02	1652.43
广西	1388.59	83.54	19.85	152.51	77.29	11.39
海南	232.72	6.68	34.76	393.39	174.58	
重庆	2251.91	108.12	21.15	611.92	236.73	28.27
四川	2115.31	91.26	100.56	565.91	152.42	3.69
贵州	1107.90	59.95	1.74	60.11	26.96	
云南	1151.91	61.52	22.30	193.89	80.07	0.56
西藏	14.04	0.15	17.38			
陕西	527.80	45.91	34.04	157.39	34.54	10.23
甘肃	278.71	11.24	3.38	40.87	36.44	
青海	112.73	31.87	0.95	6.44	6.30	
宁夏	541.50	20.17				
新疆	580.29	24.79	0.47	6.02	6.02	

4-3-2 续表 3

单位：亿元

地　区			外商投资				
	独　资	股份有限		合资经营	合作经营	独　资	股份有限
全　国	**10330.54**	**623.78**	**12892.40**	**4021.52**	**1620.27**	**6747.29**	**503.33**
北　京	1093.19		1470.10	567.99	387.32	264.60	250.19
天　津	192.05		489.28	229.71	42.26	198.99	18.32
河　北	19.40		76.74	9.00	4.15	63.47	0.12
山　西	6.41		28.22	15.79		12.43	
内蒙古			7.48	3.47		4.01	
辽　宁	600.06	12.21	1095.97	402.90	120.30	571.85	0.92
吉　林	58.04	2.22	24.54	12.40	10.65	1.48	
黑龙江	13.91	3.98	107.12	44.14	7.18	55.81	
上　海	1786.39	18.99	2017.85	477.46	116.97	1326.51	96.91
江　苏	870.08	48.70	1257.03	434.75	87.92	727.33	7.04
浙　江	451.84	21.10	1227.38	345.97	0.16	848.98	32.28
安　徽	139.95	4.48	198.52	76.46		120.88	1.18
福　建	937.38	118.97	382.64	132.06	3.20	241.32	6.05
江　西	151.66	2.54	91.88	68.73		17.00	6.15
山　东	263.38	5.25	366.93	228.55	35.52	102.40	0.45
河　南	94.06	13.56	296.51	97.94		171.57	27.00
湖　北	143.90	55.33	235.69	89.72	41.47	96.15	8.35
湖　南	45.19	0.28	104.13	53.37	0.15	50.29	0.32
广　东	2342.86	134.00	1959.45	234.23	551.49	1150.71	23.03
广　西	58.68	5.15	103.87	55.91	15.80	32.16	
海　南	44.25	174.56	53.74	17.81		10.91	25.03
重　庆	346.85	0.07	342.38	117.90	60.88	163.60	
四　川	407.44	2.36	704.17	203.51	59.73	440.93	
贵　州	33.11	0.04	37.62	16.06	18.22	3.34	
云　南	113.26		10.00	10.00			
西　藏							
陕　西	112.63		141.46	43.04	56.88	41.54	
甘　肃	4.43		17.93	16.63		1.30	
青　海	0.13		8.18	8.18			
宁　夏			34.97	7.24		27.72	
新　疆			0.64	0.64			

4-3-3 按资质等级分的房地产开发企业(单位)资产总计

单位：亿元

地　区	总　计	一　级	二　级	三　级	四　级	暂　定	其　他
全　国	**224467.14**	**24139.77**	**46958.54**	**46019.54**	**23856.95**	**69080.30**	**14412.04**
北　京	26221.03	5585.18	4390.35	2886.65	6559.96	4715.30	2083.59
天　津	10201.43	671.95	2071.93	906.03	2082.53	4461.99	7.00
河　北	4811.26	669.08	962.14	1193.61	1044.64	861.89	79.90
山　西	1943.75	88.87	289.48	461.14	724.60	344.33	35.32
内蒙古	3995.11	185.29	533.37	539.79	2270.79	429.69	36.18
辽　宁	9936.17	664.30	1124.90	2738.00	83.42	4719.93	605.62
吉　林	2020.21	89.73	407.37	454.20	188.45	873.75	6.71
黑龙江	2587.42	81.07	907.30	1055.55	42.96	463.01	37.54
上　海	26121.83	2642.16	5285.47	2375.06	81.52	13102.15	2635.48
江　苏	19791.32	1759.76	8279.94	3265.38	52.84	5764.18	669.21
浙　江	18818.33	2615.23	3458.84	4766.26	788.28	5271.98	1917.73
安　徽	5430.65	141.43	980.85	1379.29	195.46	2533.02	200.61
福　建	7794.93	845.37	1363.65	2141.27	1220.04	2059.84	164.76
江　西	2271.74	70.91	644.80	721.44	152.77	597.38	84.43
山　东	11111.28	722.65	1395.76	2466.90	1286.67	4571.99	667.31
河　南	4524.38	265.89	1064.46	835.45	192.05	2099.33	67.20
湖　北	5465.00	687.26	1791.37	1199.48	363.53	1364.51	58.85
湖　南	4329.02	59.65	453.76	2143.16	156.26	1429.31	86.88
广　东	25053.16	3471.51	3288.28	5990.57	2913.31	5208.95	4180.54
广　西	3150.65	54.22	331.83	755.20	288.68	1625.49	95.24
海　南	2017.48	3.87	287.38	541.23	152.93	938.36	93.70
重　庆	6937.95	905.92	2843.13	1164.33	41.29	1971.11	12.18
四　川	7732.52	589.23	2173.99	3270.56	148.18	1183.42	367.15
贵　州	2791.76	52.58	391.33	493.43	1155.08	660.62	38.73
云　南	3217.46	336.68	768.75	516.59	781.97	746.24	67.24
西　藏	76.32	1.62	46.06	14.86	7.60	1.32	4.87
陕　西	2799.10	476.27	590.66	822.62	535.76	332.61	41.19
甘　肃	866.84	13.87	199.18	344.73	106.21	189.83	13.02
青　海	352.78	44.22	141.89	62.12	27.31	76.16	1.08
宁　夏	837.09	144.95	276.65	152.02	69.11	167.18	27.18
新　疆	1259.16	199.08	213.68	362.64	142.75	315.42	25.58

4-3-4 按登记注册类型分的房地产开发企业(单位)负债合计

单位：亿元

地　区	总　计	内　资					
			国　有	集　体	股份合作	国有联营	集体联营
全　国	**167297.41**	**144224.73**	**14507.70**	**1344.63**	**378.42**	**680.20**	**37.64**
北　京	20745.22	17640.75	907.64	99.74	3.04		
天　津	7323.84	6739.83	2634.04	70.16	27.12	4.08	0.03
河　北	3942.90	3841.28	88.35	27.52	8.51		
山　西	1606.05	1554.08	100.08	6.22	2.55		0.51
内蒙古	3379.01	3369.37	16.01	2.93	0.36		
辽　宁	7526.55	6006.98	283.23	14.73	16.48	3.99	
吉　林	1570.27	1462.15	11.74	1.06	0.18		
黑龙江	1839.83	1736.93	192.75	0.86	0.29		2.82
上　海	17648.79	14573.94	3446.56	232.75	15.71	614.79	28.01
江　苏	14233.81	12407.47	1495.19	148.41	46.03	1.69	1.72
浙　江	14740.23	13246.87	426.38	65.35	15.17	17.86	
安　徽	4079.50	3746.41	203.30	4.84	8.18	1.60	
福　建	5533.73	4164.22	939.93	34.80	8.93	10.87	0.99
江　西	1577.64	1302.36	119.14	2.42	8.68		0.70
山　东	8566.90	7796.16	658.77	212.81	47.03	0.31	0.88
河　南	3268.56	2872.49	62.17	8.43	7.88		
湖　北	3721.75	3346.45	467.22	28.11	18.99		
湖　南	3134.58	2956.33	198.39	7.22	25.63	14.35	0.30
广　东	19043.98	13996.28	669.11	272.36	29.17	8.06	0.45
广　西	2272.69	2097.86	155.10	10.51	7.30		
海　南	1626.99	1279.24	46.49	1.29	28.31		
重　庆	4760.07	4145.50	626.07	6.05	0.37		
四　川	5686.95	4990.42	231.71	26.31	26.39	2.50	
贵　州	2179.73	2103.50	58.59	5.84	10.73		0.86
云　南	2582.00	2463.30	129.20	37.88	1.91	0.04	
西　藏	39.85	39.85	8.01	0.06	1.93		
陕　西	2104.05	1875.21	194.79	11.92	6.46		0.15
甘　肃	639.29	597.06	56.28	3.32	2.14		
青　海	295.00	283.00	22.21	0.25	2.88	0.06	
宁　夏	685.42	652.56	17.00	0.42			0.21
新　疆	942.24	936.87	42.26	0.06	0.05		

4-3-4 续表 1　　　　单位：亿元

地　区	国有与集体联营	其他联营	国有独资公司	其他有限责任公司	股份有限公司	私营独资	私营合伙
全　国	**65.35**	**72.63**	**5580.86**	**65593.50**	**9003.53**	**1579.15**	**340.53**
北　京			913.82	12688.40	1397.75	1.46	0.55
天　津			507.35	1826.42	250.66	87.43	31.60
河　北		0.17	33.94	1708.31	292.92	81.42	4.52
山　西			3.13	560.55	86.99	18.63	2.68
内蒙古			2.41	975.49	37.47	23.33	1.72
辽　宁		0.10	94.33	2133.27	431.87	113.29	10.23
吉　林			34.94	762.74	198.85	9.70	0.73
黑龙江			50.48	778.41	104.12	36.35	14.85
上　海	57.83	21.83	849.62	5016.58	651.07	201.55	13.66
江　苏	0.56	0.12	162.32	4889.26	588.22	280.88	53.28
浙　江	1.46	0.42	431.45	6554.11	725.94	118.28	17.16
安　徽	2.51	6.14	272.10	2000.90	176.86	48.48	16.97
福　建	0.66	0.37	265.83	1501.27	101.25	17.07	13.19
江　西			13.83	600.87	132.49	16.76	18.89
山　东		2.68	179.54	3497.82	614.98	79.34	12.93
河　南		0.40	18.60	1728.55	158.21	32.83	6.91
湖　北	1.39		222.34	1325.29	307.91	43.18	3.99
湖　南		3.32	87.98	1542.96	148.12	25.38	19.31
广　东		35.22	345.34	6550.16	1594.50	137.86	11.84
广　西		1.19	125.51	585.05	77.65	36.03	4.19
海　南	0.18	0.07	271.17	590.93	83.58	31.42	6.40
重　庆			249.17	1424.28	144.23	6.99	9.35
四　川			168.97	2277.15	418.63	44.94	4.19
贵　州			33.22	1087.61	66.43	10.67	3.10
云　南			67.96	1065.37	104.43	26.88	4.58
西　藏				5.75	4.01	1.88	0.81
陕　西	0.01	0.61	55.16	1085.23	68.97	31.32	5.26
甘　肃			3.49	285.80	21.76	4.85	0.27
青　海	0.76		28.99	92.84	6.14	4.53	1.81
宁　夏			60.48	113.48		3.13	1.74
新　疆			27.39	338.61	7.53	3.30	43.81

4-3-4 续表 2

单位：亿元

地区	私营有限责任公司	私营股份有限公司	其他内资企业	港澳台商投资	合资经营	合作经营
全国	**40926.07**	**2953.08**	**1161.43**	**14283.97**	**4795.53**	**2285.76**
北京	1572.50	55.85		1998.79	382.85	759.04
天津	1218.00	60.47	22.45	276.84	139.15	3.71
河北	1240.67	292.12	62.84	45.39	28.47	
山西	707.60	45.19	19.94	27.16	20.80	2.19
内蒙古	2284.03	14.08	11.52	4.07	4.07	
辽宁	2730.69	114.10	60.66	896.79	547.58	16.16
吉林	414.54	23.22	4.44	87.73	38.61	0.34
黑龙江	514.51	31.65	9.84	20.46	10.73	
上海	3071.35	265.98	86.63	1894.95	693.80	59.91
江苏	4207.26	328.07	204.45	1051.56	504.27	45.27
浙江	4605.46	195.66	72.17	549.17	249.00	9.31
安徽	855.69	88.36	60.48	187.73	78.60	4.88
福建	1162.51	90.93	15.63	1087.79	282.00	54.49
江西	316.07	59.66	12.84	207.20	85.37	0.75
山东	2185.60	194.57	108.90	491.27	277.27	36.95
河南	785.80	28.88	33.82	151.28	47.66	16.69
湖北	791.45	105.82	30.76	207.86	85.22	0.07
湖南	779.15	86.81	17.44	98.56	63.05	1.91
广东	3769.81	448.15	124.24	3569.89	643.09	1229.42
广西	1021.01	60.28	14.04	94.94	46.59	8.29
海南	184.87	4.19	30.34	303.55	152.41	
重庆	1587.63	75.55	15.81	396.92	177.73	27.00
四川	1634.79	70.21	84.64	300.57	103.47	2.67
贵州	779.33	45.56	1.56	40.21	18.27	
云南	951.49	55.38	18.18	112.87	48.22	
西藏	9.63	0.09	7.69			
陕西	351.50	37.44	26.41	140.03	30.27	6.71
甘肃	208.40	8.07	2.67	30.18	26.91	
青海	93.08	28.86	0.59	5.28	5.16	
宁夏	439.79	16.31				
新疆	451.85	21.57	0.42	4.91	4.91	

4-3-4 续表 3

单位：亿元

地区			外商投资				
	独资	股份有限		合资经营	合作经营	独资	股份有限
全国	**6806.11**	**396.57**	**8788.72**	**2800.59**	**1193.89**	**4413.23**	**381.01**
北京	856.89		1105.68	437.11	293.07	186.73	188.76
天津	133.98		307.17	151.15	31.06	111.04	13.93
河北	16.91		56.23	6.12	4.14	45.87	0.10
山西	4.17		24.81	16.45		8.36	
内蒙古			5.58	1.43		4.15	
辽宁	323.49	9.57	622.78	257.37	77.42	287.88	0.11
吉林	48.19	0.59	20.39	9.16	10.12	1.10	
黑龙江	7.09	2.64	82.44	34.47	7.15	40.81	
上海	1125.90	15.34	1179.90	261.80	55.79	794.14	68.18
江苏	483.58	18.44	774.79	288.22	60.36	421.80	4.41
浙江	276.68	14.18	944.18	255.18	0.16	661.90	26.94
安徽	103.61	0.64	145.35	65.14		79.09	1.12
福建	661.70	89.61	281.72	107.17	0.87	171.54	2.14
江西	118.85	2.23	68.07	50.50		12.64	4.93
山东	174.91	2.14	279.47	182.13	24.44	72.56	0.35
河南	80.70	6.23	244.79	67.55		151.13	26.10
湖北	78.43	44.15	167.44	69.02	38.64	54.52	5.26
湖南	33.54	0.07	79.69	44.06	0.01	35.42	0.20
广东	1630.87	66.50	1477.81	181.57	454.49	825.62	16.12
广西	35.72	4.35	79.89	45.67	10.83	23.39	
海南	32.64	118.51	44.19	15.07		6.77	22.35
重庆	192.19		217.65	79.26	30.94	107.46	
四川	193.06	1.36	395.96	108.80	30.77	256.39	
贵州	21.91	0.02	36.02	15.69	17.98	2.35	
云南	64.66		5.82	5.82			
西藏							
陕西	103.05		88.81	20.37	45.67	22.78	
甘肃	3.26		12.05	10.86		1.19	
青海	0.11		6.73	6.73			
宁夏			32.85	6.24		26.61	
新疆			0.46	0.46			

4-3-5 按资质等级分的房地产开发企业(单位)负债合计

单位: 亿元

地 区	总 计	一 级	二 级	三 级	四 级	暂 定	其 他
全 国	**167297.41**	**18184.42**	**35363.38**	**34806.13**	**18618.94**	**50063.51**	**10261.04**
北 京	20745.22	4351.19	3592.01	2341.43	5218.55	3787.20	1454.83
天 津	7323.84	469.34	1578.08	660.26	1555.58	3055.62	4.96
河 北	3942.90	568.95	824.85	957.66	833.67	690.59	67.17
山 西	1606.05	73.35	254.96	405.57	585.24	265.37	21.55
内蒙古	3379.01	158.55	366.33	420.65	2081.15	330.50	21.83
辽 宁	7526.55	528.40	888.74	2169.49	72.06	3471.58	396.29
吉 林	1570.27	74.81	334.14	353.01	126.82	676.86	4.63
黑龙江	1839.83	66.04	682.83	705.21	23.29	332.24	30.23
上 海	17648.79	1869.73	3627.06	1658.31	41.22	8682.87	1769.60
江 苏	14233.81	1303.63	5912.65	2410.51	38.73	4049.45	518.84
浙 江	14740.23	2069.56	2747.56	3753.32	604.10	4137.20	1428.49
安 徽	4079.50	104.48	754.05	1050.36	145.34	1889.93	135.34
福 建	5533.73	650.76	1036.86	1526.51	882.67	1331.86	105.07
江 西	1577.64	65.56	430.72	499.27	95.66	425.71	60.71
山 东	8566.90	548.03	1113.91	1937.00	930.02	3554.13	483.80
河 南	3268.56	220.45	784.69	572.46	132.36	1519.22	39.38
湖 北	3721.75	470.00	1345.51	808.02	225.91	836.43	35.88
湖 南	3134.58	43.99	350.61	1520.81	99.88	1057.06	62.24
广 东	19043.98	2454.98	2526.96	4630.65	2296.79	4049.54	3085.07
广 西	2272.69	34.69	255.33	548.90	220.17	1152.11	61.48
海 南	1626.99	3.57	227.29	446.74	108.55	766.67	74.16
重 庆	4760.07	607.67	1981.81	820.84	26.59	1314.94	8.22
四 川	5686.95	436.32	1695.45	2455.76	103.29	764.47	231.67
贵 州	2179.73	37.57	340.13	407.96	842.97	527.73	23.38
云 南	2582.00	300.90	580.21	428.97	649.04	578.63	44.25
西 藏	39.85	0.94	20.39	8.77	6.15	0.33	3.27
陕 西	2104.05	385.00	446.08	583.87	407.73	243.54	37.83
甘 肃	639.29	8.47	155.96	262.27	72.36	134.26	5.97
青 海	295.00	38.47	120.08	48.49	21.90	65.17	0.89
宁 夏	685.42	122.55	224.76	126.37	55.45	130.29	25.99
新 疆	942.24	116.45	163.40	286.68	115.69	241.99	18.03

4-3-6 按登记注册类型分的房地产开发企业(单位)所有者权益

单位：亿元

地区	总计	内资					
			国有	集体	股份合作	国有联营	集体联营
全国	**57170.12**	**46129.54**	**5991.67**	**334.19**	**114.09**	**204.70**	**6.92**
北京	5475.77	4473.39	217.54	19.54	0.11		
天津	2878.02	2587.44	1052.85	26.22	5.64	0.68	0.18
河北	868.36	836.83	11.25	5.29	2.68		
山西	337.70	325.85	12.12	1.30	0.45		0.10
内蒙古	616.10	611.45	3.74	0.12	0.78		
辽宁	2409.62	1463.57	64.95	2.79	6.16	3.17	
吉林	449.94	422.36	5.68	0.77	0.18		
黑龙江	747.59	702.26	37.69	1.77	0.45		0.26
上海	8473.03	6222.65	1878.05	59.26	4.43	143.50	2.57
江苏	5557.51	4419.72	778.66	32.60	7.65	3.21	0.70
浙江	4078.11	3513.75	143.39	12.14	2.12	43.18	
安徽	1351.15	1222.87	77.58	1.64	0.84	1.00	
福建	2261.20	1723.30	258.33	7.46	6.01	3.71	0.26
江西	694.10	609.05	94.04	3.68	4.73		0.18
山东	2544.38	2230.64	213.48	38.40	23.98	0.31	0.97
河南	1255.82	1151.31	15.07	3.57	5.87	0.07	
湖北	1743.25	1553.54	174.40	8.81	7.74		
湖南	1194.44	1128.10	61.16	2.43	7.28	1.18	0.23
广东	6009.17	4000.11	194.43	92.60	14.17	1.57	0.80
广西	877.97	796.41	59.61	1.65	1.60		
海南	390.49	291.10	7.05	0.40	3.76		
重庆	2177.88	1838.16	400.62	2.69	0.52		
四川	2045.58	1472.02	87.21	1.75	7.16	3.04	
贵州	612.03	590.53	11.73	0.54	-6.81		0.34
云南	635.47	550.27	33.01	0.55	0.73	0.05	
西藏	36.47	36.47	13.03	0.01	1.89		
陕西	695.05	625.04	49.17	3.99	2.19		0.17
甘肃	227.55	210.99	18.70	1.86	0.48		
青海	57.78	55.17	5.20	0.13	1.28	0.02	
宁夏	151.67	149.56	-0.56	0.18			0.17
新疆	316.91	315.63	12.49	0.05	0.03		

4-3-6 续表 1

单位：亿元

地　区	国有与集体联营	其他联营	国有独资公司	其他有限责任公司	股份有限公司	私营独资	私营合伙
全　国	**18.87**	**17.88**	**2498.96**	**18630.85**	**3827.10**	**595.65**	**161.01**
北　京			202.61	2889.21	758.96	0.05	1.25
天　津			198.21	697.04	94.96	35.20	8.54
河　北		0.18	0.84	382.82	54.53	21.90	1.90
山　西			0.92	92.87	29.29	9.23	1.20
内蒙古			1.42	385.31	16.82	10.66	1.71
辽　宁		0.09	12.81	515.98	121.53	24.90	2.54
吉　林			10.96	197.65	43.36	6.45	1.17
黑龙江			13.67	333.37	49.85	12.33	7.12
上　海	14.66	0.97	623.27	1763.72	434.10	40.76	9.02
江　苏	0.51	0.09	96.65	1567.49	167.15	190.08	11.61
浙　江	1.65	0.16	134.67	1653.39	239.59	31.06	4.56
安　徽	1.11	1.83	148.64	602.10	53.00	15.29	8.31
福　建	0.11	0.78	186.73	628.84	63.23	6.56	4.21
江　西			6.16	248.38	52.61	11.50	7.14
山　东		2.74	62.25	881.38	172.30	24.45	6.49
河　南		0.36	6.26	688.40	110.40	14.29	6.36
湖　北	0.37		53.71	645.33	160.84	26.86	4.45
湖　南	0.07	0.66	42.83	467.58	55.60	12.49	13.10
广　东		8.89	195.26	1489.07	842.58	32.76	1.38
广　西		0.34	113.78	181.38	26.80	12.56	2.05
海　南	0.06	0.52	46.44	150.73	22.40	4.48	0.50
重　庆			176.50	480.32	70.84	2.57	1.92
四　川			92.18	646.61	101.39	12.31	2.87
贵　州		0.16	3.42	207.22	26.55	3.87	0.39
云　南			24.22	252.62	17.06	8.35	3.01
西　藏				4.78	1.32	1.12	0.16
陕　西	0.20	0.11	12.33	324.65	21.40	17.34	1.08
甘　肃			1.04	103.34	7.98	2.87	0.52
青　海	0.14		2.13	20.34	0.79	1.12	0.99
宁　夏			15.00	28.23		0.55	0.45
新　疆			14.07	100.70	9.86	1.71	45.02

4-3-6 续表 2

单位：亿元

地　区				港澳台商投　资		
	私营有限责任公司	私营股份有限公司	其他内资企　业		合资经营	合作经营
全　国	**12361.56**	**944.92**	**421.17**	**6936.89**	**2396.02**	**789.22**
北　京	372.16	11.98		637.96	162.18	239.48
天　津	447.35	8.91	11.64	108.48	48.22	2.19
河　北	294.77	56.75	3.92	11.02	8.53	
山　西	164.15	10.20	4.02	8.44	6.15	0.06
内蒙古	185.51	3.66	1.72	2.75	2.75	
辽　宁	668.17	35.80	4.68	472.86	175.50	18.16
吉　林	145.95	9.70	0.48	23.44	11.86	0.10
黑龙江	222.59	21.24	1.92	20.64	12.38	0.10
上　海	1106.73	100.69	40.92	1412.44	708.76	39.54
江　苏	1338.47	91.03	133.83	655.54	211.04	27.75
浙　江	1182.03	49.67	16.14	281.16	98.10	0.98
安　徽	266.01	27.95	17.58	75.11	34.91	0.01
福　建	519.04	35.67	2.35	436.98	122.70	9.24
江　西	151.86	23.01	5.77	61.24	27.77	0.36
山　东	695.79	63.06	45.02	226.29	124.72	9.99
河　南	261.25	22.33	17.08	52.79	25.20	6.91
湖　北	396.50	52.54	22.01	121.45	43.93	0.87
湖　南	412.72	41.65	9.12	41.89	29.01	1.02
广　东	940.49	157.38	28.75	1527.42	324.92	423.01
广　西	367.58	23.26	5.81	57.57	30.70	3.10
海　南	47.85	2.49	4.41	89.84	22.17	
重　庆	664.28	32.58	5.33	215.00	59.00	1.27
四　川	480.52	21.06	15.92	265.34	48.95	1.01
贵　州	328.57	14.39	0.18	19.90	8.69	
云　南	200.43	6.14	4.11	81.02	31.86	0.56
西　藏	4.42	0.06	9.69			
陕　西	176.30	8.47	7.64	17.36	4.27	3.52
甘　肃	70.31	3.17	0.70	10.69	9.52	
青　海	19.65	3.01	0.37	1.16	1.14	
宁　夏	101.71	3.85				
新　疆	128.44	3.21	0.05	1.11	1.11	

4-3-6 续表 3

单位：亿元

地　区			外商投资				
	独　资	股份有限		合资经营	合作经营	独　资	股份有限
全　国	**3524.43**	**227.21**	**4103.68**	**1220.94**	**426.38**	**2334.05**	**122.32**
北　京	236.30		364.42	130.88	94.25	77.87	61.43
天　津	58.07		182.10	78.56	11.21	87.95	4.39
河　北	2.49		20.51	2.87	0.01	17.60	0.02
山　西	2.24		3.41	-0.66		4.07	
内蒙古			1.90	2.03		-0.13	
辽　宁	276.57	2.64	473.18	145.52	42.88	283.97	0.81
吉　林	9.85	1.63	4.15	3.24	0.53	0.38	
黑龙江	6.82	1.34	24.69	9.67	0.03	15.00	
上　海	660.49	3.65	837.95	215.66	61.19	532.37	28.73
江　苏	386.51	30.25	482.24	146.53	27.56	305.53	2.62
浙　江	175.16	6.92	283.20	90.79	0.01	187.07	5.33
安　徽	36.33	3.85	53.17	11.32		41.79	0.06
福　建	275.68	29.36	100.92	24.89	2.34	69.78	3.92
江　西	32.81	0.31	23.81	18.22		4.36	1.22
山　东	88.47	3.11	87.46	46.43	11.09	29.84	0.10
河　南	13.36	7.32	51.72	30.39		20.43	0.90
湖　北	65.47	11.19	68.25	20.70	2.83	41.62	3.10
湖　南	11.65	0.22	24.44	9.31	0.14	14.87	0.12
广　东	711.99	67.50	481.64	52.66	96.99	325.08	6.91
广　西	22.96	0.80	23.98	10.23	4.97	8.78	
海　南	11.62	56.05	9.55	2.73		4.14	2.67
重　庆	154.66	0.07	124.72	38.64	29.94	56.14	
四　川	214.38	1.00	308.21	94.71	28.96	184.54	
贵　州	11.20	0.01	1.60	0.37	0.24	0.99	
云　南	48.60		4.18	4.18			
西　藏							
陕　西	9.58		52.66	22.67	11.22	18.77	
甘　肃	1.17		5.87	5.77		0.11	
青　海	0.02		1.45	1.45			
宁　夏			2.11	1.00		1.12	
新　疆			0.18	0.18			

4-3-7 按资质等级分的房地产开发企业(单位)所有者权益

单位：亿元

地区	总计	一级	二级	三级	四级	暂定	其他
全国	**57170.12**	**5955.35**	**11595.16**	**11213.42**	**5238.45**	**19016.75**	**4151.00**
北京	5475.77	1233.99	798.34	545.21	1341.41	928.06	628.76
天津	2878.02	202.61	493.85	245.77	527.39	1406.37	2.04
河北	868.36	100.13	137.29	235.95	210.97	171.29	12.73
山西	337.70	15.52	34.52	55.57	139.36	78.95	13.77
内蒙古	616.10	26.74	167.04	119.14	189.64	99.19	14.34
辽宁	2409.62	135.90	236.16	568.51	11.36	1248.35	209.33
吉林	449.94	14.91	73.23	101.19	61.63	196.89	2.09
黑龙江	747.59	15.02	224.48	350.33	19.67	130.77	7.32
上海	8473.03	772.42	1658.41	716.74	40.31	4419.28	865.87
江苏	5557.51	456.13	2367.29	854.87	14.11	1714.73	150.37
浙江	4078.11	545.67	711.28	1012.95	184.19	1134.78	489.24
安徽	1351.15	36.94	226.80	328.92	50.12	643.09	65.27
福建	2261.20	194.62	326.79	614.76	337.36	727.97	59.70
江西	694.10	5.35	214.08	222.17	57.11	171.67	23.72
山东	2544.38	174.62	281.85	529.90	356.65	1017.86	183.51
河南	1255.82	45.44	279.76	262.99	59.70	580.11	27.82
湖北	1743.25	217.25	445.87	391.47	137.62	528.08	22.97
湖南	1194.44	15.67	103.15	622.35	56.38	372.25	24.64
广东	6009.17	1016.53	761.32	1359.92	616.52	1159.42	1095.47
广西	877.97	19.52	76.50	206.29	68.51	473.38	33.76
海南	390.49	0.30	60.09	94.48	44.38	171.70	19.54
重庆	2177.88	298.24	861.31	343.49	14.70	656.17	3.97
四川	2045.58	152.91	478.54	814.80	44.89	418.94	135.48
贵州	612.03	15.01	51.20	85.47	312.10	132.89	15.36
云南	635.47	35.78	188.54	87.62	132.93	167.61	22.99
西藏	36.47	0.67	25.67	6.09	1.45	0.99	1.60
陕西	695.05	91.26	144.58	238.75	128.03	89.07	3.36
甘肃	227.55	5.40	43.23	82.46	33.85	55.56	7.05
青海	57.78	5.75	21.81	13.64	5.41	10.98	0.19
宁夏	151.67	22.40	51.89	25.65	13.66	36.89	1.19
新疆	316.91	82.62	50.28	75.96	27.06	73.43	7.56

4-3-8 按登记注册类型分的房地产开发企业(单位)营业利润

单位：万元

地区	总计	内资					
			国有	集体	股份合作	国有联营	集体联营
全国	**61114831**	**49643769**	**3663772**	**413768**	**98103**	**143913**	**11326**
北京	5459061	4075392	39431	29288	-1734		
天津	1416488	1335549	390750	12932	8325	4572	23
河北	1017906	990672	16884	-950	4653		
山西	49686	42156	8745	228	57		-40
内蒙古	1160089	1155398	14183	-271	-396		
辽宁	1988299	1445764	60579	4036	17092	-168	
吉林	403000	346606	11854	5887	-317		
黑龙江	670838	624316	40711	2458	812		4290
上海	9737396	7474912	1337102	58762	2020	102078	-335
江苏	7939124	6460631	406224	24187	10022	2298	-90
浙江	5451929	4719039	101363	526	1881	13872	
安徽	1534464	1414395	50040	2362	-4098	-90	
福建	1939631	1361658	202624	13476	-897	-275	-24
江西	764484	636773	-8011	8830	3796		486
山东	3107508	2831732	71766	86470	13983	-47	1454
河南	1351703	1189855	9828	17060	6962	-5	
湖北	1230269	1042484	139536	9484	4387		
湖南	957388	867314	36777	2817	16691	6598	-217
广东	6763129	4687332	303875	133529	-7160	13863	4991
广西	709231	623176	49167	-564	693		
海南	834129	681125	31094	-32	3925		
重庆	1643370	1353350	75052	3282	-179		
四川	2148715	1660041	124745	1082	18972	1071	
贵州	810242	821359	3414	-349	-5776		126
云南	480775	327186	38960	-2167	461	153	
西藏	34106	34106	2926	-225	1168		
陕西	854824	787097	85303	1647	3049		644
甘肃	111205	104806	9069	-90	99		
青海	12003	9873	-5756	-5	-333	-7	
宁夏	76169	82506	-352	124			18
新疆	457670	457167	15892	-44	-55		

4-3-8 续表 1

单位：万元

地区	国有与集体联营	其他联营	国有独资公司	其他有限责任公司	股份有限公司	私营独资	私营合伙
全国	**23967**	**18953**	**1020835**	**24992450**	**3653824**	**482656**	**313245**
北京			121958	3234033	475491	-128	10420
天津			-62483	594650	123527	35997	-90
河北		-108	4565	495438	80794	24632	410
山西			-46	-37715	85399	-2838	2148
内蒙古			-42419	679602	35892	11773	-647
辽宁		81	-10712	604391	178025	45757	8259
吉林			-1274	288626	-85982	20285	872
黑龙江			2847	289987	52719	5080	7154
上海	22826	2131	533993	2959078	592149	16844	-1184
江苏	-1	93	47881	2620240	260198	156086	13009
浙江	627	-255	-705	2894466	392912	13631	-799
安徽	173		38997	941322	85540	16353	6809
福建	-11	-59	36311	713873	44929	-3720	2203
江西			2112	340989	38607	14379	17217
山东		985	36304	1272512	374514	34244	39374
河南		928	18321	591250	106663	44552	10613
湖北	83		11377	393336	108129	17319	1065
湖南	-61	1285	-995	522005	14874	4297	20312
广东		18782	140354	2462477	411682	1847	1583
广西		-469	35842	119242	27484	1425	641
海南	381	-4358	11832	367565	62744	784	401
重庆			38377	592384	58609	-4028	2145
四川			30844	809055	44967	-4542	94
贵州			-2479	261479	34555	2054	-63
云南			10433	266675	17028	15222	-3053
西藏				3570	1079	2548	-292
陕西	-42	-82	-4042	512201	15016	3379	-779
甘肃			284	39624	1922	3442	972
青海	-7		-278	5695	154	-2	8232
宁夏			20700	7741		-214	-579
新疆			2938	146660	14207	6198	166796

4-3-8 续表 2

单位：万元

地 区	私营有限责任公司	私营股份有限公司	其他内资企业	港澳台商投资	合资经营	合作经营
全 国	**12939313**	**1117100**	**750543**	**7452307**	**2761330**	**973123**
北 京	176071	-9437		823742	230687	158366
天 津	224734	-6997	9609	-481	30512	4100
河 北	215332	159654	-10633	-7454	-10605	
山 西	-9920	-6139	2277	15331	15175	-217
内蒙古	409305	13382	34993	5350	5350	
辽 宁	525892	12393	141	225575	119672	-2114
吉 林	98192	10103	-1640	52087	6350	-42
黑龙江	201667	12746	3847	1699	165	-3
上 海	1632891	124024	92534	1599437	743159	98745
江 苏	2542571	242372	135543	931339	286746	51054
浙 江	1255055	42449	4016	208568	47075	2804
安 徽	246038	16799	14150	84602	21856	-572
福 建	323023	24985	5220	460708	138464	-4895
江 西	183419	1722	33228	60609	12152	471
山 东	717579	75820	106774	223046	132353	65955
河 南	332882	21080	29722	83129	19610	19049
湖 北	261651	96115	2	143569	48718	27
湖 南	182643	43600	16687	22011	17073	-551
广 东	966966	155733	78812	1772931	485478	583684
广 西	375952	12195	1569	84953	76675	133
海 南	177952	-1017	29856	110749	159758	
重 庆	535637	39521	12551	158657	10100	-5096
四 川	478201	19990	135561	212188	36590	-462
贵 州	536814	-8213	-205	-4338	741	
云 南	-32465	6570	9369	154424	108515	
西 藏	24210		-878			
陕 西	151000	12897	6908	23361	13119	2686
甘 肃	49321	-538	701	2278	1597	
青 海	2899	-699	-18	3717	3724	
宁 夏	53367	1701				
新 疆	100436	4290	-151	520	520	

4-3-8 续表 3

单位：万元

地　区			外商投资				
	独　资	股份有限		合资经营	合作经营	独　资	股份有限
全　国	**3427434**	**290420**	**4018754**	**1338090**	**487267**	**2126671**	**66726**
北　京	434689		559926	364362	59823	110517	25224
天　津	-35094		81420	18733	-10582	60001	13268
河　北	3152		34688	8748	-373	26331	-18
山　西	372		-7801	-7051		-750	
内蒙古			-659	-339		-320	
辽　宁	108753	-738	316960	49034	62474	205961	-509
吉　林	44961	817	4307	1982	2289	36	
黑龙江	441	1095	44823	15161	-3139	32800	
上　海	757631	-98	663047	232056	24867	422028	-15903
江　苏	521587	71953	547153	158711	47183	340403	856
浙　江	152097	6593	524323	123437	-188	393161	7913
安　徽	63386	-68	35468	-2162		36556	1074
福　建	219812	107326	117265	28816	1236	85641	1573
江　西	48080	-93	67102	49684		17234	184
山　东	22925	1812	52731	26687	8721	17354	-32
河　南	42762	1708	78719	56467		19423	2829
湖　北	76841	17984	44216	51764	2994	-3679	-6863
湖　南	5412	77	68063	24220	-105	43935	13
广　东	577582	126188	302866	30927	52828	181408	37703
广　西	4733	3412	1103	-14350	12461	2992	
海　南	-624	-48384	42254	32858		9982	-586
重　庆	153701	-48	131364	-9855	108735	32483	
四　川	176121	-61	276486	75317	110973	90197	
贵　州	-6025	946	-6778	-4418	-1668	-693	
云　南	45909		-836	-836			
西　藏							
陕　西	7557		44365	26423	8739	9204	
甘　肃	680		4122	4314		-192	
青　海	-7		-1588	-1588			
宁　夏			-6337	-996		-5341	
新　疆			-17	-17			

4-3-9 按资质等级分的房地产开发企业(单位)营业利润

单位：万元

地区	总计	一级	二级	三级	四级	暂定	其他
全国	**61114831**	**8902577**	**14010137**	**13170888**	**6592490**	**15806529**	**2632210**
北京	5459061	1486250	927421	606804	2066116	193721	178749
天津	1416488	211537	321571	218444	336183	333039	-4286
河北	1017906	342323	53411	278350	224591	98844	20387
山西	49686	31480	23744	2181	54847	-59921	-2643
内蒙古	1160089	44131	199788	328673	281301	299576	6620
辽宁	1988299	203171	325614	707675	24488	660677	66675
吉林	403000	9545	146341	138150	81076	17884	10005
黑龙江	670838	-2612	205108	304513	34270	106018	23541
上海	9737396	1291742	2136826	1007552	116517	4461049	723711
江苏	7939124	663196	3134109	1580828	22712	2318362	219917
浙江	5451929	951403	1124927	1650839	190136	1134351	400273
安徽	1534464	111918	443737	350821	53440	474623	99925
福建	1939631	341192	476167	558632	330328	238423	-5110
江西	764484	1343	204720	256687	136309	151852	13574
山东	3107508	259236	303242	527319	439717	1420786	157209
河南	1351703	94710	363137	275145	125307	489910	3493
湖北	1230269	357536	452124	291408	82645	120602	-74045
湖南	957388	17930	127698	420706	33892	353169	3994
广东	6763129	1321036	946379	1495398	967909	1336464	695944
广西	709231	27442	183479	297658	107625	93834	-807
海南	834129	2376	91281	186739	58702	459587	35445
重庆	1643370	379653	694627	167459	5998	390761	4874
四川	2148715	234691	584358	1012779	68789	206602	41496
贵州	810242	36577	29092	-12322	542351	217726	-3182
云南	480775	81059	190971	128431	11738	64325	4251
西藏	34106	-103	5432	19631	8901	832	-587
陕西	854824	116059	175359	199593	160524	194876	8412
甘肃	111205	4885	33098	41629	24078	2899	4617
青海	12003	22	12987	4046	-2467	-2547	-39
宁夏	76169	49616	27088	6438	13611	-17227	-3357
新疆	457670	233233	66303	118685	-9142	45436	3155

4-3-10 按登记注册类型分的房地产开发企业(单位)利润总额

单位：万元

地区	总计	内资					
			国有	集体	股份合作	国有联营	集体联营
全国	**62357654**	**50924280**	**3979251**	**395577**	**98863**	**148368**	**10992**
北京	5702532	4308990	123367	29432	-1734		
天津	1611625	1529715	482347	12939	7822	4550	24
河北	1017819	990005	16469	-1053	4871		
山西	34737	27870	9552	228	52		-40
内蒙古	1220959	1216378	14048	-266	-396		
辽宁	1865672	1323382	12591	4320	17094	-117	
吉林	447115	391069	11883	5882	-317		
黑龙江	649961	610121	39691	2444	791		4290
上海	9891186	7635295	1382576	59058	4966	106782	-22
江苏	7856628	6456575	410854	24172	9765	2298	-93
浙江	5572421	4806721	114539	584	-306	13940	
安徽	1334732	1251627	36892	2238	-4054		
福建	1961884	1394944	196750	11249	-983	-239	-24
江西	728261	599612	1302	8516	3715		572
山东	3066369	2814829	125706	84668	15271	-47	1435
河南	1328860	1169431	2153	3960	6885	-5	
湖北	1253102	1063225	148000	9425	3939		
湖南	928016	843852	36827	3424	16975	6582	-216
广东	7550637	5372942	340647	134857	-4297	13858	4912
广西	689065	610061	58150	-408	26		
海南	767235	618909	30701	-34	3386		
重庆	1588098	1404982	96151	3491	-90		
四川	2196251	1660034	147117	-2789	19856	620	
贵州	821473	833017	5615	-298	-5794		126
云南	629572	436033	39284	-1579	95	153	
西藏	7475	7475	2721	-225	1211		
陕西	1002702	939206	76546	1327	407		10
甘肃	100949	77686	7161	-63	97		
青海	-75	1878	-5765	-5	-336	-7	
宁夏	77578	73286	-352	125			18
新疆	454814	455133	15730	-42	-55		

4-3-10 续表 1

单位：万元

地区	国有与集体联营	其他联营	国有独资公司	其他有限责任公司	股份有限公司	私营独资	私营合伙
全国	**23850**	**22890**	**1133667**	**25306992**	**4354788**	**445907**	**283566**
北京			112320	3306686	557102	-128	10204
天津			23286	597408	125818	36295	-215
河北		-113	4542	505617	80306	24560	39
山西			-46	-41775	84461	-3685	2010
内蒙古			-42357	739997	35889	11214	-649
辽宁		81	-10360	558967	206908	40019	5062
吉林			-1354	280461	-85358	19840	868
黑龙江			6446	276988	45005	3903	7148
上海	22772	2128	571202	3047309	580424	17512	-1263
江苏	-1	59	47636	2667680	264145	157531	12284
浙江	590	-255	1955	2922154	419060	14147	-823
安徽	173		41025	839436	85010	15929	6763
福建	-37	-53	36291	757577	51644	-3483	1922
江西			984	325742	38776	12759	4242
山东		985	36698	1223376	373593	31796	38565
河南		928	19655	651654	88901	40706	2273
湖北	91		14201	393727	113467	17086	1066
湖南	-61	1285	-925	501040	15615	4022	20025
广东		18460	151359	2773704	773421	-1353	1587
广西		-478	1293	111996	24922	2859	776
海南	371	-113	9539	351745	43852	-543	373
重庆			44491	579756	57223	-3419	2035
四川			32744	715965	50094	-6667	58
贵州			-1629	265900	33155	1911	-65
云南			10941	289920	24160	-153	-1759
西藏				327	1137	708	-362
陕西	-42	-22	-3557	483736	252913	6418	-785
甘肃			548	25829	-636	1145	972
青海	-7		-278	-60	160	-13	7935
宁夏			21889	7695		-196	-715
新疆			5128	146434	13624	5187	163996

4-3-10 续表 2

单位：万元

地　区	私营有限责任公司	私营股份有限公司	其他内资企业	港澳台商投资	合资经营	合作经营
全　国	**12887112**	**1103489**	**728968**	**7423673**	**2790018**	**974900**
北　京	182503	-10761		828986	229739	172285
天　津	236416	-6607	9631	-660	30389	4101
河　北	207423	157450	-10106	-7327	-10420	
山　西	-19009	-6225	2348	14948	15130	-218
内蒙古	410368	13541	34989	5257	5257	
辽　宁	472708	8929	7181	224307	116606	-2084
吉　林	150711	10105	-1651	51670	6173	-42
黑龙江	207874	12586	2955	1828	321	-3
上　海	1624800	122818	94235	1601110	744166	98690
江　苏	2483825	238862	137556	869729	236930	51039
浙　江	1285063	45011	-8938	239573	79259	2937
安　徽	194807	25729	7679	51125	23207	-572
福　建	314263	24827	5241	455762	136885	-4044
江　西	179156	-2832	26679	62200	12816	462
山　东	717028	59181	106574	213998	132345	65803
河　南	313106	18778	20438	81618	18780	19049
湖　北	266334	95688	201	145596	48683	27
湖　南	178993	44230	16035	19059	16773	-572
广　东	940815	145885	79088	1874488	517811	572223
广　西	377296	27296	6334	85854	78265	-585
海　南	152788	-1057	27902	107509	157017	
重　庆	570544	41860	12941	51278	12397	-5137
四　川	539109	25902	138025	214419	35845	-1093
贵　州	542487	-8184	-206	-4253	580	
云　南	57444	8548	8979	194693	113675	
西　藏	895		1063			
陕　西	110937	7798	3519	21770	12865	2634
甘　肃	42725	-565	471	19735	19113	
青　海	1034	-762	-18	-294	-288	
宁　夏	43401	1419				
新　疆	101268	4039	-174	-301	-301	

4-3-10 续表 3

单位：万元

地 区	独 资	股份有限	外商投资	合资经营	合作经营	独 资	股份有限
全 国	**3370848**	**287906**	**4009700**	**1361216**	**466034**	**2117428**	**65023**
北 京	426962		564556	372780	55020	111393	25363
天 津	-35150		82570	19220	-10271	60328	13294
河 北	3093		35142	8725	-371	26806	-18
山 西	35		-8081	-7331		-750	
内 蒙 古			-676	-339		-336	
辽 宁	110522	-738	317984	41023	63373	214078	-489
吉 林	44722	817	4376	1976	2289	111	
黑 龙 江	406	1104	38012	15105	-3170	26077	
上 海	758356	-102	654780	233459	25229	412798	-16705
江 苏	509925	71835	530324	154596	47806	327097	825
浙 江	150813	6564	526128	125467	-206	392973	7894
安 徽	28558	-68	31981	-3593		34500	1073
福 建	221712	101208	111178	28131	1236	80340	1471
江 西	49015	-93	66449	49606		16659	184
山 东	14136	1714	37542	12188	8809	16577	-32
河 南	42062	1728	77811	54966		20003	2842
湖 北	78879	18008	44281	51914	3003	-3773	-6863
湖 南	2780	77	65105	23228	-105	41969	13
广 东	654308	130146	303207	38882	45910	180337	38078
广 西	4756	3418	-6851	-12517	1027	4640	
海 南	-1573	-47935	40818	32810		9916	-1909
重 庆	44065	-48	131838	-10107	108697	33248	
四 川	179718	-51	321799	111226	111383	99190	
贵 州	-5155	323	-7290	-4419	-2106	-765	
云 南	81018		-1154	-1154			
西 藏							
陕 西	6271		41726	24399	8483	8844	
甘 肃	622		3529	3709		-180	
青 海	-7		-1658	-1658			
宁 夏			4293	-1057		5350	
新 疆			-17	-17			

4-3-11 按资质等级分的房地产开发企业(单位)利润总额

单位：万元

地区	总计	一级	二级	三级	四级	暂定	其他
全国	**62357654**	**9225921**	**14858681**	**13081825**	**6607540**	**15456233**	**3127454**
北京	5702532	1476768	1020252	641765	2172834	158036	232877
天津	1611625	222962	426909	222086	363789	380030	-4151
河北	1017819	338150	64461	272657	225506	96439	20606
山西	34737	31366	20090	36	47858	-61964	-2650
内蒙古	1220959	46122	261191	325298	282103	299248	6996
辽宁	1865672	208518	281780	720326	19659	574996	60394
吉林	447115	8929	149455	128100	79606	70844	10180
黑龙江	649961	-4070	214116	289838	31551	96408	22117
上海	9891186	1339605	2183810	1013138	111938	4518597	724099
江苏	7856628	705409	3099001	1560270	22391	2247340	222217
浙江	5572421	964998	1199540	1673490	191693	1140214	402486
安徽	1334732	105521	442987	281414	55505	348867	100439
福建	1961884	349619	485410	530836	344025	228291	23702
江西	728261	1350	187199	264707	118037	148307	8661
山东	3066369	257583	309189	531323	440271	1432584	95418
河南	1328860	88982	477457	261152	82515	418891	-137
湖北	1253102	366174	464130	295005	80447	121846	-74500
湖南	928016	17558	118061	412016	35329	341044	4008
广东	7550637	1482644	1084950	1509352	963946	1308678	1201067
广西	689065	29995	176854	267502	103912	109283	1519
海南	767235	379	104586	157693	55561	450429	-1412
重庆	1588098	381771	714757	190333	5720	284308	11210
四川	2196251	233741	553093	1047219	69940	235012	57247
贵州	821473	36554	31574	-6844	537849	225121	-2779
云南	629572	119705	244280	158090	12536	89862	5100
西藏	7475	-24	5210	2133	366	377	-586
陕西	1002702	124749	389756	171122	131717	185654	-297
甘肃	100949	4701	45684	36528	15907	-5419	3548
青海	-75	-340	1188	3011	-954	-2938	-42
宁夏	77578	48919	35613	6146	12629	-22351	-3378
新疆	454814	237585	66100	116085	-6647	38197	3494

4-3-12 按登记注册类型分的房地产开发企业(单位)主营业务收入

单位：亿元

地区	总计	内资					
			国有	集体	股份合作	国有联营	集体联营
全国	**42996.48**	**37230.69**	**2246.48**	**342.31**	**122.69**	**48.22**	**9.27**
北京	2907.03	2323.08	61.93	11.32			
天津	933.78	841.44	268.96	7.71	2.28	2.61	0.04
河北	1199.86	1166.74	21.95	0.10	2.28		
山西	286.25	278.66	22.60	1.87	0.30		
内蒙古	826.59	824.47	6.84	0.14	1.49		
辽宁	2059.80	1674.31	84.41	11.12	14.11	0.56	
吉林	563.85	533.65	13.82	3.17	0.93		
黑龙江	675.57	642.71	68.40	4.44	0.64		2.15
上海	3265.77	2493.87	318.83	47.90	0.64	28.10	0.26
江苏	5384.70	4618.37	326.90	37.83	9.48	1.41	
浙江	3199.94	2889.04	68.38	5.54	2.81	7.47	
安徽	1315.93	1230.79	46.86	3.11	0.72		
福建	1261.82	936.61	109.79	11.69	0.14	1.01	0.25
江西	666.49	590.73	35.23	3.41	2.25		1.15
山东	2751.52	2559.72	132.22	62.73	20.16	0.06	0.59
河南	1200.56	1119.54	22.00	9.49	7.40		
湖北	1105.94	982.51	99.08	11.53	5.65		
湖南	1115.81	1054.07	59.28	5.49	22.45	3.76	
广东	4168.07	3124.42	140.00	85.52	4.84	3.00	4.41
广西	643.31	592.37	44.82	1.81	2.57		
海南	403.70	323.85	13.59	0.83	5.12		
重庆	1473.22	1234.75	62.88	3.20	0.08		
四川	2188.18	1962.11	62.77	4.63	10.70	0.21	
贵州	933.21	925.22	15.04	0.37	0.80		0.02
云南	733.91	665.24	34.97	0.66	0.91	0.03	
西藏	13.77	13.77	2.65		0.67		
陕西	889.45	819.10	76.00	5.65	2.35		0.39
甘肃	190.68	175.99	10.68	0.78	0.86		
青海	47.49	44.54	1.74				
宁夏	178.35	178.27		0.21			0.03
新疆	411.94	410.76	13.87	0.03	0.05		

4-3-12 续表 1 单位：亿元

地区	国有与集体联营	其他联营	国有独资公司	其他有限责任公司	股份有限公司	私营独资	私营合伙
全国	**10.88**	**15.05**	**605.56**	**17149.02**	**2079.87**	**488.82**	**168.03**
北京			59.30	1806.19	127.68		2.54
天津			19.73	283.85	45.70	18.24	0.35
河北			10.51	496.79	71.07	34.58	1.44
山西				79.67	37.93	1.90	1.65
内蒙古			11.27	425.78	36.22	20.23	1.32
辽宁		0.50	44.94	661.95	65.49	37.67	2.90
吉林			1.36	255.80	16.38	11.31	1.55
黑龙江			4.67	276.72	61.40	8.10	8.34
上海	9.20	0.81	95.43	1020.47	127.27	22.98	2.44
江苏	0.01	0.42	39.95	1767.16	196.23	108.17	15.98
浙江	0.52		35.77	1490.03	115.04	15.20	0.72
安徽	0.42		15.10	728.92	64.14	15.72	8.61
福建	0.05	0.04	20.04	427.96	32.45	2.72	3.29
江西			1.72	271.86	47.90	12.39	10.90
山东		0.78	47.97	1159.37	253.33	39.50	19.89
河南		0.41	9.88	639.92	83.67	21.64	2.80
湖北	0.48		13.98	446.14	95.85	14.33	1.79
湖南		1.07	8.89	533.47	58.36	9.96	15.64
广东		10.96	64.84	1506.40	230.07	30.66	5.78
广西		0.05	7.69	151.49	25.43	11.40	1.98
海南	0.21		2.80	174.56	40.85	2.07	0.67
重庆			26.21	463.34	34.27	3.23	3.73
四川			20.87	793.98	124.25	10.33	1.63
贵州			0.84	262.11	24.03	2.25	0.27
云南			9.38	292.44	26.83	11.74	0.95
西藏				2.92	0.87	1.88	0.29
陕西		0.01	7.15	471.24	23.40	11.16	0.08
甘肃			0.92	80.59	5.14	4.83	1.27
青海			1.30	15.11	1.62	0.07	4.80
宁夏			18.69	24.29		1.52	0.06
新疆			4.35	138.49	6.95	3.04	44.36

4-3-12 续表 2

单位：亿元

地　区	私营有限责任公司	私营股份有限公司	其他内资企　业	港澳台商投　资	合资经营	合作经营
全　国	**12578.87**	**938.49**	**427.12**	**3572.57**	**1348.02**	**394.40**
北　京	252.50	1.62		349.75	130.63	91.90
天　津	182.78	2.11	7.07	31.93	27.61	1.51
河　北	424.46	95.46	8.10	14.92	12.40	
山　西	119.86	10.29	2.60	7.59	7.33	
内蒙古	300.52	14.49	6.15	2.05	2.05	
辽　宁	695.55	47.82	7.29	183.61	85.57	1.00
吉　林	213.03	15.66	0.62	22.32	4.06	
黑龙江	187.34	16.98	3.53	3.20	0.37	
上　海	751.70	33.38	34.47	503.17	182.68	30.83
江　苏	1892.90	149.64	72.29	411.21	155.51	23.60
浙　江	1093.36	42.00	12.18	123.11	49.80	2.39
安　徽	305.88	24.65	16.64	39.63	17.40	
福　建	298.85	19.87	8.45	250.84	78.20	1.40
江　西	161.38	29.04	13.49	54.28	22.47	0.13
山　东	719.68	64.81	38.63	142.86	88.22	22.82
河　南	285.24	20.89	16.21	45.24	18.45	8.08
湖　北	244.09	43.79	5.80	90.68	37.39	0.04
湖　南	271.17	47.28	17.22	39.63	26.22	1.50
广　东	890.35	106.57	41.02	766.48	180.22	205.47
广　西	321.59	17.57	5.96	34.26	28.02	0.22
海　南	71.46	1.10	10.59	59.72	53.01	
重　庆	579.05	48.42	10.35	178.86	46.68	
四　川	837.31	32.14	63.32	104.06	30.26	0.24
贵　州	609.66	9.29	0.54	5.61	2.22	
云　南	258.15	14.11	15.07	68.42	39.34	
西　藏	2.99		1.50			
陕　西	203.01	11.32	7.34	27.39	10.93	3.27
甘　肃	67.35	3.13	0.44	7.63	6.85	
青　海	18.60	1.30		2.95	2.95	
宁　夏	126.30	7.16				
新　疆	192.77	6.58	0.25	1.17	1.17	

4-3-12 续表 3

单位：亿元

地区			外商投资				
	独资	股份有限		合资经营	合作经营	独资	股份有限
全国	**1707.70**	**122.46**	**2193.22**	**709.21**	**265.70**	**1159.98**	**58.32**
北京	127.23		234.20	130.02	48.80	42.39	12.98
天津	2.81		60.41	22.21	0.33	29.01	8.85
河北	2.52		18.20	2.80	0.36	15.04	
山西	0.27						
内蒙古			0.06			0.06	
辽宁	97.02	0.02	201.88	44.98	27.74	129.17	
吉林	17.22	1.05	7.88	0.83	6.80	0.25	
黑龙江	1.04	1.78	29.66	8.16		21.49	
上海	289.08	0.58	268.74	81.60	22.94	162.76	1.43
江苏	203.10	29.00	355.11	111.80	27.21	215.16	0.96
浙江	67.62	3.31	187.79	51.32	0.05	128.07	8.36
安徽	22.23		45.50	12.70		31.95	0.85
福建	142.29	28.94	74.37	20.45	0.33	52.35	1.24
江西	31.15	0.53	21.48	15.62		5.78	0.08
山东	29.85	1.97	48.94	29.56	2.89	16.49	
河南	17.72	0.98	35.79	23.26		10.25	2.28
湖北	43.00	10.24	32.75	20.24	5.43	4.03	3.05
湖南	11.85	0.05	22.11	8.40		13.66	0.05
广东	341.61	39.18	277.17	32.28	43.49	185.09	16.31
广西	4.99	1.03	16.68	6.22	3.25	7.21	
海南	3.05	3.66	20.13	14.67		3.56	1.90
重庆	132.18		59.60	4.63	29.13	25.84	
四川	73.56		122.00	42.86	25.84	53.31	
贵州	3.26	0.13	2.38	0.11	2.24	0.03	
云南	29.08		0.25	0.25			
西藏							
陕西	13.18		42.96	17.25	18.88	6.84	
甘肃	0.79		7.06	6.89		0.17	
青海							
宁夏			0.08	0.08			
新疆			0.01	0.01			

4-3-13 按资质等级分的房地产开发企业(单位)主营业务收入

单位：亿元

地区	总计	一级	二级	三级	四级	暂定	其他
全国	**42996.48**	**4038.89**	**9153.83**	**10912.26**	**5340.97**	**11772.55**	**1777.99**
北京	2907.03	606.60	537.11	398.61	1041.75	216.43	106.52
天津	933.78	96.05	202.59	164.96	229.76	239.83	0.59
河北	1199.86	159.90	202.56	329.64	332.90	147.84	27.01
山西	286.25	21.01	43.94	74.66	122.52	23.48	0.64
内蒙古	826.59	37.55	148.30	200.62	236.09	197.52	6.50
辽宁	2059.80	147.44	236.35	667.16	23.49	898.28	87.08
吉林	563.85	13.87	115.83	175.47	111.48	143.58	3.61
黑龙江	675.57	16.18	196.62	303.61	46.03	102.63	10.50
上海	3265.77	179.55	572.97	424.79	33.57	1707.56	347.32
江苏	5384.70	425.70	2096.88	1037.39	22.84	1638.70	163.18
浙江	3199.94	301.27	625.81	1015.98	174.49	858.43	223.95
安徽	1315.93	52.75	308.24	324.54	68.41	520.79	41.20
福建	1261.82	127.08	285.41	426.50	184.82	224.99	13.02
江西	666.49	7.27	151.17	260.30	88.41	143.98	15.36
山东	2751.52	203.78	342.71	634.51	370.06	1093.87	106.60
河南	1200.56	76.90	268.52	221.92	84.74	534.38	14.10
湖北	1105.94	172.96	317.93	295.26	127.35	185.74	6.70
湖南	1115.81	20.83	110.81	523.08	59.87	385.47	15.76
广东	4168.07	606.50	500.59	1060.71	720.38	819.25	460.64
广西	643.31	13.76	83.54	193.55	81.36	258.18	12.92
海南	403.70	0.73	41.24	62.80	42.51	235.79	20.64
重庆	1473.22	203.12	582.97	257.96	12.53	412.86	3.79
四川	2188.18	180.93	550.14	1171.83	55.40	169.37	60.52
贵州	933.21	14.95	47.19	76.80	618.81	170.65	4.81
云南	733.91	64.49	187.69	138.83	150.90	180.96	11.04
西藏	13.77	0.06	5.33	5.84	1.67	0.86	0.02
陕西	889.45	155.48	190.05	211.96	206.82	120.29	4.85
甘肃	190.68	6.14	38.84	76.23	25.69	39.09	4.69
青海	47.49	10.44	20.53	8.55	2.56	5.41	
宁夏	178.35	31.99	68.35	40.99	20.47	15.11	1.44
新疆	411.94	83.61	73.59	127.23	43.28	81.24	2.99

【主要统计指标解释】

资产总计 指企业拥有或控制的能以货币计量的经济资源，包括各种财产、债权和其他权利。资产按其流动性(即资产的变现能力和支付能力)划分为：流动资产、长期投资、固定资产、无形资产、递延资产和其他资产。根据会计“资产负债表”中“资产总计”项的年末数填列。

负债合计 指企业所承担的能以货币计量，将以资产或劳务偿付的债务，偿还形式包括货币、资产或提供劳务。负债一般按偿还期长短分为流动负债和长期负债。根据会计“资产负债表”中“负债合计”的年末数填列。

所有者权益合计 指企业投资人对企业净资产的所有权。企业净资产为企业全部资产与企业全部负债的差额，包括实收资本、资本公积、盈余公积、未分配利润等。根据会计“资产负债表”中“所有者权益”项的年末数填列。

主营业务收入 指企业对外转让、销售、结算和出租开发产品取得的经营收入。根据会计“利润表”中对应指标计算填列。具体包括：

(1) 土地转让收入：指房地产开发企业(单位)按国家规定转让经开发的土地和未经开发的土地所得到的收入。根据会计“利润表”和相关核算资料计算填列。

(2) 商品房屋销售收入：指房地产开发企业(单位)在报告期售出商品房屋的收入，一次收清的，一次全部计入销售收入，按合同规定分期收款的，可按合同规定的时间分次计入收入。根据会计“利润表”和相关核算资料计算填列。

(3) 房屋出租收入：指房地产开发企业(单位)在报告期内，在不改变现有财产所有权关系的条件下，将企业的全部或部分房屋出租给其他单位或个人使用所得到的租金收入。根据会计“利润表”和相关核算资料计算填列。

(4) 其他收入：指房地产开发企业(单位)在报告期内从事除以上收入外的收入，包括配套设施销售收入、代建工程结算收入、出租产品租金收入等。根据会计“利润表”和相关核算资料计算填列。

营业利润 指企业从事生产经营活动所产生的利润，即主营业务利润加其他业务利润扣除管理费用、财务费用后的净额。根据会计“利润表”中对应指标年末数填列。

利润总额 指企业在生产经营过程中各种收入扣除各种耗费后的盈余，反映企业在报告期内实现的亏盈总额，包括营业利润、补贴收入、投资净收益和营业外收支净额。根据会计“利润表”中的对应指标年末数填列。

4

第三产业部分行业主要财务指标

4-4 电 信

简要说明

一、主要内容

电信业主要财务情况，主要包括电信运营企业的资产、营业收入和利润等指标。

二、统计范围

全社会电信运营企业为社会公众提供的各类电信服务，不含专用网业务资料。业务范围分为国内业务量和国际及港澳业务量（对台业务量统计在港澳中）。

三、资料来源

本篇资料由国家统计局服务业统计司负责整理、编辑，资料来源于工业和信息化部。

4-4-1 电信主要财务情况

单位：亿元

指　　标	2002	2003	2004	2005	2006	2007	2008	2009	2010
主营业务收入	4222.29	4597.64	5275.11	5840.12	6491.80	7398.60	8148.00	8544.09	9079.14
固定通信业务收入								2849.14	2795.96
移动通信业务收入								5694.95	6283.17
主营业务成本	2751.61	2459.02	2567.44	2720.45	2994.00	3422.58	3941.61	4116.29	4361.02
利润总额	766.24	742.89	931.18	1265.07	1355.83	1737.22	1750.30	1730.71	1458.46
资产总额	13059.52	14214.94	15526.89	16419.27	17462.80	18148.46	19857.43	21169.05	22194.60

4-4-2 各地区电信主要财务情况

单位：亿元

地　区	主营业务收入	主营业务成本	利润总额	资产总额
全　国	**9079.14**	**4361.02**	**1458.46**	**22194.60**
北　京	430.63	218.16	108.39	864.03
天　津	132.73	67.44	27.62	289.48
河　北	378.58	200.82	57.33	717.92
山　西	214.39	119.24	28.09	408.98
内蒙古	167.75	92.86	9.67	322.66
辽　宁	359.38	179.11	50.64	656.02
吉　林	151.61	92.37	3.06	321.58
黑龙江	211.69	114.13	17.98	426.98
上　海	440.49	225.86	92.05	809.22
江　苏	687.38	292.83	161.29	1149.82
浙　江	619.83	285.94	127.08	1098.98
安　徽	264.31	117.73	56.64	493.73
福　建	349.16	164.04	67.97	660.56
江　西	181.12	90.40	21.44	355.17
山　东	538.43	242.65	119.54	1028.40
河　南	382.00	196.00	51.77	771.88
湖　北	300.96	151.62	42.05	568.90
湖　南	309.67	153.59	40.39	575.18
广　东	1259.61	568.33	327.20	2727.77
广　西	216.20	105.40	35.39	371.42
海　南	67.36	36.35	10.50	140.35
重　庆	159.95	89.80	18.70	288.48
四　川	391.48	207.50	54.43	729.92
贵　州	147.24	82.68	17.03	248.95
云　南	210.70	99.12	34.05	407.88
西　藏	21.78	15.04	-6.90	71.88
陕　西	233.22	113.20	35.62	416.36
甘　肃	115.25	63.98	5.48	233.12
青　海	32.02	18.80	-1.78	76.90
宁　夏	40.42	21.44	4.16	82.08
新　疆	140.17	86.42	2.87	294.22
不分地区	-76.37	-151.84	-161.29	4585.78

【主要统计指标解释】

主营业务收入 指电信企业经营的基础电信业务和增值电信业务所取得的资费收入，以及电信企业之间网间互联电信业务的结算收入。

主营业务成本 指电信企业在通信生产过程中实际发生的与通信生产直接有关的各项费用支出。

利润总额 指电信企业在生产经营过程中，通过销售过程将商品卖给购买方，实现收入，收入扣除当初的投入成本以及其他一系列费用，再加减非经营性质的收支及投资收益，即为企业的利润总额。

资产总额 指过去的交易或事项形成并由电信运营企业拥有或控制的所有资源，该资源预期会给企业带来经济利益，按其流动性分为流动资产和非流动资产。

4 第三产业部分行业主要财务指标

4-5 部分服务业

简要说明

一、主要内容

部分服务业主要财务情况，主要包括法人企业的营业收入。

二、调查范围及统计单位

部分服务业统计的行业范围：2010年以前包括装卸搬运和其他运输服务业、仓储业、计算机服务业、软件业、租赁业、商务服务业、科技交流和推广业、居民服务业、其他服务业、体育和娱乐业，2010年起新增物业管理和房地产中介服务业，其中2009年中介和物业管理业数据由2010年调查得出。调查对象为法人企业。

三、统计调查方法

部分服务业资料采取抽样调查，以第二次经济普查维护后的企业名录为抽样框进行抽样，根据调查的样本企业数据进行总量估计。2010年以前调查报告期为当年1-11月份，2010年报告期为1-12月份。由于2010年为全年数据且使用了最新的经普抽样框，所以根据2010年调查数据，将以前数据调整为全年数据。本年鉴所列数据均为全年数据。

四、资料来源

本部分资料是国家统计局服务业统计司根据《部分服务业抽样调查统计报表制度》收集的调查资料进行加工整理而得。

4-5-1 部分服务业分行业营业收入

单位：亿元

行　业	2006	2007	2008	2009	2010
合　计	**23814.83**	**28834.70**	**33659.35**	**38325.07**	**48196.75**
装卸搬运和其他运输服务业	3460.30	4176.93	5093.76	4363.82	5943.17
仓储业	1866.81	2281.81	2923.45	3476.27	4355.13
计算机服务业	1624.15	1945.41	2231.97	2296.25	2665.68
软件业	2315.29	2873.51	3426.08	3856.40	4744.39
物业管理和房地产中介服务业				2045.85	2501.56
租赁业	240.24	284.30	353.75	432.11	509.67
商务服务业	11850.90	14379.88	16275.15	17871.74	22812.44
科技交流和推广服务业	921.06	1169.65	1413.17	1794.02	2142.68
居民服务业	495.92	550.37	610.42	691.12	784.22
其他服务业	711.40	816.97	941.31	1071.87	1278.96
体育	37.04	39.19	42.21	46.67	53.35
娱乐业	291.73	316.70	348.08	378.96	405.50

4-5-2 各地区部分服务业分行业营业收入

单位：亿元

地区	总计	装卸搬运和其他运输服务业	仓储业	计算机服务业	软件业	物业管理和房地产中介服务业
全国	**48196.75**	**5943.17**	**4355.11**	**2665.69**	**4744.39**	**2501.55**
北京	11722.55	589.08	315.61	1015.42	1492.23	482.01
天津	1340.98	446.66	245.32	23.14	52.06	40.41
河北	560.76	55.97	185.13	14.05	21.89	23.57
山西	278.59	10.95	47.84	10.46	9.37	11.68
内蒙古	413.63	53.53	60.42	12.38	8.92	26.52
辽宁	1277.96	167.99	194.29	32.29	164.47	151.26
吉林	529.20	15.80	162.28	55.05	10.71	31.65
黑龙江	480.43	20.69	146.52	10.71	23.23	39.33
上海	8209.79	1833.49	262.96	557.53	636.09	210.00
江苏	3182.41	322.99	271.69	84.41	305.89	179.33
浙江	3114.85	535.30	97.10	130.90	264.75	148.43
安徽	664.29	91.72	188.94	13.69	14.57	27.65
福建	877.45	241.52	67.11	33.09	89.56	61.33
江西	331.60	33.15	81.38	5.73	20.02	14.05
山东	2606.34	457.36	623.66	116.65	83.86	83.97
河南	681.33	17.39	361.21	22.08	11.45	35.65
湖北	819.74	90.86	90.30	38.91	74.11	65.67
湖南	1359.94	84.04	111.62	32.03	449.34	40.69
广东	6251.83	572.67	390.00	338.09	881.41	534.85
广西	381.62	79.68	66.82	14.73	6.13	22.65
海南	101.81	11.06	11.01	4.34	3.29	11.94
重庆	594.89	44.42	58.72	11.90	18.69	57.42
四川	724.69	59.15	86.28	24.69	40.12	80.99
贵州	132.29	4.17	28.77	7.45	1.98	11.53
云南	473.51	28.16	28.55	18.06	16.86	26.62
西藏	6.20	0.01	0.39	0.29	0.10	0.76
陕西	559.35	28.97	87.89	22.28	36.00	37.03
甘肃	137.37	20.01	31.89	4.75	2.20	10.81
青海	35.59	1.90	7.83	1.15	0.25	3.16
宁夏	57.01	1.23	13.63	2.03	1.27	10.54
新疆	288.75	23.25	29.95	7.41	3.57	20.05

注：少部分地区行业抽样误差较大。

4-5-2 续表　　单位：亿元

地 区	租赁业	商务服务业	科技交流和推广服务业	居民服务业	其他服务业	体 育	娱乐业
全 国	**509.68**	**22812.41**	**2142.69**	**784.23**	**1278.94**	**53.37**	**405.50**
北 京	60.64	6248.79	1298.37	48.38	122.33	18.78	30.91
天 津	6.79	359.95	43.05	29.57	86.03	2.05	5.95
河 北	8.04	183.03	7.57	17.65	36.83	0.58	6.45
山 西	2.22	155.73	2.96	10.54	15.09	0.37	1.38
内蒙古	10.18	207.67	5.50	12.68	12.88	0.38	2.58
辽 宁	9.06	431.93	30.58	41.40	35.03	2.23	17.43
吉 林	4.24	210.43	5.65	11.55	19.61	0.21	2.01
黑龙江	7.17	184.72	9.70	20.55	11.40	0.05	6.38
上 海	105.43	4115.00	188.66	86.76	179.68	4.52	29.67
江 苏	77.70	1706.91	52.83	53.37	90.63	3.39	33.27
浙 江	37.51	1587.74	159.23	51.87	66.65	1.72	33.64
安 徽	7.35	284.51	6.72	11.74	13.34	0.09	3.97
福 建	8.63	310.23	12.62	20.79	15.55	1.06	15.97
江 西	19.82	114.23	12.35	11.03	14.12	0.27	5.45
山 东	31.59	917.47	76.61	88.60	90.42	3.52	32.63
河 南	8.43	165.70	11.13	25.94	16.22	0.21	5.90
湖 北	7.49	360.46	22.01	20.01	38.26	1.18	10.49
湖 南	9.90	470.43	22.47	61.10	48.75	0.23	29.34
广 东	39.01	3092.61	97.03	72.88	153.53	8.41	71.33
广 西	3.12	160.82	3.28	5.26	12.04	0.25	6.85
海 南	0.93	49.19	0.47	2.10	2.14	0.25	5.10
重 庆	7.15	351.65	5.52	16.63	16.12	0.21	6.46
四 川	16.14	321.54	31.38	14.01	33.50	1.61	15.30
贵 州	2.07	59.70	0.37	8.23	5.66	0.02	2.31
云 南	5.56	301.26	8.33	12.87	16.50	1.02	9.71
西 藏	0.50	2.80	0.01	0.15	1.05	0.07	0.07
陕 西	4.90	192.52	19.03	16.45	103.36	0.57	10.34
甘 肃	2.02	50.14	1.50	4.95	7.87		1.23
青 海	0.35	14.95	0.71	1.29	3.78	0.01	0.20
宁 夏	0.57	21.68	0.78	1.66	2.09		1.52
新 疆	5.17	178.62	6.27	4.22	8.48	0.11	1.66

【主要统计指标解释】

营业收入 指企业报告期内生产经营活动中通过销售商品、产品或提供劳务等经营业务取得的收入。

5 第三产业部分行业主要业务指标

5-1　交通运输、仓储和邮政业

简要说明

一、主要内容

1.交通运输业资料主要包括：主要运输方式的线路里程、运输设备拥有量、技术质量情况，各种运输方式完成的货物运输量和旅客运输量，规模以上港口码头长度、泊位数量及货物吞吐量，城市公共交通运营线路网长度、运营车（船）数量及客运量等资料。

2.邮政业资料主要包括：全国邮政主要业务量、营业网点及邮政邮路情况、邮政通信服务水平等。

二、调查范围及统计单位

1.铁路资料：包括国家铁路（含控股合资）、地方铁路和非控股合资铁路运营情况，不含军用铁路及由厂矿企事业单位自建的铁路专用线和专用铁路。国家铁路（含控股合资）和非控股合资铁路运营资料来源于各铁路局及所属运输企业(公司)。地方铁路运营资料来源于各省地方铁路管理部门。

2.公路、水路、港口资料：(1)公路和水路线路里程为年末通车和通航里程数，不含未正式投入使用的公路和航道里程；(2)民用汽车拥有量及机动车和汽车驾驶员人数，根据公安部交通管理局所属各省（自治区、直辖市）车管部门登记注册的车辆资料和驾驶员资料整理，不含军用车辆；(3)公路营运汽车拥有量，根据各省（自治区、直辖市）道路运输主管部门登记注册的从事公路运输的营业性运输车辆资料整理，属于民用汽车的一部分；(4)营业性民用运输船舶拥有量，根据各省（自治区、直辖市）交通运输主管部门登记注册的从事水上客、货运输的营业性船舶资料整理，不含非运输船舶及农业、渔业生产船舶；(5)公路、水路客货运输量资料，由交通运输部负责收集整理；(6)公路、水路运输量统计包括全面调查和非全面调查两种方式，统计范围是在各省交通运输主管部门登记注册的从事公路、水路客、货运输的营业性的车辆和船舶所完成的运输量；(7)规模以上港口的统计范围为年通过能力在1000万吨以上的沿海港口和200万吨以上的内河港口，以及从事外贸、集装箱装卸的港口，具体范围由交通运输部划定。

3.管道运输资料：包括输原油、输成品油、输天然气及输其他气体的管道长度和完成的运输量。统计范围包括：油气田企业直接通向炼油厂、化工厂、电站等用户及装车站、油码头的管道，炼油厂通向用户（包括商业石油公司油库）的成品油管道，独立核算的管道运输企业通向用户及装车（站）栈桥、油码头的管道。管道运输资料主要来源于中国石油天然气集团公司和中国石油化工集团公司所属的管道运输企业，由两家集团公司分别负责收集审核本部门资料。

4.民航运输资料：统计对象为在我国境内注册从事民用航空运输飞行和通用航空飞行的航空运输企业和民用航空机场，不包括在我国境内运输飞行的外国航空公司。统计内容为各航空公司从事国内运输、港澳台运输、国际运输的定期航班航线条数及里程、运输量及飞机构成和运营情况、通用航空飞行完成情况等。

5.城市公共交通资料：统计范围为全国所有设市城市的城市公共交通情况。

6.邮政业资料：包括全国邮政企业及年业务收入200万元以上快递企业，为社会公众提供的各类邮政及快递服务。业务范围分为国内业务量和国际及港澳业务量（对台业务量统计在港澳中）。

三、资料来源

本篇资料由国家统计局服务业统计司负责整理、编辑。有关交通运输业资料分别来源于铁道部、交通运输部、中国民用航空局、中国石油天然气集团公司、中国石油化工集团公司和各省、自治区、直辖市统计局。有关邮政业资料来源于国家邮政局。

5-1-1 交通运输业基本情况

指　　标	2000	2003	2004	2005	2006	2007	2008	2009	2010
运输线路长度　　（万公里）									
铁路营业里程	6.87	7.30	7.44	7.54	7.71	7.80	7.97	8.55	9.12
国家铁路	5.87	6.04	6.10	6.22	6.34	6.36	6.40	6.55	6.62
合资铁路	0.52	0.77	0.85	0.85	0.89	0.95	1.08	1.59	2.06
地方铁路	0.48	0.48	0.49	0.48	0.47	0.48	0.49	0.41	0.44
公路里程	140.27	180.98	187.07	334.52	345.70	358.37	373.02	386.08	400.82
#高速公路	1.63	2.97	3.43	4.10	4.53	5.39	6.03	6.51	7.41
内河航道里程	11.93	12.40	12.33	12.33	12.34	12.35	12.28	12.37	12.42
#等级航道	6.14	6.09	6.08	6.10	6.10	6.12	6.11	6.15	6.23
民航航线里程	150.29	174.95	204.94	199.85	211.35	234.30	246.18	234.51	276.51
国际航线	50.84	71.53	89.42	85.59	96.62	104.74	112.02	91.99	107.02
国内航线	99.45	103.43	115.52	114.26	114.73	129.55	134.17	142.52	169.50
管道输油(气)里程	2.47	3.26	3.82	4.40	4.81	5.45	5.83	6.91	7.85
输油管	1.24	1.57	1.71	2.10	2.41	2.90	3.07	3.55	3.85
输气管	1.23	1.69	2.11	2.30	2.41	2.55	2.76	3.35	4.00
客运量总计　　（万人）	**1478573**	**1587497**	**1767453**	**1847018**	**2024158**	**2227761**	**2867892**	**2976898**	**3269508**
铁路	105073	97260	111764	115583	125656	135670	146193	152451	167609
公路	1347392	1464335	1624526	1697381	1860487	2050680	2682114	2779081	3052738
水运	19386	17142	19040	20227	22047	22835	20334	22314	22392
民航	6722	8759	12123	13827	15968	18576	19251	23052	26769
旅客周转量总计　（亿人公里）	**12261.0**	**13810.5**	**16309.1**	**17466.7**	**19197.2**	**21592.6**	**23196.7**	**24834.9**	**27894.3**
铁路	4532.6	4788.6	5712.2	6062.0	6622.1	7216.3	7778.6	7878.9	8762.2
公路	6657.4	7695.6	8748.4	9292.1	10130.8	11506.8	12476.1	13511.4	15020.8
水运	100.5	63.1	66.3	67.8	73.6	77.8	59.2	69.4	72.3
民航	970.5	1263.2	1782.3	2044.9	2370.7	2791.7	2882.8	3375.2	4039.0
货运量总计　　（万吨）	**1358682**	**1564492**	**1706412**	**1862066**	**2037060**	**2275822**	**2585937**	**2825222**	**3241807**
铁路	178581	224248	249017	269296	288224	314237	330354	333348	364271
公路	1038813	1159957	1244990	1341778	1466347	1639432	1916759	2127834	2448052
水运	122391	158070	187394	219648	248703	281199	294510	318996	378949
民航	196.7	219.0	276.7	306.7	349.4	401.8	407.6	445.5	563.0
管道	18700	21997	24734	31037	33436	40552	43906	44598	49972

注：1.从2005年起，公路里程包括村道，与以前年度数据不可比(以下相关表同)。
2.2008年，公路、水路客货运输量和周转量统计口径发生变化，不宜进行历史对比(以下相关表同)。

5-1-1 续表

指　　标		2000	2003	2004	2005	2006	2007	2008	2009	2010
货物周转量总计	**（亿吨公里）**	**44320.5**	**53859.2**	**69445.1**	**80258.1**	**88839.9**	**101418.8**	**110300.5**	**122133.3**	**141837.4**
铁路		13770.5	17246.7	19288.8	20726.0	21954.4	23797.0	25106.3	25239.2	27644.1
公路		6129.4	7099.5	7840.9	8693.2	9754.2	11354.7	32868.2	37188.8	43389.7
水运		23734.2	28715.8	41428.7	49672.3	55485.7	64284.8	50262.7	57556.7	68427.5
民航		50.3	57.9	71.8	78.9	94.3	116.4	119.6	126.2	178.9
管道		636.2	739.4	814.9	1087.7	1551.2	1865.9	1944.0	2022.4	2197.2
规模以上港口货物吞吐量	**（万吨）**	**170055**	**267350**	**332488**	**394196**	**459701**	**526408**	**589080**	**697159**	**810180**
沿海规模以上港口		125603	201126	246074	292777	342191	388200	429599	475481	548358
#外贸		52343	87714	104706	124166	145827	165631	178271	197922	226938
内河规模以上港口		44452	66224	86414	101418	117510	138208	159481	221678	261822
#外贸		4397	7265	8458	10063	12060	14009	14288	18296	21025
民用汽车拥有量	**（万辆）**	**1608.91**	**2382.93**	**2693.71**	**3159.66**	**3697.35**	**4358.36**	**5099.61**	**6280.61**	**7801.83**
#载客汽车		853.73	1478.81	1735.91	2132.46	2619.57	3195.99	3838.92	4845.09	6124.13
载货汽车		716.32	853.51	893.00	955.55	986.30	1054.06	1126.07	1368.60	1597.55
#私人汽车拥有量		625.33	1219.23	1481.66	1848.07	2333.32	2876.22	3501.39	4574.91	5938.71
#载客汽车		365.09	845.87	1069.69	1383.93	1823.57	2316.91	2880.50	3808.33	4989.50
载货汽车		259.09	367.35	402.82	452.11	494.91	539.45	596.39	753.40	931.52
民用运输船舶拥有量	**（艘）**	**229676**	**204270**	**210700**	**207294**	**194360**	**191771**	**184190**	**176932**	**178407**
机动船		185018	163813	166854	165900	157805	157544	152247	149367	155624
驳船		44658	40457	43846	41394	36555	34227	31943	27565	22783
#私人运输船舶拥有量		142117	114297	115503	95838	70292	70017	64552		
机动船		128654	97837	91188	83380	62839	62228	57490		
驳船		13463	16460	24315	12458	7453	7789	7062		
规模以上港口码头泊位	**（个）**	**8078**	**8449**	**9787**	**10652**	**10848**	**12131**	**14205**	**20091**	**20333**
沿海规模以上港口		1772	2562	2849	3641	3804	3970	4914	5372	5529
#万吨级		518	650	687	769	883	967	1076	1214	1293
内河规模以上港口		6306	5887	6938	7011	7044	8161	9291	14719	14804
#万吨级		55	121	150	186	225	250	259	293	318
民用飞机	**（架）**	**982**	**1160**	**1245**	**1386**	**1614**	**1813**	**1961**	**2181**	**2405**
#运输飞机		527	664	754	863	998	1134	1259	1417	1597
通用航空飞机		301	343	365	383	457	457	484	555	606

5-1-2 各地区交通运输业职工人数(2010年底)

单位：人

地 区	铁路运输业	道路运输业	城市公共交通业	水上运输业	航空运输业	管道运输业
全 国	**1756385**	**1616625**	**1119633**	**444930**	**272023**	**27341**
北 京	116901	51532	217499	95	37309	2325
天 津	19804	17526	23001	23780	3868	216
河 北	60233	90642	29679	26909	1943	1694
山 西	107817	45638	17067	42	3373	
内蒙古	92318	33012	12440	178	3746	
辽 宁	102274	65815	38102	31549	9949	2418
吉 林	69227	26025	17992	181	4700	1245
黑龙江	118915	64412	12061	3235	4188	521
上 海	27223	24698	159943	55668	36763	
江 苏	61423	81189	43708	58536	8574	11291
浙 江	25788	89728	46627	22970	8385	
安 徽	37140	51578	24301	8283	2601	
福 建	33765	41650	29511	12716	11707	
江 西	64038	48205	12956	3475	2587	
山 东	70233	104576	51122	50869	11033	1507
河 南	103114	93380	39597	1386	281	
湖 北	88502	62321	38939	18351	5853	1035
湖 南	76653	62099	25477	4368	3954	124
广 东	60660	171423	128174	72695	44182	176
广 西	53163	59559	16264	16439	4140	
海 南	4253	11895	3375	4969	9634	
重 庆	25009	49304	19376	21585	7093	1027
四 川	54950	78388	32556	4665	17673	735
贵 州	29146	25472	13043	1212	4043	
云 南	41108	44379	14597	504	11519	222
西 藏	162	2840	401	24	870	
陕 西	101513	45847	18651	139	604	2066
甘 肃	45864	28393	12664	60	1153	
青 海	13108	9204	4192		162	549
宁 夏	12046	8188	4055	47	1253	
新 疆	40035	27707	12263		8883	190

5-1-3 运输线路长度

单位：万公里

年 份	铁路营业里程	#国家铁路电气化里程	公路里程	#高速公路	内河航道里程	民航航线里程	#国际航线	管道输油(气)里程
1978	5.17	0.10	89.02		13.60	14.89	5.53	0.83
1980	5.33	0.17	88.83		10.85	19.53	8.12	0.87
1981	5.39	0.17	89.75		10.87	21.83	8.28	0.97
1982	5.33	0.18	90.70		10.86	23.27	9.99	1.04
1983	5.46	0.23	91.51		10.89	22.91	9.99	1.08
1984	5.48	0.30	92.67		10.93	26.02	10.74	1.10
1985	5.52	0.41	94.24		10.91	27.72	10.60	1.17
1986	5.58	0.44	96.28		10.94	32.43	10.76	1.30
1987	5.60	0.46	98.22		10.98	38.91	14.89	1.38
1988	5.62	0.57	99.96	0.01	10.94	37.38	12.83	1.43
1989	5.70	0.64	101.43	0.03	10.90	47.19	16.64	1.51
1990	5.79	0.69	102.83	0.05	10.92	50.68	16.64	1.59
1991	5.78	0.78	104.11	0.06	10.97	55.91	17.74	1.62
1992	5.81	0.84	105.67	0.07	10.97	83.66	30.30	1.59
1993	5.86	0.89	108.35	0.11	11.02	96.08	27.87	1.64
1994	5.90	0.90	111.78	0.16	11.02	104.56	35.19	1.68
1995	6.24	0.97	115.70	0.21	11.06	112.90	34.82	1.72
1996	6.49	1.01	118.58	0.34	11.08	116.65	38.63	1.93
1997	6.60	1.20	122.64	0.48	10.98	142.50	50.44	2.04
1998	6.64	1.30	127.85	0.87	11.03	150.58	50.44	2.31
1999	6.74	1.40	135.17	1.16	11.65	152.22	52.33	2.49
2000	6.87	1.49	140.27	1.63	11.93	150.29	50.84	2.47
2001	7.01	1.69	169.80	1.94	12.15	155.36	51.69	2.76
2002	7.19	1.74	176.52	2.51	12.16	163.77	57.45	2.98
2003	7.30	1.81	180.98	2.97	12.40	174.95	71.53	3.26
2004	7.44	1.86	187.07	3.43	12.33	204.94	89.42	3.82
2005	7.54	1.94	334.52	4.10	12.33	199.85	85.59	4.40
2006	7.71	2.34	345.70	4.53	12.34	211.35	96.62	4.81
2007	7.80	2.40	358.37	5.39	12.35	234.30	104.74	5.45
2008	7.97	2.50	373.02	6.03	12.28	246.18	112.02	5.83
2009	8.55	3.02	386.08	6.51	12.37	234.51	91.99	6.91
2010	9.12	3.27	400.82	7.41	12.42	276.51	107.02	7.85

5-1-4 客运量

单位：万人

年 份	总计	铁路				公路	水运	民航
			国家	地方	合资			
1952	24518	16352	16352			4559	3605	2
1957	63821	31262	31262			23772	8780	7
1962	122154	75003	74067	936		30737	16397	17
1965	96334	41245	40708	537		43693	11369	27
1970	130056	52455	51646	809		61812	15767	22
1975	192969	70465	69648	817		101350	21015	139
1978	253993	81491	80729	762		149229	23042	231
1980	341785	92204	91246	958		222799	26439	343
1985	620206	112110	110913	1197		476486	30863	747
1986	688211	108579	107358	1221		544259	34377	996
1987	746422	112479	111414	1065		593682	38951	1310
1988	809592	122645	121595	1050		650473	35032	1442
1989	791374	113805	112796	1009		644508	31778	1283
1990	772682	95712	94888	824		648085	27225	1660
1991	806048	95080	94208	872		682681	26109	2178
1992	860855	99693	98788	905		731774	26502	2886
1993	996634	105458	104580	878		860719	27074	3383
1994	1092882	108738	108009	729		953940	26165	4039
1995	1172596	102745	102081	664		1040810	23924	5117
1996	1245357	94797	93551	612	634	1122110	22895	5555
1997	1326094	93308	91919	659	730	1204583	22573	5630
1998	1378717	95085	92991	629	1465	1257332	20545	5755
1999	1394413	100164	97725	528	1911	1269004	19151	6094
2000	1478573	105073	101847	519	2707	1347392	19386	6722
2001	1534122	105155	101680	558	2917	1402798	18645	7524
2002	1608150	105606	101741	516	3349	1475257	18693	8594
2003	1587497	97260	93634	412	3214	1464335	17142	8759
2004	1767453	111764	107346	378	4040	1624526	19040	12123
2005	1847018	115583	110651	319	4613	1697381	20227	13827
2006	2024158	125656	119728	423	5505	1860487	22047	15968
2007	2227761	135670	128712	451	6507	2050680	22835	18576
2008	2867892	146193	144452	474	1267	2682114	20334	19251
2009	2976898	152451	150798	419	1234	2779081	22314	23052
2010	3269508	167609	164761	477	2371	3052738	22392	26769

注：从2008年起，国家铁路和合资铁路客货运输量及周转量统计口径有调整，其中国家铁路包括了国家控股合资铁路部分，合资铁路仅指非控股合资(以下相关表同)。

5-1-5 客运量构成

单位：%

年 份	总计	铁路	国家	地方	合资	公路	水运	民航
1952	100.0	66.7	66.7			18.6	14.7	0.01
1957	100.0	49.0	49.0			37.2	13.8	0.01
1962	100.0	61.4	60.6	0.77		25.2	13.4	0.01
1965	100.0	42.8	42.3	0.56		45.4	11.8	0.03
1970	100.0	40.3	39.7	0.62		47.5	12.1	0.02
1975	100.0	36.5	36.1	0.42		52.5	10.9	0.07
1978	100.0	32.1	31.8	0.30		58.8	9.1	0.09
1980	100.0	27.0	26.7	0.28		65.2	7.7	0.10
1985	100.0	18.1	17.9	0.19		76.8	5.0	0.12
1986	100.0	15.8	15.6	0.18		79.1	5.0	0.14
1987	100.0	15.1	14.9	0.14		79.5	5.2	0.18
1988	100.0	15.1	15.0	0.13		80.3	4.3	0.18
1989	100.0	14.4	14.3	0.13		81.4	4.0	0.16
1990	100.0	12.4	12.3	0.11		83.9	3.5	0.21
1991	100.0	11.8	11.7	0.11		84.7	3.2	0.27
1992	100.0	11.6	11.5	0.11		85.0	3.1	0.34
1993	100.0	10.6	10.5	0.09		86.4	2.7	0.34
1994	100.0	9.9	9.9	0.07		87.3	2.4	0.37
1995	100.0	8.8	8.7	0.06		88.8	2.0	0.44
1996	100.0	7.6	7.5	0.05	0.05	90.1	1.8	0.45
1997	100.0	7.0	6.9	0.05	0.06	90.8	1.7	0.42
1998	100.0	6.9	6.7	0.05	0.11	91.2	1.5	0.42
1999	100.0	7.2	7.0	0.04	0.14	91.0	1.4	0.44
2000	100.0	7.1	6.9	0.04	0.18	91.1	1.3	0.45
2001	100.0	6.9	6.6	0.04	0.19	91.4	1.2	0.49
2002	100.0	6.6	6.3	0.03	0.21	91.7	1.2	0.53
2003	100.0	6.1	5.9	0.03	0.20	92.2	1.1	0.55
2004	100.0	6.3	6.1	0.02	0.23	91.9	1.1	0.69
2005	100.0	6.3	6.0	0.02	0.25	91.9	1.1	0.75
2006	100.0	6.2	5.9	0.02	0.27	91.9	1.1	0.79
2007	100.0	6.1	5.8	0.02	0.29	92.1	1.0	0.83
2008	100.0	5.1	5.0	0.02	0.04	93.5	0.7	0.67
2009	100.0	5.1	5.1	0.01	0.04	93.4	0.7	0.77
2010	100.0	5.1	5.0	0.01	0.07	93.4	0.7	0.82

5-1-6 旅客周转量

单位：亿人公里

年 份	总计	铁路				公路	水运	民航
			国家	地方	合资			
1952	248.02	200.64	200.64			22.64	24.50	0.24
1957	496.55	361.30	361.30			88.07	46.38	0.80
1962	1085.56	859.01	857.26	1.75		141.46	83.92	1.17
1965	697.04	478.99	477.81	1.18		168.20	47.37	2.48
1970	1031.05	718.19	715.94	2.25		240.06	71.01	1.79
1975	1434.55	954.09	952.59	1.50		374.48	90.59	15.39
1978	1743.07	1093.22	1090.81	2.41		521.30	100.63	27.92
1980	2281.34	1383.16	1380.37	2.79		729.50	129.12	39.56
1985	4436.39	2416.14	2412.51	3.63		1724.88	178.65	116.72
1986	4896.51	2586.71	2583.11	3.60		1981.74	182.06	146.00
1987	5418.18	2843.06	2840.00	3.06		2190.43	195.92	188.77
1988	6208.91	3260.31	3257.31	3.00		2528.24	203.92	216.44
1989	6074.56	3037.41	3034.37	3.04		2662.11	188.27	186.77
1990	5628.35	2612.64	2610.11	2.53		2620.32	164.91	230.48
1991	6178.32	2828.05	2824.84	3.21		2871.74	177.21	301.32
1992	6949.38	3152.24	3148.29	3.95		3192.64	198.38	406.12
1993	7858.00	3483.30	3479.38	3.92		3700.70	196.40	477.60
1994	8591.42	3636.04	3632.81	3.23		4220.30	183.50	551.58
1995	9001.90	3545.70	3542.61	3.09		4603.10	171.80	681.30
1996	9164.80	3347.60	3322.02	3.36	22.22	4908.79	160.57	747.84
1997	10055.48	3584.86	3543.53	4.72	36.61	5541.40	155.70	773.52
1998	10636.74	3773.42	3690.97	5.01	77.44	5942.81	120.27	800.24
1999	11299.74	4135.94	4046.27	4.40	85.27	6199.20	107.30	857.30
2000	12261.05	4532.59	4414.68	4.59	113.32	6657.42	100.50	970.54
2001	13155.13	4766.82	4636.55	5.20	125.07	7207.08	89.88	1091.35
2002	14125.63	4969.38	4803.05	5.26	161.07	7805.77	81.78	1268.70
2003	13810.50	4788.61	4622.79	3.99	161.83	7695.60	63.10	1263.19
2004	16309.08	5712.17	5511.96	3.98	196.23	8748.38	66.25	1782.28
2005	17466.74	6061.96	5833.20	3.53	225.23	9292.08	67.77	2044.93
2006	19197.21	6622.12	6353.27	4.66	264.19	10130.85	73.58	2370.66
2007	21592.58	7216.31	6896.18	5.32	314.81	11506.77	77.78	2791.73
2008	23196.70	7778.60	7739.15	5.85	33.60	12476.11	59.18	2882.80
2009	24834.94	7878.89	7840.09	5.63	33.16	13511.44	69.38	3375.24
2010	27894.26	8762.18	8725.72	6.31	30.15	15020.81	72.27	4039.00

5-1-7 旅客周转量构成

单位：%

年 份	总计	铁路				公路	水运	民航
			国家	地方	合资			
1952	100.0	80.9	80.9			9.1	9.9	0.1
1957	100.0	72.8	72.8			17.7	9.3	0.2
1962	100.0	79.1	79.0	0.16		13.0	7.7	0.1
1965	100.0	68.7	68.5	0.17		24.1	6.8	0.4
1970	100.0	69.7	69.4	0.22		23.3	6.9	0.2
1975	100.0	66.5	66.4	0.10		26.1	6.3	1.1
1978	100.0	62.7	62.6	0.14		29.9	5.8	1.6
1980	100.0	60.6	60.5	0.12		32.0	5.7	1.7
1985	100.0	54.5	54.4	0.08		38.9	4.0	2.6
1986	100.0	52.8	52.8	0.07		40.5	3.7	3.0
1987	100.0	52.5	52.4	0.06		40.4	3.6	3.5
1988	100.0	52.5	52.5	0.05		40.7	3.3	3.5
1989	100.0	50.0	50.0	0.05		43.8	3.1	3.1
1990	100.0	46.4	46.4	0.04		46.6	2.9	4.1
1991	100.0	45.8	45.7	0.05		46.5	2.9	4.9
1992	100.0	45.4	45.3	0.06		45.9	2.9	5.8
1993	100.0	44.3	44.3	0.05		47.1	2.5	6.1
1994	100.0	42.3	42.3	0.04		49.1	2.1	6.4
1995	100.0	39.4	39.4	0.03		51.1	1.9	7.6
1996	100.0	36.5	36.2	0.04	0.24	53.6	1.8	8.2
1997	100.0	35.7	35.2	0.05	0.36	55.1	1.5	7.7
1998	100.0	35.5	34.7	0.05	0.73	55.9	1.1	7.5
1999	100.0	36.6	35.8	0.04	0.75	54.9	0.9	7.6
2000	100.0	37.0	36.0	0.04	0.92	54.3	0.8	7.9
2001	100.0	36.2	35.2	0.04	0.95	54.8	0.7	8.3
2002	100.0	35.2	34.0	0.04	1.14	55.3	0.6	9.0
2003	100.0	34.7	33.5	0.03	1.17	55.7	0.5	9.1
2004	100.0	35.0	33.8	0.02	1.20	53.6	0.4	10.9
2005	100.0	34.7	33.4	0.02	1.29	53.2	0.4	11.7
2006	100.0	34.5	33.1	0.02	1.38	52.8	0.4	12.3
2007	100.0	33.4	31.9	0.02	1.46	53.3	0.4	12.9
2008	100.0	33.5	33.4	0.03	0.14	53.8	0.3	12.4
2009	100.0	31.7	31.6	0.02	0.13	54.4	0.3	13.6
2010	100.0	31.4	31.3	0.02	0.11	53.8	0.3	14.5

5-1-8 旅客运输平均运距

单位：公里

年 份	总计	铁路				公路	水运	民航
			国家	地方	合资			
1952	101	123	123			50	68	1200
1957	78	116	116			37	53	1143
1962	89	115	116	19		46	51	688
1965	72	116	117	22		38	42	919
1970	79	137	139	28		39	45	814
1975	74	135	137	18		37	43	1107
1978	69	134	135	32		35	44	1208
1980	67	150	151	29		33	49	1153
1985	72	216	218	30		36	58	1563
1986	71	238	241	29		36	53	1466
1987	73	253	255	29		37	50	1441
1988	77	266	268	29		39	58	1501
1989	77	267	269	30		41	59	1456
1990	73	273	275	31		40	61	1388
1991	77	297	300	37		42	68	1383
1992	81	316	319	44		44	75	1407
1993	79	330	333	45		43	73	1412
1994	79	334	336	44		44	70	1366
1995	77	345	347	46		44	72	1331
1996	74	353	355	55	350	44	70	1346
1997	76	384	386	72	502	46	69	1374
1998	77	397	397	80	529	47	59	1391
1999	81	413	414	83	446	49	56	1407
2000	83	431	433	89	419	49	52	1444
2001	86	453	456	93	429	51	48	1450
2002	88	471	472	102	481	53	44	1476
2003	87	492	494	97	504	53	37	1442
2004	92	511	513	105	486	54	35	1470
2005	95	524	527	111	488	55	34	1479
2006	95	527	531	110	480	54	33	1485
2007	97	532	536	118	484	56	34	1503
2008	81	532	536	124	265	47	29	1497
2009	83	517	520	134	269	49	31	1464
2010	85	523	530	132	127	49	32	1509

5-1-9 货运量

单位：万吨

年 份	总计	铁路				公路	水运	民航	管道
			国家	地方	合资				
1952	31516	13217	13217			13158	5141	0.2	
1957	80365	27421	27421			37505	15438	0.8	
1962	85521	35261	34598	663		32794	17464	1.8	
1965	121083	49100	48358	742		48987	22993	2.7	
1970	150359	68132	66552	1580		56779	25444	3.7	
1975	202478	88955	86746	2209		72499	34987	4.7	6032
1978	248946	110119	107492	2627		85182	43292	6.4	10347
1980	546537	111279	108584	2695		382048	42676	8.9	10525
1985	745763	130709	127516	3193		538062	63322	19.5	13650
1986	853557	135635	132219	3416		620113	82962	22.4	14825
1987	948229	140653	136949	3704		711424	80979	29.9	15143
1988	982195	144948	140553	4395		732315	89281	32.8	15618
1989	988435	151489	146804	4685		733781	87493	31.0	15641
1990	970602	150681	146209	4472		724040	80094	37.0	15750
1991	985793	152893	147898	4995		733907	83370	45.2	15578
1992	1045899	157627	152317	5310		780941	92490	57.5	14783
1993	1115902	162794	156791	6003		840256	97938	69.4	14845
1994	1180396	163216	157278	5938		894914	107091	82.9	15092
1995	1234938	165982	159473	6509		940387	113194	101.1	15274
1996	1298421	171024	161787	7125	2112	983860	127430	115.0	15992
1997	1278218	172149	162010	7854	2285	976536	113406	124.7	16002
1998	1267427	164309	153435	8035	2839	976004	109555	140.1	17419
1999	1293008	167554	157239	7296	3019	990444	114608	170.4	20232
2000	1358682	178581	166056	8369	4156	1038813	122391	196.7	18700
2001	1401786	193189	179201	9542	4446	1056312	132675	171.0	19439
2002	1483447	204956	187578	11241	6137	1116324	141832	202.1	20133
2003	1564492	224248	199814	13064	11370	1159957	158070	219.0	21998
2004	1706412	249017	217816	14924	16277	1244990	187394	276.7	24734
2005	1862066	269296	231839	17802	19655	1341778	219648	306.7	31037
2006	2037060	288224	245476	19593	23154	1466347	248703	349.4	33436
2007	2275822	314237	262400	24390	27447	1639432	281199	401.8	40552
2008	2585937	330354	275243	27128	27983	1916759	294510	407.6	43906
2009	2825222	333348	277572	23873	31903	2127834	318996	445.5	44598
2010	3241807	364271	309541	19089	35641	2448052	378949	563.0	49972

注：1.从1979年起，公路运输包括社会车辆完成数量；从1984年起，还包括私营运输完成的数量(后相同)，从2008年起公路运输量统计原则上为营运车辆。水路运输量统计范围为在交通运输主管部门审批、备案、从事营业性货物运输生产的船舶。

2.1993年及以后年份，铁路货物运输指标口径有调整，增加了行包运量(后相同)。

5-1-10 货运量构成

单位：%

年 份	总计	铁路	国家	地方	合资	公路	水运	民航	管道
1952	100.0	41.9	41.9			41.7	16.3		
1957	100.0	34.1	34.1			46.7	19.2		
1962	100.0	41.3	40.5	0.8		38.3	20.4		
1965	100.0	40.5	39.9	0.6		40.5	19.0		
1970	100.0	45.4	44.3	1.1		37.8	16.9		
1975	100.0	43.9	42.8	1.1		35.8	17.3		3.0
1978	100.0	44.3	43.2	1.1		34.2	17.4		4.2
1980	100.0	20.4	19.9	0.5		69.9	7.8		1.9
1985	100.0	17.5	17.1	0.4		72.1	8.5		1.6
1986	100.0	15.9	15.5	0.4		72.7	9.7		1.7
1987	100.0	14.8	14.4	0.4		75.0	8.5		1.6
1988	100.0	14.7	14.3	0.4		74.6	9.1		1.6
1989	100.0	15.4	14.9	0.5		74.2	8.9		1.6
1990	100.0	15.6	15.1	0.5		74.6	8.3		1.6
1991	100.0	15.5	15.0	0.5		74.4	8.5		1.6
1992	100.0	15.1	14.6	0.5		74.7	8.8		1.4
1993	100.0	14.6	14.1	0.5		75.3	8.8	0.01	1.3
1994	100.0	13.8	13.3	0.5		75.8	9.1	0.01	1.3
1995	100.0	13.4	12.9	0.5		76.1	9.2	0.01	1.2
1996	100.0	13.2	12.5	0.5	0.2	75.8	9.8	0.01	1.2
1997	100.0	13.5	12.7	0.6	0.2	76.4	8.9	0.01	1.3
1998	100.0	13.0	12.1	0.6	0.2	77.0	8.6	0.01	1.4
1999	100.0	13.0	12.2	0.6	0.2	76.6	8.9	0.01	1.6
2000	100.0	13.1	12.2	0.6	0.3	76.5	9.0	0.01	1.4
2001	100.0	13.8	12.8	0.7	0.3	75.4	9.5	0.01	1.4
2002	100.0	13.8	12.6	0.8	0.4	75.3	9.6	0.01	1.4
2003	100.0	14.3	12.8	0.8	0.7	74.1	10.1	0.01	1.4
2004	100.0	14.6	12.8	0.9	1.0	73.0	11.0	0.02	1.4
2005	100.0	14.5	12.4	1.0	1.1	72.1	11.8	0.02	1.7
2006	100.0	14.1	12.1	1.0	1.1	72.0	12.2	0.02	1.6
2007	100.0	13.8	11.5	1.1	1.2	72.0	12.4	0.02	1.8
2008	100.0	12.8	10.6	1.0	1.1	74.1	11.4	0.02	1.7
2009	100.0	11.8	9.8	0.8	1.1	75.3	11.3	0.02	1.6
2010	100.0	11.2	9.5	0.6	1.1	75.5	11.7	0.02	1.5

5-1-11 货物周转量

单位：亿吨公里

年 份	总计	铁路				公路	水运	民航	管道
			国家	地方	合资				
1952	762	601.6	601.6			14.5	145.8		
1957	1810	1345.9	1345.9			48.0	415.6	0.08	
1962	2236	1721.1	1719.1	2.0		62.1	452.6	0.15	
1965	3464	2698.7	2696.4	2.3		95.1	670.2	0.25	
1970	4566	3496.0	3491.4	4.6		138.1	931.3	0.35	
1975	7296	4255.6	4246.1	9.5		202.7	2574.7	0.60	262
1978	9829	5345.2	5333.5	11.7		274.1	3779.2	0.97	430
1980	12027	5717.5	5707.3	10.2		764.0	5052.8	1.41	491
1985	18365	8125.7	8111.6	14.1		1903.2	7729.3	4.15	603
1986	20147	8764.8	8750.1	14.7		2118.0	8647.9	4.81	612
1987	22229	9471.5	9455.7	15.8		2660.4	9465.1	6.52	625
1988	23826	9877.6	9860.2	17.4		3220.4	10070.4	7.32	650
1989	25592	10394.2	10373.0	21.2		3374.8	11186.8	6.93	629
1990	26208	10622.4	10601.2	21.2		3358.1	11591.9	8.18	627
1991	27987	10972.0	10948.1	23.9		3428.0	12955.5	10.10	621
1992	29218	11575.6	11548.5	27.0		3755.4	13256.2	13.42	617
1993	30647	12090.9	12059.7	31.2		4070.5	13860.8	16.61	608
1994	33435	12632.0	12600.6	31.4		4486.3	15686.6	18.58	612
1995	35909	13049.5	13015.2	34.2		4694.9	17552.2	22.30	590
1996	36590	13106.2	12935.0	48.6	122.5	5011.2	17862.5	24.93	585
1997	38385	13269.9	13063.0	50.7	156.2	5271.5	19235.0	29.10	579
1998	38089	12560.1	12304.5	50.7	204.8	5483.4	19405.8	33.45	606
1999	40568	12910.3	12649.8	37.6	222.9	5724.3	21263.0	42.34	628
2000	44321	13770.5	13444.0	43.6	282.9	6129.4	23734.2	50.27	636
2001	47710	14694.1	14368.8	55.4	270.0	6330.4	25988.9	43.72	653
2002	50686	15658.4	15219.1	62.8	376.5	6782.5	27510.6	51.55	683
2003	53859	17246.7	16475.6	69.0	702.1	7099.5	28715.8	57.90	739
2004	69445	19288.8	18285.5	89.1	914.2	7840.9	41428.7	71.80	815
2005	80258	20726.0	19533.4	99.2	1093.5	8693.2	49672.3	78.90	1088
2006	88840	21954.4	20557.2	105.7	1291.6	9754.2	55485.7	94.28	1551
2007	101419	23797.0	22112.5	132.7	1551.8	11354.7	64284.8	116.39	1866
2008	110300	25106.3	23648.9	150.9	1306.5	32868.2	50262.7	119.60	1944
2009	122133	25239.2	23649.9	126.6	1462.7	37188.8	57556.7	126.23	2022
2010	141837	27644.1	25937.3	116.1	1590.7	43389.7	68427.5	178.90	2197

5-1-12 货物周转量构成

单位：%

年 份	总计	铁路	国家	地方	合资	公路	水运	民航	管道
1952	100.0	79.0	79.0			1.9	19.1		
1957	100.0	74.4	74.4			2.7	23.0		
1962	100.0	77.0	76.9	0.1		2.8	20.2	0.01	
1965	100.0	77.9	77.8	0.1		2.7	19.3	0.01	
1970	100.0	76.6	76.5	0.1		3.0	20.4	0.01	
1975	100.0	58.3	58.2	0.1		2.8	35.3	0.01	3.6
1978	100.0	54.4	54.3	0.1		2.8	38.4	0.01	4.4
1980	100.0	47.5	47.5	0.1		6.4	42.0	0.01	4.1
1985	100.0	44.2	44.2	0.1		10.4	42.1	0.02	3.3
1986	100.0	43.5	43.4	0.1		10.5	42.9	0.02	3.0
1987	100.0	42.6	42.5	0.1		12.0	42.6	0.03	2.8
1988	100.0	41.5	41.4	0.1		13.5	42.3	0.03	2.7
1989	100.0	40.6	40.5	0.1		13.2	43.7	0.03	2.5
1990	100.0	40.5	40.5	0.1		12.8	44.2	0.03	2.4
1991	100.0	39.2	39.1	0.1		12.2	46.3	0.04	2.2
1992	100.0	39.6	39.5	0.1		12.9	45.4	0.05	2.1
1993	100.0	39.5	39.4	0.1		13.3	45.2	0.05	2.0
1994	100.0	37.8	37.7	0.1		13.4	46.9	0.06	1.8
1995	100.0	36.3	36.2	0.1		13.1	48.9	0.06	1.6
1996	100.0	35.8	35.4	0.1	0.3	13.7	48.8	0.07	1.6
1997	100.0	34.6	34.0	0.1	0.4	13.7	50.1	0.08	1.5
1998	100.0	33.0	32.3	0.1	0.5	14.4	50.9	0.09	1.6
1999	100.0	31.8	31.2	0.1	0.5	14.1	52.4	0.10	1.5
2000	100.0	31.1	30.3	0.1	0.6	13.8	53.6	0.11	1.4
2001	100.0	30.8	30.1	0.1	0.6	13.3	54.5	0.09	1.4
2002	100.0	30.9	30.0	0.1	0.7	13.4	54.3	0.10	1.3
2003	100.0	32.0	30.6	0.1	1.3	13.2	53.3	0.11	1.4
2004	100.0	27.8	26.3	0.1	1.3	11.3	59.7	0.10	1.2
2005	100.0	25.8	24.3	0.1	1.4	10.8	61.9	0.10	1.4
2006	100.0	24.7	23.1	0.1	1.5	11.0	62.5	0.11	1.7
2007	100.0	23.5	21.8	0.1	1.5	11.2	63.4	0.11	1.8
2008	100.0	22.8	21.4	0.1	1.2	29.8	45.6	0.11	1.8
2009	100.0	20.7	19.4	0.1	1.2	30.4	47.1	0.10	1.7
2010	100.0	19.5	18.3	0.1	1.1	30.6	48.2	0.13	1.5

5-1-13 货物运输平均运距

单位：公里

年份	总计	铁路	国家	地方	合资	公路	水运	民航	管道
1952	242	455	455			11	284		
1957	225	491	491			13	269	1000	
1962	261	488	497	30		19	259	833	
1965	286	550	558	31		19	291	930	
1970	304	513	525	29		24	366	951	
1975	360	478	489	43		28	736	1280	434
1978	395	485	496	45		32	873	1516	416
1980	220	514	526	38		20	1184	1580	467
1985	246	622	636	44		35	1221	2129	442
1986	236	646	662	43		34	1042	2146	413
1987	234	673	690	43		37	1169	2182	413
1988	243	681	702	40		44	1128	2231	416
1989	259	686	707	45		46	1279	2237	402
1990	270	705	725	47		46	1447	2211	398
1991	284	718	740	48		47	1554	2234	399
1992	279	734	758	51		48	1433	2335	417
1993	275	743	769	52		48	1415	2394	410
1994	283	774	801	53		50	1465	2241	406
1995	291	786	816	53		50	1551	2206	386
1996	282	766	800	68	580	51	1402	2168	366
1997	300	771	806	65	684	54	1696	2334	362
1998	301	764	802	63	721	56	1771	2388	348
1999	314	771	804	51	738	58	1855	2485	310
2000	326	771	810	52	681	59	1939	2555	340
2001	340	761	802	58	607	60	1959	2556	336
2002	342	764	811	56	614	61	1940	2551	339
2003	344	769	825	53	617	61	1817	2643	336
2004	407	775	839	60	562	63	2211	2595	329
2005	431	770	843	56	556	65	2261	2572	350
2006	436	762	837	54	558	67	2231	2698	464
2007	446	757	843	54	565	69	2286	2896	460
2008	427	760	859	56	467	171	1707	2934	443
2009	432	757	852	53	458	175	1804	2833	453
2010	438	759	838	61	446	177	1806	3177	440

5-1-14 各地区客运量

单位：万人

地区	总计	铁路				公路	水运
			国家	地方	合资		
全国	**3269508**	**167609**	**164761**	**477**	**2371**	**3052738**	**22392**
北京	135045	8915	8903	12		126130	
天津	24525	2594	2594			21883	48
河北	90847	7558	7558			83289	
山西	38424	5754	5746		7	32606	64
内蒙古	24043	4213	4136		77	19830	
辽宁	101525	13336	13312	25		87699	490
吉林	64486	5770	5770			58577	139
黑龙江	46895	10602	10438	164		36001	292
上海	10233	6095	6095			3634	504
江苏	226073	9711	9711			215850	512
浙江	226946	8083	7521		561	215708	3155
安徽	159388	5552	5552			153697	139
福建	75798	3640	3640			70714	1444
江西	76447	5588	5588			70628	231
山东	249358	6679	6409	269		240044	2635
河南	167223	8338	8331	7		158630	255
湖北	103268	6013	5906		107	96873	382
湖南	156404	7250	7250			148235	919
广东	456139	11674	11292		381	442224	2241
广西	75751	3148	3081		67	72208	395
海南	44209	84	84			42785	1340
重庆	126066	2664	2664			122125	1277
四川	241868	8148	6988		1160	230988	2732
贵州	70819	3437	3437			65452	1930
云南	39407	2446	2446			36230	731
西藏	8165	99	99			8066	
陕西	93171	5411	5401		10	87457	303
甘肃	53771	2273	2273			51404	94
青海	10951	474	474			10439	38
宁夏	13560	539	539			12919	102
新疆	31937	1524	1524			30413	
不分地区	26769						

注：不分地区合计数为民航完成客运量。

5-1-15 各地区旅客周转量

单位：亿人公里

地 区	总计	铁路				公路	水运
			国家	地方	合资		
全 国	**27894.26**	**8762.18**	**8725.72**	**6.31**	**30.15**	**15020.81**	**72.27**
北 京	390.19	99.54	99.54			290.65	
天 津	269.03	136.91	136.91			131.81	0.32
河 北	1172.86	730.61	730.61			442.25	
山 西	371.79	156.04	155.82		0.22	215.70	0.05
内蒙古	388.50	170.30	169.55		0.75	218.21	
辽 宁	905.30	510.15	510.07	0.08		388.75	6.39
吉 林	475.70	205.93	205.93			269.58	0.20
黑龙江	503.00	259.47	256.52	2.95		243.19	0.35
上 海	181.02	60.16	60.16			115.44	5.42
江 苏	1549.54	351.58	351.58			1196.59	1.37
浙 江	1250.73	362.67	342.89		19.78	882.04	6.03
安 徽	1478.51	468.06	468.06			1010.19	0.27
福 建	486.50	137.68	137.68			346.68	2.14
江 西	895.58	564.78	564.78			330.48	0.32
山 东	1658.31	434.94	431.73	3.21		1211.51	11.85
河 南	1797.74	765.96	765.91	0.05		1031.18	0.60
湖 北	1064.71	430.53	425.31		5.22	631.39	2.79
湖 南	1402.60	717.34	717.34			683.58	1.69
广 东	2203.44	458.79	456.56		2.23	1736.34	8.31
广 西	879.09	181.99	180.11		1.87	695.32	1.78
海 南	154.90	2.15	2.15			150.03	2.72
重 庆	461.68	100.44	100.44			351.03	10.21
四 川	1066.14	261.61	261.61			802.23	2.31
贵 州	474.97	189.38	189.38			281.02	4.57
云 南	439.94	86.07	86.07			352.10	1.78
西 藏	32.21	9.44	9.44			22.77	
陕 西	747.06	362.64	362.56		0.08	383.99	0.43
甘 肃	539.70	319.34	319.34			220.15	0.21
青 海	94.88	44.62	44.62			50.21	0.05
宁 夏	98.81	33.38	33.38			65.31	0.12
新 疆	420.82	149.70	149.70			271.12	
不分地区	4039.00						

注：不分地区合计数为民航完成旅客周转量。

5-1-16 各地区货运量

单位：万吨

地区	总计	铁路				公路	水运
			国家	地方	合资		
全　国	**3241807**	**364271**	**309541**	**19089**	**35641**	**2448052**	**378949**
北　京	21762	1578	1572	6		20184	
天　津	40013	7242	7240		3	20855	11916
河　北	156596	18508	16482	2004	22	135938	2150
山　西	124367	63530	60808	733	1989	60819	18
内蒙古	137231	52069	37700	3463	10906	85162	
辽　宁	158484	20689	18628	2062		127361	10434
吉　林	40729	7490	7163	326		33013	226
黑龙江	59314	17717	16889	828		40582	1015
上　海	87256	959	959			40890	45407
江　苏	179014	6812	6374	437		123500	48702
浙　江	171038	4386	3805	74	506	103394	63258
安　徽	228104	12091	12091			183658	32355
福　建	66083	3705	3705			45575	16803
江　西	100635	5677	5374	303		88445	6513
山　东	301313	21314	18286	3028		264366	15633
河　南	202962	14721	13374	884	463	183291	4950
湖　北	93422	6249	5699	437	113	71020	16153
湖　南	149540	6094	5783	311		127635	15811
广　东	192343	8562	7506	702	355	140689	43092
广　西	115476	9092	6107		2984	93552	12832
海　南	22455	542	542			13947	7966
重　庆	81377	2279	2195	84		69438	9660
四　川	134305	8051	7391	661		121017	5237
贵　州	39735	7991	7991			30834	910
云　南	51564	5497	5209	288		45665	402
西　藏	982	30	30			952	
陕　西	104414	27121	8833		18288	77123	170
甘　肃	30270	6188	6188			24050	32
青　海	11057	3095	3095			7962	
宁　夏	32325	6872	4415	2457		25453	
新　疆	48459	6777	6777			41682	
不分地区	59181	1342	1332		10		7304

注：不分地区合计数中包括铁路行包运量、民航、管道及中国远洋运输集团总公司海外公司完成货运量。

5-1-17 各地区货物周转量

单位：亿吨公里

地 区	总计	铁路				公路	水运
			国家	地方	合资		
全 国	**141837.42**	**27644.13**	**25937.35**	**116.07**	**1590.72**	**43389.67**	**68427.53**
北 京	876.93	775.34	775.34			101.59	
天 津	10065.05	509.53	494.78		14.75	231.25	9324.27
河 北	8071.11	3618.42	3032.16	11.46	574.80	4011.24	441.45
山 西	2840.02	1870.07	1343.69	1.42	524.95	969.89	0.06
内蒙古	4712.88	2451.76	2224.24	20.93	206.59	2261.12	
辽 宁	9029.08	1403.04	1399.32	3.71		1930.34	5695.71
吉 林	1282.18	597.76	595.90	1.86		683.14	1.27
黑龙江	1826.16	1056.71	1047.33	9.38		762.42	7.03
上 海	18918.15	25.81	25.81			265.93	18626.40
江 苏	5589.50	344.74	344.21	0.52		1149.06	4095.70
浙 江	7117.14	342.19	320.73	0.10	21.35	1298.71	5476.24
安 徽	7153.41	1016.55	1016.55			5004.91	1131.96
福 建	2976.67	179.47	179.47			578.32	2218.88
江 西	2719.47	686.86	685.89	0.97		1850.20	182.41
山 东	11832.45	1533.16	1505.60	27.56		6216.80	4082.50
河 南	7202.49	2041.58	2031.12	7.54	2.91	4860.63	300.28
湖 北	3097.29	872.60	866.53	1.61	4.47	1079.13	1145.55
湖 南	2926.78	1045.27	1044.87	0.41		1539.36	342.14
广 东	5711.44	333.82	328.83	3.47	1.53	1735.40	3642.22
广 西	2926.76	891.32	823.54		67.79	1173.45	861.99
海 南	994.97	6.59	6.59			90.82	897.56
重 庆	2015.59	186.00	185.71	0.29		610.31	1219.27
四 川	1807.88	747.71	744.12	3.59		985.07	75.10
贵 州	1005.92	706.45	706.45			286.72	12.75
云 南	947.33	391.89	390.05	1.84		548.53	6.91
西 藏	38.53	11.97	11.97			26.56	
陕 西	2464.57	1267.87	1096.56		171.31	1195.91	0.79
甘 肃	1763.85	1239.76	1239.76			524.09	
青 海	419.68	192.20	192.20			227.47	
宁 夏	818.64	280.38	261.01	19.37		538.27	
新 疆	1358.89	705.85	705.85			653.03	
不分地区	11326.61	311.45	311.16	0.03	0.27		8639.06

注：不分地区合计数中包括铁路行包运量、民航、管道及中国远洋运输集团总公司海外公司完成货物周转量。

5-1-18 全国铁路基本情况

指标	2002	2003	2004	2005	2006	2007	2008	2009	2010
运输线路里程 （公里）									
营业里程	**71897.5**	**73002.0**	**74407.7**	**75437.6**	**77083.8**	**77965.9**	**79687.3**	**85517.9**	**91178.5**
国家铁路	59530.0	60446.2	61014.6	62200.0	63411.7	63636.5	63974.9	65491.2	66239.0
合资铁路	7651.0	7738.0	8524.2	8462.3	8934.9	9516.6	10799.4	15887.5	20577.2
地方铁路	4716.5	4817.8	4868.9	4775.3	4737.2	4812.8	4913.0	4139.2	4362.3
复线里程	**23950.7**	**24650.4**	**24908.3**	**25566.0**	**26403.9**	**27030.9**	**28855.6**	**33194.7**	**37482.6**
国家铁路	23057.9	23701.8	23840.7	24497.2	25243.8	25793.9	26598.9	28682.0	29683.6
合资铁路	873.9	929.7	1054.0	1055.2	1146.5	1215.3	2235.0	4512.7	7799.0
地方铁路	18.9	18.9	13.6	13.6	13.6	21.7	21.7		
电气化铁路里程	**18115.1**	**18757.8**	**19303.2**	**20150.6**	**24432.8**	**25456.5**	**27555.0**	**35653.0**	**42391.7**
国家铁路	17409.2	18059.7	18561.8	19408.2	23435.4	24046.6	25007.3	30242.7	32717.2
合资铁路	705.9	698.1	741.4	742.4	927.4	1339.9	2477.7	5337.7	9674.5
地方铁路					70.0	70.0	70.0	72.6	
正线延展里程	**97548.4**	**99437.0**	**101066.8**	**102924.5**	**105315.2**	**106757.1**	**110712.9**	**119661.5**	**129438.8**
国家铁路	84274.4	85903.4	86731.7	88561.2	90465.6	91383.1	92671.5	95997.8	97608.1
合资铁路	8538.6	8667.7	9591.7	9535.2	10061.0	10443.9	13049.5	19523.8	27467.5
地方铁路	4735.4	4865.9	4743.4	4828.1	4788.6	4930.1	4991.9	4139.9	4363.2
运输设备									
机车拥有量 （台）	**16026**	**16320**	**17022**	**17473**	**17799**	**18306**	**18437**	**18922**	**19431**
国家铁路	15159	15456	16066	16547	16904	17311	17336	17825	18349
合资铁路	510	505	604	578	581	660	755	826	803
地方铁路	357	359	352	348	314	335	346	271	279
客车拥有量 （辆）	**39438**	**40487**	**41353**	**41974**	**42659**	**44243**	**45076**	**49354**	**52275**
国家铁路	37942	38972	39766	40328	40945	42471	43215	47436	50391
合资铁路	1343	1353	1452	1518	1578	1639	1739	1803	1753
地方铁路	153	162	135	128	136	133	122	115	131
货车拥有量 （辆）	**459017**	**510327**	**526894**	**548368**	**564899**	**577521**	**591793**	**601412**	**625110**
国家铁路	446707	503868	520101	541824	558483	571078	584961	594388	622284
合资铁路	9894	4065	4546	4521	4360	4409	4752	4902	1125
地方铁路	2416	2394	2247	2023	2056	2034	2080	2122	1701
客货运输									
客运量 （万人）	**105606**	**97260**	**111764**	**115583**	**125656**	**135670**	**146193**	**152451**	**167609**
国家铁路	101741	93634	107346	110651	119728	128712	144452	150798	164761
合资铁路	3349	3214	4040	4613	5505	6507	1267	1234	2371
地方铁路	516	412	378	319	423	451	474	419	477
旅客周转量 （亿人公里）	**4969.38**	**4788.61**	**5712.17**	**6061.96**	**6622.12**	**7216.31**	**7778.60**	**7878.89**	**8762.18**
国家铁路	4803.05	4622.79	5511.96	5833.20	6353.27	6896.18	7739.15	7840.09	8725.72
合资铁路	161.07	161.83	196.23	225.23	264.19	314.81	33.60	33.16	30.15
地方铁路	5.26	3.99	3.98	3.53	4.66	5.32	5.85	5.63	6.31
货运量 （万吨）	**204956**	**224248**	**249017**	**269296**	**288224**	**314237**	**330354**	**333348**	**364271**
国家铁路	187578	199814	217816	231839	245476	262400	275243	277572	309541
合资铁路	6137	11370	16277	19655	23154	27447	27983	31903	35641
地方铁路	11241	13064	14924	17802	19593	24390	27128	23873	19089
货物周转量 （亿吨公里）	**15658.42**	**17246.65**	**19288.84**	**20726.02**	**21954.41**	**23797.00**	**25106.29**	**25239.17**	**27644.13**
国家铁路	15219.11	16475.58	18285.50	19533.35	20557.16	22112.46	23648.91	23649.88	25937.35
合资铁路	376.51	702.08	914.24	1093.47	1291.59	1551.84	1306.46	1462.71	1590.72
地方铁路	62.80	68.99	89.10	99.20	105.66	132.70	150.92	126.59	116.07

注：2010年合资铁路客、货车拥有量仅指非控股合资铁路客、货车拥有量。

5-1-19 各地区铁路线路年末里程

单位：公里

地 区	铁 路 营业里程 合 计	国家铁路				合资铁路			地方铁路	
		营业里程	正 线 延展里程	复线里程	电气化 里 程	营业里程	复线里程	电气化 里 程	营业里程	正 线 延展里程
全 国	**91178.5**	**66239.0**	**97608.1**	**29683.6**	**32717.2**	**20577.2**	**7799.0**	**9674.5**	**4362.3**	**4363.2**
北 京	1169.4	1101.2	1799.1	560.7	587.9	52.0	50.0	50.0	16.2	16.2
天 津	781.5	538.7	998.7	375.3	398.4	242.8	118.7	70.0		
河 北	4916.4	3704.0	6327.1	2443.3	2455.4	832.8	625.1	685.3	379.6	379.6
山 西	3752.4	2510.8	4098.3	1377.6	1630.5	1032.6	529.5	650.4	209.0	209.0
内蒙古	8947.1	5000.8	7164.5	2077.9	914.7	3873.7	176.9	634.6	72.6	72.6
辽 宁	4278.6	3999.9	6075.6	1968.9	1667.6	43.8			234.9	234.9
吉 林	4024.4	3559.3	4302.4	795.3	285.4	317.3	110.9	110.9	147.8	147.8
黑龙江	5785.0	4954.4	6750.9	1650.0	87.4	80.0			750.6	750.8
上 海	422.4	276.7	457.1	133.2	161.1	145.7	104.5	104.5		
江 苏	1921.2	792.9	1513.2	624.4	636.9	1115.9	288.1	288.1	12.5	12.5
浙 江	1774.6	795.2	1386.1	577.9	473.9	965.7	586.1	602.1	13.7	13.7
安 徽	2849.9	2221.8	3542.1	1244.6	611.9	628.1	278.7	279.5		
福 建	2111.4	1054.0	1083.4	20.8	824.0	1057.5	484.9	673.7		
江 西	2834.5	2546.7	3969.7	1368.6	1006.6	162.8	127.7	154.0	125.0	125.0
山 东	3833.4	2701.3	4724.2	1775.5	1851.4	605.1	393.0	464.1	527.0	527.0
河 南	4282.0	2847.9	5105.6	2075.0	2336.2	605.1	352.2	359.3	828.9	829.2
湖 北	3360.3	2395.8	4122.5	1806.5	2059.5	832.0	612.8	789.3	132.5	132.5
湖 南	3695.1	2784.9	4045.7	1241.0	1735.7	865.1	606.3	606.3	45.1	45.1
广 东	2726.9	629.0	1515.8	546.6	470.1	1807.3	733.7	433.0	290.6	290.6
广 西	3205.0	2683.7	3182.7	455.2	708.8	521.3		70.6		
海 南	693.7					693.7	308.1	308.1		
重 庆	1396.2	1275.7	1329.4	51.1	1199.7	86.0		86.0	34.6	34.6
四 川	3549.2	2735.9	3609.2	916.3	2371.9	530.3	242.5	479.9	283.0	283.4
贵 州	2001.9	1847.5	2499.7	643.1	1703.8	154.5		154.5		
云 南	2473.4	2047.3	2278.2	208.3	1189.4	370.2		164.6	55.9	55.9
西 藏	531.5	531.5	525.5							
陕 西	4079.0	2533.4	3421.2	890.2	2033.8	1545.6	1069.3	1129.2		
甘 肃	2441.4	2279.8	3873.5	1574.7	1815.6	161.6				
青 海	1863.3	1668.6	2465.8	865.7	116.1	194.7				
宁 夏	1248.4	719.0	821.6	91.1	719.0	326.6		326.6	202.8	202.8
新 疆	4228.8	3501.5	4619.4	1325.0	664.6	727.3				

5-1-20 国家铁路基本情况

指 标		1985	1990	1995	2000	2005	2006	2007	2008	2009	2010
营业里程	**(公里)**	**52119**	**53378**	**54616**	**58656**	**62200**	**63412**	**63637**	**63975**	**65491**	**66239**
正式营业		49433	50310	50866	51262	57589	58901	60032	60139	63789	64537
临时营业		2686	3068	3750	7394	4611	4511	3604	3836	1702	1702
正式营业里程比重	(%)	94.8	94.3	93.1	87.4	92.6	92.9	94.3	94.0	97.4	97.4
复线里程	**(公里)**	**9989**	**13024**	**16909**	**21408**	**24497**	**25244**	**25794**	**26599**	**28682**	**29684**
占营业里程比重	(%)	19.2	24.4	31.0	36.5	39.4	39.8	40.5	41.6	43.8	44.8
电气化铁路里程	**(公里)**	**4151**	**6941**	**9703**	**14864**	**19408**	**23435**	**24047**	**25007**	**30243**	**32717**
占营业里程比重	(%)	8.0	13.0	17.8	25.3	31.2	37.0	37.8	39.1	46.2	49.4
内燃牵引里程	**(公里)**	**10822**	**16097**	**24749**	**39497**	**42792**	**39976**	**39590**	**38968**	**35249**	**33522**
占营业里程比重	(%)	20.8	30.2	45.3	67.3	68.8	63.0	62.2	60.9	53.8	50.6
调度集中里程	**(公里)**	**1307**	**1169**	**1226**	**1200**	**1828**	**4181**	**5322**	**5541**	**11588**	**17977**
自动闭塞里程	**(公里)**	**6921**	**10370**	**12910**	**18318**	**24149**	**25630**	**26526**	**28100**	**31619**	**37500**
半自动闭塞里程	**(公里)**	**42625**	**38832**	**40859**	**41695**	**39390**	**39145**	**38563**	**37337**	**38615**	**37468**
无缝线路里程	**(公里)**	**10439**	**14644**	**21854**	**29975**	**47965**	**53296**	**57409**	**62159**	**68167**	**62954**
继电集中车站	**(个)**	**2320**	**3535**	**4587**	**5232**	**4512**	**4121**	**3923**	**3849**	**3449**	**3065**
占营业车站比重	(%)	46.9	62.9	73.9	90.4	81.1	73.9	70.8	63.8	56.7	51.4
计算机联锁车站	**(个)**					**944**	**1299**	**1487**	**1888**	**2356**	**2792**
占营业车站比重	(%)					17.0	23.3	26.8	31.3	38.7	46.9

5-1-21 全国铁路机、客、货车拥有量

车类名称		1995	2000	2001	2002	2003	2004	2005	2006	2007	2008	2009	2010
机车	**(台)**	**15554**	**15253**	**15756**	**16026**	**16320**	**17022**	**17473**	**17799**	**18306**	**18437**	**18922**	**19431**
蒸汽机车		**4626**	**911**	**699**	**374**	**343**	**263**	**193**	**133**	**124**	**118**	**107**	**72**
国家铁路		4347	601	381	109	94	82	94	91	89	89	83	51
合资铁路			151	151	124	118	92	40	11	11	9	9	9
地方铁路		279	159	167	141	131	89	59	31	24	20	15	12
内燃机车		**8411**	**10826**	**11081**	**11312**	**11355**	**11872**	**12114**	**12148**	**12111**	**12021**	**11805**	**10990**
国家铁路		8282	10355	10598	10752	10778	11135	11331	11348	11229	11041	10844	10041
合资铁路			303	302	344	349	474	494	521	578	661	712	689
地方铁路		129	168	181	216	228	263	289	279	304	319	249	260
电力机车		**2517**	**3516**	**3976**	**4340**	**4622**	**4887**	**5166**	**5518**	**6071**	**6298**	**7010**	**8369**
国家铁路		2517	3516	3976	4298	4584	4849	5122	5465	5993	6206	6898	8257
合资铁路					42	38	38	44	49	71	85	105	105
地方铁路									4	7	7	7	7
客车	**(辆)**	**32663**	**37249**	**38780**	**39438**	**40487**	**41353**	**41974**	**42659**	**44243**	**45076**	**49354**	**52275**
国家铁路		32404	35989	37214	37942	38972	39766	40328	40945	42471	43215	47436	50391
合资铁路			1057	1396	1343	1353	1452	1518	1578	1639	1739	1803	1753
地方铁路		259	203	170	153	162	135	128	136	133	122	115	131
货车	**(辆)**	**436414**	**443902**	**453620**	**459017**	**510327**	**526894**	**548368**	**564899**	**577521**	**591793**	**601412**	**625110**
国家铁路		432731	439943	449921	446707	503868	520101	541824	558483	571078	584961	594388	622284
合资铁路			937	1125	9894	4065	4546	4521	4360	4409	4752	4902	1125
地方铁路		3683	3022	2574	2416	2394	2247	2023	2056	2034	2080	2122	1701

注：2010年合资铁路客、货车拥有量仅指非控股合资铁路客、货车拥有量。

5-1-22 国家铁路客、货车拥有量

车类名称	1995	2000	2001	2002	2003	2004	2005	2006	2007	2008	2009	2010
客车 （辆）	**32404**	**35989**	**37214**	**37942**	**38972**	**39766**	**40328**	**40945**	**42471**	**43215**	**47436**	**50391**
软卧车	1537	2055	2340	2421	2621	3049	3109	3209	3363	3472	3976	4071
硬卧车	7607	10139	11054	11738	11920	12550	12942	13315	13786	13975	15249	16486
软座车	574	764	730	676	746	772	759	794	1611	2113	2603	3874
硬座车	18076	17571	17357	17148	17210	16965	16900	16991	16748	16641	17938	17954
软硬座车	35	25	13	5	5		2					
餐　车	1695	1847	1951	2008	1983	2058	2108	2136	2178	2185	2391	2517
行李车	1949	2144	2201	2237	2226	2362	2480	2349	2411	2207	2448	2365
公务车	87	69	72	62	71	77	78	85	82	77	87	61
其　他	844	1375	1496	1647	2190	1933	1950	2066	2292	2545	2744	3063
货车 （辆）	**432731**	**439943**	**449921**	**446707**	**503868**	**520101**	**541824**	**558483**	**571078**	**584961**	**594388**	**622284**
按车型分												
棚　车	80437	92569	89035	91835	95678	96107	99206	99399	102192	103449	103850	101481
敞　车	268179	252977	262886	257642	308578	323970	343480	360500	366767	379050	388118	418778
平　车	27461	24685	26681	28028	29115	29530	30290	32222	36336	37665	38766	39654
毒品车	1580	1578	1778	1956	2056	2056	2056	2056	2056	2056	2056	2056
罐　车	37119	37778	38804	39258	40495	40222	38331	35654	34592	33593	32346	30522
冷藏车	7030	7909	7977	7711	7696	7696	7419	7393	7196	6588	6587	6153
其　他	10925	22447	22760	20277	20250	20520	21042	21259	21939	22560	22665	23640
按载重量分												
50吨及以下	58763	23564	23096	19742	19704	19858	19583	19483	20029	19964	19542	19680
51-59吨	27951			54218	54452	54456	52565	49878	50185	48246	47121	44640
60吨	342086	307521	305172	233327	268063	267065	265154	258081	238911	219422	205182	198749
61-69吨	3546	103431	116236	138624	160870	175111	195911	196511	197099	198340	196778	196554
70吨及以上	385	5427	5417	796	779	3611	8611	34530	64854	98989	125765	162661
货车总标记载重量 （万吨）	**2502.9**	**2619.9**	**2681.5**	**2686.2**	**3040.9**	**3147.0**	**3294.5**	**3422.1**	**3526.3**	**3645.4**	**3729.7**	**3934.3**
平均每辆车标记载重量（吨）	**57.9**	**59.6**	**59.6**	**60.1**	**60.4**	**60.5**	**60.8**	**61.3**	**61.7**	**62.3**	**62.7**	**63.2**

5-1-23 铁路主要干线客货运输量

线路名称	货运量(万吨)	货物周转量(百万吨公里)	线路名称	客运量(万人)	旅客周转量(百万人公里)
京哈线	1451	55392	京沪线	12477	80421
京广线	6954	130222	新石线	616	2241
京沪线	5439	78129	沪昆线	7339	80229
京九线	3697	112933	鹰厦线	1069	5574
京包线	8288	89924	京九线	7035	64208
滨洲线	5665	50961	京广线	14967	127752
滨绥线	1463	20113	石太线	602	543
沈山线	927	37849	石德线	584	3392
沈大线	3142	41170	焦柳线	1725	14466
大秦线	2074	145268	京包线	2344	10867
石太线	6252	21612	包兰线	961	5199
石德线	413	17611	北同蒲线	1278	2958
北同蒲线	14471	26427	南同蒲线	1896	6263
南同蒲线	5527	24452	陇海线	9329	66497
包兰线	10697	51372	宝中线	204	2505
新石线	5507	60443	兰新线	1790	27538
侯月线	2335	25255	兰青、青藏线	713	6216
太焦线	6765	11518	宝成、成渝线	3434	12595
焦柳线	4067	82882	襄渝线	1705	15033
胶济线	1238	30450	南昆线	286	2230
陇海线	8735	154142	成昆线	1127	5471
沪昆线	8800	141546	京哈线	7657	48635
鹰厦线	2192	11024	合宁线	23	1896
湘桂线	1773	30234	胶济客专	2395	9439
黎湛线	3155	18592	京津城际	2022	2633
宝成线	719	20969	石太客专	746	2978
南昆线	2052	32134	合武客专	297	2398
襄渝线	1304	37352	沪深线	2089	8099
成渝线	956	12767	福连线	574	226
川黔线	1634	10131			
成昆线	2875	35754			
兰新线	3239	120563			
兰新线乌阿段	1863	8796			
兰青线	421	6990			
青藏线(全)	2620	15557			

5-1-24 铁路主要车站旅客发送量

单位：万人

车站名称	1997	1998	1999	2000	2001	2002	2003	2004	2005	2006	2007	2008	2009	2010
哈尔滨	1301	1346	1371	1252	1342	1345	1249	1448	1569	1827	2255	2413	2615	2805
沈阳	1280	1217	1168	1168	1303	1235	1077	1176	1182	1272	1280	1473	1509	1433
鞍山	682	293	300	295	309	306	288	327	312	291	333	419	477	485
长春	932	925	973	1062	1085	1069	793	1147	1222	1316	1490			
本溪	682	599	569	574	685	617	585	684	724	775	957	1050	1232	1179
锦州	401	416	436	421	429	424	371	415	411	407	395	465	482	465
吉林	400	396	438	397	443	417	373	438	449	460	495	531	375	229
北京	1656	1691	1868	1997	2115	2163	1795	2278	2478	2709	2998	3066	2785	2774
北京南	443	403	366	382	438	436	374	379	337	113			966	1408
北京西					1652	2102	1896	2429	2622	3150	3632	3865	4090	4403
天津	876	925	1006	1004	1019	1005	855	1040	1099	1076	905	1342	1770	2101
石家庄	722	732	817	864	927	956	877	1098	1178	1312	1405	1589	1681	1578
太原	684	642	661	679	767	798	719	879	936	1045	1197	1368	1686	1991
郑州	1095	1170	1291	1333	1440	1548	1475	1797	1924	2094	2207	2547	2679	2993
武昌	747	748	772	821	864	883	826	973	1062	1052	998	1346	1705	1888
洛阳	303	318	339	353	397	375	335	418	440	504	539	594	619	620
西安	1023	1031	1096	1063	1211	1245	1196	1517	1669	2029	2360	2633	2543	2812
济南	597	645	658	702	728	707	673	787	802	854	1042	1166	1225	1335
徐州	619	653	674	632	680	647	611	696	714	795	884	247	1125	1187
南京	776	787	918	897	932	995	940	1069	969	1322	1659	2063	2208	2470
蚌埠	351	358	406	412	442	433	406	460	444	487	506	546	568	592
镇江	310	309	333	327	342	352	323	365	379	390	370	407	416	448
常州	460	465	516	4524	560	581	558	659	694	722	731	816	835	873
无锡	662	633	702	704	768	802	785	956	1026	1065	1025	1118	1119	1186
苏州	636	625	685	703	776	843	859	1018	1142	1191	1103	1277	1336	1418
上海	2516	2430	2536	2595	2860	3118	3031	3648	3866	3786	3439	3612	3368	3252
杭州	395	1008	1074	1061	1025	1192	1129	1406	1462	1453	1578	1798	1751	2235
南昌	666	747	807	795	943	1013	968	1148	1218	1277	1441	1671	1764	1861
广州	1469	1576	1728	1776	1838	2001	2005	2336	2508	2594	2866	3170	2969	2993
深圳	644	718	817	758	902	966	940	1189	1250	1319	1433	1724	1778	1942
柳州	386	366	360	335	323	271	246	257	290	365	396	433	489	522
成都	803	845	960	1042	1141	1282	1107	1344	1416	1659	1896	1972	2190	2687
重庆	560	581	695	651	776	754	708	779	801	913	667	533	1061	1222
贵阳	557	571	627	598	610	614	553	605	694	810	917	989	962	1041
兰州	387	408	439	444	515	523	477	552	560	608	650	749	839	939
乌鲁木齐	352	403	411	399	398	410	359	407	450	514	565	587	621	666

注：2010年吉林数据为吉林西数据。

5-1-25 铁路主要车站货物发送量

单位：万吨

车站名称	1999	2000	2001	2002	2003	2004	2005	2006	2007	2008	2009	2010
竣　德	526	418	478	538	572	742	733	705	633	605	945	496
鹤　岗	725	822	787	803	843	952	1019	836	785	731	736	661
双鸭山	722	751	831	832	1011	1103	1181	1197	1280	1213	1343	1010
七台河	1317	1338	1333	1314	1304	1477	1474	1350	1427	1586	1791	1621
恒　山	374	371	441	519	614	579	660	577	549	534	530	474
大官屯	689	657	683	670	662	748	755	629	579	588	656	571
本　溪	356	405	391	518	483	508	589	736	893	1188	1003	1076
灵　山	957	999	956	935	907	1086	1136	1449	1591	1709	1703	1571
霍林河	381	466	572	669	766	1079	1453	1780	2429	3133	6834	4652
阜　新	503	531	571	573	529	575	578	674	647	741	997	819
新　港	598	717	852	1223	1290	1227	1270	1262	1063	1119	1244	1168
古　冶	847	866	849	873	843	813	798	818	838	826	1075	856
阳　泉	1171	1213	1288	1374	1494	1518	1667	1684	1606	1717	2801	1760
白羊墅	959	986	1082	1090	1052	1192	978	1141	1413	1490	2461	1664
云岗西	752	846	919	1020	1158	1147	1173	1053	1102	1083	1087	536
新高山	868	942	1076	1160	1225	1423	1589	1636	1815	1801	1686	1307
大同东	600	740	978	1186	1401	1722	2127	2899	3341	3891	9896	5545
口　泉	1990	2089	2207	2337	2595	2499	2638	2295	2366	2092	3094	1605
北周庄	37	62	65	101	160	450	654	1186	1877	1491	747	830
大　新	2363	2955	3635	4060	4785	5523	5648	6788	7325	7473	14864	7326
古　交	632	724	803	912	1031	1064	1242	1274	1370	1396	1178	960
玉门沟	963	918	932	1113	1108	1172	1311	1232	1260	1263	1513	1088
介　休	488	574	634	587	653	709	837	885	1009	919	841	745
白云鄂博	808	739	794	850	918	1027	1111	1164	1171	1123	1110	1290
万水泉	701	876	1075	1209	1217	1218	1523	1777	1803	2265	3605	3236
嘉　峰	100	153	211	249	438	664	1359	1252	1346	1419	2003	1571
晋城北	1265	1293	1471	1381	1279	1285	1235	1263	1247	1241	1467	1181
长治北	947	952	1032	1038	1155	1201	1249	1337	1292	1371	2034	1442
平顶山东	1953	1984	2146	2309	2453	2453	2595	2649	2820	2973	4275	3041
武昌东	454	429	463	428	469	505	631	671	732	816	830	852
黄　岛					1530	1578	1671	2048	1975	2097	2710	3635
日　照	150	162	226	358	454	640	1350	1829	2328	2589	3794	3757
中　云	164	238	470	596	663	696	972	1104	1213	1006		2278
潘集西		491	706	970	1193	1334	1549	1421	1202	1549	3626	2158
湛　江		210	300	421	515	669	906	1110	1176	1221	1405	1550

5-1-26 按货类分国家铁路货物运输量

货类名称	2009			2010		
	货运量(万吨)	货物周转量(百万吨公里)	平均运距(公里)	货运量(万吨)	货物周转量(百万吨公里)	平均运距(公里)
总 计	**276276**	**2335450**	**845**	**308209**	**2562619**	**831**
煤	132720	847819	639	156020	1001551	642
石油	12531	119234	952	12847	120986	942
焦碳	8549	83952	982	9494	93953	990
金属矿石	35680	232484	652	38088	248432	652
钢铁及有色金属	21527	237412	1103	22428	245146	1093
非金属矿石	7868	53525	680	8707	61365	705
磷矿石	1131	14415	1275	1395	17663	1266
矿建材料	10745	43255	403	12553	45493	362
水泥	3740	19254	515	3526	18373	521
木材	2476	35268	1425	2501	34041	1361
粮食	9925	173597	1749	9692	174666	1802
棉花	443	17127	3869	397	15014	3779
化肥和农药	8029	117247	1460	8179	119353	1459
盐	1318	9653	732	1379	10094	732
化工品	5149	79183	1538	5339	87737	1643
金属制品	304	5297	1742	284	5012	1765
工业机械	425	7825	1842	412	7752	1881
电子电气	89	2005	2241	87	1975	2270
农业机具	1	39	2772	2	38	2359
鲜活易腐货物	270	6834	2535	285	7005	2454
农副土特产品	330	6662	2021	279	5530	1985
饮食品及烟草制品	1780	30769	1729	1779	31585	1776
纺织品	56	1093	1957	52	1000	1934
文教用品	541	9840	1818	590	11130	1887
医药品	104	2141	2057	100	2036	2044
其他	3576	62263	1741	3545	58727	1657
零担	28	241	872	12	157	1349
集装箱	6942	117016	1686	8237	136804	1661

5-1-27 国家铁路运输主要技术经济指标

指标		2001	2002	2003	2004	2005	2006	2007	2008	2009	2010
货运机车日产量	(万吨公里)	99.9	102.2	105.8	108.7	110.6	114.3	120.4	123.6	128.6	135.0
内燃机车		100.7	99.3	101.4	103.4	105.6	108.5	110.4	110.3	110.9	130.0
电力机车		100.7	106.8	112.8	117.1	118.3	122.7	132.8	139.5	145.2	184.4
货运机车平均牵引总重	(吨)	2760	2789	2829	2934	3038	3105	3193	3289	3391	3467
内燃机车		2668	2648	2679	2768	2848	2887	2920	2970	3002	3584
电力机车		2985	3028	3071	3198	3335	3425	3528	3654	3736	4522
货运机车日车公里	(公里)	437	445	450	455	458	465	480	483	487	489
客运机车日车公里	(公里)	533	557	562	612	650	671	758	812	860	882
内燃机车每万吨公里耗油	(公斤)	25.7	25.9	25.4	25.0	24.6	24.3	24.6	24.9	25.2	26.4
电力机车每万吨公里耗电	(千瓦小时)	113.1	110.8	110.0	111.2	111.8	110.0	109.5	110.6	107.9	102.4
货物列车出发正点率	(%)	97.2	97.3	96.9	96.5	97.0	97.4	97.2	96.9	96.5	95.8
货物列车运行正点率	(%)	96.8	96.7	96.5	96.2	96.9	97.3	97.0	96.8	96.4	95.2
旅客列车出发正点率	(%)	99.8	99.8	99.7	99.8	99.5	99.8	99.8	99.7	99.8	99.7
旅客列车运行正点率	(%)	96.9	97.6	96.5	95.9	98.4	99.4	99.1	98.9	99.0	99.0
旅客列车技术速度	(公里/小时)	69.5	71.4	71.7	73.7	74.2	74.7	78.8	80.1	80.3	80.6
旅客列车旅行速度	(公里/小时)	60.5	62.0	62.2	64.4	65.2	65.4	68.9	69.6	70.2	70.8
客运密度	(万人公里/公里)	785	807	765	903	938	1002	1084	1210	1197	1194
货物列车技术速度	(公里/小时)	46.7	47.1	47.1	46.7	46.3	46.2	47.6	47.2	47.6	47.9
货物列车旅行速度	(公里/小时)	39.5	32.4	32.8	32.2	32.1	32.1	33.2	32.8	32.8	33.4
货运密度	(万吨公里/公里)	2412	2533	2726	2997	3140	3242	3475	3697	3611	3747
货车周转时间	(天)	5.08	5.10	5.10	4.94	4.90	4.87	4.76	4.73	4.68	4.48
一次货物作业时间	(小时)	22.0	21.2	20.9	17.2	15.2	15.2	15.5	17.6	16.9	16.2
货车中转停留时间	(小时)	4.6	4.6	4.5	4.4	4.3	4.4	4.3	4.6	4.7	4.5
货车静载重(准轨)	(吨)	58.1	58.2	58.3	59.3	60.1	60.9	61.3	62.0	62.6	63.1
货车载重力利用率	(%)	97.3	96.7	96.5	98.0	98.7	99.2	99.2	99.4	99.7	99.8

5-1-28　公路线路年末里程

单位：公里

指　　标	2001	2002	2003	2004	2005	2006	2007	2008	2009	2010
公路线路里程	**1698012**	**1765222**	**1809828**	**1870661**	**3345187**	**3456999**	**3583715**	**3730164**	**3860823**	**4008229**
按技术等级分										
等级公路	1336044	1382926	1438738	1515826	2139887	2282872	2535383	2778521	3056265	3304709
高速公路	19437	25130	29745	34288	41005	45339	53913	60302	65055	74113
一级公路	25214	27468	29903	33522	41687	45289	50093	54216	59462	64430
二级公路	182102	197143	211929	231715	248199	262678	276413	285226	300686	308743
三级公路	308626	315141	324788	335347	347160	354734	363922	374215	379023	387967
四级公路	800665	818044	842373	880954	1461835	1574833	1791042	2004563	2252038	2469456
等外公路	361968	382296	371090	354835	1205299	1174128	1048332	951642	804558	703520
按路面类型分										
有铺装路面里程			344271	441680	839893	996455	1250333	1464821	1719959	1917981
简易铺装路面里程			443846	455281	523548	528633	526166	530802	532532	524234
未铺装路面里程			1021711	973700	1981744	1931911	1807217	1734541	1608331	1566014
按行政等级分										
国道	121587	125003	127899	129815	132674	133355	137067	155294	158520	164048
省道	213044	216249	223425	227871	233783	239580	255210	263227	266049	269834
县道	463665	471239	472935	479372	507493	506483	514432	512314	519492	554047
乡道	831699	865635	898300	945180	987932	987608	998422	1011133	1019550	1054826
专用公路	86017	87096	87269	88424	63446	57986	57068	67213	67174	67736
村道					1419864	1531987	1621516	1720981	1830037	1897738
公路晴雨通车里程	1495020	1553090	1599195	1654427	1720826	2653019	2827381	3045162	3296367	3532374
公路养护里程	1598698	1661225	1705788	1788845	1840058	2682102	3039979	3505886	3688336	3875853
公路绿化里程	938169	939937	958036	993910	1026329	1235807	1423857	1676930	1772915	1943406

注：统计指标"公路晴雨通车里程"、"公路养护里程"和"公路绿化里程"2005年及以前年份数据不包括村道上的该类基础设施，因统计范围不同，故2006年及以后年份数据与历史数据不可比。

5-1-29 各地区公路线路年末里程

单位：公里

年份 地区	总计	等级公路						等外公路
			高速	一级	二级	三级	四级	
1995	1157009	910754	2141	9580	84910	207282	606841	246255
1996	1185789	948068	3422	11779	96990	216619	619258	237721
1997	1226405	997496	4771	14637	111564	230787	635737	228909
1998	1278474	1069243	8733	15277	125245	257947	662041	209231
1999	1351691	1156736	11605	17716	139957	269078	718380	194955
2000	1402698	1216013	16314	20088	152672	276672	750267	186685
2001	1698012	1336044	19437	25214	182102	308626	800665	361968
2002	1765222	1382926	25130	27468	197143	315141	818044	382296
2003	1809828	1438738	29745	29903	211929	324788	842373	371090
2004	1870661	1515826	34288	33522	231715	335347	880954	354835
2005	3345187	2139887	41005	41687	248199	347160	1461835	1205299
2006	3456999	2282872	45339	45289	262678	354734	1574833	1174128
2007	3583715	2535383	53913	50093	276413	363922	1791042	1048332
2008	3730164	2778521	60302	54216	285226	374215	2004563	951642
2009	3860823	3056265	65055	59462	300686	379023	2252038	804558
2010	4008229	3304709	74113	64430	308743	387967	2469456	703520
北京	21114	20920	903	924	3196	3728	12169	193
天津	14832	14832	982	1040	3165	1275	8371	
河北	154344	146053	4307	4037	15872	16318	105520	8291
山西	131644	127664	3003	1939	14163	16858	91701	3980
内蒙古	157994	144395	2365	3387	12443	26842	99357	13598
辽宁	101545	84757	3056	2876	17135	31382	30308	16789
吉林	90437	81002	1850	1855	9087	10461	57748	9435
黑龙江	151945	118917	1357	1451	9063	32128	74918	33028
上海	11974	11974	775	335	3065	2602	5197	
江苏	150307	141706	4059	9514	21328	15258	91547	8601
浙江	110177	105851	3383	4293	9101	7721	81353	4326
安徽	149382	142341	2925	499	10504	15306	113106	7042
福建	91015	70655	2351	603	7373	6419	53910	20360
江西	140597	101455	3051	1386	9340	6670	81008	39142
山东	229859	227719	4285	8088	23862	24154	167331	2140
河南	245089	182560	5016	564	24040	18049	134890	62529
湖北	206211	187812	3674	2210	16159	12144	153625	18400
湖南	227998	184045	2386	838	8018	6939	165863	43953
广东	190144	170144	4839	10126	19082	16089	120008	19999
广西	101782	81239	2574	876	8646	7942	61200	20543
海南	21236	21012	660	278	1382	1457	17235	224
重庆	116949	77175	1861	561	7474	5070	62209	39773
四川	266082	205983	2682	2637	13074	11395	176195	60099
贵州	151644	72557	1507	153	3578	8222	59096	79087
云南	209231	158120	2630	733	5771	9329	139656	51111
西藏	60810	36229			956	7101	28172	24581
陕西	147461	134498	3403	787	7235	14791	108282	12964
甘肃	118879	85733	1993	161	5768	14078	63734	33147
青海	62185	47604	235	209	5351	6091	35717	14582
宁夏	22518	21198	1159	669	2531	6169	10670	1320
新疆	152843	98560	843	1399	10979	25979	59360	54283

5-1-30 民用汽车拥有量

年份 地区	民用汽车总计 (万辆)	载客汽车 (万辆)	大型	中型	小型	微型
1978	135.84	25.90				
1980	178.29	35.08				
1985	321.12	79.45				
1990	551.36	162.19				
1991	606.11	185.24				
1992	691.74	226.16				
1993	817.58	285.98				
1994	941.95	349.74				
1995	1040.00	417.90				
1996	1100.08	488.02				
1997	1219.09	580.56				
1998	1319.30	654.83				
1999	1452.94	740.23				
2000	1608.91	853.73				
2001	1802.04	993.96				
2002	2053.17	1202.37	75.48	104.80	789.74	232.34
2003	2382.93	1478.81	75.76	115.96	1017.21	269.88
2004	2693.71	1735.91	78.06	124.54	1248.89	284.42
2005	3159.66	2132.46	82.13	131.65	1618.35	300.32
2006	3697.35	2619.57	87.34	137.00	2083.40	311.83
2007	4358.36	3195.99	93.82	140.52	2646.47	315.18
2008	5099.61	3838.92	100.39	143.19	3271.14	324.19
2009	6280.61	4845.09	107.95	145.80	4246.90	344.44
2010	7801.83	6124.13	116.44	146.07	5498.36	363.25
北京	449.72	425.74	4.58	10.29	391.23	19.64
天津	158.24	137.64	2.01	2.67	122.45	10.51
河北	492.88	365.36	4.38	3.98	313.87	43.13
山西	247.89	189.93	2.49	2.95	163.81	20.67
内蒙古	187.80	137.19	2.47	2.04	123.95	8.74
辽宁	296.32	225.67	5.70	9.81	202.71	7.45
吉林	152.89	118.78	2.95	2.51	105.37	7.95
黑龙江	194.79	143.66	4.46	3.95	126.14	9.11
上海	175.51	146.24	4.39	5.88	132.42	3.55
江苏	550.80	472.78	7.58	10.66	435.37	19.17
浙江	542.05	450.83	5.30	7.28	421.93	16.33
安徽	209.81	140.99	3.82	4.94	124.91	7.31
福建	197.08	150.30	2.47	3.97	138.45	5.40
江西	137.43	95.65	2.30	2.68	86.15	4.51
山东	705.89	566.09	7.95	9.89	501.72	46.53
河南	399.73	304.90	6.19	8.09	266.03	24.59
湖北	207.49	151.52	4.48	5.30	138.29	3.44
湖南	211.06	161.23	3.91	4.85	147.02	5.45
广东	782.26	629.30	13.41	20.28	585.39	10.23
广西	152.06	113.13	3.22	2.32	98.07	9.53
海南	39.24	30.23	1.14	0.89	27.75	0.46
重庆	114.30	78.54	2.48	1.76	71.61	2.70
四川	354.97	281.60	5.65	3.42	236.71	35.82
贵州	115.76	82.19	1.80	2.54	70.60	7.26
云南	233.91	169.08	2.07	3.29	148.02	15.71
西藏	16.62	10.15	0.56	0.76	7.84	0.98
陕西	190.64	151.64	2.69	3.50	134.86	10.59
甘肃	85.04	57.52	1.85	1.48	52.17	2.01
青海	30.99	21.45	0.62	0.64	19.56	0.63
宁夏	41.52	27.23	0.78	0.66	24.97	0.82
新疆	127.14	87.56	2.74	2.80	78.99	3.04

注：1.小轿车包括在载客汽车中（下表同）。
2.从2002年起，载客汽车和载货汽车的其中分项、其他汽车统计口径有调整与以前年份不可比（下表同）。

5-1-30 续表

年份 地区	载货汽车(万辆)	重型	中型	轻型	微型	其他汽车(万辆)	机动车驾驶员(万人)	#汽车驾驶员
1978	100.17							192.45
1980	129.90							245.23
1985	223.20							462.44
1990	368.48						1635.85	790.96
1991	398.62						1791.57	859.44
1992	441.45						2017.83	969.55
1993	501.00						2359.42	1112.97
1994	560.33						2812.12	1269.23
1995	585.43						3501.52	1673.39
1996	575.03						4275.26	2100.74
1997	601.23						5206.79	2619.25
1998	627.89						5944.58	2974.06
1999	676.95						6727.49	3361.12
2000	716.32						7655.56	3746.51
2001	765.24						8455.04	4462.68
2002	812.22	148.28	218.69	360.58	84.66	38.58	9362.03	4827.08
2003	853.51	136.79	243.70	390.79	82.22	50.61	10611.04	5368.07
2004	893.00	153.90	233.94	425.74	79.43	64.80	11769.04	7101.64
2005	955.55	168.07	236.66	484.51	66.31	71.66	13069.52	8017.76
2006	986.30	174.01	235.39	532.13	44.76	91.49	14213.87	9317.24
2007	1054.06	186.74	243.46	587.22	36.63	108.31	15363.88	10567.15
2008	1126.07	200.84	249.73	644.96	30.54	134.62	17336.56	12276.80
2009	1368.60	315.08	262.21	765.33	25.97	66.92	19167.58	13740.73
2010	1597.55	394.80	269.75	911.88	21.12	80.14	20068.47	15129.89
北京	19.39	3.92	3.34	12.13		4.59	625.30	607.24
天津	19.15	3.57	1.89	13.58	0.11	1.45	252.00	245.42
河北	121.50	43.59	11.88	64.84	1.18	6.02	1058.89	952.95
山西	55.82	20.00	8.03	26.23	1.55	2.15	455.92	417.01
内蒙古	48.51	21.83	5.41	20.71	0.57	2.09	332.77	280.67
辽宁	67.42	18.83	7.03	41.09	0.47	3.22	748.26	624.25
吉林	32.85	9.68	5.24	17.59	0.35	1.26	461.41	360.77
黑龙江	48.98	15.69	9.11	23.34	0.84	2.15	455.96	407.12
上海	23.81	4.82	10.48	7.96	0.54	5.46	448.48	412.56
江苏	72.50	21.77	18.30	32.07	0.36	5.52	1531.46	1045.89
浙江	87.29	9.65	9.43	65.48	2.72	3.93	1086.94	824.22
安徽	66.34	20.24	12.41	33.12	0.56	2.48	692.42	475.65
福建	45.11	6.49	4.71	32.92	1.00	1.67	692.10	395.26
江西	40.17	13.83	7.26	18.75	0.33	1.61	695.35	391.19
山东	134.45	37.42	14.88	80.90	1.26	5.35	1579.00	1280.41
河南	90.75	30.72	14.49	44.34	1.20	4.08	1243.31	958.96
湖北	53.29	8.85	12.47	31.42	0.54	2.69	795.49	555.54
湖南	48.22	8.19	12.24	27.57	0.23	1.61	690.78	444.21
广东	147.53	16.81	17.88	109.76	3.08	5.43	1956.02	1343.29
广西	36.82	8.97	7.26	19.68	0.91	2.11	429.97	400.82
海南	8.58	1.13	1.22	6.14	0.08	0.44	138.72	86.37
重庆	34.03	6.78	9.74	17.35	0.17	1.72	321.43	210.32
四川	70.45	11.43	18.78	39.68	0.56	2.93	1137.66	767.82
贵州	32.73	5.06	7.29	19.62	0.76	0.84	313.33	239.15
云南	63.39	8.67	16.94	37.50	0.28	1.44	716.08	407.30
西藏	6.32	2.23	1.36	2.52	0.22	0.15	18.16	16.04
陕西	36.32	10.86	8.09	17.02	0.35	2.68	507.35	424.02
甘肃	26.37	6.29	4.75	15.22	0.11	1.15	200.66	172.59
青海	8.99	2.10	1.37	5.43	0.10	0.54	81.77	62.64
宁夏	13.52	4.03	1.54	7.81	0.14	0.76	90.42	76.39
新疆	36.96	11.35	4.94	20.13	0.55	2.62	311.07	243.82

5-1-31 私人汽车拥有量

单位：万辆

年份 地区	私人汽车总计	载客汽车	大型	中型	小型	微型	载货汽车	重型	中型	轻型	微型	其他汽车
1985	28.49	1.93					26.48					
1990	81.62	24.07					57.48					
1991	96.04	30.36					65.61					
1992	118.20	41.78					76.15					
1993	155.77	59.85					94.00					
1994	205.42	78.62					123.29					
1995	249.96	114.15					131.83					
1996	289.67	143.04					142.78					
1997	358.36	191.27					163.19					
1998	423.65	230.65					192.03					
1999	533.88	304.09					228.68					
2000	625.33	365.09					259.09					
2001	770.78	469.85					298.95					
2002	968.98	623.76	9.89	35.87	408.49	169.51	341.29	48.27	84.40	158.67	49.95	3.94
2003	1219.23	845.87	7.36	42.51	586.90	209.10	367.35	44.47	95.20	176.58	51.09	6.00
2004	1481.66	1069.69	7.20	46.95	786.63	228.91	402.82	53.40	94.69	203.85	50.87	9.15
2005	1848.07	1383.93	7.61	50.88	1079.78	245.66	452.11	62.50	100.34	243.29	45.98	12.04
2006	2333.32	1823.57	11.19	56.20	1491.18	265.00	494.91	64.23	108.64	288.94	33.09	14.84
2007	2876.22	2316.91	7.91	55.73	1984.29	268.98	539.45	68.89	110.44	332.69	27.43	19.86
2008	3501.39	2880.50	8.57	57.97	2533.28	280.68	596.39	73.28	115.68	384.12	23.31	24.50
2009	4574.91	3808.33	8.72	59.96	3436.26	303.39	753.40	108.73	129.59	494.97	20.12	13.17
2010	5938.71	4989.50	9.34	61.00	4593.46	325.70	931.52	141.44	140.52	632.77	16.78	17.69
北京	371.51	363.13	0.19	6.38	337.71	18.85	7.56	1.26	0.98	5.32		0.82
天津	125.70	112.99	0.11	1.17	101.88	9.83	12.38	1.20	0.93	10.15	0.09	0.33
河北	404.16	323.27	0.69	1.80	279.81	40.97	79.08	20.56	7.62	49.93	0.97	1.81
山西	186.60	154.14	0.22	0.95	135.05	17.92	31.96	7.33	4.43	18.91	1.29	0.50
内蒙古	147.47	115.59	0.33	0.91	106.40	7.94	31.12	10.43	3.79	16.43	0.47	0.77
辽宁	198.81	170.75	0.54	3.93	159.89	6.38	27.53	3.24	2.48	21.47	0.33	0.54
吉林	114.49	94.20	0.48	1.09	85.42	7.22	19.98	4.59	3.33	11.80	0.27	0.31
黑龙江	139.65	110.24	0.86	1.78	100.16	7.45	29.02	6.45	5.43	16.53	0.61	0.39
上海	103.71	103.57	0.06	1.91	98.43	3.17	0.11	0.01	0.03	0.07		0.02
江苏	418.13	383.94	0.20	4.63	361.97	17.14	32.87	8.42	7.06	17.12	0.27	1.32
浙江	431.52	376.53	0.11	2.46	358.74	15.21	54.46	2.46	4.17	45.63	2.20	0.53
安徽	136.85	107.82	0.43	2.25	98.85	6.29	28.50	2.81	4.27	21.00	0.43	0.52
福建	151.93	122.57	0.07	1.27	116.24	4.99	29.04	1.56	2.38	24.20	0.90	0.33
江西	87.38	69.63	0.12	0.62	65.40	3.50	17.43	2.36	2.45	12.39	0.24	0.32
山东	577.11	485.36	1.09	4.35	437.32	42.59	90.03	17.10	9.60	62.26	1.07	1.73
河南	294.76	244.76	0.73	3.17	219.73	21.12	48.67	7.79	7.19	32.76	0.93	1.33
湖北	148.65	115.37	0.29	2.13	109.88	3.07	32.75	3.33	7.29	21.69	0.44	0.53
湖南	169.24	130.65	0.36	1.96	123.35	4.98	38.04	4.98	9.66	23.20	0.19	0.56
广东	628.12	536.79	1.01	11.92	513.99	9.87	90.06	6.32	10.09	70.97	2.68	1.27
广西	108.33	88.01	0.12	0.63	79.59	7.67	20.00	3.14	3.61	12.49	0.77	0.32
海南	28.09	21.57	0.11	0.30	20.77	0.39	6.42	0.70	1.03	4.62	0.07	0.10
重庆	74.15	59.86	0.14	0.35	56.99	2.39	14.00	1.26	2.14	10.47	0.13	0.29
四川	280.95	234.22	0.16	0.88	201.02	32.16	45.98	4.04	10.50	30.97	0.47	0.76
贵州	87.81	64.14	0.19	0.58	57.17	6.21	23.44	2.96	4.76	15.09	0.64	0.23
云南	185.57	135.87	0.06	0.62	121.50	13.69	49.27	4.87	12.87	31.29	0.23	0.42
西藏	11.03	6.28	0.13	0.35	5.28	0.52	4.75	1.66	1.15	1.76	0.17	
陕西	144.11	121.01	0.20	1.04	110.51	9.26	22.42	3.74	5.35	13.05	0.28	0.68
甘肃	52.74	36.74	0.13	0.38	35.01	1.22	15.77	2.63	2.79	10.27	0.08	0.23
青海	19.95	14.37	0.03	0.17	13.69	0.48	5.48	0.81	0.83	3.78	0.06	0.10
宁夏	30.94	21.14	0.06	0.20	20.19	0.70	9.54	2.18	1.08	6.15	0.12	0.25
新疆	79.25	64.98	0.12	0.84	61.51	2.51	13.86	1.25	1.22	11.02	0.38	0.41

5-1-32 进口汽车拥有量

单位：辆

年份 地区	汽车总计	载客汽车					载货汽车					其他汽车
			大型	中型	小型	微型		重型	中型	轻型	微型	
2002	1361750	1025959	24798	69266	897362	34533	314172	87422	48797	165326	12627	21619
2003	1445408	1155590	21686	75699	1034475	23730	264075	73361	31510	150120	9084	25743
2004	1360832	1129985	19009	66065	1029846	15065	207798	49963	22836	129021	5978	23049
2005	1697266	1454215	18754	79698	1337564	18199	213621	48905	22078	139741	2897	29430
2006	1780998	1590420	16159	69930	1487474	16857	160552	33594	9808	116610	540	30026
2007	1964763	1799331	15628	67223	1701016	15464	134672	28896	7452	98032	292	30760
2008	2225960	2098630	14896	63790	2005820	14124	96597	20698	5318	70335	246	30733
2009	2527684	2449870	14700	61961	2357902	15307	57515	22788	3534	31009	184	20299
2010	3162537	3098870	15062	59691	3005826	18291	41073	19921	2532	18459	161	22594
北京	286853	284452	858	2330	279762	1502	475	136	34	305		1926
天津	52160	51017	323	1066	49535	93	490	368	48	74		653
河北	91074	87163	337	761	82967	3098	2010	917	62	1031		1901
山西	61157	59791	294	559	58141	797	962	521	43	397	1	404
内蒙古	89223	87701	288	615	86611	187	1210	461	19	729	1	312
辽宁	179983	175470	1215	3436	170599	220	3148	1618	35	1491	4	1365
吉林	58756	57666	336	613	56629	88	805	250	115	440		285
黑龙江	82297	77983	483	1211	76100	189	3611	1355	146	2062	48	703
上海	123639	118030	1191	1925	114464	450	2964	1818	601	517	28	2645
江苏	177746	175139	568	3645	170423	503	1410	507	57	846		1197
浙江	315486	313597	568	2594	309083	1352	1357	758	32	566	1	532
安徽	33772	32719	176	966	31490	87	815	203	23	589		238
福建	118511	116005	474	3671	111579	281	1886	634	21	1231		620
江西	22773	22027	125	510	21250	142	495	328	25	142		251
山东	155361	152023	818	4530	146329	346	2398	445	92	1857	4	940
河南	61494	59448	295	1474	56136	1543	1605	713	170	718	4	441
湖北	54982	54153	233	1228	52622	70	400	139	62	193	6	429
湖南	60299	59057	221	757	57937	142	962	655	55	252		280
广东	610008	600965	3126	17585	579105	1149	6446	4828	346	1266	6	2597
广西	67297	66078	694	1714	61476	2194	727	335	68	321	3	492
海南	33700	33245	595	1235	31372	43	233	62	19	152		222
重庆	40006	38734	94	357	38232	51	664	406	3	255		608
四川	91677	90631	258	1040	87991	1342	576	306	21	249		470
贵州	24962	24070	79	368	22599	1024	698	226	49	414	9	194
云南	87112	85648	398	1461	83073	716	1188	559	76	541	12	276
西藏	10993	10683	130	333	9773	447	307	145	65	65	32	3
陕西	70569	69421	171	1096	68032	122	584	126	155	303		564
甘肃	23434	22783	114	671	21943	55	236	33	6	197		415
青海	10575	10300	84	384	9826	6	130	20	10	100		145
宁夏	16801	16320	82	315	15911	12	296	33	28	234	1	185
新疆	49837	46551	434	1241	44836	40	1985	1016	46	922	1	1301

5-1-33 新注册民用汽车数量

单位：辆

年份/地区	新注册民用汽车	载客汽车	大型	中型	小型	微型	载货汽车	重型	中型	轻型	微型	其他汽车
2002	3371951	2294649	97200	145062	1491479	560908	993761	186498	220969	501985	84309	83541
2003	4337485	3160859	100284	157523	2421951	481101	1075692	168363	259173	576073	72083	100934
2004	4511823	3332297	96462	138357	2841668	255810	1029497	228523	194438	564061	42475	150029
2005	5286287	4157504	99489	105314	3712056	240645	1024034	162859	175576	639557	46042	104749
2006	5730432	4678667	95428	82758	4382206	118275	925294	139120	147689	616910	21575	126471
2007	6079209	5000042	91087	72059	4772468	64428	917603	155155	157867	591014	13567	161564
2008	7631839	6226814	112811	64024	5928095	121884	1168226	236749	185338	733343	12796	236799
2009	12459452	10248554	114984	69548	9794452	269570	2148355	500593	242679	1391249	13834	62543
2010	15288186	12546891	148234	76519	12086273	235865	2637605	769644	238595	1614803	14563	103690
北京	869532	832899	4957	2777	812607	12558	31363	9677	3647	18039		5270
天津	310934	273846	2767	1304	265011	4764	35388	8437	1946	24969	36	1700
河北	132658	108756	601	332	100992	6831	23381	5487	681	17156	57	521
山西	477054	373873	2851	1563	353130	16329	100540	54566	2748	43026	200	2641
内蒙古	398478	313464	2527	907	302596	7434	81041	34941	2142	43734	224	3973
辽宁	545807	423135	6115	3880	405856	7284	118568	35690	6977	75772	129	4104
吉林	309763	248520	3639	1494	238474	4913	59367	20679	5013	33627	48	1876
黑龙江	363133	274432	5159	2106	261103	6064	85893	27712	8701	49384	96	2808
上海	345693	312169	6533	3798	298781	3057	25609	11190	6668	7751		7915
江苏	1222552	1085981	12360	4838	1053775	15008	122918	44562	17733	60461	162	13653
浙江	1224714	1063042	8192	4397	1034677	15776	157199	25939	7300	120935	3025	4473
安徽	482003	354609	4653	2916	341701	5339	124220	45885	5493	72757	85	3174
福建	404293	320436	4299	3033	308262	4842	82134	16219	4082	61143	690	1723
江西	324893	245121	3755	2049	235868	3449	77480	25981	8456	42997	46	2292
山东	1400734	1159984	8419	3875	1110888	36802	235141	78161	15946	140723	311	5609
河南	889887	705657	7176	3896	678297	16288	179688	70133	10387	98900	268	4542
湖北	428549	332420	6542	2709	319806	3363	92506	18507	11559	62345	95	3623
湖南	469423	373824	5580	4819	357780	5645	93350	16609	13608	63003	130	2249
广东	1319362	1125126	16950	4366	1090179	13631	188729	31442	17078	132446	7763	5507
广西	328786	251726	3563	1302	242815	4046	75078	22183	9220	43257	418	1982
海南	89009	69712	2232	811	65995	674	18599	2519	2210	13828	42	698
重庆	275378	215860	4091	1540	208872	1357	56222	13199	9294	33653	76	3296
四川	805637	672303	8024	3053	646340	14886	129398	34916	15379	78987	116	3936
贵州	252451	194748	2229	2652	186250	3617	56353	9601	10232	36503	17	1350
云南	484866	374680	2656	1955	363966	6103	107271	21097	17354	68787	33	2915
西藏	23927	15977	986	854	13244	893	7899	1205	1221	5461	12	51
陕西	474161	379713	4151	3866	362341	9355	90309	36181	8532	45500	96	4139
甘肃	220419	152249	2546	1379	146803	1521	66150	17911	6796	41346	97	2020
青海	70455	50864	945	561	48769	589	18568	3860	1630	13041	37	1023
宁夏	102373	69694	959	544	67375	816	31339	8926	1873	20464	76	1340
新疆	241262	172071	2777	2943	163720	2631	65904	16229	4689	44808	178	3287

5-1-34 公路营运汽车拥有量

年份 地区	汽车总计 (万辆)	载客汽车		载货汽车			
		辆数 (万辆)	客位 (万客位)	辆数 (万辆)	#普通载货汽车	吨位 (万吨)	#普通载货汽车
1990	31.30	10.76	468.92	20.22	19.82	131.61	127.06
1991	31.67	11.53	497.35	19.83	19.36	132.02	126.54
1992	30.87	12.70	528.87	18.17	17.59	125.91	118.42
1993	28.96	12.85	509.56	16.15	15.53	116.20	108.37
1994	27.97	13.05	493.94	14.87	14.22	109.80	101.21
1995	27.49	13.73	480.61	13.75	13.12	103.13	94.56
1996	28.81	15.41	499.58	13.40	12.74	102.08	91.83
1997	29.89	17.01	519.10	12.88	12.22	95.31	85.09
1998	31.88	19.40	536.43	12.48	11.81	90.02	79.51
1999	501.77	92.14	1409.86	409.62	401.28	1481.02	1406.00
2000	702.82	216.81	2524.45	486.02	475.24	1667.70	1573.73
2001	764.39	255.12	2701.68	509.27	496.65	1733.58	1621.40
2002	826.34	289.55	2972.32	536.78	520.27	1808.45	1674.79
2003	924.64	352.19	3430.64	572.45	553.23	1941.52	1788.86
2004	1067.18	439.09	3872.21	628.09	604.93	2338.61	2119.64
2005	733.22	128.40	1859.28	604.82	580.28	2537.75	2282.15
2006	802.58	161.92	2312.41	640.66	598.43	2822.69	2343.13
2007	849.22	164.73	2428.81	684.49	648.01	3135.69	2643.74
2008	930.61	169.64	2560.36	760.97	720.18	3686.20	3139.76
2009	1087.35	180.79	2799.71	906.56	859.27	4655.23	4002.80
2010	1133.32	83.13	2017.09	1050.19	996.43	5999.82	5223.23
北　京	15.75	3.12	54.07	12.63	11.31	54.25	37.35
天　津	8.49	0.86	31.64	7.62	7.08	21.01	16.22
河　北	80.73	3.01	69.54	77.73	74.01	689.64	635.86
山　西	39.00	1.54	38.69	37.46	36.61	317.09	307.14
内蒙古	29.29	1.22	34.73	28.07	26.98	218.93	207.00
辽　宁	55.23	2.56	65.35	52.67	49.16	308.37	258.49
吉　林	25.09	1.29	34.91	23.80	22.88	138.85	128.27
黑龙江	38.43	2.16	53.66	36.27	35.50	219.09	208.12
上　海	18.43	2.04	52.36	16.39	13.51	131.55	68.34
江　苏	55.98	3.96	145.55	52.02	47.18	380.64	313.28
浙　江	50.81	4.20	128.52	46.60	43.57	205.73	149.98
安　徽	47.29	3.68	86.87	43.60	41.79	272.39	250.48
福　建	22.80	2.04	49.76	20.76	18.78	119.00	74.61
江　西	25.39	1.77	42.20	23.62	22.61	113.61	103.18
山　东	91.38	3.77	99.72	87.60	82.09	663.96	553.21
河　南	83.77	4.94	131.22	78.83	77.31	486.70	466.36
湖　北	34.66	4.09	85.88	30.57	29.06	122.33	105.20
湖　南	40.38	4.37	96.92	36.01	34.86	123.10	113.23
广　东	90.27	4.22	151.10	86.05	79.43	337.34	250.69
广　西	30.91	3.27	80.53	27.64	26.77	130.37	119.98
海　南	5.31	0.59	14.70	4.72	4.61	15.65	14.77
重　庆	26.55	2.11	50.31	24.44	23.33	89.77	80.11
四　川	55.37	5.05	106.46	50.32	48.46	165.11	146.08
贵　州	20.58	2.79	53.43	17.79	17.29	56.83	53.41
云　南	44.64	4.77	74.24	39.88	39.05	137.58	130.58
西　藏	2.29	0.48	8.90	1.81	1.71	12.82	11.70
陕　西	28.73	2.97	56.26	25.75	24.69	143.60	130.80
甘　肃	18.08	1.80	39.23	16.28	15.70	78.57	71.17
青　海	6.86	0.53	9.14	6.33	6.03	29.59	25.56
宁　夏	10.65	0.58	14.62	10.07	9.72	71.12	65.50
新　疆	30.19	3.33	56.57	26.86	25.35	145.24	126.58

注：1.小轿车包括在载客汽车中。
　　2.1999年以前数据仅为公路部门营运汽车，1999年为全国营运汽车。2000年起为全国运输汽车(含营运和非营运汽车)。
　　　2005年起为全国营运汽车（不含非营运汽车)。

5-1-35 内河航道年末里程

单位：公里

地 区	2005	#等级航道	2007	#等级航道	2008	#等级航道	2009	#等级航道	2010	#等级航道
全 国	**123263**	**61013**	**123495**	**61197**	**122763**	**61093**	**123683**	**61546**	**124242**	**62290**
北 京										
天 津	88	88	88	88	88	88	88	88	88	88
河 北										
山 西	467	139	467	139	467	139	467	139	467	139
内蒙古	2403	2380	2403	2380	2403	2380	2403	2380	2403	2380
辽 宁	413	413	413	413	413	413	413	413	413	413
吉 林	1456	1381	1456	1381	1456	1381	1456	1381	1456	1381
黑龙江	5131	4756	5131	4756	5131	4756	5131	4756	5098	4723
上 海	2223	842	2226	845	2226	845	2226	845	2226	845
江 苏	24349	7517	24336	7533	23596	7381	24224	7559	24228	7649
浙 江	9652	4756	9667	4771	9695	4821	9703	4832	9703	4832
安 徽	5587	4997	5596	5006	5576	5004	5596	5006	5596	5006
福 建	3245	1269	3245	1269	3245	1269	3245	1269	3245	1269
江 西	5638	2349	5638	2349	5638	2349	5638	2349	5638	2349
山 东	1012	892	1012	892	1012	892	1012	892	1150	1035
河 南	1267	1150	1267	1150	1267	1150	1267	1150	1267	1150
湖 北	8181	5685	8181	5685	8181	5685	8247	5780	8260	5792
湖 南	11495	4126	11495	4126	11495	4126	11495	4126	11495	4126
广 东	11844	4306	11844	4306	11844	4306	11844	4306	11844	4306
广 西	5413	3331	5413	3331	5413	3331	5433	3351	5433	3352
海 南	343	76	343	76	343	76	343	76	343	76
重 庆	4103	1753	4218	1757	4218	1757	4331	1759	4331	1801
四 川	10720	3825	10720	3825	10720	3825	10720	3825	10720	3825
贵 州	3323	1846	3425	1984	3425	1984	3442	2094	3442	2094
云 南	2539	1810	2539	1810	2539	1810	2532	1810	2877	2206
西 藏										
陕 西	1066	558	1066	558	1066	558	1066	558	1066	558
甘 肃	860	347	860	347	860	347	914	381	914	381
青 海	329	318	329	318	329	318	329	318	421	409
宁 夏	117	105	117	105	117	105	117	105	117	105
新 疆										

5-1-36 民用运输船舶拥有量

年份/地区	轮驳船总计			机动船					驳船		
	艘数(艘)	净载重量(吨)	载客量(客位)	艘数(艘)	净载重量(吨)	载客量(客位)	总功率(千瓦)	#拖船功率	艘数(艘)	净载重量(吨)	载客量(客位)
1991	385537	39547419	1231508	307127	29959203	1169982		1845705	78410	9588216	61526
1992	373568	40663572	1223372	302313	31225749	1177035		1844101	71255	9437823	46337
1993	372481	43573470	1167915	307285	34682035	1124114		1734606	65196	8891435	43801
1994	353385	48489929	1091475	293472	39591864	1065140		1678066	59913	8898065	26335
1995	357715	50389739	997707	299717	40940087	979985		1707115	57998	9449652	17722
1996	326007	49089570	1003194	269879	39774235	988046		1616585	56128	9315335	15148
1997	265797	47814180	1036849	215814	38749289	1022970	19585843	1468612	49983	9064891	13879
1998	260208	47915993	998544	212093	38896576	983630	18431582	1584601	48115	9019417	14914
1999	242043	47893460	939444	194590	38911462	929138	18605574	1494500	47453	8981998	10306
2000	229676	51281109	1032271	185018	42640605	1014013	19354496	1439743	44658	8640504	18258
2001	210786	54495396	1076817	169329	45526726	1048915	20884813	1370221	41457	8968670	27902
2002	202977	57055662	978792	165936	48372587	945387	21995838	1433547	37041	8683075	33405
2003	204270	70616313	1002145	163813	60745234	971514	26156815	1269607	40457	9871079	30631
2004	210700	86172581	996228	166854	75114059	961562	30527287	1197191	43846	11058522	34666
2005	207294	101786449	1011342	165900	90756392	977846	36399287	1480381	41394	11030057	33496
2006	194360	110257084	1059216	157805	98241489	1025861	39068361	1538957	36555	12015595	33355
2007	191771	118814585	1026862	157544	106441173	1004546	39366720	1520924	34227	12373412	22316
2008	184190	124169141	1008545	152247	111047702	994495	43550959	1564439	31943	13121439	14050
2009	176932	146087839	981550	149367	133384848	979384	46209122	1120381	27565	12702991	2166
2010	178407	180408565	1003655	155624	168985654	1001395	53304379	1410719	22783	11422911	2260
北京											
天津	436	9639201	3118	419	9493702	3118	2009622	385488	17	145499	
河北	131	3115465		128	3111485		441991		3	3980	
山西	249	3462	3079	249	3462	3079	14042				
内蒙古											
辽宁	553	7202722	26034	542	7162711	26034	1343359	8286	11	40011	
吉林	871	38638	18044	842	22988	18044	37634	4112	29	15650	
黑龙江	1564	240373	22819	1205	25167	22819	117762	42866	359	215206	
上海	2069	29735947	94262	1951	29568628	94262	11094110	109825	118	167319	
江苏	49091	28847733	28857	38347	24532403	28857	7792861	276556	10744	4315330	
浙江	21439	18125787	72693	20498	18004797	72693	5695657	79222	941	120990	
安徽	29186	20755882	15666	27041	19960494	15666	6921099	51433	2145	795388	
福建	2751	5691611	26839	2407	5680841	26839	1826587	3289	344	10770	
江西	4221	1980342	11811	4184	1962782	11811	650120	2226	37	17560	
山东	11297	11901271	52345	6249	7991681	52345	2468644	216957	5048	3909590	
河南	5043	3604931	9836	4916	3565860	9836	1176057	3347	127	39071	
湖北	5502	6805322	36815	4634	5698208	36815	1786816	139305	868	1107114	
湖南	7269	1983918	69601	7226	1952058	69511	813452	8408	43	31860	90
广东	8816	11436385	65960	8793	11407067	65960	4205432	45712	23	29318	
广西	8800	5140009	112138	8793	5133871	112138	1485400	1018	7	6138	
海南	497	747403	18724	497	747403	18724	613512				
重庆	4368	4213822	117985	3941	3838140	117985	1172106	12434	427	375682	
四川	8414	791559	109538	7350	728746	109538	363347	14019	1064	62813	
贵州	2210	108581	37009	2090	97782	36629	124813	5010	120	10799	380
云南	882	69244	16704	880	69080	16704	80328	396	2	164	
西藏											
陕西	1326	28064	17391	1208	26917	17240	40904	282	118	1147	151
甘肃	540	2983	11145	495	2615	9506	27788		45	368	1639
青海	73		1256	73		1256	8997				
宁夏	711	1144	3986	568		3986	26993	528	143	1144	
新疆											
不分地区	98	8196766		98	8196766		964946				

注：不分地区数据为中国远洋运输集团总公司海外公司数。

5-1-37 沿海规模以上港口码头泊位数(2010年底)

港口	总计			生产用			非生产用	
	码头长度(米)	泊位个数(个)	#万吨级	码头长度(米)	泊位个数(个)	#万吨级	码头长度(米)	泊位个数(个)
总计	**665168**	**5529**	**1293**	**595483**	**4661**	**1293**	**69685**	**868**
#大连	37563	225	78	33686	200	78	3877	25
营口	13533	68	38	13244	63	38	289	5
秦皇岛	16068	86	42	14750	66	42	1318	20
天津	31915	151	95	30567	140	95	1348	11
烟台	15296	85	46	14166	75	46	1130	10
威海	3225	15	10	3225	15	10		
青岛	20518	81	59	19500	75	59	1018	6
日照	11931	48	40	11625	47	40	306	1
上海	119248	1160	150	72537	602	150	46711	558
连云港	10455	55	38	10158	53	38	297	2
宁波-舟山	73914	710	120	71668	650	120	2246	60
台州	10510	170	5	10474	169	5	36	1
温州	16368	238	15	16247	234	15	121	4
福州	15898	127	40	15697	122	40	201	5
厦门	21207	121	57	20540	110	57	667	11
汕头	9715	91	18	9444	86	18	271	5
深圳	31377	172	68	29971	160	68	1406	12
广州	45122	515	60	42001	473	60	3121	42
湛江	17458	184	31	15757	153	31	1701	31
北海	5142	53	8	5082	52	8	60	1
防城	12504	115	26	12134	110	26	370	5
海口	5838	53	10	5647	52	10	191	1
八所	1924	11	8	1754	10	8	170	1

注：1.从2006年起，宁波－舟山港统计范围包括原宁波港和舟山港。
2.从2007年起，烟台港包括原烟台港和龙口港。

5-1-38 内河规模以上港口码头泊位数(2010年底)

港口	总计			生产用			非生产用	
	码头长度(米)	泊位个数(个)	#万吨级	码头长度(米)	泊位个数(个)	#万吨级	码头长度(米)	泊位个数(个)
总计	**886203**	**14804**	**318**	**843985**	**14065**	**318**	**42218**	**739**
#上海(内河)	93202	1942		92345	1925		857	17
南京	30600	294	49	29008	271	49	1592	23
江阴	11501	68	27	11351	66	27	150	2
常州	3111	21	5	3111	21	5		
苏州								
南通	16528	120	45	16064	115	45	464	5
扬州	4092	35	9	4092	35	9		
泰州	13173	106	44	13149	105	44	24	1
镇江	15876	171	32	15756	169	32	120	2
芜湖	10278	114	3	10278	114	3		
马鞍山	6719	108		6669	107		50	1
铜陵	5196	99		5131	98		65	1
安庆	11081	162		9372	134		1709	28
池州	8032	100		8032	100			
九江	13510	146		11485	118		2025	28
武汉	22921	263		19919	229		3002	34
黄石	8018	138		7588	132		430	6
宜昌	7870	50		6222	39		1648	11
重庆	91730	1205		73008	853		18722	352

注：从2009年起，重庆港统计范围发生变化，包括原重庆、涪陵、万州、重庆航管处四个港区，与历史数据不可比。

5-1-39 沿海规模以上港口货物吞吐量

单位：万吨

港 口	1985	1990	1995	2000	2004	2005	2006	2007	2008	2009	2010
总 计	**31154**	**48321**	**80166**	**125603**	**246074**	**292777**	**342191**	**388200**	**429599**	**475481**	**548358**
#大 连	4381	4952	6417	9084	14516	17085	20046	22286	24588	27203	31399
营 口	98	237	1156	2268	5978	7537	9477	12207	15085	17603	22579
秦皇岛	4419	6945	8382	9743	15037	16900	20489	24893	25231	24942	26297
天 津	1856	2063	5787	9566	20619	24069	25760	30946	35593	38111	41325
烟 台	689	668	1361	1774	3431	4506	6076	10129	11189	12351	15033
青 岛	2611	3034	5103	8636	16265	18678	22415	26502	30029	31546	35012
日 照		925	1452	2674	5108	8421	11007	13063	15102	18131	22597
上 海	11291	13959	16567	20440	37896	44317	47040	49227	50808	49467	56320
连云港	929	1137	1716	2708	4352	6016	7232	8507	10060	10843	12739
宁波-舟山	1040	2554	6853	11547	22586	26881	42387	47336	52048	57684	63300
台 州				950	2022	2067	2107	3312	3898	4294	4706
温 州			601	859	2630	3097	3275	3496	4263	5999	6408
厦 门			1314	1965	4261	4771	7792	8117	9702	11096	12728
汕 头	201	279	716	1284	1576	1736	2015	2301	2806	3102	3509
深 圳				5697	13537	15351	17598	19994	21125	19365	22098
广 州	1772	4163	7299	11128	21520	25036	30282	34325	34700	36395	41095
湛 江	1231	1557	1885	2038	3780	4647	5664	6075	6682	11838	13638
北 海				265	471	437	476	594	620	1015	1251
海 口	170	288	468	808	1416	2118	2127	2373	2614	4855	5700
八 所	388	431	275	378	548	486	479	546	554	652	893
三 亚	78	37	42	48	58	49	50	43	75		

注：1.从2006年起，宁波-舟山港统计范围包括原宁波港和舟山港，以往年度数据为原宁波港数据。
　　2.从2007年起，烟台港统计范围包括原烟台港和龙口港，以往年度数据为原烟台港数据。

5-1-40 内河规模以上港口货物吞吐量

单位：万吨

港 口	2000	2001	2002	2003	2004	2005	2006	2007	2008	2009	2010
总 计	**44452**	**49002**	**56701**	**66224**	**86414**	**101418**	**117510**	**138208**	**159481**	**221678**	**261822**
#上海(内河)	5853	7660	8613	9857	10575	10749	6 709	6918	7362	9738	9019
南 京	6679	5789	6108	6620	9589	10686	10091	10859	11125	12146	14719
江 阴	666	1024	1357	2150	2683	4278	5739	7218	8740	10103	12522
常 州	379	492	562	754	540	805	2347	2029	2282	2724	3156
苏 州	364	397	410	6282	9059	11919	15085	18377	20348	24634	
南 通	2748	3511	3746	5010	7218	8327	10386	12339	13214	13641	15070
扬 州	419	469	615	860	889	1179	1398	1591	1938	2938	3642
泰 州	187	244	329	806	1285	1581	2787	2128	2592	7467	9890
镇 江	2153	2217	2630	3046	4839	5847	6318	7824	8705	8713	10634
芜 湖	830	903	1138	1410	1831	1850	3934	4681	5514	5710	6609
马鞍山	626	747	888	1052	1713	2011	2393	3684	4697	4191	4826
铜 陵	314	289	312	305	380	352	2405	2860	2872	3157	3914
安 庆	729	668	846	1043	1479	1835	2839	2852	2800	2554	2813
池 州	155	184	258	422	1073	1752	1952	2101	2250	2244	2576
九 江	623	574	573	614	842	928	760	733	596	2852	3291
武 汉	1738	1653	1773	3124	4281	4939	5034	5278	5592	5409	6620
黄 石	227	439	515	585	675	1003	1195	962	1032	1520	1605
宜 昌	217	213	182	212	305	226	518	734	715	653	818
重 庆	781	701	638	641	820	950	1073	1317	1470	8612	9668
万 州	252	258	290	274	446	490	641	713	822		

注：从2009年起,重庆港统计范围发生变化，包括原重庆、涪陵、万州、重庆航管处四个港区，与历史数据不可比。

5-1-41 沿海规模以上港口分货类吞吐量

单位：万吨

货类名称	2008			2009			2010		
	合计	出港	进港	合计	出港	进港	合计	出港	进港
总计	**429599**	**198011**	**231587**	**475481**	**202273**	**273208**	**548358**	**237778**	**310580**
煤炭	88949	55518	33431	94902	52548	42354	116258	63856	52402
石油	44970	15379	29591	52685	18690	33995	60786	20958	39827
#原油	25790	5854	19936	30419	6846	23573	35985	8007	27978
金属矿石	67643	14418	53224	86569	15221	71349	93493	18621	74872
钢铁	18265	11872	6392	19081	11112	7969	21226	12689	8537
矿建材料	30228	10121	20107	31245	10572	20674	33379	11555	21825
水泥	3245	1299	1946	2620	886	1735	3048	849	2199
木材	1821	963	858	2162	525	1637	3343	671	2671
非金属矿石	6033	2524	3509	5846	2423	3423	7827	3109	4718
化肥和农药	1466	839	627	1310	751	559	1973	1344	629
盐	627	84	543	413	59	354	631	67	564
粮食	9135	3299	5836	10483	3606	6877	12504	4036	8468
机械、设备、电器	27156	13647	13509	16026	8322	7704	16243	8487	7756
化工原料及制品	6105	2430	3676	7103	2274	4829	8625	3163	5462
有色金属	546	180	366	786	146	640	747	211	536
轻工、医药产品	12323	7695	4628	7977	4256	3721	7786	4259	3527
农林牧渔业产品	2823	1059	1764	2741	1087	1653	3374	1376	1999
其他	108264	56684	51580	133530	69797	63733	157115	82529	74587

5-1-42 内河规模以上港口分货类吞吐量

单位：万吨

货类名称	2008			2009			2010		
	合 计	出 港	进 港	合 计	出 港	进 港	合 计	出 港	进 港
总计	**159481**	**69596**	**89884**	**221678**	**96004**	**125675**	**261822**	**114677**	**147145**
煤炭	28013	10232	17780	37384	12879	24505	48359	16563	31795
石油	7705	3243	4462	9558	3884	5674	10420	4139	6282
#原油	2372	642	1731	2592	716	1876	2832	779	2053
金属矿石	22812	6184	16628	27124	7775	19349	32783	8917	23867
钢铁	10264	5345	4919	13844	6389	7455	17901	9413	8488
矿建材料	47644	21079	26564	76910	34130	42780	87016	39569	47447
水泥	10835	8264	2571	13720	10240	3480	15609	11731	3878
木材	1359	431	929	1388	358	1031	1779	422	1356
非金属矿石	6971	4043	2928	8844	5503	3342	10718	7087	3630
化肥和农药	965	546	419	1763	1261	502	1569	966	603
盐	497	210	288	694	242	452	667	265	402
粮食	2243	753	1489	3544	1113	2431	4357	1304	3053
机械、设备、电器	877	531	346	808	517	291	714	457	258
化工原料及制品	4567	1815	2752	6217	2429	3788	7283	2814	4470
有色金属	189	72	117	235	86	150	173	75	98
轻工、医药产品	1469	690	779	1604	805	800	1606	786	821
农林牧渔业产品	542	160	381	787	269	519	716	209	507
其他	12529	5996	6533	17252	8124	9128	20152	9962	10190

5-1-43 民用航空航线及飞机年末数

指 标		2000	2005	2006	2007	2008	2009	2010
民用航空航线条数	**（条）**	**1165**	**1257**	**1336**	**1506**	**1532**	**1592**	**1880**
国际航线		133	233	268	290	297	263	302
国内航线		1032	1024	1068	1216	1235	1329	1578
#港澳地区航线		42	43	43	48	49	72	85
民用航空航线里程	**（公里）**	**1502887**	**1998501**	**2113505**	**2342961**	**2461840**	**2345085**	**2765147**
国际航线		508405	855932	966168	1047418	1120166	919899	1070167
国内航线		994482	1142569	1147337	1295543	1341674	1425186	1694980
#港澳地区航线		55759	61056	62846	71169	68592	107262	121437
民航通航机场数	**（个）**	**139**	**135**	**142**	**148**	**152**	**165**	**175**
民用飞机期末架数	**（架）**	**982**	**1386**	**1614**	**1813**	**1961**	**2181**	**2405**
运输飞机		527	863	998	1134	1259	1417	1597
大中型飞机		462	785	921	1050	1155	1297	1453
#B737		186	358	418	486	527	593	650
B747		19	22	30	35	37	37	40
B757		48	64	60	56	52	51	48
B767		16	27	29	22	22	19	18
MD11		6	7	8	9	10	10	7
MD90		22	22	22	22	22	22	11
MD82		27	15	12	12			
A300		18	21	16	14	15	15	14
A310		3	3					
A320		60	115	141	160	186	219	281
A340		8	16	16	16	17	19	19
小型飞机		65	78	77	84	104	120	144
通用航空飞机		301	383	457	457	484	555	606
教学校验飞机		154	140	159	222	218	209	202

5-1-44 民用航空运输量及通用航空飞行时间

指 标	2000	2005	2006	2007	2008	2009	2010
客运量 （万人）	**6722**	**13827**	**15968**	**18576**	**19251**	**23052**	**26769**
国际航线	690	1225	1415	1692	1519	1474	1931
国内航线	6031	12602	14553	16884	17732	21578	24838
#港澳地区航线	403	509	536	541	500	517	672
旅客周转量 （万人公里）	**9705437**	**20449288**	**23706600**	**27917258**	**28827993**	**33752354**	**40389960**
国际航线	2328154	4524063	5239061	6184134	5772650	5662080	7589325
国内航线	7377283	15925225	18467539	21733123	23055343	28090274	32800635
#港澳地区航线	502405	709205	758073	767865	718211	749114	981817
货(邮)运量 （吨）	**1967123**	**3067168**	**3494320**	**4018485**	**4076376**	**4455347**	**5630371**
国际航线	492356	771551	921738	1173063	1194708	1260983	1926315
国内航线	1474767	2295618	2572582	2845422	2881668	3194364	3704056
#港澳地区航线	135442	169247	179164	166813	156221	159019	216603
货邮周转量 （万吨公里）	**502683**	**788954**	**942753**	**1163867**	**1196023**	**1262307**	**1788982**
国际航线	291550	452450	564128	748134	773683	794325	1253028
国内航线	211133	336504	378625	415733	422340	467982	535954
#港澳地区航线	19495	26263	28264	26129	24089	22743	28700
运输总周转量 （万吨公里）	**1225007**	**2612724**	**3057979**	**3652993**	**3767652**	**4270726**	**5384490**
国际航线	465190	855235	1031319	1299921	1288988	1299511	1929689
国内航线	759818	1757488	2026659	2353072	2478663	2971215	3454801
#港澳地区航线	56878	89509	95743	94370	87925	89293	115895
通用航空飞行时间 （小时）	**48707**	**84859**	**91901**	**109570**	**110706**	**123838**	**139772**
#农林业航空作业	22922	25428	27675	28001	24691	26309	28192
#航空护林	3927	6508	6789	7088	6000	7340	7748
播种造林	4060	1929	2027	1698	1555	1534	1419
工业航空作业	25785	36514	38316	44873	50591	52916	63886

5-1-45 民用航空主要机型运用情况

机 型	期末飞机架数 (架)	运输飞行小时 (小时)	运输飞行里程 (万公里)	平均每可用机年生产飞行小时 (小时/架)	平均每可用机日生产飞行小时 (小时/架/日)	正班平均载运率 (%)
总 计	**2203**	**5107542**	**319405.8**	**2783**	**7.6**	**71.6**
#B747-400	4	14519	1359.4	3791	10.4	67.6
B747-400COM	5	24517	2036.2	5295	14.5	70.6
B747-400F	28	114230	8796.0	4762	13.1	77.0
B737-800	371	1226789	75205.1	3725	10.2	74.3
B737-400	9	28090	1647.2	3405	9.3	78.7
B737-300	94	316223	18397.1	3525	9.7	80.6
B767-300	18	66787	4571.2	4035	11.1	65.6
B757-200	44	159281	10250.6	3719	10.2	69.0
B777-200A	14	47985	3205.8	3705	10.2	65.7
B777-200B	6	26483	2082.2	4679	12.8	59.5
A321	118	377432	23178.6	3626	9.9	69.7
A320	281	906270	55933.2	3744	10.3	77.5
A319	147	509922	31053.3	3735	10.2	68.0
A300-600	10	26946	1782.0	3286	9.0	64.7
A330-200	43	176997	13296.0	4706	12.9	61.6
A330-300	27	86903	5638.4	3593	9.8	58.9
A340-300	11	45096	3468.8	4496	12.3	67.0

注：期末飞机架数不含教学校验飞机。

5-1-46 各地区城市公共交通运营线路网长度(2010年底)

单位：公里

地 区	公共汽车、无轨电车	公交专用车道长度	轨道交通	地铁	轻轨	有轨电车
全 国	**488812**	**3513**	**1471**	**1217**	**169**	**39**
北 京	18743	294	336	336		
天 津	12240	65	80	27	46	8
河 北	14869	41				
山 西	12200	44				
内蒙古	9272	46				
辽 宁	19104	196	115	28	63	24
吉 林	10136	80	39		31	8
黑龙江	11956	83				
上 海	23130	162	453	424		
江 苏	41266	395	85	85		
浙 江	39989	129				
安 徽	8948	99				
福 建	13555	85				
江 西	9934	13				
山 东	39470	387				
河 南	16362	129				
湖 北	16706	55	29		29	
湖 南	14791	88				
广 东	69485	421	300	300		
广 西	8099	88				
海 南	3818					
重 庆	11183	13	17			
四 川	15239	254	19	19		
贵 州	5143	13				
云 南	13218	96				
西 藏	949					
陕 西	8697	77				
甘 肃	4173					
青 海	1554	5				
宁 夏	4325	32				
新 疆	10258	124				

注：上海市轨道交通合计中包括磁悬浮运营线路总长度29公里。

5-1-47 各地区城市公共交通运营车(船)拥有量(2010年底)

单位：辆

地 区	公共汽(电)、轨道运营车辆合计	公共汽车	#天然气燃料车	#液化石油气燃料车	无轨电车	轨道交通	地铁	轻轨	有轨电车	出租汽车	轮渡运营船数(艘)
全 国	**383161**	**372909**	**51503**	**7401**	**1967**	**8285**	**7437**	**601**	**125**	**986190**	**959**
北 京	24011	21058	3113		490	2463	2463			66646	
天 津	7413	7121	607			292	116	152	24	31940	
河 北	14630	14630	2318							46016	
山 西	6609	6476	360		133					28848	
内蒙古	5771	5771	1247							37131	
辽 宁	19770	19355	325	496	61	354	138	144	72	79890	
吉 林	10421	10203				218		189	29	54933	
黑龙江	13567	13567	1525	810						61129	223
上 海	20297	17168	226		287	2842	2828			50007	42
江 苏	27561	27195	541			366	366			46075	64
浙 江	21589	21524	330		65					32532	206
安 徽	9626	9626	1515							36681	6
福 建	10306	10306	615							16782	25
江 西	6266	6266								10854	
山 东	27752	27467	2985		285					57687	38
河 南	16096	15958	382	14	138					44525	
湖 北	16544	16192	1422	511	236	116		116		31325	52
湖 南	12344	12344	297							23778	17
广 东	41933	40237	1259	5457	272	1424	1424			59972	193
广 西	6839	6839								13566	
海 南	1964	1964	675	113						3978	18
重 庆	7660	7552	7164			108				14021	75
四 川	15288	15186	10213			102	102			27022	
贵 州	4584	4584	739							9091	
云 南	7135	7135	80							15164	
西 藏	940	940								1357	
陕 西	9953	9953	3023							21288	
甘 肃	4382	4382	2238							19309	
青 海	2175	2175	1910							7119	
宁 夏	2382	2382	1271							12978	
新 疆	7353	7353	5123							24546	

注：轨道交通车辆中包括上海磁悬浮车辆14辆。

5-1-48 各地区城市公共交通客运量

单位：万人次

地 区	客运总量	公共汽车	轨道交通	出租汽车	客运轮渡
全 国	**9709085**	**6310720**	**556777**	**2824076**	**17512**
北 京	758789	505144	184645	69000	
天 津	149748	108581	6568	34600	
河 北	273143	178559		94585	
山 西	195055	110135		84921	
内蒙古	172160	89963		82196	
辽 宁	599102	400802	8627	189673	
吉 林	343434	148242	3636	191555	
黑龙江	422156	212581		208945	630
上 海	586166	280758	188407	114499	2503
江 苏	530372	377257	21459	129781	1875
浙 江	433583	302932		128128	2523
安 徽	312608	181876		130614	118
福 建	258344	197723		58357	2264
江 西	165217	121628		43589	
山 东	517019	371800		143916	1302
河 南	346049	229237		116813	
湖 北	395952	281181	3300	110004	1468
湖 南	360853	241463		119287	103
广 东	900647	576764	134373	185509	4002
广 西	180960	141942		39018	
海 南	46052	36470		9444	137
重 庆	228397	161932	4576	61302	587
四 川	391992	289504	1187	101301	
贵 州	157936	113505		44432	
云 南	184014	138213		45800	
西 藏	13729	5296		8433	
陕 西	295822	223729		72093	
甘 肃	140718	85327		55391	
青 海	58383	38964		19419	
宁 夏	70547	27130		43417	
新 疆	220140	132084		88056	

5-1-49 省会城市和计划单列市公共交通运营线路网长度(2010年底)

单位：公里

城市	公共汽车、无轨电车	公交专用车道长度	轨道交通	地铁	轻轨	有轨电车
北京	18743	294	336	336.0		
天津	12240	65	80	26.6	45.6	7.6
石家庄	2405	30				
太原	2529	44				
呼和浩特	1556	17				
沈阳	3718	99	28	27.9		
大连	3090	43	87		63.0	24.0
长春	4371	67	39		31.1	7.6
哈尔滨	3766	12				
上海	23130	162	453	423.5		
南京	6907	63	85	85.0		
杭州	10776	92				
合肥	1856	20				
福州	2502	16				
厦门	4463	63				
南昌	3371					
济南	3681	113				
青岛	4087	58				
郑州	4434	30				
武汉	5793	33	29		28.9	
长沙	3173	69				
广州	11547	129	236	236.0		
深圳	16987	183	64	63.5		
南宁	2336	60				
海口	2426					
重庆	11183	13	17			
成都	5953	230	19	18.5		
贵阳	2612	13				
昆明	8658	96				
拉萨	840					
西安	5531	66				
兰州	1084					
西宁	982	5				
银川	1076	32				
乌鲁木齐	3515	21				

注：上海市轨道交通合计中包括磁悬浮运营线路总长度29公里。

5-1-50 省会城市和计划单列市公共交通运营车(船)拥有量(2010年底)

单位：辆

地区	公共汽(电)、轨道运营车辆合计	公共汽车	#天然气燃料车	#液化石油气燃料车	无轨电车	轨道交通	地铁	轻轨	有轨电车	出租汽车	轮渡运营船数(艘)
北京	24011	21058	3113		490	2463	2463			66646	
天津	7413	7121	607			292	116	152	24	31940	
石家庄	3363	3363	2004							6826	
太原	1984	1851	1		133					8291	
呼和浩特	1577	1577	98							5568	
沈阳	5465	5327	250	496		138	138			18470	
大连	4912	4635	71		61	216		144	72	10173	
长春	4651	4433				218		189	29	16967	
哈尔滨	5173	5173	1435	810						14366	79
上海	20297	17168	226		287	2842	2828			50007	42
南京	6544	6178				366	366			10145	19
杭州	7345	7280	157		65					9362	52
合肥	2713	2713	746							8395	
福州	3042	3042	305							4945	5
厦门	3363	3363	310							4574	20
南昌	2490	2490								3813	
青岛	4664	4525	508		139					9639	38
济南	4060	3920	1127		140					8237	
郑州	4826	4768	100		58					10718	
武汉	7576	7224	898	511	236	116		116		13996	26
长沙	3557	3557	230							6281	
广州	9511	8133		5457	272	1106	1106			18991	25
深圳	12774	12456	300			318	318			14340	
南宁	2601	2601								4795	
海口	1184	1184	471	113						1915	16
重庆	7660	7552	7164			108				14021	75
成都	7400	7298	6633			102	102			11408	
贵阳	2423	2423	719							3396	
昆明	4312	4312	60							7104	
拉萨	904	904								1163	
西安	7107	7107	2620							11879	
兰州	2151	2151	2135							6995	
西宁	1932	1932	1910							5516	
银川	1196	1196	1196							5006	
乌鲁木齐	3634	3634	3615							7950	

注:轨道交通车辆中包括上海磁悬浮车辆14辆。

5-1-51 省会城市和计划单列市公共交通客运量

单位：万人次

城 市	客运总量	公共汽车	轨道交通	出租汽车	客运轮渡
北 京	758789	505144	184645	69000	
天 津	149749	108581	6568	34600	
石家庄	71659	51266		20393	
太 原	70560	42879		27681	
呼和浩特	53825	44805		9020	
沈 阳	165233	119273	1243	44717	
大 连	136214	103107	7384	25723	
长 春	140460	64721	3636	72103	
哈尔滨	152814	109078		43231	505
上 海	586167	280758	188407	114499	2503
南 京	153726	103691	21459	27375	1201
杭 州	162182	127825		34316	41
合 肥	89416	60873		28543	
福 州	75428	59394		16000	34
厦 门	109568	73526		33812	2230
南 昌	70567	53918		16649	
青 岛	114216	85251		27663	1302
济 南	104867	84872		19995	
郑 州	112323	83049		29274	
武 汉	192909	153504	3300	35152	953
长 沙	101303	72222		29081	
广 州	372166	177074	118102	75245	1745
深 圳	231151	194246	16271	20634	
南 宁	78299	63598		14701	
海 口	28330	23032		5248	50
重 庆	228397	161932	4576	61302	587
成 都	150031	121538	1187	27306	
贵 阳	70340	59551		10789	
昆 明	106539	90262		16277	
拉 萨	11900	4983		6917	
西 安	202611	165387		37224	
兰 州	81919	60907		21012	
西 宁	53108	38594		14514	
银 川	36535	18171		18364	
乌鲁木齐	95202	73490		21712	

5-1-52 邮政主要业务量

指　　标		2005	2006	2007	2008	2009	2010
邮政业务总量		625.5	730.5	1213.7	1401.8	1639.9	1985.3
（2000年不变价格）	（亿元）						
函件	（万件）	735114.8	713123.2	695034.4	736334.7	753244.8	740141.0
国内函件		731112.5	709041.4	690401.3	729734.1	744846.9	731656.6
国际及港澳台函件		4002.4	4041.8	4633.1	6600.6	8397.9	8484.4
包裹	（万件）	9531.8	9317.5	9103.3	7936.7	7229.6	6642.5
国内包裹		9375.1	9158.8	8939.6	7783.1	7084.2	6496.0
国际及港澳台包裹		156.7	158.7	163.7	153.6	145.5	146.5
快递	（万件）	22880.3	26988.0	120189.6	151329.3	185784.8	233892.0
国内同城快递		4780.2	5892.7	33312.5	40223.4	43728.3	53605.8
国内异地快递		17401.4	20179.2	77157.0	100465.6	130803.6	167324.7
国际及港澳台快递		698.8	916.1	9720.1	10640.4	11253.9	12961.4
汇票	（万笔）	16052.0	18928.0	22875.2	26404.2	27177.4	28043.2
国内汇票		16034.1	18900.5	22827.0	26373.3	27149.6	28032.4
国际汇票		17.9	27.5	48.2	30.9	27.8	10.8
订销报纸累计份数	（万份）	1502669.3	1314762.8	1505639.6	1626004.2	1621040.2	1717080.6
订销杂志累计份数	（万份）	100314.6	53185.7	98104.1	104220.0	102073.1	104756.3
报纸期发份数	（万份）	8020.4	7904.1	7219.5	8954.5	7592.7	9598.9
杂志期发份数	（万份）	6580.9	6468.6	5811.1	6703.8	6316.8	7559.4
集邮邮票	（万枚）	121213.5	104580.9	113656.7	131872.6	110088.5	114622.5
集邮品册数	（万册）	2940.8	2689.9	3017.2	4121.9	3748.4	4687.5
邮政储蓄平均余额	（亿元）	12123.1	15017.5	16774.6	19260.3	22549.8	26546.4
邮政储蓄期末余额	（亿元）	13599.0	16019.6	17217.0	20799.2	24050.1	28471.4

注:邮政业务总量、快递的统计口径2006年以前为中国邮政集团，2007年起数据包括邮政企业和规模以上快递企业(下表同)。

5-1-53 各地区邮政主要业务量

地 区	邮政业务总量（亿元）	函件（万件）	包裹（万件）	快递（万件）	汇票（万笔）	订销报纸累计份数（万份）	订销杂志累计份数（万份）	报刊期发数（万份）	集邮邮票（万枚）	邮政储蓄期末余额（亿元）
全 国	**1985.3**	**740141.0**	**6642.5**	**233892.0**	**28043.2**	**1717080.6**	**104756.3**	**17158.3**	**114622.5**	**28471.4**
北 京	107.3	67664.7	636.9	18002.5	1081.1	76845.0	5595.3	726.6	16913.0	830.1
天 津	33.8	10552.8	109.5	3670.1	305.4	20207.7	1310.7	210.4	5339.3	484.6
河 北	58.1	24335.0	358.1	4573.7	620.2	73710.2	3662.4	509.1	2764.5	1289.5
山 西	39.2	7732.1	120.6	1479.3	774.2	48813.3	2412.1	345.4	1018.1	1198.5
内蒙古	16.6	3370.3	103.9	1432.1	575.8	27025.2	1734.4	190.5	1661.0	362.3
辽 宁	58.4	8462.9	223.5	4585.6	980.9	46759.1	2669.0	383.7	4398.8	1281.9
吉 林	25.8	9319.0	116.0	1855.0	483.8	25123.8	1095.8	185.1	874.3	616.9
黑龙江	47.7	9305.1	237.6	2308.2	534.1	43930.4	2428.2	367.7	3477.5	1231.7
上 海	176.4	116600.8	536.0	24318.9	944.2	115717.7	4269.3	980.4	5156.0	803.2
江 苏	188.3	93600.2	406.4	23796.5	1930.1	158634.5	7991.4	1091.6	7447.9	2321.3
浙 江	154.1	84856.8	438.0	24898.2	2206.1	140012.5	7061.9	1050.1	6597.7	1341.2
安 徽	45.9	21121.5	150.9	3604.2	394.4	57889.7	5040.6	602.2	604.8	1168.5
福 建	69.1	25198.8	177.0	10069.0	1104.2	61907.7	3953.5	503.3	3526.3	709.3
江 西	36.9	17970.9	122.5	2350.5	480.6	51655.1	2778.0	361.1	2539.7	958.3
山 东	104.8	53951.0	349.2	11783.5	1223.4	117425.3	5257.4	1618.0	4360.8	1904.5
河 南	89.8	24704.6	253.1	5765.0	1399.9	102057.8	5003.0	802.8	8158.2	1730.3
湖 北	55.7	9929.8	210.9	5476.6	654.1	55102.5	5170.0	556.2	6842.8	1335.7
湖 南	49.0	8357.6	167.3	4227.7	830.9	56861.1	4668.1	717.9	2275.8	1224.1
广 东	378.0	76311.9	659.7	59107.5	6324.5	90145.6	6820.1	1904.6	11470.1	1983.8
广 西	28.6	7210.3	126.2	2277.9	299.8	27900.2	3824.6	360.2	1191.0	647.9
海 南	9.9	1224.5	40.6	681.2	256.3	13151.5	614.6	83.9	367.2	247.5
重 庆	30.7	5423.4	101.6	2829.4	419.6	25668.6	2187.4	1132.7	777.7	808.3
四 川	70.0	22545.7	240.1	5810.6	1087.9	79550.5	4322.2	577.3	4628.1	1596.5
贵 州	15.5	5938.8	59.4	1120.9	556.8	29300.8	2782.6	195.6	1226.2	336.9
云 南	18.9	5498.6	135.4	2108.5	445.9	39082.9	2603.8	300.8	2199.3	341.3
西 藏	1.9	291.0	36.6	195.3	141.0	7495.9	301.7	41.9	244.1	29.0
陕 西	37.4	9733.7	199.1	2582.5	643.7	47941.6	5052.1	517.2	2296.0	902.1
甘 肃	11.3	3802.3	89.7	1012.9	353.8	29364.0	1162.9	210.1	1490.1	233.4
青 海	3.2	471.5	34.6	162.7	150.6	6304.6	322.0	47.3	716.8	76.1
宁 夏	4.1	1730.9	28.6	474.9	133.1	6941.3	362.7	277.8	1387.7	83.3
新 疆	18.6	2924.2	173.6	1331.1	707.0	34554.6	2298.4	306.7	2671.7	393.3

5-1-54 邮政邮路

指 标		2002	2003	2004	2005	2006	2007	2008	2009	2010
邮路总条数	**（条）**	**21029**	**21075**	**21350**	**20846**	**20757**	**21034**	**21077**	**20838**	**20904**
#国际及港澳邮路	（条）		105	111	124	130	143		169	126
全国干线邮路	（条）		1235	1248	1258	1274	1315		1514	2035
省内干线邮路	（条）		1261	1317	1424	1442	1449		1779	2424
航空邮路	（条）	1010	1010	1003	1034	1040	1070	1088	1204	1634
铁路邮路	（条）	164	168	164	164	163	155	168	175	181
汽车邮路	（条）	13588	13938	14404	14721	14833	15197	15369	15832	15816
水路邮路	（条）	167	154	156	137	142	135		115	103
其他邮路	（条）	6100	5805	5623	4790	4579	4477		3512	3170
总数中：快速邮路	（条）	443	626	676	763	711	737		973	
城市投递段道	（条）	42610	44408	45415	47841	49831	52307	55017	57304	53603
农村投递路线	（条）				96363	98046	98822	99962	98759	99610
邮路总长度(单程)	**（公里）**	**3080989**	**3270209**	**3336446**	**3406226**	**3369392**	**3532980**	**3693464**	**4027751**	**4635569**
#国际及港澳邮路	（公里）		425901	454424	500104	474463	557625		706058	518609
全国干线邮路	（公里）		1673451	1661102	1652859	1645944	1673123		1954567	2564072
省内干线邮路	（公里）		260668	278652	303855	297805	319445		381098	590472
航空邮路	（公里）	1601388	1756337	1762990	1813959	1777368	1855335	1908316	2178332	2529232
铁路邮路	（公里）	177685	191351	195998	200180	204733	211534	236860	248876	269700
汽车邮路	（公里）	1112806	1137480	1194578	1229802	1230633	1302915	1385102	1450782	1753027
水路邮路	（公里）	51858	51456	51404	50394	50732	57561		69132	3695
其他邮路	（公里）	137252	133585	131476	111891	105926	105635		80627	79914
总数中：快速邮路	（单程）	90925	166916	147702	169969	140140	137365		192744	
城市投递段道(单程)	（公里）				941286	985785	1024046	1111749	1324378	1461321
农村投递路线(单程)	（公里）	3511190	3531832	3530508	3565226	3566982	3637553	3656936	3676051	3690561

5-1-55 分地区邮政邮路

地　区	邮　路总条数（条）	#航空邮路	#铁路邮路	#汽车邮路	城市投递段道（条）	农村投递路线（条）	邮　路总长度（单程）（公里）	#航空邮路	#铁路邮路	#汽车邮路	城市投递段道（单程）（公里）	农村投递路线（单程）（公里）
全　国	**20904**	**1634**	**181**	**15816**	**53603**	**99610**	**4635569**	**2529232**	**269700**	**1753027**	**1461321**	**3690561**
北　京	1114	68	19	959	3016	421	342767	194086	35141	112620	48342	17373
天　津	165	39	4	122	769	263	75097	53312	5957	15828	15889	16872
河　北	608	29	2	530	2529	3703	113496	40704	3671	67707	51692	200437
山　西	524	31	6	274	1420	2428	92499	43632	7600	29349	29615	113916
内蒙古	670	32	13	519	1272	1638	92391	37240	6205	46649	32301	114545
辽　宁	615	76	5	481	2501	2721	198335	142629	7016	48162	47506	95582
吉　林	287	30	6	233	877	1589	84349	51055	6516	26013	25675	95524
黑龙江	586	28	16	491	1950	3254	101025	45372	14565	40558	40770	115499
上　海	590	53	8	365	3999	694	137618	73130	16134	45927	67918	23554
江　苏	1006	74	4	926	3119	5381	223253	110727	5953	106543	97974	261298
浙　江	1197	93	2	745	2459	4630	234673	130896	3658	91809	60012	179456
安　徽	527	59	3	425	1692	5239	84200	25650	2434	54330	39161	150902
福　建	784	114	8	558	1940	3419	218405	160227	13416	43770	40401	89432
江　西	680	20	5	578	1197	3365	98020	28150	7113	60957	20887	97950
山　东	741	93	5	630	3658	5700	252049	163350	7398	80890	385763	271512
河　南	831	34	5	748	3026	4488	142133	47854	7545	85533	51422	193690
湖　北	681	120	7	518	2173	4198	243416	166839	8642	58809	60894	194656
湖　南	591	39	1	540	1792	6085	134386	54779	1593	77745	36203	199222
广　东	1320	162	7	1087	3776	4787	550662	358856	15525	174503	114708	214877
广　西	877	70	6	710	1256	3856	159853	101505	8953	48085	21488	112713
海　南	150	40		105	333	507	62316	49490		12429	7700	22155
重　庆	527	43	2	304	1021	3663	108976	66484	3347	34363	24886	63126
四　川	2038	52	6	884	2100	9869	185703	78650	4902	83971	34682	176657
贵　州	666	24	6	635	808	2402	96174	33780	6413	55901	10110	58872
云　南	1160	54	8	962	1142	4776	145715	58887	15170	68532	18914	159623
西　藏	58	2	1	55	142	2997	20085	2815	2188	15082	2859	117612
陕　西	601	47	10	461	1341	2765	151470	72001	15786	60349	29034	134262
甘　肃	595	31	5	377	896	2634	87997	42659	6010	34395	13801	110385
青　海	72	10	2	55	224	180	30065	14075	3480	12356	3900	10451
宁　夏	129	13	2	112	126	295	34074	18297	4630	11099	3271	14290
新　疆	514	54	7	427	1049	1663	134367	62102	22737	48763	23543	64120

5-1-56 邮政业营业网点

年份 地区	邮政业营业网点(处)		邮政局所总数(处)			局所总数中:		邮政代办点(处)	信筒信箱(个)	邮政储蓄点(处)
		设在农村		设在农村	电子化支局	邮政局(处)	邮政支局(处)			
2002	76358	58328	56861	40419	17662	2455	22227	19497	217541	34444
2003	63555	45893	56426	39911	18428	2451	22207	7129	275962	33540
2004	66393	48017	55747	38721	20026	2455	22413	10646	222946	34424
2005	65917	46821	55444	37930	24124	2526	22910	10473	202259	35024
2006	62799	43673	54310	36387	33234	2535	23233	8489	197491	35704
2007	70655	40814	53569	35364	35875	2535	23281	6317	195336	36016
2008	69146	39968	51255	34843	37529	2517	24171	5946	224023	
2009	65672	37692	48687	33303	37419	2519	23489	5443	206597	36869
2010	75739	32624	47446	32624	38674	2530	23997	3770	171043	37439
北京	2205	163	751	163	703	16	172	45	6397	522
天津	749	115	427	115	430	19	117	1	2093	390
河北	2353	1030	1607	1030	1444	160	1260	164	5009	1364
山西	1502	759	1231	759	913	107	338	61	2811	1166
内蒙古	1733	1039	1547	1039	786	97	727		2455	737
辽宁	2172	897	1561	897	1500	59	1018	19	6164	1543
吉林	1302	699	960	699	738	49	766		4615	1053
黑龙江	1974	925	1532	925	1440	80	1035	36	4612	1609
上海	4210	196	571	196	581	15	238	105	3568	455
江苏	4808	1792	2534	1792	2436	68	2192	51	8440	2418
浙江	3734	1409	1904	1409	1501	74	779	79	10389	1574
安徽	2309	1232	1654	1232	1492	81	867	397	6693	1564
福建	2256	994	1314	994	1146	68	875	43	14429	941
江西	2046	1237	1653	1237	1426	96	326	32	3674	1409
山东	4206	1991	2824	1991	2810	131	2642	24	15271	2812
河南	3908	1863	2529	1863	2395	132	1420	516	4590	2158
湖北	2422	1165	1765	1165	1546	78	1154	85	11109	1577
湖南	3095	1441	2112	1441	1782	106	912	465	5242	2039
广东	8526	1604	3140	1604	2651	104	1347	33	14288	1921
广西	1739	1171	1489	1171	1200	90	559	31	8197	924
海南	488	301	412	301	305	21	209	1	843	335
重庆	3016	1371	1752	1371	1429	39	474	796	2985	1688
四川	5286	4099	4320	4099	2656	198	1287	281	7566	2944
贵州	1796	937	1326	937	1203	83	505	277	2507	676
云南	2235	1268	1955	1268	1136	135	429	20	2927	811
西藏	302	76	260	76	118	80	3		346	62
陕西	1934	973	1521	973	1081	100	531	37	4156	1197
甘肃	1282	899	1065	899	717	85	729	84	6347	555
青海	226	52	194	52	135	47	65	1	360	156
宁夏	462	167	305	167	169	19	37	49	636	202
新疆	1463	759	1231	759	805	93	984	37	2324	637

注：营业网点1998年及以前为邮电局所，1999-2006年为邮政局所，统计口径从2002年起为邮政局所和邮政代办点，2007年邮政业营业网点数据包括邮政企业和规模以上快递企业。

5-1-57 邮政通信服务水平

指 标		2002	2003	2004	2005	2006	2007	2008	2009	2010
已通邮的行政村	(个)	690981	672147	665892	645939	638096	623507	614592	614729	606922
开办邮政储蓄业务的乡(镇)	(个)	22117	21519	20985	20850	20244	21053	20513	18871	18139
城区每日平均投递次数	(次)	2.4	2.1	2.2	2.1	2.1	2.1	2.1	2.0	2.1
农村每周平均投递次数	(次)	5.1	5.0	5.1	5.0	4.9	4.9	5.0	5.0	4.9
城区局内信箱(筒)每日开箱次数	(次)	2.6	2.1	2.2	2.2	2.2	2.2	2.1	2.1	2.1
城区局外信箱(筒)每日开箱次数	(次)	1.7	1.4	1.6	1.5	1.5	1.5	1.5	1.5	1.4
邮政储蓄市场占有率	(%)	8.5	8.7	9.0	9.6	9.9	10.0	9.6	9.2	9.4
平均每一营业网点服务面积	(平方公里)	125.7	151.1	142.4	145.6	152.9	135.9	138.8	146.2	126.8
平均每一营业网点服务人口	(万人)	1.7	2.0	1.9	2.0	2.1	1.9	1.9	2.0	1.8
平均每人每年发函件数	(件)	8.3	8.1	6.4	5.7	5.5	5.3	5.6	5.7	5.5
平均每百人每年订报刊数	(份)	13.9	13.0	11.4	11.2	11.2	9.9	11.9	10.4	12.8

5-1-58 各地区邮政通信服务水平

地　区	平均每一营业网点服务人口（万人）	城区每日平均投递次数（次）	农村每周平均投递次数（次）	邮政储蓄市场占有率（%）
全　国	**1.8**	**2.1**	**4.9**	**9.4**
北　京	0.9	3.0	7.0	4.9
天　津	1.7	2.7	6.8	8.7
河　北	3.1	2.0	6.0	8.2
山　西	2.4	2.0	5.0	13.0
内蒙古	1.4	2.0	3.0	7.8
辽　宁	2.0	2.2	4.4	9.4
吉　林	2.1	2.0	4.0	12.0
黑龙江	1.9	1.0	4.0	17.0
上　海	0.5	3.0	7.0	5.1
江　苏	1.6	2.0	5.8	9.9
浙　江	1.5	2.3	6.1	6.5
安　徽	2.6	2.0	6.0	15.0
福　建	1.6	1.9	5.7	8.8
江　西	2.2	1.9	4.5	15.7
山　东	2.3	2.0	6.0	9.7
河　南	2.4	1.9	5.5	13.4
湖　北	2.4	2.0	6.0	13.6
湖　南	2.1	2.0	3.6	13.6
广　东	1.2	2.5	8.0	5.5
广　西	2.6	2.3	5.2	11.4
海　南	1.8	2.0	6.0	14.8
重　庆	1.0	2.0	5.0	13.8
四　川	1.5	2.3	4.2	11.7
贵　州	1.9	2.0	3.0	10.4
云　南	2.1	2.0	3.0	6.0
西　藏	1.0	2.0	1.0	10.8
陕　西	1.9	2.0	5.0	11.3
甘　肃	2.0	2.0	5.0	6.5
青　海	2.5	2.0	3.0	8.8
宁　夏	1.4	2.0	3.0	7.1
新　疆	1.5	2.0	4.0	10.6

【主要统计指标解释】

铁路营业里程 又称营业长度(包括正式营业里程和临时营业里程)，指办理客货运输业务的铁路正线总长度。凡是全线或部分建成双线及以上的线路，以第一线的实际长度计算；复线、站线、段管线、岔线和特殊用途线以及不计算运费的联络线都不计算营业里程。

电气化铁路里程 指在全部铁路营业里程中已安装了供电线路及设备，可以供电力机车牵引列车运行的区段的总里程。

铁路自动、半自动闭塞里程 为保证列车安全运行，在一个区间、同一时间内，一般只允许一列列车运行，这种保证列车在这个区间安全间隔运行的技术方法称为“闭塞”。自动或半自动闭塞里程是指装有列车自动或人工完成闭塞状态的铁路设备里程。

公路里程 指在一定时期内实际达到《公路工程技术标准JTG B01-2003》规定的技术等级的公路，并经公路主管部门正式验收交付使用的公路里程数。包括大、中城市的郊区公路，以及公路通过小城镇（指县城、集镇）街道的公路里程和公路桥梁长度、隧道长度、渡口的宽度以及分期修建的公路已验收交付使用的里程，不包括大中城市的街道、厂矿、林区生产用道和农业生产用道的里程。两条或多条公路共同经由同一路段，只计算一次，不得重复计算里程长度。

内河航道里程 也称内河通航里程，指在一定时期内，能通航运输船舶及排筏的天然河流、湖泊水库、运河及通航渠道的长度。包括全年季节性通航累计三个月以上的航道，不包括仅供零散流放竹、木排的河道。

民用航空航线里程 指报告期内全部民用航空航线的航线总长度。航线长度指民用航空航线的计费距离。计算航线里程可按“重复距离”和“不重复距离”两种方法，前者是指各航线长度相加的总和，后者则要扣除各航线之间相同航段重复计算的部分。通常使用的是按“不重复距离”计算的航线里程。

输油(气)管道长度 也称输油(气)里程，指油品(或天然气)的实际输送距离，一般按输油(气)管道的单线长度计算。若包括复线和备用线长度则称为输油(气)管道延展长度，是指管道铺设的实际长度。通常使用的是不包括复线的“输油(气)管道里程”。

货(客)运量 指在一定时期内，各种运输工具实际运送的货物(旅客)数量。货运按吨计算，客运按人计算。货物不论运输距离长短、货物类别，均按实际重量统计。旅客不论行程远近或票价多少，均按一人一次客运量统计；半价票、小孩票也按一人统计。

货物(旅客)周转量 指在一定时期内，由各种运输工具运送的货物(旅客)数量与其相应运输距离的乘积之总和。计算货物(旅客)周转量通常按发出站与到达站之间的最短距离，也就是计费距离计算。计算公式：货物（旅客）周转量=Σ（货物（旅客）运输量×运输距离）。

货(客)运密度 指报告期内某种运输方式在营运线路的某一区段平均每公里线路通过的货物(旅客)运输周转量。计算公式：货（客）运密度=货物（旅客）周转量/营业线路长度。

旅客运输平均运距 指报告期内平均每一位旅客的旅行距离。计算公式：旅客运输平均运距=旅客周转量/客运量。

货物运输平均运距 指报告期内平均每一吨货物的运输距离。计算公式：货物运输平均运距=货物周转量/货运量。

铁路货车平均静载重 指铁路货车在始发站静止状态下平均每车装载的货物重量，用以分析货车完成装车时车辆载重力的利用情况。计算公式：货车平均静载量=货物发送吨数/装车数。

静载重的多少取决于运送货物的性质、种类、车辆的类型和装载技术的高低。根据货车的平均标记载重与静载重进行对比，可以反映货车载重能力的利用程度。计算公式：货车载重力利用率（%）=货车平均静载重/货车平均标记载重×100%。

铁路货运机车日产量 指在一定时期内，平均每台货运机车在一昼夜内所完成的总重吨公里数，包括载运货物的重量和车辆本身的自重。该指标从时间和牵引能力两方面反映了机车运用效率。计算公式：货运机车平均日产量=货运总重吨公里数/货运机车台日数。

民用汽车拥有量 指报告期末，在公安交通管理部门按照《机动车注册登记工作规范》，已注册登记领有民用车辆牌照的全部汽车数量。汽车拥有量统计的主要分类：根据汽车结构分为载客汽车、载货汽车及其他汽车；根据汽车所有者不同分为个人(私人)汽车、单位汽车；根据汽车的使用性质分为营运汽车、非营运汽车；根据汽车大小规格不同，载客汽车分为大型、中型、小型和微型，载货汽车分为重型、中型、轻型和微型。

机动船 又称自航船，指装有各种发动机推进装置，以机械动力行驶的船舶。

驳船 指本身无动力装置，或只设简易动力装置，依靠拖船或推船带动的平底船。

拖船 指专门拖带其它船舶、船队、木排的船舶。

船舶净载重量 指报告期末所拥有船舶的总载重量减去燃（物）料、淡水、粮食及供应品、人员及其行李等的重量及船舶常数后，能够装载货物的实际重量。

沿海港口 指位于海沿岸，具有一定设施和条件，供船舶停靠、旅客上下、货物装卸、生活物料供应等作业的港口。

内河港口 指位于江、河、湖沿岸，具有一定设施和条件，供船舶停靠、旅客上下、货物装卸、生活物料供应等作业的港口。

港口货物吞吐量 指经由水路进出港区范围，并经过装卸的货物数量。按货物流向分为进港吞吐量和出港吞吐量；按货物贸易性质分为内贸货物吞吐量和外贸货物吞吐量；按货物的类别分，可根据现行的交通行业标准《运输货物分类和代码》分类。

民用航空航线条数 民用航空航线指出于商业的目的，运输飞机从地球表面一点(起飞)飞到另一点(终点)的航行线路。应同时具备三个条件：一是有运输飞机定期飞行，二是有足以保证运输飞机飞行和起降所需要的机场及地面设施，三是经过批准并在一个航季中正常执行。计算条数时，来回程计为一条。

国际航线 指航线中任一航段的起讫点（技术经停点除外）在外国领土上的航线。

国内航线 指航线中各航段的起讫点（技术经停点除外）都在国内的航线。

地区航线 指航线中任一航段的起讫点在香港、澳门或台湾的航线（经香港、澳门、台湾飞往外国的航线统计为国际航线）。

飞机架数 指报告期末实有在册飞机数量，包括停场待修、在厂检修的飞机和租借飞机。

运输飞机 从事公共航空运输的民用飞机。分为大中型飞机和小型飞机，大中型飞机指100座及以上的运输飞机，小型飞机指100座以下的运输飞机。

正班平均载运率 指报告期内正班飞行所完成的运输总周转量与可提供周转量之比。

城市公共交通 指城市中供公众乘用的、经济方便的各种交通方式的总称。包括公共汽车、电车、轨道交通（地铁、轻轨、有轨电车、磁悬浮、索道、缆车等）、出租汽车、公共轮渡等客运交通设施。

运营线路网长度 指公共交通线路所通过的运营线路净长度。计算公式：运营线路网长度=运营线路总长度－Σ重复的线路长度

运营线路总长度 指全部运营线路长度之和。计算公式：运营线路长度=Σ各条运营线路长度=Σ〔1/2（上行起点至终点里程+下行起点至终点里程+上下行终点掉头里程〕。

单向行驶的环行线路长度等于起点至终点里程与终点下客站至起点里程之和的一半，不包括折返、试车、联络线等非运营线路。

公交专用车道 指为了调整公共交通车辆与其他社会车辆的路权使用分配关系，提高公共交通车辆运营速度和道路资源利用率，而科学、合理设置的公共交通优先车道、专用车道（路）、路口专用线（道）、专用街道、单向优先专用线（道）等。

运营车数 指城市中用于公共交通运营业务的全部车辆数。地铁和轻轨在统计时一自然节为一辆。出租汽车指已经领取出租汽车专用牌照的运营车辆，包括技术完好的、在修的、长期行驶的以及拟报废尚未经上级机关批准的车辆。

轮渡运营船数 指用于城市客渡运营业务的全部船舶数。不含旅游客轮（长途旅游、市内供游人游览江、河、湖泊的船只）。

城市公共交通客运总量 指报告期内城市公共交通各种运输方式运送乘客的总人次。

邮政业务总量 指以货币形式表现的邮政企业及规模以上快递企业为社会提供的邮政通信服务或其他服务的总数量，是用于观察邮政业务发展变化总趋势的综合性总量指标。按专业分类包括函件、包裹、汇票、报刊发行、快递、邮政储蓄、集邮等。计算方法为各类产品乘以相应的不变单价之和，加上邮政其他业务量。其计算公式：

邮政业务总量＝Σ（各类邮政业务量×不变单价）＋其他业务量

营业网点 指拥有固定地址、直接对外营业，可收寄邮件和快件的营业场所和服务机构数量。

邮政局所 指经邮政部门审批许可，有固定的地址，领有上级发给的邮政日戳或邮政戳记，对外营业直接为用户办理邮政业务（至少办理出售邮票和收寄给据函件）的服务机构。邮政局所按经营方式分为自办局所和代办局所；按设置地点分为城市局所和农村局所。

邮路 指各邮政局所、代办所之间及邮政局所、代办所与车站、码头、机场、转运站、报刊社之间，由自编或委代办人员按固定班期规定路线交换邮件、报刊的路线。包括农村地区运邮为主兼投递邮件、报刊的路线。不包括城市、农村地区纯投递（邮件报刊所走的）路线。邮路按级别分为：国际及港澳邮路、一级邮路、二级邮路、市内邮路、农村邮路；按运输工具分为：航空邮路、铁路邮路、汽车邮路、水运邮路、其它邮路。

农村投递路线 指农村邮政支局所自编或委办人员按固定班期、规定路线至农村乡(镇)、行政村等收件单位投递邮件、报刊所走的路线。

营业网点服务面积 指报告期行政区域平均每一营业网点服务的面积。计算公式：

$$每一营业网点服务面积=\frac{行政区域土地面积（平方公里）}{营业网点总数（处）}$$

营业网点服务人口 指报告期行政区域平均每一营业网点服务的人口数。计算公式：

$$每一营业网点服务人口=\frac{行政区域总人口数（万人）}{营业网点总数（处）}$$

5 第三产业部分行业主要业务指标

5-2 信息传输、计算机服务和软件业

简要说明

一、主要内容

电信业资料主要包括：电信主要电路及设备拥有量、电信主要业务量、电信主要通信能力、电信通信服务水平等。

二、调查范围

电信业资料：包括全社会电信运营企业为社会公众提供的各类电信服务，不含专用网业务资料。业务范围分为国内业务量和国际及港澳业务量（对台业务量统计在港澳中）。

三、资料来源

本篇资料由国家统计局服务业统计司负责整理、编辑。资料来源于工业和信息化部。

5-2-1 电信主要业务量

指标		2002	2003	2004	2005	2006	2007	2008	2009	2010
电信业务总量(2000年单价)	(亿元)	5201.1	6478.8	9148.0	11403.0	14595.4	18591.3	22247.7	25553.6	29993.2
固定电话用户合计	(万户)	21422.2	26274.7	31175.6	35044.5	36778.6	36563.7	34035.9	31373.2	29434.2
#无线市话用户			3729.1	6487.4	8530.0	9062.9	8456.2	6893.1	4599.4	2863.2
公用电话用户		985.5	1561.4	2215.0	2681.2	2960.7	2991.9	2771.5	2708.8	2595.9
城市电话用户		13579.1	17109.7	21025.1	23975.3	25132.9	24859.8	23155.9	21190.0	19658.1
#住宅电话用户		10196.7	12533.9	15246.5	17201.2	17697.6	16988.2	15588.3	12969.5	11973.4
农村电话用户		7843.1	9165.0	10150.5	11069.2	11645.6	11704.0	10880.0	10183.2	9776.1
#住宅电话用户		7183.8	8389.7	9240.5	10023.9	10561.5	10533.1	9612.2	8813.3	8325.0
移动电话用户合计	(万户)	20600.5	26995.3	33482.4	39340.6	46105.8	54730.6	64124.5	74721.4	85900.3
#3G移动电话用户									1232.2	4705.1
互联网拨号用户	(万户)	5246.5	5653.1	5122.3	3559.5	2644.6	1941.0	1227.8	754.4	590.1
互联网宽带接入用户	(万户)	325.3	1114.7	2487.5	3735.0	5085.3	6641.4	8287.9	10397.8	12629.1
#xDSL用户				1720.3	2654.0	3709.8	5221.3	6701.7	8378.2	10071.6
固定本地电话通话量	(亿次)	6855.7	6988.4	7225.7	7399.8	7008.0	6771.4	6185.9	5401.8	4369.1
本地网内区间电话通话量		530.4	597.4	770.3	829.1	775.9	790.6	746.4	666.3	569.1
本地网内区内电话通话量		4955.5	5296.9	5893.7	6222.4	6014.0	5796.8	5324.3	4646.6	3752.8
本地网内拨号上网通话量		1369.8	1094.1	561.7	348.3	218.2	184.1	115.2	88.9	47.1
固定长途电话通话时长合计	(亿分钟)	539.9	587.5	741.6	894.2	976.1	1040.6	970.7	823.4	734.9
国内长途电话通话时长		528.7	577.4	731.3	882.5	964.1	1028.3	959.8	815.2	724.3
国际电话通话时长		4.5	4.5	5.0	5.5	5.9	6.6	5.8	4.3	5.8
港澳台电话通话时长		6.6	5.5	5.4	6.1	6.0	5.8	5.1	3.8	4.8
移动电话通话时长合计	(亿分钟)	4184.0	6308.9	9454.7	12507.4	16870.7	23061.3	29355.6	35351.0	43261.2
#去话通话时长							11224.6	14378.5	17070.3	21129.0
IP电话通话时长合计	(亿分钟)	591.6	834.2	1149.0	1340.2	1492.2	1494.9	1399.3	1164.8	988.8
IP电话国内长途通话时长		575.7	814.6	1127.7	1314.4	1469.5	1473.8	1380.6	1150.3	978.3
IP电话国际通话时长		6.8	8.5	10.3	14.1	12.2	12.1	11.4	8.8	6.6
IP电话港澳台通话时长		9.0	11.1	11.0	11.6	10.5	8.9	7.4	5.7	3.9
移动短信业务量	(亿条)	583.3	1386.3	2170.5	3046.3	4295.4	5945.8	6996.9	7726.5	8277.5
卫星移动通信系统用户	(户)	2664	3355	3661	6403	8310	10876	11395	11633	14663
卫星移动电话通话时长	(万分钟)	38.6	39.0	36.2	149.4	278.3	425.8	621.7	778.0	953.0

5-2-2 各地区电信主要业务量

单位：万户

地区	电信业务总量(亿元)	固定电话用户	城市电话用户	#住宅电话	农村电话用户	#住宅电话	移动电话用户
全国	**29993.2**	**29434.2**	**19658.1**	**11973.4**	**9776.1**	**8325.0**	**85900.3**
北京	1120.0	885.6	696.4	416.7	189.3	151.8	2129.8
天津	399.5	366.8	363.0	259.4	3.8	0.6	1089.8
河北	1293.5	1251.4	811.8	541.8	439.5	391.7	4353.6
山西	696.7	720.7	488.0	374.5	232.6	208.7	2205.2
内蒙古	584.8	414.1	353.8	237.8	60.3	52.3	2034.0
辽宁	1113.2	1428.0	985.8	779.5	442.2	429.8	3341.8
吉林	587.4	595.2	433.1	299.8	162.2	150.9	1805.4
黑龙江	697.9	813.5	620.4	464.1	193.1	177.1	2072.0
上海	1098.8	931.8	920.1	574.5	11.7		2361.6
江苏	2140.4	2498.8	1527.8	861.9	971.0	809.9	5923.1
浙江	1947.8	1985.5	1200.0	584.3	785.5	588.8	5047.4
安徽	841.6	1231.0	612.9	366.5	618.1	561.7	2798.7
福建	1145.3	1045.7	661.2	353.9	384.5	312.7	3021.8
江西	655.2	709.6	439.7	235.6	269.9	233.9	1811.3
山东	1855.9	1992.2	1162.6	720.2	829.6	746.9	6190.4
河南	1383.7	1426.8	926.5	688.7	500.4	424.4	4402.0
湖北	983.3	1026.4	670.7	388.7	355.7	315.0	3454.7
湖南	1008.9	1077.0	735.2	417.4	341.7	280.4	3257.0
广东	4175.4	3169.1	2236.1	1187.2	933.1	695.6	9624.6
广西	793.3	708.9	430.3	243.4	278.6	250.3	2214.5
海南	214.8	179.8	124.9	66.5	54.9	43.6	594.3
重庆	550.6	582.7	376.4	247.7	206.3	186.3	1664.4
四川	1380.7	1419.1	895.4	551.4	523.6	467.5	4156.4
贵州	497.0	431.2	246.8	149.3	184.4	166.8	1800.6
云南	754.1	562.5	357.7	193.7	204.8	164.7	2244.5
西藏	62.5	43.9	41.9	22.2	2.0	0.8	157.6
陕西	819.8	781.9	519.6	270.6	262.3	227.9	2518.2
甘肃	411.8	411.9	265.4	145.8	146.5	126.0	1390.1
青海	111.1	103.2	80.8	48.8	22.4	19.9	397.8
宁夏	131.1	111.9	77.9	44.2	34.0	29.8	437.3
新疆	537.3	528.0	395.9	237.3	132.1	109.2	1359.9
不分地区							40.5

5-2-2 续表

地 区	互联网宽带接入用户(万户)	固定本地电话通话量(亿次)	固定长途电话通话时长(亿分钟)	移动电话通话时长(亿分钟)	IP电话通话时长(亿分钟)	移动短信业务量(亿条)
全 国	**12629.1**	**4369.1**	**734.9**	**43261.2**	**988.8**	**8277.5**
北 京	498.4	214.8	26.8	1163.6	72.0	369.6
天 津	173.0	68.0	7.3	548.9	23.5	124.9
河 北	667.0	173.2	24.9	2091.2	5.1	352.5
山 西	353.1	103.2	15.2	1041.3	4.4	219.8
内蒙古	190.5	52.9	8.5	1032.9	5.4	181.9
辽 宁	595.6	217.4	24.8	1578.8	22.4	257.9
吉 林	285.1	83.6	9.0	1002.6	3.9	177.5
黑龙江	326.1	116.5	14.5	1201.2	12.0	177.6
上 海	486.7	229.3	35.8	1011.0	129.3	369.0
江 苏	1048.4	276.9	58.2	2735.7	24.4	680.8
浙 江	869.5	228.2	57.0	2660.2	16.6	621.6
安 徽	341.9	141.9	13.5	1104.5	37.9	317.2
福 建	471.6	150.7	25.7	1663.1	19.7	306.6
江 西	253.4	80.4	12.6	1022.4	7.0	160.5
山 东	966.9	256.8	29.0	2771.8	46.4	447.8
河 南	642.5	295.5	29.2	2177.6	7.4	317.2
湖 北	459.4	105.2	32.1	1327.3	37.8	253.5
湖 南	374.5	145.6	22.3	1593.0	34.9	251.9
广 东	1400.0	565.7	149.9	5536.0	221.3	931.5
广 西	330.1	151.3	23.9	1167.7	7.1	188.2
海 南	67.6	27.6	5.4	375.5	4.3	49.5
重 庆	263.1	87.8	6.7	889.5	29.7	128.7
四 川	521.8	184.7	23.6	2128.3	70.5	406.4
贵 州	149.7	42.2	9.0	903.9	12.5	120.8
云 南	224.1	72.4	16.9	1249.2	25.2	270.0
西 藏	10.4	7.8	2.1	83.0	1.7	15.8
陕 西	308.3	106.6	18.4	1274.0	45.7	230.2
甘 肃	112.2	57.1	10.0	661.5	3.6	180.7
青 海	34.9	14.0	4.3	159.6	2.1	27.5
宁 夏	43.0	13.4	2.8	220.0	1.2	44.1
新 疆	160.4	98.2	15.4	885.9	53.5	96.4

5-2-3 各地区固定电话用户情况

单位：万户

地区	2002	2003	2004	2005	2006	2007	2008	2009	2010
全国	**21422.2**	**26274.7**	**31175.6**	**35044.5**	**36778.6**	**36563.7**	**34035.9**	**31373.2**	**29434.2**
北京	585.6	683.7	847.5	943.7	905.2	914.6	884.9	893.1	885.6
天津	298.3	360.1	407.0	428.9	424.8	398.0	396.6	385.3	366.8
河北	1104.4	1339.0	1554.9	1581.6	1600.6	1526.7	1457.5	1343.9	1251.4
山西	535.0	674.3	770.9	873.2	853.6	823.1	803.0	758.8	720.7
内蒙古	311.2	427.7	492.2	525.5	519.6	503.2	462.5	441.6	414.1
辽宁	1016.5	1278.7	1470.1	1626.6	1647.2	1667.1	1604.3	1529.1	1428.0
吉林	478.5	594.6	655.6	756.0	718.7	729.8	621.7	581.3	595.2
黑龙江	666.0	874.4	1082.6	1056.5	1051.3	1081.2	1028.0	870.2	813.5
上海	672.1	733.9	868.2	996.7	1112.3	1022.0	1015.4	935.5	931.8
江苏	1659.2	2043.9	2582.4	3059.1	3224.9	3224.1	2968.3	2662.4	2498.8
浙江	1381.8	1656.5	1974.8	2231.7	2390.8	2407.9	2297.6	2130.9	1985.5
安徽	792.0	997.9	1191.6	1349.5	1501.4	1496.2	1379.9	1267.3	1231.0
福建	937.1	1122.7	1264.7	1398.5	1474.5	1482.5	1431.0	1244.8	1045.7
江西	512.2	630.3	693.4	829.3	880.6	885.2	846.9	748.5	709.6
山东	1742.6	2088.8	2464.1	2637.9	2544.1	2493.9	2421.1	2217.3	1992.2
河南	1181.3	1362.6	1583.9	1796.3	1945.4	1854.6	1562.4	1460.6	1426.8
湖北	735.5	889.8	1072.9	1236.4	1325.0	1280.2	1171.8	1088.3	1026.4
湖南	809.9	941.9	1085.3	1227.8	1341.3	1321.7	1257.3	1166.9	1077.0
广东	1996.8	2567.0	2954.9	3442.5	3633.5	3750.2	3573.3	3366.7	3169.1
广西	516.6	638.5	810.9	869.5	916.3	891.0	848.4	787.6	708.9
海南	137.4	162.8	197.3	230.3	249.0	240.1	224.7	182.8	179.8
重庆	413.5	533.4	642.4	688.9	725.5	722.5	678.9	627.7	582.7
四川	886.4	1128.2	1369.9	1577.4	1711.3	1755.1	1660.4	1551.2	1419.1
贵州	274.3	332.4	387.6	466.5	493.9	521.2	499.6	451.1	431.2
云南	437.2	483.2	547.4	597.8	644.2	628.7	616.3	583.1	562.5
西藏	19.7	27.4	37.7	52.0	67.8	67.3	70.7	53.9	43.9
陕西	538.9	671.9	791.9	859.3	914.5	925.7	881.2	815.0	781.9
甘肃	322.0	399.8	477.3	548.0	607.4	585.3	519.0	453.9	411.9
青海	57.9	76.4	94.4	113.5	125.4	123.1	119.4	109.3	103.2
宁夏	84.3	100.3	119.6	138.9	143.9	140.3	121.5	114.5	111.9
新疆	317.9	412.0	495.2	592.7	688.0	678.1	612.2	550.5	528.0
不分地区		40.6	187.2	312.2	396.6	423.2			

5-2-4 各地区移动电话用户情况

单位：万户

地　区	2002	2003	2004	2005	2006	2007	2008	2009	2010
全　国	**20600.5**	**26995.3**	**33482.4**	**39340.6**	**46105.8**	**54730.6**	**64124.5**	**74721.4**	**85900.3**
北　京	919.5	1108.9	1340.7	1459.4	1571.0	1598.3	1616.3	1825.5	2129.8
天　津	306.4	383.4	423.6	502.6	601.2	738.3	865.0	992.5	1089.8
河　北	840.8	1253.2	1512.9	1785.5	2251.0	2814.8	3214.1	3783.2	4353.6
山　西	414.0	600.9	753.8	906.2	989.6	1420.4	1698.5	1952.3	2205.2
内蒙古	346.9	479.1	594.6	712.3	874.1	1046.9	1344.4	1616.0	2034.0
辽　宁	900.5	1080.3	1194.4	1358.2	1611.0	1958.9	2421.5	2882.1	3341.8
吉　林	461.0	633.2	763.8	915.7	1137.8	1311.1	1362.9	1574.2	1805.4
黑龙江	678.8	856.5	1017.1	1132.3	1266.6	1449.2	1646.3	1865.9	2072.0
上　海	913.4	1098.6	1311.3	1444.2	1609.5	1776.5	1880.9	2113.2	2361.6
江　苏	1487.5	1926.3	2232.9	2550.0	2873.0	3313.2	3957.0	4940.3	5923.1
浙　江	1460.6	1955.2	2322.5	2686.3	3012.3	3529.2	3976.7	4456.3	5047.4
安　徽	540.9	697.9	873.4	1046.9	1216.7	1410.0	1715.1	2154.6	2798.7
福　建	792.0	946.5	1138.1	1302.3	1538.9	1808.7	2368.1	2639.1	3021.8
江　西	434.5	532.1	671.3	798.4	933.3	1182.4	1277.3	1548.0	1811.3
山　东	1188.8	1510.2	1909.4	2347.3	2916.0	3738.1	4627.9	5334.5	6190.4
河　南	733.1	1072.6	1392.3	1815.0	2353.3	2914.5	3501.0	3987.2	4402.0
湖　北	615.7	874.2	1129.8	1401.3	1683.3	1940.6	2528.7	3136.9	3454.7
湖　南	630.2	846.2	1036.4	1266.2	1494.5	1798.0	2240.3	2752.4	3257.0
广　东	3214.4	4007.0	5373.9	6406.6	7117.5	7842.1	8395.7	8923.3	9624.6
广　西	432.7	649.8	874.5	1021.1	1204.1	1384.3	1623.9	1960.1	2214.5
海　南	110.1	136.3	165.0	203.9	239.9	324.8	397.8	496.4	594.3
重　庆	424.7	619.4	811.6	943.4	1064.6	1176.9	1281.7	1440.9	1664.4
四　川	862.0	1195.4	1514.6	1689.7	1976.8	2400.4	2852.3	3466.9	4156.4
贵　州	246.9	331.1	440.0	509.4	648.8	834.0	1179.0	1453.4	1800.6
云　南	502.3	628.4	732.4	898.8	1068.9	1346.4	1635.9	1936.4	2244.5
西　藏	21.1	33.1	39.7	46.9	60.5	73.7	87.0	124.0	157.6
陕　西	467.1	617.6	788.7	938.1	1183.6	1612.7	1912.2	2337.4	2518.2
甘　肃	206.9	277.7	358.0	408.4	545.9	686.4	895.3	1194.7	1390.1
青　海	77.1	100.0	117.7	131.6	172.6	221.7	247.2	301.0	397.8
宁　夏	73.7	123.0	158.6	181.1	218.6	269.8	323.3	382.8	437.3
新　疆	296.8	421.2	489.7	531.3	671.1	808.3	1051.3	1113.0	1359.9
不分地区								37.0	40.5

5-2-5　电信主要通信能力

指　　标		2003	2004	2005	2006	2007	2008	2009	2010
长途电路									
固定长途电话业务电路	(2M)		208104	257513	301933	321437	294675	220595	202952
移动长途电话业务电路	(2M)		278829	410276	665512	1458271	2684392	4481076	5960404
数据通信网长途电路	(2M)	749051	1327991	1979146	3899215	7867080	15834357	25954606	35945777
长途传输出租电路	(2M)		117212	178720	229485	331405	453969	430563	658704
长途线路									
长途光缆线路长度	(公里)	594303	695271	723040	722439	792154	797979	831011	818133
长途光缆纤芯长度	(芯公里)	14791603	16616685	17565191	18259128	19391462	20052791	21632574	20747246
本地线路									
本地网中继光缆线路长度	(公里)	1549727	2064236	2401411	2631108	3388943	3975988	4481447	5350106
本地网中继光缆纤芯长度	(芯公里)	27555567	35294683	41906041	49150766	59070152	71049329	84541665	108108853
接入网光缆线路长度	(公里)	590777	759718	948336	926012	1596192	2004529	2982106	3794228
接入网光缆纤芯长度	(芯公里)	9122366	14508046	16494639	22571610	28489459	36508987	52878769	66727725
长途通信									
长途电话交换机容量	(万路端)	869.4	1263.0	1371.6	1442.3	1709.2	1690.7	1684.9	1641.5
地面通信卫星地球站点	(个)		814	1282	1276	1265	1265	1262	1238
地面通信卫星地球容量	(门)		46423	61697	43772	30332	31022	36135	34039
本地网通信									
局用交换机容量	(万门)	35082.5	42346.9	47196.1	50279.9	51034.6	50863.2	49265.6	46537.3
互联网及其他数据通信									
互联网宽带接入端口	(万个)	1802.3	3578.1	4874.7	6486.4	8539.3	10890.4	13835.7	18781.1
其中：xDSL端口	(万个)		2763.5	3853.4	5233.5	7084.3	9205.6	11310.7	14013.3
移动通信									
移动电话交换机容量	(万户)	33698.4	39684.3	48241.7	61032.0	85496.1	114531.4	144084.7	150284.9
卫星通信									
VSAT双向小站	(个)	94	45	967	1910	2098	3445	4002	4371

5-2-6 各地区电信主要通信能力

地区	固定长途电话交换机容量（万路端）	局用交换机容量（万门）	移动电话交换机容量（万户）	互联网宽带接入端口（万个）	长途光缆线路长度（公里）
全国	**1641.5**	**46537.3**	**150284.9**	**18781.1**	**818133**
北京	55.1	1415.1	4134.0	633.4	4142
天津	13.7	534.0	1910.0	230.0	3106
河北	34.3	1739.7	8080.0	924.3	30471
山西	32.2	1009.3	3772.5	502.8	27681
内蒙古	20.3	711.4	3565.4	267.0	46831
辽宁	43.3	1953.4	5425.0	793.4	23922
吉林	28.7	833.1	3340.0	362.2	21810
黑龙江	48.9	1317.8	4493.1	498.4	39785
上海	73.0	1338.6	3995.0	819.1	4670
江苏	109.7	4288.4	8795.1	1806.4	33034
浙江	93.2	3061.4	8666.2	1316.6	23534
安徽	71.7	1528.8	6058.6	609.5	24866
福建	65.0	1809.3	6282.2	747.1	21061
江西	55.5	1125.4	3333.0	358.9	21201
山东	45.7	2723.2	10477.7	1424.0	30060
河南	150.7	2002.7	7948.0	875.8	36672
湖北	49.3	1690.9	5862.7	588.4	27035
湖南	50.4	1750.4	4719.0	468.7	36189
广东	269.1	5334.4	14766.9	2185.8	46289
广西	62.0	1380.0	3567.1	494.1	34379
海南	9.2	290.7	1099.4	111.3	3256
重庆	21.9	1150.3	2746.2	401.1	11054
四川	52.9	2108.3	9624.1	767.8	47849
贵州	28.5	885.3	2724.5	228.9	30178
云南	32.1	1016.2	4812.7	325.9	34510
西藏	3.5	128.1	199.0	17.8	22488
陕西	39.5	1303.3	3724.1	484.9	26595
甘肃	25.4	792.2	1940.0	172.4	29358
青海	13.3	161.6	549.0	51.6	27971
宁夏	7.4	224.6	823.4	56.6	10110
新疆	31.6	927.4	2851.0	256.7	38026
不分地区	4.6	2.0			

注：电话交换机容量中不包括用户交换机容量。

5-2-7 电信通信服务水平

指　　标		2002	2003	2004	2005	2006	2007	2008	2009	2010
固定电话普及率	(部/百人)	17.5	21.1	24.1	27.0	28.1	27.8	25.8	23.6	22.1
城市固定电话普及率	(部/百人)	26.1	31.3	35.9	40.3	41.7	40.6	37.4	33.9	31.2
移动电话普及率	(部/百人)	16.1	21.0	25.9	30.3	35.3	41.6	48.5	56.3	64.4
平均每千人拥有公用电话数	(部/千人)	7.7	12.2	17.1	20.6	22.6	22.8	21.0	20.4	19.5
互联网普及率	(%)	4.6	6.2	7.3	8.5	10.5	16.0	22.6	28.9	34.3
移动电话漫游国家和地区										
中国电信	(个)							211	211	220
中国移动	(个)	116	155	184	203	219	231	237	237	237
中国联通	(个)	67	67	113	118	170	179	204	217	239
开通互联网业务的行政村比重	(%)									94.8
开通互联网宽带业务的行政村比重	(%)									80.1

5-2-8 各地区电信通信服务水平

地 区	固定电话普及率(部/百人)	城市固定电话普及率(部/百人)	移动电话普及率(部/百人)	每千人公用电话(部/千人)	互联网普及率(%)	开通互联网业务的行政村比重(%)	开通互联网宽带业务的行政村比重(%)
全 国	**22.1**	**31.2**	**64.4**	**19.5**	**34.3**	**94.8**	**80.1**
北 京	50.5	59.2	121.4	53.3	69.4	100.0	100.0
天 津	29.9	44.9	88.8	22.1	52.7	100.0	100.0
河 北	17.8	30.8	61.9	11.8	31.2	100.0	95.1
山 西	21.0	35.5	64.4	20.2	36.5	99.6	99.6
内蒙古	17.1	40.3	84.0	12.6	30.8	100.0	41.4
辽 宁	33.1	32.6	77.4	22.9	44.4	100.0	93.4
吉 林	21.7	23.1	65.9	17.0	32.2	100.0	84.9
黑龙江	21.3	27.0	54.2	15.9	29.5	100.0	91.0
上 海	48.5	69.1	122.9	22.0	64.5	100.0	100.0
江 苏	32.3	30.4	76.7	22.7	42.8	100.0	100.0
浙 江	38.3	37.8	97.4	42.5	53.8	100.0	100.0
安 徽	20.1	27.4	45.7	12.8	22.7	100.0	100.0
福 建	28.8	37.0	83.3	22.8	50.9	100.0	96.5
江 西	16.0	28.4	40.9	14.5	20.2	99.9	99.9
山 东	21.0	21.7	65.4	19.2	35.2	100.0	100.0
河 南	15.0	25.6	46.4	14.9	25.5	100.0	100.0
湖 北	17.9	16.9	60.4	18.7	33.3	93.2	83.4
湖 南	16.8	30.7	50.8	15.4	27.3	95.8	65.0
广 东	32.9	39.3	99.9	39.1	55.3	100.0	100.0
广 西	14.6	23.4	45.6	11.8	25.2	97.0	78.6
海 南	20.8	23.1	68.8	19.1	35.1	100.0	84.0
重 庆	20.4	24.4	58.2	14.0	34.6	100.0	79.3
四 川	17.3	26.8	50.8	12.2	24.4	84.0	55.0
贵 州	11.4	23.8	47.4	10.3	19.8	100.0	35.0
云 南	12.3	34.5	49.1	15.0	22.3	100.0	60.0
西 藏	15.1	129.3	54.4	15.5	27.9	69.2	10.0
陕 西	20.7	36.7	66.8	19.1	34.3	82.0	73.0
甘 肃	15.6	30.4	52.8	19.8	24.8	98.0	46.0
青 海	18.5	74.6	71.4	11.1	33.6	66.2	43.5
宁 夏	17.9	25.2	70.0	13.8	28.0	100.0	100.0
新 疆	24.5	46.3	63.0	24.5	37.9	84.9	64.2

5-2-9 各地区互联网上网人数

单位：万人

地 区	2002	2003	2004	2005	2006	2007	2008	2009	2010
全 国	**5910**	**7950**	**9400**	**11100**	**13700**	**21000**	**29800**	**38400**	**45730**
北 京	390	398	402	428	468	737	980	1103	1218
天 津	136	145	193	229	260	287	485	564	648
河 北	219	289	387	486	631	762	1334	1842	2197
山 西	95	149	211	269	380	536	819	1064	1250
内蒙古	71	75	93	116	160	322	385	575	747
辽 宁	284	292	322	372	483	783	1138	1595	1916
吉 林	142	147	179	201	271	434	520	726	882
黑龙江	225	226	278	316	366	476	620	912	1127
上 海	420	432	441	463	510	830	1110	1171	1239
江 苏	479	611	661	790	1027	1757	2084	2765	3306
浙 江	325	451	534	707	977	1509	2108	2452	2786
安 徽	112	184	240	276	337	587	723	1069	1392
福 建	225	318	326	397	516	866	1379	1629	1848
江 西	118	169	156	187	285	511	610	790	950
山 东	384	627	848	988	1126	1256	1983	2769	3332
河 南	166	226	305	396	517	956	1283	2007	2417
湖 北	319	381	429	463	532	706	1050	1469	1902
湖 南	171	265	312	348	408	690	999	1406	1747
广 东	562	950	1188	1486	1831	3344	4554	4860	5324
广 西	118	229	285	330	374	560	734	1030	1226
海 南	24	40	47	69	117	144	216	244	303
重 庆	148	177	181	189	220	356	598	803	990
四 川	307	424	523	609	690	809	1103	1635	1998
贵 州	47	83	98	109	142	224	433	573	751
云 南	101	166	206	241	275	303	548	844	1021
西 藏	6	9	7	9	16	36	47	53	81
陕 西	130	197	258	314	395	517	790	995	1295
甘 肃	71	122	120	125	152	219	327	535	655
青 海	18	20	20	29	37	60	130	154	188
宁 夏	18	33	31	32	42	61	102	141	175
新 疆	83	118	119	126	155	363	625	634	819

注：本表数据由中国互联网络信息中心(CNNIC)提供。

【主要统计指标解释】

电信业务总量 指以货币形式表示的电信企业为社会提供各类电信服务的总数量，是用于观察电信业务发展变化总趋势的综合性总量指标。计算方法为各类业务的实物量分别乘以相应的不变单价，求出各类业务的货币量加总求得。

移动短信业务量 指移动电话用户通过移动通信网络短信平台使用短信业务的通信量。

移动电话用户 指在电信企业营业网点办理开户登记手续，通过移动电话交换机进入移动电话网，占用移动电话号码的各类电话用户。包括各类签约用户、智能网预付费用户、无线上网卡用户。

固定电话用户 指在电信企业营业网点办理开户登记手续并已接入固定电话网上的全部电话用户。包括普通电话用户、无线市话用户、公共电话用户、窄带综合业务数字网（N-ISDN）用户、智能网专用接入终端用户等。

城市电话用户 指话机安装地的行政区划属于中央直辖市、省辖市、地级市、县级市的市区、市郊区及县城区范围内固定电话用户，还包括分布在农村地区县团级以上建制的独立工矿区、林区、驻军的电话用户。

农村电话用户 指话机安装地的行政区划属于城市范围以外的乡（镇）、村的固定电话用户。

住宅电话用户 指安装在居民住宅或农民家里并按照住宅电话用户登记注册和收费的电话用户。包括私人付费、单位付费和按规定免费安装的住宅电话用户。

局用交换机容量 指安装在本地电信运营商内用于接续本地固定电话的电话交换机容量。包括接入网设备容量（安装在电信运营企业用于连接话音用户的远端节点的设备容量）。

移动电话交换机容量 指移动电话交换机根据一定话务模型和交换机处理能力计算出来的最大同时服务用户的数量。按报告期末已割接入网正式投入使用的设备实际容量统计。

互联网宽带接入端口 指用于接入互联网用户的各类实际安装运行的宽带接入端口的数量，包括xDSL用户接入端口、LAN接入端口、其他类型接入端口等，不包括窄带拨号接入端口。

电话普及率 指报告期行政区域总人口中，平均每百人拥有的话机数。计算公式：

$$\text{电话普及率}=\frac{\text{电话机总数（部）}}{\text{行政区域总人口数（人）}}\times 100$$

互联网上网人数 指平均每周使用互联网至少1小时的6周岁以上中国公民人数。

5 第三产业部分行业主要业务指标

5-3 批发和零售业

简要说明

一、主要内容

批发和零售业企业商品购销存情况。

二、统计范围

限额以上批发和零售业企业。

三、调查方法

对限额以上批发和零售业企业采用全面调查方法。

四、限额标准

批发业企业：年主营业务收入2000万元及以上。

零售业企业：年主营业务收入500万元及以上。

五、资料来源

本部分资料是国家统计局贸易外经统计司根据《批发和零售业、住宿和餐饮业统计报表制度》搜集的资料进行加工整理而得。

5-3-1 限额以上批发和零售业企业商品购、销、存情况（按登记注册类型分）

单位：万元

项目	商品购进额	#进口	商品销售额	#出口	期末商品库存额
总　　计	**2480408659**	**196046675**	**2766356780**	**144248214**	**198167903**
一、批发业	**1991501142**	**184630178**	**2191210971**	**143803074**	**147122030**
#国有控股	883814738	70512187	958274288	43477276	67556613
内资企业	**1781060870**	**128292794**	**1940378679**	**124703962**	**129148889**
国有企业	399832289	28972206	450270131	19189044	29601272
集体企业	20841705	2121385	24359674	1810903	1875009
股份合作企业	7755437	91506	8149849	131512	701526
联营企业	5524764	282075	6005134	503531	429992
国有联营企业	2893432	187068	3062651	256638	290733
集体联营企业	229234		403200	48435	27965
国有与集体联营企业	1157852	5885	1209394	101318	61601
其他联营企业	1244247	89122	1329889	97140	49692
有限责任公司	581730448	56314625	618793370	48908051	48307254
国有独资公司	84157024	13216186	84983068	3793344	11194553
其他有限责任公司	497573424	43098439	533810302	45114707	37112701
股份有限公司	252280365	10969044	273375051	11720112	14014811
私营企业	504722602	29405852	549039357	42078571	33276661
私营独资企业	19423175	337546	21431344	1063585	1232461
私营合伙企业	5832529	235241	6175671	507525	264680
私营有限责任公司	461840099	28155348	501988714	38989116	30517111
私营股份有限公司	17626799	677717	19443628	1518345	1262408
其他企业	8373260	136101	10386115	362238	942365
港、澳、台商投资企业	**47295839**	**9735211**	**55526815**	**4083479**	**5485236**
合资经营企业	11333706	453431	11965049	294875	824000
合作经营企业	636486	1129	831892		11016
独资经营企业	33480216	9253787	40081110	3768398	4257729
投资股份有限公司	1845432	26864	2648764	20206	392491
外商投资企业	**163144433**	**46602174**	**195305477**	**15015633**	**12487905**
中外合资经营企业	46867099	3271990	49166139	1951971	2361597
中外合作经营企业	8441745	32317	8595367	10443	88941
外资企业	107386150	43177028	136889730	13003411	9967527
外商投资股份有限公司	449440	120840	654241	49807	69840

5-3-1 续表

单位：万元

项 目	商品购进额	#进口	商品销售额	#出口	期末商品库存额
二、零售业	**488907517**	**11416497**	**575145810**	**445140**	**51045873**
#国有控股	101814798	868982	134562826	124699	9097222
内资企业	**428544908**	**8327604**	**499839885**	**416711**	**44333006**
国有企业	36832636	477438	43929858	61973	3740536
集体企业	10395230	27725	11338905		1133170
股份合作企业	2635914	378	3173901	300	224767
联营企业	2144953	295	2387724		133381
国有联营企业	1195141	295	1314273		62070
集体联营企业	233988		267923		15215
国有与集体联营企业	475237		524565		28663
其他联营企业	240588		280963		27434
有限责任公司	156123496	2901885	178102237	33928	16702320
国有独资公司	2665479	83171	2962081	760	310326
其他有限责任公司	153458017	2818714	175140155	33169	16391994
股份有限公司	65279727	292907	87715187	169044	5669163
私营企业	151132836	4597072	168704709	139410	16292379
私营独资企业	14293197	265312	15896699	1717	1387402
私营合伙企业	2602168	37900	2900084		263272
私营有限责任公司	124874511	4220459	139500320	130143	13734946
私营股份有限公司	9362961	73402	10407606	7550	906759
其他企业	4000116	29905	4487364	12056	437291
港、澳、台商投资企业	**25235558**	**1958733**	**29867471**	**25121**	**2749446**
合资经营企业	7234528	746917	8478232	529	544901
合作经营企业	3819506		3505281		459966
独资经营企业	13501951	1169136	17019966	24592	1663276
投资股份有限公司	679573	42680	863992		81302
外商投资企业	**35127052**	**1130160**	**45438454**	**3308**	**3963421**
中外合资经营企业	15879641	305860	22809531		1328830
中外合作经营企业	2273390	420	2756908	699	149568
外资企业	15915260	823055	18598933	2609	2405904
外商投资股份有限公司	1058760	825	1273083		79120

5-3-2 限额以上批发和零售业企业商品购、销、存情况（按国民经济行业分）

单位：万元

项目	商品购进额	#进口	商品销售额	#出口	期末商品库存额
总　计	**2480408659**	**196046675**	**2766356780**	**144248214**	**198167903**
一、批发业	**1991501142**	**184630178**	**2191210971**	**143803074**	**147122030**
农畜产品批发	40121534	6213220	39694017	1414499	11979206
食品、饮料及烟草制品批发	151547182	5026631	190838393	5105737	17958929
#米、面制品及食用油批发	21234786	2910513	21921128	1093027	6610804
肉、禽、蛋及水产品批发	8370848	145149	9318040	1513635	301966
饮料及茶叶批发	18164250	675615	23224532	688160	1901958
烟草制品批发	78102146	335209	105889504	320066	7037424
纺织、服装及日用品批发	104242515	9293779	122210210	49838324	8324587
#服装批发	35065532	2447151	41682280	19289812	3207146
鞋帽批发	7086076	502736	8739183	4298043	507035
文化、体育用品及器材批发	24776780	1383914	27238137	2292212	3627331
#文具用品批发	6748454	281896	7365309	525219	447783
体育用品批发	2290236	340130	2689639	663656	177650
图书批发	3991525	67541	4485810	32446	856781
医药及医疗器材批发	72466213	4167316	80765507	1620322	7119562
#西药批发	50537610	1920348	55543975	1048891	4650704
中药材及中成药批发	15856230	648106	17780532	188975	1667331
矿产品、建材及化工产品批发	1213203900	90293258	1288157391	30120210	67499045
#煤炭及制品批发	148566644	5816502	168220868	917572	5607591
石油及制品批发	375167697	13264958	397636744	3785264	17902809
金属及金属矿批发	477937837	46731791	496258906	10344846	29570600
建材批发	56387357	5375740	59655977	3955679	3364685
化肥批发	23425422	914873	24615676	757762	3742337
农药批发	3402615	514032	4498582	670187	314033
机械设备、五金交电及电子产品批发	303151727	53700671	351395046	37792571	25260364
#汽车、摩托车及零配件批发	93060533	18644868	114747326	3875187	7251814
家用电器批发	57343406	9886826	64476911	5257639	4745195
计算机、软件及辅助设备批发	29094110	4968019	31232838	2243951	1853462
通讯及广播电视设备批发	23026695	605587	26789529	479512	1618833
贸易经纪与代理	32261041	7503757	34837832	9356328	2428414
其他批发	49730249	7047632	56074439	6262870	2924592

5-3-2 续表

单位：万元

项目	商品购进额	#进口	商品销售额	#出口	期末商品库存额
二、零售业	**488907517**	**11416497**	**575145810**	**445140**	**51045873**
(一)按国民经济行业分					
综合零售	131334784	529453	161760150	65886	14861766
#百货零售	67061045	424112	86467150	62545	6291259
超级市场零售	56730996	77729	68047515	223	7842477
食品、饮料及烟草制品专门零售	8704961	144575	10370821	93927	1243623
#粮油零售	1378318	616	1413133		326887
肉、禽、蛋及水产品零售	1724416	2847	1956679	11063	93501
饮料及茶叶零售	1367075	7239	1725206	82744	251653
烟草制品零售	1636925	92642	1972456		309248
纺织、服装及日用品专门零售	14936617	595805	19668556	34390	3340294
#服装零售	10236534	486723	13170603	22897	2323633
文化、体育用品及器材专门零售	11383423	322387	13090494	24152	2957875
#体育用品零售	674514	20085	758678	204	190937
图书零售	5887582	114375	6041258	2435	1336520
医药及医疗器材专门零售	22810540	143299	25117415	620	2920935
#药品零售	21867355	5641	23990353	14	2783930
汽车、摩托车、燃料及零配件专门零售	236481885	9075282	274607085	167254	18381722
#汽车零售	172450307	8928421	186087389	160708	15360025
机动车燃料零售	59117106	21645	83095304	365	2475353
家用电器及电子产品专门零售	42588914	211550	46410618	9324	5158336
#家用电器零售	30677604	71896	32983496	5940	3809573
计算机、软件及辅助设备零售	7572140	36050	8450116	2182	739566
通信设备零售	3357117	42858	3861370	305	499628
五金、家具及室内装修材料专门零售	10496721	103079	12549795	18793	1238727
无店铺及其他零售	10169673	291067	11570876	30793	942594
#邮购及电子销售	2814753	19390	3207541	3396	255990
(二)按零售业态分					
有店铺零售	484654910	11295874	570138636	441743	50617611
#超市	26163695	30415	30658043	182	3564875
大型超市	40653102	45539	47864574	162	5493808
百货店	56387231	390431	71717891	64465	4713299
专业店	184865979	3542254	218167288	228915	17612464
专卖店	148171469	6924930	165833438	87102	15724235
无店铺零售	4252608	120622	5007173	3396	428262

5-3-3 各地区限额以上批发和零售业企业商品购、销、存情况

单位：万元

地　区	商品购进额	#进口	商品销售额	#出口	期末商品库存额
全　国	**2480408659**	**196046675**	**2766356780**	**144248214**	**198167903**
北　京	344386903	58374270	372038830	12712553	36486403
天　津	123460144	5140685	136424934	2972723	6243751
河　北	47457135	749307	54634491	591574	3994837
山　西	42069021	2648057	55494799	206401	3378286
内蒙古	27101248	1275035	29514952	105667	2412789
辽　宁	96883978	4718837	106300381	2071475	6205529
吉　林	18469396	565738	22303307	135610	2145449
黑龙江	24868293	1657103	30341529	1813254	2998008
上　海	288762640	41539787	316781372	22488460	22601449
江　苏	240759616	10855163	269948982	16553820	15371304
浙　江	213995995	14246055	234721550	31611497	13018830
安　徽	46537103	2114249	51448199	1624654	3975867
福　建	77070897	7205034	83041155	9847298	6574172
江　西	15850637	74524	20192887	600130	1152296
山　东	138335614	6450349	161055922	5026725	10251007
河　南	61798526	1391817	63402334	788171	5766244
湖　北	70224527	2171223	80131750	1036281	4986690
湖　南	34261456	600307	37645248	808739	2757698
广　东	285535820	26356361	317597737	27740260	19360422
广　西	24393191	399495	25892641	465449	1887898
海　南	12019894	583304	14066137	392317	698658
重　庆	51331167	411426	56101192	885138	3164278
四　川	46747818	932931	55086169	1311580	4401439
贵　州	12001214	162842	15827188	136703	1355765
云　南	36231114	1767675	42954506	1091830	6946121
西　藏	772885	125	920731		145727
陕　西	35441894	751652	42241074	516892	2896434
甘　肃	17272108	17844	20214014	40010	2057661
青　海	3151450	133363	4098704	154011	407793
宁　夏	6148517	80164	6523907	85484	571443
新　疆	37068461	2671955	39410162	433511	3953657

5-3-4 各地区限额以上批发业企业商品购、销、存情况

单位：万元

地区	商品购进额	#进口	商品销售额	#出口	期末商品库存额
全国	**1991501142**	**184630178**	**2191210971**	**143803074**	**147122030**
北京	296298165	57336613	319012193	12689219	31974835
天津	110625305	4743824	121506833	2961488	5209322
河北	35603798	617522	41175522	566253	2645027
山西	32257357	2584977	42980291	203004	2130381
内蒙古	18398979	1168912	19534186	105570	1084481
辽宁	77695026	3776905	82973378	2055409	4296979
吉林	13213220	437913	14751790	134738	1376300
黑龙江	18042965	1623759	21214268	1811414	2056247
上海	255746682	40468428	277554611	22482572	17799715
江苏	197723063	10230202	218928538	16544213	11542914
浙江	176000209	12657404	192045823	31540551	9540753
安徽	34074585	2026526	37737040	1624654	2364439
福建	62849730	6903329	63747147	9816783	4878429
江西	10614253	31779	14520535	600130	705107
山东	92162525	5890401	108382708	4990156	6080086
河南	42598079	1067627	42678797	786523	3879959
湖北	51197960	1981961	58069391	1035467	3063812
湖南	22578724	430919	20075803	808739	1729080
广东	235852700	24075666	256599840	27636451	13946517
广西	18407245	337824	19388765	464565	1221243
海南	9032957	509594	10704542	392011	423076
重庆	38020964	326303	41320754	885138	2157798
四川	28238847	455253	33252834	1306405	2758026
贵州	7767340	114915	10953386	136256	934702
云南	28044260	1584086	33008879	1091352	5944720
西藏	262863		404138		32654
陕西	24764363	503174	30239659	434445	1706390
甘肃	13913051	9900	16449945	39890	1612792
青海	2418276	117479	3202244	154011	317511
宁夏	4321501	52416	4622549	85484	307568
新疆	32776152	2564569	34174586	420185	3401168

5-3-5 各地区限额以上零售业企业商品购、销、存情况

单位：万元

地 区	商品购进额	#进口	商品销售额	#出口	期末商品库存额
全 国	**488907517**	**11416497**	**575145810**	**445140**	**51045873**
北 京	48088738	1037657	53026637	23334	4511568
天 津	12834839	396861	14918101	11235	1034429
河 北	11853337	131785	13458970	25321	1349810
山 西	9811664	63080	12514508	3396	1247905
内蒙古	8702269	106123	9980767	97	1328308
辽 宁	19188952	941933	23327003	16066	1908549
吉 林	5256175	127825	7551517	872	769149
黑龙江	6825328	33344	9127261	1839	941762
上 海	33015958	1071359	39226761	5888	4801734
江 苏	43036553	624961	51020444	9607	3828391
浙 江	37995786	1588651	42675726	70946	3478076
安 徽	12462518	87723	13711159		1611429
福 建	14221167	301705	19294009	30515	1695743
江 西	5236384	42745	5672352		447188
山 东	46173090	559949	52673213	36569	4170921
河 南	19200447	324189	20723537	1648	1886285
湖 北	19026567	189262	22062360	814	1922878
湖 南	11682731	169388	17569445		1028618
广 东	49683120	2280695	60997897	103809	5413905
广 西	5985946	61670	6503875	884	666655
海 南	2986937	73710	3361595	306	275582
重 庆	13310204	85123	14780437		1006480
四 川	18508971	477677	21833335	5175	1643413
贵 州	4233875	47927	4873802	447	421063
云 南	8186854	183589	9945627	478	1001401
西 藏	510022	125	516593		113073
陕 西	10677531	248478	12001415	82448	1190044
甘 肃	3359058	7943	3764069	120	444869
青 海	733174	15885	896461		90282
宁 夏	1827016	27748	1901358		263874
新 疆	4292308	107386	5235576	13326	552489

【主要统计指标解释】

商品购进额 指从本企业以外的单位和个人购进(包括从国外直接进口)作为转卖或加工后转卖的商品金额。它反映批发和零售业从国内外市场上购进商品的价值总量。

进口 指直接从国外进口的商品和委托外贸部门代理进口的商品，不包括从国内有关单位购进的进口商品。外贸企业只能统计自主经营进口的商品，不包括受托代理进口的商品。

商品销售额 指对本企业以外的单位和个人出售的商品金额（包括售给本单位消费用的商品，含增值税）。它反映批发和零售业在国内市场上销售商品以及出口商品的价值总量。

出口 指直接向国（境）外出口商品和委托外贸企业代理出口的商品金额，商品出口不包括售给外贸企业出口或加工后出口的商品，以及在国内市场以外币销售的商品。外贸企业只统计自主经营出口的商品，不包括受托代理出口的商品。

期末商品库存额 指报告期末各种登记注册类型的批发和零售业企业（单位）已取得所有权的全部商品金额（含增值税）。它反映批发和零售业企业的商品库存情况和对市场商品供应的保证程度。

5 第三产业部分行业主要业务指标

5-4 住宿和餐饮业

简要说明

一、主要内容

住宿和餐饮业企业经营情况。

二、统计范围

限额以上住宿和餐饮业企业。

三、调查方法

对限额以上住宿和餐饮业企业采用全面调查方法。

四、限额标准

住宿业企业：年主营业务收入200万元及以上。

餐饮业企业：年主营业务收入200万元及以上。

五、资料来源

本部分资料是国家统计局贸易外经统计司根据《批发和零售业、住宿和餐饮业统计报表制度》搜集的资料进行加工整理而得。

5-4-1 限额以上住宿和餐饮业企业经营情况

单位：万元

项　目	营业额	#客房收入	#餐费收入
总　计	**59929874**	**14654383**	**40370965**
一、住宿业	**27978430**	**13097602**	**11438685**
#国有控股	8792753	3985958	3479007
(一)按登记注册类型分			
内资企业	**22940343**	**10653114**	**9530240**
国有企业	5606421	2500991	2321485
集体企业	753850	323560	327355
股份合作企业	220533	103130	91533
联营企业	132720	63507	52591
国有联营企业	58794	30939	21015
集体联营企业	22614	8718	11846
国有与集体联营企业	32113	14065	11958
其他联营企业	19199	9784	7772
有限责任公司	7329732	3469644	2926547
国有独资公司	320142	153589	119618
其他有限责任公司	7009590	3316055	2806928
股份有限公司	1068831	470999	433008
私营企业	7455494	3544161	3218430
私营独资企业	1448479	681628	637143
私营合伙企业	338057	158011	148948
私营有限责任公司	5238945	2491882	2249192
私营股份有限公司	430013	212639	183148
其他企业	372763	177124	159290
港、澳、台商投资企业	**2814163**	**1334036**	**1080669**
合资经营企业	1486433	723427	564306
合作经营企业	423835	193217	154761
独资经营企业	850883	391876	340723
投资股份有限公司	53013	25517	20879
外商投资企业	**2223923**	**1110452**	**827775**
中外合资经营企业	1053602	503240	391651
中外合作经营企业	364071	171293	148608
外资企业	758943	413177	268013
外商投资股份有限公司	47307	22742	19504
(二)按国民经济行业分			
旅游饭店	23660268	10584997	10073269
一般旅馆	3837589	2251160	1208644
其他住宿服务	480573	261445	156772

5-4-1 续表

单位：万元

项目	营业额	#客房收入	#餐费收入
二、餐饮业	**31951444**	**1556781**	**28932280**
#国有控股	1446730	184793	1104177
(一)按登记注册类型分			
内资企业	**23989238**	**1487601**	**21184378**
国有企业	792753	160138	557759
集体企业	339293	33314	279487
股份合作企业	293960	22851	243115
联营企业	24623	599	23461
国有联营企业	1684	78	1449
集体联营企业	4120	219	3892
国有与集体联营企业	2645		2645
其他联营企业	16175	302	15474
有限责任公司	4857828	362340	4163628
国有独资公司	89480	5845	64930
其他有限责任公司	4768347	356495	4098698
股份有限公司	1001526	70230	842652
私营企业	16057184	800029	14527927
私营独资企业	4157766	220930	3698269
私营合伙企业	707098	44628	630602
私营有限责任公司	10134108	480952	9230005
私营股份有限公司	1058212	53519	969051
其他企业	622071	38101	546350
港、澳、台商投资企业	**2483302**	**44055**	**2355499**
合资经营企业	741030	18789	687669
合作经营企业	151024	1492	136535
独资经营企业	1500806	22227	1444044
投资股份有限公司	90442	1547	87251
外商投资企业	**5478905**	**25125**	**5392403**
中外合资经营企业	1236141	16992	1196453
中外合作经营企业	176000	1081	162965
外资企业	3909481	6348	3881683
外商投资股份有限公司	157283	705	151302
(二)按国民经济行业分			
正餐服务	24781404	1516617	21943089
快餐服务	5727846	4947	5668828
饮料及冷饮服务	337727	459	314312
其他餐饮服务	1104466	34758	1006051

5-4-2 各地区限额以上住宿和餐饮业企业经营情况

单位：万元

地 区	营业额	#客房收入	#餐费收入
全 国	**59929874**	**14654383**	**40370965**
北 京	6988870	1529801	4691665
天 津	1095486	179010	837415
河 北	1012783	292449	638279
山 西	1210789	322405	790467
内蒙古	873752	250509	579822
辽 宁	1892088	433999	1345531
吉 林	467186	147934	285190
黑龙江	626967	159548	396318
上 海	5574888	1320976	3923278
江 苏	4233517	926503	3028690
浙 江	4700223	1190963	3184771
安 徽	1066989	282992	676692
福 建	1976261	440846	1383938
江 西	767152	244394	443531
山 东	4806626	877165	3475777
河 南	1989817	517461	1297614
湖 北	1693025	414480	1171344
湖 南	1780547	564993	1084707
广 东	8435801	1918052	5824375
广 西	675506	240961	372814
海 南	886351	478534	338764
重 庆	1343668	250639	979787
四 川	2150820	526658	1442979
贵 州	321769	123575	178045
云 南	737782	278752	363757
西 藏	44141	22625	15178
陕 西	1567780	393744	1019336
甘 肃	370945	108983	238886
青 海	90180	34545	49225
宁 夏	159092	42262	100398
新 疆	389072	138626	212395

5-4-3 各地区限额以上住宿业企业经营情况

单位：万元

地 区	营业额	#客房收入	#餐费收入
全 国	**27978430**	**13097602**	**11438685**
北 京	3042060	1497254	911555
天 津	333086	158366	120617
河 北	648570	256758	326819
山 西	527814	224478	242684
内蒙古	408516	190943	186257
辽 宁	854150	402030	367288
吉 林	270515	116552	129159
黑龙江	283646	151783	108649
上 海	2203732	1265269	656114
江 苏	1862097	764232	903214
浙 江	2585559	1075835	1265892
安 徽	546687	236973	250267
福 建	941500	389201	443726
江 西	422783	224024	158880
山 东	1649002	657492	808566
河 南	987305	446883	424167
湖 北	636702	330195	241747
湖 南	1049418	496097	456718
广 东	3980021	1798563	1631348
广 西	471893	229797	188323
海 南	766626	476529	229240
重 庆	512803	213533	232226
四 川	935672	477582	346204
贵 州	205290	117149	73509
云 南	506431	271809	154147
西 藏	39168	22625	10239
陕 西	694984	315502	313545
甘 肃	192113	97828	76481
青 海	54461	30903	18177
宁 夏	56525	26657	23336
新 疆	309302	134761	139593

5-4-4 各地区限额以上餐饮业企业经营情况

单位：万元

地区	营业额	#客房收入	#餐费收入
全国	**31951444**	**1556781**	**28932280**
北京	3946811	32547	3780110
天津	762400	20645	716798
河北	364214	35690	311460
山西	682975	97927	547782
内蒙古	465236	59567	393564
辽宁	1037938	31969	978243
吉林	196671	31382	156032
黑龙江	343321	7765	287669
上海	3371156	55708	3267164
江苏	2371420	162271	2125476
浙江	2114664	115128	1918879
安徽	520302	46020	426425
福建	1034760	51645	940212
江西	344369	20370	284651
山东	3157624	219673	2667211
河南	1002512	70578	873447
湖北	1056323	84285	929598
湖南	731130	68896	627988
广东	4455780	119489	4193027
广西	203613	11164	184490
海南	119725	2006	109524
重庆	830866	37106	747562
四川	1215148	49075	1096775
贵州	116479	6426	104536
云南	231351	6943	209611
西藏	4973		4939
陕西	872796	78242	705792
甘肃	178832	11154	162405
青海	35719	3642	31048
宁夏	102568	15605	77062
新疆	79771	3865	72802

【主要统计指标解释】

营业额 指住宿和餐饮业法人企业（单位）在经营活动中因提供服务或销售商品等取得的收入，包括客房收入、餐费收入、商品销售收入和其他收入。

客房收入 指住宿和餐饮业法人企业（单位）在经营活动中因提供住宿服务取得的收入。

餐费收入 指住宿和餐饮业法人企业（单位）因为顾客提供就餐服务取得的收入，包括经烹饪、调制加工后出售的各种食品，如主食、炒菜、凉拌菜等的收入。

5 第三产业部分行业主要业务指标

5-5 金融业

简要说明

一、主要内容

本篇反映我国金融、证券和保险业发展情况。有以下四个部分：一是金融机构金融活动情况；二是存贷款利率调整情况；三是直接融资情况；四是保险业务情况。

二、资料来源

1.反映金融机构活动情况的资料包括："金融机构人民币信贷资金平衡表（资金来源）"，"金融机构人民币信贷资金平衡表（资金运用）"，"金融机构现金投放与回笼"，"货币供应量（年底余额）"，"货币供应量同比增长率"，"黄金和外汇储备"，"货币当局资产负债表（年底余额）"，"其他存款性公司资产负债表（年底余额）"，"外资银行资产负债表（年底余额）"。金融机构信贷资金平衡表及现金收支表的统计范围包括中国人民银行、国家政策性银行、国有商业银行、其他商业银行、城市信用合作社、农村信用合作社、外资银行、财务公司、信托投资公司、金融租赁公司、邮政储蓄机构。中国人民银行总行根据金融机构的基层单位全面填报、并按各自系统汇总的资料，进行归并和汇总，最后得到金融机构的信贷收支及现金收支表。黄金和外汇储备表中的资料取自于中国人民银行的资产负债表，由该行有关部门提供。

2.反映存贷款利率调整情况的"金融机构法定存款利率"，"金融机构法定贷款利率表"，数据来自中国人民银行总行规定的、并对外发布的存贷款利率。

3.反映直接融资情况的"证券市场基本情况"，"上市公司数量"，"上市公司地区分布"，"股票发行量和筹资额"，"股票交易情况"，"全国期货交易所市场概况"，"全国交易所上市基金成交概况"资料取自中国证券监督管理委员会编制的《中国证券期货统计年鉴》。

4.反映保险业务情况的"保险公司业务经济技术指标"，数据取自中国保险监督管理委员会编制的保险统计资料。

5-5-1 金融机构人民币信贷资金平衡表(资金来源)

单位：亿元

项　目	2009	2010
资金来源合计	**681875.0**	**805879.1**
各项存款	597741.0	718237.9
企业存款	217110.0	244495.6
财政存款	22411.0	25455.0
机关团体存款	29560.0	66175.0
城乡储蓄存款	260772.0	303302.5
农业存款	14568.0	17244.0
委托及信托类存款	5945.0	6465.0
其他类存款	47375.0	55101.0
金融债券	16203.0	13526.9
对国际金融机构负债	762.0	720.1
流通中现金	38246.0	44628.2
其他	28923.0	28766.0

注：本表统计口径包括中国人民银行、政策性银行、国有商业银行、股份制商业银行、城市商业银行、农村商业银行、农村合作银行、城市信用社、农村信用社、信托投资公司、财务公司、租赁公司、外资金融机构、中国邮政储蓄银行(下表同)。

5-5-2 金融机构人民币信贷资金平衡表(资金运用)

单位：亿元

项　目	2009	2010
资金运用合计	**681875.0**	**805879.0**
各项贷款	399685.0	479196.0
短期贷款	146611.0	166233.0
工业贷款	38769.0	
商业贷款	19483.0	
建筑业贷款	3647.0	
农业贷款	21623.0	
乡镇企业贷款	9029.0	
三资企业贷款	2180.0	
私营企业及个体贷款	7117.0	
其他短期贷款	44763.0	
中长期贷款	222419.0	288930.0
委托及信托类贷款	5277.0	6163.0
其他类贷款	25378.0	17869.0
有价证券及投资	86643.0	98526.0
金银占款	669.8	670.0
外汇占款	193112.0	225795.0
财政借款		
在国际金融机构资产	1765.0	1693.0

5-5-3 金融机构现金投放与回笼

单位：亿元

年 份	现金收入	现金支出	投放
1957	516.7	512.2	-4.5
1962	633.2	614.0	-19.2
1965	675.7	686.5	10.8
1970	812.8	799.3	-13.5
1975	1128.2	1134.2	6.0
1978	1336.0	1352.6	16.6
1979	1626.4	1682.1	55.7
1980	2033.2	2111.7	78.5
1981	2402.2	2452.3	50.1
1982	2819.6	2862.4	42.8
1983	3428.7	3519.4	90.7
1984	4207.6	4469.9	262.3
1985	5499.1	5694.8	195.7
1986	6613.3	6843.9	230.6
1987	8779.6	9015.7	236.1
1988	12810.5	13490.0	679.5
1989	15057.6	15267.6	210.0
1990	17171.1	17471.4	300.4
1991	21465.1	21998.5	533.4
1992	31248.0	32406.2	1158.2
1993	48883.8	50412.5	1528.7
1994	71247.1	72671.0	1423.9
1995	96725.5	97322.3	596.8
1996	120263.3	121179.9	916.6
1997	141612.6	142988.3	1375.7
1998	203966.5	204993.1	1026.6
1999	233399.0	235650.4	2251.3
2000	277067.1	278264.3	1197.2
2001	321380.2	322416.3	1036.1
2002	365593.0	367182.2	1589.2
2003	455527.9	457995.9	2468.0
2004	567879.2	569601.5	1722.3
2005	626978.5	629541.8	2563.4
2006	705733.1	708774.1	3041.0
2007	824836.1	828138.7	3302.6
2008	807612.5	811456.2	3843.7
2009	866418.2	870445.2	4027.0
2010			6381.0

注：投放栏中的负数表示现金回笼。

5-5-4 货币供应量(年底余额)

单位：亿元

年 份	货币和准货币 (M_2)	货币 (M_1)			准货币			
			流通中现金	活期存款		定期存款	储蓄存款	其他存款
1990	15293.4	6950.7	2644.4	4306.3	8342.7			
1991	19349.9	8633.3	3177.8	5455.5	10716.6			
1992	25402.2	11731.5	4336.0	7395.2	13670.7			
1993	34879.8	16280.4	5864.7	10415.7	18599.4	1247.9	15203.5	2148.0
1994	46923.5	20540.7	7288.6	13252.1	26382.8	1943.1	21518.8	2920.9
1995	60750.5	23987.1	7885.3	16101.8	36763.4	3324.2	29662.2	3777.0
1996	76094.9	28514.8	8802.0	19712.8	47580.1	5041.9	38520.8	4017.4
1997	90995.3	34826.3	10177.6	24648.7	56169.1	6738.5	46279.8	3150.7
1998	104498.5	38953.7	11204.2	27749.5	65544.9	8301.9	53407.5	3835.5
1999	119897.9	45837.2	13455.5	32381.8	74060.6	9476.8	59621.8	4962.0
2000	134610.3	53147.2	14652.7	38494.5	81463.1	11261.1	64332.4	5869.7
2001	158301.9	59871.6	15688.8	44182.8	98430.3	14180.1	73762.4	10487.8
2002	185007.0	70881.8	17278.0	53603.8	114125.2	16433.8	86910.7	10780.7
2003	221222.8	84118.6	19746.0	64372.6	137104.3	20940.4	103617.7	12546.2
2004	254107.0	95969.7	21468.3	74501.4	158137.2	25382.2	119555.4	13199.7
2005	298755.7	107278.8	24031.7	83247.1	191476.9	33100.0	141051.0	17325.9
2006	345603.6	126035.1	27072.6	98962.5	219568.5	38723.1	161587.3	19249.1
2007	403442.2	152560.1	30375.2	122184.9	250882.1	46932.5	172534.2	31415.4
2008	475166.6	166217.1	34219.0	131998.2	308949.5	60103.1	217885.4	30961.1
2009	606225.0	220001.5	38246.0	181758.5	386219.1	82284.9	260767.3	43166.9
2010	725774.1	266621.3	44628.2	221993.2	459152.7	105858.7	303302.2	49991.9

注：2001年6月起，已将证券公司客户保证金计入货币供应量(M_2)，含在其他存款项内。

5-5-5 货币供应量同比增长率

单位：%

年 份	货币和准货币 (M_2)	货币 (M_1)			准货币			
			流通中现金	活期存款		定期存款	储蓄存款	其他存款
1991	26.5	24.2	20.2	26.7	28.5			
1992	31.3	35.9	36.4	35.6	27.6			
1993								
1994	34.5	26.2	24.3	27.2	41.9	55.7	41.5	36.0
1995	29.5	16.8	8.2	21.5	39.4	71.1	37.9	29.3
1996	25.3	18.9	11.6	22.4	29.4	51.7	29.9	6.4
1997	17.3	16.5	15.6	16.9	17.8	24.5	19.3	-8.9
1998	14.8	11.9	10.1	12.6	16.7	23.2	15.4	21.7
1999	14.7	17.7	20.1	16.7	13.0	14.2	11.6	29.3
2000	12.3	16.0	8.9	18.9	10.0	18.8	7.9	18.3
2001	14.4	12.7	7.1	14.8	15.5	25.9	14.7	9.1
2002	16.8	16.8	10.1	19.2	16.8	21.8	17.8	2.8
2003	19.6	18.7	14.3	20.1	20.1	27.4	19.2	16.4
2004	14.7	13.6	8.7	15.1	15.3	21.2	15.4	5.2
2005	17.6	11.8	11.9	11.7	21.1	30.4	18.0	31.3
2006	17.0	17.5	12.7	18.9	16.7	17.2	14.6	36.3
2007	16.7	21.1	12.2	23.5	14.3	21.2	6.8	63.2
2008	17.8	9.1	12.7	8.2	23.2	28.1	26.3	-1.5
2009	27.7	32.4	11.8	37.7	25.2	37.7	19.7	39.4
2010	19.7	21.2	16.7	22.1	18.9	28.7	16.3	15.8

注：1.同期比增长率是按可比口径计算的。因1992年以前口径与1993年口径不一致，故1993年未计算增长率。
2.2001年6月起，已将证券公司客户保证金计入货币供应量(M_2)，含在其他存款内。
3.1997年初，中国人民银行对金融统计制度进行了调整，因此自1997年起的数据与历史数据不完全可比。

5-5-6 金融机构法定存款利率

单位：年利率%

项　目	2007.03.18	2007.05.19	2007.07.21	2007.08.22	2007.09.15	2008.10.19	2008.10.30	2008.11.27	2008.12.23	2010.10.20	2010.12.26	2011.02.09	2011.04.06
个人人民币储蓄存款													
活期	0.72	0.72	0.81	0.81	0.81	0.72	0.72	0.36	0.36	0.36	0.36	0.4	0.5
定期													
三个月	1.98	2.07	2.34	2.61	2.88	3.15	2.88	1.98	1.71	1.91	2.25	2.6	2.85
半年	2.43	2.61	2.88	3.15	3.42	3.51	3.24	2.25	1.98	2.2	2.5	2.8	3.05
一年	2.79	3.06	3.33	3.60	3.87	3.87	3.60	2.52	2.25	2.5	2.75	3	3.25
二年	3.33	3.69	3.96	4.23	4.50	4.41	4.14	3.06	2.79	3.25	3.55	3.9	4.15
三年	3.96	4.41	4.68	4.95	5.22	5.13	4.77	3.60	3.33	3.85	4.15	4.5	4.75
五年	4.41	4.95	5.22	5.49	5.76	5.58	5.13	3.87	3.60	4.2	4.55	5	5.25
企业单位													
活期	0.72	0.72	0.81	0.81	0.81	0.72	0.72	0.36	0.36	0.36	0.36	0.4	0.5
定期													
三个月	1.98	2.07	2.34	2.61	2.88	3.15	2.88	1.98	1.71	1.91	2.25	2.6	2.85
半年	2.43	2.61	2.88	3.15	3.42	3.51	3.24	2.25	1.98	2.2	2.5	2.8	3.05
一年	2.79	3.06	3.33	3.60	3.87	3.87	3.60	2.52	2.25	2.5	2.75	3	3.25
二年	3.33	3.69	3.96	4.23	4.50	4.41	4.14	3.06	2.79	3.25	3.55	3.9	4.15
三年	3.96	4.41	4.68	4.95	5.22	5.13	4.77	3.60	3.33	3.85	4.15	4.5	4.75
五年	4.41	4.95	5.22	5.49	5.76	5.58	5.13	3.87	3.60	4.2	4.55	5	5.25

注：金融机构以人民银行规定的人民币存款基准利率为上限，下限为0。

5-5-7 金融机构法定贷款利率

单位：年利率%

项　目	2007.03.18	2007.05.19	2007.07.21	2007.08.22	2007.09.15	2007.12.21	2008.09.16	2008.10.09	2008.10.30	2008.11.27	2008.12.23	2010.10.20	2010.12.26	2011.02.09	2011.04.06
短期贷款															
六个月	5.67	5.85	6.03	6.21	6.48	6.57	6.21	6.12	6.03	5.04	4.86	5.10	5.35	5.6	5.85
一年	6.39	6.57	6.84	7.02	7.29	7.47	7.20	6.93	6.66	5.58	5.31	5.56	5.81	6.06	6.31
中长期贷款															
一年以上至三年	6.57	6.75	7.02	7.20	7.47	7.56	7.29	7.02	6.75	5.67	5.40	5.60	5.85	6.1	6.4
三年以上至五年	6.75	6.93	7.20	7.38	7.65	7.74	7.56	7.29	7.02	5.94	5.76	5.96	6.22	6.45	6.65
五年以上	7.11	7.20	7.38	7.56	7.83	7.83	7.74	7.47	7.20	6.12	5.94	6.14	6.40	6.6	6.8

5-5-8 黄金和外汇储备

年 份	黄金储备(万盎司)	外汇储备(亿美元)	年 份	黄金储备(万盎司)	外汇储备(亿美元)
1978	1280	1.67	1995	1267	735.97
1979	1280	8.40	1996	1267	1050.29
1980	1280	-12.96	1997	1267	1398.90
1981	1267	27.08	1998	1267	1449.59
1982	1267	69.86	1999	1267	1546.75
1983	1267	89.01	2000	1267	1655.74
1984	1267	82.20	2001	1608	2121.65
1985	1267	26.44	2002	1929	2864.07
1986	1267	20.72	2003	1929	4032.51
1987	1267	29.23	2004	1929	6099.32
1988	1267	33.72	2005	1929	8188.72
1989	1267	55.50	2006	1929	10663.40
1990	1267	110.93	2007	1929	15282.49
1991	1267	217.12	2008	1929	19460.30
1992	1267	194.43	2009	3389	23991.52
1993	1267	211.99	2010	3389	28473.38
1994	1267	516.20			

5-5-9 货币当局资产负债表(年底余额)

单位：亿元

项 目	2009	2010
总资产	**227530.5**	**259274.9**
国外资产	185333.0	215419.6
外汇	175154.6	206766.7
货币黄金	669.8	669.8
其他国外资产	9508.6	7983.1
对政府债权	15662.0	15421.1
对其他存款性公司债权	7161.9	9485.7
对其他金融性公司债权	11530.2	11325.8
对非金融性公司债权	44.0	25.0
其他资产	7799.5	7597.7
总负债	**227530.5**	**259274.9**
储备货币	143985.0	185311.1
货币发行	41555.8	48646.0
金融性公司存款	102429.2	136665.1
其他存款性公司存款	102280.7	136480.9
其他金融性公司存款	148.5	184.2
非金融性公司存款		
不计入储备货币的金融性公司存款	624.8	657.2
债券发行	42064.2	40497.2
国外负债	761.7	720.1
政府存款	21226.4	24277.3
自有资金	219.8	219.8
其他负债	18648.6	7592.2

5-5-10 其他存款性公司资产负债表(年底余额)

单位：亿元

项 目	2009	2010
总资产	**809230.4**	**961608.6**
国外资产	18745.4	18524.8
储备资产	104554.7	136835.0
准备金存款	101244.9	132817.1
库存现金	3309.8	4017.9
对政府债权	37854.2	43460.5
对中央银行债权	55221.6	40274.2
对其他存款性公司债权	94819.6	134452.8
对其他金融性公司债权	15064.0	19735.5
对非金融性公司债权	355349.7	409539.1
对其他居民部门债权	81611.6	112094.4
其他资产	46009.5	46692.4
总负债	**809230.4**	**961608.6**
对非金融机构及住户负债	567114.1	684857.8
纳入广义货币的存款	552899.0	668318.5
企业活期存款	181755.5	221993.4
企业定期存款	110872.0	143232.1
居民储蓄存款	260271.5	303093.0
不纳入广义货币的存款	11812.6	13566.1
可转让存款	5319.2	6081.9
其他存款	6493.4	7484.2
其他负债	2402.5	2973.2
对中央银行负债	4988.9	5629.0
对其他存款性公司负债	45519.7	55748.4
对其他金融性公司负债	45593.2	44255.2
#计入广义货币的存款	15080.0	12905.2
国外负债	4785.2	7179.4
债券发行	52025.0	59105.2
实收资本	23070.6	26506.8
其他负债	66133.7	78326.9

5-5-11 外资银行资产负债表(年底余额)

单位：亿元

项　　目	2009	2010
总资产	**14350.8**	**19016.2**
国外资产	1483.0	1280.4
储备资产	1415.1	2023.7
准备金存款	1407.7	2014.6
库存现金	7.5	9.1
对政府债权	1217.3	1004.5
对中央银行债权		
对其他存款性公司债权	2214.2	3630.1
对其他金融性公司债权	87.7	245.0
对非金融性公司债权	6332.1	8236.3
对其他居民部门债权	301.8	409.0
其他资产	1299.6	2187.3
总负债	**14350.8**	**19016.2**
对非金融机构及住户负债	6687.6	9677.7
纳入广义货币的存款	5132.1	7808.8
企业活期存款	1856.4	2272.8
企业定期存款	2855.4	4962.5
居民储蓄存款	420.4	573.5
不纳入广义货币的存款	1555.5	1868.9
可转让存款	944.2	999.5
其他存款	611.3	869.5
其他负债		
对中央银行负债		
对其他存款性公司负债	1279.1	1212.9
对其他金融性公司负债	412.7	531.5
#计入广义货币的存款		
国外负债	2754.7	3341.7
债券发行		
实收资本	1425.8	1515.2
其他负债	1790.9	2737.2

5-5-12 证券市场基本情况

项　目		2009	2010
境内上市公司数(A、B股)	(家)	1718	2063
境内上市外资股公司数(B股)	(家)	108	108
境外上市公司数(H股)	(家)	159	165
股票总发行股本	(亿股)	26163	33184
#流通股本	(亿股)	19760	25642
股票市价总值	(亿元)	243939	265423
#股票流通市值	(亿元)	151259	193110
股票成交量	(亿股)	51106.99	42151.98
股票成交金额	(亿元)	535987	545634
上证综合指数	(收盘)	3277.14	2808.08
深证综合指数	(收盘)	1201.34	1290.86
投资者开户数	(万户)	17150	18858
平均市盈率			
上海		28.73	21.61
深圳		46.01	44.69
平均换手率	(%)		
上海		499.41	198.00
深圳		793.27	557.00
国债发行额	(亿元)	17927.24	19778.30
企业债发行额	(亿元)	15864.40	15491.45
债券成交额	(亿元)	40635.06	76206.00
国债现货成交金额	(亿元)	2085.71	1661.64
国债回购成交金额	(亿元)	35929.25	65877.79
证券投资基金只数	(只)	557	704
证券投资基金规模	(亿元)	26767.05	24228.35
证券投资基金成交金额	(亿元)	10249.58	8996.00
期货总成交量	(万手)	215751.76	312890.02
期货总成交额	(亿元)	1305142.92	2959480.02

注：1.股票总发行股本中含(A+H)股公司发行的H股。
　　2.换手率=全年成交金额/[(本年末流通市值+上年末流通市值)/2]×100%

5-5-13 上市公司数量

单位：个

年 份	全国合计	上交所	深交所	仅发A股公司	仅发A、H股公司	仅发A、B股公司	仅发B股公司	发A、B、H股公司
1990	10	8	2	10				
1991	14	8	6	14				
1992	53	29	24	35		18		
1993	183	106	77	140	3	34	6	
1994	291	171	120	227	6	54	4	
1995	323	188	135	242	11	58	12	
1996	530	293	237	431	14	69	16	
1997	745	383	362	627	17	76	25	
1998	851	438	413	727	18	80	26	
1999	949	484	465	822	19	82	26	
2000	1088	572	516	955	19	86	28	
2001	1160	646	514	1025	23	88	24	
2002	1224	715	509	1085	28	87	24	
2003	1287	780	507	1146	30	87	24	
2004	1377	837	540	1236	31	86	24	
2005	1381	834	547	1240	32	86	23	
2006	1434	842	592	1287	38	86	23	
2007	1550	860	690	1389	52	86	23	
2008	1625	864	761	1459	57	85	23	1
2009	1718	870	848	1549	61	85	22	1
2010	2063	894	1169	1889	65	86	22	1

5-5-14 上市公司地区分布

单位：个

地区	上市公司家数		
	全国合计	上交所	深交所
全国	**2063**	**894**	**1169**
北京	163	88	75
天津	34	17	17
河北	44	17	27
山西	30	17	13
内蒙古	21	15	6
辽宁	60	27	33
吉林	35	17	18
黑龙江	30	22	8
上海	180	148	32
江苏	168	66	102
浙江	185	67	118
安徽	65	29	36
福建	74	31	43
江西	30	16	14
山东	126	49	77
河南	51	21	30
湖北	73	35	38
湖南	62	19	43
广东	294	39	255
广西	27	11	16
海南	22	7	15
重庆	35	17	18
四川	82	33	49
贵州	19	9	10
云南	29	13	16
西藏	9	6	3
陕西	36	17	19
甘肃	22	10	12
青海	9	6	3
宁夏	12	4	8
新疆	36	21	15

5-5-15 股票发行量和筹资额

年份	股票发行量(亿股)	A股	H股,N股	B股	股票筹资额(亿元)	A股	#配股	H股,N股	B股
1991	5.00	5.00			5.00	5.00			
1992	20.75	10.00		10.75	94.09	50.00			44.09
1993	95.79	42.59	40.41	12.79	375.47	276.41	81.58	60.93	38.13
1994	91.26	10.97	69.89	10.40	326.78	99.78	50.16	188.73	38.27
1995	31.60	5.32	15.38	10.90	150.32	85.51	62.83	31.46	33.35
1996	86.11	38.29	31.77	16.05	425.08	294.34	69.89	83.56	47.18
1997	267.63	105.65	136.88	25.10	1293.82	825.92	170.86	360.00	107.90
1998	109.06	86.30	12.86	9.90	841.52	778.02	334.97	37.95	25.55
1999	122.93	98.11	23.05	1.77	944.56	893.60	320.97	47.17	3.79
2000	512.04	145.68	359.26	7.10	2103.24	1527.03	519.46	562.21	13.99
2001	141.48	93.00	48.48		1252.34	1182.13	430.63	70.21	
2002	291.74	134.20	157.54		961.75	779.75	56.61	181.99	
2003	281.43	83.64	196.79	1.00	1357.75	819.56	74.79	534.65	3.54
2004	227.92	54.88	171.51	1.53	1510.94	835.71	104.54	648.08	27.16
2005	567.05	13.80	553.25		1882.51	338.13	2.62	1544.38	
2006	1287.77	351.11	936.66		5594.29	2463.70	4.32	3130.59	
2007	637.24	413.27	223.97		8680.17	7722.99	227.68	957.18	
2008	180.29	114.91	65.38		3852.21	3457.75	151.57	317.26	
2009	415.96	260.38	155.58		6124.69	5004.90	105.97	1073.18	
2010	928.37	561.33	367.04		11971.93	9606.31	1438.25	2365.62	

5-5-16 股票交易情况

项目		2001	2002	2003	2004	2005	2006	2007	2008	2009	2010
会员总数		**547**	**437**	**382**	**350**	**328**	**329**	**265**	**233**	**211**	**219**
上市公司数目	(家)	1160	1224	1287	1377	1381	1434	1550	1625	1718	2063
上市股票数目	(只)	1240	1310	1372	1463	1467	1520	1636	1711	1804	2159
A股		1130	1199	1261	1353	1358	1411	1527	1602	1696	2051
B股		110	111	111	110	109	109	109	109	108	108
股票总发行股本	**(亿股)**	**4838.35**	**5462.99**	**5997.93**	**6714.74**	**7163.54**	**12683.99**	**17000.45**	**18900.12**	**20606.26**	**26984.49**
A股		4650.45	5283.64	5808.31	6505.83	6936.08	12445.65	16746.62	18629.77	20332.77	26701.51
B股		187.90	179.34	189.62	208.91	227.47	238.34	253.84	270.35	273.49	282.98
流通股本	**(亿股)**	**1480.88**	**1679.94**	**1897.32**	**2194.15**	**2498.89**	**3444.50**	**4933.64**	**6964.97**	**14200.19**	**19442.15**
A股		1315.21	1508.43	1717.93	1996.65	2280.84	3215.54	4682.77	6696.76	13928.17	19160.47
B股		165.67	171.51	179.39	197.50	218.05	228.96	250.87	268.21	271.48	281.68
股票市价总值	**(亿元)**	**43522**	**38329**	**42458**	**37056**	**32430**	**89404**	**327141**	**121366**	**243939**	**265423**
A股		42246	37527	41520	36309	31811	88114	324588	120567	242127	263221
B股		1277	803	937	746	620	1290	2553	800	1812	2202
股票流通市值	**(亿元)**	**14463**	**12485**	**13179**	**11689**	**10631**	**25004**	**93064**	**45214**	**151259**	**193110**
A股		13345	11719	12306	10998	10028	23731	90527	44419	149456	190917
B股		1118	766	873	690	602	1272	2538	795	1803	2193
股票成交金额	**(亿元)**	**38305**	**27990**	**32115**	**42334**	**31665**	**90469**	**460556**	**267113**	**535987**	**545634**
A股		33242	27142	31270	41576	31099	89217	454771	265890	533889	563466
B股		5063	848	845	758	565	1252	5785	1222	2097	2168
总成交股数	**(亿股)**	**3152.29**	**3016.19**	**4163.08**	**5827.73**	**6623.73**	**16145.23**	**36403.75**	**24131.39**	**51107.00**	**42151.98**
A股		2463.41	2859.49	3992.28	5672.91	6470.87	15808.6	35683.9	23912.8	50648.91	41806.42
B股		688.88	156.70	170.80	154.83	152.86	336.61	719.82	218.62	458.09	345.56
上证综合指数											
最高		2245.44	1748.89	1649.60	1783.01	1328.53	2698.90	6124.04	5522.78	3478.01	3306.75
最低		1514.86	1339.20	1307.40	1259.43	998.23	1161.91	2541.53	1664.93	1844.09	2319.74
收盘		1645.97	1357.65	1497.04	1266.50	1161.06	2675.47	5261.56	1820.81	3277.14	2808.08
深证综合指数											
最高		664.85	512.38	449.42	470.55	333.28	552.93	1567.74	1584.40	1240.64	1412.64
最低		439.36	371.79	350.74	315.17	237.18	278.99	547.89	452.33	557.69	890.24
收盘		475.94	388.76	378.63	315.81	278.75	550.59	1447.02	553.30	1201.34	1290.86

注：本表股票总发行股本不含(A+H)股公司发行的H股。

5-5-17 全国期货交易所市场概况

年 份	全年总成交额（亿元）	全年总成交量（万手）	全年总实物交割额（亿元）	全年总实物交割量（万手）
1993	5521.99	890.69		
1994	31601.41	12110.72		
1995	100565.30	63612.07	181.52	83.09
1996	84119.16	34256.77	174.13	78.33
1997	61170.66	15876.32	93.75	38.18
1998	36967.24	10445.57	48.04	20.56
1999	22343.01	7363.91	109.41	16.12
2000	16082.29	5461.07	65.11	8.40
2001	30144.98	12046.35	57.54	64.85
2002	39490.28	13943.37	101.44	141.16
2003	108396.59	27992.43	127.34	129.54
2004	146935.32	30569.76	181.68	31.32
2005	134463.38	32287.41	141.87	29.23
2006	210063.37	44950.82	216.93	28.68
2007	409740.77	72846.08	275.49	230.88
2008	719173.33	136396.00	323.52	51.29
2009	1305142.92	215751.76	266.73	45.95
2010	2269852.25	304194.19	474.31	65.29

5-5-18 全国交易所上市基金成交概况

项 目		本年	上年	增减(%)
交易日数	(天)	242	244	-0.82
基金上市品种	(个)	118	73	61.64
#ETF		15	7	—
LOFE		55	33	—
基金成交金额	(亿元)	8996.44	10340.02	-12.99
#ETF		6450.8	7652.13	—
LOFE		307.07	324.73	—
基金日均成交金额	(亿元)	37.18	42.38	-12.27
基金成交股数	(亿股)	6582.01	6531.4	0.77
#ETF		4020.86	3452.19	—
LOFE		324.26	365.1	—
基金成交笔数	(百万笔)	23.42	30.22	-22.50
#ETF		9.92	12.75	—
LOFE		1.94	2.84	—
上证基金指数开市		4785.956	2541.638	88.30
上证基金指数最高		5038.234	4813.13	4.68
上证基金指数最低		3752.775	2528.83	48.40
上证基金指数收市		4557.662	4765.745	-4.37
深证基金指数开市		4739.89	2651.82	78.74
深证基金指数最高		5976.42	4768.9	25.32
深证基金指数最低		4191.79	2641.21	58.71
深证基金指数收市		5655.98	4720.45	19.82

注：ETF是交易所交易基金的简称，LOFE是一种可以在交易所挂牌交易的开放式基金。

5-5-19 保险公司业务经济技术指标

单位：亿元

项　目	保　费	赔款及给付
合　计	**14527.97**	**3200.43**
财产保险公司	**4026.89**	**1815.21**
企业财产保险	271.61	117.22
家庭财产保险	19.25	6.40
机动车辆保险	3004.15	1375.84
工程保险	70.92	18.61
责任保险	115.88	44.00
信用保险	95.97	31.18
保证保险	22.91	2.53
船舶保险	50.80	23.75
货物运输保险	78.74	28.87
特殊风险保险	26.80	11.50
农业保险	135.86	95.96
健康险	45.72	31.08
意外伤害保险	85.53	28.10
其他险	2.75	0.18
人寿保险公司	**10501.08**	**1385.22**
寿险	9679.51	1108.99
健康险	631.74	232.94
人身意外伤害险	189.83	43.29

注：本表人寿保险公司中包括中华控股寿险业务。

【主要统计指标解释】

信贷资金 指金融机构以信用方式积聚和分配的货币资金。金融机构信贷资金的来源有各项存款、金融债券、对国际金融机构负债、流通中现金等；信贷资金的运用有各项贷款、有价证券及投资、金银占款、外汇占款、财政借款及在国际金融机构中的资产等。

存款 指企业、机关、团体或居民根据资金必须收回的原则，把货币资金存入银行或其他信贷机构保管并取得一定利息的一种信用活动形式。根据存款对象或性质的不同可划分为企业存款、财政存款、机关团体存款、城乡储蓄存款、农业存款、其他存款等科目。它是银行信贷资金的主要来源。

贷款 指银行或其他信贷机构根据资金必须归还的原则，按一定利率，为企业、个人等提供资金的一种信用活动形式。我国银行贷款分为短期贷款、中长期贷款、委托及信托类贷款、其他类贷款等。

保险公司 指在中国境内的、经过保险监督管理部门批准设立，并依法登记注册的各类商业保险公司。

保险金额 指保险人承担赔偿或者给付保险金责任的最高限额。

保费 指投保人为取得保险人在约定范围内所承担赔偿责任而支付给保险人的费用。

赔款 指保险人根据保险合同的规定，向被保险人支付的赔偿保险责任损失的金额。

给付 包括死伤医疗给付和满期给付。死伤医疗给付是指保险人根据人寿保险及长期健康保险合同的规定，因被保险人在保险期内发生保险责任范围内的保险事故支付给被保险人(或受益人)的金额。满期给付是指被保险人生存期满，保险人按人寿保险合同规定支付给被保险人的满期保险金额。

5 第三产业部分行业主要业务指标

5-6　房地产开发

简要说明

房地产开发统计资料来自2010年全国房地产开发企业上报的基层库，除个别指标外，均为自年初累计数据。主要内容包括：历年房地产开发企业基本情况；房屋开竣工面积、商品房销售及土地购置情况。主要分组包括按地区、用途、登记注册类型、资质等级等。

数据口径变化：2004年数据，除平均销售价格、住宅竣工与销售套数为经济普查数据外，其他指标数据均为当年快报数据。

指标变化：2005年起，商品房销售改为按期房加现房的统计方法，而在此之前为实际销售口径，2004年商品房销售数据不能与以前年度数据直接进行对比。

5-6-1 房地产开发企业（单位）土地开发及购置

年份 地区	土地购置费用 (亿元)	待开发土地面积 (万平方米)	本年购置土地面积 (万平方米)
1997	247.6	17670.1	6641.7
1998	375.4	13530.7	10109.3
1999	500.0	13505.2	11958.9
2000	733.9	14754.8	16905.2
2001	1038.8	14582.1	23409.0
2002	1445.8	19178.7	31356.8
2003	2055.2	21782.6	35696.5
2004	2574.5	39635.3	39784.7
2005	2904.4	27522.0	38253.7
2006	3814.5	37523.7	36573.6
2007	4873.2	41484.0	40245.8
2008	5995.6	48161.1	39353.4
2009	6023.7	32816.5	31909.5
2010	9999.9	31458.0	39953.1
北　京	1292.7	401.3	858.7
天　津	134.1	617.2	652.5
河　北	368.3	630.4	3024.2
山　西	92.5	588.8	874.4
内蒙古	129.9	614.0	1993.0
辽　宁	508.0	1415.3	3134.6
吉　林	125.3	97.8	861.3
黑龙江	90.7	172.4	1174.3
上　海	449.3	315.4	432.4
江　苏	960.4	3798.8	2055.7
浙　江	1138.0	1488.9	1959.9
安　徽	517.2	1235.1	2451.0
福　建	765.2	1577.4	1540.4
江　西	109.9	983.4	777.2
山　东	600.4	2206.8	2850.1
河　南	293.2	1222.1	2864.3
湖　北	291.0	1283.2	1422.1
湖　南	176.6	1318.1	1096.0
广　东	634.0	4643.8	1726.3
广　西	150.6	823.3	1198.7
海　南	48.9	116.3	516.5
重　庆	371.4	2025.7	1354.9
四　川	368.9	1191.0	1043.0
贵　州	60.9	1058.0	1004.6
云　南	121.3	407.5	1031.4
西　藏	1.7	27.0	2.9
陕　西	107.4	387.8	552.4
甘　肃	29.3	119.9	286.7
青　海	9.9	38.7	107.2
宁　夏	21.6	154.0	548.8
新　疆	31.4	498.5	557.7

5-6-2 按资质等级分房地产开发企业(单位)土地购置面积

单位：平方米

地区	总计	一级	二级	三级	四级	暂定	其他
全国	**399530986**	**14804200**	**51440747**	**80430929**	**45189951**	**192545114**	**15120045**
北京	8587483	1591746	938448	209689	525562	4357206	964832
天津	6524601		740000	964772	83681	4736148	
河北	30241508	586645	1895829	5704332	7433481	14006331	614890
山西	8743529	381568	1077716	1364485	2995672	2767504	156584
内蒙古	19930041	1132402	1338647	3331301	7144049	6537679	445963
辽宁	31345866	720642	2695456	7421475	316748	17163438	3028107
吉林	8612512		1026072	2318543	1758827	3358413	150657
黑龙江	11743040	394699	3056025	5154783	1023937	1998298	115298
上海	4324365		1106805	302667		2914893	
江苏	20557117	965904	7126013	4370895	229983	7468740	395582
浙江	19599138	1314391	2569291	4820725	1516994	7363514	2014223
安徽	24510223	440752	2541937	3089116	1356339	16000566	1081513
福建	15404226	933906	1199853	3544982	648409	9013284	63792
江西	7771503	79133	980678	2019865	769961	3162100	759766
山东	28500889	1691269	2923565	4947402	2568979	15250592	1119082
河南	28643227	1031581	4427167	3972024	1896163	16640337	675955
湖北	14220606	184798	1307624	3226703	2540244	6813372	147865
湖南	10959666	28420	1239387	2969573	761563	5857439	103284
广东	17263149	359744	497793	2068462	3337912	10609414	389824
广西	11986621	13870	348803	2399942	772922	8237660	213424
海南	5164587	168493		985807	157678	3200512	652097
重庆	13549272	802331	4621433	2327172	68159	5361865	368312
四川	10430469	713220	2464036	4559580	137846	1981457	574330
贵州	10045826	39592	1680210	903248	1266819	5508282	647675
云南	10313903	342669	660056	1978918	2398078	4707523	226659
西藏	29144		20000	9144			
陕西	5524125	186480	676530	1169288	1600890	1820431	70506
甘肃	2867149		279755	1143433	516851	899880	27230
青海	1072190	7314	406370	336023	83164	239319	
宁夏	5488116	273224	897581	1154965	314520	2847826	
新疆	5576895	419407	697667	1661615	964520	1721091	112595

5-6-3 房地产开发企业(单位)建设房屋建筑面积和造价

年份 地区	施工房屋面积(万平方米)	竣工房屋面积(万平方米)	房屋建筑面积竣工率(%)	竣工房屋价值(亿元)	竣工房屋造价(元/平方米)
1997	44985.5	15819.7	35.2	1859.25	1175
1998	50770.1	17566.6	34.6	2139.19	1218
1999	56857.6	21410.8	37.7	2467.58	1152
2000	65896.9	25104.9	38.1	2859.35	1139
2001	79411.7	29867.4	37.6	3369.45	1128
2002	94104.0	34975.8	37.2	4141.69	1184
2003	117526.0	41464.1	35.3	5279.95	1273
2004	140451.4	42464.9	30.2	5952.48	1402
2005	166053.3	53417.0	32.2	7752.24	1451
2006	194786.4	55830.9	28.7	8729.35	1564
2007	236318.2	60606.7	25.6	10039.89	1657
2008	283266.2	66544.8	23.5	11947.57	1795
2009	320368.2	72677.4	22.7	14689.37	2021
2010	405356.4	78743.9	19.4	17542.73	2228
北　京	10300.9	2386.7	23.2	575.59	2412
天　津	7160.8	2098.5	29.3	670.67	3196
河　北	20700.0	3614.7	17.5	816.11	2258
山　西	7599.8	1203.7	15.8	208.10	1729
内蒙古	11535.3	2297.7	19.9	442.45	1926
辽　宁	26831.1	4497.4	16.8	971.14	2159
吉　林	7069.5	2030.5	28.7	340.22	1676
黑龙江	7532.9	2645.8	35.1	454.53	1718
上　海	11295.0	1941.2	17.2	779.93	4018
江　苏	35106.9	8696.3	24.8	2307.27	2653
浙　江	23781.9	4115.8	17.3	1068.33	2596
安　徽	17620.0	3026.7	17.2	679.22	2244
福　建	14189.7	2242.5	15.8	415.32	1852
江　西	7229.9	1817.7	25.1	301.12	1657
山　东	28081.2	5074.3	18.1	1077.58	2124
河　南	20394.0	4426.9	21.7	630.25	1424
湖　北	11589.4	2541.2	21.9	564.66	2222
湖　南	16801.9	3347.9	19.9	646.81	1932
广　东	29301.4	5659.1	19.3	1587.46	2805
广　西	12048.7	1564.3	13.0	230.69	1475
海　南	2699.5	609.1	22.6	180.26	2959
重　庆	17138.5	2626.6	15.3	647.98	2467
四　川	21158.5	3966.8	18.7	742.46	1872
贵　州	7905.5	1048.0	13.3	169.01	1613
云　南	8785.0	1536.0	17.5	330.24	2150
西　藏	75.3	12.2	16.2	2.71	2225
陕　西	9947.9	900.1	9.0	220.12	2446
甘　肃	3130.4	598.7	19.1	109.45	1828
青　海	1424.2	267.7	18.8	49.84	1862
宁　夏	2940.5	936.9	31.9	175.51	1873
新　疆	3980.8	1012.9	25.4	147.71	1458

5-6-4 各地区房地产开发企业(单位)建设住宅面积和造价

年 份 地 区	施工住宅面积(万平方米)	竣工住宅面积(万平方米)	住宅建筑面积竣工率(%)	竣工住宅价值(亿元)	竣工住宅造价(元/平方米)
1997	30374.7	12464.7	41.0	1269.91	1019
1998	36223.0	14125.7	39.0	1484.13	1051
1999	42590.3	17640.7	41.4	1831.35	1038
2000	50498.3	20603.3	40.8	2173.60	1055
2001	61583.0	24625.4	40.0	2622.41	1065
2002	73208.7	28524.7	39.0	3190.99	1119
2003	91390.5	33374.6	37.0	4128.94	1222
2004	108196.5	34677.2	32.1	4688.36	1352
2005	129078.4	43682.9	33.8	6060.13	1387
2006	151742.7	45471.7	30.0	6717.23	1477
2007	186788.4	49831.3	26.7	7853.07	1576
2008	222891.8	54334.1	24.4	9295.26	1711
2009	251328.8	59628.7	23.7	11500.24	1929
2010	314760.1	63443.1	20.2	13527.53	2132
北 京	6176.0	1498.5	24.3	333.72	2227
天 津	5117.7	1603.6	31.3	486.65	3035
河 北	17159.6	3130.1	18.2	689.04	2201
山 西	6254.4	991.3	15.8	168.55	1700
内蒙古	8272.9	1868.5	22.6	340.41	1822
辽 宁	20677.3	3691.4	17.9	760.69	2061
吉 林	5758.9	1695.0	29.4	274.92	1622
黑龙江	6107.4	2199.0	36.0	368.68	1677
上 海	7313.8	1396.1	19.1	536.66	3844
江 苏	26347.1	6553.5	24.9	1697.99	2591
浙 江	16138.4	2798.4	17.3	711.53	2543
安 徽	13838.5	2408.3	17.4	518.61	2153
福 建	10572.5	1715.9	16.2	317.65	1851
江 西	6064.6	1550.5	25.6	247.92	1599
山 东	22728.1	4270.8	18.8	875.87	2051
河 南	16902.0	3852.6	22.8	523.82	1360
湖 北	9172.4	2129.3	23.2	440.89	2071
湖 南	13772.6	2828.8	20.5	526.86	1862
广 东	22253.8	4589.2	20.6	1276.08	2781
广 西	9767.6	1342.9	13.7	192.23	1432
海 南	2323.4	515.1	22.2	148.37	2880
重 庆	13744.8	2179.8	15.9	509.97	2340
四 川	17289.7	3390.0	19.6	617.88	1823
贵 州	5970.8	826.1	13.8	123.66	1497
云 南	7046.4	1258.4	17.9	260.41	2069
西 藏	68.4	11.5	16.8	2.60	2259
陕 西	8580.5	799.1	9.3	191.24	2393
甘 肃	2557.7	501.0	19.6	88.26	1761
青 海	1179.4	242.1	20.5	44.33	1831
宁 夏	2285.6	746.3	32.7	133.91	1794
新 疆	3317.7	859.9	25.9	118.14	1374

5-6-5 按用途分房地产开发企业(单位)施工房屋面积

单位：万平方米

年份 地区	本年施工房屋面积	住宅	#别墅、高档公寓	#经济适用房屋	办公楼	商业营业用房	其他
1997	44985.46	30374.66	1759.19	3764.34	5335.15	6507.95	2767.34
1998	50770.10	36223.00	2032.10	5746.40	5072.70	6551.30	2923.10
1999	56857.63	42590.34	1982.21	8167.97	4383.17	6812.69	3071.43
2000	65896.92	50498.25	2986.69	10215.91	4058.51	7825.67	3514.48
2001	79411.68	61582.99	3734.88	10949.51	4120.00	9573.81	4134.88
2002	94104.01	73208.65	5009.23	10681.62	4392.30	11501.45	5001.61
2003	117525.99	91390.49	5796.55	10139.54	5088.41	14708.90	6338.19
2004	140451.39	108196.54	6598.11	8987.08	5982.43	18293.23	7979.20
2005	166053.26	129078.38	8556.24	8115.72	6618.80	20926.59	9429.49
2006	194786.42	151742.72	11471.45	9401.21	7395.39	23712.76	11935.55
2007	236318.24	186788.43	14150.10	11012.93	8321.51	25941.12	15267.18
2008	283266.18	222891.80	14608.82	12689.18	9582.06	30465.05	20329.71
2009	320368.16	251328.78	14313.93	12946.00	9996.19	34543.72	24499.46
2010	405356.40	314760.12	16579.52	13439.73	12144.40	44631.92	33819.96
北京	10300.86	6176.02	829.99	572.68	1054.84	1229.33	1840.67
天津	7160.84	5117.69	332.62	1536.92	396.61	1004.47	642.07
河北	20700.03	17159.60	305.32	352.99	384.39	1970.08	1185.96
山西	7599.85	6254.41	46.78	378.57	181.34	769.36	394.74
内蒙古	11535.35	8272.86	269.10	417.18	485.54	2027.82	749.13
辽宁	26831.08	20677.33	799.80	687.85	582.95	3954.14	1616.66
吉林	7069.47	5758.87	253.00	276.74	104.67	810.47	395.46
黑龙江	7532.88	6107.45	68.30	145.12	75.26	862.27	487.90
上海	11295.03	7313.85	1584.11	650.45	1103.18	1292.96	1585.04
江苏	35106.90	26347.13	2012.81	1012.57	1169.80	4867.56	2722.43
浙江	23781.86	16138.35	1179.02	521.73	1477.65	2619.51	3546.34
安徽	17620.01	13838.54	452.35	486.96	521.83	2307.22	952.42
福建	14189.73	10572.53	549.52	356.41	452.89	1273.66	1890.66
江西	7229.94	6064.62	182.50	195.71	114.25	734.09	316.98
山东	28081.17	22728.09	573.01	633.33	478.14	3280.25	1594.69
河南	20393.98	16901.99	203.27	877.10	510.84	1952.08	1029.07
湖北	11589.44	9172.43	346.16	399.86	239.55	1268.35	909.11
湖南	16801.86	13772.56	450.38	508.32	210.43	1550.10	1268.77
广东	29301.36	22253.76	2544.78	151.15	946.33	2621.92	3479.35
广西	12048.73	9767.64	207.10	402.64	183.04	1110.02	988.03
海南	2699.46	2323.40	639.50	40.19	35.94	180.97	159.16
重庆	17138.50	13744.78	834.36	1031.03	247.56	1549.77	1596.38
四川	21158.47	17289.74	493.57	170.88	413.26	1593.47	1862.00
贵州	7905.53	5970.81	64.19	507.40	149.32	909.04	876.36
云南	8784.97	7046.37	861.62	192.69	154.77	934.79	649.03
西藏	75.26	68.40	8.28	0.52	1.31	4.61	0.93
陕西	9947.89	8580.55	188.06	378.96	229.63	707.45	430.26
甘肃	3130.40	2557.70	5.62	287.38	50.96	332.15	189.59
青海	1424.23	1179.41	8.14	22.38	23.64	142.08	79.09
宁夏	2940.53	2285.56	45.60	75.98	74.17	360.99	219.81
新疆	3980.80	3317.68	240.65	168.02	90.29	410.96	161.87

5-6-6 按用途分房地产开发企业(单位)新开工房屋面积

单位：万平方米

年份 地区	本年新开工房屋面积	住宅	#别墅、高档公寓	#经济适用房屋	办公楼	商业营业用房	其他
1997	14026.98	10996.64	1720.57	469.72	872.44	1462.45	695.44
1998	20387.90	16637.50	3466.40	638.60	871.50	1938.65	940.25
1999	22579.41	18797.94	3970.36	594.06	690.29	2198.56	892.62
2000	29582.64	24401.15	5313.32	1169.09	898.81	3034.77	1247.91
2001	37394.18	30532.72	5795.97	1456.69	1072.98	4105.40	1683.08
2002	42800.52	34719.35	5279.68	2278.17	1254.24	4926.48	1900.45
2003	54707.53	43853.88	5330.58	2349.29	1466.89	6706.80	2679.96
2004	60413.86	47949.01	4257.49	2975.69	1704.19	7790.81	2969.85
2005	68064.44	55185.07	3513.45	2834.97	1671.10	7675.47	3532.79
2006	79252.83	64403.80	4379.03	4058.32	2134.94	8473.23	4240.86
2007	95401.53	78795.51	4810.26	4914.41	2141.44	9093.89	5370.70
2008	102553.37	83642.12	4336.97	5621.86	2471.95	10040.69	6398.62
2009	116422.05	93298.41	3649.80	5354.65	2860.76	12415.03	7847.84
2010	163646.87	129359.31	5080.05	4909.54	3668.07	17472.58	13146.91
北京	2974.24	2063.40	157.09	156.29	203.29	242.42	465.14
天津	2911.67	2026.89	108.31	815.34	206.73	407.83	270.21
河北	9629.16	7866.40	113.35	130.90	147.43	993.14	622.20
山西	2782.05	2270.52	7.72	141.00	58.10	289.76	163.68
内蒙古	6270.34	4473.39	89.21	162.24	285.83	1095.04	416.08
辽宁	12647.90	9870.37	310.55	252.84	215.36	1834.85	727.32
吉林	3525.30	2893.52	131.81	84.47	24.38	420.77	186.63
黑龙江	5021.43	4083.52	34.69	110.51	41.16	577.03	319.72
上海	3030.59	2111.11	389.84	229.23	147.39	298.10	473.99
江苏	13745.42	10586.39	688.65	451.50	361.57	1742.22	1055.23
浙江	7841.27	5223.94	378.79	110.46	475.54	856.95	1284.85
安徽	7353.95	5797.58	93.97	219.52	163.39	966.30	426.68
福建	4679.56	3399.53	198.50	34.04	183.46	454.55	642.01
江西	2344.98	1956.47	54.95	38.33	41.82	250.13	96.56
山东	12330.21	10241.55	235.30	240.75	161.62	1265.47	661.57
河南	8610.57	7299.94	40.39	378.40	171.02	759.29	380.32
湖北	5725.77	4454.36	111.92	141.44	100.62	656.98	513.80
湖南	6443.30	5365.96	135.94	203.57	62.36	557.54	457.43
广东	9904.38	7826.80	775.58	37.01	160.47	688.69	1228.41
广西	4750.57	3905.84	59.51	187.35	59.75	394.85	390.13
海南	1136.12	980.63	188.29	27.77	14.08	66.63	74.78
重庆	6312.64	5268.76	160.28	241.56	57.20	433.68	553.01
四川	7731.66	6270.79	135.60	17.74	128.53	634.66	697.68
贵州	2871.15	2250.29	9.00	145.65	29.22	304.59	287.05
云南	3702.76	2960.81	311.93	63.33	55.87	391.68	294.40
西藏	16.92	15.30	2.48	0.17	0.57	1.05	
陕西	3270.32	2859.51	75.78	108.91	38.08	229.34	143.40
甘肃	1395.98	1169.10	2.32	67.19	11.53	160.52	54.83
青海	700.67	568.91		13.59	17.26	69.48	45.03
宁夏	1808.73	1444.86	10.61	27.91	21.25	214.55	128.07
新疆	2177.24	1852.88	67.68	70.55	23.16	214.50	86.70

5-6-7 按用途分房地产开发企业(单位)竣工房屋面积

单位：万平方米

年份 地区	本年竣工房屋面积	住宅	#别墅、高档公寓	#经济适用房屋	办公楼	商业营业用房	其他
1997	15819.70	12464.70	554.22	1902.91	1057.66	1628.44	668.89
1998	17566.60	14125.70	609.00	2352.20	996.40	1791.50	652.90
1999	21410.83	17640.67	646.03	4063.48	979.19	2011.84	779.13
2000	25104.86	20603.32	959.34	5372.09	952.01	2561.97	987.57
2001	29867.36	24625.40	1183.56	5801.27	974.03	3111.66	1156.27
2002	34975.75	28524.70	1625.58	5409.97	1013.65	3939.75	1497.65
2003	41464.06	33774.61	1735.87	4538.51	1077.14	4825.06	1787.25
2004	42464.87	34677.18	2115.31	3325.69	1034.60	4945.95	1807.14
2005	53417.04	43682.85	2538.79	3212.79	1416.70	5888.03	2429.46
2006	55830.92	45471.75	2652.85	3272.01	1393.71	6285.75	2679.72
2007	60606.68	49831.35	3033.34	3442.94	1545.02	6096.49	3133.82
2008	66544.77	54334.10	2988.71	3219.84	1824.64	6410.65	3975.38
2009	72677.43	59628.71	3020.47	3446.16	1652.55	6823.72	4572.46
2010	78743.88	63443.10	3266.37	3201.88	1815.85	8282.63	5202.30
北京	2386.71	1498.48	183.22	144.63	198.42	271.92	417.90
天津	2098.55	1603.65	118.48	488.90	102.42	235.29	157.19
河北	3614.66	3130.09	58.78	64.55	36.30	298.14	150.12
山西	1203.73	991.31	6.51	67.30	20.79	136.86	54.77
内蒙古	2297.65	1868.45	46.27	96.29	29.07	307.12	93.01
辽宁	4497.38	3691.37	126.99	198.39	75.29	538.56	192.16
吉林	2030.52	1694.96	43.82	106.38	12.74	224.53	98.28
黑龙江	2645.83	2198.99	27.93	67.01	24.28	303.30	119.26
上海	1941.25	1396.05	328.00	13.07	150.69	176.41	218.09
江苏	8696.28	6553.53	464.15	301.94	318.91	1217.78	606.05
浙江	4115.83	2798.43	219.38	99.76	199.70	565.35	552.35
安徽	3026.65	2408.32	84.95	102.61	49.89	429.37	139.07
福建	2242.47	1715.87	58.22	58.73	35.20	165.39	326.01
江西	1817.74	1550.46	30.31	86.57	23.41	173.97	69.89
山东	5074.34	4270.80	103.48	166.23	87.55	509.99	206.00
河南	4426.94	3852.60	41.73	143.88	56.17	369.63	148.54
湖北	2541.21	2129.33	83.31	90.16	50.86	271.57	89.45
湖南	3347.91	2828.81	96.95	136.41	34.71	284.95	199.44
广东	5659.10	4589.22	558.73	50.74	120.07	474.79	475.01
广西	1564.31	1342.87	16.23	46.30	13.01	121.89	86.54
海南	609.13	515.07	127.35		19.28	44.36	30.41
重庆	2626.59	2179.81	93.64	244.18	30.03	229.44	187.31
四川	3966.77	3390.01	36.59	38.62	35.16	283.94	257.66
贵州	1047.97	826.13	22.00	109.02	18.36	128.59	74.90
云南	1535.99	1258.44	196.10	43.56	16.73	157.72	103.11
西藏	12.18	11.51	0.28			0.67	
陕西	900.12	799.15	18.50	58.46	11.79	61.65	27.53
甘肃	598.66	501.05	0.32	39.38	7.94	60.42	29.25
青海	267.67	242.12	0.16	19.36	3.86	18.12	3.57
宁夏	936.86	746.32	7.28	49.39	17.34	122.50	50.70
新疆	1012.90	859.92	66.71	70.05	15.87	98.40	38.71

5-6-8 按用途分房地产开发企业(单位)竣工房屋价值

单位：万元

年份 地区	竣工 房屋价值	住宅	#别墅、高档公寓	#经济适用房屋	办公楼	商业营业用房	其他
1998	21391927	14841274	1797188	1305059	2696191	2908120	946342
1999	24675822	18313466	3243105	1363040	2307508	2821830	1233018
2000	28593463	21736046	4167662	1763912	1887549	3435603	1534265
2001	33694469	26224110	4653653	2143243	1794697	3972859	1702803
2002	41416949	31909883	4603868	2862739	1821081	5421762	2264223
2003	52799528	41289403	3861036	3413634	2179823	6707887	2622415
2004	59524820	46883710	3355237	2859906	2334105	7443231	2863774
2005	77522369	60601314	6585999	3413715	3330709	9442203	4148143
2006	87293459	67172276	7067080	3794171	3812779	11523290	4785114
2007	100398923	78530678	7956405	4668871	4117505	11996464	5754276
2008	119475659	92952620	7845093	4159955	4996314	13651868	7874857
2009	146893651	115002390	8769854	5511904	5233193	16690159	9967909
2010	175427347	135275286	10971101	5539780	6039054	22433546	11679461
北京	5755919	3337245	523697	237929	556103	809311	1053260
天津	6706725	4866537	421602	1195848	468329	993444	378415
河北	8161113	6890355	166592	125729	134529	809501	326728
山西	2081040	1685507	12270	103623	60546	253316	81671
内蒙古	4424541	3404130	188749	138767	101824	752428	166159
辽宁	9711392	7606947	532007	329145	215154	1509381	379910
吉林	3402166	2749152	73058	153728	22410	441388	189216
黑龙江	4545274	3686842	76281	100620	57127	559710	241595
上海	7799265	5366591	1782662	46705	742332	871259	819083
江苏	23072700	16979894	1794828	501750	1149921	3481355	1461530
浙江	10683264	7115266	668248	189979	639852	1618295	1309851
安徽	6792167	5186092	236397	153657	131554	1159022	315499
福建	4153183	3176535	138537	90972	69464	389054	518130
江西	3011224	2479175	62785	88434	50195	369923	111931
山东	10775827	8758684	319640	286532	257660	1294369	465114
河南	6302535	5238224	79187	160065	116134	686941	261236
湖北	5646564	4408851	327529	168555	186435	875481	175797
湖南	6468121	5268619	239918	239519	83749	701237	414516
广东	15874580	12760817	1695525	84576	424970	1545638	1143155
广西	2306901	1922323	23356	76396	20621	232702	131255
海南	1802580	1483654	472666		94258	139410	85258
重庆	6479763	5099661	363028	414804	132245	790244	457613
四川	7424579	6178805	127500	49656	88621	620873	536280
贵州	1690056	1236599	49163	151581	33028	297569	122860
云南	3302362	2604095	400729	84041	41402	416125	240740
西藏	27139	25993	500			1146	
陕西	2201218	1912382	57979	114997	36152	186862	65822
甘肃	1094464	882588	863	66255	20717	128479	62680
青海	498434	443250	448	45491	7086	39531	8567
宁夏	1755147	1339116	27265	61750	48120	269011	98900
新疆	1477104	1181357	108092	78676	48516	190541	56690

5-6-9 商品房屋销售情况

年份 地区	房屋销售面积 (万平方米)	#住宅	商品房销售额 (亿元)	#住宅
1991	3025.46	2745.17	237.86	207.60
1992	4288.86	3812.21	426.59	379.85
1993	6687.91	6035.19	863.71	729.19
1994	7230.35	6118.03	1018.50	730.52
1995	7905.94	6787.03	1257.73	1024.07
1996	7900.41	6898.46	1427.13	1106.90
1997	9010.17	7864.30	1799.48	1407.56
1998	12185.30	10827.10	2513.30	2006.87
1999	14556.53	12997.87	2987.87	2413.73
2000	18637.13	16570.28	3935.44	3228.60
2001	22411.90	19938.75	4862.75	4021.15
2002	26808.29	23702.31	6032.34	4957.85
2003	33717.63	29778.85	7955.66	6543.45
2004	38231.64	33819.89	10375.71	8619.37
2005	55486.22	49587.83	17576.13	14563.76
2006	61857.07	55422.95	20825.96	17287.81
2007	77354.72	70135.88	29889.12	25565.81
2008	65969.83	59280.35	25068.18	21196.00
2009	94755.00	86184.89	44355.17	38432.90
2010	104764.65	93376.60	52721.24	44120.65
北　京	1639.53	1201.39	2915.36	2060.52
天　津	1514.52	1302.61	1246.48	1034.32
河　北	4662.10	4325.12	1650.00	1488.78
山　西	1180.59	1070.54	411.71	357.37
内蒙古	3057.38	2569.84	1076.55	766.47
辽　宁	6800.45	6013.50	3063.32	2587.66
吉　林	2382.10	2105.33	868.80	735.91
黑龙江	2720.95	2385.68	1011.95	833.05
上　海	2060.96	1690.82	2981.01	2416.24
江　苏	9485.47	8112.37	5540.32	4536.63
浙　江	4816.53	3833.74	4459.04	3577.49
安　徽	4154.26	3641.88	1746.92	1420.06
福　建	2575.62	2139.26	1611.32	1300.13
江　西	2469.73	2265.72	776.41	670.34
山　东	9293.88	8448.26	3665.12	3218.02
河　南	5452.23	5092.49	1658.79	1454.57
湖　北	3508.61	3236.88	1313.20	1134.94
湖　南	4469.98	4140.07	1406.39	1247.65
广　东	7321.76	6552.81	5480.77	4589.82
广　西	2793.92	2607.15	995.19	881.70
海　南	854.73	834.19	746.61	734.10
重　庆	4314.39	3986.31	1846.94	1610.64
四　川	6396.92	5849.34	2647.34	2330.85
贵　州	1730.69	1596.30	581.01	501.63
云　南	2959.43	2658.99	934.60	769.32
西　藏	19.28	18.76	5.58	5.18
陕　西	2590.18	2471.95	973.69	906.68
甘　肃	756.51	692.07	230.14	203.32
青　海	281.04	266.43	84.44	77.10
宁　夏	935.98	816.79	309.22	253.76
新　疆	1564.90	1450.02	483.04	416.41

5-6-10 房地产开发企业(单位)建设成套住宅竣工与销售情况

单位：套

年 份 地 区	住宅竣工套数 合 计	#别 墅、 高档公寓	#经济适用 房 屋	住宅销售套数 合 计	#别 墅、 高档公寓	#经济适用 房 屋
1999	1946358	44025	484978			
2000	2139702	59880	603573			
2001	2414392	72207	604788			
2002	2629616	97751	538486			
2003	3021134	108525	447678			
2004	4042219	144949	497501			
2005	3682523	135276	287311	4235372	295302	152339
2006	4005305	139632	338040	5049094	219982	338314
2007	4401203	159423	356580	6251263	257776	356021
2008	4939189	144618	353782	5565827	157455	396111
2009	5548897	143621	398441	8040470	240129	347840
2010	6019767	163207	399193	8817526	223596	325939
北 京	152244	9328	19795	112952	8109	6891
天 津	172604	8679	60787	136240	10396	21659
河 北	306116	2501	6872	425199	4899	8353
山 西	92453	254	7008	91799	81	3072
内蒙古	189598	3164	12656	246872	2307	8377
辽 宁	428648	6650	28148	660120	5764	9337
吉 林	194115	2478	17007	234398	4665	1147
黑龙江	271255	1856	13226	280682	4010	7485
上 海	123869	17146	1530	168310	22309	
江 苏	566577	18738	36800	711398	20832	37533
浙 江	233294	10386	11252	314080	9734	11086
安 徽	224752	3579	12570	349327	3690	4164
福 建	161247	2350	7826	200452	3516	6376
江 西	141768	1166	12178	202754	1165	13860
山 东	391686	5323	20855	778765	6347	30597
河 南	337869	1997	15424	459287	2499	23205
湖 北	190906	3893	11212	292733	4967	11952
湖 南	238157	4317	16786	351485	6124	12952
广 东	382634	24019	6873	573840	33314	9155
广 西	122273	484	5083	239496	2818	8744
海 南	60747	12252		95751	18219	3736
重 庆	231396	6144	29633	425168	15060	32628
四 川	330886	1379	4208	575367	5833	8039
贵 州	67681	1156	8543	136621	760	12086
云 南	96736	7160	4695	204683	16298	1657
西 藏	1078	24		1526	135	
陕 西	75516	1302	6616	238529	2870	14399
甘 肃	48979	6	4405	66610	19	3517
青 海	23907	4	2678	22682	8	30
宁 夏	73237	379	5816	75749	602	5207
新 疆	87539	5093	8711	144651	6246	8695

5-6-11 按用途分商品房屋销售面积

单位：万平方米

年份 地区	房屋销售面积	住宅	#别墅、高档公寓	#经济适用房屋	办公楼	商业营业用房	其他
1997	9010.17	7864.30	254.25	1211.85	341.43	634.06	170.38
1998	12185.30	10827.10	345.30	1666.50	400.60	810.80	146.80
1999	14556.53	12997.87	435.74	2701.31	403.43	1003.17	152.06
2000	18637.13	16570.28	640.72	3760.07	436.98	1399.31	230.56
2001	22411.90	19938.75	878.19	4021.47	502.57	1696.15	274.44
2002	26808.29	23702.31	1241.26	4003.61	538.92	2218.58	348.47
2003	33717.63	29778.85	1449.87	4018.87	630.49	2833.10	475.19
2004	38231.64	33819.89	2323.05	3261.80	692.84	3100.29	618.62
2005	55486.22	49587.83	2818.44	3205.01	1096.23	4081.38	720.78
2006	61857.07	55422.95	3336.97	3672.44	1231.04	4337.79	865.29
2007	77354.72	70135.88	4581.31	3507.52	1465.23	4644.61	1109.01
2008	65969.83	59280.35	2865.25	3627.25	1157.05	4206.06	1326.37
2009	94755.00	86184.89	4626.05	3058.85	1544.43	5328.03	1697.65
2010	104764.65	93376.60	4219.10	2748.87	1889.97	6994.84	2503.24
北京	1639.53	1201.39	175.92	49.46	208.15	142.07	87.92
天津	1514.52	1302.61	110.97	166.13	35.29	103.64	72.98
河北	4662.10	4325.12	52.57	76.92	39.20	209.09	88.69
山西	1180.59	1070.54	2.03	28.77	10.76	84.37	14.92
内蒙古	3057.38	2569.84	46.20	70.21	29.88	353.30	104.37
辽宁	6800.45	6013.50	93.06	67.09	64.71	510.03	212.21
吉林	2382.10	2105.33	67.92	10.04	7.75	220.30	48.72
黑龙江	2720.95	2385.68	51.82	51.71	8.38	234.74	92.15
上海	2060.96	1690.82	341.71		162.89	125.74	81.51
江苏	9485.47	8112.37	523.75	315.20	209.88	988.23	174.99
浙江	4816.53	3833.74	272.64	86.36	272.11	459.29	251.38
安徽	4154.26	3641.88	82.73	37.69	87.28	389.60	35.50
福建	2575.62	2139.26	83.01	52.49	82.20	176.35	177.81
江西	2469.73	2265.72	29.50	102.56	19.02	150.85	34.15
山东	9293.88	8448.26	139.10	245.09	82.47	607.59	155.57
河南	5452.23	5092.49	41.14	212.77	60.79	246.44	52.51
湖北	3508.61	3236.88	96.12	99.48	24.19	184.41	63.13
湖南	4469.98	4140.07	126.33	109.46	29.27	247.87	52.77
广东	7321.76	6552.81	725.43	69.34	163.03	371.91	234.01
广西	2793.92	2607.15	45.82	92.36	18.58	108.21	59.99
海南	854.73	834.19	217.29	41.85	5.47	13.92	1.15
重庆	4314.39	3986.31	222.96	252.60	62.60	194.25	71.23
四川	6396.92	5849.34	133.99	73.40	83.84	294.25	169.49
贵州	1730.69	1596.30	18.26	137.16	26.27	80.91	27.20
云南	2959.43	2658.99	364.98	14.25	21.50	182.56	96.38
西藏	19.28	18.76	2.41			0.52	
陕西	2590.18	2471.95	46.86	129.06	40.04	63.36	14.83
甘肃	756.51	692.07	0.74	32.85	5.67	53.44	5.33
青海	281.04	266.43	0.30	0.29	1.00	13.21	0.41
宁夏	935.98	816.79	17.41	47.39	15.40	89.94	13.86
新疆	1564.90	1450.02	86.17	76.91	12.35	94.42	8.11

5-6-12 按用途分商品房屋平均销售价格

单位：元/平方米

年份 地区	房屋平均销售价格	住宅	#别墅、高档公寓	#经济适用房屋	办公楼	商业营业用房	其他
1997	1997	1790	5382	1097	4677	3090	2129
1998	2063	1854	4596	1035	5552	3170	1837
1999	2053	1857	4503	1093	5265	3333	1804
2000	2112	1948	4288	1202	4751	3260	1864
2001	2170	2017	4348	1240	4588	3274	2033
2002	2250	2092	4154	1283	4336	3489	1919
2003	2359	2197	4145	1380	4196	3675	2241
2004	2778	2608	5576	1482	5744	3884	2235
2005	3168	2937	5834	1655	6923	5022	2829
2006	3367	3119	6585	1729	8053	5247	3131
2007	3864	3645	7471	1754	8667	5774	3351
2008	3800	3576	7801	1929	8378	5886	3219
2009	4681	4459	9662	2134	10608	6871	3671
2010	5032	4725	10934	2495	11406	7747	4099
北　京	17782	17151	28680	4520	23413	22452	5520
天　津	8230	7940	9962	4754	13855	10546	7394
河　北	3539	3442	7028	2323	4680	5657	2772
山　西	3487	3338	2960	1546	5489	5397	1947
内蒙古	3521	2983	6168	1837	6229	7161	3685
辽　宁	4505	4303	10648	3064	8106	6527	4256
吉　林	3647	3495	10031	1977	3278	5053	3905
黑龙江	3719	3492	6154	1952	4274	5828	4181
上　海	14464	14290	24952		18888	15779	7200
江　苏	5841	5592	10191	2449	7962	7892	3239
浙　江	9258	9332	12507	3379	11033	10627	3710
安　徽	4205	3899	5950	1781	6208	6699	3296
福　建	6256	6077	11277	2440	8732	10239	3310
江　西	3144	2959	5252	1594	8256	5342	2863
山　东	3944	3809	9280	2702	6606	5703	2964
河　南	3042	2856	4997	1991	8276	5563	3203
湖　北	3743	3506	6659	2398	5534	7712	3588
湖　南	3146	3014	6062	1626	3742	5277	3221
广　东	7486	7004	8656	3718	15238	12987	6817
广　西	3562	3382	6493	1807	7828	6981	3901
海　南	8735	8800	18040	3465	6446	6124	4043
重　庆	4281	4040	7337	2451	9537	8003	2967
四　川	4138	3985	8750	1865	8845	6221	3498
贵　州	3357	3142	6937	2590	5228	7015	3268
云　南	3158	2893	3547	1757	6732	6490	3355
西　藏	2896	2761	3936			7740	
陕　西	3759	3668	7812	2246	5516	6260	3541
甘　肃	3042	2938	3626	1840	3795	4382	2343
青　海	3005	2894	5764	1045	2193	5296	3113
宁　夏	3304	3107	5321	1388	5278	4888	2426
新　疆	3087	2872	4299	1566	8989	5541	3957

【主要统计指标解释】

房屋施工面积 指报告期内施工的全部房屋（包括地下室、半地下室以及配套房屋）建筑面积。包括本期新开工的面积和上年开工跨入本期继续施工的房屋面积，以及上期已停建在本期恢复施工的房屋面积。本期竣工和本期施工后又停建缓建的房屋面积仍包括在施工面积中，多层建筑应填各层建筑面积之和。

房屋新开工面积 指在报告期内新开工建设的房屋面积。不包括上期跨入报告期继续施工的房屋面积和上期停缓建而在本期恢复施工的房屋面积。房屋的开工应以房屋正式开始破土刨槽（地基处理或打永久桩）的日期为准。

房屋竣工面积 指报告期内房屋建筑按照设计要求已全部完工，达到住人和使用条件，经验收鉴定合格或达到竣工验收标准，可正式移交使用的各栋房屋建筑面积的总和。

商品房销售面积 指报告期内出售商品房屋的合同总面积（即双方签署的正式买卖合同中所确定的建筑面积）。由现房销售建筑面积和期房销售建筑面积两部分组成。

（1）现房销售面积：指在报告期内正式签订买卖合同、已经竣工达到入住条件的商品房屋建筑面积。包括以一次性付款方式和分期付款方式销售的现房建筑面积。

（2）期房销售面积：指在报告期内正式签订买卖合同、正在建设尚未竣工交付使用的商品房屋建筑面积。包括以一次性付款方式和分期付款方式销售的商品房屋建筑面积。期房销售建筑面积竣工后不再结转为现房销售建筑面积。

商品房销售额 指报告期内出售商品房屋的合同总价款（即双方签署的正式买卖合同中所确定的合同总价）。该指标与商品房销售面积同口径，由现房销售额和期房销售额两部分组成。

（1）现房销售额：指报告期内销售的已竣工商品房屋的合同总价款。包括现房销售前期预收的定金、预收款、首付款及全部按揭贷款的本金等款项。该指标与现房销售面积同口径。

（2）期房销售额：指报告期内销售的正在建设尚未竣工的商品房屋的合同总价款。包括预售房屋前期预收的定金、预收款、首付款及全部按揭贷款的本金等项。该指标与期房销售面积同口径。

商品住宅竣工套数 指报告期内按照设计要求已全部完工，经验收合格，达到住人或使用条件的正式交给开发公司的成套住宅数量（以设计图纸为准）。

商品住宅销售套数 指报告期内出售商品房屋合同中总的成套住宅数量（即双方签署的正式买卖合同中所确定的成套住宅数量）。由现房销售套数和期房销售套数两部分组成。

竣工房屋价值 指在报告期内竣工房屋本身的建造价值。竣工房屋的价值一般按房屋设计和预算规定的内容计算。包括竣工房屋本身的基础、结构、屋面、装修以及水、电、卫等附属工程的建筑价值，也包括作为房屋建筑组成部分而列入房屋建筑工程预算内的设备（如电梯、通风设备等）的购置和安装费用；不包括厂房内的工艺设备、工艺管线的购置和安装，工艺设备基础的建造；办公和生活用家具的购置等费用；购置土地的费用；迁移补偿费和场地平整的费用及城市建设配套投资。竣工房屋价值一般按结算价格计算。

待开发土地面积 指经有关部门批准，通过各种方式获得土地使用权，但尚未进行开发的土地面积。

本年购置土地面积 指在本年内通过各种方式获得土地使用权的土地面积。

5 第三产业部分行业主要业务指标

5-7 租赁和商务服务业

简要说明

该行业为《国民经济行业分类》（GB/T 4754-2002）的门类，本年鉴列示了2007—2010年数据。

本资料由国家统计局国民经济核算司加工整理。

5-7-1 各地区租赁和商务服务业总产出

地 区	2007		2008		2009		2010	
	总量(亿元)	指数(%)	总量(亿元)	指数(%)	总量(亿元)	指数(%)	总量(亿元)	指数(%)
北 京	2680.08	124.0	3141.49	117.8	3052.36	102.5	3890.70	119.0
天 津	217.77	119.7	319.01	123.6	393.44	132.4	543.25	115.3
河 北	249.64	118.8	286.55	112.2	329.78	103.0	335.29	106.1
山 西	149.91	107.4	120.09	120.8	128.05	70.8	152.17	117.1
内蒙古	179.35	124.9	188.83	84.4	211.98	113.6	285.54	99.2
辽 宁	388.27	121.3	467.48	119.2	535.68	108.3	664.67	122.2
吉 林	188.82	116.4	220.91	116.2	263.29	114.1	410.77	126.2
黑龙江	189.49	101.1	193.73	108.5	220.73	112.7	228.64	102.5
上 海	2267.64	131.3	2738.26	127.2	2999.90	109.8	3438.02	109.7
江 苏	1162.05	129.0	1684.65	121.1	1738.35	104.2	2680.42	108.4
浙 江	1084.26	114.8	1097.70	102.0	1177.76	106.7	1486.67	114.6
安 徽	438.96	133.1	373.44	83.8	479.51	111.3	587.04	108.6
福 建	397.44	125.3	389.02	106.9	454.32	120.2	523.20	107.5
江 西	119.52	105.2	149.47	114.5	161.13	110.7	170.97	110.7
山 东	590.67	110.4	708.93	117.6	813.40	105.9	1046.09	125.7
河 南	404.36	119.5	251.96	61.0	307.26	126.0	370.58	118.4
湖 北	390.36	116.6	420.07	99.7	497.50	111.2	748.40	124.0
湖 南	294.59	129.3	370.51	116.4	380.43	102.0	475.88	116.8
广 东	2220.00	109.6	2503.22	108.2	2743.53	98.5	3253.41	109.8
广 西	195.48	118.3	192.18	97.2	206.92	109.9	268.63	106.0
海 南	44.51	109.5	57.35	113.3	62.69	110.2	76.65	122.5
重 庆	197.19	104.6	202.87	103.7	215.86	105.8	263.71	112.8
四 川	308.65	114.9	398.98	101.5	448.45	117.3	415.36	116.9
贵 州	105.01	131.6	133.13	124.9	153.44	112.1	179.87	108.8
云 南	324.54	110.0	239.93	104.2	253.53	103.4	296.46	113.5
西 藏	2.93	111.6	4.04	131.4	7.49	165.1	10.72	163.6
陕 西	125.03	120.3	186.57	140.7	187.29	100.1	208.66	107.9
甘 肃	43.41	108.2	39.96	120.5	48.82	127.3	60.92	119.7
青 海	16.92	115.3	21.55	123.4	28.86	131.7	33.21	109.2
宁 夏	16.24	115.6	20.77	110.6	27.57	116.0	42.49	108.7
新 疆	171.79	107.4	133.18	76.3	137.27	95.5	127.64	99.6

注：总量按当年价格计算。指数按不变价格计算，以上年为100。

【主要统计指标解释】

总产出 指一定时期内一个国家（或地区）常住单位生产的所有货物和服务的价值，既包括新增价值，也包括被消耗的货物和服务价值以及固定资产的转移价值。总产出反映常住单位生产活动的总规模。

5 第三产业部分行业主要业务指标

5-8 科学研究、技术服务和地质勘查业

简要说明

一、主要内容

科技活动基本情况，包括R&D人员、R&D经费、科技成果和专利情况；气象、地震、测绘、质量监督检验检疫等综合技术服务部门业务活动情况；全国技术市场成交合同额情况等。

二、统计范围

科技活动统计资料范围为全社会有研究与试验发展（R&D）活动的企事业单位，具体包括工业企业、政府部门属研究机构、普通高等学校以及研究与试验发展（R&D）活动相对密集行业（包括农、林、牧、渔业，建筑业，交通运输、仓储和邮政业，信息传输、计算机服务和软件业，金融业，租赁和商务服务业，科学研究、技术服务和地质勘查业，水利、环境和公共设施管理业，卫生、社会保障和社会福利业，文化、体育和娱乐业等）中从事研究与试验发展（R&D）活动的企事业单位以及从事综合技术服务活动的单位等。

三、资料来源

科技活动基本情况资料由国家统计局、科技部、国防科技工业局、教育部、国家知识产权局等部门调查提供；研究与试验发展（R&D）课题学科分组情况由科技部、国防科技工业局、教育部调查提供；气象、地震、测绘、产品质量监督抽查等资料，分别由中国气象局、中国地震局、国家测绘地理信息局、国家质量监督检验检疫总局等部门调查提供；技术市场资料由科技部调查提供。

四、统计调查方法

研究与试验发展(R&D)活动情况采用全面调查取得；科协、测绘、气象、地震、产品质量监督抽查、专利资料采用抽样等多种调查方法取得。

五、科技活动统计资料口径变动说明

2000年以前科技活动统计资料只包括大中型工业企业、政府部门属研究机构、普通高等学校，2000年及以后年份扩大到了全社会范围。

5-8-1 科技活动基本情况

指 标	2005	2006	2007	2008	2009	2010
研究与试验发展(R&D)投入情况						
R&D人员全时当量 （万人年）	**136.5**	**150.2**	**173.6**	**196.5**	**229.1**	**255.4**
#基础研究	11.5	13.1	13.8	15.4	16.5	17.4
应用研究	29.7	30.0	28.6	28.9	31.5	33.6
试验发展	95.2	107.1	131.2	152.2	181.1	204.5
R&D经费内部支出 （亿元）	**2450.0**	**3003.1**	**3710.2**	**4616.0**	**5802.1**	**7062.6**
#基础研究	131.2	155.8	174.5	220.8	270.3	324.5
应用研究	433.5	489.0	492.9	575.2	730.8	893.8
试验发展	1885.2	2358.4	3042.8	3820.0	4801.0	5844.3
#政府资金	645.4	742.1	913.5	1088.9	1358.3	1696.3
企业资金	1642.5	2073.7	2611.0	3311.5	4162.7	5063.1
R&D经费支出相当于国内生产总值比例 （%）	**1.32**	**1.39**	**1.40**	**1.47**	**1.70**	**1.76**
科技成果及获奖数 （项）						
科技成果登记数	32359	33644	34170	35971	38688	42108
国家技术发明奖	40	56	51	55	55	46
国家科学技术进步奖	236	241	255	254	282	273
技术市场成交额 （亿元）	**1551**	**1818**	**2227**	**2665**	**3039**	**3907**
专利申请受理数 （件）	**476264**	**573178**	**693917**	**828328**	**976686**	**1222286**
发明	173327	210490	245161	289838	314573	391177
实用新型	139566	161366	181324	225586	310771	409836
外观设计	163371	201322	267432	312904	351342	421273
专利申请授权数 （件）	**214003**	**268002**	**351782**	**411982**	**581992**	**814825**
发明	53305	57786	67948	93706	128489	135110
实用新型	79349	107655	150036	176675	203802	344472
外观设计	81349	102561	133798	141601	249701	335243

5-8-2 全国研究与试验发展(R&D)经费内部支出

单位：亿元

年 份	研究与试验发展(R&D)经费内部支出	基础研究	应用研究	试验发展	占国内生产总值比重(%)	研究与试验发展(R&D)经费内部支出现价增长(%)
1995	348.7	18.1	92.0	238.6	0.57	
1996	404.5	20.2	99.1	285.1	0.57	16.0
1997	509.2	27.4	132.5	349.3	0.64	25.9
1998	551.1	29.0	124.6	397.5	0.65	8.2
1999	678.9	33.9	151.6	493.5	0.76	23.2
2000	895.7	46.7	151.9	697.0	0.90	31.9
2001	1042.5	55.6	184.9	802.0	0.95	16.4
2002	1287.6	73.8	246.7	967.2	1.07	23.5
2003	1539.6	87.7	311.4	1140.5	1.13	19.6
2004	1966.3	117.2	400.5	1448.7	1.23	27.7
2005	2450.0	131.2	433.5	1885.2	1.32	24.6
2006	3003.1	155.8	489.0	2358.4	1.39	22.6
2007	3710.2	174.5	492.9	3042.8	1.40	23.5
2008	4616.0	220.8	575.2	3820.0	1.47	24.4
2009	5802.1	270.3	730.8	4801.0	1.70	25.7
2010	7062.6	324.5	893.8	5844.3	1.76	21.7

5-8-3 全国研究与试验发展(R&D)人员全时当量

单位：万人年

年 份	研究与试验发展人员全时当量	基础研究	比重(%)	应用研究	比重(%)	试验发展	比重(%)
1992	67.43	5.84	8.66	20.90	30.99	40.70	60.36
1993	69.78	6.33	9.07	21.49	30.80	41.96	60.13
1994	78.32	7.64	9.76	24.20	30.90	46.48	59.35
1995	75.17	6.66	8.87	22.79	30.32	45.71	60.81
1996	80.40	6.96	8.65	23.65	29.42	49.79	61.93
1997	83.12	7.17	8.63	25.27	30.40	50.68	60.97
1998	75.52	7.87	10.42	24.97	33.06	42.68	56.51
1999	82.17	7.60	9.25	24.15	29.39	50.42	61.36
2000	92.21	7.96	8.63	21.96	23.82	62.28	67.54
2001	95.65	7.88	8.24	22.60	23.63	65.17	68.13
2002	103.51	8.40	8.12	24.73	23.89	70.39	68.00
2003	109.48	8.97	8.19	26.03	23.77	74.49	68.03
2004	115.26	11.07	9.61	27.86	24.17	76.33	66.22
2005	136.48	11.54	8.46	29.71	21.77	95.23	69.78
2006	150.25	13.13	8.74	29.97	19.95	107.14	71.31
2007	173.62	13.81	7.95	28.60	16.47	131.21	75.57
2008	196.54	15.40	7.83	28.94	14.72	152.20	77.44
2009	229.13	16.46	7.18	31.53	13.76	181.14	79.06
2010	255.38	17.37	6.80	33.56	13.14	204.46	80.06

5-8-4 研究与开发机构研究与试验发展(R&D)课题学科分组情况

学　　科	R&D课题数(个)	R&D课题参加人员全时当量(人年)	R&D项目(课题)经费内部支出(万元)
全　　国	**67050**	**253719**	**6814715**
数　学	338	501	15538
信息科学与系统科学	516	2334	121365
力　学	361	903	24949
物理学	2563	7243	210738
化　学	2141	5081	103601
天文学	727	947	41487
地球科学	6836	10647	279877
生物学	6149	11356	288960
心理学	163	368	3532
农　学	11310	21998	281202
林　学	2066	4395	47878
畜牧、兽医科学	2103	4706	56698
水产学	1301	2110	32578
基础医学	822	2020	30592
临床医学	1708	4931	61922
预防医学与卫生学	833	3127	41907
军事医学与特种医学	21	68	605
药　学	780	2099	60109
中医学与中药学	1656	3647	35364
工程与技术科学基础学科	1547	15215	354052
信息与系统科学相关工程与技术	274	951	23486
自然科学相关工程与技术	546	1341	26145
测绘科学技术	636	1494	41527
材料科学	1899	6080	143652
矿山工程技术	110	383	6965
冶金工程技术	75	211	2443
机械工程	275	1557	29538
动力与电气工程	451	4848	99364
能源科学技术	541	1831	30250
核科学技术	479	10270	438294

5-8-4 续表

学　科	R&D课题数(个)	R&D课题参加人员全时当量(人年)	R&D项目(课题)经费内部支出(万元)
电子、通信与自动控制技术	2855	38120	1269384
计算机科学技术	970	4784	121202
化学工程	451	1045	23200
产品应用相关工程与技术	122	444	6593
纺织科学技术	30	96	792
食品科学技术	278	640	7928
土木建筑工程	232	550	9683
水利工程	888	1378	35901
交通运输工程	835	3317	91653
航空、航天科学技术	1909	54305	2064833
环境科学技术	2313	4709	111184
安全科学技术	433	1143	15404
管理学	471	751	10085
马克思主义	243	189	2399
哲　学	176	267	2692
宗教学	163	212	1790
语言学	119	164	1682
文　学	254	344	3091
艺术学	105	316	2216
历史学	594	898	9915
考古学	239	512	8879
经济学	1625	2767	33728
政治学	443	618	6045
法　学	331	485	5847
军事学	5	30	2323
社会学	648	985	9882
民族学	208	387	3063
新闻学与传播学	89	131	1489
图书馆、情报与文献学	223	692	8640
教育学	492	603	7034
体育科学	65	149	922
统计学	14	31	623

5-8-5 高等学校研究与试验发展(R&D)课题学科分组情况

学　　科	R&D课题数 (个)	R&D课题参加人员全时当量 (人年)	R&D项目(课题)经费内部支出 (万元)
全　　国	**547717**	**288940**	**4669996**
数　学	8187	4838	35072
信息科学与系统科学	4972	3017	69301
力　学	2013	1225	28589
物理学	9472	6103	100266
化　学	14560	9045	154402
天文学	287	151	2602
地球科学	11224	5800	175346
生物学	16762	11013	212814
心理学	203	104	1206
农　学	14378	8490	228997
林　学	3519	2422	40827
畜牧、兽医科学	4993	3247	79655
水产学	1949	1000	17623
基础医学	12159	12188	104953
临床医学	34127	36658	249434
预防医学与公共卫生学	2538	2151	21346
军事医学与特种医学	68	64	328
药　学	4012	3093	67678
中医学与中药学	13207	10989	55674
工程与技术科学基础学科	3109	1825	40386
信息与系统科学相关工程技术	1322	833	9886
自然科学相关工程与技术	2549	888	48869
测绘科学技术	1509	803	24417
材料科学	15656	9868	207524
矿山工程技术	6121	3235	109716
冶金工程技术	1870	1365	45963
机械工程	15906	10540	271814
动力与电气工程	8762	5290	169284
能源科学技术	3616	2263	72634
核科学技术	544	516	18497

5-8-5 续表

学　　科	R&D课题数(个)	R&D课题参加人员全时当量(人年)	R&D项目(课题)经费内部支出(万元)
电子、通信与自动控制技术	21515	13715	445068
计算机科学技术	17060	10750	225922
化学工程	9644	5751	134549
产品应用相关工程与技术	356	257	8856
纺织科学技术	1467	1131	20294
食品科学技术	4222	2322	37753
土木建筑工程	12016	6913	181821
水利工程	3093	1648	56620
交通运输工程	6718	4139	121763
航空、航天科学技术	4204	2349	152373
环境科学技术	11194	6451	173661
安全科学技术	944	527	13878
管理学	51295	16412	144937
马克思主义	6216	2064	4581
哲　学	4007	1301	7787
宗教学	717	225	1974
语言学	14601	4953	10350
文　学	13143	4019	10666
艺术学	15822	4690	43484
历史学	6918	2074	10689
考古学	657	224	4227
经济学	38254	11654	76779
政治学	6332	1961	10000
法　学	14997	4168	16807
军事学	39	59	15048
社会学	13102	3809	19798
民族学与文化学	1664	560	2719
新闻学与传播学	4955	1468	6427
图书馆、情报与文献学	4155	1439	5042
教育学	27754	9069	27933
体育科学	9350	3215	8981
统计学	1654	496	3245
其他	58	107	861

5-8-6 全国气象部门基本情况

项　　目	2000	2001	2002	2003	2004	2005	2006	2007	2008	2009	2010
气象观测业务台站　　（个）											
地面观测	2819	2422	2409	2411	2414	2405	2418	2431	2438	2416	2418
高空探测	156	120	124	124	124	120	122	123	121	118	120
自动气象站	550	831	974	1416	3144	7813	16775	23130	28235	31553	30693
天气雷达观测	238	256	236	243	245	253	252	304	313	330	342
大气成分观测						21	73	31	35	35	28
太阳辐射观测	99	96	99	99	94	105	110	103	142	157	100
农业气象观测	1125	833	783	780	784	769	771	739	635	653	653
生态与农业气象观测试验	68	70	66	66	68	67	68	69	67	68	68
卫星云图接收	319	356	454	413	389	435	384	496	621	311	361
大气本底站	4	4	4	4	4	6	7	7	7	7	7
雷电定位监测			72	104	142	234	292	354	387	417	425
沙尘暴监测			61	85	94	85	86	31	194	182	29
紫外线观测			86	100	121	178	178	174	203	149	164
酸雨观测	82	82	123	220	277	299	513	334	330	337	342
臭氧观测	3	3	3	10	9	14	18	4	20	17	22
海洋气象台站	140	118	123	124	125	125	100	105	102	102	109
气象科学数据共享服务数据量　（GB）					**2261**	**2089**	**218784**	**112506**	**51985**	**245740**	**358319**
装备											
拥有计算机数　　（台）	27724	28634	33219	37898	43671	50683	57007	63350	72137	79349	90040
高性能计算机			24	32	56	62	53	65	61	72	106
服务器及工作站　　（套）			410	536	608	768	941	1046	1196	1751	2428
PC服务器			814	1109	1463	1903	2142	2629	3021	3776	4762
PC机(含PC工作站)			31971	36221	41544	47950	53871	59610	67859	73750	82744
云图接收机数　　（台）	354	355	569	567	457	506	423	438	453	407	421
电视会商系统设备　　（套）			57	138	335	729	877	1041	1296	1805	1895
人工影响天气作业设备											
高炮　　（门）		5901	6022	6122	6580	6393	6800	6969	6311	6973	6902
火箭发射系统　　（部）		2406	2886	3453	4010	4129	4936	5039	4862	6355	7034
人员　　（人）											
全国气象部门职工总数	59113	58162	56872	56590	57023	53214	53137	53321	53265	53180	53606

注：2006年起气象科学数据共享服务数据量是全国气象部门利用网络向社会提供气象资料的数据量，2005年以前是国家气象信息中心气象科学数据共享服务网的数据量。

5-8-7 各地区气象业务站点及观测项目情况

单位：个

地　区 和单位	地面观 测业务	高空探 测业务	自动 气象站	天气雷达 观测业务	大气成分 观测业务	农业气象 观测业务	生态与农业 气象试验业务	大气 本底站
全　国	**2418**	**120**	**30693**	**342**	**28**	**653**	**68**	**7**
北　京	20	1	212	4	1	7		1
天　津	14		227	1		5		
河　北	142	3	1682	12	1	30		
山　西	109	1	875	10	1	31		
内蒙古	119	12	580	26	4	29	6	
辽　宁	61	2	996	12	5	25	3	
吉　林	54	3	766	9		22	3	
黑龙江	83	4	939	8		36	3	1
上　海	14	1	68	3	1	1		
江　苏	70	3	1042	15		19	3	
浙　江	70	3	1085	10		13	1	1
安　徽	81	2	1353	18		22	3	
福　建	70	3	1101	5	1	23	4	
江　西	87	2	1536	8	1	18	1	
山　东	123	3	1404	13		19	1	
河　南	119	3	1951	20	1	35	3	
湖　北	81	3	1256	11		30	2	1
湖　南	97	3	2691	11	1	22	4	
广　东	86	4	1173	10	1	26	2	
广　西	92	6	1263	10	2	24	5	
海　南	21	3	316	3		6	1	
重　庆	35	1	893	8		13		
四　川	156	7	1712	13	1	45	2	
贵　州	85	2	1454	38		18	1	
云　南	125	5	1495	8		22	4	1
西　藏	39	5	56	6	1	4	1	
陕　西	100	4	1257	12	2	21	1	
甘　肃	81	9	683	6	2	23	4	
青　海	52	7	131	6		17	2	1
宁　夏	25	1	182	3		7	3	
新　疆	105	14	314	10	2	40	4	1
大连市				2				
宁波市				1				
青岛市				2				
厦门市				1				
极　地	2							
气象探测中心				1				
气象科学研究院							1	
新疆生产建设兵团				4				
黑龙江农垦总局				2				

5-8-7 续表

单位：个

地区和单位	海洋气象台站	雷电定位监测业务	太阳辐射观测业务	沙尘暴监测业务	紫外线观测业务	酸雨观测业务	臭氧观测业务	卫星云图接收业务
全　国	**109**	**425**	**100**	**29**	**164**	**342**	**22**	**361**
北　京		4	1	1		3		3
天　津	3	4	1	1	1	3		2
河　北	7	23	1	1	5	5		6
山　西		7	3	2	1	5		13
内蒙古		17	9	8	1	8		6
辽　宁	11	21	3	2	4	26	4	16
吉　林		19	2	1	9	12		6
黑龙江		22	5		14	16	1	7
上　海		7	1			2		6
江　苏	6	16	3		16	24	2	5
浙　江	18	11	2		2	13	2	30
安　徽		11	2		8	4		5
福　建	15	9	2		2	12		18
江　西		12	2	2	12	19		9
山　东	16	20	3		16	7		14
河　南		9	4		18	18		28
湖　北		16	2		1	32		16
湖　南		10	3			6		7
广　东	27	41	2		8	7	9	9
广　西	1	13	3		1	10		12
海　南	5	10	3			4		4
重　庆		5	7		1	35		4
四　川		20	1			10		14
贵　州		12	1			10		13
云　南		22	5		1	6		26
西　藏		22	4		2	4	1	9
陕　西		9	3	4	1	15		20
甘　肃		10	4	2	13	6		17
青　海		10	5		2	7	2	16
宁　夏		5	2	1	5	6		5
新　疆		8	11	4	12	7	1	15
大连市					1			
宁波市								
青岛市					7			
厦门市								
极　地								
气象探测中心								
气象科学研究院								
新疆生产建设兵团								
黑龙江农垦总局								

5-8-8 各地区地震监测情况

单位：个

地 区	地震台数总数	国家级台	省级台	市、县级台	#企业台	强震观测点	宏观观测点
全 国	**1520**	**207**	**216**	**1097**	**124**	**2073**	**28294**
北 京	93	10	2	81	2	243	195
天 津	10	5	5			218	1769
河 北	86	8	21	57	12	67	1162
山 西	99	6	4	89	25	40	6044
内蒙古	58	6	17	35		32	530
辽 宁	51	9	9	33	5	70	936
吉 林	29	6	5	18		10	380
黑龙江	40	9	2	29		100	3924
上 海	9	2		7		43	22
江 苏	96	9	6	81	2		1142
浙 江	36	5	1	30		16	4
安 徽	29	3	10	16	1	10	679
福 建	45	4	10	31	3	49	284
江 西	6	2	4			6	459
山 东	57	6	20	31	7	62	1461
河 南	45	3	9	33	4	17	884
湖 北	37	5	5	27		2	157
湖 南	34	4	3	27	2	2	527
广 东	50	6	7	37	5	67	228
广 西	45	1	7	37	3	21	867
海 南	20	2	4	14		14	2715
重 庆	27	1		26			17
四 川	105	12	13	80	10	219	641
贵 州							
云 南	165	32	23	110	1	315	1424
西 藏	11	10	1			2	
陕 西	60	6	9	45	11	30	702
甘 肃	66	10	10	46	10	156	285
青 海	37	5	2	30	20	41	84
宁 夏	18	4	3	11		51	260
新 疆	56	16	4	36	1	170	512

5-8-9　各地区测绘部门生产完成情况

地　区 和单位	大 地 测 量		测图合计	地图数字化	地图编制		
	GPS测量 （点）	水准测量 （公里）	（幅）	（幅）	地形图 （幅）	专题地图 （幅/册）	地图集 （册）
全　国	**47019**	**158384**	**771571**	**36539**	**38345**	**42421**	**541**
北　京	1586	3227	19912	250		118	8
天　津	3121	5435	29734	12676	12676	50	
河　北	4468	2988	39764			607	2
山　西	968	1380	17157	250		183	2
内蒙古		1000	4695		850	25	3
辽　宁	1200	2040	37263	2452	6201	2011	1
吉　林		100	8123		195	136	1
黑龙江	449	8934	203339	695	80	387	3
上　海			74938		3704	18	1
江　苏	60	4627	10898		49	14	3
浙　江	4205	2460	34848			25071	5
安　徽	7680	2560	25379			66	1
福　建	342	2085	5338		100	276	3
江　西	1009	2022	10394	4579	58	66	1
山　东	1064	2336	9357			290	14
河　南	3907	59200	14186	3997	4097	156	9
湖　北	2085	7270	7652				18
湖　南	695	3000	16636		3912	2082	184
广　东	99	5093	12538	6599		61	30
广　西	3475	1238	11764	195	277	1667	6
海　南	1010	1800	4076	963	201	270	2
重　庆	214	2122	34346	79		1757	6
四　川	925	18133	32500		944	569	78
贵　州	1988	265	6120	120		138	6
云　南	358	1536	5280	420	1677	883	1
西　藏	33	520	110			20	
陕　西	1486	8919	39902	3225	499	152	13
甘　肃	426	1058	7894		177	4205	3
青　海	1006	704	3528		53	113	2
宁　夏	665	410	2107		165	29	1
新　疆	1425	3838	6660		1932	46	3
重庆测绘院	918	1668	6042	39	430	500	1
中国地图出版集团					2	135	128
中国测绘科学研究院	112	416	29090		66	120	
国家基础地理信息中心	40					200	2
卫星测绘应用中心			1				

5-8-10 各地区测绘资料提供情况

地区和单位	地形图合计(张)	1:10000	1:50000	大地成果(点)	航摄成果(片)	挂图(张)	地图集(册)
全国	**395088**	**143753**	**74417**	**259973**	**631831**	**53064**	**6185**
北京	15607	214		14734			
天津	3			177			
河北	2301	1882	406	2295	2655		
山西	3054	2665	389				
内蒙古	18864	1953	15256	17572	18123		
辽宁	4166	3284	509	1790	701	601	377
吉林	10156	7154	2483	7395	13212	7911	1350
黑龙江	9206	5288	2710	13397	109445	10	2
上海	144064	2313	751	3216	11721		
江苏	2240	1896	303	8703	105	749	60
浙江	4093	3161	863	1703	18100		
安徽	7685	7129	537	3989	14532		
福建	6834	5487	1134	3767	5329		
江西	5543	4441	1028	31121	1926		
山东	12131	11287	721	2447			
河南	1210	918	161	514	9	33130	
湖北	2272	1690	564	4588	17857	100	224
湖南	14760	12996	1366	7629	7123		
广东	5749	4767	445	1120	6575		
广西	7483	5571	1559	9939	3510		
海南	120	112		1129	6	960	297
重庆	5368	4420	682	838	30	3062	1800
四川	16644	9250	5192	5207	8787		
贵州	19943	15645	3905	2906	6284	8	
云南	9943	6169	3294	18979	13430	163	6
西藏	1131	79	261	626	137	4489	531
陕西	13397	11179	2068	2566	16898		
甘肃	7262	3895	2819	1536	324		
青海	4019	534	2270	3173	2027	659	350
宁夏	1966	1580	323	1126	822		
新疆	17466	6794	7963	20166	12343	1222	1188
国家基础地理信息中心	20408		14455	65625	339820		

5-8-11 产品质量国家监督抽查情况

项　　目	抽查产品(种)	抽查企业(家)	抽查产品(批)	不合格产品(批)
合　　计	**132**	**15336**	**16357**	**2028**
食品	23	3593	3857	209
日用消费品	42	5548	6167	894
建筑与装饰装修材料	22	3859	3925	560
农业生产资料	10	824	842	83
工业生产资料	35	1512	1566	282

5-8-12 各地区产品质量情况

单位：%

地　区	产品质量等级品率			质量损失率
	优等品率	一等品率	合格品率	
全　国	**70.75**	**20.42**	**8.83**	**0.25**
北　京	89.04	10.74	0.22	0.44
天　津	71.21	18.65	10.14	0.06
河　北	54.09	34.65	11.26	0.13
山　西	27.18	28.60	44.22	0.07
内蒙古	50.29	30.65	19.06	0.08
辽　宁				
吉　林				
黑龙江				
上　海	89.29	4.83	5.88	0.34
江　苏	63.60	27.62	8.78	0.19
浙　江	53.11	42.13	4.76	0.32
安　徽	43.43	36.35	20.22	0.46
福　建	69.12	25.58	5.30	0.11
江　西	67.56	28.26	4.18	0.03
山　东	85.84	7.77	6.39	0.03
河　南	39.81	44.82	15.37	0.16
湖　北	63.93	18.99	17.08	0.26
湖　南	63.00	25.87	11.13	0.41
广　东	3.60	94.52	1.08	0.43
广　西	58.73	11.44	29.83	0.31
海　南	84.16	1.88	13.96	0.03
西　藏				
重　庆				
四　川	39.95	52.92	7.13	0.35
贵　州	95.68	3.01	1.31	0.02
云　南	31.52	60.50	7.97	0.10
陕　西	6.69	86.07	7.23	0.01
甘　肃	22.52	76.22	1.26	12.51
青　海	21.75	18.91	59.33	0.06
宁　夏	79.44	5.17	15.39	
新　疆	16.39	83.36	0.25	

注：本资料由75个重点工业城市抽样数据汇总而成。

5-8-13 产品质量省级监督抽查情况

地 区	抽查产品(种)	抽查企业(家)	抽查产品(批)	不合格产品(批)
全 国	**3264**	**186759**	**278321**	**32391**
北 京	136	4497	5686	492
天 津	41	1624	4050	320
河 北	61	4523	5049	701
山 西	62	2881	2986	375
内蒙古	132	2761	3275	508
辽 宁	66	2303	2589	282
吉 林	34	735	775	96
黑龙江	184	919	1974	147
上 海	219	6323	7457	682
江 苏	339	28520	28520	1353
浙 江	475	27948	27951	2021
安 徽	105	3500	4382	445
福 建	71	3759	3812	118
江 西	58	2318	2626	2129
山 东	98	9762	13126	1685
河 南	57	12870	16209	1465
湖 北	84	5180	6994	1030
湖 南	122	13795	52011	8822
广 东	64	4594	5945	1300
广 西	38	1842	2097	293
海 南	86	527	1922	683
重 庆	161	5647	13781	1386
四 川	131	22488	37952	3093
贵 州	53	2562	2866	325
云 南	53	3331	5041	754
西 藏	51	478	1231	236
陕 西	90	5553	10040	864
甘 肃	43	1409	2048	342
青 海	105	1018	1248	36
宁 夏	26	905	1847	166
新 疆	19	2187	2831	242

5-8-14 各地区出入境货物检验检疫情况

地区	总计				工业品检验检疫			
	批次(批)	#不合格	货值(万美元)	#不合格	批次(批)	#不合格	货值(万美元)	#不合格
总计	**17490631**	**144251**	**122391734**	**8075559**	**13851466**	**59523**	**104650748**	**4416533**
北京	183467	946	1671053	7423	145998	323	1545187	4488
天津	502477	8423	6867144	622984	439878	5240	6012272	329530
河北	164503	1703	2800261	575516	112090	1071	2465823	478875
山西	16220	67	216288	5308	11964	55	190239	5278
内蒙古	238822	541	1177836	1266	67979	141	968188	1174
辽宁	420457	2806	5941688	366674	261002	2095	4858338	144871
吉林	69694	203	474433	49987	30298	88	304151	49898
黑龙江	181994	1773	470429	1219	63478	26	273103	187
上海	2189009	16932	16340621	254048	1854022	2244	14798369	31198
江苏	1806700	12968	12093394	1097016	1609664	7073	10005615	564195
浙江	2468771	10452	15074195	962279	2171237	7522	13825855	720186
#宁波市	767362	3306	7566916	524309	706153	2096	7236817	435650
安徽	135704	426	768430	16794	103363	375	631831	16115
福建	944171	3960	5087691	391597	742113	2163	4160270	199279
#厦门市	377666	2164	1880916	138436	283325	1071	1484648	49873
江西	123747	1007	547527	8352	100986	811	478285	7619
山东	1277688	27805	13069766	2296018	768215	6875	9704758	1279459
河南	69020	399	454340	7988	38794	105	287897	2266
湖北	91898	578	726944	18747	65861	165	567739	3903
湖南	89099	707	443436	5752	55548	629	333679	3900
广东	5936947	34185	32922892	894227	4883880	12992	29184817	294873
#深圳市	1259491	9790	9050788	208371	954641	2464	8303465	55807
#珠海市	442776	468	3066023	1179	371317	79	2981427	314
广西	148550	1296	1481240	335283	40837	574	987527	151932
海南	14805	394	700842	37537	3326	278	604294	36806
重庆	47662	53	406980	499	41838	50	370455	481
四川	58601	182	439412	10369	46466	90	358511	8695
贵州	6590	38	66780	375	5772	19	46179	321
云南	77871	6664	342187	23801	16995	46	144901	3441
西藏	3930	5	23078	10	3273	5	17887	10
陕西	32014	108	239830	5487	12579	41	154832	3006
甘肃	14790	75	173086	2266	7019	32	138406	2160
青海	2599	22	37683	1180	2373	16	35299	1002
宁夏	4240	159	78444	9126	3047	79	68487	8734
新疆	168591	9374	1253804	66431	141571	8300	1127556	62650

注：国家出入境货物检验检疫数据是由全国直属的35个检验检疫局直报国家质检总局汇总得到。其中：浙江包括浙江局和宁波局；福建包括福建局和厦门局；广东包括广东局、深圳局和珠海局。

5-8-14 续表

地区	动物及动物产品检验检疫				植物及植物产品检验检疫				食品及化妆品检验检疫			
	批次(批)	#不合格	货值(万美元)	#不合格	批次(批)	#不合格	货值(万美元)	#不合格	批次(批)	#不合格	货值(万美元)	#不合格
总计	**641109**	**18779**	**3555616**	**262919**	**1644324**	**57028**	**8871277**	**3331102**	**1348170**	**8921**	**5314093**	**65004**
北京	11154	228	26425	1364	8656	270	21254	1371	17659	125	78188	199
天津	21352	639	112611	9011	18736	1859	514663	269961	22511	685	227597	14481
河北	9196	23	71222	130	19834	548	162037	96064	23383	61	101180	448
山西	259		2211		533		2740		3464	12	21098	30
内蒙古			9682		165281	397	174209	90		3	25758	2
辽宁	50940	73	364374	303	69593	492	565555	221141	38922	146	153420	359
吉林	3821		16560		25310	77	111744	73	10265	38	41977	16
黑龙江	1354	1	10250	1	111313	1739	161064	1001	5849	7	26013	30
上海	71524	5598	316602	64157	103163	7052	551026	152693	160300	2038	674625	6000
江苏	35160	231	262217	2423	98152	5420	1491497	512379	63724	244	334066	18019
浙江	33652	766	306570	15558	129748	1503	505974	222981	134134	661	435797	3554
#宁波市	5552	295	64536	7008	15325	651	125542	79540	40332	264	140021	2111
安徽	2175	5	11344	81	11277	27	48976	549	18889	19	76279	49
福建	27413	160	238824	2436	81822	1162	366345	188424	92823	475	322252	1458
#厦门市	10475	59	56224	976	34274	835	182969	87130	49592	199	157075	457
江西	7448	40	9678	129	6685	92	20434	492	8628	64	39130	111
山东	89061	8621	728476	145279	208992	10300	1844275	858650	211420	2009	792258	12629
河南	9016	44	58665	379	7634	212	40027	5135	13576	38	67751	207
湖北	4705	19	21799	126	2782	378	25745	14601	18550	16	111661	117
湖南	4436	6	32698	16	7010	30	21281	1452	22105	42	55778	383
广东	234450	2166	800090	20199	405547	17074	1555520	573161	413070	1953	1382465	5994
#深圳市	73543	88	125035	254	173697	6352	394464	148292	57610	886	227824	4019
#珠海市	25797	42	26047	161	17839	50	8582	278	27823	297	49967	427
广西	6648	4	48179	595	73635	635	348944	182516	27430	83	96589	241
海南	6459	46	50680	324	3473	21	37177	302	1547	49	8691	105
重庆	1291		9935		731	2	12000	17	3802	1	14590	1
四川	2153	9	27004	69	3329	51	17260	1552	6653	32	36637	52
贵州	13		38		485	6	11031	47	320	13	9533	7
云南	4694	84	7148	287	49837	6505	153880	19982	6345	29	36259	91
西藏	35		146		480		4903		142		143	
陕西	306		902		13843	65	32974	2481	5286	2	51122	
甘肃	441	2	4265	2	4834	37	18950	93	2496	4	11465	11
青海	42		275		129	2	1073	2	55	4	1036	176
宁夏	20		163		655	80	2995	392	518		6799	
新疆	1891	14	6585	49	10825	992	45726	3499	14304	68	73937	232

5-8-15 各地区技术市场成交额

单位：万元

地 区	2000	2001	2002	2003	2004	2005	2006	2007	2008	2009	2010
全 国	**6507519**	**7827489**	**8841713**	**10846727**	**13343630**	**15513694**	**18181813**	**22265261**	**26652288**	**30390024**	**39065753**
北 京	1402871	1910065	2211738	2653574	4249975	4895922	6973256	8825603	10272173	12362450	15795367
天 津	262581	306009	363262	420008	450276	507093	588624	723356	866122	1054611	1193390
河 北	94143	46784	60406	67969	72718	103827	156099	164329	165906	172112	192931
山 西	5258	14693	39014	32251	59960	47980	59213	82677	128425	162068	184911
内蒙古	60287	62359	58197	108452	104085	109939	107127	109835	94423	147651	271464
辽 宁	347817	408698	508326	620200	752817	865167	806494	929290	997290	1197095	1306811
吉 林	71390	88543	82921	87292	107900	122261	153666	174845	196066	197598	188090
黑龙江	152382	111035	120110	121165	125715	142585	156934	350209	412565	488550	529123
上 海	738952	1061603	1202170	1427790	1716963	2317328	3095095	3548877	3861695	4354108	4314374
江 苏	449568	529165	594873	765163	897855	1008296	688297	784173	940246	1082184	2493406
浙 江	276275	316652	389438	530353	581465	386954	399618	453474	589189	564581	603478
安 徽	61012	64145	75423	87960	90675	142553	184921	264515	324865	356174	461470
福 建	172601	136941	128988	166779	141395	171959	113187	145579	179690	232594	356569
江 西	69299	62724	62891	83324	93661	111227	93135	99533	77641	97893	230479
山 东	288135	321938	347650	525682	750850	983614	232005	450275	660126	719391	1006769
河 南	211621	212589	178506	192690	203207	263737	237288	261907	254425	263046	272002
湖 北	276000	338597	348603	412538	461700	501823	444427	522146	628971	770329	907218
湖 南	286833	293887	323422	369306	408280	417394	455281	460816	477024	440432	400940
广 东	482104	539722	684532	805730	572651	1124740	1070257	1328448	2016319	1709850	2358949
广 西	17741	37753	44406	41808	90955	94059	9423	9970	26996	17662	41362
海 南		83990	9134	11978	1885	10007	8535	7327	35602	5556	32651
重 庆	296594	289484	409433	555083	596186	357059	553479	395658	621884	383158	794410
四 川	104150	126311	77524	128686	165640	190823	259323	303878	435313	545977	547393
贵 州	620	599	13484	17892	13533	10488	5361	6560	20356	17806	77191
云 南	187742	255279	179496	228718	215555	159175	82747	97496	50547	102469	108827
陕 西	92560	84615	151554	168022	139129	188977	179485	301710	438300	698074	1024140
甘 肃	26413	27393	54644	77581	119608	172736	214534	262107	297560	356287	430845
青 海		4657	12373	8291	12793	11812	24665	53017	77033	84967	114051
宁 夏	6402	8872	8496	10047	12827	14131	5349	6641	8898	8982	9972
新 疆	66168	82387	100699	120395	133371	80029	76084	71724	73963	12078	45188
港澳台							15557	24308	49309	124063	126750
国 外							732342	1044979	1373366	1660227	2645234

【主要统计指标解释】

研究与试验发展(R&D) 指在科学技术领域，为增加知识总量，以及运用这些知识去创造新的应用进行的系统的、创造性的活动，包括基础研究、应用研究、试验发展三类活动。

基础研究 指为了获得关于现象和可观察事实的基本原理的新知识(揭示客观事物的本质、运动规律，获得新发现、新学说)而进行的实验性或理论性研究，它不以任何专门或特定的应用或使用为目的。

应用研究 指为获得新知识而进行的创造性研究，主要针对某一特定的目的或目标。应用研究是为了确定基础研究成果可能的用途，或是为达到预定的目标探索应采取的新方法(原理性)或新途径。

试验发展 指利用从基础研究、应用研究和实际经验所获得的现有知识，为产生新的产品、材料和装置，建立新的工艺、系统和服务，以及对已产生和建立的上述各项作实质性的改进而进行的系统性工作。

研究与试验发展人员全时当量 是国际上通用的、用于比较科技人力投入的指标。指R&D全时人员（全年从事R&D活动累积工作时间占全部工作时间的90%及以上人员）工作量与非全时人员按实际工作时间折算的工作量之和。例如：有2个R&D全时人员（工作时间分别为0.9年和1年）和3个R&D非全时人员(工作时间分别为0.2年、0.3年和0.7年)，则R&D人员全时当量为1+1+0.2+0.3+0.7=3.2人年。

政府资金 指调查单位R&D经费内部支出中来自各级政府部门的各类资金，包括财政科学技术拨款、科学基金、教育等部门事业费以及政府部门预算外资金的实际支出。

企业资金 指调查单位R&D经费内部支出中来自本企业的自有资金和接受其他企业委托而获得的经费，以及科研院所、高校等事业单位从企业获得的资金的实际支出。

专利 是专利权的简称，是对发明人的发明创造经审查合格后，由专利局依据专利法授予发明人和设计人对该项发明创造享有的专有权。包括发明、实用新型和外观设计。

发明专利 指对产品、方法或者其改进所提出的新的技术方案。

实用新型专利 指对产品的形状、构造或者其结合所提出的适于实用的新的技术方案。

外观设计专利 指对产品的形状、图案、色彩或者其结合所作出的富有美感并适于工业上应用的新设计。

5 第三产业部分行业主要业务指标

5-9 水利、环境和公共设施业

简要说明

一、主要内容

本篇主要反映我国水环境、大气环境、工业固体废物、生态环境、自然灾害和突发环境事件、环境污染治理投资、城市环境、农村环境等情况。

二、资料来源

水资源、供水和用水情况由水利部提供；“三废”排放及处理、工业污染治理投资、空气质量、噪声监测、自然保护区和突发环境事件等情况由环境保护部提供；海水水质和海洋灾害情况由国家海洋局提供；湿地、森林火灾和森林病虫鼠害情况由国家林业局提供；城市环境和城市基础设施建设投资情况由住房和城乡建设部提供；农村环境、地质灾害、公共交通等情况分别由卫生部、农业部、国土资源部、交通运输部提供。

5-9-1 环境保护基本情况

指标		2003	2004	2005	2006	2007	2008	2009	2010
水环境									
水资源总量	(亿立方米)	27460.2	24129.6	28053.1	25330.1	25255.2	27434.3	24180.2	30906.4
地表水		26250.7	23126.4	26982.4	24358.1	24242.5	26377.0	23125.2	29797.6
地下水		8299.3	7436.3	8091.1	7642.9	7617.2	8122.0	7267.0	8417.0
地表水与地下水资源重复量		7089.9	6433.1	7020.4	6670.8	6604.5	7064.7	6212.1	7308.2
人均水资源量	(立方米/人)	2131.3	1856.3	2151.8	1932.1	1916.3	2071.1	1816.2	2310.4
供水总量	(亿立方米)	5320.4	5547.8	5633.0	5795.0	5818.7	5910.0	5965.2	6022.0
#地表水		4286.0	4504.2	4572.2	4706.8	4723.9	4796.4	4839.5	4881.6
地下水		1018.1	1026.4	1038.8	1065.5	1069.1	1084.8	1094.5	1107.3
用水总量	(亿立方米)	5320.4	5547.8	5633.0	5795.0	5818.7	5910.0	5965.2	6022.0
#农业		3432.8	3585.7	3580.0	3664.4	3599.5	3663.5	3723.1	3689.1
工业		1177.2	1228.9	1285.2	1343.8	1403.0	1397.1	1390.9	1447.3
生活		630.9	651.2	675.1	693.8	710.4	729.3	748.2	765.8
废水排放总量	(亿吨)	459	482	525	537	557	572	589	617
#工业废水排放量		212	221	243	240	247	242	234	237
生活污水排放量		247	261	281	297	310	330	355	380
工业废水排放达标量	(亿吨)	189	201	222	218	226	223	221	226
工业废水排放达标率	(%)	89.2	90.7	91.2	90.7	91.7	92.4	94.2	95.3
化学需氧量排放量	(万吨)	1333	1339	1414	1428	1382	1321	1278	1238
#工业		512	510	555	542	511	458	440	435
生活		821	829	859	887	871	863	838	803
氨氮排放量	(万吨)	130	133	150	141	132	127	123	120
#工业		40	42	53	42	34	30	27	27
生活		89	91	97	99	98	97	95	93
大气环境									
工业废气排放量	(亿标立方米)	198906	237696	268988	330990	388169	403866	436064	519168
#燃料燃烧		116447	139726	155238	181636	209922	229535	241201	303897
生产工艺		82459	97971	113749	149354	178247	174331	194862	215271
二氧化硫排放量	(万吨)	2159	2255	2549	2589	2468	2321	2214	2185
#工业		1792	1891	2168	2235	2140	1991	1866	1864
生活		367	364	381	354	328	330	348	321
烟尘排放量	(万吨)	1049	1095	1183	1089	987	902	848	829
#工业		846	887	949	864	771	671	604	603
生活		202	209	234	224	216	231	243	226
工业粉尘排放量	(万吨)	1021	905	911	808	699	585	524	449
工业二氧化硫去除量	(万吨)	749	890	1090	1439	1943	2286	2890	3304
工业烟尘去除量	(万吨)	15649	18075	20587	23565	25166	30543	32848	38941
工业粉尘去除量	(万吨)	5995	8529	6454	7280	7670	8471	8723	9502

5-9-1 续表 1

指　　标		2003	2004	2005	2006	2007	2008	2009	2010
固体废物									
工业固体废物产生量	(万吨)	100428	120030	134449	151541	175632	190127	203943	240944
#危险废物		1170	995	1162	1084	1079	1357	1430	1587
工业固体废物综合利用量	(万吨)	56040	67796	76993	92601	110311	123482	138186	161772
工业固体废物综合利用率	(%)	54.8	55.7	56.1	60.2	62.1	64.3	67.0	66.7
工业固体废物排放量	(万吨)	1941	1762	1655	1302	1197	782	710	498
"三废"综合利用产品产值	(亿元)	441	573	756	1027	1351	1621	1608	1779
生态环境									
森林面积	(万公顷)	17491	19545	19545	19545	19545	19545	19545	19545
森林覆盖率	(%)	18.21	20.36	20.36	20.36	20.36	20.36	20.36	20.36
当年造林面积	(万公顷)	912	680	540	384	391	535	626	591
自然保护区数	(个)	1999	2194	2349	2395	2531	2538	2541	2588
#国家级		226	226	243	265	303	303	319	319
自然保护区面积	(万公顷)	14398	14823	14995	15154	15188	14894	14775	14944
自然保护区面积占辖区面积比重	(%)	14.4	14.8	15.0	15.2	15.2	14.9	14.7	14.9
湿地面积	(万公顷)	3848.6	3848.6	3848.6	3848.6	3848.6	3848.6	3848.6	3848.6
湿地面积占国土面积比重	(%)	4.0	4.0	4.0	4.0	4.0	4.0	4.0	4.0
自然灾害									
发生地质灾害起数	(次)	15489	13555	17751	102804	25364	26580	10580	30670
#滑坡		10240	9130	9367	88523	15478	13450	6310	22250
崩塌		2604	2593	7654	13160	7722	8080	2378	5688
泥石流		1549	1157	566	417	1215	843	1442	1981
发生地震灾害次数	(次)	21	11	13	10	3	17	8	12
#5.0级以上		17	9	11	9	2	12	7	5
海洋赤潮发生次数	(次)	119	96	82	93	82	68	68	69
森林火灾次数	(次)	10463	13466	11542	8170	9260	14144	8859	7723
#重大		14	38	16	7	4	13	35	22
特大		7	3	3	5			1	4
森林火灾受灾面积	(万公顷)	45.1	14.2	7.4	40.8	2.9	5.3	4.6	4.6
森林病虫鼠害发生面积	(万公顷)	888.7	944.8	961.0	1100.7	1209.7	1141.8	1142.0	1164.2
森林病虫鼠害防治面积	(万公顷)	582.9	639.5	640.7	735.5	801.2	784.0	819.4	812.4
森林病虫鼠害防治率	(%)	65.6	68.0	66.7	66.8	66.2	68.7	71.8	69.8
环境污染									
突发环境事件次数	(次)	1843	1441	1406	842	462	474	418	420
#水污染		1042	753	693	482	178	198	116	135
大气污染		654	569	538	232	134	141	130	157
固体废物污染		56	47	48	45	58	45	55	35
噪声与震动危害		50	36	63	6	7			1
其他		41	25	64	77	85	90	117	92
突发环境事件直接经济损失	(万元)	3374.9	36365.7	10515.0	13471.1	3016.5	18185.6	43354.4	
突发环境事件赔款总额	(万元)	1999.1	3487.2	2373.8	7396.5	480.9	337.8	1842.0	
突发环境事件罚款总额	(万元)	392.4	476.7	708.3	1019.4	325.8	589.4	326.1	

注：森林面积和森林覆盖率2003年为第六次全国森林资源清查数(1999-2003年)，包括香港、澳门特别行政区和台湾省数据；2004-2010年为第七次清查数(2004-2008年)，包括香港、澳门特别行政区和台湾省数据。2007年起，造林总面积中增加无林地和疏林地新封山育林面积。

5-9-1 续表 2

指　　标	2003	2004	2005	2006	2007	2008	2009	2010
环境污染治理投资								
环境污染治理投资总额 (亿元)	1627.7	1909.8	2388.0	2566.0	3387.3	4490.3	4525.3	6654.2
环境污染治理投资总额占国内生产总值比重 (%)	1.20	1.19	1.30	1.22	1.36	1.49	1.33	1.66
城市环境基础设施建设投资额 (亿元)	1072.4	1141.2	1289.7	1314.9	1467.5	1801.0	2512.0	4224.2
#燃气	133.5	148.3	142.4	155.0	160.1	163.5	182.2	290.8
集中供热	145.8	173.4	220.2	223.6	230.0	269.7	368.7	433.2
排水	375.2	352.3	368.0	331.5	410.0	496.0	729.8	901.6
园林绿化	321.9	359.5	411.3	429.0	525.6	649.8	914.9	2297.0
市容环境卫生	96.0	107.8	147.8	175.8	141.8	222.0	316.5	301.6
工业污染治理投资 (亿元)	221.8	308.1	458.2	483.9	552.4	542.6	442.6	397.0
#治理废水	87.4	105.6	133.7	151.1	196.1	194.6	149.5	129.6
治理废气	92.1	142.8	213.0	233.3	275.3	265.7	232.5	188.2
治理固体废物	16.2	22.6	27.4	18.3	18.3	19.7	21.9	14.3
治理噪声	1.0	1.3	3.1	3.0	1.8	2.8	1.4	1.4
治理其他	25.1	35.7	81.0	78.3	60.7	59.8	37.4	62.0
建设项目“三同时”环保投资 (亿元)	333.5	460.5	640.1	767.2	1367.4	2146.7	1570.7	2033.0
城市环境情况								
城市个数 (个)	660	661	661	656	655	655	655	657
城区面积 (万平方公里)	39.9	39.5	41.3	16.7	17.6	17.8	17.5	17.9
城市建设用地面积 (万平方公里)	2.9	3.1		3.2	3.6	3.9	3.9	4.0
城市污水处理率 (%)	42.1	45.7	52.0	55.7	62.9	70.2	75.3	82.3
城市燃气普及率 (%)	76.7	81.5	82.1	79.1	87.4	89.6	91.4	92.0
生活垃圾清运量 (万吨)	14857	15509	15577	14841	15215	15438	15734	15805
生活垃圾无害化处理率 (%)	50.8	52.1	51.7	52.2	62.0	66.8	71.4	77.9
人均公园绿地面积 (平方米)	6.49	7.39	7.89	8.30	8.98	9.71	10.66	11.18
城市公园个数 (个)	5832	6427	7077	6908	7913	8557	9050	9955
农村环境情况								
农村改水累计受益人口 (万人)	87387	88616	88893	86629	87859	89447	90251	90834
累计受益率 (%)	92.7	93.8	94.1	91.1	92.1	93.6	94.3	94.9
累计使用卫生厕所户数 (万户)	12624	13192	13740	13873	14442	15166	16056	17138
卫生厕所普及率 (%)	50.9	53.1	55.3	55.0	57.0	59.7	63.2	67.4
累计使用卫生公厕户数 (万户)	1080.6	1095.2	1034.1	2126.3	2049.0	2739.5	2970.7	2827.7
农村沼气池产气量 (亿立方米)	47.5	55.7	72.9	83.6	101.7	118.4	130.8	139.6
太阳能热水器 (万平方米)	2464.8	2845.9	3205.6	3941.0	4286.4	4758.7	4997.1	5488.9
太阳灶 (台)	526177	577625	685552	865238	1118763	1356755	1484271	1617233

5-9-2 水资源情况

年份 地区	水资源总量 (亿立方米)	地表水资源量	地下水资源量	地表水与地下水资源重复量	人均水资源量 (立方米/人)
全国	**30906.4**	**29797.6**	**8417.0**	**7308.2**	**2310.4**
北京	23.1	7.2	18.9	3.0	124.2
天津	9.2	5.6	4.5	0.8	72.8
河北	138.9	56.6	112.9	30.6	195.3
山西	91.5	52.8	77.4	38.7	261.5
内蒙古	388.5	253.4	227.6	92.5	1576.1
辽宁	606.7	554.0	146.8	94.1	1392.1
吉林	686.7	622.1	141.9	77.3	2503.3
黑龙江	853.5	725.2	277.9	149.6	2228.6
上海	36.8	30.9	8.9	3.0	163.1
江苏	383.5	291.2	108.9	16.6	489.2
浙江	1398.6	1382.9	264.7	249.1	2608.7
安徽	922.8	876.3	197.8	151.3	1526.9
福建	1652.7	1651.5	353.8	352.6	4491.7
江西	2275.5	2255.2	486.8	466.5	5116.7
山东	309.1	199.1	181.2	71.2	324.4
河南	534.9	415.7	214.7	95.5	566.2
湖北	1268.7	1239.1	306.1	276.5	2216.5
湖南	1906.6	1899.4	430.0	422.8	2938.7
广东	1998.8	1989.5	478.3	468.9	1943.3
广西	1823.6	1823.6	355.8	355.8	3852.9
海南	479.8	474.3	105.7	100.2	5538.7
重庆	464.3	464.3	96.3	96.3	1616.8
四川	2575.3	2573.7	595.0	593.4	3173.5
贵州	956.5	956.5	251.4	251.4	2726.8
云南	1941.4	1941.4	686.0	686.0	4233.1
西藏	4593.0	4593.0	1033.6	1033.6	153681.9
陕西	507.5	482.5	142.9	117.9	1360.3
甘肃	215.2	206.7	124.2	115.7	841.7
青海	741.1	715.8	340.1	314.8	13225.0
宁夏	9.3	7.0	22.8	20.4	148.2
新疆	1113.1	1051.2	624.3	562.3	5125.2

5-9-3 供水用水情况

年份 地区	供水总量(亿立方米)	地表水	地下水	其他	用水总量(亿立方米)	农业	工业	生活	生态	人均用水量(立方米/人)
全国	**6022.0**	**4881.6**	**1107.3**	**33.1**	**6022.0**	**3689.1**	**1447.3**	**765.8**	**119.8**	**450.2**
北京	35.2	7.2	21.2	6.8	35.2	10.8	5.1	15.3	4.0	189.4
天津	22.5	16.2	5.9	0.5	22.5	11.0	4.8	5.5	1.2	177.9
河北	193.7	36.1	156.0	1.6	193.7	143.8	23.1	24.0	2.9	272.3
山西	63.8	29.3	34.5		63.8	38.0	12.6	10.6	2.6	182.2
内蒙古	181.9	92.6	88.6	0.7	181.9	134.5	22.6	15.0	9.8	737.9
辽宁	143.7	72.1	67.6	4.0	143.7	89.8	25.0	25.5	3.4	329.7
吉林	120.0	75.9	44.2		120.0	73.8	26.1	16.4	3.7	437.6
黑龙江	325.0	178.9	146.1		325.0	249.6	56.0	17.6	1.8	848.6
上海	126.3	126.1	0.2		126.3	16.8	84.8	23.5	1.2	559.7
江苏	552.2	543.5	8.7		552.2	304.2	191.9	52.9	3.2	704.4
浙江	203.0	198.1	4.3	0.6	203.0	94.6	59.7	39.4	9.3	378.7
安徽	293.1	265.6	26.6	0.9	293.1	166.7	94.0	30.2	2.2	485.0
福建	202.5	197.5	4.6	0.3	202.5	97.2	81.3	22.7	1.3	550.2
江西	239.7	229.8	9.9		239.7	151.0	57.4	27.5	3.9	539.1
山东	222.5	127.1	91.3	4.0	222.5	154.8	26.8	36.2	4.6	233.5
河南	224.6	88.6	135.1	0.9	224.6	125.6	55.6	36.1	7.3	237.8
湖北	288.0	278.1	9.0	0.8	288.0	138.3	117.1	32.4	0.2	503.1
湖南	325.2	304.0	21.1	0.0	325.2	185.8	89.8	46.4	3.2	501.2
广东	469.0	446.4	21.3	1.3	469.0	227.5	138.8	94.2	8.6	456.0
广西	301.6	289.3	11.1	1.1	301.6	194.6	55.2	46.5	5.3	637.2
海南	44.4	41.0	3.3		44.4	33.9	3.8	6.5	0.1	511.9
重庆	86.4	84.6	1.8	0.1	86.4	19.8	47.4	18.6	0.5	300.8
四川	230.3	210.7	16.9	2.7	230.3	127.3	62.9	38.0	2.1	283.8
贵州	101.4	93.8	7.2	0.5	101.4	50.0	34.3	16.5	0.6	289.2
云南	147.5	139.0	4.8	3.7	147.5	95.3	25.5	22.8	3.9	321.6
西藏	35.2	32.4	2.8		35.2	31.7	1.5	2.0		1177.7
陕西	83.4	49.5	33.3	0.5	83.4	55.5	12.1	14.8	1.0	223.5
甘肃	121.8	96.1	24.2	1.5	121.8	94.3	13.7	10.8	3.0	476.3
青海	30.8	25.6	5.0	0.1	30.8	23.2	3.3	3.5	0.8	549.2
宁夏	72.4	67.0	5.4		72.4	65.0	4.1	1.8	1.4	1150.4
新疆	535.1	439.2	95.2	0.7	535.1	484.6	11.2	12.8	26.5	2463.7

5-9-4 各地区废水排放及处理情况

单位：万吨

地　区	废水治理设施数(套)	工业废水排放总量	#直接排入海的	工业废水排放达标量
全　国	**80332**	**2374732**	**117979**	**2263587**
北　京	481	8198		8096
天　津	912	19680	469	19671
河　北	4008	114232	415	112627
山　西	2633	49881		47221
内蒙古	956	39536		35675
辽　宁	2793	71521	24919	66206
吉　林	659	38656		34393
黑龙江	1192	38921		36073
上　海	1749	36696	2009	35973
江　苏	6973	263760	705	258622
浙　江	8214	217426	12369	209195
安　徽	2084	70971		69518
福　建	3153	124168	59215	122525
江　西	2014	72526		68307
山　东	5142	208257	9406	205010
河　南	3105	150406		146449
湖　北	2093	94593		91538
湖　南	3155	95605	24	89583
广　东	9651	187031	5503	174153
广　西	2405	165211	756	160139
海　南	278	5782	2188	5656
重　庆	1498	45180		42798
四　川	4437	93444		90194
贵　州	1755	14130		10919
云　南	2044	30926		28403
西　藏	16	736		217
陕　西	4827	45487		44353
甘　肃	672	15352		12791
青　海	103	9031		5412
宁　夏	359	21977		17304
新　疆	971	25413		14569

5-9-4 续表

单位：万吨

地 区	工业废水中化学需氧量排放量	工业废水中氨氮排放量	生活污水排放量	生活污水中化学需氧量排放量	生活污水中氨氮排放量
全 国	**434.77**	**27.28**	**3797830**	**803.29**	**93.01**
北 京	0.49	0.04	128217	8.71	1.17
天 津	2.22	0.32	48516	10.98	1.66
河 北	21.80	1.82	148311	32.81	3.63
山 西	13.77	1.19	68418	19.54	2.97
内蒙古	9.13	0.69	53012	18.38	3.37
辽 宁	20.18	0.91	146668	33.98	4.70
吉 林	13.11	0.29	75775	22.11	2.68
黑龙江	11.25	0.53	79654	33.20	3.81
上 海	2.16	0.32	211554	19.82	2.43
江 苏	25.63	1.50	291740	53.17	4.80
浙 江	24.41	1.40	177402	24.27	2.57
安 徽	11.48	1.21	113729	29.63	3.22
福 建	8.29	0.66	114334	28.97	2.32
江 西	11.78	0.87	88135	31.33	2.59
山 东	29.51	1.54	228115	32.54	5.10
河 南	29.56	2.31	208273	32.41	4.94
湖 北	16.52	1.49	176162	40.71	4.65
湖 南	18.79	1.74	172505	61.02	5.78
广 东	23.44	1.06	535947	62.40	9.63
广 西	49.27	1.45	147419	44.42	3.29
海 南	0.92	0.05	30907	8.31	0.72
重 庆	8.65	0.54	82933	14.80	1.97
四 川	25.08	1.64	162651	49.00	4.42
贵 州	1.60	0.07	46693	19.19	1.58
云 南	8.93	0.38	61066	17.90	1.70
西 藏	0.11		3089	2.77	0.18
陕 西	12.14	0.73	70186	18.63	2.50
甘 肃	4.51	0.76	35889	12.25	1.60
青 海	4.47	0.23	13578	3.84	0.60
宁 夏	9.28	0.89	18676	2.89	0.40
新 疆	16.29	0.63	58277	13.32	2.04

5-9-5 工业按行业分废水排放及处理情况

单位：万吨

行业大类	汇总工业企业数（个）	工业废水排放总量	工业废水排放达标量
行业总计	**112798**	**2118585**	**2030907**
煤炭开采和洗选业	4623	104765	97542
石油和天然气开采业	228	11555	11530
黑色金属矿采选业	1232	15353	14002
有色金属矿采选业	1679	38852	36001
非金属矿采选业	763	7683	7313
其他采矿业	78	375	356
农副食品加工业	8132	143100	131538
食品制造业	3683	54549	50304
饮料制造业	2968	75519	70859
烟草制品业	158	2673	2631
纺织业	7891	245470	239135
纺织服装、鞋、帽制造业	1063	12039	11613
皮革毛皮羽毛(绒)及其制品业	1537	28173	26527
木材加工及木竹藤棕草制品业	1797	5036	4608
家具制造业	487	2146	2114
造纸及纸制品业	5570	393699	378019
印刷业和记录媒介的复制	436	1578	1524
文教体育用品制造业	238	1071	1033
石油加工、炼焦及核燃料加工业	1139	70024	68700
化学原料及化学制品制造业	10157	309006	296943
医药制造业	2920	52606	51247
化学纤维制造业	370	42371	40131
橡胶制品业	825	7042	6931
塑料制品业	1354	4962	4743
非金属矿物制品业	23328	32313	30314
黑色金属冶炼及压延加工业	3513	116948	114992
有色金属冶炼及压延加工业	2722	31118	29906
金属制品业	6221	30152	28962
通用设备制造业	3660	13055	12638
专用设备制造业	1251	9714	9440
交通运输设备制造业	2388	26219	25347
电气机械及器材制造业	1725	11652	10984
通信计算机及其他电子设备制造业	1862	35965	35427
仪器仪表及文化办公用机械制造业	400	4965	4908
工艺品及其他制造业	680	2559	2390
废弃资源和废旧材料回收加工业	221	1147	1030
电力、热力的生产和供应业	4132	129624	127132
燃气生产和供应业	92	1931	1782
水的生产和供应业	205	31189	30908
其他行业	1070	10387	9406

5-9-6 主要城市工业废水排放及处理情况

单位：万吨

城市	工业废水排放量	工业废水排放达标量	工业废水中化学需氧量排放量(吨)	工业废水中氨氮排放量(吨)	废水治理设施数(套)	本年运行费用(万元)
北京	8198	8096	4882.3	392.1	481	68058.5
天津	19680	19671	22217.7	3196.8	912	69321.1
石家庄	19254	19114	40855.2	4017.6	905	60323.7
太原	2557	2490	4721.6	582.2	230	50670.8
呼和浩特	2637	2637	2853.4	368.9	56	7957.1
沈阳	6141	5913	10732.2	1043.0	341	18178.9
长春	5815	5597	31815.0	485.5	116	5809.1
哈尔滨	3283	3216	10914.0	344.2	189	19656.2
上海	36696	35973	21574.9	3192.4	1749	157318.3
南京	33784	32164	26119.8	1233.2	708	97166.0
杭州	80468	77957	87312.0	1558.8	1161	92510.4
合肥	3290	3167	4008.7	251.3	196	9428.6
福州	4933	4684	4510.8	513.2	410	21698.0
南昌	10534	9928	24141.7	1341.8	219	13041.5
济南	5594	5576	8816.4	428.2	230	25586.6
郑州	13484	13234	13251.9	431.7	368	16147.2
武汉	22465	22286	19645.0	1299.1	251	31663.6
长沙	4343	3961	4903.9	256.7	266	4411.0
广州	23586	22783	21026.8	1006.3	1012	62139.3
南宁	12426	11866	66507.1	1183.8	351	18092.6
海口	513	513	350.4	11.1	33	1509.1
重庆	45180	42798	86549.0	5440.1	1498	56491.5
成都	12259	12234	47468.1	9306.9	1203	85280.5
贵阳	2380	2280	1707.0	82.3	298	11220.1
昆明	3225	3225	3127.3	165.1	517	21949.8
拉萨	492	217	411.1	2.7	13	158.2
西安	12330	11800	35526.0	2412.9	346	12907.1
兰州	2529	2406	3203.4	209.8	81	9462.7
西宁	4052	3607	15934.1	1108.1	70	4927.4
银川	5894	5864	14834.3	1844.5	82	12738.3
乌鲁木齐	5174	4039	7198.7	1203.8	82	10621.8

5-9-7 全海域海水水质评价结果

单位：万平方公里

海区	较清洁海域面积	轻度污染海域面积	中度污染海域面积	严重污染海域面积
全国	**7.043**	**3.619**	**2.307**	**4.803**
渤海	1.574	0.867	0.510	0.322
黄海	1.562	0.810	0.666	0.653
东海	3.276	1.113	0.926	3.038
南海	0.631	0.829	0.205	0.790

5-9-8 主要城市空气质量指标

单位：毫克/立方米

城　　市	可吸入颗粒物 (PM_{10})	二氧化硫 (SO_2)	二氧化氮 (NO_2)	空气质量达到及好于二级的天数 (天)
北　　京	0.121	0.032	0.057	286
天　　津	0.096	0.054	0.045	308
石 家 庄	0.098	0.054	0.041	319
太　　原	0.089	0.068	0.020	304
呼和浩特	0.068	0.046	0.034	349
沈　　阳	0.101	0.058	0.035	329
长　　春	0.089	0.030	0.044	341
哈 尔 滨	0.101	0.045	0.048	313
上　　海	0.079	0.029	0.050	336
南　　京	0.114	0.036	0.046	302
杭　　州	0.098	0.034	0.056	314
合　　肥	0.115	0.020	0.030	310
福　　州	0.073	0.009	0.032	351
南　　昌	0.087	0.055	0.042	343
济　　南	0.117	0.045	0.027	308
郑　　州	0.111	0.053	0.046	318
武　　汉	0.108	0.041	0.057	284
长　　沙	0.083	0.040	0.046	338
广　　州	0.069	0.033	0.053	357
南　　宁	0.069	0.028	0.030	349
海　　口	0.040	0.007	0.015	365
重　　庆	0.102	0.048	0.039	311
成　　都	0.104	0.031	0.051	316
贵　　阳	0.075	0.057	0.027	343
昆　　明	0.072	0.040	0.046	365
拉　　萨	0.048	0.007	0.021	361
西　　安	0.126	0.043	0.045	304
兰　　州	0.155	0.057	0.048	223
西　　宁	0.124	0.039	0.026	312
银　　川	0.093	0.039	0.026	332
乌鲁木齐	0.133	0.089	0.067	266

5-9-9 主要城市工业废气排放及处理情况

单位：吨

城市	工业二氧化硫排放量	工业烟尘排放量	工业粉尘排放量	工业二氧化硫去除量	工业烟尘去除量	工业粉尘去除量	废气治理设施数(套)	#脱硫设施	本年运行费用(万元)
北京	56844	21266	16550	129888	1907537	780542	2468	1018	90590.0
天津	217620	53831	7970	374014	4844544	548424	3126	1651	185777.4
石家庄	137974	32631	14104	371446	3823559	52216	1540	368	73573.6
太原	94233	34814	27852	254968	3245803	897276	1116	431	88754.7
呼和浩特	82813	14766	2190	224259	1358919	151689	585	19	46403.6
沈阳	77333	60364	4542	87775	2343065	6008	2150	489	32511.9
长春	60528	94173	25323	35162	1577652	849045	676	61	14361.8
哈尔滨	53941	29515	5794	29844	1639587	210801	833	60	17153.7
上海	221476	41793	9705	349849	4723090	1381789	4319	620	288712.8
南京	115507	33788	37643	606632	3008848	870054	1184	164	160618.0
杭州	88682	30860	13381	92156	1061174	926747	8917	436	91838.2
合肥	31988	10604	5186	22370	1435799	128718	404	42	13805.6
福州	93639	8594	8325	112208	1373417	1913584	490	17	82816.0
南昌	30636	6264	9773	52134	127397	7988	517	43	28074.2
济南	70296	19709	28631	149428	2186420	693352	1021	189	129326.5
郑州	116857	45011	31418	51684	3555305	679244	1320	90	56865.8
武汉	87256	12631	8571	153925	2473257	274425	649	40	71994.5
长沙	54690	24746	105217	48333	103169	126159	342	52	6639.8
广州	85871	9371	1504	392842	5394260	196277	1508	253	425816.5
南宁	65696	24506	6972	24157	475427	373381	815	188	12571.9
海口	92	93	1		629	15	25		2029.3
重庆	572747	102132	83601	962388	3773199	954137	3511	276	163084.5
成都	61928	28901	5521	61402	727269	152959	1616	64	33820.4
贵阳	84508	12601	14931	361595	1042180	412766	694	131	42489.7
昆明	77461	7842	6103	567547	1801015	534556	1369	90	94332.9
拉萨	378	247	283		507	8	13		1345.0
西安	81503	15075	3027	63563	1299580	137873	816	88	17320.7
兰州	94557	9356	11913	86667	1079974	52001	534	18	35705.3
西宁	72874	21034	45658	27817	915839	403559	550	5	48495.0
银川	24150	8329	2133	35800	534338	173717	253	49	9286.6
乌鲁木齐	94146	32993	8590	68796	966256	275147	554	84	36920.3

5-9-10 工业按行业分废气排放及处理情况

单位：万吨

行业	工业二氧化硫排放量	工业二氧化硫去除量	工业烟尘排放量	工业烟尘去除量	工业粉尘排放量	工业粉尘去除量
行业总计	**1705.45**	**3304.00**	**549.24**	**38941.38**	**408.94**	**9501.72**
煤炭开采和洗选业	16.03	4.96	11.62	118.65	14.91	16.17
石油和天然气开采业	3.56	6.09	1.28	8.35		0.01
黑色金属矿采选业	5.28	2.07	1.89	13.79	5.33	16.08
有色金属矿采选业	11.12	56.03	1.28	16.56	0.86	5.28
非金属矿采选业	4.13	2.15	2.47	26.26	2.86	4.28
其他采矿业	0.13	0.01	0.19	0.94	0.13	0.98
农副食品加工业	16.93	6.88	11.97	123.85	0.46	10.23
食品制造业	11.56	4.75	5.85	90.26	0.08	7.09
饮料制造业	11.18	5.49	7.19	74.69	0.08	0.66
烟草制品业	1.00	1.52	0.40	2.24	0.08	1.97
纺织业	24.72	9.96	11.99	124.69	0.12	0.33
纺织服装、鞋、帽制造业	1.12	0.28	0.78	7.51	0.02	0.04
皮革毛皮羽毛(绒)及其制品业	1.40	0.33	0.84	3.89		
木材加工及木竹藤棕草制品业	3.26	0.66	4.31	14.60	2.50	54.06
家具制造业	0.22	0.06	0.17	1.18	0.12	0.34
造纸及纸制品业	50.82	23.18	19.57	375.12	0.57	4.63
印刷业和记录媒介的复制	0.30	0.05	0.17	0.65		
文教体育用品制造业	0.11	0.02	0.08	0.18	0.02	0.18
石油加工、炼焦及核燃料加工业	63.53	238.89	23.03	323.72	19.21	85.93
化学原料及化学制品制造业	104.00	123.30	43.56	785.21	14.12	117.22
医药制造业	7.94	4.25	4.40	49.48	0.07	0.07
化学纤维制造业	10.69	17.26	2.76	70.07	0.07	3.80
橡胶制品业	3.95	3.69	1.67	31.61	0.07	1.22
塑料制品业	2.95	1.37	1.07	7.59	0.02	0.14
非金属矿物制品业	168.62	40.48	106.93	2052.12	232.47	5643.15
黑色金属冶炼及压延加工业	176.65	82.64	56.28	2199.54	93.47	2863.46
有色金属冶炼及压延加工业	80.33	712.52	14.98	674.75	10.38	542.86
金属制品业	3.50	1.07	1.91	8.38	0.72	6.44
通用设备制造业	5.05	2.33	3.78	13.29	3.46	45.05
专用设备制造业	3.91	2.46	1.17	21.28	1.77	10.31
交通运输设备制造业	3.39	1.67	2.70	36.83	3.21	15.84
电气机械及器材制造业	1.35	0.65	0.65	5.58	0.09	0.25
通信计算机及其他电子设备制造业	0.65	0.38	0.34	1.78	0.06	0.43
仪器仪表及文化办公用机械制造业	0.14	0.11	0.05	0.38	0.03	0.21
工艺品及其他制造业	0.88	0.04	0.31	1.40	0.02	0.03
废弃资源和废旧材料回收加工业	0.22	0.49	0.07	0.63	0.28	0.21
电力、热力的生产和供应业	899.79	1941.74	198.95	31632.15	0.62	0.47
燃气生产和供应业	2.01	1.58	0.77	16.67	0.32	0.04
水的生产和供应业	0.21	0.04	0.05	0.12		
其他行业	2.81	2.54	1.78	5.37	0.33	42.26

5-9-11 各地区废气排放及处理情况

单位：万吨

地区	废气治理设施数（套）	工业二氧化硫排放量	生活二氧化硫排放量	工业二氧化硫去除量	工业烟尘排放量	生活烟尘排放量	工业烟尘去除量	工业粉尘排放量	工业粉尘去除量
全国	**187401**	**1864.4**	**320.7**	**3304.0**	**603.2**	**225.9**	**38941.4**	**448.7**	**9501.7**
北京	2468	5.7	5.8	13.0	2.1	2.7	190.8	1.7	78.1
天津	3126	21.8	1.8	37.4	5.4	1.1	484.5	0.8	54.8
河北	13743	99.4	24.0	170.6	32.3	17.7	2806.7	32.1	526.7
山西	9517	114.7	10.2	194.6	43.2	18.9	2581.7	36.5	302.2
内蒙古	5183	119.3	20.1	160.3	47.6	17.1	2645.7	16.0	259.7
辽宁	9641	85.9	16.3	129.5	39.8	23.5	2220.3	16.7	562.2
吉林	3144	30.1	5.6	20.3	21.0	9.1	968.0	5.3	436.0
黑龙江	4396	41.7	7.3	11.0	29.7	12.5	1306.2	5.7	108.6
上海	4319	22.1	13.7	35.0	4.2	6.0	472.3	1.0	138.2
江苏	11631	100.2	4.8	215.8	29.9	3.6	2345.9	15.1	344.5
浙江	21702	65.4	2.4	129.7	16.5	0.9	1246.6	13.9	813.1
安徽	4933	48.4	4.8	161.3	20.7	4.8	1716.5	26.4	356.8
福建	6470	39.1	1.8	40.5	10.0	3.9	740.8	14.0	570.5
江西	4141	47.1	8.6	162.8	13.9	2.5	834.9	22.4	463.9
山东	11886	138.3	15.5	315.2	29.1	10.0	3596.0	18.9	767.2
河南	9079	116.3	17.6	143.3	47.4	7.3	2810.7	22.7	540.6
湖北	5478	51.6	11.7	109.1	14.5	4.8	1069.6	14.6	476.1
湖南	5154	62.7	17.4	100.2	23.5	7.7	786.8	39.4	373.2
广东	12789	98.9	6.1	145.0	25.3	5.8	1499.3	10.4	476.0
广西	6017	84.8	5.6	98.4	25.0	1.1	526.8	31.8	335.7
海南	472	2.8	0.1	8.8	0.7	0.2	78.2	0.7	4.7
重庆	3511	57.3	14.7	96.2	10.2	10.6	377.3	8.4	95.4
四川	7346	93.8	19.3	86.8	26.0	8.2	1275.7	14.1	318.8
贵州	2910	63.8	51.1	215.9	11.3	13.9	1325.8	8.6	163.1
云南	5649	44.0	6.1	148.3	8.9	4.9	1088.2	9.2	211.0
西藏	46	0.1	0.3		0.1	0.2	0.1	0.1	
陕西	3983	70.7	7.2	107.6	11.5	4.8	836.5	18.5	284.1
甘肃	2769	45.2	9.9	173.5	9.8	6.5	355.6	9.3	142.5
青海	981	13.3	1.0	2.8	5.2	2.5	117.6	9.8	82.3
宁夏	1370	28.0	3.0	53.0	13.6	3.6	2221.5	6.1	126.3
新疆	3547	51.8	7.0	17.9	24.8	9.6	415.2	18.5	89.3

5-9-12 各地区工业固体废物产生及处理利用情况

地区	工业固体废物产生量（万吨）	#危险废物	工业固体废物综合利用量（万吨）	工业固体废物贮存量（万吨）	工业固体废物处置量（万吨）	工业固体废物排放量（万吨）	“三废”综合利用产品产值（万元）
全国	**240943.5**	**1586.8**	**161772.0**	**23918.3**	**57263.8**	**498.2**	**17785034**
北京	1268.9	11.4	835.2	39.9	780.3	0.1	34366
天津	1862.4	10.2	1845.1		27.0		192650
河北	31688.2	37.3	17973.4	1830.7	12007.3	4.5	1071801
山西	18270.3	10.9	12059.4	997.0	5273.2	95.4	426372
内蒙古	16996.0	34.8	9562.4	2151.6	5295.2	4.5	272375
辽宁	17272.9	95.2	8209.7	2534.5	6767.3	2.8	328090
吉林	4641.6	78.3	3114.1	952.1	577.5		391663
黑龙江	5404.6	15.8	4168.8	835.0	445.0	1.9	323471
上海	2448.4	51.2	2366.9	0.7	93.9		170379
江苏	9063.8	132.9	8760.6	215.4	138.7		2189749
浙江	4267.6	63.6	4032.8	68.9	174.5	0.6	2863867
安徽	9158.2	11.8	7849.1	518.0	916.4		566922
福建	7486.6	8.0	6214.9	107.7	1181.1	3.5	375029
江西	9407.3	9.0	4379.1	557.1	4486.6	13.2	593473
山东	16038.5	289.3	15297.3	384.1	475.0		1871898
河南	10713.8	18.6	8380.4	721.7	1770.4	0.2	743909
湖北	6813.0	17.0	5520.9	237.6	1096.5	4.2	822836
湖南	5773.3	66.6	4797.3	769.3	447.8	16.4	901207
广东	5455.8	118.1	4952.6	177.4	350.5	14.2	624265
广西	6231.7	23.9	4230.7	439.1	1563.1	9.1	510233
海南	212.1	0.3	178.4	33.4	0.4		31623
重庆	2837.4	36.4	2316.8	288.3	155.2	133.6	291327
四川	11239.2	133.1	6159.2	1322.8	3758.5	3.2	457847
贵州	8187.7	52.5	4174.1	1472.9	2497.6	59.8	179143
云南	9392.4	61.5	4798.4	1844.5	2911.4	36.3	654555
西藏	11.1		0.2	6.8		4.1	239
陕西	6892.3	25.6	3753.2	1030.0	2176.8	13.4	293500
甘肃	3745.5	34.0	1783.0	1011.5	1150.2	11.4	224121
青海	1783.3	86.4	758.6	1035.4	1.3	2.2	55188
宁夏	2465.5	4.1	1422.3	563.5	489.5	0.9	100750
新疆	3914.1	48.9	1876.9	1771.1	255.9	62.8	222187

5-9-13 按行业分工业固体废物产生及处理利用情况

单位：万吨

行业	工业固体废物产生量		工业固体废物综合利用量	工业固体废物贮存量	工业固体废物处置量	工业固体废物排放量
		#危险废物				
行业总计	**225093.65**	**1586.75**	**150899.41**	**22117.50**	**53652.52**	**437.89**
煤炭开采和洗选业	27316.09	0.01	20906.06	1627.02	5327.00	187.73
石油和天然气开采业	206.61	17.50	77.98	6.66	122.70	0.04
黑色金属矿采选业	31968.87	0.01	6657.94	5463.40	19841.32	21.62
有色金属矿采选业	29338.37	164.31	11581.93	4880.78	12908.42	77.84
非金属矿采选业	1780.21	93.49	932.54	411.14	432.04	5.66
其他采矿业	72.62		52.27	4.88	15.18	0.29
农副食品加工业	2119.71	0.18	2073.01	8.01	34.79	4.71
食品制造业	668.43	0.86	652.74	0.82	13.34	1.54
饮料制造业	929.09	0.17	910.05	1.23	15.90	2.39
烟草制品业	40.67	0.01	33.65	0.61	5.83	0.57
纺织业	753.79	17.00	706.40	0.32	46.62	0.45
纺织服装、鞋、帽制造业	56.04	0.31	53.19	0.02	2.42	0.42
皮革毛皮羽毛(绒)及其制品业	74.67	3.45	59.95	0.07	14.33	0.32
木材加工及木竹藤棕草制品业	209.72	0.01	207.47	0.04	2.00	0.23
家具制造业	17.90	0.14	17.53		0.29	0.08
造纸及纸制品业	2321.34	123.95	2107.06	57.03	160.89	2.87
印刷业和记录媒介的复制	13.14	1.15	10.91	0.04	2.19	
文教体育用品制造业	4.07	0.31	3.58		0.45	0.04
石油加工、炼焦及核燃料加工业	3512.61	176.85	2761.15	56.26	710.90	2.36
化学原料及化学制品制造业	14359.14	390.03	10178.52	1475.63	2787.65	12.10
医药制造业	405.61	33.71	370.86	1.97	31.76	1.42
化学纤维制造业	460.55	49.10	436.26	8.42	15.43	1.48
橡胶制品业	140.78	0.45	136.93	0.02	3.46	0.37
塑料制品业	74.58	2.43	69.79		4.74	0.05
非金属矿物制品业	5160.60	12.33	5234.52	36.77	235.04	26.98
黑色金属冶炼及压延加工业	38007.86	103.16	33318.52	1359.48	3370.88	10.55
有色金属冶炼及压延加工业	8791.10	181.84	4352.85	1181.69	3261.32	26.68
金属制品业	364.15	37.46	322.48	0.50	41.12	0.18
通用设备制造业	573.23	7.87	535.62	2.45	34.58	1.12
专用设备制造业	211.21	3.72	183.42	9.22	17.30	1.37
交通运输设备制造业	561.80	20.34	495.53	1.15	64.07	1.07
电气机械及器材制造业	80.52	13.48	69.78	0.08	10.66	0.02
通信计算机及其他电子设备制造业	166.34	96.19	123.38	0.28	42.60	0.12
仪器仪表及文化办公用机械制造业	30.59	15.11	14.92	0.01	15.68	
工艺品及其他制造业	34.22	0.42	33.26	0.01	0.86	0.09
废弃资源和废旧材料回收加工业	66.43	0.52	63.66	0.90	1.70	0.21
电力、热力的生产和供应业	53823.12	16.79	44819.53	5493.64	4040.34	44.86
燃气生产和供应业	73.34	0.58	65.82	0.03	7.46	0.03
水的生产和供应业	21.94	1.34	13.12	0.08	8.71	0.03
其他行业	282.59	0.17	255.24	26.84	0.51	

5-9-14 主要城市工业固体废物产生及处理利用情况

城　市	工业固体废物产生量（万吨）	#危险废物	工业固体废物综合利用量（万吨）	工业固体废物排放量（吨）	工业固体废物综合利用率（%）
北　京	1268.9	11.45	835.2	611	65.8
天　津	1862.4	10.21	1845.1		98.6
石家庄	1567.6	23.33	1498.1		93.4
太　原	2554.6	2.28	1335.3	78754	52.3
呼和浩特	826.1	0.23	319.8		38.7
沈　阳	895.4	7.73	856.7	214	95.7
长　春	474.2	1.26	472.1		99.6
哈尔滨	1442.8	1.27	1293.9	2481	89.7
上　海	2448.4	51.25	2366.9	2	96.2
南　京	1656.5	22.53	1471.4		88.8
杭　州	707.2	8.21	665.7	1800	94.1
合　肥	339.5	0.39	335.3		98.8
福　州	693.3	1.50	557.6	2820	80.4
南　昌	216.9	0.44	203.0	6472	93.6
济　南	1011.7	4.13	986.7		97.5
郑　州	958.9	0.25	796.2	350	83.0
武　汉	1324.8	3.64	1337.3		98.6
长　沙	149.0	0.15	148.6	1799	99.7
广　州	692.1	24.54	622.2	45	89.8
南　宁	407.7	0.04	384.2	1100	94.0
海　口	4.2	0.10	4.1		97.0
重　庆	2837.4	36.42	2316.8	1336308	80.2
成　都	513.4	1.94	511.2		99.6
贵　阳	1167.7	0.91	658.5	508	56.2
昆　明	2284.0	1.30	944.0	94830	41.3
拉　萨	6.7		0.1	8361	1.3
西　安	248.5	1.01	243.6	1790	98.1
兰　州	507.3	13.99	413.2		78.9
西　宁	391.8	13.26	339.2	8172	83.6
银　川	197.7	0.74	149.1	6900	75.4
乌鲁木齐	691.8	1.03	471.8	7712	68.2

5-9-15 各地区城市生活垃圾清运和处理情况

地 区	生活垃圾清运量（万吨）	无害化处理厂数（座）	#卫生填埋	#堆肥	#焚烧	无害化处理能力（吨/日）	#卫生填埋	#堆肥	#焚烧
全 国	**15804.8**	**628**	**498**	**11**	**104**	**387607**	**289957**	**5480**	**84940**
北 京	633.0	20	15	3	2	16680	12080	2400	2200
天 津	183.7	8	6		2	8000	6200		1800
河 北	589.3	26	20		4	13614	10064		2450
山 西	361.2	17	14		3	10568	7968		2600
内蒙古	334.0	18	17	1		9167	8367	800	
辽 宁	837.3	25	24	1		17247	16647	600	
吉 林	499.4	7	5		2	6496	4456		2040
黑龙江	782.4	20	17		2	10969	9869		500
上 海	732.0	12	4	2	3	10545	5750	520	2575
江 苏	1017.1	44	30		14	37637	22445		15192
浙 江	959.0	52	30		22	33323	16438		16885
安 徽	435.3	16	13		3	9420	7670		1750
福 建	417.3	20	14		6	12747	7197		5550
江 西	284.0	13	13			6066	6066		
山 东	992.0	55	46		8	35225	26425		8200
河 南	694.6	38	35	1	2	20416	17616	400	2400
湖 北	711.1	23	21		1	12800	11400		1000
湖 南	505.2	21	21			11818	11818		
广 东	1938.6	41	25		16	33956	22213		11743
广 西	245.1	20	16	1	3	8191	6871	400	920
海 南	97.7	3	2		1	1764	1539		225
重 庆	256.7	13	12		1	6465	5265		1200
四 川	656.0	30	23		5	16974	13334		2340
贵 州	213.3	12	12			5697	5697		
云 南	265.5	19	12	2	3	7749	3849	360	2870
西 藏	16.3								
陕 西	388.3	15	11		1	10707	9347		500
甘 肃	278.3	13	13			3355	3355		
青 海	86.3	3	3			931	931		
宁 夏	91.9	7	7			2785	2785		
新 疆	303.3	17	17			6295	6295		

5-9-15 续表

地 区	无害化处理量（万吨）	#卫生填埋	#堆 肥	#焚 烧	粪便清运量（万吨）	粪便处理量（万吨）	生活垃圾无害化处理率（%）
全 国	**12317.8**	**9598.3**	**180.8**	**2316.7**	**1950.5**	**690.8**	**77.9**
北 京	613.7	445.4	79.3	89.1	194.4	168.6	97.0
天 津	183.7	125.4		58.3	25.3		100.0
河 北	411.5	311.6		58.9	112.0	54.0	69.8
山 西	265.8	213.5		52.3	82.2	0.5	73.6
内蒙古	276.5	251.7	24.9		129.2	35.7	82.8
辽 宁	593.5	571.6	21.9		124.3	32.6	70.9
吉 林	222.3	172.4		49.9	76.3	45.0	44.5
黑龙江	315.7	284.6		16.6	166.7	49.3	40.4
上 海	599.2	416.5	21.2	108.1	201.0		81.9
江 苏	951.7	488.5		458.7	84.9	47.5	93.6
浙 江	942.7	504.9		437.8	83.7	40.3	98.3
安 徽	281.0	231.1		49.9	57.4	5.4	64.6
福 建	383.8	241.7		142.0	25.9	3.7	92.0
江 西	243.9	243.9			40.4	5.2	85.9
山 东	911.6	751.9		131.4	105.4	56.5	91.9
河 南	573.7	501.0	6.9	65.7	52.8	14.8	82.6
湖 北	436.9	405.8		18.4	52.4	31.4	61.4
湖 南	399.1	399.1			4.9	0.1	79.0
广 东	1398.0	1031.6		366.4	114.7	16.0	72.1
广 西	223.3	203.5	9.3	10.5	22.7	9.3	91.1
海 南	66.4	61.6		4.8	8.5		68.0
重 庆	253.7	216.3		37.4	72.6	6.8	98.8
四 川	569.8	464.3	7.0	80.8	31.7	15.5	86.9
贵 州	193.3	193.3			4.1	4.1	90.6
云 南	234.4	123.2	10.4	77.7	27.3	11.9	88.3
西 藏							
陕 西	310.0	281.2		2.2	18.5	13.6	79.8
甘 肃	105.6	105.6			21.0	17.7	38.0
青 海	58.1	58.1			1.2		67.3
宁 夏	85.0	85.0			5.0	2.4	92.5
新 疆	214.0	214.0			4.1	2.9	70.6

5-9-16 国控主要城市道路交通噪声监测情况

城　市	等效声级 dB(A)	城　市	等效声级 dB(A)	城　市	等效声级 dB(A)
北　京	70.0	温　州	73.3	深　圳	69.2
天　津	67.6	湖　州	68.1	珠　海	67.9
石家庄	65.7	绍　兴	68.7	汕　头	67.9
唐　山	66.0	合　肥	70.2	湛　江	68.2
秦皇岛	66.7	芜　湖	67.9	南　宁	69.1
邯　郸	68.0	马鞍山	68.1	柳　州	67.1
保　定	67.7	福　州	69.4	桂　林	67.8
太　原	68.1	厦　门	68.9	北　海	67.2
大　同	67.2	泉　州	68.5	海　口	67.7
阳　泉	65.4	南　昌	69.6	重　庆	68.1
长　治	67.9	九　江	66.1	成　都	69.1
临　汾	68.1	济　南	69.7	自　贡	67.5
呼和浩特	69.0	青　岛	68.5	攀枝花	68.5
包　头	66.8	淄　博	67.7	泸　州	67.7
赤　峰	64.8	枣　庄	68.3	德　阳	67.7
沈　阳	69.3	烟　台	68.5	绵　阳	67.4
大　连	68.2	潍　坊	63.9	南　充	66.7
鞍　山	66.2	济　宁	67.2	宜　宾	67.6
抚　顺	69.4	泰　安	67.8	贵　阳	67.8
本　溪	64.6	日　照	65.8	遵　义	69.2
锦　州	68.3	郑　州	67.5	昆　明	69.2
长　春	68.2	开　封	69.6	曲　靖	66.3
吉　林	69.9	洛　阳	67.8	玉　溪	66.8
哈尔滨	67.9	平顶山	67.3	拉　萨	69.5
齐齐哈尔	68.8	安　阳	68.7	西　安	68.0
牡丹江	66.6	焦　作	65.6	铜　川	63.6
上　海	69.8	三门峡	64.2	宝　鸡	67.7
南　京	68.5	武　汉	69.1	咸　阳	66.7
无　锡	67.5	宜　昌	69.4	渭　南	64.8
徐　州	66.7	荆　州	67.1	延　安	65.1
常　州	67.4	长　沙	69.9	兰　州	68.8
苏　州	67.3	株　洲	64.7	金　昌	66.7
南　通	67.9	湘　潭	67.8	西　宁	69.4
连云港	67.3	岳　阳	68.8	银　川	68.2
扬　州	66.5	常　德	67.9	石嘴山	66.7
镇　江	67.2	张家界	72.1	乌鲁木齐	68.3
杭　州	68.6	广　州	69.1	克拉玛依	64.3
宁　波	69.1	韶　关	64.4		

5-9-17 国控主要城市区域环境噪声监测情况

城　市	等效声级 dB(A)	城　市	等效声级 dB(A)	城　市	等效声级 dB(A)
北　京	54.2	温　州	60.1	深　圳	56.8
天　津	54.6	湖　州	54.3	珠　海	55.0
石家庄	50.3	绍　兴	55.6	汕　头	55.5
唐　山	52.9	合　肥	55.4	湛　江	54.8
秦皇岛	52.1	芜　湖	54.7	南　宁	54.4
邯　郸	49.0	马鞍山	55.3	柳　州	55.9
保　定	54.3	福　州	56.5	桂　林	54.7
太　原	53.2	厦　门	56.1	北　海	55.3
大　同	53.8	泉　州	54.7	海　口	55.4
阳　泉	54.1	南　昌	55.5	重　庆	54.3
长　治	52.4	九　江	53.6	成　都	54.3
临　汾	52.3	济　南	54.1	自　贡	53.9
呼和浩特	54.4	青　岛	53.6	攀枝花	51.4
包　头	53.9	淄　博	52.6	泸　州	55.0
赤　峰	54.7	枣　庄	56.2	德　阳	49.1
沈　阳	53.7	烟　台	54.4	绵　阳	51.9
大　连	54.5	潍　坊	53.2	南　充	51.6
鞍　山	55.8	济　宁	52.9	宜　宾	53.1
抚　顺	53.1	泰　安	55.3	贵　阳	55.6
本　溪	54.3	日　照	54.4	遵　义	56.3
锦　州	52.8	郑　州	56.1	昆　明	52.9
长　春	55.9	开　封	51.8	曲　靖	53.0
吉　林	54.4	洛　阳	53.7	玉　溪	43.4
哈尔滨	56.0	平顶山	54.2	拉　萨	46.8
齐齐哈尔	52.4	安　阳	52.5	西　安	55.2
牡丹江	55.3	焦　作	54.7	铜　川	53.6
上　海	55.8	三门峡	50.3	宝　鸡	54.6
南　京	54.8	武　汉	55.5	咸　阳	55.6
无　锡	55.4	宜　昌	53.8	渭　南	54.2
徐　州	53.1	荆　州	52.4	延　安	56.8
常　州	54.3	长　沙	54.5	兰　州	57.2
苏　州	53.7	株　洲	53.5	金　昌	53.1
南　通	55.0	湘　潭	51.4	西　宁	53.2
连云港	53.8	岳　阳	53.8	银　川	54.0
扬　州	53.9	常　德	53.3	石嘴山	52.5
镇　江	54.3	张家界	54.5	乌鲁木齐	54.5
杭　州	57.2	广　州	55.2	克拉玛依	53.5
宁　波	53.7	韶　关	55.1		

5-9-18 各地区湿地面积

地区	湿地面积(千公顷)	天然湿地	近岸及海岸	河流	湖泊	沼泽	人工湿地	湿地面积占国土面积比重(%)
全国	**38485.5**	**36200.6**	**5941.7**	**8207.0**	**8351.6**	**13700.3**	**2285.0**	**4.01**
北京	34.4	5.0		5.0			29.4	1.93
天津	171.8	133.7	58.1	55.1	12.3	8.2	38.1	14.95
河北	1081.9	1042.3	278.8	319.3	307.2	136.9	39.6	5.82
山西	499.9	462.2		454.1	8.1		37.7	3.19
内蒙古	4245.0	4200.8		607.5	495.2	3098.1	44.3	3.66
辽宁	1219.6	1106.8	738.1	252.2	6.3	110.2	112.9	8.37
吉林	1203.4	1016.4	5.8	581.4	74.5	354.7	187.0	6.37
黑龙江	4314.8	4182.8		460.7	401.9	3320.3	132.0	9.49
上海	319.7	319.4	305.4	7.2	6.8		0.3	53.68
江苏	1674.7	1651.1	843.5	203.3	604.2		23.6	16.32
浙江	802.2	695.9	574.3	118.5	3.0	0.1	106.3	7.88
安徽	653.9	590.0		239.5	350.5		63.9	4.73
福建	443.0	421.2	370.6	31.1	19.5		21.8	3.65
江西	998.8	872.9		314.9	443.2	114.8	125.9	5.99
山东	1784.1	1681.4	1210.9	301.1	165.5	3.9	102.7	11.72
河南	624.1	482.2		472.7	2.6	6.9	141.9	3.74
湖北	927.3	730.5		377.4	294.7	58.4	196.9	4.99
湖南	1226.9	1047.5		683.1	359.3	5.1	179.5	5.79
广东	1398.1	1252.0	1017.8	231.7	1.5	1.0	146.0	7.86
广西	656.1	567.5	348.4	219.1			88.6	2.76
海南	311.5	256.6	190.0	38.3	17.3	11.0	54.9	9.13
重庆	43.2	31.9		31.6	0.3		11.3	0.52
四川	961.7	919.5		563.9	13.4	342.3	42.1	1.98
贵州	79.4	65.9		58.0	2.3	5.7	13.5	0.45
云南	235.3	220.3		119.8	96.5	4.0	15.0	0.61
西藏	5232.0	5231.5		231.1	2538.6	2461.7	0.5	4.26
陕西	292.9	277.2		252.1	7.3	17.8	15.7	1.42
甘肃	1258.1	1131.4		565.6	44.3	521.5	126.7	2.80
青海	4126.0	4087.7		107.5	1232.0	2748.1	38.3	5.72
宁夏	255.6	252.4		104.1	148.3		3.2	3.85
新疆	1410.2	1264.6		200.2	694.9	369.5	145.5	0.86

注：本表为中国首次湿地调查（1995–2003)资料，不包括台湾省、香港和澳门特别行政区；湿地面积不包括水稻田湿地。

5-9-19 各地区自然保护基本情况

地 区	自然保护区		
	个 数 (个)	面 积 (万公顷)	占辖区面积比重 (%)
全 国	**2588**	**14944.1**	**14.9**
北 京	20	13.4	8.0
天 津	8	9.1	8.1
河 北	35	58.7	3.1
山 西	46	115.4	7.4
内蒙古	185	1382.4	11.7
辽 宁	98	266.2	12.5
吉 林	38	230.4	12.3
黑龙江	202	640.8	14.1
上 海	4	9.4	5.2
江 苏	30	56.5	4.1
浙 江	31	19.5	1.5
安 徽	98	50.2	3.6
福 建	92	44.5	3.2
江 西	178	111.6	6.7
山 东	86	113.5	4.9
河 南	34	73.5	4.4
湖 北	64	95.9	5.2
湖 南	123	124.5	5.9
广 东	367	359.2	7.0
广 西	78	145.1	6.0
海 南	50	273.7	7.0
重 庆	48	82.8	9.9
四 川	166	890.4	18.4
贵 州	129	95.2	5.4
云 南	167	298.8	7.8
西 藏	47	4150.3	34.0
陕 西	54	116.1	5.6
甘 肃	59	734.7	16.2
青 海	11	2182.2	30.2
宁 夏	13	50.7	9.8
新 疆	27	2149.4	13.0

5-9-20 地质灾害及防治情况

年份 地区	发生地质灾害起数(次)	#滑坡	#崩塌	#泥石流	#地面塌陷	人员伤亡(人)	#死亡人数	直接经济损失(万元)	地质灾害防治项目数(个)	地质灾害防治投资(万元)
全国	**30670**	**22250**	**5688**	**1981**	**478**	**3445**	**2244**	**638509**	**28106**	**1159813**
北京	6		4		2				3	
天津									5	242
河北	20	2	3	3	6			341	275	11429
山西	8	3	3		1	4	2	817	95	17402
内蒙古	26	2	7	3	14	3	3	1640	24	30150
辽宁	226	136	25	51	11	29	7	28109	77	20558
吉林	471	128	80	254	9	9	9	75087	7	3492
黑龙江	2	1			1			1	16	6611
上海									1	850
江苏	25	21	3		1			3126	81	12132
浙江	650	349	238	54	4	21	16	8938	1433	28493
安徽	338	143	164	16	15	12	6	2537	189	11352
福建	4189	2546	1628	6	5	113	38	37209	1125	24793
江西	8998	7932	985	47	34	120	39	53966	258	18346
山东	38	4	6		27			397	185	20869
河南	581	517	28	16	17	10	3	11165	32	9548
湖北	1504	1358	70	38	32	24	11	34176	756	15287
湖南	5165	4087	665	281	98	100	47	49843	951	36031
广东	600	254	299	22	18	50	39	22732	3001	141455
广西	1210	587	536	17	53	140	83	4932	2803	16705
海南	275	125	144	2	3	3	2	3732	3	1004
重庆	450	360	70	7	13	51	27	3273	2596	8915
四川	2161	1482	273	345	18	197	77	90067	10126	445280
贵州	827	486	188	13	54	123	53	10222	244	44280
云南	812	559	95	133	11	277	102	30760	3208	48254
西藏	247	26	62	152	7	7	4	33170	3	2609
陕西	1186	859	57	247	18	318	128	96050	169	16497
甘肃	297	144	35	80	5	1821	1537	22878	417	159225
青海	37	25	4	8				1233	8	5354
宁夏									1	337
新疆	321	114	16	186	1	13	11	12107	14	2313

5-9-21 各地区森林火灾情况

地区	森林火灾次数(次)	一般火灾	较大火灾	重大火灾	特别重大火灾	火场总面积(公顷)	受害森林面积(公顷)	#天然林	#人工林	伤亡人数(人)	#死亡人数	其他损失折款(万元)
全国	**7723**	**4795**	**2902**	**22**	**4**	**116243**	**45761**	**20209**	**21049**	**108**	**65**	**11611**
北京	3	3				2	2		2			
天津	10	10				20	6		6			1
河北	34	34				221	6		6	1	1	
山西	17	10	7			499	164	17	147			275
内蒙古	88	31	48	8	1	9129	8559	5423	8			6
辽宁	58	44	14			404	99	20	79			61
吉林	19	18	1			84	5		5			16
黑龙江	30	11	9	7	3	13779	11738	11738				
上海												
江苏	53	53				44	3		3			5
浙江	97	22	75			715	361		255			
安徽	184	93	91			938	393		393	2	1	19
福建	131	7	124			1823	1449	68	1380			31
江西	79	24	55			1338	729	37	692	1	1	210
山东	22	11	11			157	56	1	55			47
河南	519	388	131			1374	505		505			246
湖北	682	598	84			3190	589	75	483	2	2	62
湖南	1047	490	556	1		7955	4881	112	4769	8	8	1192
广东	59	19	40			676	304	29	274			137
广西	715	382	333			16906	1600	51	1549	6	4	482
海南	121	85	36			247	126		126			10
重庆	105	80	25			266	116	35	80	4	3	297
四川	361	301	58	2		4595	1241	1024	170	1	1	735
贵州	2537	1699	835	3		28675	9080	1207	7872	52	26	5259
云南	569	226	342	1		21686	3234	347	1973	19	16	2413
西藏	8	6	2			166	16			8	2	19
陕西	95	86	9			347	84	1	83	1		7
甘肃	18	13	5			273	38	5	33			10
青海	21	17	4			622	303		54	3		62
宁夏	7	7				49	29		29			
新疆	34	27	7			66	44	18	16			5

5-9-22 森林病虫鼠害防治情况

年份 地区	合计			森林病害		
	发生面积 (公顷)	防治面积 (公顷)	防治率 (%)	发生面积 (公顷)	防治面积 (公顷)	防治率 (%)
全　国	**11642430**	**8123614**	**69.8**	**1290648**	**895555**	**69.4**
北　京	39561	39333	99.4	2040	2040	100.0
天　津	46686	46687	100.0	5633	5634	100.0
河　北	577960	599905	100.0	33374	31093	93.2
山　西	235419	150113	63.8	19773	16886	85.4
内蒙古	1128215	519101	46.0	13701	6587	48.1
辽　宁	720920	640013	88.8	67153	54073	80.5
吉　林	239746	110587	46.1	26140	20693	79.2
黑龙江	594512	460641	77.5	245127	151528	61.8
上　海	7446	7387	99.2	547	547	100.0
江　苏	93987	69381	73.8	12947		
浙　江	63906	61533	96.3	18180	17587	96.7
安　徽	355954	304934	85.7	55587	45340	81.6
福　建	191681	107627	56.1	12127	11127	91.8
江　西	396779	288853	72.8	57586	41287	71.7
山　东	602979	564194	93.6	115146	102407	88.9
河　南	516501	463660	89.8	31274	28133	90.0
湖　北	325074	274494	84.4	42173	28040	66.5
湖　南	389095	223566	57.5	2767	6187	100.0
广　东	420447	145519	34.6	53340	43866	82.2
广　西	349541	84634	24.2	31300	2853	9.1
海　南	12487	9434	75.6	434	407	93.8
重　庆	276860	269561	97.4	15973	15301	95.8
四　川	715560	573333	80.1	91860	58840	64.1
贵　州	268594	216113	80.5	16420	14127	86.0
云　南	349946	314882	90.0	35473	32321	91.1
西　藏	282300	98346	34.8	110367	20833	18.9
陕　西	402407	272639	67.8	17413	10039	57.7
甘　肃	238300	188046	78.9	23019	27293	100.0
青　海	283807	205397	72.4	30340	21413	70.6
宁　夏	336326	206294	61.3			
新　疆	1051060	570974	54.3	80820	73573	91.0
大兴安岭	128374	36433	28.4	22614	5500	24.3

5-9-22 续表

年份 地区	森林虫害			森林鼠害		
	发生面积(公顷)	防治面积(公顷)	防治率(%)	发生面积(公顷)	防治面积(公顷)	防治率(%)
全　国	**8523175**	**6286974**	**73.8**	**1828607**	**941085**	**51.5**
北　京	37521	37293	99.4			
天　津	41053	41053	100.0			
河　北	530913	556293	100.0	13673	12519	91.6
山　西	169953	102901	60.5	45693	30326	66.4
内蒙古	814687	349480	42.9	299827	163034	54.4
辽　宁	651007	583200	89.6	2760	2740	99.3
吉　林	193093	76941	39.8	20513	12953	63.1
黑龙江	154499	138893	89.9	194886	170220	87.3
上　海	6899	6840	99.1			
江　苏	81040	69381	85.6			
浙　江	45713	43933	96.1	13	13	100.0
安　徽	300260	259487	86.4	107	107	100.0
福　建	179554	96500	53.7			
江　西	339193	247566	73.0			
山　东	487833	461787	94.7			
河　南	485227	435527	89.8			
湖　北	275154	244987	89.0	7747	1467	18.9
湖　南	386194	217379	56.3	134		
广　东	367107	101653	27.7			
广　西	318241	81781	25.7			
海　南	12053	9027	74.9			
重　庆	209467	202894	96.9	51420	51366	99.9
四　川	595280	492480	82.7	28420	22013	77.5
贵　州	243274	196360	80.7	8900	5626	63.2
云　南	308046	276647	89.8	6427	5914	92.0
西　藏	138680	70846	51.1	33253	6667	20.0
陕　西	270887	175860	64.9	114107	86740	76.0
甘　肃	129707	94553	72.9	85574	66200	77.4
青　海	110867	79305	71.5	142600	104679	73.4
宁　夏	127846	84407	66.0	208480	121887	58.5
新　疆	470960	443574	94.2	499280	53827	10.8
大兴安岭	40967	8146	19.9	64793	22787	35.2

5-9-23 地震灾害情况

年份 地区	地震灾害次数（次）				人员伤亡（人）		直接经济损失（万元）
		5.0-5.9级	6.0-6.9级	7.0级以上		#死亡人数	
2000	10	7	2		2987	10	146792
2001	12	8	2	1	750	9	148449
2002	5	4			362	2	14774
2003	21	10	6	1	7465	319	466040
2004	11	8	1		696	8	94959
2005	13	9	2		882	15	262811
2006	10	9			229	25	79962
2007	3	1	1		422	3	201922
2008	17	6	4	2	446293	69283	85949594
2009	8	5	2		407	3	273782
2010	12	4		1	13795	2705	2361077
山　西	3				1		1770
河　南	1				13		1446
重　庆	1						1809
四　川	1	1			17	1	29405
贵　州	1				14	6	
云　南	2	1			52		35440
西　藏	1	1					4058
青　海	1			1	13698	2698	2284741
新　疆	1	1					2408

5-9-24 主要海洋灾害情况

灾　种	灾害次数（次）	人员死亡、失踪（人）	直接经济损失（亿元）
合　计		**137**	**132.76**
风暴潮	8	5	65.79
赤　潮	69		2.06
海　浪	35	132	1.73
海　冰			63.18
溢　油	1		

5-9-25 各地区突发环境事件情况

地 区	突发环境事件次数(次)	水污染	大气污染	海洋污染	固体废物污染	噪声与振动危害	其 他
全 国	**420**	**135**	**157**	**3**	**35**	**1**	**89**
北 京	30	1	11		13		5
天 津							
河 北	7	2	3	2			
山 西	9	2	2				5
内蒙古	5		4		1		
辽 宁	10	1	6	1	1		1
吉 林	3	3					
黑龙江							
上 海	161	26	71		9		55
江 苏	7	2	2				3
浙 江	35	19	10		1		5
安 徽	30	10	8		5		7
福 建	4	2	1				1
江 西	9	5	1		1		2
山 东							
河 南	18	8	8			1	1
湖 北	27	15	10		1		1
湖 南	1						1
广 东	2	2					
广 西	4	3	1				
海 南							
重 庆	23	16	7				
四 川	1		1				
贵 州	5	2	2				1
云 南							
西 藏							
陕 西	9	7			2		
甘 肃	10	3	6		1		
青 海	1						1
宁 夏	3		3				
新 疆	6	6					

5-9-26 各地区城市设施水平

地 区	城市用水普及率(%)	城市燃气普及率(%)	每万人拥有公共交通车辆(标台)	人均城市道路面积(平方米)	人均公园绿地面积(平方米)	每万人拥有公共厕所(座)
全 国	**96.68**	**92.04**	**11.22**	**13.21**	**11.18**	**3.02**
北 京	100.00	100.00	23.01	5.57	11.28	3.54
天 津	100.00	100.00	14.04	14.89	8.56	2.01
河 北	99.97	99.07	9.86	17.35	14.23	4.22
山 西	97.26	89.94	7.20	10.66	9.36	3.32
内蒙古	87.97	79.26	7.32	14.89	12.36	4.73
辽 宁	97.44	94.19	10.86	11.19	10.21	2.99
吉 林	89.60	85.64	9.49	12.39	10.27	4.53
黑龙江	88.43	84.67	10.61	10.00	11.27	6.56
上 海	100.00	100.00	12.46	4.04	6.97	2.62
江 苏	99.56	99.12	12.86	21.26	13.29	3.75
浙 江	99.79	99.07	13.10	16.70	11.05	4.01
安 徽	96.06	90.52	8.51	16.01	10.95	2.55
福 建	99.50	98.92	11.13	12.58	10.99	2.64
江 西	97.43	92.36	8.60	13.77	13.04	2.17
山 东	99.57	99.30	11.22	22.23	15.84	2.05
河 南	91.03	73.43	7.92	10.25	8.65	3.32
湖 北	97.59	91.75	10.97	14.08	9.62	2.91
湖 南	95.17	86.50	10.93	12.95	8.89	2.35
广 东	98.37	95.75	11.05	12.69	13.29	2.06
广 西	94.65	92.35	9.09	14.31	9.83	1.76
海 南	89.43	82.44	8.57	13.81	11.22	1.73
重 庆	94.05	92.02	7.86	9.37	13.24	1.55
四 川	90.80	84.39	11.30	11.84	10.19	2.93
贵 州	94.10	69.72	8.36	6.65	7.33	2.21
云 南	96.50	76.40	10.11	10.90	9.30	2.26
西 藏	97.42	79.83	18.66	13.25	5.78	4.16
陕 西	99.39	90.39	14.46	13.38	10.67	3.13
甘 肃	91.57	74.29	9.15	12.20	8.12	2.17
青 海	99.87	90.79	18.25	11.42	8.53	4.65
宁 夏	98.23	88.01	10.90	17.35	16.18	4.18
新 疆	99.17	95.80	12.21	13.19	8.61	3.23

5-9-27 各地区城市绿地和园林

地 区	城市园林绿地面积(公顷)	#公园绿地	公 园(个)	公园面积(公顷)	建成区绿化覆盖率(%)
全 国	**2134339**	**441276**	**9955**	**258177**	**38.6**
北 京	62672	19020	217	9960	
天 津	19221	5266	76	1666	32.1
河 北	68958	21849	381	12164	42.7
山 西	31061	9061	176	5698	38.0
内蒙古	38143	10352	157	7715	33.4
辽 宁	92751	21593	316	11005	39.3
吉 林	37895	10974	127	4402	34.1
黑龙江	69581	15284	285	9066	34.9
上 海	120148	16053	148	1915	38.2
江 苏	227584	33585	584	12433	42.1
浙 江	79459	20090	914	12631	38.3
安 徽	71463	13630	247	8685	37.5
福 建	47904	10972	392	8819	41.0
江 西	42288	10733	238	6442	46.6
山 东	156243	43191	595	21350	41.5
河 南	66790	18361	262	9296	36.6
湖 北	57883	16818	260	8078	37.7
湖 南	46028	10969	175	6763	36.6
广 东	420370	58514	2682	58341	41.3
广 西	60225	8331	146	5842	35.0
海 南	49029	2561	48	1863	42.6
重 庆	37695	14032	175	5532	40.6
四 川	72259	16133	319	7900	37.9
贵 州	28675	3969	56	3645	29.6
云 南	28126	6811	487	5246	37.3
西 藏	2090	260	75	681	25.4
陕 西	26063	8402	124	2924	38.3
甘 肃	15275	4392	83	2451	27.1
青 海	3387	1014	22	478	29.4
宁 夏	17387	3626	57	2030	38.8
新 疆	37686	5430	131	3156	36.4

【主要统计指标解释】

水资源总量　指当地降水形成的地表和地下产水量，即地表径流量与降水入渗补给量之和，不包括过境水量。

地表水资源量　指河流、湖泊、冰川等地表水体中由当地降水形成的、可以逐年更新的动态水量，即天然河川径流量。

地下水资源量　指当地降水和地表水对饱水岩土层的补给量。

地表水与地下水资源重复量　指地表水和地下水相互转化的部分，即在河川径流量中包括一部分地下水排泄量，地下水补给量中包括一部分来源于地表水的入渗量。

供水总量　指各种水源工程为用户提供的包括输水损失在内的毛供水量。

地表水源供水量　指地表水体工程的取水量，按蓄、引、提、调四种形式统计。从水库、塘坝中引水或提水，均属蓄水工程供水量；从河道或湖泊中自流引水的，无论有闸或无闸，均属引水工程供水量；利用扬水站从河道或湖泊中直接取水的，属提水工程供水量；跨流域调水指水资源一级区或独立流域之间的跨流域调配水量，不包括在蓄、引、提水量中。

地下水源供水量　指水井工程的开采量，按浅层淡水、深层承压水和微咸水分别统计。城市地下水源供水量包括自来水厂的开采量和工矿企业自备井的开采量。

其他水源供水量　包括污水处理再利用、集雨工程、海水淡化等水源工程的供水量。

用水总量　指分配给用户的包括输水损失在内的毛用水量。按用户特性分为农业、工业、生活和生态用水四大类。

农业用水　包括农田灌溉和林牧渔业用水。林牧渔业用水指林果地灌溉、草地灌溉和鱼塘补水。

工业用水　按新水取用量计，不包括企业内部的重复利用水量。

生活用水　包括城镇生活用水和农村生活用水。城镇生活用水由居民用水和公共用水（含服务业、餐饮业、货运邮电业及建筑业等用水）组成；农村生活用水除居民生活用水外，还包括畜用水在内。

生态环境补水　仅包括人为措施供给的城镇环境用水和部分河湖、湿地补水。

工业废水排放量　指报告期内经过企业厂区所有排放口排到企业外部的工业废水量。包括生产废水、外排的直接冷却水、超标排放的矿井地下水和与工业废水混排的厂区生活污水，不包括外排的间接冷却水(清污不分流的间接冷却水应计算在废水排放量内)。

工业废水排放达标量　指报告期内废水中各项污染物指标都达到国家或地方排放标准的外排工业废水量，包括未经处理外排达标的，经废水处理设施处理后达标排放的，以及经污水处理厂处理后达标排放的。

化学需氧量(COD)　测量有机和无机物质化学分解所消耗氧的质量浓度的水污染指数。

生活及其他SO_2排放量　以生活及其他煤炭消费量和其含硫量为基础，根据以下公式计算：

生活及其他SO_2排放量=生活及其他煤炭消费量×含硫量×0.8×2

工业SO_2排放量　指报告期内企业在燃料燃烧和生产工艺过程中排入大气的SO_2总量，计算公式为：

工业SO_2排放量=燃料燃烧过程中SO_2排放量+生产工艺过程中SO_2排放量

工业烟尘排放量　指企业厂区内燃料燃烧过程中产生的烟气中夹带的颗粒物排放量。

生活及其他烟尘排放量 指除工业生产活动以外的所有社会、经济活动及公共设施的经营活动中燃烧所排放的烟尘纯重量。以生活及其他煤炭消费量为基础进行测算。

工业粉尘排放量 指报告期内企业排入大气的粉尘量。工业粉尘指在生产工艺过程中排放的能在空气中悬浮一定时间的固体颗粒，如钢铁企业的耐火材料粉尘、焦化企业的筛焦系统粉尘、烧结机的粉尘、石灰窑的粉尘、建材企业水泥粉尘等，不包括电厂排入大气的烟尘。工业粉尘排放量可以通过除尘系统的排风量和除尘设备出口排尘浓度相乘求得，计算公式为：

工业粉尘排放量＝除尘设备出口废气中粉尘平均浓度×除尘系统风量×除尘设备运行时间

工业固体废物产生量 指报告期内企业在生产过程中产生的固体状、半固体状和高浓度液体状废弃物的总量，包括危险废物、冶炼废渣、粉煤灰、炉渣、煤矸石、尾矿、放射性废物和其他废物等；不包括矿山开采的剥离废石和掘进废石(煤矸石和呈酸性或碱性的废石除外)。酸性或碱性废石指采掘的废石其流经水、雨淋水的pH值小于4或pH值大于10.5者。

危险废物 指列入国家危险废物名录或者根据国家规定的危险废物鉴别标准和鉴别方法认定的，具有爆炸性、易燃性、易氧化性、毒性、腐蚀性、易传染性疾病等危险特性之一的废物。

工业固体废物综合利用量 指报告期内企业通过回收、加工、循环、交换等方式，从固体废物中提取或者使其转化为可以利用的资源、能源和其他原材料的固体废物量(包括当年利用的往年工业固体废物贮存量)。如用做农业肥料、生产建筑材料、筑路等。综合利用量由原产生固体废物的单位统计。

工业固体废物综合利用率 指工业固体废物综合利用量占固体废物产生量的百分率。计算公式为：

$$\text{工业固体废物综合利用率}=\frac{\text{工业固体废物综合利用量}}{\text{工业固体废物产生量}+\text{综合利用往年贮存量}}\times 100\%$$

工业固体废物贮存量 指报告期内企业以综合利用或处置为目的，将固体废物暂时贮存或堆存在专设的贮存设施或专设的集中堆存场所内的数量。专设的固体废物贮存场所或贮存设施必须有防扩散、防流失、防渗漏、防止污染大气、水体的措施。

工业固体废物处置量 指报告期内企业将固体废物焚烧或者最终置于符合环境保护规定要求的场所，并不再回取的工业固体废物量(包括当年处置往年的工业固体废物贮存量)。处置方式有填埋(其中危险废物应安全填埋)、焚烧、专业贮存场(库)封场处理、深层灌注、回填矿井及海洋处置(经海洋管理部门同意投海处置)等。

工业固体废物排放量 指报告期内企业将所产生的固体废物排到固体废物污染防治设施、场所以外的数量。不包括矿山开采的剥离废石和掘进废石(煤矸石和呈酸性或碱性的废石除外)。

“三废”综合利用产品产值 指报告期内利用“三废”作为主要原料生产的产品价值(现行价)；已经销售或准备销售的应计算产品价值，留作生产自用的不应计算产品价值。

自然保护区 指对有代表性的自然生态系统、珍稀濒危野生动植物物种的天然分布区、水源涵养区、有特殊意义的自然历史遗迹等保护对象所在的陆地、陆地水体或海域，依法划出一定面积进行特殊保护和管理的区域。以县及县以上各级人民政府正式批准建立的自然保护区为准。风景名胜区、文物保护区不计在内。

湿地 指天然或人工、长久或暂时性的沼泽地、泥炭地或水域地带，包括静止或流动、淡水、半咸水、咸水体，低潮时水深不超过6米的水域以及海岸地带地区的珊瑚滩和海草床、滩涂、红树林、河口、河流、淡水沼泽、沼泽森林、湖泊、盐沼及盐湖。

突发环境事件 指突然发生，造成或者可能造成重大人员伤亡、重大财产损失和对全国或者某一地区的经济社会稳定、政治安定构成重大威胁和损害，有重大社会影响的涉及公共安全的环境事件。

环境污染治理投资 指在工业污染源治理和城市环境基础设施建设的资金投入中，用于形成固定资产的资金。包括工业新老污染源治理工程投资、建设项目“三同时”环保投资，以及城市环境基础设施建设所投入的资金。

全年供水总量 指报告期供水企业(单位)供出的全部水量。包括有效供水量和漏损水量。

燃气普及率 指报告期末使用燃气的城市人口数与城市人口总数的比率。计算公式为：

燃气普及率=城市用气人口数/城市人口总数×100%

生活垃圾清运量 指报告期内收集和运送到垃圾处理厂(场)的生活垃圾数量。生活垃圾指城市日常生活或为城市日常生活提供服务的活动中产生的固体废物以及法律行政规定的视为城市生活垃圾的固体废物。包括：居民生活垃圾、商业垃圾、集市贸易市场垃圾、街道清扫垃圾、公共场所垃圾和机关、学校、厂矿等单位的生活垃圾。

生活垃圾无害化处理率 指报告期生活垃圾无害化处理量与生活垃圾产生量比率。在统计上，由于生活垃圾产生量不易取得，可用清运量代替。计算公式为：

$$\text{生活垃圾无害化处理率}=\frac{\text{生活垃圾无害化处理量}}{\text{生活垃圾产生量}}\times 100\%$$

公园绿地 指城市中向公众开放的，以游憩为主要功能，有一定的游憩设施和服务设施，同时兼有健全生态、美化景观、防灾减灾等综合作用的绿化用地。

农村改水累计受益人口 指各种改水形式的受益人口。

卫生厕所 指有完整下水道系统的水冲式、三格化粪池式、净化沼气池式、多翁漏斗式公厕以及粪便及时清理并进行高温堆肥无害化处理的非水冲式公厕。

累计使用卫生公厕户数 指农民因某种原因没有兴建自己的卫生厕所，而使用村内卫生公厕户数。

5 第三产业部分行业主要业务指标

5-10　居民服务和其他服务业

简要说明

该行业为《国民经济行业分类》（GB/T 4754-2002）的门类，本年鉴列示了2007—2010年数据。

本资料由国家统计局国民经济核算司加工整理。

5-10-1 各地区居民服务和其他服务业总产出

地区	2007		2008		2009		2010	
	总量(亿元)	指数(%)	总量(亿元)	指数(%)	总量(亿元)	指数(%)	总量(亿元)	指数(%)
北　京	266.25	82.2	186.42	70.9	172.50	97.6	225.88	122.3
天　津	277.84	114.7	367.76	127.1	385.13	110.1	450.63	117.1
河　北	393.93	121.0	480.49	117.4	516.91	100.7	600.46	117.8
山　西	94.23	98.9	134.38	111.9	165.00	156.6	189.06	112.9
内蒙古	179.88	110.3	182.79	102.6	205.22	113.3	276.76	133.8
辽　宁	510.55	103.2	537.60	104.3	619.48	115.5	706.20	112.3
吉　林	200.14	110.0	260.45	129.8	306.32	112.0	333.94	108.0
黑龙江	227.20	98.6	194.98	85.5	232.61	118.2	279.10	118.7
上　海	285.10	112.4	327.74	113.1	367.82	113.8	424.47	113.1
江　苏	549.85	102.5	566.31	101.4	589.58	104.4	863.15	114.9
浙　江	421.92	123.2	487.85	116.6	532.86	111.2	659.44	115.4
安　徽	185.30	85.5	151.21	80.4	169.99	114.1	189.74	117.3
福　建	282.05	113.2	384.82	155.7	510.72	133.7	514.54	100.3
江　西	125.32	106.2	176.57	114.3	202.39	117.7	238.86	111.0
山　东	530.15	107.6	545.53	101.7	611.76	110.8	701.17	113.6
河　南	281.98	104.3	174.92	60.7	227.51	134.3	253.55	109.4
湖　北	238.48	105.5	162.05	62.9	201.40	115.3	254.58	110.3
湖　南	583.43	118.1	697.80	108.4	762.21	108.2	928.05	113.5
广　东	944.09	118.0	1177.33	119.6	1221.70	106.2	1309.02	105.6
广　西	105.59	129.4	154.45	144.7	132.96	87.8	162.01	121.4
海　南	29.49	111.3	37.94	113.0	43.74	115.6	54.42	124.2
重　庆	87.39	107.5	103.59	117.9	113.27	109.7	120.26	101.9
四　川	391.24	110.8	409.04	104.9	459.76	111.3	608.30	118.3
贵　州	108.68	132.4	137.76	124.9	146.59	102.6	162.96	109.6
云　南	70.78	105.4	77.55	102.5	93.66	108.0	101.39	103.3
西　藏	7.42	97.5	7.55	97.0	8.30	110.3	11.65	137.6
陕　西	109.80	111.2	94.55	79.5	94.32	101.1	101.99	105.0
甘　肃	51.92	108.3	58.58	120.5	69.28	123.3	89.15	122.7
青　海	12.48	101.8	13.48	105.3	14.47	105.6	16.65	109.3
宁　夏	28.53	109.9	41.78	105.5	54.11	132.0	75.66	138.9
新　疆	69.08	113.8	143.69	204.6	163.43	113.6	179.17	108.0

注：总量按当年价格计算。指数按不变价计算，以上年为100。

【主要统计指标解释】

总产出 指一定时期内一个国家（或地区）常住单位生产的所有货物和服务的价值，既包括新增价值，也包括被消耗的货物和服务价值以及固定资产的转移价值。总产出反映常住单位生产活动的总规模。

5 第三产业部分行业主要业务指标

5-11　教育

简要说明

一、主要内容

本篇主要反映我国教育事业的发展状况。

教育统计资料包括公办教育和民办教育、学历教育和非学历教育。具体有高等教育（研究生教育、普通教育本专科和成人教育本专科）、中等教育（高中阶段教育和初中阶段教育）、初等教育（小学）、学前教育、特殊教育（盲聋哑和弱智儿童学校等）以及教育经费等资料。主要指标包括学校数、在校学生数、招生数、毕业生数、教职工数和专任教师数、教育经费总额及国家财政性教育经费等。

二、资料来源

教育事业统计资料、教育经费统计资料由教育部提供；技工学校的资料由人力资源和社会保障部提供。

详细资料分别见《中国教育事业统计年鉴》（教育部发展规划司编）和《中国教育经费统计年鉴》（教育部财务司编）。

5-11-1 各级各类学校、教职工和专任教师情况

项 目	学校数(所)	教职工数(人)	专任教师(人)
高等教育			
研究生培养机构	(797)		
普通高校	(481)		
科研机构	(316)		
普通高等学校	2358	2156601	1343127
本科院校	1112	1548043	935493
#独立学院	323	175288	126720
专科院校	1246	603201	404098
#职业技术学院	1113	534718	359074
其他机构(教学点)	(56)	5357	3536
成人高等学校	365	77108	45887
民办的其他高等教育机构	836	38140	17794
中等教育	**85063**	**7096276**	**5922960**
高中阶段教育	28584	7086834	2393232
高中	14712	5863935	1521736
普通高中	14058	5859271	1518194
成人高中	654	4664	3542
中等职业教育	13872	1222899	871496
普通中专	3938	435046	295029
成人中专	1720	85346	56979
职业高中	5206	403233	306973
技工学校	3008	266268	190542
其他机构(教学点)	(2012)	33006	21973
初中阶段教育	56479	9442	3529728
普通初中	54823		3523382
职业初中	67	2187	1975
成人初中	1589	7255	4371
初等教育	**290597**	**6175629**	**5645777**
普通小学	257410	6109847	5617091
成人小学	33187	65782	28686
#扫盲班	(22227)	50355	19474
工读学校	**77**	**2576**	**1737**
特殊教育	**1706**	**49249**	**39650**
学前教育	**150420**	**1849301**	**1144225**

注：1.普通高中的教职工数中包含普通初中的教职工数。
2.括号内数据均不计校数。

5-11-2 各级各类学历教育学生情况

单位：人

项　目	招生数	在校学生数	毕业生数	女学生占学生总数的比重(%)
高等教育				
研究生	538177	1538416	383600	47.86
博　士	63762	258950	48987	35.48
硕　士	474415	1279466	334613	50.36
普通本专科	6617551	22317929	5754245	50.86
本　科	3512563	12656132	2590535	49.68
专　科	3104988	9661797	3163710	52.41
成人本专科	2084259	5360388	1972873	53.12
本　科	853319	2250457	803915	54.90
专　科	1230940	3109931	1168958	51.84
其他高等学历教育				
在职人员攻读博士、硕士学位	124871	420294		36.62
网络本专科生	1663655	4531443	1105529	48.18
本　科	555789	1640403	422543	50.76
专　科	1107866	2891040	682986	46.72
其他				
中等教育	**34232365**	**100196629**	**32818276**	
高中阶段教育	17066550	46773297	14687477	
高中	8362359	24388321	8034528	
普通高中	8362359	24273351	7944335	48.62
成人高中		114970	90193	47.68
中等职业教育	8704191	22384976	6652949	
普通中专	3166119	8777141	2646434	52.67
成人中专	1161091	2123974	488061	44.42
职业高中	2786747	7263332	2302029	46.86
技工学校	1590234	4220529	1216425	28.96
初中阶段教育	17165815	53423332	18130799	
普通初中	17154930	52759127	17485714	47.21
职业初中	10885	34173	17794	47.62
成人初中		630032	627291	47.47
初等教育	**16917007**	**101353616**	**19279332**	
普通小学	16917007	99407043	17396364	46.23
成人小学		1946573	1882968	53.09
#扫盲班		1080807	902594	52.31
工读学校	**4047**	**10735**	**3894**	**17.61**
特殊教育	**64869**	**425613**	**58941**	**34.60**
学前教育	**17003851**	**29766695**	**10575502**	**45.44**

注：特殊教育学生数中包括普通中小学随班就读的学生。

5-11-3 各级各类非学历教育学生情况

单位：人

项目	毕(结)业生数	注册生数
总计	**66989254**	**56248072**
高等教育	7125550	3328944
研究生课程进修班	48290	64978
自考助学班	194889	595048
普通预科生		31970
进修及培训	6882371	2636948
#资格证书培训	1315510	410652
岗位证书培训	1069856	364497
中等职业教育	59863704	52919128
#资格证书培训	5792588	4525384
岗位证书培训	6792619	5249313
中等职业学校	7340783	3669083
#资格证书培训	2088540	1051545
岗位证书培训	1728991	832142
职业技术培训机构	52522921	49250045
#资格证书培训	3704048	3473839
岗位证书培训	5063628	4417171

5-11-4 各级各类民办教育基本情况

单位：人

项目	学校数(所)	毕业生数	招生数	在校生数	教职工数	专任教师	另有其他学生数
民办高等教育							
民办高校	676	1096923	1467431	4766845	348857	236468	206078
本科		506959	825884	2809884			
专科		589964	641547	1956961			
独立学院	323	516168	754657	2603177	175288	126720	18736
本科		443503	688383	2389774			
专科		72665	66274	213403			
民办其他高等教育机构	836				38140	17794	921841
民办中等教育							
高中阶段教育	5622	1709986	1941400	5370649	629281	447069	
民办普通高中	2499	742839	809462	2300706	463647	343620	
民办中等职业教育	3123	967147	1131938	3069943	165634	103449	359683
初中阶段教育	4259	1298601	1532080	4421129			
民办普通初中	4259	1298201	1532080	4421129			
民办职业初中		400					
民办普通小学	**5351**	**864287**	**947235**	**5376255**	**313927**	**229480**	
民办幼儿园	**102289**	**3889350**	**7116312**	**13994694**	**1168429**	**680404**	
另：民办培训机构	**(18341)**				**218359**	**111304**	**9297762**

注："另有其他学生数"包括：学历文凭考试学生、自考助学班学生、预科生、进修及培训学生数。

5-11-5 各级各类学校数

单位：所

年 份	普通高等学校	普通中学	高 中	初 中	职业中学	普通小学	特殊教育学校	学前教育
1978	598	162345	49215	113130		949323	292	163952
1980	675	118377	31300	87077	3314	917316	292	170419
1985	1016	93221	17318	75903	8070	832309	375	172262
1986	1054	92967	17111	75856	8187	820846	423	173376
1987	1063	92857	16930	75927	8381	807406	504	176775
1988	1075	91492	16524	74968	8954	793261	577	171845
1989	1075	89575	16050	73525	9173	777244	662	172634
1990	1075	87631	15678	71953	9164	766072	746	172322
1991	1075	85851	15243	70608	9572	729158	886	164465
1992	1053	84021	14850	69171	9860	712973	1077	172506
1993	1065	82795	14380	68415	9985	696681	1123	165197
1994	1080	82358	14242	68116	10217	682588	1241	174657
1995	1054	81020	13991	67029	10147	668685	1379	180438
1996	1032	79967	13875	66092	10049	645983	1428	187324
1997	1020	78642	13880	64762	10047	628840	1440	182485
1998	1022	77888	13948	63940	10074	609626	1535	181368
1999	1071	77213	14127	63086	9636	582291	1520	181136
2000	1041	77268	14564	62704	8849	553622	1539	175836
2001	1225	80432	14907	65525	7802	491273	1531	111706
2002	1396	80067	15406	64661	7402	456903	1540	111752
2003	1552	79490	15779	63711	6843	425846	1551	116390
2004	1731	79058	15998	63060	6478	394183	1560	117899
2005	1792	77977	16092	61885	6423	366213	1593	124402
2006	1867	76703	16153	60550	6100	341639	1605	130495
2007	1908	74790	15681	59109	6191	320061	1618	129086
2008	2263	72907	15206	57701	6128	300854	1640	133722
2009	2305	70774	14607	56167	5805	280184	1672	138209
2010	2358	68881	14058	54823	5273	257410	1706	150420

注：职业中学包括职业高中和职业初中(以下各表同)。

5-11-6 各级各类学校专任教师数

单位：万人

年 份	普通高等学校	普通中学	高 中	初 中	职业中学	普通小学	特殊教育学校	学前教育
1978	20.6	318.2	74.1	244.1		522.6	0.4	27.7
1980	24.7	302.0	57.1	244.9	2.3	549.9	0.5	41.1
1985	34.4	265.2	49.2	216.0	14.1	537.7	0.7	55.0
1986	37.2	275.8	51.8	223.9	16.4	541.4	0.8	60.5
1987	38.5	287.0	54.4	232.7	18.5	543.4	0.9	65.1
1988	39.3	296.0	55.7	240.3	20.3	550.1	1.1	67.0
1989	39.7	298.0	55.4	242.7	21.4	554.4	1.2	70.9
1990	39.5	303.3	56.2	247.0	22.4	558.2	1.4	75.0
1991	39.1	309.0	57.3	251.7	23.5	553.2	1.6	76.9
1992	38.8	314.1	57.6	256.5	24.8	552.7	1.9	81.5
1993	38.8	316.7	55.9	260.8	26.2	555.2	2.0	83.6
1994	39.6	323.4	54.7	268.7	27.7	561.1	2.3	86.2
1995	40.1	333.4	55.1	278.4	29.2	566.4	2.5	87.5
1996	40.3	346.5	57.2	289.3	30.8	573.6	2.7	88.9
1997	40.5	358.7	60.5	298.2	32.2	579.4	2.9	88.4
1998	40.7	369.7	64.2	305.5	33.6	581.9	3.0	87.5
1999	42.6	384.1	69.2	314.8	33.6	586.1	3.1	87.2
2000	46.3	400.5	75.7	324.9	32.0	586.0	3.2	85.6
2001	53.2	418.8	84.0	334.8	30.6	579.8	2.9	63.0
2002	61.8	437.6	94.6	343.0	31.0	577.9	3.0	57.1
2003	72.5	453.7	107.1	346.7	28.9	570.3	3.0	61.3
2004	85.8	466.8	119.1	347.7	29.4	562.9	3.1	65.6
2005	96.6	477.1	129.9	347.2	30.3	559.2	3.2	72.2
2006	107.6	485.1	138.7	346.3	30.7	558.8	3.3	77.6
2007	116.8	490.7	144.3	346.4	31.7	561.3	3.5	82.7
2008	123.7	494.4	147.6	346.9	32.6	562.2	3.6	89.9
2009	129.5	500.7	149.3	351.3	32.6	563.3	3.8	98.6
2010	134.3	504.2	151.8	352.3	30.9	561.7	4.0	114.4

5-11-7 各级各类学校招生数

单位：万人

年　份	普通高等学　校	普通中学	高　中	初　中	职业中学	普通小学	特殊教育学　校
1978	40.2	2698.9	692.9	2006.0		3315.4	0.6
1980	28.1	1934.3	383.4	1550.9	30.7	2942.3	0.6
1985	61.9	1606.9	257.5	1349.4	116.1	2298.2	0.9
1986	57.2	1643.9	257.3	1386.6	112.8	2258.2	1.1
1987	61.7	1649.5	255.2	1394.3	113.2	2094.6	1.2
1988	67.0	1584.8	244.3	1340.5	119.5	2123.3	1.2
1989	59.7	1551.5	242.1	1309.4	118.3	2151.5	1.4
1990	60.9	1619.6	249.8	1369.9	123.2	2064.0	1.6
1991	62.0	1655.2	243.8	1411.3	137.8	2072.7	2.0
1992	75.4	1699.7	234.7	1465.0	152.1	2183.2	3.0
1993	92.4	1707.3	228.3	1479.0	161.5	2353.5	3.4
1994	90.0	1859.8	243.4	1616.4	175.3	2537.0	4.0
1995	92.6	2025.9	273.6	1752.3	190.1	2531.8	5.6
1996	96.6	2042.9	282.2	1760.7	188.9	2524.7	4.8
1997	100.0	2128.2	322.6	1805.6	211.2	2462.0	4.6
1998	108.4	2321.0	359.6	1961.4	217.6	2201.4	4.9
1999	159.7	2546.0	396.3	2149.7	194.1	2029.5	5.0
2000	220.6	2736.0	472.7	2263.3	182.7	1946.5	5.3
2001	268.3	2815.9	558.0	2257.9	185.0	1944.2	5.6
2002	320.5	2929.0	676.7	2252.3	216.9	1952.8	5.3
2003	382.2	2947.4	752.1	2195.3	222.1	1829.4	4.9
2004	447.3	2899.7	821.5	2078.2	229.1	1747.0	5.1
2005	504.5	2854.3	877.7	1976.5	259.3	1671.7	4.9
2006	546.1	2794.8	871.2	1923.6	294.0	1729.4	5.0
2007	565.9	2703.9	840.2	1863.7	306.9	1736.1	6.3
2008	607.7	2693.2	837.0	1856.2	294.1	1695.7	6.2
2009	639.5	2616.7	830.3	1786.4	315.2	1637.8	6.4
2010	661.8	2551.7	836.2	1715.5	279.8	1691.7	6.5

5-11-8 各级各类学校在校学生数

单位：万人

年份	普通高等学校	普通中学			职业中学	普通小学	特殊教育学校	学前教育
			高中	初中				
1978	85.6	6548.3	1553.1	4995.2		14624.0	3.1	787.7
1980	114.4	5508.1	969.8	4538.3	45.4	14627.0	3.3	1150.8
1985	170.3	4706.0	741.1	3964.8	229.5	13370.2	4.2	1479.7
1986	188.0	4889.9	773.4	4116.6	256.0	13182.5	4.7	1629.0
1987	195.9	4948.1	773.7	4174.4	267.6	12835.9	5.3	1807.8
1988	206.6	4761.5	746.0	4015.5	279.4	12535.8	5.8	1854.5
1989	208.2	4554.0	716.1	3837.9	282.3	12373.1	6.4	1847.7
1990	206.3	4586.0	717.3	3868.7	295.0	12241.4	7.2	1972.2
1991	204.4	4683.5	722.9	3960.6	315.6	12164.2	8.5	2209.3
1992	218.4	4770.8	704.9	4065.9	342.8	12201.3	13.0	2428.2
1993	253.6	4739.1	656.9	4082.2	362.6	12421.2	16.9	2552.5
1994	279.9	4981.7	664.9	4316.7	405.6	12822.6	21.1	2630.3
1995	290.6	5371.0	713.2	4657.8	448.3	13195.2	29.6	2711.2
1996	302.1	5739.7	769.3	4970.4	473.3	13615.0	32.1	2666.3
1997	317.4	6017.9	850.1	5167.8	511.9	13995.4	34.1	2519.0
1998	340.9	6301.0	938.0	5363.0	541.6	13953.8	35.8	2403.0
1999	413.4	6771.3	1049.7	5721.6	533.9	13548.0	37.2	2326.3
2000	556.1	7368.9	1201.3	6167.6	503.2	13013.3	37.8	2244.2
2001	719.1	7836.0	1405.0	6431.1	466.4	12543.5	38.6	2021.8
2002	903.4	8287.9	1683.8	6604.1	511.5	12156.7	37.5	2036.0
2003	1108.6	8583.2	1964.8	6618.4	528.2	11689.7	36.5	2003.9
2004	1333.5	8695.4	2220.4	6475.0	569.4	11246.2	37.2	2089.4
2005	1561.8	8580.9	2409.1	6171.8	625.6	10864.1	36.4	2179.0
2006	1738.8	8451.9	2514.5	5937.4	676.2	10711.5	36.3	2263.9
2007	1884.9	8243.3	2522.4	5720.9	740.5	10564.0	41.9	2348.8
2008	2021.0	8050.5	2476.3	5574.2	761.1	10331.5	41.7	2475.0
2009	2144.7	7867.9	2434.3	5433.6	785.7	10071.5	42.8	2657.8
2010	2231.8	7703.2	2427.3	5275.9	729.8	9940.7	42.6	2976.7

5-11-9 各级各类学校毕业生数

单位：万人

年 份	普通高等学校	普通中学	高 中	初 中	职业中学	普通小学	特殊教育学校
1978	16.5	2375.3	682.7	1692.6		2287.9	0.3
1980	14.7	1581.0	616.2	964.7	7.9	2053.3	0.4
1985	31.6	1194.9	196.6	998.3	41.3	1999.9	0.4
1986	39.3	1281.0	224.0	1057.0	57.9	2016.1	0.5
1987	53.2	1364.1	246.8	1117.3	75.0	2043.0	0.4
1988	55.3	1407.8	250.6	1157.2	81.0	1930.3	0.5
1989	57.6	1377.5	243.2	1134.3	86.3	1857.1	0.5
1990	61.4	1342.1	233.0	1109.1	89.3	1863.1	0.5
1991	61.4	1308.5	222.9	1085.5	94.5	1896.7	0.6
1992	60.4	1328.4	226.1	1102.3	96.7	1872.4	0.9
1993	57.1	1365.9	231.7	1134.2	102.5	1841.5	1.2
1994	63.7	1361.9	209.3	1152.6	107.6	1899.6	1.4
1995	80.5	1429.0	201.6	1227.4	124.0	1961.5	1.9
1996	83.9	1484.0	204.9	1279.0	139.6	1934.1	2.4
1997	82.9	1664.0	221.7	1442.4	150.1	1960.1	2.8
1998	83.0	1832.0	251.8	1580.2	162.8	2117.4	3.5
1999	84.8	1852.7	262.9	1589.8	167.8	2313.7	3.8
2000	95.0	1908.6	301.5	1607.1	176.3	2419.2	4.3
2001	103.6	2047.4	340.5	1707.0	166.5	2396.9	4.6
2002	133.7	2263.6	383.8	1879.9	145.4	2351.9	4.4
2003	187.7	2453.7	458.1	1995.6	135.5	2267.9	4.5
2004	239.1	2617.4	546.9	2070.4	142.5	2135.2	4.7
2005	306.8	2768.1	661.6	2106.5	170.0	2019.5	4.3
2006	377.5	2789.5	727.1	2062.4	179.5	1928.5	4.5
2007	447.8	2745.2	788.3	1956.8	197.7	1870.2	5.0
2008	511.9	2699.0	836.1	1862.9	216.7	1865.0	5.2
2009	531.1	2618.4	823.7	1794.7	232.1	1805.2	5.7
2010	575.4	2543.0	794.4	1748.6	232.0	1739.6	5.9

5-11-10 研究生和留学生数

单位：人

年 份	研究生数			出国留学人员	学成回国留学人员
	招生数	在校人数	毕业生数		
1978	10708	10934	9	860	248
1980	3616	21604	476	2124	162
1985	46871	87331	17004	4888	1424
1986	41310	110371	16950	4676	1388
1987	39017	120191	27603	4703	1605
1988	35645	112776	40838	3786	3000
1989	28569	101339	37232	3329	1753
1990	29649	93018	35440	2950	1593
1991	29679	88128	32537	2900	2069
1992	33439	94164	25692	6540	3611
1993	42145	106771	28214	10742	5128
1994	50864	127935	28047	19071	4230
1995	51053	145443	31877	20381	5750
1996	59398	163322	39652	20905	6570
1997	63749	176353	46539	22410	7130
1998	72508	198885	47077	17622	7379
1999	92225	233513	54670	23749	7748
2000	128484	301239	58767	38989	9121
2001	165197	393256	67809	83973	12243
2002	202611	500980	80841	125179	17945
2003	268925	651260	111091	117307	20152
2004	326286	819896	150777	114682	24726
2005	364831	978610	189728	118515	34987
2006	397925	1104653	255902	134000	42000
2007	418612	1195047	311839	144000	44000
2008	446422	1283046	344825	179800	69300
2009	510953	1404942	371273	229300	108300
2010	538177	1538416	383600	284700	134800

5-11-11 分学科研究生情况

单位：人

项目	招生数	博士	硕士	在校学生数	博士	硕士	毕业生数	博士	硕士
分学科研究生数（总计）	**538177**	**63762**	**474415**	**1538416**	**258950**	**1279466**	**383600**	**48987**	**334613**
哲学	4874	838	4036	16001	3532	12469	4620	703	3917
经济学	20618	2781	17837	62660	11768	50892	19110	2371	16739
法学	29330	3529	25801	90168	13152	77016	26165	2414	23751
教育学	15282	1153	14129	48468	4256	44212	13565	857	12708
文学	40635	2807	37828	120840	10758	110082	33623	2129	31494
历史学	5487	945	4542	17890	3913	13977	4857	827	4030
理学	58388	12216	46172	177570	44108	133462	43654	9638	34016
工学	153704	23977	129727	490374	106458	383916	128678	17428	111250
农学	14874	2831	12043	45273	10739	34534	14079	1973	12106
医学	40067	6524	33543	128916	23262	105654	35582	5762	29820
军事学	233	26	207	762	146	616	213	23	190
管理学	35386	4629	30757	117830	22640	95190	32703	3738	28965
专业学位	119299	1506	117793	221664	4218	217446	26751	1124	25627
分学科研究生数（普通高校）	**519207**	**57392**	**461815**	**1482680**	**236328**	**1246352**	**369827**	**43214**	**326613**
哲学	4686	766	3920	15432	3295	12137	4447	638	3809
经济学	20052	2537	17515	60904	10968	49936	18629	2193	16436
法学	28776	3391	25385	88479	12718	75761	25625	2289	23336
教育学	15195	1110	14085	48207	4126	44081	13497	822	12675
文学	40357	2713	37644	120001	10481	109520	33386	2057	31329
历史学	5403	920	4483	17632	3833	13799	4781	804	3977
理学	51474	9094	42380	156602	33284	123318	38650	6624	32026
工学	147202	21899	125303	469692	98682	371010	123337	15701	107636
农学	14132	2593	11539	43033	9950	33083	13420	1771	11649
医学	39376	6367	33009	126650	22550	104100	34914	5545	29369
军事学	232	26	206	758	146	612	211	23	188
管理学	34784	4473	30311	116051	22084	93967	32225	3628	28597
专业学位	117538	1503	116035	219239	4211	215028	26705	1119	25586
分学科研究生数（科研机构）	**18970**	**6370**	**12600**	**55736**	**22622**	**33114**	**13773**	**5773**	**8000**
哲学	188	72	116	569	237	332	173	65	108
经济学	566	244	322	1756	800	956	481	178	303
法学	554	138	416	1689	434	1255	540	125	415
教育学	87	43	44	261	130	131	68	35	33
文学	278	94	184	839	277	562	237	72	165
历史学	84	25	59	258	80	178	76	23	53
理学	6914	3122	3792	20968	10824	10144	5004	3014	1990
工学	6502	2078	4424	20682	7776	12906	5341	1727	3614
农学	742	238	504	2240	789	1451	659	202	457
医学	691	157	534	2266	712	1554	668	217	451
军事学	1		1	4		4	2		2
管理学	602	156	446	1779	556	1223	478	110	368
专业学位	1761	3	1758	2425	7	2418	46	5	41

5-11-12 高等教育学校(机构)数

单位：所

项目	总计	中央部委	教育部	其他部委	地方部门	教育部门	非教育部门	民办
研究生培养机构	**(797)**	**374**	**73**	**301**	**423**	**361**	**62**	
普通高校	(481)	98	73	25	383	360	23	
科研机构	(316)	276		276	40	1	39	
普通高校	**2358**	**111**	**73**	**38**	**1573**	**854**	**719**	**674**
本科院校	1112	108	73	35	633	542	91	371
专科院校	1246	3		3	940	312	628	303
#职业技术学院	1113	2		2	815	255	560	296
成人高等学校	**365**	**14**	**1**	**13**	**349**	**128**	**221**	**2**
民办的其他高等教育机构	**(836)**							**(836)**

注：括号内数据均不计校数。

5-11-13 高等教育学校（机构）学生数

单位：人

项目	招生数	在校学生数	毕(结)业生数	授予学位数
研究生	538177	1538416	383600	379992
博士	63762	258950	48987	47407
硕士	474415	1279466	334613	332585
普通本科、专科生	6617551	22317929	5754245	2435867
本科	3512563	12656132	2590535	2435867
专科	3104988	9661797	3163710	
成人本科、专科生	2084259	5360388	1972873	101028
本科	853319	2250457	803915	101028
专科	1230940	3109931	1168958	
网络本科、专科生	1663655	4531443	1105529	25956
本科	555789	1640403	422543	25956
专科	1107866	2891040	682986	
在职人员攻读博士硕士学位	124871	420294		102658
学历文凭考试				
电大注册视听生				
自考助学班	188322	595048	194889	
研究生课程进修班		64978	48290	
普通预科生		31970		
进修及培训		2636948	6882371	
留学生	80846	130637	62071	11912

5-11-14 成人本、专科分学科学生数

单位：人

项目	招生数	本科	专科	在校学生数	本科	专科	毕业生数	本科	专科
总计	**2084259**	**853319**	**1230940**	**5360388**	**2250457**	**3109931**	**1972873**	**803915**	**1168958**
成人高等学校办	**183532**	**20580**	**162952**	**466418**	**51853**	**414565**	**199901**	**30558**	**169343**
#师范	20830	10259	10571	54071	27538	26533	32106	20029	12077
哲学	88		88	88		88			
经济学	8700	542	8158	21186	1446	19740	8495	392	8103
法学	6117	2028	4089	14078	4678	9400	6557	2573	3984
教育学	19150	5068	14082	46200	13961	32239	17358	6528	10830
文学	21695	6573	15122	54225	16793	37432	31396	13951	17445
#外语	4924	1644	3280	13713	4557	9156	8465	4332	4133
艺术	8056	532	7524	18012	1279	16733	7722	938	6784
历史学	108	52	56	305	198	107	276	274	2
理学	1869	962	907	4873	2420	2453	3143	2377	766
工学	45487	896	44591	131298	2480	128818	49895	960	48935
农学	927	65	862	1753	167	1586	831	35	796
医学	17545	1654	15891	40772	3260	37512	18117	1298	16819
管理学	61846	2740	59106	151640	6450	145190	63833	2170	61663
普通高等学校办	**1900727**	**832739**	**1067988**	**4893970**	**2198604**	**2695366**	**1772972**	**773357**	**999615**
#师范	200289	132672	67617	527533	368612	158921	237826	170521	67305
哲学	824	97	727	1628	257	1371	**758**	**79**	**679**
经济学	79102	30373	48729	218847	85308	133539	84853	27233	57620
法学	63995	48799	15196	168275	128798	39477	76825	56231	20594
教育学	116296	41890	74406	278134	115024	163110	104418	46037	58381
文学	200104	128618	71486	547437	367965	179472	241808	160703	81105
#外语	57820	34768	23052	168689	107840	60849	73555	47880	25675
艺术	46153	18917	27236	116684	54830	61854	46005	21791	24214
历史学	2405	2220	185	7276	6523	753	3666	3308	358
理学	37364	27032	10332	103333	76819	26514	49986	41228	8758
工学	532148	191388	340760	1402242	503263	898979	471874	157468	314406
农学	29593	12850	16743	69907	32269	37638	28852	14460	14392
医学	307502	149950	157552	754465	362991	391474	247510	107672	139838
管理学	531394	199522	331872	1342426	519387	823039	462422	158938	303484

5-11-15 普通本、专科分学科学生数

单位：人

项目	招生数	本科	专科	在校学生数	本科	专科	毕业生数	本科	专科
总计	**6617551**	**3512563**	**3104988**	**22317929**	**12656132**	**9661797**	**5754245**	**2590535**	**3163710**
#师范	517409	358821	158588	1864171	1297515	566656	521637	293421	228216
哲学	2516	2516		9001	9001		1952	1952	
经济学	321278	208121	113157	1119348	759948	359400	278995	158286	120709
法学	192978	133630	59348	696745	486750	209995	195518	114588	80930
教育学	290861	124405	166456	1036301	436683	599618	333270	90327	242943
文学	973538	667431	306107	3389649	2388028	1001621	834983	487520	347463
#外语	324112	207716	116396	1213966	783068	430898	343999	172377	171622
艺术	451362	294411	156951	1478409	1014672	463737	326878	186888	139990
历史学	18057	18057		64907	64907		13713	13713	
理学	347246	344921	2325	1257980	1251280	6700	270456	269053	1403
工学	2412472	1108832	1303640	8031197	3995779	4035418	2120361	813218	1307143
农学	118451	62322	56129	399634	226030	173604	102477	48442	54035
医学	492394	219549	272845	1730196	883847	846349	444586	162401	282185
管理学	1447760	622779	824981	4582971	2153879	2429092	1157934	431035	726899

5-11-16 网络本、专科分学科学生数

单位：人

项目	招生数	本科	专科	在校学生数	本科	专科	毕业生数	本科	专科
总计	**1663655**	**555789**	**1107866**	**4531443**	**1640403**	**2891040**	**1105529**	**422543**	**682986**
#师范	56755	37629	19126	129254	93409	35845	47433	38094	9339
哲学	450	411	39	450	411	39	62	62	
经济学	69380	34157	35223	200013	107417	92596	43177	23957	19220
法学	147238	62220	85018	450573	206221	244352	126930	58946	67984
教育学	67565	15943	51622	173969	43679	130290	39954	13269	26685
文学	100734	57012	43722	334571	204075	130496	103927	68726	35201
#外语	22685	11959	10726	86229	49641	36588	23171	13998	9173
历史学	582	582		1453	1451	2	739	736	3
理学	9198	7787	1411	25923	23199	2724	11126	10465	661
工学	281888	95745	186143	689710	243318	446392	152168	57540	94628
农学	20534	3541	16993	58498	8511	49987	14719	1974	12745
医学	98618	41869	56749	231438	99264	132174	43832	20049	23783
管理学	867468	236522	630946	2364845	702857	1661988	568895	166819	402076

5-11-17 中等职业学校(机构)数

单位：个

项 目	总 计	中央部委	地方部门			民 办
				教育部门	非教育部门	
中等职业学校	**10864**	**41**	**7700**	**5777**	**1923**	**3123**
普通中等专业学校	3938	29	2846	1641	1205	1063
成人中等专业学校	1720	9	1547	1193	354	164
职业高中学校	5206	3	3307	2943	364	1896
其他机构(教学点)(不计校数)	**2012**	**5**	**1628**	**1113**	**515**	**379**

注：中等职业学校未含技工学校数据（以下各表同）。

5-11-18 中等职业学校（机构)学生分科类情况

单位：人

项 目	招生数	#初中毕业生	#应届毕业生	在校学生数	毕业生数	#获得职业资格证书
总 计	**7113957**	**6272645**	**5387353**	**18164447**	**5436524**	**3420318**
农林牧渔类	**1104259**	**870615**	**544663**	**1945251**	**254803**	**124565**
资源环境类	53118	28019	23585	117013	60199	27987
能源与新能源类	34418	26879	24764	99929	37684	22830
土木水利类	212009	190495	168268	516368	146612	90821
加工制造类	1164369	1063049	960120	3410804	1308244	925115
石油化工类	50857	42739	39301	150680	54447	33865
轻纺食品类	118539	106830	94158	320846	103456	61715
交通运输类	388745	337804	300888	922995	223541	152335
信息技术类	1383590	1237692	1080984	3757587	1288833	870967
医药卫生类	582799	529217	488289	1683865	435870	161472
休闲保健类	34160	31382	28628	71353	10902	6716
财经商贸类	716875	656154	579255	1937373	606217	392009
旅游服务类	299931	274324	242163	758065	187585	128738
文化艺术类	348621	313591	289390	941092	280384	173439
体育与健身	44413	41808	40456	120897	34786	19521
教育类	355991	324884	309601	859991	218216	132573
司法服务类	29428	25143	22372	82666	34545	11079
公共管理与服务类	97997	89358	72168	264664	84782	51836
其他	93838	82662	78300	203008	65418	32735

5-11-19 职业技术培训机构基本情况

单位：人

项目	学校数(所)	注册学生数	结业学生数	教职工数	#专任教师
总计	**129447**	**49250045**	**52522921**	**473108**	**242299**
职工技术培训学校(机构)	2543	3082107	3067011	46924	30896
教育部门和集体办	904	1477691	1483101	26910	18909
其他部门办	736	1326533	1288757	12131	6981
民办	903	277883	295153	7883	5006
农村成人文化技术培训学校(机构)	106689	34242222	38130624	190160	91966
教育部门和集体办	104394	33420863	37117096	183029	87970
#县办	1717	2835373	2628363	16173	10186
乡办	17252	16181684	18298556	70711	36049
村办	85425	14403806	16190177	96145	41735
其他部门办	1926	734965	918546	4907	2349
民办	369	86394	94982	2224	1647
其他培训机构(含社会培训机构)	20215	11925716	11325286	236024	119437
教育部门和集体办	1006	965624	916663	11352	6669
其他部门办	2140	2026607	2080117	16420	8117
民办	17069	8933485	8328506	208252	104651

5-11-20 普通高中学校和学生情况

项目	学校数(所)	高级中学	完全中学	招生数(人)	在校学生数(人)	毕业生数(人)
总计	**14058**	**6461**	**7597**	**8362359**	**24273351**	**7944335**
教育部门和集体办	11334	5574	5760	7480928	21757660	7128151
民办	2499	814	1685	809462	2300706	742839
其他部门办	225	73	152	71969	214985	73345
城市	5494	2342	3152	2930927	8582032	2773848
教育部门和集体办	4102	1872	2230	2545689	7484529	2431311
民办	1287	442	845	349994	992665	306562
其他部门办	105	28	77	35244	104838	35975
县镇	7136	3539	3597	4864291	14062284	4607848
教育部门和集体办	6091	3197	2894	4455047	12890695	4220823
民办	986	317	669	390276	1113842	367111
其他部门办	59	25	34	18968	57747	19914
农村	1428	580	848	567141	1629035	562639
教育部门和集体办	1141	505	636	480192	1382436	476017
民办	226	55	171	69192	194199	69166
其他部门办	61	20	41	17757	52400	17456

5-11-21　普通初中学校和学生情况

项　　目	学校数（所）	初级中学	九年一贯制	招生数（人）	在校学生数（人）	毕业生数（人）
总　　计	**54823**	**42121**	**12702**	**17154930**	**52759127**	**17485714**
教育部门和集体办	50011	40236	9775	15508419	47977638	16069107
民办	4259	1676	2583	1532080	4421129	1298201
其他部门办	553	209	344	114431	360360	118406
城市	7279	5010	2269	3481265	10590217	3326336
教育部门和集体办	5709	4434	1275	2854682	8746351	2782257
民办	1443	523	920	591247	1734893	507554
其他部门办	127	53	74	35336	108973	36525
县镇	18874	15800	3074	7962857	24324161	7989595
教育部门和集体办	17163	15071	2092	7236363	22257443	7381996
民办	1625	675	950	703972	1998788	584183
其他部门办	86	54	32	22522	67930	23416
农村	28670	21311	7359	5710808	17844749	6169783
教育部门和集体办	27139	20731	6408	5417374	16973844	5904854
民办	1191	478	713	236861	687448	206464
其他部门办	340	102	238	56573	183457	58465

5-11-22　职业初中学校和学生情况

项　　目	学校数（所）	招生数（人）	在校学生数（人）	毕业生数（人）
总　　计	**67**	**10885**	**34173**	**17794**
教育部门和集体办	66	10866	34037	17332
民办				400
其他部门办	1	19	136	62
城市	4	136	549	690
教育部门和集体办	3	117	413	640
民办				
其他部门办	1	19	136	50
县镇	26	4140	13156	7792
教育部门和集体办	26	4140	13156	7517
民办				275
其他部门办				
农村	37	6609	20468	9312
教育部门和集体办	37	6609	20468	9175
民办				125
其他部门办				12

5-11-23 普通小学学校和学生情况

项　目	学校数(所)	招生数(人)	在校学生数(人)	毕业生数(人)
总　计	**257410**	**16917007**	**99407043**	**17396364**
教育部门和集体办	251423	15881893	93462251	16420921
民办	5351	947235	5376255	864287
其他部门办	636	87879	568537	111156
城市	16400	3139526	18204675	3044307
教育部门和集体办	14769	2738997	15986038	2691909
民办	1467	375984	2056888	321913
其他部门办	164	24545	161749	30485
县镇	30116	4625978	27700170	4924676
教育部门和集体办	28506	4293030	25713044	4587999
民办	1479	319466	1901449	318956
其他部门办	131	13482	85677	17721
农村	210894	9151503	53502198	9427381
教育部门和集体办	208148	8849866	51763169	9141013
民办	2405	251785	1417918	223418
其他部门办	341	49852	321111	62950

5-11-24 技工学校数、学生数和教职工数

年　份	学校数(所)	招生数(万人)	在校学生数(万人)	毕业生数(万人)	教职工数(万人)
1985	3548	35.5	74.2	22.6	21.5
1986	3765	39.4	89.2	23.3	24.4
1987	3952	42.3	103.1	26.5	26.2
1988	3996	46.1	116.1	31.1	28.0
1989	4102	47.0	125.8	36.8	29.6
1990	4184	50.6	133.2	41.3	30.8
1991	4269	54.4	142.2	45.4	32.5
1992	4392	60.2	155.6	45.7	33.6
1993	4477	66.4	171.7	49.7	33.5
1994	4430	71.4	187.1	55.7	34.0
1995	4521	74.0	188.6	68.1	33.7
1996	4467	72.7	191.8	68.1	33.5
1997	4395	73.4	193.1	69.9	31.0
1998	4362	59.4	181.3	68.2	31.0
1999	4098	51.5	156.0	66.2	26.9
2000	3792	50.4	140.1	64.6	24.0
2001	3470	55.1	134.7	47.7	22.0
2002	3075	73.3	153.0	45.4	20.3
2003	2970	91.6	193.1	45.3	20.2
2004	2884	109.7	234.5	53.5	20.5
2005	2855	118.4	275.3	69.0	20.4
2006	2880	134.8	320.8	86.4	21.5
2007	2995	158.5	367.1	99.7	24.0
2008	3075	161.4	397.5	109.0	24.7
2009	3077	156.7	415.3	115.5	26.0
2010	3008	159.0	422.1	121.6	26.6

注：本表数据来源于人力资源和社会保障部(下表同)。

5-11-25　各类技工学校情况

单位：万人

指　　标	合　计	国务院各部门	省、自治区、直辖市
学校数(所)	2998	89	2909
在校学生数	421.0	13.7	407.3
教职工数	26.5	0.8	25.7
专任教师数	19.0	0.6	18.4
文化技术理论课指导教师	12.7	0.3	12.4
生产实习课指导教师	6.3	0.2	6.1
理论实习一体化教师	5.2	0.2	5.1

5-11-26　学龄儿童入学率和各级普通学校毕业生升学率

单位：%

年　份	学龄儿童净入学率	小学升学率	初中升学率	高中升学率
1990	97.8	74.6	40.6	27.3
1991	97.8	77.7	42.6	28.7
1992	97.2	79.7	43.6	34.9
1993	97.7	81.8	44.1	43.3
1994	98.4	86.6	47.8	46.7
1995	98.5	90.8	50.3	49.9
1996	98.8	92.6	49.8	51.0
1997	98.9	93.7	51.5	48.6
1998	98.9	94.3	50.7	46.1
1999	99.1	94.4	50.0	63.8
2000	99.1	94.9	51.2	73.2
2001	99.1	95.5	52.9	78.8
2002	98.6	97.0	58.3	83.5
2003	98.7	97.9	59.6	83.4
2004	98.9	98.1	63.8	82.5
2005	99.2	98.4	69.7	76.3
2006	99.3	100.0	75.7	75.1
2007	99.5	99.9	80.5	70.3
2008	99.5	99.7	83.4	72.7
2009	99.4	99.1	85.6	77.6
2010	99.7	98.7	87.5	83.3

注：1.初中升高级中学包含升入技工学校。
　　2.高中升学率为普通高校招生数（含电大普通班)与普通高中毕业生数之比。

5-11-27 各地区高等学校普通本、专科学生数

单位：人

地区	学校数(所)	招生数	本科	专科	在校学生数	本科	专科
全国	**2358**	**6617551**	**3512563**	**3104988**	**22317929**	**12656132**	**9661797**
北京	87	155137	119821	35316	587106	467973	119133
天津	55	128608	76379	52229	429224	273616	155608
河北	110	339149	156388	182761	1105118	552202	552916
山西	73	180748	85161	95587	562924	292607	270317
内蒙古	44	112546	55663	56883	371388	197649	173739
辽宁	112	247451	155215	92236	880247	602201	278046
吉林	56	151106	107472	43634	544392	404872	139520
黑龙江	79	192665	124116	68549	719117	474038	245079
上海	67	144649	91154	53495	515661	354940	160721
江苏	150	448562	253057	195505	1649430	944090	705340
浙江	101	253562	138886	114676	884867	522172	362695
安徽	111	287585	135461	152124	938954	482387	456567
福建	84	198746	103865	94881	647774	365516	282258
江西	85	248494	115635	132859	816484	398888	417596
山东	132	475212	220622	254590	1631373	807484	823889
河南	107	457122	211337	245785	1456730	687181	769549
湖北	120	387612	202498	185114	1296920	716184	580736
湖南	117	302650	153108	149542	1047241	557232	490009
广东	131	437274	217048	220226	1426624	778595	648029
广西	70	182635	73853	108782	567516	261369	306147
海南	17	47573	25020	22553	150806	80296	70510
重庆	53	164137	96434	67703	522719	328741	193978
四川	92	332104	180340	151764	1086215	643225	442990
贵州	47	99320	53636	45684	323293	184389	138904
云南	61	140966	77755	63211	439042	255788	183254
西藏	6	9213	5023	4190	31109	19681	11428
陕西	90	267108	154904	112204	927769	545712	382057
甘肃	40	114064	65994	48070	381526	238412	143114
青海	9	12969	7609	5360	44994	28119	16875
宁夏	15	25008	14815	10193	80206	51219	28987
新疆	37	73576	34294	39282	251160	139354	111806

注：学校数为普通高校数。学生数包括成人高校的普通本专科学生数。

5-11-27 续表

单位：人

地区	预计毕业生数	本科	专科	毕(结)业生数	本科	专科	授予学位数
全国	**6190661**	**2868211**	**3322450**	**5754245**	**2590535**	**3163710**	**2435867**
北京	159042	115950	43092	152659	110081	42578	103720
天津	112133	60090	52043	105354	55698	49656	53464
河北	313995	122466	191529	297092	108034	189058	104153
山西	153886	65192	88694	165545	60516	105029	54484
内蒙古	98310	42600	55710	94704	36201	58503	34398
辽宁	242607	145186	97421	219564	132522	87042	129467
吉林	142741	92654	50087	135951	86118	49833	73599
黑龙江	199078	109616	89462	180982	98437	82545	90965
上海	144592	88673	55919	133716	78331	55385	74674
江苏	488363	232469	255894	478868	198903	279965	184363
浙江	245408	121403	124005	233741	108865	124876	104227
安徽	258712	107316	151396	232225	90398	141827	81841
福建	178637	82609	96028	153449	71708	81741	67014
江西	232477	87077	145400	225943	81573	144370	76482
山东	477435	182070	295365	444003	182722	261281	176377
河南	427752	154976	272776	382486	137571	244915	127749
湖北	366247	158915	207332	331303	148906	182397	138420
湖南	288205	121979	166226	276082	109394	166688	106817
广东	369334	168536	200798	334187	152893	181294	146295
广西	154769	58324	96445	138089	47914	90175	46082
海南	40498	16525	23973	36791	13765	23026	12962
重庆	134359	71991	62368	122811	66490	56321	62358
四川	298631	143775	154856	278577	126069	152508	122319
贵州	84772	38470	46302	74777	33280	41497	29227
云南	110967	51629	59338	95379	46727	48652	45261
西藏	8013	4618	3395	8266	4645	3621	4021
陕西	260454	122600	137854	235507	113140	122367	107328
甘肃	100217	51995	48222	92226	45747	46479	41963
青海	13020	6209	6811	11207	5784	5423	5151
宁夏	20036	10332	9704	19218	9201	10017	5436
新疆	65971	31966	34005	63543	28902	34641	25250

5-11-28 各地区普通高等学校（机构）教职工情况

单位：人

地区	教职工数	校本部教职工	专任教师	正高级	副高级	中级	初级	无职称	行政人员	教辅人员	工勤人员
全　国	**2156601**	**2020497**	**1343127**	**148552**	**377225**	**516938**	**231099**	**69313**	**297715**	**203345**	**176310**
北　京	133874	114886	59248	11869	19663	22151	3394	2171	22232	16967	16439
天　津	45194	43155	28094	3990	9190	10126	3957	831	6739	4354	3968
河　北	94548	90191	60769	7383	16970	22322	10334	3760	13246	7870	8306
山　西	56909	53752	36492	2635	9387	12851	8584	3035	7493	5407	4360
内蒙古	36439	35267	23332	1983	7012	7955	4569	1813	5338	3818	2779
辽　宁	93183	88410	57404	7412	17754	21982	8645	1611	13764	8727	8515
吉　林	59535	56551	33982	4861	10463	11917	6095	646	8835	6371	7363
黑龙江	75741	70991	44198	6256	13056	16469	6586	1831	10673	7341	8779
上　海	74161	65610	39170	6191	11479	16332	3488	1680	10969	8482	6989
江　苏	158647	148025	102010	10420	29297	42324	16594	3375	21488	14060	10467
浙　江	79785	74290	50969	6219	14831	22124	5586	2209	12128	7231	3962
安　徽	71264	68524	49298	3562	12708	18912	11142	2974	7785	6211	5230
福　建	58660	55668	37733	3571	9683	13573	8809	2097	8748	5499	3688
江　西	70753	67491	49028	4587	13124	17807	10932	2578	8437	5427	4599
山　东	139100	132851	91413	9206	24924	36231	18172	2880	18054	12714	10670
河　南	110427	106073	77471	5830	19737	30264	17556	4084	11495	8335	8772
湖　北	123491	114670	74685	8674	22047	26077	13656	4231	17228	12248	10509
湖　南	94871	88556	59557	6320	16943	23061	10233	3000	13241	9619	6139
广　东	121363	114018	78569	8787	20585	30802	10671	7724	17880	11432	6137
广　西	50701	45025	31650	2736	8077	12303	5491	3043	6151	3772	3452
海　南	12360	12013	7798	729	1680	2593	1934	862	1697	1289	1229
重　庆	48356	45968	31070	3217	8933	12466	4943	1511	7303	4067	3528
四　川	100503	94096	64991	6311	16872	25663	13032	3113	11970	8870	8265
贵　州	29721	29150	20351	1785	5835	8264	3255	1212	4403	2606	1790
云　南	39676	38269	26498	2729	7391	10370	4433	1575	5321	3392	3058
西　藏	3312	3286	2195	88	535	856	404	312	500	286	305
陕　西	98536	92579	58288	6907	15534	22964	10493	2390	14396	10089	9806
甘　肃	32865	30216	20761	1956	5856	7753	3943	1253	4026	2858	2571
青　海	6682	5973	3731	566	1336	1096	548	185	761	817	664
宁　夏	9174	8690	5866	761	1681	2027	1060	337	1391	783	650
新　疆	26770	26253	16506	1011	4642	7303	2560	990	4023	2403	3321

5-11-29 各地区中等职业学校（机构）学生情况

单位：人

地区	招生数	#初中毕业	#应届毕业	在校学生数	毕业生数	#获得职业资格证书	预计毕业生数
全国	**7113957**	**6272645**	**5387353**	**18164447**	**5436524**	**3420318**	**5632128**
北京	50586	41684	39191	161806	51325	27397	53977
天津	38731	33216	31172	116107	51481	23892	42968
河北	409522	347659	295431	1120517	348186	180608	356514
山西	236507	185227	143871	575210	181814	102637	194844
内蒙古	124227	100930	82169	334720	85296	47960	92064
辽宁	144448	130182	115422	427773	142613	70382	147071
吉林	107251	95520	64196	292359	91836	41310	97149
黑龙江	115897	90771	70031	360023	121979	60449	129907
上海	48914	46887	44491	163878	55530	42938	51821
江苏	362563	343163	323951	1020381	281831	220945	289869
浙江	241528	234057	232205	642238	187361	155607	191698
安徽	349069	304187	278881	872733	292473	177682	281925
福建	201482	174067	146920	536047	155293	125254	180382
江西	219951	191974	173559	618065	188419	118078	190642
山东	426954	364120	320223	1131621	439337	295311	394461
河南	625601	548046	503784	1636004	526333	296116	546943
湖北	283610	263684	251702	903834	335776	208282	321618
湖南	302889	250990	229378	764796	282883	179143	230053
广东	741320	640810	523124	1547785	331741	237823	430724
广西	380908	330410	176430	809508	163557	108486	204167
海南	54732	50783	43907	136905	29692	14598	34449
重庆	132467	128204	122451	391601	125018	84193	123434
四川	511629	481864	436400	1236943	314065	216459	351305
贵州	155527	142299	116138	375740	100997	60332	108643
云南	279015	248464	169557	575301	128904	73277	130519
西藏	7319	6313	6263	22613	7312	2261	8812
陕西	251820	227180	215278	628261	198308	128485	211998
甘肃	137362	120262	102782	347376	102515	58093	108545
青海	30713	26751	20654	79105	19773	14290	22989
宁夏	42521	36263	29874	101878	28493	13077	32937
新疆	98894	86678	77918	233319	66383	34953	69700

5-11-30 各地区中等职业学校（机构）教职工数

单位：人

地区	教职工数	校本部教职工	专任教师	行政人员	教辅人员	工勤人员	校办企业职工	其他附设机构人员	聘请校外教师
全国	**956631**	**940070**	**680954**	**103473**	**68124**	**87519**	**8305**	**8256**	**101752**
北京	14625	14335	8390	2933	1202	1810	48	242	1522
天津	11500	11378	7891	1805	784	898	46	76	1080
河北	67544	66903	49074	7093	5238	5498	385	256	4674
山西	32882	32344	23333	3532	2546	2933	198	340	3745
内蒙古	20626	20324	14653	2365	1450	1856	123	179	1447
辽宁	32736	32314	21910	4711	2411	3282	258	164	3257
吉林	28434	28159	19339	3751	2855	2214	132	143	1740
黑龙江	26038	25750	18297	3082	1844	2527	189	99	1597
上海	14060	13951	8094	2301	1565	1991	101	8	1394
江苏	57667	56995	44035	3864	4244	4852	314	358	6067
浙江	37491	37150	30548	2319	2039	2244	173	168	4033
安徽	34109	33105	24384	3572	1959	3190	547	457	3566
福建	23667	23030	17993	2037	1353	1647	540	97	4500
江西	27658	27070	20035	3117	1391	2527	309	279	2956
山东	78769	77275	55465	8787	6613	6410	842	652	3361
河南	83165	81125	60389	8263	5679	6794	1013	1027	8706
湖北	40985	40015	28476	4552	3127	3860	542	428	5812
湖南	41822	40655	28004	5268	3159	4224	728	439	3702
广东	58754	58231	43533	6011	4101	4586	247	276	6138
广西	31234	29582	20469	3115	2307	3691	259	1393	4351
海南	5846	5635	3824	702	329	780	13	198	603
重庆	19171	19042	13875	2125	1288	1754	80	49	3628
四川	50376	49755	36215	4729	3252	5559	236	385	5258
贵州	15789	15452	11291	2139	747	1275	233	104	3682
云南	27623	27539	20120	2383	1560	3476	41	43	4774
西藏	731	731	591	45	30	65			109
陕西	31571	30947	20892	4691	2475	2889	408	216	4308
甘肃	20225	20001	14862	1930	1238	1971	140	84	1358
青海	3157	3061	2444	255	122	240	81	15	444
宁夏	3388	3335	2444	331	215	345	39	14	489
新疆	14988	14881	10084	1665	1001	2131	40	67	3451

5-11-31 各地区普通高中基本情况

单位：人

地区	学校数（所）	招生数	在校学生数	毕业生数	教职工数	#专任教师
全国	**14058**	**8362359**	**24273351**	**7944335**	**5859271**	**1518194**
北京	289	65649	198415	62305	70418	19618
天津	214	62061	185153	65951	51778	14819
河北	615	420199	1275146	426568	305324	82982
山西	534	280984	822925	259381	204549	53572
内蒙古	289	166364	499280	174815	123092	31587
辽宁	419	240387	715443	226130	180343	44684
吉林	257	162999	470946	152201	121071	27628
黑龙江	416	207452	616885	195518	171212	40726
上海	261	53853	168899	62375	67277	16729
江苏	653	440338	1356550	486363	335609	98197
浙江	569	300941	880194	273680	208249	62344
安徽	743	424086	1275968	443812	262588	66879
福建	575	243076	706369	240300	172158	52136
江西	452	256536	739649	262464	184385	46860
山东	592	528217	1525122	546851	438787	111401
河南	825	628486	1921573	704309	431419	104334
湖北	603	395471	1237362	434549	263055	71126
湖南	622	370508	1019039	361786	281722	67830
广东	1026	755881	2089462	567648	445335	125069
广西	463	270720	753981	238971	190125	42120
海南	107	56045	160461	50598	40694	9503
重庆	268	227567	626434	169522	124404	32214
四川	747	525495	1462250	449991	321813	80318
贵州	444	240208	620221	171704	155346	33072
云南	451	228997	632812	184415	179480	41166
西藏	29	15057	40728	12177	12773	3171
陕西	569	338378	955861	310262	198543	53950
甘肃	452	219614	646975	195045	132676	37517
青海	119	36153	107715	34080	23923	7550
宁夏	70	47399	142392	44858	30496	8861
新疆	385	153238	419141	135706	130627	30231

注：教职工数为普通高中和普通初中之和。

5-11-32 各地区普通初中基本情况

单位：人

地 区	学校数（所）	招生数	在校学生数	毕业生数	专任教师
全 国	**54823**	**17154930**	**52759127**	**17485714**	**3523382**
北 京	345	102360	309912	101045	30255
天 津	332	83891	273408	93464	25899
河 北	2649	721556	2212343	876820	177693
山 西	2213	571651	1713779	575396	119221
内蒙古	834	270361	814686	268978	63983
辽 宁	1657	397158	1272295	455348	100674
吉 林	1209	251194	817462	294438	67038
黑龙江	1758	363236	1290892	405225	101430
上 海	494	109424	425463	98913	34012
江 苏	2123	710443	2329518	913974	186397
浙 江	1745	532022	1671286	585993	120521
安 徽	2995	873302	2789866	921877	163173
福 建	1328	383157	1275763	478531	99333
江 西	2107	683676	1999946	536759	120425
山 东	3053	1112964	3485570	1022090	260681
河 南	4616	1588071	4694044	1549170	276650
湖 北	2184	657947	2180937	854395	156836
湖 南	3311	734373	2149204	697470	172664
广 东	3308	1663662	5001040	1534663	266445
广 西	1974	701548	2003911	626644	118720
海 南	424	133509	421593	146277	25061
重 庆	1005	408525	1281724	416604	77089
四 川	3991	1116229	3438646	1137612	204644
贵 州	2148	764740	2136599	635811	109436
云 南	1732	706567	2073500	641624	119818
西 藏	93	47361	138992	46093	8873
陕 西	1867	493463	1643225	627356	116532
甘 肃	1586	453780	1384027	454586	83172
青 海	315	78875	219463	66211	14325
宁 夏	267	103767	306755	84837	18623
新 疆	1160	336118	1003278	337510	83759

5-11-33 各地区职业初中基本情况

单位：人

地区	学校数(所)	招生数	在校学生数	毕业生数	教职工数	#专任教师
全国	**67**	**10885**	**34173**	**17794**	**2187**	**1975**
北京						
天津						
河北	1	66	162	68	20	14
山西	8	339	1192	2852	107	94
内蒙古				2138		
辽宁						
吉林	12	2175	7530	2968	721	617
黑龙江	4	309	1316	210	120	107
上海		48	143	48	18	18
江苏						
浙江						
安徽	1	93	300	127	27	25
福建						
江西	1	245	525	289	44	44
山东						
河南						
湖北				671		
湖南						
广东						
广西						
海南						
重庆						
四川	3	2310	4588	989	83	80
贵州	22	3658	10683	4154	650	620
云南	14	1517	6908	2875	364	332
西藏						
陕西						
甘肃	1	10	45	10	8	6
青海						
宁夏		115	781	395	25	18
新疆						

5-11-34 各地区普通小学基本情况

单位：人

地区	学校数（所）	招生数	在校学生数	毕业生数	教职工数	#专任教师
全国	**257410**	**16917007**	**99407043**	**17396364**	**6109847**	**5617091**
北京	1104	113728	653255	102971	60038	49480
天津	956	82550	505895	87178	43990	37317
河北	13563	955960	5115923	721755	342373	319037
山西	12776	451390	2910606	573473	206423	190538
内蒙古	2767	221764	1430751	269753	138473	113564
辽宁	5523	348465	2182522	397516	167199	146922
吉林	5837	249724	1444633	252667	147790	124502
黑龙江	6490	341438	1879609	363943	172707	151344
上海	766	150465	701578	124353	55843	45239
江苏	4498	731257	3987821	705776	275678	249586
浙江	3989	602117	3333274	541309	186081	171908
安徽	13997	819015	4604351	874103	256209	245726
福建	6974	426005	2388917	396060	166290	156601
江西	12772	748368	4260215	678534	209950	202897
山东	12405	1113005	6292476	1102552	417504	387453
河南	28603	1877552	10705303	1653451	518191	490413
湖北	7749	680166	3655512	611620	211247	196078
湖南	12692	863796	4791601	728144	266854	250039
广东	16806	1359159	8485498	1741881	487773	430735
广西	13942	741123	4300598	718164	244647	220183
海南	2313	103591	780535	146903	57085	52056
重庆	5544	329739	1999407	398349	125859	116057
四川	9282	964894	5921080	1113444	329690	305741
贵州	12422	656919	4334971	798173	207209	197913
云南	14059	669300	4352084	736946	250114	237537
西藏	872	50747	299408	50642	19289	18901
陕西	9710	408618	2610355	505889	190545	175184
甘肃	11582	361331	2370406	474328	144568	140381
青海	1792	81464	518992	82467	27516	26584
宁夏	2027	101496	653669	109658	33849	33212
新疆	3598	311861	1935798	334362	148863	133963

5-11-35 各地区特殊教育基本情况

单位：人

地 区	学校数（所）	招生数	在校学生数	毕业生数	教职工数	#专任教师
全 国	**1706**	**64869**	**425613**	**58941**	**49249**	**39650**
北 京	21	967	7981	1914	1201	906
天 津	20	359	2570	393	607	450
河 北	149	1715	12415	831	3308	2660
山 西	45	1088	8167	895	1474	1214
内蒙古	30	564	3976	362	1104	916
辽 宁	74	688	8921	906	2682	2147
吉 林	45	1059	6884	783	1736	1309
黑龙江	74	1233	8326	931	2312	1873
上 海	29	1203	8811	1936	1596	1143
江 苏	112	4763	29742	5228	3802	2988
浙 江	67	1904	13010	1718	1837	1586
安 徽	62	2203	13985	1558	1393	1174
福 建	71	4575	32048	5993	1815	1599
江 西	70	3609	23741	2476	944	843
山 东	145	3610	21987	2794	5742	4486
河 南	120	3234	21853	2283	3401	2874
湖 北	76	2047	15349	2261	1744	1477
湖 南	54	2174	13209	1378	1531	1168
广 东	75	3666	26064	4165	2719	2026
广 西	59	2435	15756	1638	1160	919
海 南	3	652	3175	567	145	109
重 庆	36	2348	14618	2426	846	715
四 川	100	6684	41839	5817	1989	1711
贵 州	53	2755	16231	1350	928	796
云 南	26	3407	21432	3149	854	685
西 藏	2	42	258	6	62	52
陕 西	40	1419	7837	1199	967	748
甘 肃	17	2071	13350	1850	525	418
青 海	11	255	2505	167	174	137
宁 夏	7	242	1516	177	190	174
新 疆	13	1898	8057	1790	461	347

5-11-36 各地区各级普通学校生师比

年份 地区	小学	初中	普通高中	职业高中	普通中专	普通高校	本科院校	专科院校
2004	19.98	18.65	18.65	19.10	28.13	16.22	17.44	13.15
2005	19.43	17.80	18.54	20.62	31.02	16.85	17.75	14.78
2006	19.17	17.15	18.13	22.16	31.67	17.80	17.61	18.26
2007	18.82	16.52	17.48	23.50	31.39	17.28	17.31	17.20
2008	18.38	16.07	16.78	23.47	31.27	17.23	17.21	17.27
2009	17.88	15.47	16.30	23.65	27.82	17.27	17.23	17.35
2010	17.70	14.98	15.99	23.66	26.10	17.33	17.38	17.21
北京	13.20	10.24	10.11	12.93	21.20	15.97	16.22	14.11
天津	13.56	10.56	12.49	12.32	14.77	16.77	16.63	17.12
河北	16.04	12.45	15.37	21.23	24.22	17.82	17.96	17.52
山西	15.28	14.37	15.36	25.04	27.88	16.44	16.34	16.62
内蒙古	12.60	12.73	15.81	19.57	22.82	17.20	17.55	16.72
辽宁	14.85	12.64	16.01	18.03	17.49	16.82	17.25	15.20
吉林	11.60	12.19	17.05	17.88	17.56	17.72	17.76	17.52
黑龙江	12.42	12.73	15.15	15.32	24.08	16.85	16.92	16.64
上海	15.51	12.51	10.10	13.20	22.16	17.03	16.93	17.59
江苏	15.98	12.50	13.81	17.57	23.46	15.88	16.38	15.14
浙江	19.39	13.87	14.12	21.39	23.27	17.13	16.91	17.61
安徽	18.74	17.10	19.08	34.87	35.01	18.44	18.31	18.62
福建	15.25	12.84	13.55		22.61	17.43	17.55	17.17
江西	21.00	16.61	15.78	30.34	30.18	17.14	17.32	16.84
山东	16.24	13.37	13.69	18.31	20.80	16.94	16.67	17.46
河南	21.83	16.97	18.42	24.48	29.56	17.63	18.01	17.01
湖北	18.64	13.91	17.40	30.06	32.18	17.82	17.71	18.13
湖南	19.16	12.45	15.02	22.02	31.54	18.01	18.05	17.95
广东	19.70	18.77	16.71	24.08	27.66	18.83	19.05	18.43
广西	19.53	16.88	17.90		24.39	17.42	17.29	17.62
海南	14.99	16.82	16.89	23.04	50.05	18.47	18.60	18.22
重庆	17.23	16.63	19.45	28.57	36.21	17.51	17.95	16.38
四川	19.37	16.82	18.21	31.98	33.59	18.05	18.06	18.03
贵州	21.90	19.51	18.75	29.87	31.52	17.27	16.89	18.08
云南	18.32	17.32	15.37	28.35	34.38	17.76	17.77	17.76
西藏	15.84	15.66	12.84		32.10	13.99	13.82	14.45
陕西	14.90	14.10	17.72	29.50	24.72	17.26	17.16	17.60
甘肃	16.89	16.64	17.24	25.45	24.07	18.79	19.13	18.04
青海	19.52	15.32	14.27	76.11	32.06	14.00	13.29	16.12
宁夏	19.68	16.50	16.07	32.27	34.23	17.46	16.49	19.59
新疆	14.45	11.98	13.86	22.75	17.62	16.63	16.17	17.40

注：普通高校生师比中专任教师数包括聘请校外教师。

5-11-37 每十万人口各级学校平均在校生数

单位：人

年份/地区	幼儿园	小学	初中阶段	高中阶段	高等学校
2004	1617	8725	5058	2792	1420
2005	1676	8358	4781	3070	1613
2006	1731	8192	4557	3321	1816
2007	1787	8037	4364	3409	1924
2008	1873	7819	4227	3463	2042
2009	2001	7584	4097	3495	2128
2010	2230	7448	3955	3499	2189
北京	1578	3722	1766	2363	6196
天津	1774	4119	2226	2776	4412
河北	2389	7273	3145	3647	1951
山西	2072	8492	5004	4478	2132
内蒙古	1572	5907	3364	3581	1884
辽宁	1932	5053	2946	2900	2671
吉林	1252	5273	3011	2944	2716
黑龙江	1285	4913	3377	2881	2447
上海	2084	3652	2216	1878	4300
江苏	2663	5162	3016	3527	2819
浙江	3534	6435	3226	3189	2285
安徽	1644	7510	4551	3657	1841
福建	3216	6586	3517	3655	2144
江西	2787	9612	4514	3469	2162
山东	2317	6644	3681	3224	2202
河南	2073	11284	4948	4024	1839
湖北	1955	6391	3813	4155	2906
湖南	2215	7480	3355	3048	2051
广东	2876	8804	5189	4446	2037
广西	2441	8856	4127	3432	1530
海南	2102	9033	4879	3799	2036
重庆	2479	6993	4483	4000	2413
四川	2306	7234	4207	3496	1790
贵州	2025	11414	5654	2716	1109
云南	2159	9521	4551	2835	1391
西藏	807	10323	4792	2184	1373
陕西	1868	6920	4356	4931	3208
甘肃	1470	8994	5252	4044	1882
青海	2009	9313	3938	3790	1119
宁夏	2205	10455	4919	4223	1868
新疆	2682	8968	4648	3249	1467

注：1.高等学校包括普通高等学校和成人高等学校。
2.高中阶段合计数据包括普通高中、成人高中、普通中专、职业高中、技工学校和成人中专。
3.初中阶段包括普通初中和职业初中。

5-11-38 教育经费情况

单位：万元

年份 地区	合计	国家财政性教育经费	#预算内教育经费	民办学校办学经费	社会捐赠经费	事业收入	#学杂费	其他教育经费
1992	8670491	7287506	5387382		696285		439319	
1993	10599374	8677618	6443914	33323	701856		871477	
1994	14887813	11747396	8839795	107795	974487		1469228	
1995	18779501	14115233	10283930	203672	1628414		2012423	
1996	22623394	16717046	12119134	261999	1884190		2610361	
1997	25317326	18625416	13577262	301746	1706588		3260792	
1998	29490592	20324526	15655917	480314	1418537	6091515	3697474	1175700
1999	33490416	22871756	18157597	628957	1258694	7497174	4636108	1233835
2000	38490806	25626056	20856792	858537	1139557	9382717	5948304	1483939
2001	46376626	30570100	25823762	1280895	1128852	11575137	7456014	1821643
2002	54800278	34914048	31142383	1725549	1272791	14609169	9227792	2278722
2003	62082653	38506237	34538583	2590148	1045927	17218399	11214985	2721943
2004	72425989	44658575	40278158	3478529	934204	20114268	13465517	3240414
2005	84188391	51610759	46656939	4522185	931613	23399991	15530545	3723842
2006	98153087	63483648	57956138	5490583	899078	24073042	15523301	4206736
2007	121480663	82802142	76549082	809337	930584	31772357	21309082	5166242
2008	145007374	104496296	96855602	698479	1026663	33670711	23492983	5115225
2009	165027065	122310935	114193032	749829	1254991	35275939	25155983	5435371
中　央	18106109	11917748	11716869		138719	4991192	2535277	1058449
地　方	146920957	110393187	102476163	749829	1116271	30284747	22620706	4376922
北　京	5289432	4332698	4006230	5208	53682	757151	503559	140694
天　津	2381672	1803943	1677781	3786	7210	505972	359736	60761
河　北	6145261	4692123	4345828	29487	9451	1250708	1030697	163491
山　西	3809096	2977295	2694752	20794	8154	751428	602479	51425
内蒙古	3187733	2692816	2498568	2280	3202	429547	334691	59889
辽　宁	5349184	4143772	3790891	20242	2148	1030190	837912	152832
吉　林	3006988	2375058	2275202	4153	4749	591920	468580	31108
黑龙江	3486163	2761967	2596720	8576	1285	701669	598105	12666
上　海	4937339	3825305	3395283	4592	9402	824593	688345	273448
江　苏	11054890	7402067	6548470	20570	148647	2852163	1946810	631443
浙　江	8911507	5947216	4998283	10892	176134	2133499	1544936	643766
安　徽	4873316	3596935	3387147	48279	22546	1101215	833179	104342
福　建	4479126	3255728	3014545	85542	30471	1007403	734334	99983
江　西	3776516	2706434	2589592	14660	13475	919367	747262	122580
山　东	8397429	6364782	5676783	25512	28233	1816673	1379027	162228
河　南	7633496	5869145	5626470	59991	4947	1555511	1194810	143903
湖　北	5194495	3407313	3180674	42268	15608	1515403	1127650	213904
湖　南	5660684	4031176	3779431	20528	13569	1402601	1068199	192810
广　东	12843085	9071029	8554350	140275	112402	3223522	2394395	295858
广　西	3873253	3051449	2921498	10366	13682	739500	570102	58256
海　南	1175474	905860	811612	21374	7033	213024	159035	28182
重　庆	3309977	2324549	2195528	50352	32999	672950	463283	229126
四　川	8088479	6105391	5820461	39844	295131	1510993	897783	137121
贵　州	3094113	2680258	2557255	7787	5667	358393	260951	42007
云　南	4408081	3723686	3596527	17428	16917	563675	429141	86375
西　藏	597448	577399	576051	29	4640	15087	11790	294
陕　西	4637457	3410574	3250003	30455	20738	1054918	844400	120772
甘　肃	2761110	2359726	2286210	2361	26764	351007	282441	21251
青　海	785820	727966	705758	697	2278	45219	30159	9661
宁　夏	813071	677505	648255	605	21209	90061	68689	23689
新　疆	2959264	2592025	2470005	898	3897	299385	208225	63059

注：2007年对部分教育经费统计指标进行了修订。“民办学校办学经费”1992-2006年是指社会团体和公民个人办学总经费，2007年以后是指民办学校中举办者投入。

5-11-39 各类学校教育经费情况

单位：万元

学校类别	合计	国家财政性教育经费	#预算内教育经费	民办学校中举办者投入	社会捐赠经费	事业收入	#学杂费	其他教育经费
全国总计	**165027065**	**122310935**	**114193032**	**749829**	**1254991**	**35275939**	**25155983**	**5435371**
按学校类别分组								
高等学校	47827760	23273842	22493469	330962	263895	20836562	15939087	3122499
普通高等学校	46450089	22645083	21912629	330962	261761	20188915	15403469	3023369
成人高等学校	1377670	628760	580840		2134	647647	535617	99130
中等职业学校	11988675	8141848	7086185	127871	38950	3351544	2778156	328463
中等专业学校	5134365	3307110	2968624	57842	9787	1602827	1357866	156799
职业高中	4708237	3465887	2859537	56969	26182	1059045	892282	100154
技工学校	1462059	878354	801627	7639	2678	524512	428558	48876
成人中专学校	684014	490497	456397	5420	303	165160	99450	22634
中学	47680923	38343767	35350376	178384	529660	7694347	4971681	934766
普通中学	47634304	38311850	35326169	178384	529597	7683630	4969428	930844
普通高中	17794435	11093407	9853696	70572	241978	5898236	4071948	490242
普通初中	29839869	27218443	25472473	107812	287620	1785394	897480	440601
#农村	16975027	16313520	15497859	22314	118134	354649	142380	166409
成人中学	46619	31917	24208		63	10718	2252	3922
小学	42173872	39730251	37701029	112522	344857	1473223	760280	513018
普通小学	42169241	39725715	37696574	112522	344857	1473141	760280	513006
#农村	27230002	26425549	25449025	28366	169537	374285	158898	232265
成人小学	4631	4536	4455			82		12
特殊教育学校	482851	454816	406915	90	4899	11722	301	11323
幼儿园	2447892	1662739	1524543		18365	724637	635670	42151
教育行政单位	2463587	2140294	1808729		22306	178525		122463
教育事业单位	5733982	4639216	3911935		29954	761166		303647
其它	4227524	3924163	3909851		2105	244214	70809	57042

【主要统计指标解释】

普通高等学校 指按国家规定的设置标准和审批程序批准举办的，通过全国普通高等教育统一招生考试，招收高中毕业生为主要培养对象，实施高等学历教育的全日制大学、独立设置的学院和高等专科学校、高等职业学校及其他机构(独立学院和分校、大专班)。

大学、独立设置的学院主要实施本科及本科层次以上教育，高等专科学校、高等职业学校实施专科层次教育，其他机构是承担国家普通招生计划任务不计校数的机构，包括独立学院、普通高等学校分校、大专班和批准筹建的普通高等学校等。独立学院指由普通本科高校按新机制、新模式举办的本科层次的二级学院。一些普通本科高校按公办机制和模式建立的二级学院、“分校”或其他类似的二级办学机构不属此范畴。

成人高等学校 指按照国家规定的设置标准和审批程序批准举办的，通过全国成人高等学校统一招生考试，招收具有高中毕业或同等学历的在职从业人员为主要培养对象，利用函授、业余、脱产等多种形式对其实施高等学历教育的学校。包括职工高等学校、农民高等学校、管理干部学院、教育学院、独立函授学院、广播电视大学、其他机构等。其他机构是承担国家成人招生计划任务不计校数的机构。

小学学龄儿童净入学率 指调查范围内已入小学学习的学龄儿童占校内外学龄儿童总数(包括弱智儿童，不包括盲聋哑儿童)的比重。计算公式为：

$$\text{小学学龄儿童净入学率}=\frac{\text{已入学的小学学龄儿童数}}{\text{校内外小学学龄儿童总数}}\times 100\%$$

5

第三产业部分行业主要业务指标

5-12　卫生、社会保障和社会福利业

简要说明

一、主要内容

本篇主要包括卫生事业、民政事业、劳动保障、残疾人事业等内容。

卫生事业发展情况主要包括卫生机构、人员、设施、经费、医疗服务，农村和社区卫生、妇幼保健、人民健康水平、居民病伤死亡原因、医疗保障制度等情况。

民政事业和劳动保障统计资料主要包括社会服务企事业机构、人员情况，优抚和社会救济情况，社区服务设施和农村社会保障网络情况，婚姻服务情况，殡葬服务情况，参加社会保险人员情况及社会保险基金情况和劳动争议仲裁等情况。

残疾人资料主要包括残疾人康复、教育、就业、扶贫和残联组织建设等情况。

二、资料来源

卫生部分的资料来自卫生部。详细资料见《中国卫生统计年鉴》（卫生部信息中心编）。

劳动保障资料是人力资源和社会保障部根据其《培训、就业统计报表制度》整理提供。

民政事业统计资料详见《中国民政统计年鉴》（民政部规划财务司编）。

残疾人资料由中国残疾人联合会整理提供。

5-12-1 医疗卫生机构

单位：个

年份	合计	医院	综合医院	中医医院	专科医院	基层医疗卫生机构	社区卫生服务中心(站)	乡镇卫生院
1949	3670	2600						
1950	8915	2803	2692	4	85			
1955	67725	3648	3351	67	188			
1960	261195	6020	5173	330	401			24849
1965	224266	5330	4747	131	339			36965
1970	149823	5964	5353	117	385			56568
1975	151733	7654	6817	160	543			54026
1978	169732	9293	7539	447	643			55018
1980	180553	9902	7859	678	694			55413
1981	800205	10252	8044	781	718			55500
1982	801869	10471	8146	878	731			55496
1983	870686	10901	8370	1009	772			55559
1984	905424	11381	8545	1218	810			55549
1985	978540	11955	9197	1485	938			47387
1986	999102	12442	9363	1646	1030			46967
1987	1012804	12962	9657	1790	1097			47177
1988	1012485	13544	9916	1932	1190			47529
1989	1027522	14090	10242	2046	1265			47523
1990	1012690	14377	10424	2115	1362			47749
1991	1003769	14628	10562	2195	1345			48140
1992	1001310	14889	10774	2269	1376			46117
1993	1000531	15436	11426	2298	1438			45024
1994	1005271	15595	11549	2336	1440			51929
1995	994409	15663	11586	2361	1445			51797
1996	1078131	15833	11696	2405	1473			51277
1997	1048657	15944	11771	2413	1488			50981
1998	1042885	16001	11779	2443	1495			50071
1999	1017673	16678	11868	2441	1533			49694
2000	1034229	16318	11872	2453	1543	1000169		49229
2001	1029314	16197	11834	2478	1576	995670		48090
2002	1005004	17844	12716	2492	2237	973098	8211	44992
2003	806243	17764	12599	2518	2271	774693	10101	44279
2004	849140	18393	12900	2611	2492	817018	14153	41626
2005	882206	18703	12982	2620	2682	849488	17128	40907
2006	918097	19246	13120	2665	3022	884818	22656	39975
2007	912263	19852	13372	2720	3282	878686	27069	39876
2008	891480	19712	13119	2688	3437	858015	24260	39080
2009	916571	20291	13364	2728	3716	882153	27308	38475
2010	936927	20918	13681	2778	3956	901709	32739	37836

注：1.村卫生室数计入卫生机构数中。
2.2008年社区卫生服务中心(站)减少的原因是江苏省约5000家农村社区卫生服务站划归村卫生室。
3.2002年起,卫生机构数不再包括高中等医学院校本部、药检机构、国境卫生检疫所和非卫生部门举办的计划生育指导站。
4.1996年以前卫生院指乡镇卫生院，门诊部(所)不包括私人诊所。

5-12-1 续表

单位：个

年　份	村卫生室	门诊部(所)	专业公共卫生机构	疾病预防控制中心	专科疾病防治院(所/站)	妇幼保健院(所/站)	卫生监督所(中心)
1949		769			11	9	
1950		3356		61	30	426	
1955		51600		315	287	3944	
1960		213823		1866	683	4213	
1965		170430		2499	822	2910	
1970		79600		1714	607	1124	
1975		80739		2912	683	2128	
1978		94395		2989	887	2571	
1980		102474		3105	1138	2745	
1981	610079	111189		3202	1197	2789	
1982	608431	113916		3271	1272	2827	
1983	674669	115826		3274	1326	2851	
1984	707168	117028		3339	1458	2955	
1985	777674	126604		3410	1566	2996	
1986	795963	127575		3475	1635	3059	
1987	807844	128459		3512	1697	3082	
1988	806497	128422		3532	1727	3103	
1989	820798	128112		3591	1747	3112	
1990	803956	129332		3618	1781	3148	
1991	794733	128665		3652	1818	3187	
1992	796523	125873		3673	1845	3187	
1993	806945	115161		3729	1872	3115	
1994	813529	105984		3711	1905	3190	
1995	804352	104406		3729	1895	3179	
1996	755565	237153		3737	1887	3172	
1997	733624	229474		3747	1893	3180	
1998	728788	229349		3746	1889	3191	
1999	716677	226588		3763	1877	3180	
2000	709458	240934	11386	3741	1839	3163	
2001	698966	248061	11471	3813	1783	3132	
2002	698966	219907	10787	3580	1839	3067	571
2003	514920	204468	10792	3584	1749	3033	838
2004	551600	208794	10878	3588	1583	2998	1284
2005	583209	207457	11177	3585	1502	3021	1702
2006	609128	212243	11269	3548	1402	3003	2097
2007	613855	197083	11528	3585	1365	3051	2553
2008	613143	180752	11485	3534	1310	3011	2675
2009	632770	182448	11665	3536	1291	3020	2809
2010	648424	181781	11835	3513	1274	3025	2992

5-12-2 各地区医疗卫生机构

单位：个

地 区	合 计	医 院							基层医疗卫生机构	
			综合医院	中医医院	中西医结合医院	民族医院	专科医院	护理院		社区卫生服务中心
总 计	**936927**	**20918**	**13681**	**2778**	**256**	**198**	**3956**	**49**	**901709**	**6903**
北 京	9411	544	321	90	6	3	122	2	8651	310
天 津	4542	277	183	28	4		62		4115	101
河 北	81403	1226	812	178	32		204		79493	234
山 西	41098	1198	632	204	14		348		39351	190
内蒙古	22565	467	296	61	6	43	61		21571	240
辽 宁	34805	821	507	98	5	2	209		33300	224
吉 林	19385	568	346	76	9	2	134	1	18475	138
黑龙江	22073	917	650	120	7	5	135		20461	376
上 海	4708	306	185	17	5		85	14	4261	296
江 苏	30956	1155	754	86	12		284	19	29095	496
浙 江	29939	687	354	109	13		208	3	28642	310
安 徽	22997	728	501	85	7		132	3	21751	366
福 建	27017	455	292	71	8	2	81	1	26193	190
江 西	34068	504	329	96	7		72		33019	185
山 东	66967	1377	917	149	8		302	1	64797	374
河 南	75741	1198	794	186	10		207	1	73865	236
湖 北	34269	602	394	87	12	2	107		33164	222
湖 南	59359	752	482	126	14	3	127		57972	238
广 东	44880	1088	674	147	9		255	3	43018	908
广 西	32741	450	285	85	7	4	69		31856	134
海 南	4678	188	145	19	3		21		4379	12
重 庆	17495	417	296	44	8		69		16900	146
四 川	74283	1261	833	166	19	22	221		72244	304
贵 州	25420	554	414	67	4	4	64	1	24498	104
云 南	22888	780	535	101	14	4	126		21505	134
西 藏	4960	101	82			18	1		4718	
陕 西	35696	828	597	139	4		88		34389	163
甘 肃	26673	381	260	69	1	11	40		25930	110
青 海	5781	129	79	13	1	26	10		5503	14
宁 夏	4129	157	108	18	3	2	26		3878	9
新 疆	16000	802	624	43	4	45	86		14715	139

5-12-2 续表 1

单位：个

地 区	社区卫生服务站	街道卫生院	乡镇卫生院	村卫生室	门诊部	诊所(医务室、护理站)	专业公共卫生机构	疾病预防控制中心	专科疾病防治院(所、站)	健康教育所(站)
总 计	**25836**	**929**	**37836**	**648424**	**8291**	**173490**	**11835**	**3513**	**1274**	**139**
北 京	1273			2972	777	3319	114	31	27	1
天 津	776	1	160	1855	258	964	93	24	16	1
河 北	938		1962	66277	173	9909	592	195	7	2
山 西	564	513	1201	29253	105	7525	470	146	15	8
内蒙古	787	4	1331	14500	90	4619	450	127	50	21
辽 宁	723	33	1001	20591	383	10345	487	132	88	10
吉 林	1938	9	768	9862	410	5350	259	67	54	4
黑龙江	659	13	954	13141	118	5200	642	188	110	
上 海	635			1437	430	1463	101	21	19	2
江 苏	1681	8	1268	17127	535	7980	449	130	46	2
浙 江	5793	42	1508	13643	712	6634	378	101	25	2
安 徽	1345	9	1437	15636	133	2825	440	124	50	2
福 建	296		869	20032	431	4375	297	94	25	1
江 西	515	10	1570	26904	34	3801	471	113	109	6
山 东	1874	76	1646	50471	146	10210	676	204	121	3
河 南	625	5	2079	64140	86	6694	547	180	20	3
湖 北	908	44	1149	24112	190	6539	427	115	84	1
湖 南	302	6	2309	45182	150	9785	523	146	85	1
广 东	1359	84	1272	28339	1938	9118	674	134	147	33
广 西	151		1278	22405	73	7815	389	105	43	1
海 南	93	3	305	2412	63	1491	99	26	24	1
重 庆	304	10	1022	10597	101	4720	158	43	16	2
四 川	437	3	4671	52705	285	13839	705	206	37	13
贵 州	266	8	1443	19783	41	2853	333	103	8	
云 南	233	2	1385	13189	78	6484	518	150	31	4
西 藏	8		672	3608		430	139	81		
陕 西	303	29	1700	26699	204	5291	375	122	5	4
甘 肃	312	8	1338	16415	64	7683	328	103	7	6
青 海	149		404	4243	4	689	143	56	1	1
宁 夏	87		233	2544	20	985	84	25		4
新 疆	502	9	901	8350	259	4555	474	221	4	

5-12-2 续表 2

单位：个

地　区	妇幼保健院（所、站）	急救中心（站）	采供血机构	卫生监督所（中心）	计划生育技术服务机构	其他机构	疗养院	医　学科研机构	医学在职培训机构	其他
总　计	**3025**	**245**	**530**	**2992**	**117**	**2465**	**199**	**215**	**467**	**1584**
北　京	19	7	7	20	2	102	2	28	8	64
天　津	23	3	6	17	3	57	3	8	16	30
河　北	186	5	15	179	3	92	5	2		85
山　西	133	12	18	130	8	79	9	6	3	61
内蒙古	117	5	18	111	1	77	6	6	11	54
辽　宁	110	12	22	111	2	197	25	6	2	164
吉　林	70	6	20	38		83	11	5	2	65
黑龙江	147	13	26	154	4	53	4	12	9	28
上　海	21	11	8	19		40	2	9	7	22
江　苏	103	24	30	109	5	257	16	9	36	196
浙　江	87	26	21	100	16	232	14	8	47	163
安　徽	119	11	23	110	1	78	8	13	28	29
福　建	87	7	10	73		72	11	8	25	28
江　西	111	8	13	109	2	74	3	5	3	63
山　东	148	12	22	165	1	117	12	7	21	77
河　南	167	8	20	146	3	131	6	7	85	33
湖　北	100	7	20	98	2	76	1	1	23	51
湖　南	139	2	15	130	5	112	3	3	2	104
广　东	126	13	42	141	38	100	13	18	20	49
广　西	103	2	26	109		46	5	14	1	26
海　南	24	3	1	20		12	2	1		9
重　庆	41		11	42	3	20	4	1	7	8
四　川	203	16	25	203	2	73	6	8	21	38
贵　州	89	3	32	96	2	35	2	2	15	16
云　南	147	18	16	146	6	85	8	10	8	59
西　藏	55		1	2		2	1		1	
陕　西	117	3	10	110	4	104	6	12	49	37
甘　肃	100	2	17	91	2	34	6	5	15	8
青　海	21		9	55		6		1	1	4
宁　夏	22	2	5	25	1	10	1		1	8
新　疆	90	4	21	133	1	9	4			5

5-12-3 各类医疗卫生机构

单位：个

卫生机构分类	合计	按城乡分		按经济类型分		
		城市	农村	公立	国有	集体
总　计	**936927**	**132465**	**804462**	**488932**	**110633**	**378299**
一、医院	**20918**	**11297**	**9621**	**13850**	**12483**	**1367**
综合医院	13681	7221	6460	9442	8547	895
中医医院	2778	1062	1716	2328	2178	150
中西医结合医院	256	169	87	114	93	21
民族医院	198	24	174	177	174	3
专科医院	3956	2775	1181	1767	1475	292
口腔医院	302	246	56	162	133	29
眼科医院	263	187	76	55	36	19
耳鼻喉科医院	48	35	13	13	11	2
肿瘤医院	115	91	24	75	67	8
心血管病医院	58	39	19	22	16	6
胸科医院	22	21	1	18	17	1
血液病医院	8	6	2	2	1	1
妇产(科)医院	398	297	101	69	55	14
儿童医院	72	60	12	55	48	7
精神病医院	657	376	281	567	518	49
传染病医院	164	133	31	159	159	
皮肤病医院	98	72	26	40	32	8
结核病医院	36	27	9	36	35	1
麻风病医院	32	11	21	32	32	
职业病医院	18	17	1	17	16	1
骨科医院	385	194	191	87	50	37
康复医院	268	174	94	150	111	39
整形外科医院	38	34	4	3	1	2
美容医院	82	72	10			
其他专科医院	892	683	209	205	137	68
护理院	49	46	3	22	16	6
二、基层医疗卫生机构	**901709**	**115636**	**786073**	**460927**	**84214**	**376713**
社区卫生服务中心(站)	32739	22096	10643	25369	13754	11615
社区卫生服务中心	6903	5359	1544	6514	4649	1865
社区卫生服务站	25836	16737	9099	18855	9105	9750
卫生院	38765	309	38456	38325	27094	11231
街道卫生院	929	309	620	904	396	508
乡镇卫生院	37836		37836	37421	26698	10723
中心卫生院	10373		10373	10352	9054	1298
乡卫生院	27463		27463	27069	17644	9425
村卫生室	648424		648424	360478	22450	338028
门诊部	8291	6510	1781	2573	1655	918
综合门诊部	5050	3755	1295	1961	1265	696
中医门诊部	734	653	81	144	78	66
中西医结合门诊部	192	158	34	42	17	25
民族医门诊部	11	5	6	3	2	1
专科门诊部	2304	1939	365	423	293	130
诊所、卫生所、医务室、护理站	173490	86721	86769	34182	19261	14921
诊所	139101	68739	70362	7916	2616	5300
卫生所、医务室	34333	17960	16373	26265	16644	9621
护理站	56	22	34	1	1	

5-12-3 续表 1

单位：个

卫生机构分类	非公立			按主办单位分			
	非公立	联营	私营	政府办	卫生部门	社会办	个人办
总　　计	**447995**	**29690**	**358890**	**134484**	**129794**	**477431**	**325012**
一、医院	**7068**	**135**	**5052**	**9629**	**8677**	**5892**	**5397**
综合医院	4239	90	3005	5690	4959	4804	3187
中医医院	450	8	332	2257	2240	147	374
中西医结合医院	142		113	90	87	42	124
民族医院	21	1	15	170	170	9	19
专科医院	2189	34	1568	1410	1213	875	1671
口腔医院	140		100	137	135	57	108
眼科医院	208	5	127	42	39	89	132
耳鼻喉科医院	35		22	9	9	17	22
肿瘤医院	40	2	21	64	64	29	22
心血管病医院	36		26	13	13	19	26
胸科医院	4		2	15	15	2	5
血液病医院	6		3	1	1	3	4
妇产(科)医院	329	4	225	56	50	102	240
儿童医院	17		14	49	49	8	15
精神病医院	90	2	73	513	408	68	76
传染病医院	5		3	152	151	8	4
皮肤病医院	58	1	45	34	34	15	49
结核病医院				34	33	2	
麻风病医院				30	28	2	
职业病医院	1			10	9	8	
骨科医院	298	4	234	55	52	77	253
康复医院	118	5	81	81	33	104	83
整形外科医院	35		25	1	1	9	28
美容医院	82	1	53			30	52
其他专科医院	687	10	514	114	89	226	552
护理院	27	2	19	12	8	15	22
二、基层医疗卫生机构	**440782**	**29548**	**353784**	**111290**	**107902**	**470858**	**319561**
社区卫生服务中心(站)	7370	1089	4632	18390	16928	9068	5281
社区卫生服务中心	389	7	221	5900	5559	700	303
社区卫生服务站	6981	1082	4411	12490	11369	8368	4978
卫生院	440	1	271	38032	37767	437	296
街道卫生院	25		16	815	793	93	21
乡镇卫生院	415	1	255	37217	36974	344	275
中心卫生院	21		17	10321	10265	35	17
乡卫生院	394	1	238	26896	26709	309	258
村卫生室	287946	27928	213869	49678	49678	421666	177080
门诊部	5718	31	4541	550	454	2992	4749
综合门诊部	3089	17	2560	420	354	2037	2593
中医门诊部	590	4	410	34	32	216	484
中西医结合门诊部	150	1	136	6	6	50	136
民族医门诊部	8		7			3	8
专科门诊部	1881	9	1428	90	62	686	1528
诊所、卫生所、医务室、护理站	139308	499	130471	4640	3075	36695	132155
诊所	131185	330	125990	1273	1105	10395	127433
卫生所、医务室	8068	169	4427	3367	1970	26299	4667
护理站	55		54			1	55

5-12-3 续表 2

单位：个

卫生机构分类	合计	按城乡分		按经济类型分		
		城市	农村	公立		
					国有	集体
三、专业公共卫生机构	**11835**	**4514**	**7321**	**11764**	**11628**	**136**
疾病预防控制中心	3513	1270	2243	3512	3494	18
省属	31	31		31	31	
地级市(地区)属	403	354	49	403	402	1
县级市(区)属	1162	754	408	1162	1160	2
县属	1660		1660	1660	1659	1
其他	257	131	126	256	242	14
专科疾病防治院(所、站)	1274	494	780	1252	1186	66
专科疾病防治院	207	114	93	201	189	12
传染病防治院	10	2	8	10	9	1
结核病防治院	27	18	9	27	27	
职业病防治院	32	30	2	30	29	1
其他	138	64	74	134	124	10
专科疾病防治所(站、中心)	1067	380	687	1051	997	54
口腔病防治所(站、中心)	110	70	40	100	57	43
精神病防治所(站、中心)	23	7	16	22	19	3
皮肤病与性病防治所(中心)	235	48	187	234	231	3
结核病防治所(站、中心)	355	125	230	355	355	
职业病防治所(站、中心)	36	33	3	35	35	
地方病防治所(站、中心)	36	9	27	36	35	1
血吸虫病防治所(站、中心)	178	49	129	178	177	1
药物戒毒所(中心)	12	10	2	10	8	2
其他	82	29	53	81	80	1
健康教育所(站、中心)	139	95	44	139	137	2
妇幼保健院(所、站)	3025	1042	1983	3020	3001	19
省属	26	26		26	26	
地级市(地区)属	359	324	35	359	359	
县级市(区)属	1008	645	363	1008	994	14
县属	1555		1555	1555	1552	3
其他	77	47	30	72	70	2
妇幼保健院	1811	576	1235	1808	1796	12
妇幼保健所	607	284	323	607	605	2
妇幼保健站	603	178	425	602	597	5
生殖保健中心	4	4		3	3	
急救中心(站)	245	171	74	240	237	3
采供血机构	530	334	196	496	489	7
卫生监督所(中心)	2992	1056	1936	2989	2975	14
省属	31	31		31	31	
地级市(地区)属	393	350	43	393	393	
县级市(区)属	974	636	338	974	969	5
县属	1516	2	1514	1516	1508	8
其他	78	37	41	75	74	1
计划生育技术服务机构	117	52	65	116	109	7
四、其他机构	**2465**	**1018**	**1447**	**2391**	**2308**	**83**
疗养院	199	124	75	193	190	3
卫生监督检验(监测)机构	52	16	36	50	49	1
医学科学研究机构	215	187	28	212	210	2
医学在职培训机构	467	123	344	467	462	5
临床检验中心(所、站)	52	52		18	15	3
其他	1480	516	964	1451	1382	69

5-12-3 续表 3

单位：个

卫生机构分类	非公立	联营	私营	按主办单位分 政府办	卫生部门	社会办	个人办
三、专业公共卫生机构	**71**	**5**	**17**	**11421**	**11169**	**396**	**18**
疾病预防控制中心	1			3390	3276	123	
省属				31	31		
地级市(地区)属				403	403		
县级市(区)属				1162	1162		
县属				1660	1660		
其他	1			134	20	123	
专科疾病防治院(所、站)	22		10	1174	1155	85	15
专科疾病防治院	6		1	184	182	19	4
传染病防治院				9	9	1	
结核病防治院				26	25	1	
职业病防治院	2			21	21	11	
其他	4		1	128	127	6	4
专科疾病防治所(站、中心)	16		9	990	973	66	11
口腔病防治所(站、中心)	10		6	91	91	11	8
精神病防治所(站、中心)	1		1	18	16	4	1
皮肤病与性病防治所(中心)	1		1	225	222	9	1
结核病防治所(站、中心)				341	340	14	
职业病防治所(站、中心)	1			19	19	17	
地方病防治所(站、中心)				34	33	2	
血吸虫病防治所(站、中心)				176	174	2	
药物戒毒所(中心)	2			8	1	4	
其他	1		1	78	77	3	1
健康教育所(站、中心)				139	138		
妇幼保健院(所、站)	5	1	1	2968	2953	56	1
省属				26	26		
地级市(地区)属				359	359		
县级市(区)属				1008	1008		
县属				1555	1555		
其他	5	1	1	20	5	56	1
妇幼保健院	3	1	1	1796	1789	14	1
妇幼保健所				598	597	9	
妇幼保健站	1			571	566	32	
生殖保健中心	1			3	1	1	
急救中心(站)	5		2	214	211	29	2
采供血机构	34	4	4	475	469	55	
卫生监督所(中心)	3			2967	2940	25	
省属				31	31		
地级市(地区)属				393	393		
县级市(区)属				974	974		
县属				1516	1516		
其他	3			53	26	25	
计划生育技术服务机构	1			94	27	23	
四、其他机构	**74**	**2**	**37**	**2144**	**2046**	**285**	**36**
疗养院	6		2	101	48	98	
卫生监督检验(监测)机构	2		1	46	45	5	1
医学科学研究机构	3		2	181	177	32	2
医学在职培训机构				454	448	13	
临床检验中心(所、站)	34	2	21	7	6	26	19
其他	29		11	1355	1322	111	14

5-12-4 基层医疗卫生机构情况

单位：个

医疗机构分类	2005	2006	2007	2008	2009	2010
总　计	**849488**	**884818**	**878686**	**858015**	**882153**	**901709**
按经济类型分						
公立	485113	510608	430711	415870	432803	460927
非公立	364375	374210	447975	442145	449350	440782
按主办单位分						
政府办	105213	108212	93906	92431	99573	111290
社会办	419736	440864	457584	455971	460083	470858
个人办	324539	335742	327196	309613	322497	319561
按管理类别分						
非营利性			370304	431074	531661	675760
营利性			211370	202537	212229	225949
其它			297012	224404	138263	
按机构类别分						
社区卫生服务中心(站)	17128	22656	27069	24260	27308	32739
社区卫生服务中心	1382	2077	3160	4036	5216	6903
社区卫生服务站	15746	20579	23909	20224	22092	25836
卫生院	41694	40791	40679	39860	39627	38765
街道卫生院	787	816	803	780	1152	929
乡镇卫生院	40907	39975	39876	39080	38475	37836
村卫生室	583209	609128	613855	613143	632770	648424
门诊部	5895	6429	7124	6975	7639	8291
诊所(医务室)	201562	205814	189959	173777	174749	173434

5-12-5 专业公共卫生机构情况

单位：个

医疗机构分类	2005	2006	2007	2008	2009	2010
总　计	**11177**	**11269**	**11528**	**11485**	**11665**	**11835**
按经济类型分						
公立	11127	11225	11454	11407	11526	11764
非公立	50	44	74	78	139	71
按主办单位分						
政府办	10513	10658	10885	10889	11148	11421
社会办	650	599	622	570	493	396
个人办	14	12	21	26	24	18
按机构类别分						
疾病预防控制中心	3585	3548	3585	3534	3536	3513
专科疾病防治院(所/站)	1502	1402	1365	1310	1291	1274
健康教育所(站)	134	135	135	129	137	139
妇幼保健院(所/站)	3021	3003	3051	3011	3020	3025
急救中心(站)	141	160	202	217	245	245
采供血机构	577	559	535	520	526	530
卫生监督所(中心)	1702	2097	2553	2675	2809	2992
计划生育技术服务机构	515	365	102	89	101	117

注：计划生育技术服务机构指卫生部门主办的计划生育技术服务机构。

5-12-6 各地区医院等级情况

单位：个

地　区	合计	三级	甲等	乙等	丙等	二级	甲等	乙等	丙等	一级	甲等	乙等	丙等	未定级
总　计	**20918**	**1284**	**813**	**308**	**16**	**6472**	**3602**	**2039**	**86**	**5271**	**2369**	**487**	**142**	**7891**
北　京	544	51	37	5	4	91	52	8	12	334	88	17	59	68
天　津	277	34	22	11		49	33	8		117	33	6		77
河　北	1226	44	32	1		419	340	49	2	395	176	14	5	368
山　西	1198	46	27	18		225	99	96	4	172	108	9	4	755
内蒙古	467	34	16	10	6	208	71	111	9	128	55	11	3	97
辽　宁	821	86	46	21	1	271	173	60	2	250	116	14	6	214
吉　林	568	25	21	4		206	66	123	13	84	59	19	2	253
黑龙江	917	69	42	14	2	325	89	202	6	297	170	60	9	226
上　海	306	35	29	5		112	45	45	1	11	6			148
江　苏	1155	66	49	9		272	141	71	4	509	202	104	10	308
浙　江	687	76	30	46		227	108	108	9	16	7	2		368
安　徽	728	33	24	4		237	133	65	2	249	108	33	1	209
福　建	455	40	24	13		146	84	60	1	58	30	4	1	211
江　西	504	43	37	6		177	149	21		41	19	2	1	243
山　东	1377	77	36	32	1	381	272	66	3	384	203	28	3	535
河　南	1198	44	32			431	263	90	5	417	185	25	3	306
湖　北	602	62	49	8		241	167	64		123	73	10	5	176
湖　南	752	48	32	2	1	287	181	56	3	186	97	21	5	231
广　东	1088	79	57	2		293	223	22	1	211	149	3		505
广　西	450	46	34	11	1	173	140	19		66	40	2	5	165
海　南	188	6	6			24	16	7		24	22			134
重　庆	417	16	13			106	52	48		68	32	4		227
四　川	1261	56	37	19		378	156	215		129	65	37	1	698
贵　州	554	23	7	5		158	22	103		159	17	8	5	214
云　南	780	37	9	26		232	56	148	3	84	18	10	3	427
西　藏	101	2	2			13	10			42	40	1		44
陕　西	828	46	30	14		275	154	74		173	63	26	2	334
甘　肃	381	28	10	16		163	105	34	2	16	7	1		174
青　海	129	10	8	2		82	53	23	2	2	1		1	35
宁　夏	157	4	3	1		59	27	12		46	3		1	48
新　疆	802	18	12	3		211	122	31	2	480	177	16	7	93

5-12-7 各地区按床位数分组的医院数

单位：个

地　区	合计	0-49张	50-99张	100-199张	200-299张	300-399张	400-499张	500-799张	800张及以上
总　计	**20918**	**8644**	**3750**	**3496**	**1691**	**968**	**582**	**1069**	**718**
北　京	544	306	77	51	24	14	9	36	27
天　津	277	156	30	32	11	13	6	21	8
河　北	1226	541	202	204	100	63	39	54	23
山　西	1198	665	219	179	63	25	9	23	15
内蒙古	467	182	94	99	37	19	7	15	14
辽　宁	821	267	155	160	60	46	36	63	34
吉　林	568	226	94	111	58	22	12	30	15
黑龙江	917	391	176	189	62	33	9	37	20
上　海	306	111	29	29	35	22	19	36	25
江　苏	1155	590	147	153	69	41	31	62	62
浙　江	687	230	105	142	57	35	20	47	51
安　徽	728	279	153	115	55	28	26	48	24
福　建	455	195	61	70	43	28	12	23	23
江　西	504	175	73	127	51	26	15	26	11
山　东	1377	604	228	185	88	71	40	87	74
河　南	1198	402	281	200	89	63	46	68	49
湖　北	602	186	96	112	48	40	44	46	30
湖　南	752	233	139	133	87	55	32	44	29
广　东	1088	348	223	199	83	63	41	75	56
广　西	450	143	67	94	56	26	17	30	17
海　南	188	113	34	16	10	6		6	3
重　庆	417	178	74	56	44	19	17	17	12
四　川	1261	496	271	213	104	63	35	48	31
贵　州	554	233	127	91	45	26	7	15	10
云　南	780	277	167	164	82	29	18	24	19
西　藏	101	74	15	7	4			1	
陕　西	828	384	128	128	102	29	10	37	10
甘　肃	381	101	75	94	50	27	5	22	7
青　海	129	50	30	28	9	6	1	2	3
宁　夏	157	74	25	31	12	4	2	5	4
新　疆	802	434	155	84	53	26	17	21	12

5-12-8 各地区按床位数分组的社区卫生服务中心(站)数

单位：个

地区	社区卫生服务中心							社区卫生服务站			
	总计	无床	1-9张	10-29张	30-49张	50-99张	100张及以上	总计	无床	1-9张	10张及以上
全　国	**6903**	**3213**	**378**	**1456**	**878**	**750**	**228**	**25836**	**22072**	**2833**	**931**
北　京	310	149	28	79	33	16	5	1273	1273		
天　津	101	31	1	14	14	40	1	776	760	16	
河　北	234	56	19	88	42	28	1	938	598	202	138
山　西	190	60	10	54	33	30	3	564	477	55	32
内蒙古	240	87	32	85	23	10	3	787	442	263	82
辽　宁	224	156	5	23	10	18	12	723	638	49	36
吉　林	138	71	6	32	16	12	1	1938	1449	483	6
黑龙江	376	180	25	77	42	42	10	659	446	120	93
上　海	296	94	3	12	38	81	68	635	635		
江　苏	496	131	10	114	119	98	24	1681	1571	94	16
浙　江	310	117	38	66	52	30	7	5793	5777	12	4
安　徽	366	139	21	109	58	36	3	1345	1085	215	45
福　建	190	89	16	55	16	12	2	296	285	10	1
江　西	185	64	31	56	19	10	5	515	288	198	29
山　东	374	194	18	69	46	34	13	1874	1273	489	112
河　南	236	74	5	64	54	34	5	625	570	40	15
湖　北	222	51	9	50	49	45	18	908	819	67	22
湖　南	238	49	20	102	39	25	3	302	194	84	24
广　东	908	787	11	40	27	31	12	1359	1356	2	1
广　西	134	107	3	15	7	2		151	148	2	1
海　南	12	7		4		1		93	88	4	1
重　庆	146	75	3	16	20	25	7	304	298	1	5
四　川	304	118	16	79	41	39	11	437	332	50	55
贵　州	104	35	9	33	15	11	1	266	101	97	68
云　南	134	55	6	38	22	9	4	233	163	39	31
西　藏								8	5	3	
陕　西	163	104	12	20	11	14	2	303	202	52	49
甘　肃	110	51	15	24	16	3	1	312	219	63	30
青　海	14	2	2	7		2	1	149	66	73	10
宁　夏	9	6	2	1				87	65	17	5
新　疆	139	74	2	30	16	12	5	502	449	33	20

5-12-9 各地区按床位数分组的乡镇卫生院数

单位：个

类别 地区	合计	无床	1-9张	10-29张	30-49张	50-99张	100张及以上
乡镇卫生院	**37836**	**1482**	**7075**	**16533**	**7168**	**4637**	**941**
中心卫生院	10373	133	749	3429	2760	2691	611
乡卫生院	27463	1349	6326	13104	4408	1946	330
各地区乡镇卫生院							
北　京							
天　津	160	40	4	74	16	23	3
河　北	1962	11	76	1059	538	257	21
山　西	1201	6	142	661	273	112	7
内蒙古	1331	26	615	593	68	27	2
辽　宁	1001	17	49	585	242	87	21
吉　林	768	11	123	449	112	63	10
黑龙江	954	31	161	578	139	42	3
上　海							
江　苏	1268	18	16	476	418	261	79
浙　江	1508	565	408	330	104	82	19
安　徽	1437	19	116	538	414	303	47
福　建	869	18	94	483	159	89	26
江　西	1570	22	333	903	194	104	14
山　东	1646	36	9	310	529	555	207
河　南	2079	11	21	665	790	525	67
湖　北	1149	16	25	339	410	312	47
湖　南	2309	49	315	1147	437	284	77
广　东	1272	52	113	515	265	243	84
广　西	1278	22	63	566	339	256	32
海　南	305	9	69	173	37	17	
重　庆	1022	52	148	456	169	163	34
四　川	4671	100	1615	1836	587	445	88
贵　州	1443	8	347	825	170	82	11
云　南	1385	18	173	783	256	133	22
西　藏	672	51	583	38			
陕　西	1700	90	527	836	190	48	9
甘　肃	1338	28	430	708	120	45	7
青　海	404	4	300	93	7		
宁　夏	233	104	37	71	16	5	
新　疆	901	48	163	443	169	74	4

5-12-10 村卫生室

年 份 地 区	村卫生室 (个)	村办	乡卫生院设点	联合办	私人办	其他	设卫生室的村数 占行政村数%
1985	777674	305537	29769	88803	323904	29661	87.4
1990	803956	266137	29963	87149	381844	38863	86.2
1995	804352	297462	36388	90681	354981	22876	88.9
2000	709458	300864	47101	89828	255179	16486	89.8
2005	583209	313633	32396	38561	180403	18216	85.8
2006	609128	333790	34803	36805	186524	17206	88.1
2007	613855	340082	33633	33649	186841	19650	88.7
2008	613143	342692	40248	31698	180157	18348	89.4
2009	632770	350515	45434	31035	183699	22087	90.4
2010	648424	365153	49678	32650	177080	23863	92.3
北 京	2972	2594	5	5	343	25	75.4
天 津	1855	846	126	156	218	509	48.5
河 北	66277	28577	1775	698	33930	1297	100.0
山 西	29253	21255	847	964	4763	1424	100.0
内蒙古	14500	6478	1867	328	5373	454	100.0
辽 宁	20591	10420	205	895	8946	125	100.0
吉 林	9862	3764	427	1125	4309	237	100.0
黑龙江	13141	10066	831	219	1316	709	100.0
上 海	1437	1124	223	75	1	14	82.6
江 苏	17127	9892	3964	2556	59	656	100.0
浙 江	13643	10163	491	236	2384	369	46.6
安 徽	15636	7912	3500	1020	1749	1455	100.0
福 建	20032	12723	409	297	5133	1470	100.0
江 西	26904	12933	344	1564	10223	1840	100.0
山 东	50471	25854	14837	4474	3873	1433	69.2
河 南	64140	36850	591	4153	21767	779	100.0
湖 北	24112	15442	3354	2815	1835	666	93.6
湖 南	45182	34548	1288	1075	7540	731	100.0
广 东	28339	22942	1220	156	3488	533	100.0
广 西	22405	7814	294	796	12791	710	100.0
海 南	2412	461	34	24	1815	78	94.0
重 庆	10597	6274	1031	482	2002	808	100.0
四 川	52705	26084	1258	3250	19404	2709	100.0
贵 州	19783	7904	1425	392	8841	1221	100.0
云 南	13189	9143	1425	1107	567	947	100.0
西 藏	3608	1134	1781	179		514	68.6
陕 西	26699	19228	498	817	5685	471	97.8
甘 肃	16415	8402	1008	1008	5615	382	100.0
青 海	4243	1995	408	708	1002	130	100.0
宁 夏	2544	839	122	115	1402	66	100.0
新 疆	8350	1492	4090	961	706	1101	94.9

5-12-11 卫生人员

单位：人

年 份	卫生人员总计	卫生技术人员	#执业(助理)医师	执业医师	#注册护士	#药师(士)	#检验师(士)	乡村医生和卫生员	其他技术人员	管理人员	工勤技能人员
1949	541240	505040	363400	314000	32800	3357				11877	24323
1950	611240	555040	380800	327400	37800	8080				21877	34323
1955	1052787	874063	500398	402409	107344	60974	15394			86465	92259
1960	1769205	1504894	596109	427498	170143	119293				132034	132277
1965	1872300	1531600	762804	510091	234546	117314			10996	168845	160899
1970	6571795	1453247	702304	446251	295147			4779280	10813	156862	171593
1975	7435212	2057068	877716	521617	379545	219904	77506	4841695	14122	251420	270907
1978	7883041	2463931	978152	609608	405223	266570	98806	4777469	22950	298104	320587
1980	7355483	2798241	1153234	709473	465798	308438	114290	3820776	27834	310805	397827
1981	7199133	3011038	1243787	620291	525311	323786	123652	3403012	29622	318721	436740
1982	6954413	3142943	1307205	668010	563912	342451	130625	2996609	32207	326883	455771
1983	6757244	3252836	1352651	704060	595569	351002	136630	2667214	37830	326927	472437
1984	6622973	3343998	1381456	716365	616080	358969	140728	2409327	42539	341271	485838
1985	5606105	3410910	1413281	724238	636974	365145	145217	1293094	46052	358812	497237
1986	5725854	3506517	1444150	745592	680583	372760	150132	1279935	50957	370056	518389
1987	5842621	3608618	1481754	777333	717596	382121	156878	1278499	57255	371167	527082
1988	5924557	3723756	1618174	1095926	829261	394287	161615	1247045	65063	368227	520466
1989	6028234	3809097	1718018	1257668	921687	401098	166383	1241275	73530	384890	519442
1990	6137711	3897921	1763086	1302997	974541	405978	170371	1231510	85504	396694	526082
1991	6278458	3984974	1779545	1310933	1011943	409325	176832	1253324	91265	408819	540076
1992	6409307	4073986	1808194	1327875	1039674	413598	180754	1269061	99177	417670	549413
1993	6540522	4117067	1831665	1372471	1056096	413025	183657	1325106	113138	432903	552311
1994	6630710	4199217	1882180	1425375	1093544	417166	186415	1323701	116921	438084	552787
1995	6704395	4256923	1917772	1454926	1125661	418520	189488	1331017	120782	450013	545660
1996	6735097	4311845	1941235	1475232	1162609	424952	192873	1316095	125480	444571	537106
1997	6833962	4397805	1984867	1505342	1198228	428295	198016	1317786	133369	448047	536955
1998	6863315	4423721	1999521	1513975	1218836	423644	200846	1327633	145060	435507	531394
1999	6894985	4458669	2044672	1561584	1244844	418574	201272	1324937	150041	434997	526341
2000	6910383	4490803	2075843	1603266	1266838	414408	200900	1319357	157533	426789	515901
2001	6874527	4507700	2099658	1637337	1286938	404087	203378	1290595	157961	412757	505514
2002	6528674	4269779	1843995	1463573	1246545	357659	209144	1290595	179962	332628	455710
2003	6216971	4380878	1942364	1534046	1265959	357378	209616	867778	199331	318692	450292
2004	6332739	4485983	1999457	1582442	1308433	355451	211553	883075	209422	315595	438664
2005	6447246	4564050	2042135	1622684	1349589	349533	211495	916532	225697	312826	428141
2006	6681184	4728350	2099064	1678031	1426339	353565	218771	957459	235466	323705	436204
2007	6964389	4913186	2122925	1715460	1558822	325212	206487	931761	243460	356569	519413
2008	7251803	5174478	2201904	1791881	1678091	330525	212618	938313	255149	356854	527009
2009	7781448	5535124	2329206	1905436	1854818	341910	220695	1050991	275006	362665	557662
2010	8207502	5876158	2413259	1972840	2048071	353916	230572	1091863	290161	370548	578772

注：①卫生人员和卫生技术人员包括公务员中卫生监督员1万名；②2002年起不包括高中等医学院校本部、药检机构、国境卫生检疫所和非卫生部门举办的计划生育指导站人员数，2007年起包括返聘本单位半年以上人员；③2007起卫生技术人员不包括药剂员和检验员等技能人员数，2007年以前药师(士)包括药剂员，检验师(士)包括检验员；④执业(助理)医师数包括村卫生室数字。2002年以前执业(助理)医师系医生数，执业医师系医师数,注册护士系护师(士)数；⑤2006年及以前工勤技能人员系工勤人员数，不包括药剂员和检验员等技能人员；⑥1985年以前乡村医生和卫生员系赤脚医生数。

5-12-12 各地区卫生人员

单位：人

地区	卫生人员总计	卫生技术人员							乡村医生和卫生员	其他技术人员	管理人员	工勤技能人员
			执业(助理)医师	执业医师	注册护士	药师(士)	检验师(士)	其他				
全国	**8207502**	**5876158**	**2413259**	**1972840**	**2048071**	**353916**	**338755**	**722157**	**1091863**	**290161**	**370548**	**578772**
北京	223586	171326	66163	61832	67332	10250	9507	18074	3697	11713	14629	22221
天津	96732	70460	28892	26510	24199	4561	4139	8669	4266	5133	9396	7477
河北	437415	292157	133994	101360	87351	14067	17179	39566	84566	18014	15262	27416
山西	275955	193891	88007	72033	62628	10173	10097	22986	45145	10445	11289	15185
内蒙古	168884	125831	56245	47686	38251	8919	7028	15388	19580	6009	7353	10111
辽宁	316828	232079	96862	85511	88882	13607	13924	18804	26787	12378	17247	28337
吉林	187106	138393	62050	54469	45776	8077	7907	14583	15238	6791	11582	15102
黑龙江	262600	192048	80282	68184	62759	11086	12127	25794	25283	8785	15151	21333
上海	171935	137131	53009	48597	55866	7577	8319	12360	1274	8396	9747	15387
江苏	459025	328243	128943	115340	122509	21352	19261	36178	57443	15073	22943	35323
浙江	352871	288481	120440	99373	99610	19167	15614	33650	10995	13856	14490	25049
安徽	309318	211539	86511	65807	77317	10919	13426	23366	55733	11580	11544	18922
福建	199519	142916	58630	50385	53511	9954	7521	13300	28954	6409	5890	15350
江西	230945	158007	61887	52489	58405	12207	10578	14930	43541	6521	7644	15232
山东	645889	448861	185164	153665	156692	27853	25310	53842	129113	22196	18460	27259
河南	591059	372818	154801	110201	121384	20488	23343	52802	128780	24100	25348	40013
湖北	349495	255793	99542	83747	93844	17698	15532	29177	41512	14087	16776	21327
湖南	370261	269219	110444	81791	92346	20071	15729	30629	48324	12218	17429	23071
广东	592800	454799	174536	139758	167882	31520	26479	54382	34188	20325	29541	53947
广西	266138	189554	70816	56161	70243	10326	9651	28518	36386	6362	11254	22582
海南	51985	39520	14456	11263	16319	2000	2278	4467	2663	1457	2941	5404
重庆	160055	111079	47969	35417	37611	6267	5433	13799	24610	4277	7886	12203
四川	467126	325608	145194	115213	104886	18547	16090	40891	73963	13353	20377	33825
贵州	154246	103954	43389	34787	36165	4679	5927	13794	31517	4782	6706	7287
云南	207663	143139	63306	52604	49408	6426	7670	16329	36194	7015	7147	14168
西藏	16694	10083	4469	3349	1988	451	491	2684	4325	481	610	1195
陕西	260056	181438	66040	53622	61816	10781	11490	31311	38847	5222	17463	17086
甘肃	137501	98865	39331	31987	29868	5082	5560	19024	20351	3793	4690	9802
青海	35224	24909	10564	8915	8339	1457	1566	2983	5937	1282	1008	2088
宁夏	39674	29962	12267	10990	10341	1990	1837	3527	3998	1129	1656	2929
新疆	158917	124055	49056	39794	44543	6364	7742	16350	8653	6979	7089	12141

5-12-13 各地区社区卫生服务中心(站)人员

单位：人

地区	总计	卫生技术人员	执业(助理)医师	执业医师	注册护士	药师(士)	技师(士)	其他	其他技术人员	管理人员	工勤技能人员
总计	**389516**	**331322**	**144225**	**115773**	**106528**	**26727**	**17629**	**36213**	**14879**	**18652**	**24663**
北京	24912	20518	9016	7367	5460	2007	1017	3018	1182	1171	2041
天津	7167	5778	2272	1917	1527	590	333	1056	239	707	443
河北	14477	12535	5981	4617	4140	681	677	1056	580	667	695
山西	12096	10561	4964	4086	3710	655	500	732	382	631	522
内蒙古	10646	9322	4424	3710	3005	840	453	600	433	442	449
辽宁	12476	10386	4399	3784	4122	835	572	458	531	783	776
吉林	7457	6431	2437	1934	1356	329	211	2098	436	263	327
黑龙江	17173	14539	6446	5577	4872	1062	1000	1159	716	959	959
上海	30082	24468	11000	9255	7967	2084	1455	1962	1303	1397	2914
江苏	37078	30335	12477	10589	9375	2803	1718	3962	1639	2139	2965
浙江	25250	22573	10118	7091	5000	1837	1090	4528	759	681	1237
安徽	16197	14076	6591	4772	4822	854	741	1068	626	781	714
福建	8177	6974	3135	2537	2180	684	269	706	309	252	642
江西	8865	7645	3150	2748	2911	673	517	394	268	467	485
山东	23269	20939	8874	6886	6549	1607	1060	2849	788	756	786
河南	12936	10675	4903	3905	3819	639	544	770	638	851	772
湖北	16692	14266	5774	4978	5324	1209	833	1126	623	789	1014
湖南	10498	9112	3990	2909	2794	841	537	950	364	489	533
广东	36265	31024	13039	9802	10630	2895	1468	2992	1173	1280	2788
广西	5100	4433	1924	1686	1674	279	207	349	188	209	270
海南	1304	1102	431	338	473	55	35	108	40	102	60
重庆	5617	4610	2119	1452	1363	385	219	524	174	324	509
四川	14630	12415	5516	4459	3822	1071	651	1355	410	753	1052
贵州	5236	4388	1730	1391	1684	223	257	494	261	324	263
云南	4770	4056	1759	1441	1450	259	213	375	205	212	297
西藏	15	15	7	7	4			4			
陕西	6963	5798	2401	2001	1920	465	391	621	159	573	433
甘肃	4705	4215	1928	1611	1557	267	220	243	115	160	215
青海	1471	1257	526	448	454	144	48	85	63	84	67
宁夏	678	638	251	224	248	48	26	65	10	16	14
新疆	7314	6238	2643	2251	2316	406	367	506	265	390	421

5-12-14 各地区乡镇卫生院人员

单位：人

地区	总计	卫生技术人员							其他技术人员	管理人员	工勤技能人员	每千农业人口乡镇卫生院人员数
			执业(助理)医师	执业医师	注册护士	药剂人员	技师(士)	其他				
总计	**1151349**	**973059**	**422648**	**250459**	**217693**	**73188**	**51428**	**208102**	**53508**	**43983**	**80799**	**1.30**
北京												
天津	4923	4275	2469	1842	708	281	199	618	49	311	288	1.28
河北	53966	44902	22336	11338	5173	2633	2388	12372	4018	1756	3290	1.08
山西	26678	23233	11610	7264	4043	1484	972	5124	1797	622	1026	1.15
内蒙古	20109	17847	9395	5826	2466	1124	724	4138	773	614	875	1.39
辽宁	25584	19741	9310	6081	4737	1546	1264	2884	1412	1554	2877	1.22
吉林	24804	19486	9103	6448	4807	1314	968	3294	1156	1586	2576	1.66
黑龙江	24177	19900	8566	5371	3561	1455	929	5389	902	1368	2007	1.22
上海												
江苏	70484	57409	24243	19245	15808	5309	3731	8318	2915	3485	6675	1.92
浙江	49219	43206	19659	12101	8615	4151	2124	8657	1999	1377	2637	1.50
安徽	49893	42483	19158	10284	9618	2698	2902	8107	2235	1800	3375	0.95
福建	26656	22348	9138	6564	6488	2166	1064	3492	1162	530	2616	1.14
江西	42585	36323	14522	10151	10103	4012	2488	5198	1682	952	3628	1.24
山东	102678	93178	38089	24890	21002	8171	5474	20442	3612	2507	3381	1.80
河南	99844	79627	34681	16147	16174	5093	5120	18559	8036	4819	7362	1.18
湖北	67039	56898	22750	14765	15534	4971	3461	10182	2821	3007	4313	1.70
湖南	74101	63933	29016	14290	12212	7091	3534	12080	3503	2584	4081	1.35
广东	80828	66215	27914	14000	18059	5316	2956	11970	4185	3232	7196	1.98
广西	51575	43687	15488	8709	12238	2594	1955	11412	1718	1632	4538	1.20
海南	8668	6365	2093	1135	2200	416	313	1343	374	582	1347	1.57
重庆	30382	25046	12230	6825	5200	1481	863	5272	1028	1346	2962	1.38
四川	83938	71196	34251	20159	13382	4311	2824	16428	2982	3411	6349	1.26
贵州	20893	18676	9038	4633	3425	581	797	4835	823	834	560	0.59
云南	25310	22013	10620	6488	5962	606	778	4047	976	764	1557	0.67
西藏	2711	2403	620	301	168	66	11	1538	189	41	78	1.11
陕西	34480	28962	10054	5972	5625	2103	1655	9525	1238	2309	1971	1.35
甘肃	23250	20808	7433	4639	4287	1001	786	7301	721	348	1373	1.16
青海	3508	3247	1433	927	701	177	120	816	153	35	73	0.91
宁夏	3275	2954	1584	1169	524	279	126	441	115	53	153	0.82
新疆	19791	16698	5845	2895	4873	758	902	4320	934	524	1635	1.59

5-12-15 各地区村卫生室人员

单位：人

地区	总计	执业(助理)医师	注册护士	乡村医生和卫生员			平均每村村卫生室人员	平均每千农业人口村卫生室人员数
					乡村医生	卫生员		
总计	**1292410**	**173275**	**27272**	**1091863**	**1031828**	**60035**	**2.17**	**1.46**
北京	4472	597	178	3697	3580	117	1.13	1.67
天津	4993	684	43	4266	4217	49	1.30	1.30
河北	101588	15850	1172	84566	81660	2906	2.07	2.04
山西	51548	5678	725	45145	43011	2134	1.83	2.21
内蒙古	23414	3172	662	19580	18572	1008	2.08	1.61
辽宁	31479	4051	641	26787	25720	1067	2.82	1.51
吉林	18017	2497	282	15238	14401	837	2.00	1.21
黑龙江	30363	4835	245	25283	24195	1088	3.35	1.53
上海	4975	3657	44	1274	1196	78	2.86	3.16
江苏	62903	4229	1231	57443	55677	1766	3.98	1.71
浙江	20686	8685	1006	10995	10695	300	0.71	0.63
安徽	70013	12240	2040	55733	53571	2162	4.50	1.33
福建	34212	4785	473	28954	28484	470	2.37	1.47
江西	49654	4812	1301	43541	42732	809	2.93	1.45
山东	145949	13544	3292	129113	124786	4327	2.00	2.56
河南	150142	17283	4079	128780	120396	8384	3.17	1.78
湖北	50182	7214	1456	41512	40514	998	1.95	1.27
湖南	58665	9758	583	48324	44917	3407	1.37	1.07
广东	45859	8448	3223	34188	30822	3366	2.35	1.12
广西	41635	4735	514	36386	33379	3007	2.90	0.97
海南	3557	620	274	2663	2377	286	1.39	0.64
重庆	29593	4755	228	24610	23361	1249	3.44	1.35
四川	91024	16572	489	73963	70712	3251	1.92	1.37
贵州	34047	2133	397	31517	24587	6930	1.93	0.97
云南	38723	1949	580	36194	33571	2623	3.07	1.02
西藏	4428	100	3	4325	3675	650	0.84	1.82
陕西	44555	4959	749	38847	35951	2896	1.63	1.75
甘肃	22921	2154	416	20351	18820	1531	1.42	1.14
青海	7132	1134	61	5937	5127	810	1.71	1.85
宁夏	4375	325	52	3998	3185	813	1.89	1.09
新疆	11306	1820	833	8653	7937	716	1.28	0.91

注：本表包括乡镇卫生院在村卫生室工作的执业(助理)医师和注册护士数。

5-12-16 乡村医生和卫生员

单位：人

年 份	合 计	乡村医生	卫生员	平均每村乡村医生和卫生员	平均每千农业人口乡村医生和卫生员
1980	1463406	607879	2357370	2.10	1.79
1985	1293094	643022	650072	1.80	1.55
1990	1231510	776859	454651	1.64	1.38
1991	1253324	794507	458817	1.69	1.39
1992	1269061	816557	452504	1.73	1.41
1993	1325106	910664	414442	1.81	1.47
1994	1323701	933386	390351	1.81	1.47
1995	1331017	955933	375084	1.81	1.48
1996	1316095	954630	361465	1.79	1.46
1997	1317786	972288	345498	1.80	1.45
1998	1327633	990217	337416	1.81	1.46
1999	1324937	1009665	315272	1.82	1.45
2000	1319357	1019845	299512	1.81	1.44
2001	1290595	1021542	269053	1.82	1.41
2003	867778	791956	75822	1.31	0.98
2004	883075	825672	57403	1.37	1.00
2005	916532	864168	52364	1.46	1.05
2006	957459	906320	51139	1.53	1.10
2007	931761	882218	49543	1.52	1.06
2008	938313	893535	44778	1.55	1.06
2009	1050991	995449	55542	1.75	1.19
2010	1091863	1031828	60035	1.68	1.23

注：1985年以前的乡村医生系赤脚医生。

5-12-17 每千人口卫生技术人员

单位：人

年份	卫生技术人员			执业(助理)医师			其中:执业医师	注册护士		
	合计	城市	农村	合计	城市	农村		合计	城市	农村
1949	0.93	1.87	0.73	0.67	0.70	0.66	0.58	0.06	0.25	0.02
1955	1.42	3.49	1.01	0.81	1.24	0.74	0.70	0.14	0.64	0.04
1960	2.37	5.67	1.85	1.04	1.97	0.90	0.79	0.23	1.04	0.07
1965	2.11	5.37	1.46	1.05	2.22	0.82	0.70	0.32	1.45	0.10
1970	1.76	4.88	1.22	0.85	1.97	0.66	0.43	0.29	1.10	0.14
1975	2.24	6.92	1.41	0.95	2.66	0.65	0.57	0.41	1.74	0.18
1980	2.85	8.03	1.81	1.17	3.22	0.76	0.72	0.47	1.83	0.20
1985	3.28	7.92	2.09	1.36	3.35	0.85	0.70	0.61	1.85	0.30
1990	3.45	6.59	2.15	1.56	2.95	0.98	1.15	0.86	1.91	0.43
1995	3.59	5.36	2.32	1.62	2.39	1.07	1.23	0.95	1.59	0.49
1998	3.64	5.30	2.35	1.65	2.34	1.11	1.25	1.00	1.64	0.51
1999	3.64	5.24	2.38	1.67	2.33	1.14	1.27	1.02	1.64	0.52
2000	3.63	5.17	2.41	1.68	2.31	1.17	1.30	1.02	1.64	0.54
2001	3.62	5.15	2.38	1.69	2.32	1.17	1.32	1.03	1.65	0.54
2002	3.41			1.47			1.17	1.00		
2003	3.48	4.88	2.26	1.54	2.13	1.04	1.22	1.00	1.59	0.50
2004	3.53	4.99	2.24	1.57	2.18	1.04	1.25	1.03	1.63	0.50
2005	3.57	5.82	2.69	1.60	2.46	1.26	1.27	1.06	2.10	0.65
2006	3.66	6.09	2.70	1.63	2.56	1.26	1.30	1.10	2.22	0.66
2007	3.76	6.44	2.69	1.62	2.61	1.23	1.31	1.19	2.42	0.70
2008	3.92	6.68	2.80	1.67	2.68	1.26	1.36	1.27	2.54	0.76
2009	4.15	7.15	2.94	1.75	2.83	1.31	1.43	1.39	2.82	0.81
2010	4.37	7.62	3.04	1.79	2.97	1.32	1.47	1.52	3.09	0.89

注：1.2002年以前，执业(助理)医师数系医生，执业医师数系医师,注册护士数系护师(士)。
2.城市包括直辖市区和地级市辖区，农村包括县及县级市。

5-12-18 各地区每千人口卫生技术人员

单位：人

地区	卫生技术人员			执业(助理)医师			其中：执业医师			注册护士		
	合计	城市	农村	合计	城市	农村	合计	城市	农村	合计	城市	农村
总 计	**4.37**	**7.62**	**3.04**	**1.79**	**2.97**	**1.32**	**1.47**	**2.74**	**0.95**	**1.52**	**3.09**	**0.89**
北 京	13.58	13.94	7.44	5.24	5.36	3.27	4.90	5.03	2.79	5.34	5.52	2.26
天 津	7.12	7.49	5.43	2.92	2.97	2.68	2.68	2.80	2.11	2.45	2.74	1.11
河 北	4.00	9.19	2.88	1.84	3.88	1.40	1.39	3.49	0.93	1.20	3.66	0.66
山 西	5.58	10.10	3.83	2.53	4.20	1.88	2.07	3.78	1.41	1.80	4.00	0.95
内蒙古	5.13	9.69	3.64	2.29	3.99	1.74	1.94	3.73	1.36	1.56	3.64	0.88
辽 宁	5.46	8.26	3.24	2.28	3.27	1.50	2.01	3.07	1.17	2.09	3.53	0.95
吉 林	5.08	7.19	4.09	2.28	3.14	1.88	2.00	2.95	1.55	1.68	2.73	1.19
黑龙江	5.00	7.88	3.40	2.09	3.11	1.52	1.77	2.87	1.17	1.63	3.07	0.83
上 海	9.71	9.81	7.67	3.75	3.71	4.62	3.44	3.52	2.00	3.96	4.06	1.88
江 苏	4.40	6.61	3.26	1.73	2.49	1.34	1.54	2.34	1.14	1.64	2.71	1.09
浙 江	6.08	8.84	4.80	2.54	3.46	2.11	2.09	3.15	1.61	2.10	3.48	1.46
安 徽	3.10	5.26	2.23	1.27	2.00	0.97	0.96	1.81	0.62	1.13	2.32	0.65
福 建	4.05	7.69	2.78	1.66	3.07	1.17	1.43	2.89	0.92	1.52	3.14	0.95
江 西	3.37	6.82	2.55	1.32	2.58	1.02	1.12	2.43	0.81	1.24	2.94	0.84
山 东	4.71	6.55	3.96	1.94	2.67	1.64	1.61	2.48	1.26	1.64	2.65	1.23
河 南	3.45	7.67	2.54	1.43	2.97	1.10	1.02	2.67	0.66	1.12	3.15	0.69
湖 北	4.16	6.48	3.08	1.62	2.46	1.23	1.36	2.32	0.92	1.53	2.72	0.97
湖 南	3.81	8.18	2.84	1.56	3.03	1.24	1.16	2.74	0.81	1.31	3.64	0.79
广 东	5.34	9.19	2.86	2.05	3.36	1.20	1.64	3.04	0.74	1.97	3.67	0.88
广 西	3.56	6.01	2.71	1.33	2.23	1.02	1.05	2.08	0.70	1.32	2.53	0.90
海 南	4.41	7.78	3.33	1.61	2.76	1.24	1.26	2.55	0.84	1.82	3.47	1.29
重 庆	3.36	3.92	2.86	1.45	1.57	1.35	1.07	1.35	0.83	1.14	1.55	0.77
四 川	3.62	5.80	2.83	1.61	2.32	1.36	1.28	2.14	0.97	1.17	2.36	0.73
贵 州	2.48	7.48	1.78	1.04	2.92	0.77	0.83	2.73	0.56	0.86	3.26	0.53
云 南	3.16	7.82	2.44	1.40	3.41	1.09	1.16	3.18	0.85	1.09	2.95	0.80
西 藏	3.43	13.64	2.76	1.52	6.01	1.22	1.14	5.55	0.85	0.68	4.78	0.41
陕 西	4.68	7.10	3.47	1.70	2.59	1.26	1.38	2.35	0.90	1.60	2.87	0.95
甘 肃	3.65	5.58	2.81	1.45	2.29	1.09	1.18	2.07	0.79	1.10	2.14	0.65
青 海	4.53	12.73	2.92	1.92	4.74	1.37	1.62	4.45	1.07	1.52	5.24	0.78
宁 夏	4.66	7.72	2.54	1.91	2.93	1.20	1.71	2.74	1.00	1.61	2.90	0.71
新 疆	5.73	14.52	4.52	2.27	5.83	1.78	1.84	5.41	1.35	2.06	5.74	1.55

5-12-19 医疗卫生机构床位

单位：万张

年 份	合 计	医 院				基层医疗卫生机构			专业公共卫生机构			其他机构
			综合医院	中医医院	专科医院		社区卫生服务中心(站)	乡 镇卫生院		妇幼保健院(所、站)	专科疾病防治院(所、站)	
1949	8.46	8.00										
1950	11.91	9.71	8.46	0.01	0.74					0.27		
1955	36.28	21.53	17.08	0.14	2.80					0.57		
1960	97.68	59.14	44.74	1.42	7.95			4.63		0.88	1.74	
1965	103.33	61.20	48.04	1.04	7.49			13.25		0.92		
1970	126.15	70.50	57.21	1.01	7.79			36.80		0.70		
1975	176.43	94.02	76.33	1.37	11.11			62.03		0.97	2.88	
1978	204.17	110.00	87.33	3.40	12.10			74.73		1.16	2.63	
1980	218.44	119.58	94.11	5.00	12.87			77.54		1.64	2.73	
1981	223.38	124.09	96.80	5.79	13.49			76.31		1.97	2.71	
1982	228.03	128.52	99.83	6.40	13.90			75.32		2.33	2.73	
1983	234.16	134.53	103.99	7.24	14.58			74.62		2.75	2.85	
1984	241.24	141.24	108.00	8.65	15.29			73.14		3.18	2.96	
1985	248.71	150.86	112.77	11.23	16.56			72.06		3.46	2.95	
1986	256.25	155.98	117.52	12.52	17.71			71.12		3.67	3.06	
1987	268.50	165.34	123.71	14.21	19.03			72.30		4.00	3.07	
1988	279.49	174.70	129.06	15.55	20.23			72.61		4.35	3.00	
1989	286.70	181.46	133.60	16.60	20.93			72.30		4.50	3.10	
1990	292.54	186.89	136.90	17.57	21.95			72.29		4.66	3.10	
1991	299.19	192.61	140.55	18.82	22.26			72.92		4.80	3.17	
1992	304.94	197.66	144.10	20.04	22.71			73.28		5.00	3.22	
1993	309.90	203.64	156.63	21.35	24.37			73.08		4.50	3.03	
1994	313.40	207.04	158.70	22.18	24.85			73.24		4.80	2.98	
1995	314.06	206.33	158.72	22.72	24.51			73.31		5.13	3.07	
1996	309.96	209.65	159.73	23.75	24.86			73.47		5.60	2.83	
1997	313.45	211.92	161.21	24.46	24.97			74.24		6.02	3.06	
1998	314.30	213.41	162.00	24.95	25.01			73.77		6.30	2.90	
1999	315.90	215.07	163.25	25.33	25.03			73.40		6.63	2.93	
2000	317.70	216.67	164.09	25.93	25.08	76.65		73.48	11.86	7.12	2.84	12.52
2001	320.12	215.56	150.50	24.60	25.65	77.14		74.00	12.02	7.40	2.70	15.40
2002	313.61	222.18	168.38	24.67	26.21	71.05	1.20	67.13	12.37	7.98	3.18	8.01
2003	316.40	226.95	171.34	26.02	26.72	71.05	1.21	67.27	12.61	8.09	3.38	5.79
2004	326.84	236.35	177.68	27.55	28.26	71.44	1.81	66.89	12.73	8.70	3.12	6.32
2005	336.75	244.50	183.47	28.77	29.21	72.58	2.50	67.82	13.58	9.41	3.34	6.09
2006	351.18	256.04	190.29	30.32	32.05	76.19	4.12	69.62	13.50	9.93	2.80	5.45
2007	370.11	267.51	197.16	32.16	34.37	85.03	7.66	74.72	13.29	10.62	2.59	4.28
2008	403.87	288.29	211.28	35.03	37.77	97.10	9.80	84.69	14.66	11.73	2.64	3.82
2009	441.66	312.08	227.11	38.56	41.67	109.98	13.13	93.34	15.40	12.61	2.71	4.21
2010	478.68	338.74	244.95	42.42	45.95	119.22	16.88	99.43	16.45	13.44	2.93	4.26

5-12-20 各地区医疗卫生机构床位

单位：张

地区	合计	医院							基层医疗卫生机构	
			综合医院	中医医院	中西医结合医院	民族医院	专科医院	护理院		社区卫生服务中心
总计	**4786831**	**3387437**	**2449509**	**424244**	**35234**	**11811**	**459461**	**7178**	**1192242**	**137628**
北京	92764	85775	55903	9888	808	103	19053	20	4291	4291
天津	48828	40387	23013	4377	1147		11850		6970	3079
河北	249725	172956	128720	21171	3929		19136		66505	4939
山西	155885	108260	74992	12464	1050		19754		40848	4523
内蒙古	93350	67016	51088	6412	565	2032	6919		22728	3276
辽宁	204208	160894	111671	15352	278	210	33383		32288	3660
吉林	115057	89341	64445	9898	1310	80	13428	180	20245	1914
黑龙江	159914	123928	92501	13888	597	227	16715		27381	6500
上海	105083	84825	52335	4987	1894		22324	3285	18630	18618
江苏	269548	195340	131649	23325	2350		35013	3003	68614	15724
浙江	184097	150986	105367	21687	2486		21327	119	25053	6098
安徽	188010	123427	92896	14488	982		14893	168	57665	6366
福建	113043	80896	59090	10485	2077	65	9159	20	26210	2600
江西	124640	77805	56180	12448	719		8458		36336	2834
山东	382254	255764	187641	35965	1296		30742	120	107329	6995
河南	327569	220974	165971	30922	898		23163	20	91503	6369
湖北	200394	135006	102421	16534	2235	269	13547		56850	7683
湖南	233510	150141	102292	27812	1302	30	18705		72002	4908
广东	300083	224114	164417	28772	885		29857	183	58667	5535
广西	143695	88913	62658	13574	2094	243	10344		45701	575
海南	25981	18807	15001	1775	75		1956		5782	110
重庆	103624	64827	45427	8181	824		10395		35378	3452
四川	301227	184828	129351	24786	2432	394	27865		106996	6831
贵州	105277	69343	55482	7986	387	323	5105	60	32488	1953
云南	157143	112493	85341	12618	995	296	13243		38247	2723
西藏	8838	5444	4514			850	80		3012	
陕西	142334	104819	81192	15132	816		7679		30323	1922
甘肃	90410	63773	49630	10229	116	463	3335		23661	1289
青海	20451	16226	12314	1549	30	1068	1265		4009	342
宁夏	23659	20258	16482	2285	88	35	1368		2457	36
新疆	116230	89871	69525	5254	569	5123	9400		24073	2483

5-12-20 续表

单位：张

地 区						专业公共卫生机构	专科疾病防治院(所、站)	妇幼保健院(所、站)	急救中心(站)	其他机构
	社区卫生服务站	街 道卫生院	乡 镇卫生院	门诊部	护理站					
总 计	**31186**	**19746**	**994329**	**9233**	**120**	**164515**	**29307**	**134364**	**844**	**42637**
北 京						2190	568	1622		508
天 津	45		3693	153		1070	328	742		401
河 北	3713		57097	756		8526	94	8333	99	1738
山 西	867	5925	28891	642		4525	751	3739	35	2252
内蒙古	2717	23	16412	300		2966	250	2716		640
辽 宁	1023	532	26411	662		2752	1366	1281	105	8274
吉 林	970	138	17047	167	9	2748	871	1877		2723
黑龙江	2086	68	18418	309		5956	2943	3009	4	2649
上 海				12		1363	168	1195		265
江 苏	742	185	51771	86	106	3420	910	2510		2174
浙 江	121	330	18009	495		6225	722	5491	12	1833
安 徽	1719	274	48933	373		5334	2066	3265	3	1584
福 建	73		23407	130		4167	706	3421	40	1770
江 西	1390	83	31912	117		8689	3095	5594		1810
山 东	4938	3445	91321	630		15301	2686	12267	348	3860
河 南	538	90	83359	1147		14187	988	13149	50	905
湖 北	864	1755	46382	166		8436	1959	6477		102
湖 南	763	804	65168	359		11179	3007	8172		188
广 东	20	4400	48612	100		15535	3019	12516		1767
广 西	35		44974	117		8070	391	7679		1011
海 南	70	50	5479	73		1042	77	965		350
重 庆	105	716	30784	321		2499	144	2355		920
四 川	1597	167	97778	623		8946	973	7946	27	457
贵 州	1825	24	28123	563		3248	199	3049		198
云 南	923	30	34375	196		5186	423	4704	59	1217
西 藏	17		2995			342		342		40
陕 西	1240	530	26534	97		5444	500	4944		1748
甘 肃	791	83	21368	130		2286	28	2246	12	690
青 海	710		2957			216	35	181		
宁 夏	179		2233	9		844		844		100
新 疆	1105	94	19886	500	5	1823	40	1733	50	463

5-12-21 每千人口医疗卫生机构床位

单位：张

年份/地区	医疗卫生机构床位	医院和卫生院			每千人口医疗卫生机构床位	每千人口医院和卫生院床位			每千农业人口乡镇卫生院床位
			城市	农村			城市	农村	
2005	3367502	3134930	1507714	1627216	2.63	2.45	4.03	1.74	0.78
2006	3511779	3270710	1580724	1689986	2.72	2.53	4.23	1.81	0.80
2007	3701076	3438260	1669107	1769153	2.83	2.63	4.47	1.89	0.85
2008	4038707	3748245	1787266	1960979	3.06	2.84	4.70	2.08	0.96
2009	4416612	4080662	1920368	2160294	3.31	3.06	5.00	2.28	1.05
2010	4786831	4401512	2067805	2333707	3.56	3.27	5.33	2.44	1.12
北京	92764	85775	83987	1788	7.35	6.80	7.05	2.53	
天津	48828	44080	38062	6018	4.93	4.45	4.69	3.38	0.96
河北	249725	230053	84807	145246	3.42	3.15	6.55	2.42	1.15
山西	155885	143076	64393	78683	4.49	4.12	6.62	3.15	1.24
内蒙古	93350	83451	39909	43542	3.81	3.40	6.60	2.36	1.13
辽宁	204208	187837	123188	64649	4.80	4.42	6.56	2.72	1.26
吉林	115057	106526	54301	52225	4.22	3.91	6.25	2.82	1.14
黑龙江	159914	142414	86276	56138	4.16	3.71	6.30	2.27	0.93
上海	105083	84825	82995	1830	7.44	6.01	6.18	2.65	
江苏	269548	247296	117958	129338	3.61	3.31	4.66	2.62	1.41
浙江	184097	169325	85419	83906	3.88	3.57	5.69	2.58	0.55
安徽	188010	172634	77974	94660	2.75	2.53	3.98	1.95	0.93
福建	113043	104303	46073	58230	3.20	2.96	5.05	2.23	1.00
江西	124640	109800	39793	70007	2.66	2.34	4.43	1.85	0.93
山东	382254	350530	133226	217304	4.01	3.68	4.83	3.21	1.60
河南	327569	304423	122114	182309	3.03	2.82	6.36	2.05	0.99
湖北	200394	183143	92622	90521	3.26	2.98	4.75	2.16	1.18
湖南	233510	216113	80940	135173	3.30	3.06	6.33	2.33	1.19
广东	300083	277126	179303	97823	3.52	3.25	5.38	1.89	1.19
广西	143695	133887	52453	81434	2.70	2.51	3.83	2.05	1.05
海南	25981	24336	8994	15342	2.90	2.72	4.14	2.26	0.99
重庆	103624	96327	46888	49439	3.14	2.92	3.00	2.84	1.40
四川	301227	282773	104612	178161	3.35	3.14	4.36	2.70	1.47
贵州	105277	97490	27250	70240	2.51	2.33	5.31	1.91	0.80
云南	157143	146898	40128	106770	3.47	3.24	6.64	2.72	0.91
西藏	8838	8439	1526	6913	3.01	2.87	8.39	2.51	1.23
陕西	142334	131883	63604	68279	3.67	3.40	4.90	2.65	1.04
甘肃	90410	85224	37270	47954	3.33	3.14	4.57	2.53	1.06
青海	20451	19183	8600	10583	3.72	3.49	9.53	2.30	0.77
宁夏	23659	22491	14679	7812	3.68	3.50	5.58	2.06	0.56
新疆	116230	109851	28461	81390	5.37	5.08	10.89	4.28	1.60

5-12-22 卫生总费用

年份	卫生总费用(亿元)				卫生总费用构成(%)			城乡卫生费用(亿元)		人均卫生费用(元)			卫生总费用占GDP比重(%)
	合计	政府卫生支出	社会卫生支出	个人卫生支出	政府卫生支出	社会卫生支出	个人卫生支出	城市	农村	合计	城市	农村	
1978	110.21	35.44	52.25	22.52	32.2	47.4	20.4			11.5			3.02
1979	126.19	40.64	59.88	25.67	32.2	47.5	20.3			12.9			3.11
1980	143.23	51.91	60.97	30.35	36.2	42.6	21.2			14.5			3.15
1981	160.12	59.67	62.43	38.02	37.3	39.0	23.7			16.0			3.27
1982	177.53	68.99	70.11	38.43	38.9	39.5	21.6			17.5			3.33
1983	207.42	77.63	64.55	65.24	37.4	31.1	31.5			20.1			3.48
1984	242.07	89.46	73.61	79.00	37.0	30.4	32.6			23.2			3.36
1985	279.00	107.65	91.96	79.39	38.6	33.0	28.5			26.4			3.09
1986	315.90	122.23	110.35	83.32	38.7	34.9	26.4			29.4			3.07
1987	379.58	127.28	137.25	115.05	33.5	36.2	30.3			34.7			3.15
1988	488.04	145.39	189.99	152.66	29.8	38.9	31.3			44.0			3.24
1989	615.50	167.83	237.84	209.83	27.3	38.6	34.1			54.6			3.62
1990	747.39	187.28	293.10	267.01	25.1	39.2	35.7	396.00	351.39	65.4	158.8	38.8	4.00
1991	893.49	204.05	354.41	335.03	22.8	39.7	37.5	482.60	410.89	77.1	187.6	45.1	4.10
1992	1096.86	228.61	431.55	436.70	20.8	39.3	39.8	597.30	499.56	93.6	222	54.7	4.07
1993	1377.78	272.06	524.75	580.97	19.7	38.1	42.2	760.30	617.48	116.3	268.6	67.6	3.90
1994	1761.24	342.28	644.91	774.05	19.4	36.6	43.9	991.50	769.74	146.9	332.6	86.3	3.65
1995	2155.13	387.34	767.81	999.98	18.0	35.6	46.4	1239.50	915.63	177.9	401.3	112.9	3.54
1996	2709.42	461.61	875.66	1372.15	17.0	32.3	50.6	1494.90	1214.52	221.4	467.4	150.7	3.81
1997	3196.71	523.56	984.06	1689.09	16.4	30.8	52.8	1771.40	1425.31	258.6	537.8	177.9	4.05
1998	3678.72	590.06	1071.03	2017.63	16.0	29.1	54.8	1906.92	1771.80	294.9	625.9	194.6	4.36
1999	4047.50	640.96	1145.99	2260.55	15.8	28.3	55.9	2193.12	1854.38	321.8	702	203.2	4.51
2000	4586.63	709.52	1171.94	2705.17	15.5	25.6	59.0	2624.24	1962.39	361.9	813.74	214.7	4.62
2001	5025.93	800.61	1211.43	3013.89	15.9	24.1	60.0	2792.95	2232.98	393.8	841.2	244.8	4.58
2002	5790.03	908.51	1539.38	3342.14	15.7	26.6	57.7	3448.24	2341.79	450.7	987.07	259.3	4.81
2003	6584.10	1116.94	1788.50	3678.66	17.0	27.2	55.9	4150.32	2433.78	509.5	1108.9	274.7	4.85
2004	7590.29	1293.58	2225.35	4071.35	17.0	29.3	53.6	4939.21	2651.08	583.9	1261.9	301.6	4.75
2005	8659.91	1552.53	2586.41	4520.98	17.9	29.9	52.2	6305.57	2354.34	662.3	1126.4	315.8	4.68
2006	9843.34	1778.86	3210.92	4853.56	18.1	32.6	49.3	7174.73	2668.61	748.8	1248.3	361.9	4.55
2007	11573.97	2581.58	3893.72	5098.66	22.3	33.6	44.1	8968.70	2605.27	876.0	1516.3	358.1	4.35
2008	14535.40	3593.94	5065.60	5875.86	24.7	34.9	40.4	11251.90	3283.50	1094.5	1861.8	455.2	4.63
2009	17541.92	4816.26	6154.49	6571.16	27.5	35.1	37.5	13535.61	4006.31	1314.3	2176.6	562.0	5.15
2010	19921.35	5688.64	7156.55	7076.17	28.6	35.9	35.5			1487.0			5.01

注：1.本表系核算数。
2.按当年价格计算。
3.2001年起卫生总费用不含高等医学教育经费，2006年起包括城乡医疗救助经费。

5-12-23 城乡居民医疗保健支出

单位：元

年份 地区	城镇居民			农村居民		
	人均年消费支出	人均医疗保健支出	医疗保健支出占消费性支出%	人均年消费支出	人均医疗保健支出	医疗保健支出占消费性支出%
1990	1278.9	25.7	2.0	374.7	19.0	5.1
1995	3537.6	110.1	3.1	859.4	42.5	4.9
2000	4998.0	318.1	6.4	1670.1	87.6	5.2
2005	7942.9	600.9	7.6	2555.4	168.1	6.6
2006	8696.6	620.5	7.1	2829.0	191.5	6.8
2007	9997.5	699.1	7.0	3223.9	210.2	6.5
2008	11242.9	786.2	7.0	3660.7	246.0	6.7
2009	12264.6	856.4	7.0	3993.5	287.5	7.2
2010	13471.5	871.8	6.5	4381.8	326.0	7.4
北京	17893.3	1389.5	7.8	8897.6	867.9	9.8
天津	14801.4	1273.4	8.6	4273.2	299.8	7.0
河北	9678.8	971.3	10.0	3349.7	289.3	8.6
山西	9355.1	789.9	8.4	3304.8	240.9	7.3
内蒙古	12369.9	992.7	8.0	3968.4	416.9	10.5
辽宁	12324.6	1018.4	8.3	4254.0	409.6	9.6
吉林	10914.4	1120.4	10.3	3902.9	511.5	13.1
黑龙江	9629.6	978.8	10.2	4241.3	434.3	10.2
上海	20992.4	1002.1	4.8	9804.4	738.9	7.5
江苏	13153.0	808.4	6.1	5804.5	323.0	5.6
浙江	16683.5	984.6	5.9	7731.7	609.1	7.9
安徽	10234.0	716.9	7.0	3655.0	227.1	6.2
福建	13450.6	591.5	4.4	5015.7	219.0	4.4
江西	9740.0	550.3	5.6	3532.7	232.8	6.6
山东	12012.7	885.2	7.4	4417.2	301.6	6.8
河南	9567.0	875.5	9.2	3388.5	242.9	7.2
湖北	10294.1	694.6	6.7	3725.2	236.3	6.3
湖南	10828.2	784.7	7.2	4020.9	258.1	6.4
广东	16857.5	925.6	5.5	5019.8	232.0	4.6
广西	10352.4	538.2	5.2	3231.1	205.2	6.3
海南	10086.7	604.2	6.0	3088.6	129.3	4.2
重庆	12144.1	982.7	8.1	3142.1	242.6	7.7
四川	10860.2	648.3	6.0	4141.4	258.1	6.2
贵州	9048.3	535.4	5.9	2422.0	133.2	5.5
云南	10201.8	708.8	6.9	2924.9	197.6	6.8
西藏	9034.3	352.3	3.9	2399.5	71.5	3.0
陕西	10705.7	863.4	8.1	3349.2	329.3	9.8
甘肃	8890.8	746.8	8.4	2766.5	180.1	6.5
青海	8786.5	701.4	8.0	3209.4	291.3	9.1
宁夏	10280.0	921.9	9.0	3347.9	356.4	10.6
新疆	9327.6	684.0	7.3	2950.6	316.6	10.7

注：1.本表按当年价格计算。
2.分地区系2009年数字。

5-12-24 各地区医院住院服务情况

地 区	入院人数（万人）	出院人数（万人）	住院病人手术人次（万人次）	危重病人抢救人次（万人次）	危重病人抢救成功率（%）	每百门诊急诊入院人数（人）
总 计	**9523.77**	**9477.94**	**2697.62**	**638.50**	**91.78**	**4.78**
北 京	171.28	170.85	71.01	4.87	75.61	1.85
天 津	93.43	93.31	42.17	3.42	82.13	2.17
河 北	516.54	509.93	127.24	36.28	93.37	7.12
山 西	214.17	213.22	56.47	7.86	91.11	6.29
内蒙古	158.13	156.69	39.91	15.70	93.44	5.74
辽 宁	366.94	364.04	86.77	25.28	85.38	5.71
吉 林	201.48	199.41	48.79	12.25	87.25	5.78
黑龙江	273.35	272.20	82.31	13.70	86.74	6.21
上 海	211.58	211.43	77.96	7.17	78.10	2.03
江 苏	558.75	557.76	180.37	27.20	92.58	3.81
浙 江	435.54	434.59	157.85	17.61	89.81	2.80
安 徽	372.68	371.73	101.65	17.51	88.25	6.83
福 建	268.85	271.03	76.67	10.35	92.92	4.13
江 西	253.60	252.46	65.66	10.40	91.48	6.10
山 东	755.84	753.37	188.84	40.13	90.75	6.35
河 南	624.06	620.40	152.36	49.49	94.90	6.28
湖 北	424.33	423.25	116.35	49.18	94.60	5.63
湖 南	470.68	468.48	116.65	40.25	96.20	8.26
广 东	710.67	708.75	283.22	38.75	87.89	2.84
广 西	292.32	291.06	74.14	21.33	90.37	4.89
海 南	53.13	52.83	10.48	2.16	89.61	4.64
重 庆	179.59	179.96	54.97	15.67	90.77	5.39
四 川	557.52	555.71	161.15	50.88	90.89	5.78
贵 州	211.91	208.93	53.42	19.30	94.69	8.54
云 南	333.80	331.66	83.94	47.68	96.34	6.00
西 藏	12.21	10.89	1.99	0.70	91.69	3.63
陕 西	288.05	284.96	73.54	16.14	92.32	5.96
甘 肃	149.02	148.45	34.78	8.56	93.65	5.87
青 海	41.07	40.61	9.51	7.02	96.48	5.23
宁 夏	56.00	55.54	13.69	4.53	93.49	5.20
新 疆	267.24	264.46	53.76	17.12	89.55	8.13

5-12-25 各地区社区卫生服务中心(站)医疗服务情况

年份 地区	社区卫生服务中心						社区卫生服务站	
	诊疗人次(万人次)	入院人数(人)	病床使用率(%)	平均住院日(日)	医师日均担负诊疗人次(人次)	医师日均担负住院床日(日)	诊疗人次(万人次)	医师日均担负诊疗人次(人次)
2004	4615.59	151965	61.2	21.0	13.0	0.7	5095.52	11.1
2005	5938.52	266215	60.7	17.2	13.7	0.8	6281.45	11.0
2006	8285.48	436288	57.9	15.5	13.0	0.8	9378.94	13.1
2007	12712.45	743186	59.6	13.1	13.1	0.8	9874.97	14.6
2008	17247.30	1032788	58.7	13.4	12.9	0.8	8425.09	12.5
2009	26080.24	1642427	59.8	10.6	14.0	0.7	11617.25	13.7
2010	34740.41	2180577	56.1	10.4	13.6	0.7	13711.14	13.6
北 京	2709.31	37156	35.6	11.6	13.2	0.2	335.09	17.1
天 津	1152.90	12409	20.5	14.2	20.5	0.3	73.13	
河 北	381.40	74272	57.0	7.8	6.0	0.9	890.20	10.4
山 西	325.66	41084	47.2	9.4	4.4	0.6	383.83	7.7
内蒙古	278.81	34960	39.1	5.7	4.9	0.5	392.97	7.8
辽 宁	444.24	44961	50.9	11.8	6.9	0.7	485.14	10.8
吉 林	167.31	18600	30.0	8.2	4.3	0.3	434.67	20.3
黑龙江	442.45	62885	43.8	11.7	4.0	0.6	346.47	7.2
上 海	7342.23	131044	86.9	43.0	26.7	1.5		
江 苏	4366.77	284190	48.6	8.5	16.3	0.7	1036.05	23.3
浙 江	4514.62	71660	49.4	12.7	22.3	0.4	732.63	17.2
安 徽	625.83	91795	41.7	7.2	7.5	0.7	835.00	11.0
福 建	690.35	90424	52.0	4.7	12.0	0.6	292.66	14.0
江 西	306.20	40492	34.6	5.5	7.1	0.5	397.85	11.1
山 东	753.22	129838	48.5	7.7	6.0	0.6	1136.23	12.6
河 南	467.42	83841	47.6	9.5	6.0	0.9	548.30	12.5
湖 北	1005.40	160538	69.6	9.8	9.8	1.2	623.19	15.0
湖 南	408.68	89278	48.9	7.4	5.5	0.6	172.09	7.1
广 东	5588.03	145124	58.8	7.8	22.2	0.3	2513.58	34.2
广 西	311.18	12025	54.4	9.1	9.6	0.2	146.79	9.6
海 南	16.42	1623	69.9	5.4	9.3	1.0	108.62	12.0
重 庆	354.18	103415	66.3	7.2	8.2	1.3	111.04	13.4
四 川	984.79	184032	70.1	8.4	9.5	1.1	318.60	10.8
贵 州	128.08	91908	59.1	3.0	6.3	1.3	193.66	8.6
云 南	247.75	58275	62.3	8.9	9.3	1.4	185.11	10.8
西 藏							1.73	9.8
陕 西	259.50	20856	37.5	11.2	7.7	0.5	231.78	11.1
甘 肃	117.47	15905	45.8	5.4	5.1	0.4	265.54	10.5
青 海	44.82	5449	57.7	7.4	12.7	1.0	102.65	10.6
宁 夏	6.95	142	30.3	17.7	6.4	0.2	60.76	12.4
新 疆	298.47	42396	61.1	10.4	9.2	1.1	355.78	11.5

5-12-26　乡镇卫生院医疗服务情况

年　份	诊疗人次（亿人次）	入院人数（万人）	病床周转次数（次）	病床使用率（%）	平均住院日（日）
1981	14.38	2123	29.5	53.5	6.3
1982	14.19	2228	31.0	54.2	6.0
1983	13.65	2373	33.4	56.6	5.9
1984	12.65	1893	27.9	49.1	6.0
1985	11.00	1771	26.4	46.0	5.9
1986	11.18	1782	26.9	46.0	5.9
1987	11.30	1959	28.5	47.4	5.6
1988	11.36	2031	29.2	47.3	5.6
1989	10.60	1935	28.3	44.6	5.4
1990	10.65	1958	28.6	43.4	5.2
1991	10.82	2016	29.1	43.5	5.1
1992	10.34	1960	28.7	42.9	5.1
1993	8.98	1855	27.9	38.4	4.6
1994	9.73	1913	29.4	40.5	4.6
1995	9.38	1960	29.9	40.2	4.6
1996	9.44	1916	28.6	37.0	4.4
1997	9.16	1918	26.0	34.5	4.5
1998	8.74	1751	24.4	33.3	4.6
1999	8.38	1688	24.2	32.8	4.6
2000	8.24	1708	24.8	33.2	4.6
2001	8.24	1700	23.7	31.3	4.5
2002	7.10	1625	28.0	34.7	4.0
2003	6.91	1608	28.1	36.2	4.2
2004	6.81	1599	27.0	37.1	4.4
2005	6.79	1622	25.8	37.7	4.6
2006	7.01	1836	28.8	39.4	4.6
2007	7.59	2662	36.7	48.4	4.8
2008	8.27	3313	42.0	55.8	4.4
2009	8.77	3808	42.9	60.7	4.8
2010	8.74	3630	38.4	59.0	5.2
中心卫生院	3.52	1560	38.8	61.0	5.3
乡卫生院	5.22	2070	38.1	57.6	5.0

注：1993年以前的诊疗人次及入院人数系推算数字。

5-12-27　监测地区5岁以下儿童和孕产妇死亡率

年　份	新生儿死亡率(‰)			婴儿死亡率(‰)			5岁以下儿童死亡率(‰)			孕产妇死亡率(1/10万)		
	合计	城市	农村	合计	城市	农村	合计	城市	农村	合计	城市	农村
1991	33.1	12.5	37.9	50.2	17.3	58.0	61.0	20.9	71.1	80.0	46.3	100.0
1992	32.5	13.9	36.8	46.7	18.4	53.2	57.4	20.7	65.6	76.5	42.7	97.9
1993	31.2	12.9	35.4	43.6	15.9	50.0	53.1	18.3	61.6	67.3	38.5	85.1
1994	28.5	12.2	32.3	39.9	15.5	45.6	49.6	18.0	56.9	64.8	44.1	77.5
1995	27.3	10.6	31.1	36.4	14.2	41.6	44.5	16.4	51.1	61.9	39.2	76.0
1996	24.0	12.2	26.7	36.0	14.8	40.9	45.0	16.9	51.4	63.9	29.2	86.4
1997	24.2	10.3	27.5	33.1	13.1	37.7	42.3	15.5	48.5	63.6	38.3	80.4
1998	22.3	10.0	25.1	33.2	13.5	37.7	42.0	16.2	47.9	56.2	28.6	74.1
1999	22.2	9.5	25.1	33.3	11.9	38.2	41.4	14.3	47.7	58.7	26.2	79.7
2000	22.8	9.5	25.8	32.2	11.8	37.0	39.7	13.8	45.7	53.0	29.3	69.6
2001	21.4	10.6	23.9	30.0	13.6	33.8	35.9	16.3	40.4	50.2	33.1	61.9
2002	20.7	9.7	23.2	29.2	12.2	33.1	34.9	14.6	39.6	43.2	22.3	58.2
2003	18.0	8.9	20.1	25.5	11.3	28.7	29.9	14.8	33.4	51.3	27.6	65.4
2004	15.4	8.4	17.3	21.5	10.1	24.5	25.0	12.0	28.5	48.3	26.1	63.0
2005	13.2	7.5	14.7	19.0	9.1	21.6	22.5	10.7	25.7	47.7	25.0	53.8
2006	12.0	6.8	13.4	17.2	8.0	19.7	20.6	9.6	23.6	41.1	24.8	45.5
2007	10.7	5.5	12.8	15.3	7.7	18.6	18.1	9.0	21.8	36.6	25.2	41.3
2008	10.2	5.0	12.3	14.9	6.5	18.4	18.5	7.9	22.7	34.2	29.2	36.1
2009	9.0	4.5	10.8	13.8	6.2	17.0	17.2	7.6	21.1	31.9	26.6	34.0
2010	8.3	4.1	10.0	13.1	5.8	16.1	16.4	7.3	20.1	30.0	29.7	30.1

5-12-28　孕产妇保健情况

年　份	活产数	高危产妇比重(%)	建卡率(%)	系统管理率(%)	产前检查率(%)	产后访视率(%)	住院分娩率(%)			新法接生率(%)		
							合计	市	县	合计	市	县
1980										91.4	98.7	90.3
1985							43.7	73.6	36.4	94.5	98.7	93.5
1990	14517207						50.6	74.2	45.1	94.0	98.6	93.9
1991	15293237						50.6	72.8	45.5	93.7	98.1	93.2
1992	11746275		76.6		69.7	69.7	52.7	71.7	41.2	84.1	91.2	82.0
1993	10170690		75.7		72.2	71.0	56.5	68.3	51.0	83.6	81.1	84.7
1994	11044607		79.1		76.3	74.5	65.6	76.4	50.4			87.4
1995	11539613		81.4		78.7	78.8	58.0	70.7	50.2			87.6
1996	11412028	7.3	82.4	65.5	83.7	80.1	60.7	76.5	51.7			95.5
1997	11286021	8.1	84.5	68.3	85.9	82.3	61.7	76.4	53.0			91.8
1998	10961516	8.6	86.2	72.3	87.1	83.9	66.2	79.0	58.1			92.6
1999	10698467	9.2	87.9	75.4	89.3	85.9	70.0	83.3	61.5	96.8	98.9	95.4
2000	10987691	10.0	88.6	77.2	89.4	86.2	72.9	84.9	65.2	96.6	98.8	95.2
2001	10690630	11.1	89.4	78.6	90.3	87.2	76.0	87.0	69.0	97.3	99.0	96.1
2002	10591949	11.9	89.2	78.2	90.1	86.7	78.7	89.4	71.6	96.7	98.6	95.4
2003	10188005	11.8	87.6	75.5	88.9	85.4	79.4	89.9	72.6	95.9	98.5	94.1
2004	10892614	12.4	88.3	76.4	89.7	85.9	82.8	91.4	77.1	97.3	98.9	96.2
2005	11415809	12.8	88.5	76.7	89.8	86.0	85.9	93.2	81.0	97.5	98.7	96.7
2006	11770056	13.0	88.2	76.5	89.7	85.7	88.4	94.1	84.6	97.8	98.7	97.2
2007	12506498	13.7	89.3	77.3	90.9	86.7	91.7	95.8	88.8	98.4	99.1	97.9
2008	13307045	15.7	89.3	78.1	91.0	87.0	94.5	97.5	92.3	99.1	99.6	98.7
2009	13825431	16.4	90.9	80.9	92.2	88.7	96.3	98.5	94.7	99.3	99.8	99.0
2010	14218657	17.1	92.9	84.1	94.1	90.8	97.8	99.2	96.7	99.6	99.9	99.4

5-12-29 甲乙类法定报告传染病发病率、死亡率及病死率排序

顺位	发病		死亡		病死	
	疾病名称	发病率(1/10万)	疾病名称	死亡率(1/10万)	疾病名称	病死率(%)
1	病毒性肝炎	98.74	艾滋病	0.5801	人禽流感	100.00
2	肺结核	74.27	新生儿破伤风	0.0047	狂犬病	98.34
3	梅毒	26.86	肺结核	0.2248	艾滋病	48.45
4	痢疾	18.90	狂犬病	0.1509	鼠疫	28.57
5	淋病	7.91	病毒性肝炎	0.0700	流脑	10.15
6	新生儿破伤风	0.06	甲型H1N1流感	0.0110	新生儿破伤风	8.14
7	麻疹	2.86	出血热	0.0088	乙脑	3.62
8	布病	2.53	乙脑	0.0069	炭疽	2.08
9	猩红热	1.56	梅毒	0.0052	甲型H1N1流感	2.06
10	艾滋病	1.20	痢疾	0.0027	钩体病	1.62
11	伤寒+副伤寒	1.05	流脑	0.0025	出血热	1.24
12	出血热	0.71	麻疹	0.0020	肺结核	0.30
13	疟疾	0.55	疟疾	0.0010	疟疾	0.19
14	甲型H1N1流感	0.53	钩体病	0.0008	麻疹	0.07
15	血吸虫病	0.32	炭疽	0.0004	病毒性肝炎	0.07
16	乙脑	0.19	伤寒+副伤寒	0.0002	百日咳	0.06
17	狂犬病	0.15	鼠疫	0.0001	伤寒+副伤寒	0.02
18	百日咳	0.13	淋病	0.0001	梅毒	0.02
19	钩体病	0.05	百日咳	0.0001	痢疾	0.01
20	流脑	0.02	布病	0.0001	布病	0.0030
21	炭疽	0.02	人禽流感	0.0001	淋病	0.0009
22	登革热	0.02	霍乱		霍乱	
23	霍乱	0.01	猩红热		猩红热	
24	鼠疫	0.0005	登革热		登革热	
25	人禽流感	0.0001	血吸虫病		血吸虫病	
26	传染性非典		传染性非典		传染性非典	
27	脊灰		脊灰		脊灰	
28	白喉		白喉		白喉	

注：新生儿破伤风发病率和死亡率单位为‰。

5-12-30 城市居民主要疾病死亡率及死因构成

疾病名称	合计				男				女			
	粗死亡率(1/10万)	标化死亡率(1/10万)	构成(%)	位次	粗死亡率(1/10万)	标化死亡率(1/10万)	构成(%)	位次	粗死亡率(1/10万)	标化死亡率(1/10万)	构成(%)	位次
传染病(不含呼吸道结核)	4.44	4.82	0.72	11	5.79	6.40	0.82	11	3.04	3.28	0.57	12
呼吸道结核	2.32	2.37	0.38	14	3.47	3.81	0.49	13	1.13	1.10	0.21	18
寄生虫病	0.13	0.14	0.02	18	0.15	0.17	0.02	19	0.10	0.11	0.02	20
恶性肿瘤	162.87	169.22	26.33	1	201.99	225.91	28.77	1	122.35	119.26	22.99	2
血液,造血器官及免疫疾病	1.50	1.69	0.24	17	1.48	1.81	0.21	17	1.52	1.60	0.29	17
内分泌,营养和代谢疾病	18.13	20.27	2.93	6	16.63	20.44	2.37	7	19.69	20.07	3.70	6
精神障碍	2.90	3.46	0.47	13	2.82	3.53	0.40	14	2.98	3.30	0.56	13
神经系统疾病	5.84	6.92	0.94	10	6.33	8.07	0.90	10	5.34	5.88	1.00	10
心脏病	129.19	154.75	20.88	2	135.15	177.27	19.25	3	123.02	134.43	23.12	1
脑血管病	125.15	143.54	20.23	3	137.30	171.89	19.55	2	112.56	118.61	21.15	3
呼吸系统疾病	68.32	86.00	11.04	4	78.06	111.97	11.12	4	58.22	65.79	10.94	4
消化系统疾病	16.96	18.65	2.74	7	20.76	23.86	2.96	6	13.03	13.73	2.45	7
肌肉骨骼和结缔组织疾病	1.61	1.73	0.26	16	1.21	1.47	0.17	18	2.02	2.00	0.38	14
泌尿生殖系统疾病	7.20	7.85	1.16	9	7.98	9.59	1.14	8	6.40	6.44	1.20	9
妊娠,分娩产褥期并发症	0.11	0.12	0.02	18					0.22	0.25	0.04	19
围生期疾病	2.03	4.82	0.33	15	2.34	5.40	0.33	15	1.70	4.17	0.32	16
先天畸形,变形和染色体异常	2.02	3.78	0.33	15	2.12	3.88	0.30	16	1.92	3.66	0.36	15
诊断不明	4.12	4.93	0.67	12	4.99	6.22	0.71	12	3.21	3.70	0.60	11
其他疾病	9.58	15.33	1.55	8	7.61	14.17	1.08	9	11.63	15.91	2.19	8
损伤和中毒外部原因	38.09	40.00	6.16	5	48.43	51.05	6.90	5	27.38	28.68	5.15	5

5-12-31 农村居民主要疾病死亡率及死因构成

疾病名称	合计				男				女			
	粗死亡率(1/10万)	标化死亡率(1/10万)	构成(%)	位次	粗死亡率(1/10万)	标化死亡率(1/10万)	构成(%)	位次	粗死亡率(1/10万)	标化死亡率(1/10万)	构成(%)	位次
传染病(不含呼吸道结核)	4.13	5.24	0.66	11	5.30	6.85	0.74	10	2.92	3.70	0.55	13
呼吸道结核	2.12	2.65	0.34	16	2.99	4.02	0.42	13	1.22	1.48	0.23	16
寄生虫病	0.02	0.03	0.00	20	0.01	0.01	0.00	18	0.03	0.04	0.01	20
恶性肿瘤	144.11	169.53	23.11	2	187.25	239.09	26.14	1	99.00	109.64	18.81	3
血液,造血器官及免疫疾病	0.90	1.17	0.14	17	0.98	1.36	0.14	16	0.81	1.02	0.15	18
内分泌,营养和代谢疾病	10.33	12.90	1.66	8	8.99	12.34	1.25	8	11.74	13.41	2.23	7
精神障碍	2.99	4.69	0.48	13	2.79	5.03	0.39	14	3.19	4.37	0.61	12
神经系统疾病	3.84	5.53	0.62	12	3.98	6.45	0.56	12	3.69	4.84	0.70	11
心脏病	111.34	163.08	17.86	3	115.54	196.20	16.13	3	106.95	138.19	20.32	2
脑血管病	145.71	203.30	23.37	1	159.27	255.17	22.23	2	131.54	163.84	24.99	1
呼吸系统疾病	88.25	137.98	14.15	4	95.36	177.79	13.31	4	80.82	110.07	15.36	4
消化系统疾病	14.76	18.42	2.37	6	19.26	25.75	2.69	6	10.05	11.94	1.91	8
肌肉骨骼和结缔组织疾病	0.88	1.11	0.14	18	0.72	1.04	0.10	17	1.05	1.17	0.20	17
泌尿生殖系统疾病	6.31	7.73	1.01	9	7.31	10.24	1.02	9	5.27	5.87	1.00	9
妊娠,分娩产褥期并发症	0.13	0.14	0.02	19					0.27	0.29	0.05	19
围生期疾病	2.51	5.91	0.40	14	2.99	6.78	0.42	13	2.01	4.92	0.38	14
先天畸形,变形和染色体异常	2.14	4.03	0.34	15	2.48	4.65	0.35	15	1.79	3.34	0.34	15
诊断不明	4.57	6.68	0.73	10	5.10	7.80	0.71	11	4.01	5.56	0.76	10
其他疾病	12.64	25.47	2.03	7	10.55	27.74	1.47	7	14.83	24.01	2.82	6
损伤和中毒外部原因	52.93	60.05	8.49	5	71.75	82.69	10.02	5	33.25	37.98	6.32	5

5-12-32 新型农村合作医疗情况

年份	开展新农合县(市、区)(个)	参加新农合人数(亿人)	参合率(%)	人均筹资(元)	当年基金支出(亿元)	补偿受益人次(亿人次)
2005	678	1.79	75.66	42.10	61.75	1.22
2006	1451	4.10	80.66	52.10	155.81	2.72
2007	2451	7.26	86.20	58.90	346.63	4.53
2008	2729	8.15	91.53	96.30	662.31	5.85
2009	2716	8.33	94.19	113.36	922.92	7.59
2010	2678	8.36	96.00	156.57	1187.84	10.87

5-12-33 各地区新型农村合作医疗情况

地区	县(市、区)数(个)	开展新农合县(市、区)(个)	参加新农合人数(万人)	人均筹资(元)	本年度筹资总额(万元)	补偿受益人次(万人次)
总计	**2856**	**2678**	**83559.95**	**156.57**	**13083346.40**	**108665.99**
北京	16	13	278.53	555.40	154696.58	694.46
天津	16					
河北	172	164	4998.09	139.95	699497.83	6592.93
山西	119	115	2164.57	150.63	326039.07	2570.57
内蒙古	101	98	1214.63	157.57	191385.08	894.31
辽宁	100	90	1953.63	158.38	309411.83	1399.87
吉林	60	60	1252.54	150.37	188349.54	627.88
黑龙江	128	121	1400.78	151.23	211837.69	1181.65
上海	18	10	148.95	757.66	112853.29	2035.18
江苏	106	86	4370.57	191.97	839029.23	8956.70
浙江	90	85	2972.10	251.77	748278.47	7758.40
安徽	105	94	4750.18	151.80	721087.85	4260.21
福建	85	74	2404.20	152.00	365433.22	278.46
江西	99	96	3144.95	150.79	474229.29	1968.39
山东	140	135	6548.73	135.22	885508.10	14605.69
河南	159	157	7651.48	150.55	1151937.84	11544.57
湖北	103	97	3833.01	150.33	576204.24	8659.87
湖南	122	122	4911.47	141.18	693393.99	2685.54
广东	121	87	3891.45	160.69	625318.60	2908.97
广西	109	109	3811.34	150.37	573120.34	2448.30
海南	20	20	474.85	144.23	68486.61	633.33
重庆	40	39	2200.43	141.47	311284.26	2460.99
四川	181	175	6285.09	149.04	936726.93	4905.80
贵州	88	88	3029.17	146.40	443468.93	3949.88
云南	129	127	3412.15	140.93	480869.55	8043.52
西藏	73	73	233.58	192.60	44988.41	393.36
陕西	107	104	2581.39	154.44	398668.22	2433.02
甘肃	86	86	1910.32	146.26	279397.88	2132.42
青海	43	43	340.75	165.50	56393.48	275.08
宁夏	22	21	372.01	145.65	54183.78	535.77
新疆	98	89	1019.03	158.25	161266.26	830.86

5-12-34 城镇居民和职工基本医疗保险情况

年份 地区	年末参保人数合计(万人)	城镇职工	在岗职工	退休人员	城镇居民	基本医疗保险基金收支(亿元) 基金收入	基金支出	累计结余
全国	**43262.9**	**23734.7**	**17791.2**	**5943.5**	**19528.3**	**4308.9**	**3538.1**	**5047.1**
北京	1207.3	1063.7	848.5	215.1	143.7	298.4	290.4	195.9
天津	960.9	470.0	312.5	157.5	490.9	115.2	103.5	50.5
河北	1518.1	848.0	610.0	238.0	670.0	159.1	117.4	189.9
山西	923.5	562.0	422.0	140.0	361.5	87.1	69.6	115.1
内蒙古	886.4	433.5	308.9	124.7	452.8	78.5	64.2	87.6
辽宁	2056.2	1408.7	944.6	464.1	647.5	215.7	181.7	251.8
吉林	1333.8	550.1	370.3	179.9	783.7	63.7	52.7	100.9
黑龙江	1560.8	873.7	595.3	278.4	687.1	127.3	103.7	189.5
上海	1665.2	1405.9	1017.1	388.8	259.2	329.7	300.2	204.6
江苏	3249.4	1848.3	1405.1	443.2	1401.2	362.8	287.7	459.8
浙江	1963.8	1344.4	1117.6	226.8	619.4	301.2	242.7	372.9
安徽	1529.3	598.5	429.2	169.3	930.9	99.2	82.3	126.4
福建	1200.6	546.6	425.9	120.7	654.0	108.9	91.1	174.9
江西	1326.4	532.1	365.6	166.5	794.3	64.5	49.6	84.6
山东	2770.6	1541.3	1224.6	316.7	1229.3	264.2	222.2	262.5
河南	2043.7	957.4	698.7	258.7	1086.4	132.0	108.0	166.4
湖北	1860.0	847.8	608.0	239.8	1012.3	128.0	104.4	159.0
湖南	1894.5	777.4	540.5	236.9	1117.2	113.0	105.8	148.7
广东	5043.2	3000.0	2685.6	314.5	2043.2	419.2	310.8	699.7
广西	935.2	413.5	290.5	123.0	521.7	77.9	56.6	117.7
海南	323.3	166.9	123.7	43.2	156.4	26.9	20.6	29.8
重庆	830.8	406.2	280.6	125.6	424.6	76.0	61.2	92.4
四川	2063.1	1051.9	703.6	348.3	1011.2	226.9	165.0	284.7
贵州	602.5	293.5	205.3	88.2	309.0	47.8	38.0	55.4
云南	820.5	414.8	293.3	121.4	405.7	97.9	85.9	107.6
西藏	38.6	23.5	16.9	6.6	15.1	9.9	6.4	12.7
陕西	947.2	474.2	322.9	151.2	473.1	89.1	63.6	105.1
甘肃	588.8	290.2	204.4	85.9	298.6	49.2	37.9	52.8
青海	140.3	78.7	53.5	25.2	61.6	25.9	18.3	33.6
宁夏	188.3	94.1	67.7	26.4	94.2	19.2	15.5	22.9
新疆	790.5	417.7	298.8	119.0	372.7	94.4	80.9	91.5

5-12-35 民政部门医疗救助情况

年份 地区	城市医疗救助人次			农村医疗救助人次			城市医疗救助支出（万元）	农村医疗救助支出（万元）
	小计	医疗救助	资助参加医疗保险	小计	医疗救助	资助参加合作医疗		
2005	1150000	1150000		8550000			32000.0	57000.0
2006	1872000	1872000		15584000	2413000	13171000	81240.9	114198.1
2007	4420227	4420227		28944383	3770970	25173413	144379.2	280508.0
2008	10862000	4436000	6426000	41919000	7595000	34324000	297000.0	383000.0
2009	15062637	4103725	10958912	47891180	7299800	40591380	412043.1	646245.8
2010	19213211	4600756	14612455	56346619	10192429	46154190	495203.0	834810.0
北京	75013	26791	48222	101231	16549	84682	5001.0	1795.9
天津	79038	12105	66933	31428	12466	18962	4447.8	1760.5
河北	350824	94840	255984	2521973	371046	2150927	15026.8	31139.1
山西	829162	157760	671402	882173	113017	769156	18398.5	18835.5
内蒙古	478927	153645	325282	912212	238307	673905	15519.4	20597.3
辽宁	581419	228581	352838	861400	112641	748759	14034.0	12519.7
吉林	1564046	291531	1272515	1357413	239623	1117790	30019.1	22270.7
黑龙江	1393478	153922	1239556	1353667	148058	1205609	50080.2	38083.6
上海	202722	79476	123246	134890	63087	71803	12307.9	11696.6
江苏	435011	73662	361349	1515133	227213	1287920	11247.9	35475.2
浙江	92494	44128	48366	806306	272205	534101	9682.6	38495.6
安徽	316792	98170	218622	2457913	397264	2060649	14761.1	39988.3
福建	152369	32383	119986	857279	127395	729884	3062.4	10366.0
江西	1260526	207136	1053390	2068395	416141	1652254	46365.3	62747.5
山东	247482	50056	197426	2031165	104865	1926300	13446.4	27258.7
河南	1106354	83408	1022946	4327373	481731	3845642	16789.2	41149.3
湖北	1439290	112361	1326929	2468102	251721	2216381	17790.8	22273.1
湖南	1256819	305305	951514	2763757	599368	2164389	27285.4	42677.0
广东	556076	272465	283611	1862326	279000	1583326	15751.7	17850.1
广西	245302	60629	184673	2599439	232613	2366826	5372.8	24598.7
海南	218937	50540	168397	356094	90789	265305	3932.4	7255.4
重庆	1077450	281692	795758	2258755	763905	1494850	13354.4	20510.5
四川	1354745	632445	722300	5456655	1449414	4007241	38556.0	75184.2
贵州	401100	77413	323687	4797496	789671	4007825	6498.9	34258.9
云南	1190966	139859	1051107	5319804	556874	4762930	15162.7	45656.6
西藏	5767	4903	864	78253	26945	51308	3062.9	6175.2
陕西	206950	109653	97297	1392138	318769	1073369	16735.2	37098.3
甘肃	343244	166405	176839	1369991	520855	849136	13364.1	38359.7
青海	520184	315587	204597	946296	531878	414418	7178.7	13772.6
宁夏	283430	91185	192245	573348	202914	370434	5199.4	10165.2
新疆	947294	192720	754574	1884214	236105	1648109	25768.0	24795.0

注：本表数据来源于民政部。

5-12-36 公共场所卫生监督处罚案件

单位：件

指标	总计	住宿场所	沐浴场所	游泳场所	美容美发场所	候车(机/船)场所	其他
案件数	42996	10271	3016	746	18121	31	10811
结案数	41514	10000	2910	727	17399	31	10447
违法事实							
未取得卫生许可证擅自营业的单位	14041	3069	1022	178	7142	18	2612
卫生质量不符合国家卫生标准和要求，而继续营业的单位	8934	2566	533	431	2980	2	2422
未获得“健康合格证”，从事直接为顾客服务的单位	14872	3558	1382	86	6995	6	2845
拒绝卫生监督的单位	751	197	28		176		350
其他违法行为	5909	1391	308	66	1983	1	2160
处罚程序							
简易程序	24640	6245	1527	467	9274	19	7108
一般程序	16874	3755	1383	260	8125	12	3339
#听证	391	136	15		188		52
处罚决定							
警告	15483	4325	1094	343	6470	11	3240
罚款	27111	6194	2193	400	12030	12	6282
#罚款金额（万元）	1487.9	304.5	135.6	18.7	532.1	0.9	496.1
停业整顿	466	99	29	6	227	1	104
吊销卫生许可证	31	6	2		19		4
行政复议	56	1		8	10		37
行政诉讼	41	7			34		
结案情况							
自觉履行	35611	8685	2712	704	15319	16	8175
强制执行	373	118	17	1	212		25
不作行政处罚	5296	3112	166	22	1706	15	275

5-12-37 饮用水卫生监督处罚案件

单位：件

指标	总计	集中式供水			二次供水	涉水产品
			市政	乡镇		
案件数	2580	1602	243	1359	809	169
结案数	2461	1528	236	1292	771	162
违法事实						
违反供、管水人员健康管理有关规定	364	267	54	213	97	
新改扩建项目未经选址、设计审查和竣工验收	50	50	9	41		
未取得卫生许可证	774	423	53	370	351	
生产或者销售无卫生许可批件的涉水产品	229	67	19	48		162
生活饮用水不符合卫生标准	950	752	89	663	198	
其他违法行为	308	137	34	103	164	7
处罚程序						
简易程序	1296	868	95	773	394	34
一般程序	1165	660	141	519	377	128
#听证	32	25	2	23	1	6
处罚决定						
责令限期改进	1770	1205	141	1064	452	113
罚款	1493	910	152	758	446	137
#罚款金额（万元）	372.7	188.1	51.8	136.3	104.4	80.2
其他	807	420	52	368	362	25
行政复议	2	2	2			
行政诉讼	1	1	1			
结案情况						
自觉履行	2130	1233	187	1046	740	157
强制执行	26	25	7	18	1	
不作行政处罚	264	235	36	199	24	5

5-12-38 医疗卫生监督处罚案件

单位：件

指标	总计	医疗机构						
		合计	医院	妇幼保健院	社区卫生服务机构	卫生院	疗养院	门诊部
案件数	62956	59784	4891	208	2015	2532	32	3682
结案数	61380	58287	4648	189	1990	2442	31	3434
违法事实								
未取得执业许可证擅自执业	10690	10690	120	12	164	114	1	565
逾期不校验医疗机构执业许可证	2075	2075	90	8	42	85		282
出卖/转让/出借医疗机构执业许可证	2114	2114	182	6	84	102	1	182
诊疗活动超出登记范围	14521	14521	934	31	378	589	1	811
使用非卫生技术人员	11589	11589	1645	75	545	931	3	1026
出具虚假证明文件	1248	724	108	2	26	49		43
违法发布医疗广告	2050	2050	965	7	50	35	10	427
使用未取得护士执业证书人员或使用未变更执业地点、延续执业注册有效期的护士从事护理活动	1259	1259	152	6	51	115	11	148
造成、发生医疗事故	451	267	134	2	7	21		25
未取得母婴保健技术许可擅自从事母婴保健技术服务活动	859	672	158	4	22	14	1	153
未获许可开展人类辅助生殖技术	88	88	7			1		5
擅自购置、违规使用大型医用设备	557	557	23	3	18	42		19
以不正当手段、非法取得执业证书	273							
违反医疗技术规范	315							
未取得资格证或未注册从事医疗工作	358							
其他违法行为	17791	16482	912	71	749	630	6	538
处罚程序(件)								
简易程序	25068	23879	1421	51	813	850	25	968
一般程序	36312	34408	3227	138	1177	1592	6	2466
#听证	2223	2049	218	5	51	48		146
处罚决定								
警告	17592	16907	2140	95	429	918	24	1460
罚款	52867	50557	3304	146	1755	1853	10	2695
#罚款金额 (万元)	8804.8	8410.2	1525.9	74.6	332.2	441.3	3.3	920.2
没收违法所得	858	802	163	3	19	38		126
#没收金额 (万元)	341.7	320.6	133.0	2.8	12.9	9.2		59.9
没收药品器械	3535	3425	51	1	20	9		158
责令停止执业	6810	6213	259	11	139	236		325
责令限期补办校验手续	1740	1718	88	7	94	101		183
责令暂停执业活动	3814	3270	170	15	123	156	1	281
取缔	5425	4845	113		69	4	1	316
其他	6799	6607	473	21	185	411	1	297
行政复议	14	12	3					3
行政诉讼	17	17	1					
结案情况								
自觉履行	58584	55724	4427	177	1887	2324	31	3274
强制执行	1174	1111	63	1	10	14		79
不作行政处罚	1299	1142	127	10	84	87		64

5-12-38 续表

单位：件

指标	医疗机构		卫生技术人员						非卫生技术人员
	诊所	其他	合计	医师	药师	护士	医技	乡村医生	
案件数	20780	25644	2183	810	23	102	73	1175	989
结案数	20290	25263	2160	810	16	103	72	1159	933
违法事实									
未取得执业许可证擅自执业	5405	4309							
逾期不校验医疗机构执业许可证	712	856							
出卖/转让/出借医疗机构执业许可证	770	787							
诊疗活动超出登记范围	6197	5580							
使用非卫生技术人员	4028	3336							
出具虚假证明文件	202	294	313	59	7	2	8	237	211
违法发布医疗广告	371	185							
使用未取得护士执业证书人员或使用未变更执业地点、延续执业注册有效期的护士从事护理活动	561	215							
造成、发生医疗事故	41	37	158	79		9	4	66	26
未取得母婴保健技术许可擅自从事母婴保健技术服务活动	272	48	62	22		1		39	125
未获许可开展人类辅助生殖技术	25	50							
擅自购置、违规使用大型医用设备	17	435							
以不正当手段、非法取得执业证书			273	22				251	
违反医疗技术规范			315	108				207	
未取得资格证或未注册从事医疗工作			358	212				146	
其他违法行为	3225	10351	722	327	6	84	61	244	587
处罚程序(件)									
简易程序	6650	13101	826	157	1	22	12	634	363
一般程序	13640	12162	1334	653	15	81	60	525	570
#听证	1148	433	91	72		4		15	83
处罚决定									
警告	5158	6683	609	380	4	14	15	196	76
罚款	17831	22963	1520	376	1	78	52	1013	790
#罚款金额 (万元)	2779.5	2333.2	249.7	123.3	0.2	18.3	13.3	94.8	144.8
没收违法所得	287	166	37	18		4		15	19
#没收金额 (万元)	48.6	54.3	5.1	3.2		0.1		1.8	15.9
没收药品器械	1728	1458	50	13		1		36	60
责令停止执业	3123	2120	335	142	2	32	20	139	262
责令限期补办校验手续	548	697	3	3					19
责令暂停执业活动	1379	1145	338	77		15	4	242	206
取缔	2541	1801	286	43		3	1	239	294
其他	2086	3133	174	68		6	3	97	18
行政复议	6		2	1		1			
行政诉讼	9	7							
结案情况									
自觉履行	19221	24383	2012	761	5	90	62	1094	848
强制执行	477	467	53	8				45	10
不作行政处罚	468	302	89	39	11	12	8	19	68

5-12-39 社会服务机构基本情况

指　　标	单位数（个）		职工人数（万人）	
	2009	2010	2009	2010
总　　计	**1262066**	**1268926**	**1038.1**	**1138.4**
社会工作	**137637**	**131833**	**199.4**	**225.7**
提供住宿的社会服务机构	107117	101439	39.9	62.8
老年人与残疾人服务机构	39671	39904	25.8	27.4
城市养老服务机构	5291	5413	6.4	7.3
农村养老服务机构	31286	31472	13.6	14.2
社会福利院	1611	1572	3.7	3.9
光荣院	1401	1371	1.3	1.2
荣誉军人康复医院	47	40	0.5	0.5
复员军人疗养院	35	36	0.3	0.3
智障与精神疾病服务机构	266	251	2.2	2.3
复退军人精神病院	89	94	0.9	1.0
社会福利医院	177	157	1.3	1.3
儿童收养救助服务机构	419	480	0.9	1.0
儿童福利院	303	335	0.8	0.9
流浪儿童救助保护中心	116	145	0.1	0.1
社区服务机构	63173	56957	6.8	27.9
社区服务中心	10003	12720	6.8	8.3
社区服务站	53170	44237		19.6
其他提供住宿的服务机构	3588	3847	4.1	4.2
生活无着人员救助管理站	1372	1448	1.6	1.5
军休所	1876	1957	1.9	1.9
军供站	330	330	0.7	0.6
其他收养机构	10	112	0.03	0.1
不提供住宿的社会服务机构	30520	30394	159.5	162.8
救灾储备仓库	326	455	0.1	0.1
社会福利企业	22783	22226	154.4	157.4
福利彩票发行单位	988	993	0.7	0.8
烈士纪念建筑物管理单位	1137	1195	0.9	0.9
捐赠、救助等其他事业单位	2977	3060	2.4	2.6
老龄机构	2309	2465	0.9	0.9
成员组织	**1114836**	**1127346**	**821.8**	**895.5**
社会组织	431069	445631	544.7	618.2
社会团体	238747	245256	335.7	396.1
基金会	1843	2200	1.2	1.3
民办非企业单位	190479	198175	207.8	220.8
自治组织	683767	681715	277.1	277.3
社区居委会	84689	87057	43.1	43.9
村民委员会	599078	594658	234	233.4
行政机关	**3498**	**3482**	**8.8**	**8.9**
民政行政机关	3498	3482	8.8	8.9
其他社会服务机构	**6095**	**6265**	**8.2**	**8.4**
婚　姻	2199	2314	0.8	0.9
婚姻登记服务类单位	2199	2314	0.8	0.9
殡　葬	3896	3951	7.4	7.5
殡仪馆	1729	1724	4.5	4.5
公　墓	1266	1308	2.1	2.2
殡葬管理单位	901	919	0.8	0.8

5-12-40 提供住宿的社会服务机构床位数

单位：万张

年份 地区	床位数	老年及残疾人床位	智障和精神疾病床位	儿童床位	救助及其他社会服务床位	每千人口社会服务床位数（张）
1991	82.8	78.3	3.8	0.7		0.71
1992	89.8	85.2	3.8	0.8		0.77
1993	92.7	87.4	4.0	0.9	0.4	0.78
1994	95.5	90.1	4.0	0.9	0.5	0.80
1995	97.6	91.9	4.0	1.1	0.6	0.81
1996	100.8	95.0	4.0	1.2	0.6	0.82
1997	103.1	97.2	4.0	1.3	0.6	0.83
1998	105.8	99.6	4.1	1.5	0.6	0.85
1999	108.9	102.4	4.1	1.6	0.8	0.87
2000	113.0	104.5	4.1	1.8	2.6	0.89
2001	140.7	114.6	4.2	2.3	19.6	1.10
2002	141.5	114.9	4.3	2.5	19.8	1.10
2003	142.9	120.6	4.5	2.7	15.1	1.11
2004	157.2	137.7	4.5	3.0	12.0	1.21
2005	180.7	156.3	4.4	3.2	16.8	1.38
2006	204.5	178.1	4.4	3.2	18.8	1.56
2007	269.6	241.3	4.7	3.4	20.2	2.04
2008	300.3	265.7	5.4	4.3	24.8	2.26
2009	326.5	289.0	5.9	4.8	26.8	2.45
2010	349.6	314.9	6.1	5.5	23.1	2.61
北　京	9.8	6.6	0.1	0.2	2.9	5.00
天　津	2.9	2.5	0.1	0.1	0.2	2.23
河　北	15.7	14.9	0.1	0.1	0.6	2.18
山　西	6.0	5.4	0.1		0.5	1.68
内蒙古	4.7	3.9	0.2	0.1	0.5	1.90
辽　宁	13.2	10.8	0.1	0.2	2.1	3.02
吉　林	7.8	6.9	0.3	0.1	0.5	2.84
黑龙江	7.8	6.8	0.3	0.2	0.5	2.03
上　海	10.7	9.8	0.2	0.3	0.4	4.65
江　苏	26.6	24.6	0.7	0.2	1.1	3.38
浙　江	20.2	19.1	0.1	0.2	0.8	3.71
安　徽	22.3	21.1	0.1	0.3	0.8	3.74
福　建	3.1	2.2	0.3	0.1	0.5	0.84
江　西	15.1	14.8			0.3	3.38
山　东	33.4	30.9	0.3	0.2	2.0	3.48
河　南	27.5	26.1	0.1	0.2	1.1	2.92
湖　北	23.7	21.9	0.3	0.4	1.1	4.14
湖　南	14.6	13.0	0.4	0.4	0.8	2.22
广　东	14.0	11.8	0.4	0.4	1.4	1.34
广　西	5.7	5.0	0.2	0.1	0.4	1.24
海　南	0.5	0.4			0.1	0.58
重　庆	9.5	8.7	0.2	0.2	0.4	3.29
四　川	30.1	27.7	0.7	0.2	1.5	3.74
贵　州	3.0	2.5	0.2	0.1	0.2	0.86
云　南	5.1	4.1	0.1	0.1	0.8	1.11
西　藏	0.6	0.5		0.1		2.00
陕　西	6.9	5.8	0.1	0.2	0.8	1.85
甘　肃	2.7	2.2		0.1	0.4	1.05
青　海	0.6	0.5			0.1	1.06
宁　夏	0.6	0.6				0.95
新　疆	4.6	3.5	0.2	0.6	0.3	2.11

注：2001年起，社会服务机构床位数口径有所调整，除收养性机构床位数外，还包括了救助类机构床位数、社区类机构床位数以及军休所、军供站等机构床位数。

5-12-41 社会救助、优抚安置情况

单位：万人

项 目	2005	2006	2007	2008	2009	2010
社会救助						
城市						
城市居民最低生活保障人数	2234.2	2240.1	2272.1	2334.8	2345.6	2310.5
城市临时救济人次数 （万人次）	234.4	123.0	243.2	227.6	180.1	153.0
农村						
农村居民最低生活保障人数	825.0	1593.1	3566.3	4305.5	4760.0	5214.0
农村五保供养人数		503.3	531.3	548.6	553.4	556.3
农村集中供养五保人数			138.0	155.6	171.8	177.4
农村分散供养五保人数			393.3	393.0	381.6	378.9
农村传统救济人数		115.6	75.0	72.2	62.2	59.5
农村临时救济人次数 （万人次）	1359.9	963.8	646.0	831.0	546.4	613.7
优抚安置						
国家重点优抚对象	460.3	462.6	622.4	633.2	630.7	625.0
安置义务兵、士官、复员干部人数	45.2	42.5	37.3	39.7	39.1	38.7
接收军队离退休人员人数	1.9	3.2	2.8	2.1	1.9	1.3

5-12-42 历年社会福利企业情况

年 份	单位数（个）	残疾职工人数（万人）	利润额（亿元）
1978	920	3.5	0.8
1979	1106	4.8	0.8
1980	1309	5.5	0.9
1981	1574	6.1	0.7
1982	1704	6.4	0.8
1983	5930	9.6	0.9
1984	6710	11.6	1.3
1985	14872	23.2	5.1
1986	19865	31.4	4.2
1987	27793	43.3	8.8
1988	40496	55.9	16.5
1989	41565	60.5	16.1
1990	41827	63.8	17.8
1991	43805	70.1	21.3
1992	49836	77.8	32.6
1993	56881	84.5	44.7
1994	60233	90.9	44.1
1995	60237	93.9	49.1
1996	59397	93.6	45.1
1997	55509	91.0	66.3
1998	50514	85.6	63.9
1999	44628	79.0	76.7
2000	40670	72.5	99.0
2001	37980	69.9	119.5
2002	35758	68.3	148.3
2003	33976	67.9	189.9
2004	32410	66.2	219.0
2005	31211	63.7	225.2
2006	30199	55.9	237.8
2007	24974	56.3	169.3
2008	23780	61.9	118.4
2009	22783	62.7	125.4
2010	22226	62.5	150.8

5-12-43 各地区社区服务设施基本情况

单位：个

地 区	社区服务设施数	社区服务中心数	社区服务站数	其他社区服务设施数	便民、利民服务网点	社区服务设施覆盖率(%)
全 国	**152941**	**12720**	**44237**	**95984**	**539136**	**22.4**
北 京	4288	175	3796	317	11894	64.6
天 津	1295	215	373	707	13569	24.2
河 北	5462	208	1027	4227	5664	10.5
山 西	2064	266	1197	601	19537	6.9
内蒙古	2678	755	400	1523	17111	19.8
辽 宁	3309	357	1697	1255	26317	22.2
吉 林	477	267	109	101	665	4.3
黑龙江	2442	481	1159	802	5997	20.7
上 海	2924	177	2633	114	2798	54.0
江 苏	16896	944	5368	10584	107657	78.1
浙 江	20308	1112	2057	17139	74084	60.8
安 徽	4196	573	1603	2020	13105	22.2
福 建	1772	305	1025	442	6601	10.7
江 西	3079	367	1020	1692	3935	15.4
山 东	19390	916	7612	10862	61708	24.5
河 南	3745	452	465	2828	3894	7.4
湖 北	9964	535	1780	7649	10203	33.5
湖 南	9912	473	1717	7722	46210	20.9
广 东	15960	1366	1632	12962	3189	62.0
广 西	1205	104	362	739	2966	7.5
海 南	109	1	108			3.6
重 庆	3197	232	1688	1277	9668	29.3
四 川	2508	719	398	1391	34760	4.7
贵 州	6177	147	110	5920	25715	32.0
云 南	564	70	369	125	109	4.0
西 藏	29	28	1			0.5
陕 西	3373	335	1942	1096	4103	11.6
甘 肃	3171	362	1649	1160	11130	18.2
青 海	162	112	38	12		3.6
宁 夏	461	75	246	140	13804	16.7
新 疆	1824	591	656	577	2743	16.1

注：其他社区服务设施是指除养老、便民等民政业务外的服务设施，如：卫生、文化、社保服务中心(站)等。

5-12-44 历年社会捐赠情况

单位：亿元

年 份	社会捐赠款物金额合计	社会捐赠款			社会捐赠其他物资折款	接收社会捐赠衣被数量(亿件)
			民政部门	各类社会组织		
1997	14.0	4.2			9.9	0.9
1998	113.2	50.2	50.2		63.0	2.9
1999	17.8	6.9	5.0	2.0	10.8	0.6
2000	16.3	9.3	5.4	3.9	7.0	0.8
2001	20.0	11.7	7.6	4.1	8.3	1.3
2002	20.8	19.0	11.1	7.9	1.8	2.3
2003	43.4	41.0	29.2	11.9	2.4	2.0
2004	35.1	34.0	17.1	16.9	1.2	0.9
2005	61.9	60.3	31.3	29.0	1.6	1.0
2006	89.5	83.1	43.0	40.1	6.4	0.7
2007	148.4	132.8	50.9	81.9	15.6	0.9
2008	764.0	744.5	479.3	265.2	19.6	11.6
2009	485.9	483.7	66.5	417.2	2.2	1.2
2010	601.7	596.8	179.8	417.0	4.9	0.3

注：社会捐赠衣被物资折款指民政部门接收的捐赠衣被和物资。

5-12-45 中国福利彩票销售情况

单位：亿元

年 份	福利彩票发行单位(个)	福利彩票销售额	提取公益金	公益金支出
"七五"时期		**14.2**	**4.6**	
1986				
1987		0.2	0.1	
1988		3.8	1.2	
1989		3.8	1.3	
1990		6.5	2.0	
"八五"时期		**115.2**	**34.3**	
1991		7.7	2.5	
1992		13.8	4.1	
1993		18.4	5.5	
1994		18.0	5.3	
1995		57.3	16.9	
"九五"时期		**358.7**	**103.5**	**72.7**
1996		64.8	19.1	
1997		36.4	10.1	
1998		63.2	19.6	14.1
1999	1169	104.4	30.5	19.9
2000	1253	89.9	24.2	38.7
"十五"时期		**1145.2**	**393.6**	**161.9**
2001	1185	139.6	41.9	19.7
2002	1121	168.0	58.8	25.5
2003	1145	200.1	70.0	30.6
2004	1128	226.4	79.2	33.8
2005	1113	411.2	143.7	52.3
"十一五"时期		**3455.3**	**1146.8**	**484.0**
2006	989	495.7	171.6	52.6
2007	985	631.6	217.0	77.6
2008	999	604.0	211.4	119.2
2009	988	756.0	248.0	113.4
2010	993	968.0	298.8	121.2

5-12-46 城市社会救济和居民最低生活保障情况

单位：万人

年份	城市居民传统救济总人数	城市居民传统定救人数	城市精简退职老职工人数	享受40%人数	定量救济人数
1979	33.6	23.7	9.9		
1980	32.9	22.9	10.0		
1981	31.5	21.5	10.0		
1982	34.7	21.4	13.3		
1983	47.1	22.6	24.5		
1984	207.4	160.6	46.8	25.3	
1985	30.0	18.2	11.8	6.4	5.4
1986	49.0	35.6	13.4	7.1	6.3
1987	29.8	16.2	13.6	7.2	6.4
1988	32.9	17.6	15.3	7.7	7.6
1989	30.5	16.2	14.3	7.1	7.2
1990	41.8	16.4	25.4	16.4	9.0
1991	33.7	16.1	17.6	8.5	9.0
1992	39.5	19.2	20.3	9.7	10.6
1993	24.6	13.8	10.8	5.0	5.8
1994	23.0	12.4	10.6	4.9	5.7
1995	109.0	55.2	53.8	23.9	29.9
1996	120.1	66.5	53.6	23.6	30.0

5-12-46 续表 1

单位：万人

年份	城市最低生活保障人数	在职人员	下岗人员	退休人员	失业人员	"三无"人员	其他人员
1996	84.9						
1997	87.9						
1998	184.1						
1999	256.9						
2000	402.6						
2001	1170.7						
2002	2064.7	186.8	554.5	90.8	358.3	91.9	783.1
2003	2246.8	179.3	518.4	90.7	409.0	99.9	949.3
2004	2205.0	141.0	468.9	73.1	423.1	95.4	1003.5
2005	2234.2	114.1	430.7	61.3	410.1	95.8	1122.1
2006	2240.1	97.6	350.0	53.2	420.8	93.1	1225.3

5-12-46 续表 2

单位：万人

年份	城市最低生活保障人数	#残疾人	#"三无"人员	老年人	在职人员	灵活就业	登记失业	未登记失业	在校生	其他
2007	2272.1	161.0	125.8	298.4	93.9	343.8	627.2	364.3	321.6	223.0
2008	2334.8	169.1	106.9	316.7	82.2	381.7	564.3	402.2	358.1	229.6
2009	2345.6	181.0	94.1	333.5	79.0	432.2	510.2	410.9	369.1	210.7
2010	2310.5	180.7	89.3	338.6	68.2	432.4	492.8	420.0	357.3	201.2

注：1984年的精简退职老职工人数含农村的数据。

5-12-47 农村社会救济和居民最低生活保障情况

单位：万人

年份	农村社会救济总人数	农村定期定量救济人数	农村精简退职老职工人数		
				享受40%人数	定量救济人数
1979	6847.6	6837.7	9.9		
1980	4651.8	4641.8	10.0		
1981	4265.1	4255.1	10.0		
1982	4270.7	4257.4	13.3		
1983	3526.7	3502.2	24.5		
1984	3842.7	3795.9	46.8	25.3	
1985	116.7	75.1	41.6	18.1	23.5
1986	103.0	63.1	39.9	18.1	21.7
1987	92.2	53.2	39.0	17.7	21.3
1988	93.0	54.1	38.9	17.6	21.4
1989	75.7	35.0	40.7	18.3	22.3
1990	100.2	46.7	53.5	23.6	29.9
1991	97.0	43.8	53.2	23.5	29.8
1992	97.5	45.6	51.9	23.3	28.6
1993	80.1	36.3	43.8	19.5	24.3
1994	82.1	38.5	43.6	19.2	24.3
1995	98.3	55.2	43.1	19.0	24.1
1996	109.2	66.5	42.7	18.6	24.1
1997	104.5	51.4	53.1	23.2	29.8
1998	120.5	65.6	54.9	24.9	30.0
1999	107.1	55.6	51.5	22.5	28.7
2000	112.2	62.5	49.7	22.1	27.6
2001	130.5	80.7	49.8	21.3	27.8
2002	138.7	90.0	48.7	20.9	27.8

5-12-47 续表 1

单位：万人、万户

年份	农村困难群众救助总人数	居民最低生活保障	特困户救助	农村困难群众救助总户数	居民最低生活保障			特困户救助			五保户供养户数
						困难户	其他		困难户	其他	
2001	385.3	304.6	80.7								
2002	497.8	407.8	90.0	156.7	156.7						
2003	1160.5	367.1	793.4	632.8	146.5	114.5	32.0	282.1	192.7	89.3	204.2
2004	1402.1	488.0	914.1	780.8	197.9	165.2	33.6	317.1	260.4	56.6	265.8
2005	1891.8	825.0	1066.8	1061.0	356.5	298.8	57.7	354.8	290.4	64.4	349.7

5-12-47 续表 2

单位：万人

年份	农村救助总人数	农村居民最低生活保障人数	农村五保供养人数	农村特困救济人数	农村传统救济人数	农村临时救济人次数（万人次）
2006	2987.8	1593.1	503.3	775.8	115.6	963.8
2007	4172.6	3566.3	531.3		75.0	646.0
2008	4926.3	4305.5	548.6		72.2	831.0
2009	5375.6	4760.0	553.4		62.2	546.4
2010	5829.8	5214.0	556.3		59.5	613.7

注：1984年以前含应保未保的农村救济人数。

5-12-48 婚姻登记和离婚情况

年份 地区	结婚登记对数（万对）	内地居民登记结婚			涉外及港澳台居民登记结婚	离婚（万对）	粗离婚率（‰）
			初婚（万人）	再婚（万人）			
1985	831.30	829.06	1607.63	50.48	2.22	45.79	0.44
1990	951.10	948.69	1819.13	78.24	2.38	80.00	0.69
1991	953.60	950.98	1820.32	81.65	2.64	83.10	0.72
1992	957.50	954.50	1832.10	76.91	2.96	84.96	0.74
1993	915.40	912.16	1747.01	77.32	3.28	91.00	0.77
1994	932.40	929.00	1779.33	78.67	3.38	98.20	0.82
1995	934.10	929.71	1776.07	83.35	4.40	105.60	0.88
1996	938.70	933.96	1781.72	86.20	4.72	113.40	0.93
1997	914.10	909.06	1725.95	92.16	5.08	119.90	0.97
1998	891.70	886.66	1675.37	97.94	5.03	119.20	0.96
1999	885.30	879.91	1659.36	100.46	5.42	120.15	0.96
2000	848.50	842.00	1581.39	102.62	6.49	121.29	0.96
2001	805.00	797.11	1481.74	112.49	7.87	125.05	0.98
2002	786.00	778.80	1440.30	117.10	7.28	117.70	0.90
2003	811.40	803.50	1483.90	123.30	7.83	133.00	1.05
2004	867.20	860.80	1569.60	152.00	6.35	166.50	1.28
2005	823.10	816.60	1483.00	163.10	6.43	178.50	1.37
2006	945.00	938.20	1705.60	184.40	6.82	191.30	1.46
2007	991.40	986.30	1779.70	203.10	5.11	209.80	1.59
2008	1098.30	1093.20	1972.50	224.10	5.10	226.90	1.71
2009	1212.40	1207.50	2168.80	256.00	4.92	246.80	1.85
2010	1241.00	1236.10	2200.90	281.10	4.90	267.80	2.00
北京	13.80	13.70	22.20	5.40	0.10	4.40	2.37
天津	8.70	8.60	13.80	3.60		3.00	2.37
河北	75.00	75.00	135.60	14.50		14.50	2.04
山西	36.10	36.00	67.60	4.50		4.30	1.23
内蒙古	20.30	20.20	33.60	6.90		5.70	2.31
辽宁	32.20	32.00	50.50	13.90	0.20	12.80	2.94
吉林	22.30	22.20	39.40	5.20	0.10	9.40	3.43
黑龙江	30.90	30.60	53.00	8.80	0.30	13.80	3.60
上海	13.00	12.80	20.10	6.00	0.20	4.70	2.08
江苏	75.90	75.70	137.60	14.10	0.20	16.00	2.04
浙江	43.20	42.80	75.80	10.50	0.30	11.20	2.09
安徽	65.20	65.10	104.00	26.40	0.10	11.00	1.82
福建	38.20	37.10	65.10	11.30	1.10	6.10	1.66
江西	36.10	36.00	69.60	2.60	0.10	6.50	1.46
山东	92.50	92.40	164.90	20.10	0.10	16.80	1.76
河南	101.40	101.30	193.20	9.60	0.10	13.40	1.42
湖北	57.10	56.90	106.90	7.30	0.20	11.60	2.03
湖南	63.50	63.20	113.50	13.40	0.20	13.80	2.13
广东	85.70	85.00	158.30	13.10	0.70	12.70	1.23
广西	52.70	52.50	98.60	6.80	0.20	7.30	1.54
海南	11.30	11.20	21.20	1.50	0.10	0.90	1.04
重庆	31.30	31.30	47.60	15.10	0.10	11.30	3.93
四川	71.50	71.30	119.70	23.30	0.20	22.10	2.72
贵州	37.50	37.50	69.30	5.80		6.40	1.82
云南	40.20	40.10	74.00	6.50	0.10	6.90	1.50
西藏	1.30	1.30	2.40	0.20		0.20	0.67
陕西	34.70	34.60	61.80	7.50		6.40	1.72
甘肃	14.20	14.20	27.00	1.50		2.80	1.09
青海	3.00	3.00	5.40	0.50		0.80	1.43
宁夏	6.00	6.00	10.50	1.50		1.20	1.91
新疆	26.40	26.40	38.90	13.90		9.80	4.51

注：粗离婚率计算方法：离婚对数除以当期人口平均数。此方法为国际惯用方法。

5-12-49 殡葬服务情况

年 份 地 区	殡葬类单位数 (个)	年末职工总数 (人)	火化炉数 (台)	全年处理遗体数 (万具)	当年安葬数 (万人)	火化率 (%)
2005	3284	68588	5037	450.2	54.8	53.0
2006	3549	70500	5649	430.2	45.4	48.2
2007	3669	73227	4838	442.1	53.3	48.4
2008	3754	74731	4789	453.4	49.9	48.5
2009	3896	74050	5123	454.2	52.9	48.2
2010	3951	75230	5229	474.1	60.5	49.0
北 京	50	1608	78	8.5	2.7	
天 津	29	1011	73	7.8	1.0	
河 北	187	3511	343	28.1	1.7	
山 西	41	610	173	2.0	0.2	
内蒙古	123	1902	120	6.4	0.8	
辽 宁	191	4219	289	27.5	2.7	
吉 林	84	1657	124	12.0	0.8	
黑龙江	153	3109	241	17.0	1.8	
上 海	79	3201	80	14.8	5.3	
江 苏	234	4605	468	47.6	6.3	
浙 江	240	3463	307	31.6	3.8	
安 徽	185	3098	207	27.3	4.1	
福 建	160	2816	173	16.8	1.3	
江 西	123	1945	159	8.7	1.9	
山 东	166	3372	456	61.6	1.7	
河 南	246	5970	310	30.3	3.2	
湖 北	132	3152	278	21.8	3.5	
湖 南	180	2380	115	6.8	1.7	
广 东	268	7403	387	46.2	2.9	
广 西	71	1581	77	6.4	1.2	
海 南	14	302	4	0.2	0.2	
重 庆	114	1810	107	6.8	1.8	
四 川	244	3465	234	18.5	3.7	
贵 州	116	2669	129	5.5	1.6	
云 南	141	1516	109	4.2	1.3	
西 藏	3	30	5	0.1		
陕 西	99	2356	71	4.3	1.5	
甘 肃	62	611	34	1.5	0.5	
青 海	21	152	29	0.7	0.0	
宁 夏	34	187	6	0.4	0.3	
新 疆	161	1519	43	2.6	1.3	

5-12-50 残疾人事业基本情况

项　　目		2006	2007	2008	2009	2010
康复						
视力残疾康复						
白内障复明手术	(万例)	70.6	80.0	88.8	104.3	79.9
#贫困白内障患者免费手术		14.9	23.0	25.1	37.3	27.3
低视力者配用助视器	(人)	32298	31607	34803	40501	33467
盲人定向行走训练数	(人)	6815	12224	12936	15034	16157
听力语言残疾康复						
年收训聋儿	(人)	19444	19869	20122	19830	18809
培训家长	(人)	22322	26737	24314	25654	22924
肢体残疾康复	(人)					
肢体残疾人社区、家庭康复训练数		53903	75947	80468	90588	114939
肢体残疾儿童机构康复训练数		13674	12239	15690	15058	21375
麻风畸残康复矫治手术	(例)	1692	3964	1034	1166	668
智力残疾康复	(人)					
智残儿童康复训练数		25657	26084	26887	26748	26731
智残儿童家长培训数		18192	17263	20385	19950	21070
精神病防治康复						
开展精神病防治康复工作市县数	(个)	1294	1555	1644	1727	1818
监护精神病人	(万人)	307.2	363.4	383.8	412.8	416.2
监护率	(%)	88.1	83.8	86.4	84.2	84.0
显好率	(%)	71.1	69.3	70.0	69.5	68.4
社会参与率	(%)	59.5	56.1	56.9	55.4	54.5
肇事率	(%)	0.3	0.4	0.2	0.4	0.3
孤独症儿童机构训练数	(人)	750	1056	1027	5290	5620
残疾人辅助器具供应服务						
免费发放辅助器具	(万件)	29.5	37.9	52.9	59.8	62.3
普及型假肢装配	(例)	16170	23339	26438	25029	30283
矫形器装配	(例)	15029	12689	11950	11425	26189
教育	**(人)**					
未入学学龄残疾儿童少年	(万人)	22.3	22.7	22.0	21.1	14.6
特殊教育普通高中在校生		4192	4978	5464	6339	6067
残疾人中等职业教育在校生		8691	9028	9932	11448	11506
高等院校录取残疾考生		5134	6320	7305	7782	8731
就业						
城镇残疾人就业状况						
当年安排就业	(万人)	36.2	39.2	36.8	35.0	32.4
#按比例就业		9.9	11.5	9.9	8.9	8.6
集中就业		10.3	11.9	11.3	10.5	10.2
个体及其他形式就业		16.0	15.8	15.6	15.6	13.7
残疾人就业服务机构	(个)	3076	3127	3127	3043	3019
社会保障	**(万人)**					
城镇残疾职工参加社会保险		240.1	260.8	297.6	287.6	283.2
农村残疾人参加新型农村合作医疗					2449.4	2823.9
城乡残疾人纳入最低生活保障		487.9	635.9	738.6	853.6	927.1
扶贫						
扶贫开展情况	(万人次)					
扶持贫困残疾人		176.7	179.4	179.8	192.3	204.0
实用技术培训		80.8	77.0	87.0	84.0	85.5
农村贫困残疾人危房改造						
危房改造	(万户)	5.3	12.2	9.8	10.2	11.8
受益残疾人	(万人)	8.9	16.7	14.0	14.0	14.5
残联组织建设						
残疾人工作者数	(万人)	9.1	9.4	9.4	9.5	9.9

注：根据2006年第二次全国残疾人抽样调查的结果推算，目前全国各类残疾人的总数约8296万人。

5-12-51 社会保险基金收支及累计结余

单位：亿元

年 份	合 计	基本养老保险	失业保险	城镇基本医疗保险	工伤保险	生育保险
基金收入						
1989	153.6	146.7	6.8			
1990	186.8	178.8	7.2			
1991	225.0	215.7	9.3			
1992	377.4	365.8	11.7			
1993	526.1	503.5	17.9	1.4	2.4	0.8
1994	742.0	707.4	25.4	3.2	4.6	1.5
1995	1006.0	950.1	35.3	9.7	8.1	2.9
1996	1252.4	1171.8	45.2	19.0	10.9	5.5
1997	1458.2	1337.9	46.9	52.3	13.6	7.4
1998	1623.1	1459.0	68.4	60.6	21.2	9.8
1999	2211.8	1965.1	125.2	89.9	20.9	10.7
2000	2644.9	2278.5	160.4	170.0	24.8	11.2
2001	3101.9	2489.0	187.3	383.6	28.3	13.7
2002	4048.7	3171.5	215.6	607.8	32.0	21.8
2003	4882.9	3680.0	249.5	890.0	37.6	25.8
2004	5780.3	4258.4	290.8	1140.5	58.3	32.1
2005	6975.2	5093.3	340.3	1405.3	92.5	43.8
2006	8643.2	6309.8	402.4	1747.1	121.8	62.1
2007	10812.3	7834.2	471.7	2257.2	165.6	83.6
2008	13696.1	9740.2	585.1	3040.4	216.7	113.7
2009	16115.6	11490.8	580.4	3671.9	240.1	132.4
2010	18822.8	13419.5	649.8	4308.9	284.9	159.6
基金支出						
1989	120.9	118.8	2.0			
1990	151.9	149.3	2.5			
1991	176.1	173.1	3.0			
1992	327.1	321.9	5.1			
1993	482.2	470.6	9.3	1.3	0.4	0.5
1994	680.0	661.1	14.2	2.9	0.9	0.8
1995	877.1	847.6	18.9	7.3	1.8	1.6
1996	1082.4	1031.9	27.3	16.2	3.7	3.3
1997	1339.2	1251.3	36.3	40.5	6.1	4.9
1998	1636.9	1511.6	51.9	53.3	9.0	6.8
1999	2108.1	1924.9	91.6	69.1	15.4	7.1
2000	2385.6	2115.5	123.4	124.5	13.8	8.3
2001	2748.0	2321.3	156.6	244.1	16.5	9.6
2002	3471.5	2842.9	186.6	409.4	19.9	12.8
2003	4016.4	3122.1	199.8	653.9	27.1	13.5
2004	4627.4	3502.1	211.3	862.2	33.3	18.8
2005	5400.8	4040.3	206.9	1078.7	47.5	27.4
2006	6477.4	4896.7	198.0	1276.7	68.5	37.5
2007	7887.8	5964.9	217.6	1561.8	87.9	55.6
2008	9925.1	7389.6	253.5	2083.6	126.9	71.5
2009	12302.6	8894.4	366.8	2797.4	155.7	88.3
2010	14818.5	10554.9	423.3	3538.1	192.4	109.9
累计结余						
1989	81.6	68.0	13.6			
1990	117.3	97.9	19.5			
1991	169.7	144.1	25.7			
1992	252.8	220.6	32.1			
1993	303.7	258.6	40.8	0.4	3.1	0.8
1994	365.7	304.8	52.0	0.7	6.8	1.4
1995	516.8	429.8	68.4	3.1	12.7	2.7
1996	696.1	578.6	86.4	6.4	19.7	5.0
1997	831.6	682.8	97.0	16.6	27.7	7.5
1998	791.1	587.8	133.4	20.0	39.5	10.3
1999	1009.8	733.5	159.9	57.6	44.9	13.9
2000	1327.5	947.1	195.9	109.8	57.9	16.8
2001	1622.8	1054.1	226.2	253.0	68.9	20.6
2002	2423.4	1608.0	253.8	450.7	81.1	29.7
2003	3313.8	2206.5	303.5	670.6	91.2	42.0
2004	4493.4	2975.0	385.8	957.9	118.6	55.9
2005	6073.7	4041.0	519.0	1278.1	163.5	72.1
2006	8255.9	5488.9	724.8	1752.4	192.9	96.9
2007	11236.6	7391.4	979.1	2476.9	262.6	126.6
2008	15176.0	9931.0	1310.1	3431.7	335.0	168.2
2009	18941.5	12526.1	1523.6	4275.9	403.8	212.1
2010	22902.7	15365.3	1749.8	5047.1	479.1	261.4

注：1.2007年及以后城镇基本医疗保险基金中包括城镇职工基本医疗保险和城镇居民基本医疗保险。
2.工伤保险累计结余中不含储备金。

5-12-52 社会保险基本情况

年份	失业保险			城镇职工基本医疗保险		工伤保险		年末参加生育保险人数（万人）
	年末参保人数（万人）	全年发放失业保险金人数（万人）	全年发放失业保险金（亿元）	年末参保职工人数（万人）	年末参保退休人员（万人）	年末参保人数（万人）	年末享受工伤待遇的人数（万人）	
1994	7967.8	196.5	5.1	374.6	25.7	1822.1	5.8	915.9
1995	8237.7	261.3	8.2	702.6	43.3	2614.8	7.1	1500.2
1996	8333.1	330.8	13.9	791.2	64.5	3102.6	10.1	2015.6
1997	7961.4	319.0	18.7	1588.9	173.1	3507.8	12.5	2485.9
1998	7927.9	158.1	20.4	1508.7	369.0	3781.3	15.3	2776.7
1999	9852.0	271.4	31.9	1509.4	555.9	3912.3	15.1	2929.8
2000	10408.4	329.7	56.2	2862.8	924.2	4350.3	18.8	3001.6
2001	10354.6	468.5	83.3	5470.7	1815.2	4345.3	18.7	3455.1
2002	10181.6	657.0	116.8	6925.8	2475.4	4405.6	26.5	3488.2
2003	10372.9	741.6	133.4	7974.9	2926.8	4574.8	32.9	3655.4
2004	10583.9	753.5	137.5	9044.4	3359.2	6845.2	51.9	4383.8
2005	10647.7	677.8	132.4	10021.7	3761.2	8478.0	65.1	5408.5
2006	11186.6	598.1	125.8	11580.3	4151.5	10268.5	77.8	6458.9
2007	11644.6	538.5	129.4	13420.0	4600.0	12173.3	96.0	7775.3
2008	12399.8	516.7	139.5	14987.7	5007.9	13787.2	117.8	9254.1
2009	12715.5	483.9	145.8	16410.5	5526.9	14895.5	129.6	10875.7
2010	13375.6	431.6	140.4	17791.2	5943.5	16160.7	147.5	12335.9

5-12-53 参加城镇企业职工基本养老保险人数

单位：万人

年份	合计	职工		离退休人员	
			企业（含其他）		企业（含其他）
1989	5710.3	4816.9	4816.9	893.4	893.4
1990	6166.0	5200.7	5200.7	965.3	965.3
1991	6740.3	5653.7	5653.7	1086.6	1086.6
1992	9456.2	7774.7	7774.7	1681.5	1681.5
1993	9847.6	8008.2	8008.2	1839.4	1839.4
1994	10573.5	8494.1	8494.1	2079.4	2079.4
1995	10979.0	8737.8	8737.8	2241.2	2241.2
1996	11116.7	8758.4	8758.4	2358.3	2358.3
1997	11203.9	8670.9	8670.9	2533.0	2533.0
1998	11203.1	8475.8	8475.8	2727.3	2727.3
1999	12485.4	9501.8	8859.2	2983.6	2863.8
2000	13617.4	10447.5	9469.9	3169.9	3016.5
2001	14182.5	10801.9	9733.0	3380.6	3171.3
2002	14736.6	11128.8	9929.4	3607.8	3349.2
2003	15506.7	11646.5	10324.5	3860.2	3556.9
2004	16352.9	12250.3	10903.9	4102.6	3775.0
2005	17487.9	13120.4	11710.6	4367.5	4005.2
2006	18766.3	14130.9	12618.0	4635.4	4238.6
2007	20136.9	15183.2	13690.6	4953.7	4544.0
2008	21891.1	16587.5	15083.4	5303.6	4868.0
2009	23549.9	17743.0	16219.0	5806.9	5348.0
2010	25707.3	19402.3	17822.7	6305.0	5811.6

5-12-54 各地区城镇企业职工基本养老保险情况

地区	年末参加城镇企业职工基本养老保险人数(万人)			基金收支情况(亿元)		
		职工	离退休人员	基金收入	基金支出	累计结余
全国	**25707.3**	**19402.3**	**6305.0**	**13419.5**	**10554.9**	**15365.3**
北京	981.3	785.9	195.5	658.9	482.4	617.9
天津	431.5	287.9	143.6	278.9	271.8	203.0
河北	988.4	728.9	259.5	584.6	451.8	562.9
山西	591.0	443.7	147.3	404.4	269.4	637.4
内蒙古	430.7	311.5	119.2	266.9	212.6	257.9
辽宁	1496.9	1024.2	472.7	834.1	755.8	739.3
吉林	599.5	392.9	206.6	289.8	252.8	351.8
黑龙江	952.2	589.2	363.0	524.1	500.1	479.0
上海	1049.5	657.3	392.2	889.9	847.5	462.0
江苏	2033.0	1583.9	449.1	1018.7	753.3	1271.8
浙江	1702.2	1478.6	223.6	605.1	429.1	1162.1
安徽	669.5	492.0	177.5	341.6	269.2	353.0
福建	635.5	522.0	113.5	204.1	187.7	141.2
江西	607.6	462.1	145.5	231.6	193.0	203.6
山东	1773.0	1427.9	345.1	942.4	748.2	1077.6
河南	1079.3	809.0	270.3	519.8	420.3	499.0
湖北	1039.8	738.2	301.6	501.9	419.8	427.6
湖南	938.9	673.5	265.4	452.3	355.1	455.9
广东	3215.2	2875.6	339.6	1139.1	627.7	2471.5
广西	449.3	311.2	138.1	287.9	193.5	379.0
海南	180.8	135.4	45.4	80.2	74.1	64.9
重庆	584.4	391.9	192.5	310.8	273.6	255.6
四川	1300.9	861.9	439.0	804.0	608.7	928.4
贵州	257.3	190.3	67.0	144.6	107.4	177.9
云南	317.4	225.1	92.3	194.0	144.2	229.3
西藏	9.9	6.8	3.2	14.1	7.6	9.7
陕西	550.4	400.1	150.3	302.8	265.0	215.8
甘肃	242.5	171.1	71.3	166.1	127.2	178.2
青海	74.4	54.4	20.0	51.8	43.4	50.6
宁夏	107.8	77.3	30.5	84.7	48.8	108.7
新疆	393.8	274.5	119.2	287.5	211.8	385.7
不分地区	23.4	17.9	5.4	2.9	2.1	7.3

注：不分地区合计中，包括中国人民银行、中国农业发展银行数。

5-12-55 各地区失业保险情况

地区	年末参加失业保险人数(万人)	年末领取失业保险金人数(万人)	基金收支情况(亿元)		
			基金收入	基金支出	累计结余
全国	**13375.6**	**209.1**	**649.8**	**423.3**	**1749.8**
北京	774.2	1.6	30.0	25.1	86.6
天津	246.1	3.5	21.1	13.5	48.7
河北	493.4	9.0	27.6	23.5	54.8
山西	305.7	4.6	13.8	6.7	45.2
内蒙古	230.9	2.1	11.6	4.7	28.7
辽宁	626.9	11.4	39.3	16.3	62.0
吉林	245.1	7.8	12.0	5.8	33.2
黑龙江	472.9	8.8	13.8	16.4	54.5
上海	556.2	11.6	71.7	60.7	87.4
江苏	1153.8	19.7	68.5	37.4	172.3
浙江	875.0	5.8	51.8	23.4	156.2
安徽	384.0	7.8	16.4	9.6	28.3
福建	374.2	3.2	11.6	5.6	52.3
江西	265.3	8.2	8.1	4.7	25.8
山东	931.2	20.7	43.0	31.3	143.2
河南	696.7	14.7	18.8	14.8	42.9
湖北	469.7	6.4	15.9	8.4	47.0
湖南	399.5	6.9	14.5	7.5	37.3
广东	1627.3	10.6	32.3	31.0	187.5
广西	238.4	6.2	11.1	6.3	43.7
海南	112.5	1.6	3.7	1.8	14.3
重庆	237.4	3.7	9.2	4.9	27.7
四川	464.7	9.1	40.8	17.0	71.3
贵州	152.5	1.2	7.6	5.3	32.8
云南	209.6	3.2	8.2	6.5	36.4
西藏	9.3		1.4	0.8	4.7
陕西	331.6	7.5	16.6	11.8	42.6
甘肃	164.2	2.4	8.7	7.5	16.6
青海	36.6	0.4	2.7	1.0	9.4
宁夏	47.6	1.0	2.9	1.1	8.9
新疆	242.9	8.3	15.4	13.0	47.8

5-12-56 各地区城镇职工基本医疗保险情况

地区	年末参保人数(万人)			基金收支情况(亿元)		
	合计	在岗职工	退休人员	基金收入	基金支出	累计结余
全国	**23734.7**	**17791.2**	**5943.5**	**3955.4**	**3271.6**	**4741.2**
北京	1063.7	848.5	215.1	296.8	285.7	191.6
天津	470.0	312.5	157.5	105.5	94.4	48.8
河北	848.0	610.0	238.0	145.8	109.9	177.4
山西	562.0	422.0	140.0	80.8	66.4	106.4
内蒙古	433.5	308.9	124.7	71.4	58.7	80.2
辽宁	1408.7	944.6	464.1	205.7	175.6	242.1
吉林	550.1	370.3	179.9	52.9	45.4	90.3
黑龙江	873.7	595.3	278.4	113.3	95.4	174.9
上海	1405.9	1017.1	388.8	316.7	287.0	203.4
江苏	1848.3	1405.1	443.2	339.8	270.1	439.6
浙江	1344.4	1117.6	226.8	280.3	223.9	361.6
安徽	598.5	429.2	169.3	81.4	69.6	105.7
福建	546.6	425.9	120.7	101.4	84.1	170.0
江西	532.1	365.6	166.5	52.5	42.6	70.4
山东	1541.3	1224.6	316.7	248.0	209.9	248.8
河南	957.4	698.7	258.7	119.0	97.7	153.0
湖北	847.8	608.0	239.8	111.5	95.1	137.8
湖南	777.4	540.5	236.9	97.2	94.8	133.2
广东	3000.0	2685.6	314.5	377.9	275.9	677.8
广西	413.5	290.5	123.0	70.0	53.0	108.8
海南	166.9	123.7	43.2	24.0	18.8	26.2
重庆	406.2	280.6	125.6	69.1	55.2	89.6
四川	1051.9	703.6	348.3	195.2	142.6	257.7
贵州	293.5	205.3	88.2	44.2	35.2	51.5
云南	414.8	293.3	121.4	89.7	79.4	100.1
西藏	23.5	16.9	6.6	9.1	5.9	12.0
陕西	474.2	322.9	151.2	81.6	58.7	96.7
甘肃	290.2	204.4	85.9	44.8	34.2	46.8
青海	78.7	53.5	25.2	24.4	17.3	32.1
宁夏	94.1	67.7	26.4	17.3	13.7	21.3
新疆	417.7	298.8	119.0	88.2	75.6	85.5

5-12-57 各地区工伤保险情况

地区	年末参保人数(万人)	享受工伤待遇人数(万人)	基金收支情况(亿元)		
			基金收入	基金支出	累计结余
全国	**16160.7**	**147.5**	**284.9**	**192.4**	**561.4**
北京	823.8	4.4	13.0	10.7	17.3
天津	304.5	4.1	5.9	4.7	11.2
河北	594.4	7.5	16.1	13.3	18.8
山西	292.4	4.9	12.9	8.0	18.4
内蒙古	207.5	1.8	5.4	2.9	8.0
辽宁	730.0	10.0	15.4	10.4	23.9
吉林	300.5	3.7	4.6	3.9	5.3
黑龙江	415.1	6.2	11.6	9.2	13.1
上海	961.0	1.7	12.9	5.2	37.8
江苏	1205.5	9.8	18.7	13.9	35.3
浙江	1475.1	20.2	22.0	14.1	37.6
安徽	351.1	4.4	6.0	3.6	11.0
福建	417.7	2.4	5.9	2.9	22.4
江西	371.7	2.7	4.6	2.4	9.1
山东	1211.2	10.2	20.5	15.1	26.9
河南	551.7	3.0	10.2	5.8	20.9
湖北	444.0	3.1	5.1	2.8	10.6
湖南	516.0	7.4	10.7	8.4	14.1
广东	2657.8	14.7	30.4	19.8	127.1
广西	235.7	1.4	3.4	1.6	12.0
海南	95.8	0.3	0.9	0.5	4.3
重庆	266.0	5.6	7.1	6.2	3.4
四川	583.8	6.0	12.4	8.5	21.9
贵州	162.2	1.9	6.4	5.0	7.3
云南	227.4	4.6	5.8	4.4	11.6
西藏	8.8		0.3	0.1	0.7
陕西	278.6	1.6	5.8	2.6	11.5
甘肃	130.1	1.1	2.9	1.7	5.8
青海	43.2	0.5	1.6	0.9	3.0
宁夏	48.9	0.3	1.4	0.8	1.5
新疆	249.3	2.0	4.8	3.3	9.8

注：工伤保险累计结余中含储备金。

5-12-58 各地区生育保险情况

地　区	年末参保人数(万人)	享受待遇人数(万人次)	基金收支情况(亿元)		
			基金收入	基金支出	累计结余
全　国	**12335.9**	**210.7**	**159.6**	**109.9**	**261.4**
北　京	372.2	12.6	12.2	7.7	19.7
天　津	212.0	5.6	5.6	4.6	10.7
河　北	561.5	5.2	4.7	2.5	6.8
山　西	211.6	1.7	2.2	1.2	4.0
内蒙古	233.9	2.2	2.7	1.5	4.0
辽　宁	593.0	13.5	7.4	5.7	8.5
吉　林	310.5	5.6	2.2	1.1	4.3
黑龙江	290.1	3.4	3.0	1.9	6.4
上　海	657.3	7.7	12.0	13.3	0.7
江　苏	1086.4	24.4	19.4	12.3	40.0
浙　江	863.7	12.4	12.5	9.8	14.3
安　徽	346.9	5.0	3.6	2.3	5.0
福　建	374.4	4.9	4.3	2.9	8.2
江　西	170.0	1.0	0.8	0.4	2.8
山　东	774.1	18.0	11.7	9.1	19.0
河　南	412.9	5.3	4.5	2.4	8.1
湖　北	381.8	11.0	3.8	2.0	8.1
湖　南	527.1	12.1	4.2	2.6	8.5
广　东	2038.5	24.3	19.2	12.2	30.7
广　西	218.5	3.6	2.5	1.6	5.8
海　南	92.6	1.5	0.6	0.3	2.2
重　庆	175.7	4.9	2.1	1.6	4.1
四　川	484.2	5.9	5.0	3.9	10.9
贵　州	164.3	2.3	1.3	0.5	2.9
云　南	210.2	4.0	3.0	1.7	8.1
西　藏	14.8	0.3	0.3	0.2	0.6
陕　西	180.1	2.4	2.4	0.9	4.3
甘　肃	82.0	1.0	1.0	0.5	1.9
青　海	6.4	0.1	0.2	0.1	0.5
宁　夏	39.8	0.6	0.6	0.3	0.7
新　疆	249.4	8.4	4.6	2.8	9.9

【主要统计指标解释】

医疗卫生机构 指从卫生行政部门取得《医疗机构执业许可证》，或从民政和工商行政、机构编制管理部门取得法人单位登记证书，为社会提供医疗保健、疾病控制、卫生监督服务或从事医学科研和教育等工作的单位。医疗卫生机构包括医院、基层医疗卫生机构、专业公共卫生机构、其它医疗卫生机构。

医院 包括综合医院、中医医院、中西医结合医院、民族医院、各类专科医院和护理院，不包括专科疾病防治院、妇幼保健院和疗养院。

卫生人员 指在医院、基层医疗卫生机构、专业公共卫生机构、其它医疗卫生机构工作的职工，包括卫生技术人员、乡村医生和卫生员、其他技术人员、管理人员和工勤人员等。

卫生技术人员 包括执业医师、执业助理医师、注册护士、药师（士）、检验技师、影像技师（士）、卫生监督员和见习医（药、护、技）师（士）等卫生专业人员。不包括从事管理工作的卫生技术人员（如院长、副院长、党委书记等）。

每千人口卫生技术人员 即卫生技术人员数/人口数×1000。人口数系公安部户籍人口。

病床使用率 计算公式为：

$$病床使用率=\frac{实际占用总床日数}{实际开放总床日数}\times 100\%$$

军休所 即军队离退休干部休养所，指民政部门管理的、独立核算的、为军队离退休干部服务的事业单位。

军供站 即军队供应管理单位，指地方政府委托民政部门管理的、独立核算的、为战时或平时军队来往服务的军用饮食供应站、军用供水站、军人转运接待站等单位的总称。

城市居民最低生活保障人数 指在报告期末家庭平均收入在当地规定的最低生活保障线以下的城镇居民数。包括“三无”对象，失业人员和在职、下岗、退休人员等。

农村居民最低生活保障人数 指报告期末在建立农村最低生活保障制度的地区，得到当地政府或集体给予最低生活保障的农业人口家庭人数。

五保户 指无法定抚养义务人，或者虽有法定抚养义务人，但是抚养人无抚养能力的；无劳动能力的；无生活来源的老年人、残疾人和未成年人。

农村传统救济人数 指未开展最低生活保障制度的农村地区，仍沿用传统救济制度救济的贫困人口数。

农村临时救济 指报告期内由国家或集体给予生活发生临时困难者发放半年以下的生活救济。

社区服务设施数 指报告期末设立的以非营利为目的，为本社区居民服务，特别是为老年人、残疾人、儿童服务的社区服务中心、活动站、服务站、养老院、老年公寓（托老所），残疾人工疗站、残疾儿童日托所、家务服务站、婚姻介绍所等福利性设施以及职工社会保障管理服务的机构数。几种不同类型的社区服务单位，共用一个场所的，只能统计为一个社区服务设施。成为社区服务设施的条件：（1）是独立核算单位；（2）有固定的从业人员；（3）有一定的服务项目；（4）有一定的场所。

社区服务设施覆盖率 计算公式为：

$$社区服务设施覆盖率=\frac{社区服务设施数}{村委会数+居委会数}\times 100\%$$

社会福利企业 指以集中安置有一定劳动能力的残疾人就业为目的（残疾职工占生产人员10%以上）、带有社会福利性质的企业总称。社会福利企业分类为：社会福利工厂、假肢厂、其他福利企业。

粗离婚率 指当年离婚对数占年平均人口的比重，计算公式为：

$$粗离婚率=\frac{当年离婚对数}{年平均人口数}\times 1000‰$$

监护率 指通过监护小组、家庭病床、工疗站、社会就业以及精神卫生机构，接受社会化、综合性、开放式治疗与康复的精神病人占经调查摸底、登记在册的精神病人数的百分比。该指标主要反映对精神病患者落实治疗康复措施的情况。

社会参与率 指生活能自理，并参加生产劳动和社会生活的精神病人数占监护精神病人数的百分比。该指标主要反映精神病人康复状况和参与社会的情况。

未入学学龄残疾儿童少年 指根据义务教育法规定应接受义务教育，但因各种原因未能入学的适龄视力残疾、听力与言语残疾、智力残疾、肢体残疾、精神残疾、多重残疾儿童少年。适龄残疾儿童少年的年龄段参照各省级人民政府依照义务教育法规定的入学年龄。

基本养老保险

1.（参保）职工人数：指报告期末按照国家法律、法规和有关政策规定参加基本养老保险并在社保经办机构已建立缴费记录档案的职工人数，包括中断缴费但未终止养老保险关系的职工人数，不包括只登记未建立缴费记录档案的人数。

2.（参保）离退休人员人数：指报告期末参加基本养老保险的离休、退休和退职人员的人数。

3.基本养老保险基金收入：指根据国家有关规定，由纳入基本养老保险范围的缴费单位和个人按国家规定的缴费基数和缴费比例缴纳的养老保险基金，以及通过其他方式取得的形成基金来源的收入。包括单位和职工个人缴纳的基本养老保险费、基本养老保险基金利息收入、上级补助收入、下级上解收入、转移收入、财政补贴和其他收入。

4.基本养老保险基金支出：指按照国家政策规定的开支范围和开支标准从养老保险基金中支付给参加基本养老保险的离休、退休、退职人员个人的养老金、丧葬抚恤补助，以及由于保险关系转移、上下级之间调剂资金等原因而发生的支出。包括离休金、退休金、退职金、各种补贴、医疗费、死亡丧葬补助费、抚恤救济费、社会保险经办机构管理费、补助下级支出、上解上级支出、转移支出、其他支出等。

5.基本养老保险基金累计结余：指截止报告期末基本养老保险基金收支相抵后的累计余额。

失业保险

1.参保人数：指报告期末按照国家法律、法规和有关政策规定参加了失业保险的城镇企业事业单位的职工及地方政府规定参加失业保险的其他人员的人数。

2.失业保险基金收入：指按照规定从企业、事业及其他单位筹集的失业保险费及其他并入失业保险基金收入的总额。包括单位和个人缴纳的失业保险费、失业保险基金利息收入、上级补助收入、下级上解收入、转移收入、财政补贴和其他收入。

3.失业保险基金支出：指报告期内为保障失业人员和下岗职工基本生活、促进其再就业等支出的基金总额。包括失业救济金、医疗费、死亡丧葬补助费、抚恤救济费、转业训练费支出、失业保险经办机构管理费、补助下级支出、上解上级支出、转移支出和其他支出。

4.基金累计结余：指截止报告期末失业保险基金收支相抵后的累计余额。

基本医疗保险

1.参保人数：指报告期末按国家有关规定参加基本医疗保险的人数。包括参加保险的职工人数和退休人员人数。

2.基金收入：指根据国家有关规定，由纳入基本医疗保险范围的缴费单位和个人，按国家规定的缴费基数和缴费比例缴纳的基金，以及通过其他方式取得的形成基金来源的款项，包括：单位缴纳的社会统筹基金收入、个人缴纳的个人账户基金收入、财政补贴收入、利息收入、其他收入。

3.基金支出：指按照国家政策规定的开支范围和开支标准从社会统筹基金中支付给参加基本医疗保险的职工和退休人员的医疗保险待遇支出，和从个人帐户基金中支付给参加基本医疗保险的职工和退休人员的医疗费用支出，以及其他支出。包括：住院医疗费用支出、门急诊医疗费用支出、个人账户基金支出、其他支出。

4.基金累计结余：指截止报告期末基本医疗保险的社会统筹和个人帐户基金累计结余金额。包括银行存款、财政专户、债券投资和其他。

工伤保险

1.参加保险人数：指报告期末依据国家有关规定参加工伤保险的职工人数。

2.享受保险待遇人数：指劳动者因工负伤致残、死亡或因患职业病致残，根据有关规定享受工伤保险待遇职工或供养直系亲属人数。包括伤残人数、职业病人数、因工死亡人数、供养直系亲属人数。

3.基金收入：指根据国家有关规定，由参加工伤保险的单位按国家规定的缴费基数和缴费比例缴纳的工伤保险基金，以及通过其他形式取得的形成基金来源的款项。包括：单位缴纳的社会统筹基金收入、财政补贴收入、利息收入、其他收入。

4.基金支出：指按照国家政策规定的开支范围和开支标准从工伤保险基金中支付给参加工伤保险的人员及供养直系亲属工伤保险待遇支出及其他支出。包括工伤医疗费、伤残补助金、工亡补助金、护理费、丧葬补助费、工伤预防费用、职业康复费用和其他支出。

5.基金累计结余：指截止报告期末工伤保险基金累计结余金额。包括银行存款、财政专户、债券投资和其他。

生育保险

1.参保人数：指报告期末依据有关规定参加生育保险的职工人数。

2.基金收入：指根据国家有关规定，由参加生育保险的单位按照国家规定的缴费基数和缴费比例缴纳的生育保险基金，以及通过其他方式取得的形成基金来源的款项，包括：单位缴纳的基金收入、利息收入和其他收入。

3.基金支出：指按照国家政策规定的开支范围和开支标准，从生育保险基金中支付给参加生育保险的职工，因妊娠、分娩和计划生育手术而享受的待遇及其他支出。包括：生育津贴、医疗费用支出及其他支出。

4.基金累计结余：指截止报告期末生育保险基金累计结余金额。包括银行存款、财政专户、债券投资和其他。

5 第三产业部分行业主要业务指标

5-13　文化、体育和娱乐业

简要说明

一、主要内容

本篇资料主要反映文化、体育、新闻出版、广播电影电视事业的发展情况。

文化部分主要包括艺术表演团体、艺术表演场所、公共图书馆、博物馆、文化馆、档案馆、文化站、广播、电影、电视、新闻出版以及文物等文化事业的机构、人员、经费和业务活动情况。体育部分主要包括体育系统职工、竞技体育成绩等情况。

二、资料来源

根据各部门制定的统计报表制度汇总加工整理而成。艺术业、图书馆业、群众文化服务业的资料主要来自文化部；档案馆资料来自国家档案局；文物资料来自国家文物局；广播、电影、电视资料来自国家广播电影电视总局；新闻出版资料来自国家新闻出版总署；体育部分的资料来自国家体育总局。

详细资料分别见《中国文化文物统计年鉴》（文化部计划财务司编）、《中国新闻出版统计资料汇编》（新闻出版总署计财司编）、《全国广播电影电视业发展指标统计》（国家广播电影电视总局计财司编）。

5-13-1 历年文化事业机构数

单位：个

年 份	艺术表演团体	艺术表演场馆	博物馆	公 共 图书馆	群 众 艺术馆	文化馆	文化站
1949	1000	891	21	55		896	
1952	2084	1510	35	83		2430	4107
1957	2884	2296	72	400		2748	
1962	3320	2249	230	541	61	2514	1192
1965	3458	2943	214	562	62	2598	2125
1970	2541	1432	182	323	29	2303	1794
1975	2836	1464	242	629	81	2589	2717
1978	3150	1095	349	1218	92	2748	4053
1980	3533	1444	365	1732	218	2912	25273
1985	3317	1377	711	2344	335	2965	52858
1986	3195	2058	777	2406	337	2993	53519
1987	3094	2148	827	2440	348	2973	52867
1988	2985	2081	903	2485	358	2975	52923
1989	2850	2050	967	2512	366	2955	51910
1990	2805	1955	1013	2527	366	2955	52435
1991	2772	2068	1075	2535	371	2894	51959
1992	2753	2037	1106	2558	372	2900	48375
1993	2707	2024	1130	2572	370	2886	46212
1994	2698	1998	1161	2589	374	2887	46619
1995	2682	1918	1194	2608	373	2886	45038
1996	2664	1934	1219	2620	392	2892	41969
1997	2663	1947	1282	2628	385	2901	42163
1998	2652	1929	1339	2652	386	2901	42547
1999	2632	1911	1363	2669	389	2905	42543
2000	2619	1863	1392	2677	390	2907	42024
2001	2605	1854	1461	2696	399	2842	40138
2002	2587	1829	1511	2697	389	2854	39273
2003	2618	1900	1515	2709	382	2846	38588
2004	2759	1928	1548	2720	380	2841	38181
2005	2805	1866	1581	2762	375	2851	38362
2006	2866	1839	1617	2778	395	2819	36874
2007	4512	2070	1722	2799	411	2806	37384
2008	5114	1944	1893	2820	389	2829	37938
2009	6139	2137	2252	2850	361	2862	38736
2010	6864	2112	2435	2884	374	2890	40118

注：2007年起艺术表演团体、艺术表演场馆、博物馆含非文化部门单位，2007年以前为文化系统内数据。

5-13-2 全国文化文物机构数、从业人员数

机构类别	机构数(个)	文化部门	国有经济	集体经济	其他经济	其他部门
总　计	**313540**	**62909**	**62079**	**457**	**373**	**250631**
文化及相关产业	**313342**	**62788**	**61980**	**447**	**361**	**250554**
艺术业	9272	4354	3851	330	173	4918
公共图书馆业	2884	2879	2879			5
群众文化服务业	43382	43382	43382			
艺术教育业	151	151	149	2		
文化市场经营机构	244697	106	50	28	28	244591
文艺科研机构	214	214	214			
文物业	5207	4947	4868	54	25	260
其他文化及相关产业	7535	6755	6587	33	135	780
非文化及相关产业	**198**	**121**	**99**	**10**	**12**	**77**

5-13-2 续表

机构类别	从业人员(人)	文化部门	国有经济	集体经济	其他经济	其他部门
总　计	**2107926**	**571412**	**549018**	**11349**	**11045**	**1536514**
文化及相关产业	**2102296**	**568468**	**546838**	**11240**	**10390**	**1533828**
艺术业	265136	163316	147413	10633	5270	101820
公共图书馆业	53564	53529	53529			35
群众文化服务业	141002	141002	141002			
艺术教育业	12347	12347	12344	3		
文化市场经营机构	1388868	1352	820	95	437	1387516
文艺科研机构	3672	3672	3672			
文物业	102471	97392	96657	244	491	5079
其他文化及相关产业	135236	95858	91401	265	4192	39378
非文化及相关产业	**5630**	**2944**	**2180**	**109**	**655**	**2686**

5-13-3 全国艺术表演团体基本情况

种类	机构数（个）	从业人员（人）	剧团原创首演剧目（个）	演出场数（千场次）	#国内演出场次	#农村演出场次
总计	**6864**	**220653**	**1443**	**1371.49**	**1277.82**	**846.71**
按登记注册类型分						
国有	2247	128099	1088	381.90	354.36	206.63
集体	374	13016	99	75.45	72.92	49.71
其他	4243	79538	256	914.14	850.54	590.37
按隶属关系分						
中央	16	5060	16	3.85	3.64	0.72
省、区、市	258	31376	186	63.61	56.42	18.84
地、市	765	49025	340	157.15	141.61	47.39
县、市	5825	135192	901	1146.87	1076.15	779.77
按管理部门分						
文化部门	2597	135940	1197	460.04	428.17	260.52
其他部门	4267	84713	246	911.45	849.65	586.19
按剧种分						
话剧、儿童剧、滑稽剧团	109	6726	103	15.24	14.76	3.38
歌剧、舞剧、歌舞剧团	266	13316	68	39.75	28.46	13.09
歌舞团、轻音乐团	1232	37597	207	161.97	145.15	67.46
乐团、合唱团	97	7323	22	6.75	6.52	1.86
文工团、文宣队、乌兰牧骑	351	11411	96	42.00	38.88	23.66
戏曲剧团	2451	95293	719	476.91	460.35	374.18
#京剧	108	7933	36	20.56	19.19	11.45
曲艺、杂技、木偶、皮影团	1125	21805	58	389.16	370.01	226.62
综合性艺术表演团体	1233	27182	170	239.72	213.70	136.47

5-13-3 续表

种类	国内演出观众人次（千人次）	#农村观众人次	收入情况（千元）		支出情况（千元）
			财政拨款（政府补助）	演出收入	工资福利支出
总计	**884558**	**563676**	**7104848**	**3426955**	**6915034**
按登记注册类型分					
国有	411025	267716	6666732	1703556	5655666
集体	66979	48699	218325	157391	252027
其他	406554	247261	219791	1566008	1007341
按隶属关系分					
中央	6773	1039	405518	273884	499685
省、区、市	63828	32710	2758455	746991	2084453
地、市	133254	62134	2559644	729360	2190338
县、市	680703	467793	1381231	1676720	2140558
按管理部门分					
文化部门	473124	320777	6791751	1762757	5788913
其他部门	411434	242899	313097	1664198	1126121
按剧种分					
话剧、儿童剧、滑稽剧团	14539	4306	542639	216457	439405
歌剧、舞剧、歌舞剧团	30845	10719	707918	298621	635071
歌舞团、轻音乐团	133672	45864	1365141	797849	1241291
乐团、合唱团	4804	1254	298746	157902	271627
文工团、文宣队、乌兰牧骑	39539	24413	411847	63491	340956
戏曲剧团	450028	354438	2784843	1132535	2752990
#京剧	17193	10889	641089	92723	498709
曲艺、杂技、木偶、皮影团	85018	47103	483676	242921	624507
综合性艺术表演团体	126113	75579	510038	517179	609187

5-13-4 全国艺术表演场馆基本情况

种 类	机构数（个）	从业人员（人）	座席数（个）	演(映)出场次（千场次）	#艺术演出场次
总 计	**2112**	**42387**	**1617320**	**811.20**	**147.23**
按登记注册类型分					
国有	1519	29056	1199481	550.36	87.90
集体	129	822	74669	28.54	5.68
其他	464	12509	343170	232.31	53.66
按管理部门分					
文化部门	1461	25280	1077250	537.64	72.01
其他部门	651	17107	540070	273.57	75.23
按机构类型分					
剧场	711	16109	539348	171.60	48.50
影剧院	885	14597	623656	484.40	40.15
书场、曲艺场	39	366	6927	8.05	6.04
杂技、马戏场	10	236	15849	1.62	1.62
音乐厅	36	1779	21272	12.44	4.94
综合性艺术表演场馆	282	6442	327609	96.64	29.08
其他艺术表演场馆	149	2858	82659	36.47	16.90
按隶属关系分					
中央	5	56	3758	0.58	0.58
省、区、市	190	7661	156272	162.60	28.08
地、市	419	10816	293411	276.61	32.31
县、市及以下	1498	23854	1163879	371.41	86.26

5-13-4 续表

种 类	观众人次（千人次）		收入情况(千元)		支出情况(千元)
		#艺术演出观众人次	财政拨款(政府补助)	艺术演出收入	工资福利支出
总 计	**132719**	**54709**	**748707**	**1379719**	**1073372**
按登记注册类型分					
国有	95680	37162	663152	777340	779460
集体	2977	1443	5209	15763	13530
其他	34062	16104	80346	586616	280382
按管理部门分					
文化部门	89928	31653	517781	383094	657878
其他部门	42791	23056	230926	996625	415494
按机构类型分					
剧场	39843	24893	320863	527153	449476
影剧院	61846	12638	120286	117015	289384
书场、曲艺场	970	842	1220	22575	8441
杂技、马戏场	1979	1979	1598	20635	13227
音乐厅	3806	2687	180196	454917	117333
综合性艺术表演场馆	19775	9317	112842	161607	138531
其他艺术表演场馆	4500	2353	11702	75817	56980
按隶属关系分					
中央	290	290	75	593	2769
省、区、市	24499	16718	340406	821002	352548
地、市	35231	13549	194742	165489	311970
县、市及以下	72699	24152	213484	392635	406085

5-13-5　全国公共图书馆基本情况

指　　标		总　计		按隶属关系分				
			#少儿图书馆	中　央	省、区、直辖市	地市级	县市级	县图书馆
机构数	(个)	2884	97	1	37	334	2512	1532
从业人员	(人)	53564	2121	1430	7545	14010	30579	15200
总藏量	(千册)	617261	21592	28979	166018	161045	261219	108194
#开架书刊	(千册)	243555	13104	2062	37455	75416	128622	46244
累计发放有效借书证数	(个)	20195175	1156989	1135622	3212172	6680291	9167090	2943793
总流通人次	(千人次)	328233	18391	5330	35587	107610	179706	62870
#书刊文献外借人次		139342	7839	812	10857	45433	82240	33366
书刊文献外借册次	(千册次)	263917	17038	1434	29320	88277	144886	52243
为读者举办各种活动	(次)	60093	3979	391	5110	17615	36977	15236
活动参加人次	(千人次)	27403	956	201	4161	9692	13349	4871
计算机	(台)	142772	5124	3079	16335	30430	92928	46760
电子阅览室终端数		83124	2967	224	4615	15464	62821	34374

5-13-6　全国群众艺术馆、文化馆(站)综合情况

指　　标		总　　计	省、区、直辖市	地市级	县市级		乡镇(街道)	
						县文化馆		乡镇
机构数	(个)	43382	31	343	2890	1666	40118	34121
从业人员	(人)	141002	1698	9422	40040	21338	89842	73920
举办展览	(个)	117353	269	2331	15516	8425	99237	76273
组织文艺活动	(次)	576799	1259	17898	118875	52583	438767	304927
藏书	(千册)	161392	137	289	4100	1595	156866	115031
举办训练班	(次)	358719	2570	16455	71898	24667	267796	152825
培训人次	(千人次)	18056	62	878	3358	1368	13758	9277
组织各类理论研讨和讲座次数	(次)	12192	460	1372	10360	4696		
拥有计算机台数	(台)	115269	1130	4473	13657	5433	96009	71137
本年收入合计	(亿元)	94.4	3.8	10.8	31.2	12.3	48.6	37.8
本年支出合计	(亿元)	93.2	4.2	10.5	30.2	11.8	48.3	37.3
流动舞台车数量	(台)	258	7	30	221	135		
利用流动舞台车演出场次	(场次)	10524	535	1223	8766	5103		
利用流动舞台车演出观众人次	(千人次)	12552	124	1361	11067	6330		
馆办文艺团体	(个)	5590	85	760	4745	2166		
馆办文艺团体演出场次	(场次)	73854	911	9563	63380	31751		
馆办老年大学	(个)	783	9	88	686	417		
群众业余文艺团体	(个)	304505	88	6863	74986	33907	222568	155806

5-13-7 全国文化市场经营机构基本情况

项目	机构数(个)	从业人员(人)	资产总计(千元)	负债总计(千元)	所有者权益合计(千元)	经营面积(千平方米)
总计	**244697**	**1388868**	**161508449**	**36496780**	**125005575**	**79929**
按城乡分						
城市	103890	771363	99045310	27076813	71963233	40944
县城	90910	440084	45152712	6924566	38227316	28868
县以下	49897	177421	17310427	2495401	14815026	10117
按经营范围分						
娱乐场所	85854	703520	76355524	18109720	58243660	40522
互联网上网服务营业场所(网吧)	140376	584912	58643058	6908631	51730477	31705
按登记注册类型分						
内资企业	244316	1380549	159797860	35364163	124427603	79516
港澳台商投资企业	181	4987	755807	436229	319578	231
外商投资企业	200	3332	954782	696388	258394	182
按部门分						
文化部门	106	1352	308606	64947	243659	42
非文化部门	244591	1387516	161199843	36431833	124761916	79887

5-13-8 全国文物业综合情况

项目	机构数(个)	从业人员(人)	文物藏品(件/套)	#一级品	本年考古出土文物及标本数(件)	本年从有关部门接收文物数(件/套)	本年藏品征集数(件/套)	举办陈列展览(个)	参观人数(万人次)
总计	**5207**	**102471**	**28642200**	**67208**	**25552**	**38600**	**333054**	**30156**	**520979**
按单位性质分									
文物科研机构	108	3846	870223	2307	25552	171	297	33	2208
文物保护管理机构	2436	30171	2149366	4896		3702	13003	3419	111978
博物馆	2435	57431	17552482	58649		20900	314026	26704	406793
文物商店	76	1737	7748943	67					
其他文物机构	152	9286	321186	1289		13827	5728		
按隶属关系分									
中央	14	2645	2510414	13342			1508	116	15866
省、市、区	257	17421	13170546	24182	10823	2466	37163	1360	68510
地　市	1064	32363	7267495	15257	14712	24749	209040	4896	168806
县　市	3872	50042	5693745	14427	17	11385	85343	23784	267797
按管理部门分									
文物部门	4947	97392	27605115	64725	25552	37315	159516	28028	463511
其他部门	260	5079	1037085	2483		1285	173538	2128	57468

5-13-9 各地区艺术表演团体、艺术表演场馆演出情况

地区	艺术表演团体				艺术表演场馆			
	国内演出场次(千场次)	农村演出	国内演出观众人次(千人次)	农村观众	演出场次(千场次)	艺术演出场次	观众人次(千人次)	艺术演出观众人次
全国	**1277.82**	**846.71**	**884558**	**563676**	**811.20**	**147.23**	**132719**	**54709**
中央	3.64	0.72	6773	1039	0.58	0.58	290	290
北京	6.84	1.48	4296	1230	54.34	16.91	10350	8142
天津	3.79	1.06	3183	1044	20.40	8.32	2344	1677
河北	46.98	29.50	49482	34252	15.59	4.34	3740	2080
山西	52.29	41.60	57550	43827	62.01	4.85	8392	3196
内蒙古	18.25	7.51	16232	6907	9.02	1.64	1985	611
辽宁	16.06	3.47	8110	1900	10.40	5.97	3310	1893
吉林	8.06	4.16	8859	4636	13.93	2.15	1158	635
黑龙江	8.91	3.29	8184	3701	2.53	0.48	1729	335
上海	19.76	2.42	10367	1261	22.85	10.76	7845	6157
江苏	74.86	46.63	39406	24480	221.72	7.76	19214	3185
浙江	102.25	74.82	105733	66026	68.85	26.38	17434	5814
安徽	389.39	263.10	107864	75211	15.55	1.93	2516	710
福建	94.66	80.74	41002	34576	32.68	3.40	2636	1001
江西	18.56	12.26	15849	11750	11.10	5.12	1772	1153
山东	19.98	13.11	25382	18096	21.30	1.50	5291	1103
河南	76.02	57.47	84058	68841	24.16	3.27	3613	1423
湖北	35.68	27.02	38923	22055	27.83	11.29	7722	1809
湖南	31.85	23.55	21736	15521	28.23	3.68	3189	1536
广东	41.52	25.94	56089	22066	33.68	8.24	8939	5098
广西	14.93	6.99	15076	8053	18.68	1.65	1360	703
海南	8.41	6.78	6825	5107	3.87	0.38	1104	247
重庆	52.78	44.65	20968	15889	29.38	2.01	5831	752
四川	50.56	20.69	33039	10619	12.37	8.25	3787	2460
贵州	4.69	2.00	5677	2355	0.65	0.28	339	129
云南	15.40	5.25	17407	7242	9.01	1.16	1387	493
西藏	2.24	1.34	3803	1971	3.52	0.34	687	116
陕西	20.48	15.74	30934	26243	5.05	2.63	2180	1242
甘肃	15.97	11.30	22992	17772	2.67	0.71	571	421
青海	3.19	1.74	2260	1187	7.20	0.30	594	74
宁夏	4.67	3.31	5975	3854	1.61	0.78	340	134
新疆	15.15	7.07	10524	4965	20.44	0.17	1070	90

5-13-10 各地区公共图书馆情况

地区	公共图书馆个数（个）	总藏量（千册）	本年新购藏量	累计发放有效借书证数（个）	总流通人次（千人次）	书刊文献外借人次	书刊文献外借册次（千册次）	阅览室座席数（个）
总计	**2884**	**617261**	**29559**	**20195175**	**328233**	**139342**	**263917**	**630683**
中央	1	28979	1233	1135622	5330	812	1434	6877
北京	24	17154	1248	923216	7755	3603	8044	12852
天津	31	12583	740	364322	6062	2536	5717	9072
河北	165	16109	676	564891	7364	3599	4925	21858
山西	126	12079	445	233496	3739	1904	2824	15983
内蒙古	113	9400	667	147284	3116	1959	3122	16537
辽宁	128	29533	1569	862435	14573	6011	14559	30220
吉林	65	13802	519	179833	5032	2132	4124	13820
黑龙江	107	16439	708	764006	6219	2419	4786	18013
上海	28	68087	1764	1079855	18525	5791	14612	19427
江苏	111	43700	2589	2067302	30058	15963	25422	38912
浙江	97	37612	3368	1774309	34541	13761	29239	35068
安徽	88	12358	612	246163	7599	3826	6832	15778
福建	86	16817	1033	471750	11933	5827	10969	25136
江西	108	15201	651	506189	6389	3597	5624	22042
山东	149	36358	1334	1284212	17172	9152	15145	37061
河南	142	18372	954	680260	10257	5189	9147	23595
湖北	107	23611	603	1041636	15155	9381	18462	26814
湖南	124	19614	796	814353	10275	5059	10586	30031
广东	132	46155	3682	2584012	45399	11658	22665	59148
广西	108	18809	563	262427	13428	3564	7328	24665
海南	20	2850	253	112837	1721	694	865	4173
重庆	43	10308	516	159850	6213	3404	7055	13568
四川	161	25991	949	482352	11680	5442	9235	26281
贵州	93	8121	266	189489	3691	1427	2223	12220
云南	150	15660	429	318400	9070	4026	7024	21034
西藏	4	535	22	5467	27	10	36	295
陕西	112	11271	425	304105	5193	1955	3055	14355
甘肃	94	10418	260	202647	4683	2203	3450	13352
青海	44	3578	56	77316	895	199	423	3108
宁夏	20	4623	307	125202	1631	533	1817	5201
新疆	103	11134	323	229937	3504	1708	3167	14187

5-13-11 各地区博物馆基本情况

地区	机构数（个）	从业人员（人）	文物藏品（件/套）	本年从有关部门接收文物数（件/套）	本年修复文物数（件/套）	考古发掘项目（个）	基本陈列（个）	举办展览（个）	参观人次（千人次）	门票销售总额（千元）
总计	**2435**	**57431**	**17552482**	**20900**	**33871**	**539**	**16613**	**10091**	**406793**	**1912345**
中央	8	2124	2510414		248	8	53	63	15866	692736
北京	41	1162	1138476	8	457		95	129	4995	16408
天津	18	719	579740		74	1	60	67	4007	7660
河北	65	1827	232455		173	6	98	218	12460	58588
山西	89	2493	453355	2683	188	6	105	123	10815	117154
内蒙古	54	1214	408471	1903	748	3	128	96	5839	2493
辽宁	61	2160	351402	167	255	6	96	197	10336	68454
吉林	57	918	237522	2538	83	1	196	165	5078	37117
黑龙江	76	1245	192158	1146	48	2	148	219	7163	4233
上海	27	1009	327455	219	35	3	59	121	6246	42397
江苏	213	4190	1527507	2468	1614	153	528	1063	45568	90371
浙江	100	2887	676477	1242	828	27	246	817	19572	25942
安徽	120	1548	503247	468	409	28	426	433	12054	14141
福建	94	1307	382327	2	101	16	4660	418	16002	
江西	108	2544	425788	724	351	28	608	485	20730	4499
山东	114	2456	692829	348	1306	28	343	605	13844	11147
河南	111	3619	725093	2578	632	1	310	663	17942	53302
湖北	120	2233	1211525	604	3630	112	1535	333	19051	2314
湖南	81	2148	443174	534	777	58	169	201	21999	3370
广东	169	3136	844627	1332	15714	7	388	1077	25825	46643
广西	64	1096	279452	26	325	2	124	194	7441	390
海南	16	169	57299	336	52	1	153	60	985	
重庆	37	1431	488955	83	1119	2	109	197	15509	55980
四川	108	4052	885543	214	1923	29	519	614	33571	155824
贵州	59	1148	74826	47	124	2	104	104	11771	3156
云南	120	1154	358457	48	776	2	4211	668	15291	7
西藏	2	65	32605	4	2		2		149	
陕西	106	4373	767086	541	1185	7	742	163	14981	394790
甘肃	102	2015	439654	438	297		237	333	6467	3229
青海	18	178	118984		24		20	34	832	
宁夏	6	212	66209	117	213		17	40	740	
新疆	71	599	119370	82	160		124	191	3664	

5-13-12 广播电视事业发展情况

指 标		2007	2008	2009	2010
广播					
广播节目综合人口覆盖率	(%)	95.43	95.96	96.31	96.78
#农村		94.12	94.74	95.10	95.64
广播节目套数	(套)	2433.00	2437.00	2521.00	2552.00
#公共广播		2432.00	2436.00	2520.00	2549.00
付费广播		1.00	1.00	1.00	3.00
广播节目制作时间	(万小时)	633.30	649.40	671.65	681.40
公共广播节目播出时间	(万小时)	1127.24	1162.97	1226.55	1266.00
对外广播节目播出套数	(套)	77.00	145.00	165.00	115.00
对外广播节目播出时间	(万小时)	46.15	50.84	100.31	67.04
电视					
电视节目综合人口覆盖率	(%)	96.58	96.95	97.23	97.62
#农村		95.60	91.60	91.90	96.78
有线广播电视用户数	(万户)	15325.00	16398.00	17523.00	18872.00
#农村		6180.00	6558.00	6863.00	7293.00
数字电视用户数		2686.00	4528.00	6322.00	8870.00
有线广播电视入户率	(%)	39.90	41.63	43.99	46.40
#农村		25.57	26.77	27.77	29.35
电视节目套数	(套)	3214.00	3288.00	3337.00	3350.00
#公共电视		3127.00	3199.00	3250.00	3272.00
付费电视		87.00	89.00	87.00	78.00
电视节目制作时间	(万小时)	255.33	264.19	265.36	274.29
公共电视节目播出时间	(万小时)	1454.70	1495.34	1577.68	1635.50
电视剧播出数	(万部)	22.57	22.57	23.83	24.92
电视剧播出数	(万集)	534.97	550.43	605.09	635.86
#进口电视剧播出数	(万集)	26.42	22.96	22.41	19.51
动画电视播出数	(部)	14015.00	15447.00	17544.00	19033.00
动画电视播出数	(万集)	51.34	51.85	60.18	68.34
#进口动画电视播出数	(部)	1551.00	1419.00	1086.00	1031.00
进口动画电视播出数	(万集)	5.97	4.56	4.11	3.46
对外电视节目播出套数	(套)	34.00	33.00	40.00	43.00
对外电视节目播出时间	(万小时)	22.55	22.46	28.82	31.72
电影					
国有电影制片厂	(个)	38.00	38.00	38.00	38.00
#电影故事片厂					31.00
电影院线	(条)	34.00	34.00	37.00	37.00
#院线内影院	(家)	1427.00	1545.00	1687.00	1820.00
银幕	(块)	3527.00	4097.00	4723.00	6256.00
电影综合收入	(亿元)	67.26	84.33	106.65	157.21
#国内电影票房收入		33.27	43.41	62.06	101.72
电视播映收入		13.79	25.28	16.89	20.32
国产影片海外销售收入		20.20	15.64	27.70	35.17
广播电视技术及其他					
广播电视总收入	(亿元)	1316.40	1583.91	1852.85	2301.87
广播电视从业人员数	(万人)	64.53	67.17	70.58	75.09
中、短波转播发射台	(座)	802.00	808.00	809.00	822.00
调频转播发射台	(万座)	1.06	1.21	1.21	1.16
电视转播发射台	(万座)	1.82	1.85	1.77	1.60
微波实有站	(座)	2745.00	2674.00	2591.00	2376.00

5-13-13 广播电视节目制作时间

单位：小时

项　目	1995	2005	2006	2007	2008	2009	2010
广播节目制作	**2332164**	**6139227**	**6192339**	**6332506**	**6494035**	**6716500**	**6814226**
新闻	353368	1066880	1055077	1062423	1116588	1166848	1216632
专题	1054140	1822621	1728485	1798165	1837471	1900995	1955180
综艺	924656	1937290	1986800	1894881	1934751	1957358	1942828
广播剧		75456	59225	76889	72629	90735	80181
广告		671071	691610	722411	737223	782757	775931
其他		565909	671142	777737	795373	817807	843474
电视节目制作	**383513**	**2553861**	**2618034**	**2553283**	**2641949**	**2653552**	**2742949**
新闻	80800	637956	646337	595190	678820	675885	719680
专题	193391	525528	540369	545922	622182	611352	640857
综艺	109322	382350	407442	388349	392507	402677	407849
影视剧		193771	71377	96397	58616	66899	93536
广告		524892	589067	585277	558914	544038	526839
其他		289364	363442	342148	330910	352701	354188

5-13-14 广播、电视节目播出时间

单位：小时

指　标	总　计	新闻咨询类节目	专题服务类节目	综艺益智类节目	广播(影视)剧类节目	广告类节　目	其他类节　目
广播	**12660314**	**2538907**	**2864889**	**3582183**	**574752**	**1186617**	**1912966**
中央级	236466	69066	90451	47615	2674	14421	12240
省级	1782537	294233	475359	470694	63551	278970	199730
电视	**16355043**	**2070314**	**1797376**	**1396667**	**7274866**	**2047070**	**1768751**
中央级	224266	67036	61361	34299	52479	9091	
省级	2098857	223985	357374	184116	753615	307541	272226

5-13-15 各地区广播电视节目综合人口覆盖情况

单位：%

地区	广播节目综合人口覆盖率	#中央广播节目覆盖率	#农村广播节目综合人口覆盖率	电视节目综合人口覆盖率	#中央广播节目覆盖率	#农村广播节目综合人口覆盖率
全国	**96.78**	**95.57**	**95.64**	**97.62**	**96.55**	**96.78**
北京	99.99	99.99	99.96	99.99	99.99	99.97
天津	100.00	100.00	100.00	100.00	100.00	100.00
河北	99.32	98.89	99.06	99.26	99.14	98.99
山西	93.29	93.22	90.21	97.54	97.49	96.24
内蒙古	96.60	95.94	94.00	95.38	94.70	91.89
辽宁	98.48	97.36	97.32	98.59	97.68	97.57
吉林	98.47	97.58	97.75	98.59	96.40	97.87
黑龙江	98.56	95.67	97.73	98.76	95.91	98.03
上海	100.00	100.00	100.00	100.00	100.00	100.00
江苏	99.99	99.75	99.99	99.88	98.97	99.86
浙江	99.17	98.26	99.07	99.35	98.52	99.26
安徽	97.31	95.41	96.84	97.50	96.23	97.08
福建	97.80	97.24	97.37	98.45	98.19	98.18
江西	96.78	96.34	96.23	97.96	97.68	97.55
山东	98.09	94.01	97.61	97.88	95.44	97.39
河南	97.30	97.18	96.90	97.39	97.09	97.00
湖北	98.10	97.78	97.47	98.11	97.83	97.47
湖南	91.99	90.74	87.46	96.43	95.96	94.41
广东	98.00	97.85	96.06	98.00	97.83	96.05
广西	94.50	92.47	93.56	96.50	91.99	95.88
海南	96.44	96.36	95.46	95.41	95.16	94.08
重庆	95.71	94.65	94.61	97.39	97.00	96.85
四川	96.22	94.80	95.39	97.33	96.94	96.73
贵州	87.59	84.26	85.64	92.55	88.14	91.47
云南	95.37	94.77	94.43	96.39	96.25	95.63
西藏	90.28	80.55	88.59	91.41	80.98	89.97
陕西	96.71	96.04	95.99	97.70	97.14	97.28
甘肃	93.47	88.95	91.86	93.72	90.87	92.43
青海	90.03	90.03	86.86	95.03	95.03	92.99
宁夏	92.92	92.91	89.81	98.20	97.56	97.35
新疆	94.90	93.02	94.00	95.28	92.92	93.91

5-13-16 各地区广播节目制作播出情况

地区	公共广播节目套数(套)	全年制作广播节目时间(小时)	全年公共广播节目播出时间(小时)	全年广播剧播出数	
				(部)	(集)
总计	**2549**	**6814226**	**12660314**	**35606**	**718197**
总局直属	24	219112	236466	60	1347
北京	18	143678	118558	58	4212
天津	22	76124	133283	28	1160
河北	125	310045	584136	2117	9357
山西	104	153874	371296	1310	36584
内蒙古	126	227323	635987	4187	47698
辽宁	118	457602	715680	1445	43933
吉林	65	227369	407529	728	30800
黑龙江	94	170420	419096	471	13129
上海	21	85262	131433	161	5481
江苏	126	569636	775021	1708	31801
浙江	107	445425	709854	2462	30105
安徽	106	228141	503775	1106	36789
福建	88	250854	505775	264	8941
江西	103	179194	345482	2367	31177
山东	155	476527	839382	3080	66106
河南	150	289526	626072	1142	32102
湖北	85	235413	447360	1216	42753
湖南	97	158755	334883	859	22400
广东	127	539670	764902	3853	23575
广西	62	176577	276734	426	9350
海南	24	51869	107875	142	6876
重庆	26	58279	108812	409	13005
四川	119	180246	527030	2034	56452
贵州	27	65312	157799	362	13803
云南	48	164695	271724	314	12281
西藏	7	28060	38743	93	2693
陕西	101	197299	405855	855	13028
甘肃	86	107782	271809	949	22845
青海	9	38636	56103	40	4603
宁夏	24	41011	101625	44	3090
新疆	155	260510	730236	1316	40721

5-13-17 各地区电视节目制作播出情况

地区	电视节目套数(套) 公共电视	电视节目套数(套) 付费电视	全年制作电视节目时间(小时)	全年公共电视节目播出时间(小时)	全年电视剧播出数(部)	全年电视剧播出数(集)	全年进口电视剧播出数(部)	全年进口电视剧播出数(集)	全年动画电视播出数(部)	全年动画电视播出数(集)	全年进口动画电视播出数(部)	全年进口动画电视播出数(集)
总　计	**3272**	**78**	**2742949**	**16355043**	**249164**	**6358559**	**8778**	**195069**	**19033**	**683356**	**1031**	**34566**
总局直属	27	17	62807	224266	1593	42853	71	2557	276	11143	36	1891
北　京	25	11	84255	107765	812	24076	1	30	83	8235	4	308
天　津	28	5	21818	151736	2200	45231			137	12353	1	26
河　北	177		131228	742069	13834	397004	226	9999	419	16808	14	627
山　西	113	6	94932	469203	5458	146971	25	1048	593	12831	7	241
内蒙古	125		64697	631881	13024	302297	286	4913	713	20826	9	332
辽　宁	118		188895	704480	9811	267134	469	12790	558	19320	45	832
吉　林	75		76906	487825	7611	216969	263	8733	190	10428		
黑龙江	124		81482	661130	4303	112131	70	2384	299	13189	42	2690
上　海	25	16	49507	175304	1420	44811	65	1845	450	16349	20	1040
江　苏	130	3	226743	811055	11228	296686	233	6401	803	36886	12	540
浙　江	113	2	143104	712130	9614	268657	160	4274	988	41296	51	1288
安　徽	118	2	82427	641054	10872	285537	295	8232	386	15223	35	882
福　建	101		55424	334045	3600	105903	109	2922	377	15422	16	638
江　西	113		67067	650997	9318	247239	390	11135	782	28192	30	924
山　东	169		157852	952631	12536	361233	169	6054	689	34028	18	820
河　南	166	4	140552	869060	13670	342965	197	5847	652	17991	36	1405
湖　北	114	3	94909.25	655897	14147	356410	584	15420	1052	34486	85	4093
湖　南	139		127606	714480	10136	264516	476	13181	1283	42690	66	2189
广　东	159		126595	662706	7413	204161	222	5714	799	45477	73	3862
广　西	116		80594	481171	6367	168408	148	3287	586	33000	5	180
海　南	14		9723	80125	647	20852	7	140	124	5724	10	970
重　庆	45	9	54125	250504	3792	96239	283	7611	240	12387	26	833
四　川	205		109491	993457	19094	496762	499	11597	2043	49335	42	2310
贵　州	101		43501	246874	3003	72443	140	3860	198	7227	21	500
云　南	158		95029	744112	9812	251246	61	2716	843	27467	3	90
西　藏	10		5623	47044	495	11245			47	1326		
陕　西	123		83275	577862	7550	176025	15	315	644	18035		
甘　肃	104		58860	414822	6293	172196	37	1330	840	15248		
青　海	13		19093	69724	1033	33297	7	340	104	3513		
宁　夏	28		28362	152501	1773	43103	27	1179	197	8155		
新　疆	196		76467	937134	26705	483959	3243	39215	1638	48766	324	5055

5-13-18 各地区有线广播电视传输干线网络及用户情况

地区	有线广播电视传输干线网络总长(公里)	有线广播电视用户数(户)	#数字电视用户数	#付费电视用户数	#农村有线广播电视用户数	有线广播电视入户率(%)	#农村有线广播电视入户率
总计	**3563359**	**188721800**	**88702495**	**11050627**	**72932764**	**46.40**	**29.35**
国家广电	39867						
北京	148933	4481234	2767899	521	646330	91.68	55.43
天津	6500	2621881	2129094	232864	399954	77.98	33.49
河北	134392	6703827	3823531	79929	2513966	31.13	16.76
山西	93258	4240323	2028316	31000	1404939	37.86	26.66
内蒙古	45400	3139319	1942031	71003	800829	41.23	23.94
辽宁	114749	7525761	3063117	65232	2310903	51.08	34.69
吉林	85100	4524055	2789749	205425	1707938	48.77	35.66
黑龙江	161524	5213041	2196347	873777	2028098	42.89	36.42
上海	36211	5730175	2356332	225952	698992	112.36	73.33
江苏	457561	18858842	10078078	2307175	10647442	78.48	71.86
浙江	214537	11836472	5887274	560921	7150979	74.13	61.25
安徽	42928	4611009	1932686	160184	1567525	22.60	11.17
福建	144113	6131612	2894480	189007	2764739	61.39	43.10
江西	76087	4394686	414113	121982	1820096	34.00	21.56
山东	296281	16508842	5852598	142172	8997165	57.28	47.35
河南	139795	7251357	876609	54422	2618036	24.28	12.79
湖北	209065	8940673	4952575	502702	3889265	45.29	32.72
湖南	100477	6414575	4467187	334377	1975109	30.17	15.78
广东	213129	17015319	9504484	521966	4336024	71.18	37.84
广西	40265	4679110	2641116	490660	1854918	31.22	18.27
海南	7494	797450	634578	30127	195142	34.16	15.89
重庆	143807	4921171	1980969	121851	1860761	44.31	25.50
四川	331617	12997022	1978842	305020	5887873	45.19	29.71
贵州	32922	3352322	2345142	405232	917639	29.97	9.97
云南	75180	4959912	2614982	2361761	1913867	40.18	21.41
西藏	3174	175378	19000	2000	25551	25.85	4.85
陕西	63249	5074342	2942215	579583	1292112	43.23	18.27
甘肃	43534	2068928	1228491	52659	514063	27.37	10.84
青海	3460	397572	341477	14919	9803	27.16	1.19
宁夏	12908	705692	705692		15528	37.23	1.47
新疆	28524	1924498	1313491	6204	167178	32.76	5.66
新疆生产建设兵团	17317	525400				60.11	

5-13-19 各地区广播电视技术情况

地 区	中、短波转播发射台(座)	中 波发射机(部)	短 波发射机(部)	调频转播发射台(座)	调频转播发射机(部)	电视转播发射台(座)	电 视发射机(部)	微 波实有站(座)
总 计	**822**	**2252**	**448**	**11604**	**19315**	**15965**	**30770**	**2376**
总局直属	38	72	315	1	14	2	17	37
北 京	1	10		15	25	15	31	6
天 津	4	23		14	35	12	35	16
河 北	31	49		152	261	251	440	32
山 西	15	30		116	190	439	732	82
内蒙古	57	178	11	531	886	1266	1857	153
辽 宁	34	79		237	348	367	571	85
吉 林	33	79		78	262	157	413	86
黑龙江	42	97	1	145	375	240	617	64
上 海	4	8	3	11	21	11	18	
江 苏	21	104	1	93	195	96	344	82
浙 江	37	151		106	241	98	260	69
安 徽	23	90		461	676	163	429	98
福 建	37	96	2	87	255	75	240	206
江 西	16	32		644	781	301	516	18
山 东	31	99	1	133	227	163	420	49
河 南	30	103		138	189	153	399	56
湖 北	26	76		426	584	991	1275	121
湖 南	25	45	1	98	161	195	403	159
广 东	23	94		95	258	88	246	168
广 西	20	37	2	150	345	128	377	72
海 南	3	7		62	95	22	62	43
重 庆	5	13		61	254	47	122	45
四 川	37	99	2	2299	2901	3482	4810	141
贵 州	11	30	2	156	288	90	284	109
云 南	57	99	2	393	843	176	676	148
西 藏	42	151		2635	5148	2060	6467	
陕 西	14	36	3	165	244	123	251	58
甘 肃	30	59	2	695	949	2527	4008	102
青 海	9	16	17	219	328	1194	1750	7
宁 夏	12	34		24	64	26	578	27
新 疆	54	156	83	984	1487	914	1963	37
新疆生产建设兵团				180	385	93	159	

5-13-20 电视节目进出口情况

指标	合计	欧洲	美国	拉美	日本	韩国	非洲	其他
全年电视节目进口总额(万元)	43047	4937	13593	13	826	2243	18	21417
#电视剧 (万元)	21450	646	551		318	2092		17843
动画电视 (万元)	247	110	136		1			
全年电视节目进口量 (小时)	22197	9363	8526	4	350	1285	3	2666
#电视剧 (部)	156	8	10		3	26		109
电视剧 (集)	4482	46	137		34	1499		2766
动画电视 (部)	8	2	5		1			
动画电视 (集)	785	130	555		100			
全年电视节目出口总额(万元)	21010	2277	1143	156	713	940	48	15732
#电视剧 (万元)	7484	77	690	156	676	407	32	5445
动画电视 (万元)	11133	2199	369			272	5	8288
全年电视节目出口量 (小时)	13762	505	3032	69	192	668	113	9183
#电视剧 (部)	288	8	89	2	4	13	2	170
电视剧 (集)	12362	338	2838	82	134	521	81	8368
动画电视 (部)	84	25	8			3	1	47
动画电视 (集)	4930	431	502			130	26	3841

5-13-21 电影综合情况

单位：部

年份	电影故事片厂(个)	生产故事影片	生产动画片	生产科教影片	生产纪录影片	生产特种影片
1952	4	4	2	41	157	
1957	11	40	5	84	272	
1962	16	34	17	94	133	
1965	16	52	21	240	378	
1975	15	27	11	214	313	
1978	12	46	26	289	202	
1979	17	65	25	349	317	
1980	17	82	32	337	242	
1981	19	105	33	277	276	
1982	19	112	33	284	259	
1983	19	127	37	343	299	
1984	20	144	37	387	337	
1985	20	127	45	357	419	
1986	20	134	46	383	417	
1987	22	146	45	353	347	
1988	22	158	38	344	350	
1989	22	136	53	334	259	
1990	22	134	51	326	296	
1991	22	130	46	351	283	
1992	22	170	56	354	307	
1993	22	154	47	252	300	
1994	22	148	32	182	22	
1995	30	146	37	40	111	
1996	30	110	58	33	39	
1997	31	88	28	34	95	
1998	31	82	9	30	54	
2000	31	91	1	49	10	
2001	27	88	1	56	9	
2002	31	100	2	60	7	
2003	31	140	2	53	6	
2004	31	212	4	30	10	
2005	32	260	7	33	2	
2006	32	330	13	36	13	
2007	32	402	6	34	9	
2008	33	406	16	39	16	2
2009	31	456	27	52	19	4
2010	31	526	16	54	16	9

注：1.本表电影故事片厂指国有电影故事片厂。
2.2005年及以前动画片数为美术片数。

5-13-22 图书出版情况

类　别	种　数 (种)	印　数 (万册)	印　张 (千印张)
图书总计	**328387**	**717051**	**60633170**
使用“中国标准书号”部分合计	**327622**	**712604**	**60450103**
马列主义、毛泽东思想	477	1561	306415
哲学	7418	5237	778053
社会科学总论	4841	4871	605462
政治、法律	13903	12832	1732522
军事	946	813	111133
经济	27486	15956	2676238
文化、科学、教育、体育	111380	535339	35924318
语言、文字	18610	20209	3108708
文学	29958	33548	4222487
艺术	16787	13984	988489
历史、地理	12411	14306	1616533
自然科学总论	1193	1922	138488
数理科学、化学	6294	4419	689448
天文学、地球科学	1790	1403	106347
生物科学	1973	1417	167994
医学、卫生	15792	11642	1753177
农业科学	6621	5397	419399
工业技术	41904	20834	4338502
交通运输	3862	2436	309626
航空、航天	279	130	16192
环境科学	1589	1943	141155
综合性图书	2108	2405	299417
不使用“中国标准书号”部分合计	**765**	**4447**	**183067**
图片	765	985	23527
国标(GB)、部标(BB)等标准类文件印品		1850	94168
活页文选、活页歌篇、小件印品等		1612	65372

5-13-23 图书、期刊和报纸出版情况

年份 地区	图书				期刊				报纸			
	种数 （种）	新出版	总印数 （亿册、亿张）	总印张数 （亿印张）	种数 （种）	平均期印数 （万册）	总印数 （亿册）	总印张数 （亿印张）	种数 （种）	平均期印数 （万份）	总印数 （亿份）	总印张数 （亿印张）
1978	14987	11888	37.7	135.4	930	6200	7.6	22.7	186	4280	127.8	113.5
1980	21621	17660	45.9	195.7	2191	10298	11.3	36.7	188	6236	140.4	141.7
1985	45603	33743	66.7	282.8	4705	23952	25.6	77.3	1445	19107	246.8	202.8
1990	80224	55245	56.4	232.1	5751	16156	17.9	48.1	1444	14670	211.3	182.8
1995	101381	59159	63.2	316.8	7583	19794	23.4	67.0	2089	17644	263.3	359.6
1996	112813	63647	71.6	360.5	7916	19300	23.1	68.1	2163	17877	274.3	392.4
1997	120106	66585	73.1	364.0	7918	20046	24.4	73.3	2149	18259	287.6	459.8
1998	130613	74719	72.4	373.6	7999	20928	25.4	79.9	2053	18211	300.4	540.0
1999	141831	83095	73.2	391.4	8187	21845	28.5	96.8	2038	18632	318.4	636.7
2000	143376	84235	62.7	376.2	8725	21544	29.4	100.0	2007	17914	329.3	799.8
2001	154526	91416	63.1	406.1	8889	20697	28.9	100.9	2111	18130	351.1	938.9
2002	170962	100693	68.7	456.4	9029	20406	29.5	106.4	2137	18721	367.8	1067.4
2003	190391	110812	66.7	462.2	9074	19909	29.5	109.1	2119	19072	383.1	1235.6
2004	208294	121597	64.1	465.6	9490	17208	28.3	110.5	1922	19522	402.4	1524.8
2005	222473	128578	64.7	493.3	9468	16286	27.6	125.3	1931	19549	412.6	1613.1
2006	233971	160757	64.1	512.0	9468	16435	28.5	136.9	1938	19703	424.5	1658.9
2007	248283	136226	62.9	486.5	9468	16697	30.4	157.9	1938	20545	438.0	1700.8
2008	274123	148978	70.6	561.1	9549	16767	31.0	158.0	1943	21155	442.9	1930.6
2009	301719	168296	70.4	565.5	9851	16457	31.5	166.2	1937	20837	439.1	1969.4
2010	328387	189295	71.7	606.3	9884	16349	32.2	181.1	1939	21438	452.1	2148.0
中　央	149539	87732	20.4	242.5	2890	5316	9.7	66.9	227	3044	69.5	231.7
北　京	5670	3085	0.9	8.6	173	203	0.4	2.7	35	361	8.0	43.9
天　津	4550	3372	0.4	3.8	257	264	0.4	1.9	28	334	9.4	55.8
河　北	2264	1000	1.7	10.7	230	255	0.5	2.3	66	837	14.7	42.5
山　西	2683	1573	1.3	10.3	201	189	0.4	2.3	60	2118	20.6	31.0
内蒙古	2885	1266	0.6	4.7	149	71	0.1	0.6	61	136	2.7	6.1
辽　宁	9060	4925	1.5	11.6	326	565	1.0	4.0	75	843	15.7	82.0
吉　林	15553	11575	2.0	17.6	236	384	1.0	4.8	52	691	8.7	37.1
黑龙江	3515	2422	0.7	5.6	314	273	0.5	2.7	70	368	7.8	25.7
上　海	19256	11055	2.8	26.0	633	1019	1.8	9.0	72	726	15.8	78.6
江　苏	14400	7988	5.5	33.2	464	469	1.0	4.2	80	1182	27.0	133.9
浙　江	8084	4210	2.8	19.1	221	486	0.7	2.8	70	1131	32.5	147.3
安　徽	5646	2732	2.4	16.4	184	404	0.6	2.3	51	503	11.7	48.5
福　建	3415	2320	0.8	5.9	179	187	0.3	1.4	43	381	10.0	42.3
江　西	3870	2427	1.6	10.0	160	270	0.7	2.4	40	304	7.0	29.3
山　东	6987	3605	3.4	24.1	271	496	1.1	5.1	88	1197	33.4	179.6
河　南	4876	2422	2.0	13.9	250	386	0.9	4.0	79	1692	21.2	68.0
湖　北	10464	6328	2.8	20.0	423	1241	3.0	14.8	74	716	18.2	89.0
湖　南	7395	4239	3.1	18.7	252	545	1.3	6.1	50	531	12.9	54.4
广　东	6354	3305	2.3	16.0	387	934	2.1	12.5	100	1875	45.6	437.9
广　西	7344	3328	2.5	15.5	185	185	0.4	1.8	55	251	7.0	28.6
海　南	2629	1111	0.7	4.6	42	56	0.1	0.8	14	88	2.1	5.8
重　庆	4690	2585	1.6	10.3	139	238	0.5	3.6	26	296	5.9	33.2
四　川	6645	3396	1.9	14.7	349	498	1.1	7.5	87	658	17.0	99.5
贵　州	823	642	0.8	5.6	89	85	0.1	0.7	31	158	3.7	14.6
云　南	4598	2746	1.5	9.7	127	239	0.4	1.9	43	235	6.4	32.3
西　藏	570	182	0.1	0.9	36	16	0.0	0.1	23	30	0.7	1.1
陕　西	6378	3189	2.0	15.1	286	417	0.8	5.2	44	281	6.2	39.2
甘　肃	1930	1255	0.7	5.1	138	499	1.1	4.6	56	183	4.1	11.3
青　海	429	227	0.1	0.8	48	19	0.0	0.2	25	45	1.0	3.4
宁　夏	905	585	0.2	1.5	36	52	0.1	1.4	15	46	1.1	2.8
新　疆	4980	2468	0.5	3.9	209	91	0.1	0.5	99	196	4.6	11.7

注：本表全国数据中包含中央单位数。

5-13-24 各地区少年儿童读物和课本出版情况

地区	种数(种)		总印数(万册)		总印张(千印张)	
	儿童读物	课本	儿童读物	课本	儿童读物	课本
全国	**19794**	**68145**	**35781**	**335452**	**1876864**	**27037727**
中央	3106	43052	5479	105298	309430	10721861
地方	16688	25093	30302	230154	1567434	16315866
北京	792	980	1226	1175	86559	105662
天津	412	418	675	1210	41061	101900
河北	63	261	204	9190	13624	623106
山西	44	40	170	4942	6646	344031
内蒙古	314	813	420	4375	13990	322180
辽宁	1449	2195	1962	6997	142498	507109
吉林	2555	993	3410	3968	169738	326886
黑龙江	326	431	525	3682	26811	246813
上海	1057	4549	2549	14460	90048	1262190
江苏	874	1788	1976	16187	117545	1048688
浙江	1614	496	3195	10927	198415	743663
安徽	1094	449	1489	10563	90700	789666
福建	236	339	382	3214	20756	217344
江西	909	157	2327	6369	129138	487419
山东	284	702	1002	20370	46219	1391283
河南	262	852	389	13813	23687	934849
湖北	652	1388	1549	9755	66268	690494
湖南	961	713	1405	13709	88078	801722
广东	345	1168	1082	16582	31401	1098169
广西	609	368	1565	6653	56807	435071
海南	30	23	80	1146	3562	74873
重庆	64	1318	214	7396	5667	515864
四川	759	1003	1504	11070	43464	901675
贵州	60	90	64	6341	2806	453493
云南	60	252	97	7459	5510	519745
西藏	50	185	24	1062	818	69405
陕西	253	1668	379	10830	24030	778426
甘肃	47	58	65	3285	2010	269782
青海	3	194	13	835	301	63048
宁夏	16	14	23	843	991	61056
新疆	494	1188	337	1746	18286	130254

5-13-25 课本出版情况

项目	种数(种)	#新出版	总印数(万册)	总印张(千印张)	定价总金额(万元)
总计	**68145**	**23939**	**335452**	**27037727**	**3168612**
大专及以上课本	43029	16488	35210	6116558	970684
中专、技校课本	5037	1612	6728	872683	131355
中学课本	4656	585	173995	13239343	1247127
小学课本	4045	521	104146	5275276	541682
业余教育课本	3782	2174	3217	449692	87483
扫盲课本	5	4	7	844	136
教学用书	7591	2555	12149	1083331	190145

5-13-26 各地区录像制品出版品种情况

单位：种

地区	录像制品合计	激光数码视盘(VCD)	高密度激光视盘(DVD-V)	录像带(VT)及其他	其中:新版录像制品	激光数码视盘(VCD)	高密度激光视盘(DVD-V)	录像带(VT)及其他
全　国	**10913**	**4034**	**6836**	**43**	**8136**	**2265**	**5830**	**41**
中　央	4560	1874	2682	4	2868	624	2240	4
地　方	6353	2160	4154	39	5268	1641	3590	37
北　京	167	14	153		167	14	153	
天　津	150	12	137	1	149	11	137	1
河　北	22	12	10		22	12	10	
山　西	108	8	100		90	2	88	
内蒙古	13		13		13		13	
辽　宁	639	137	500	2	638	137	499	2
吉　林	79	23	47	9	78	22	47	9
黑龙江	15		15		15		15	
上　海	502	132	368	2	321	21	300	
江　苏	304	134	170		227	81	146	
浙　江	243	70	173		161	28	133	
安　徽	162	41	112	9	160	41	110	9
福　建	413	36	377		103	29	74	
江　西	279	218	61		126	94	32	
山　东	210	40	170		210	40	170	
河　南	98	17	77	4	64	4	56	4
湖　北	403	327	76		379	303	76	
湖　南	308	119	189		207	57	150	
广　东	1247	358	889		1222	344	878	
广　西	84	32	50	2	65	15	48	2
海　南	11	5	6		11	5	6	
重　庆	79	35	44		42	7	35	
四　川	191	58	133		190	58	132	
贵　州	1		1		1		1	
云　南	252	99	153		245	94	151	
西　藏	3	2	1		3	2	1	
陕　西	143	68	66	9	133	58	66	9
甘　肃	33	16	16	1	33	16	16	1
青　海	5	4	1		5	4	1	
宁　夏	9		9		9		9	
新　疆	180	143	37		179	142	37	

5-13-27 各地区录像制品出版数量情况

单位：万盒、万张

地 区	录像制品	激光数码视盘(VCD)	高密度激光视盘(DVD-V)	录像带(VT)及其他	其中:新版录像制品	激光数码视盘(VCD)	高密度激光视盘(DVD-V)	录像带(VT)及其他	发行数量
全 国	**18528.93**	**6519.63**	**11753.78**	**255.52**	**14877.99**	**3760.05**	**10863.00**	**254.94**	**11861.44**
中 央	6860.37	4317.53	2531.34	11.50	3902.35	1882.12	2008.73	11.50	6540.83
地 方	11668.56	2202.10	9222.44	244.02	10975.64	1877.93	8854.27	243.44	5320.61
北 京	357.09	34.72	322.37		357.09	34.72	322.37		108.88
天 津	30.21	3.60	26.51	0.10	29.91	3.30	26.51	0.10	6.50
河 北	14.63	12.10	2.53		14.63	12.10	2.53		31.51
山 西	101.10	11.07	90.03		81.12	0.20	80.92		102.76
内蒙古	3.75		3.75		3.75		3.75		2.13
辽 宁	5767.20	109.29	5657.58	0.33	5767.01	109.30	5657.39	0.32	483.95
吉 林	100.92	5.71	73.71	21.50	100.32	5.21	73.61	21.50	63.81
黑龙江	2.14		2.14		2.14		2.14		1.29
上 海	444.99	68.25	376.17	0.57	346.67	8.56	338.11		316.69
江 苏	311.56	93.64	217.92		252.43	59.31	193.12		289.42
浙 江	108.93	39.92	69.01		79.05	23.83	55.22		306.95
安 徽	90.44	27.20	59.72	3.52	89.44	27.20	58.72	3.52	59.44
福 建	321.01	37.60	283.41		111.41	33.10	78.31		358.95
江 西	114.54	79.99	34.55		31.05	13.50	17.55		138.80
山 东	168.80	16.10	152.70		168.80	16.10	152.70		87.73
河 南	31.53	15.02	15.31	1.20	17.20	1.50	14.50	1.20	135.66
湖 北	432.12	379.86	52.26		420.97	368.71	52.26		351.09
湖 南	420.88	96.80	324.08		344.94	58.50	286.44		377.78
广 东	1847.60	727.77	1119.83		1826.12	708.55	1117.57		1172.96
广 西	52.73	27.45	23.68	1.60	46.28	21.75	22.93	1.60	61.04
海 南	2.61	1.96	0.65		2.61	1.96	0.65		5.55
重 庆	75.00	35.42	39.58		25.42	2.70	22.72		95.64
四 川	108.46	24.01	84.45		108.36	24.01	84.35		63.02
贵 州	0.40		0.40		0.40		0.40		0.40
云 南	146.14	67.05	79.09		143.34	64.85	78.49		127.87
西 藏	0.90	0.60	0.30		0.90	0.60	0.30		1.30
陕 西	369.97	119.15	59.62	191.20	361.98	111.16	59.62	191.20	369.23
甘 肃	76.82	15.30	37.52	24.00	76.82	15.30	37.52	24.00	42.06
青 海	1.80	1.50	0.30		1.80	1.50	0.30		6.90
宁 夏	1.90		1.90		1.90		1.90		2.00
新 疆	162.39	151.02	11.37		161.78	150.41	11.37		149.30

5-13-28 各地区录音制品出版品种情况

单位：种

地 区	录音制品合计	录音带(AT)	激光唱盘(CD)	高密度激光唱盘(DVD-A)及其他	其中:新版录音制品	录音带(AT)	激光唱盘(CD)	高密度激光唱盘(DVD-A)及其他
全 国	**10639**	**3336**	**5086**	**2217**	**6724**	**1365**	**4020**	**1339**
中 央	4659	1385	1845	1429	2407	265	1350	792
地 方	5979	1951	3241	788	4317	1100	2670	547
北 京	203	104	74	25	192	103	64	25
天 津	76	6	70		72	6	66	
河 北	93	92	1		92	91	1	
山 西	23	9	14		23	9	14	
内蒙古	33		31	2	32		30	2
辽 宁	387	55	127	205	327	49	127	151
吉 林	59	10	46	3	54	10	41	3
黑龙江	28	19	1	8	28	19	1	8
上 海	1887	616	1008	263	948	117	682	149
江 苏	295	107	172	16	150	46	89	15
浙 江	117	49	68		67	2	65	
安 徽	79	43	18	18	67	31	18	18
福 建	86	52	33	1	57	24	32	1
江 西	83	33	47	3	68	31	34	3
山 东	105	14	91		105	14	91	
河 南	48	37	10	1	48	37	10	1
湖 北	214	71	97	46	178	70	80	28
湖 南	309	98	167	44	183	37	120	26
广 东	1258	314	890	54	1158	268	849	41
广 西	106	89	17		88	71	17	
海 南	2		2		2		2	
重 庆	112	47	53	12	77	32	38	7
四 川	47	15	30	2	43	15	27	1
贵 州	8		8		8		8	
云 南	140	28	112		115	3	112	
西 藏	4		4		4		4	
陕 西	146	43	20	83	99	15	18	66
甘 肃	12		10	2	12		10	2
青 海								
宁 夏	7		7		7		7	
新 疆	13		13		13		13	

5-13-29 各地区录音制品出版数量情况

单位：万盒、万张

地　区	录音制品合计	录音带(AT)	激光唱盘(CD)	高密度激光唱盘(DVD-A)及其他	其中:新版录音制品	录音带(AT)	激光唱盘(CD)	高密度激光唱盘(DVD-A)及其他	发行数量
全　国	**23854.96**	**17403.52**	**3947.39**	**2504.05**	**5752.40**	**2077.78**	**2765.81**	**908.82**	**25680.61**
中　央	16806.47	13397.43	1859.74	1549.30	2087.99	518.75	1073.97	495.27	15233.60
地　方	7048.49	4006.09	2087.65	954.75	3664.41	1559.03	1691.84	413.54	10447.01
北　京	91.80	38.10	45.30	8.40	84.90	37.10	39.40	8.40	139.08
天　津	22.90	5.00	17.90		15.90	5.00	10.90		25.22
河　北	780.97	780.87	0.10		760.97	760.87	0.10		831.71
山　西	44.76	3.35	41.41		44.76	3.35	41.41		44.56
内蒙古	10.75		10.50	0.25	10.55		10.30	0.25	17.44
辽　宁	321.63	21.08	174.63	125.92	277.07	19.65	174.62	82.80	732.86
吉　林	24.02	2.80	17.62	3.60	20.52	2.80	14.12	3.60	82.77
黑龙江	17.10	13.60	0.40	3.10	17.10	13.60	0.40	3.10	12.10
上　海	2312.75	1325.43	540.32	447.00	740.55	198.24	354.76	187.55	2308.76
江　苏	915.18	756.09	147.34	11.75	79.60	4.80	63.45	11.35	917.49
浙　江	313.55	259.31	54.24		54.37	0.85	53.52		1178.98
安　徽	38.56	18.92	11.82	7.82	37.63	17.99	11.82	7.82	157.79
福　建	70.22	36.46	33.66	0.10	35.63	2.37	33.16	0.10	102.15
江　西	79.99	43.88	35.41	0.70	70.03	43.78	25.55	0.70	153.48
山　东	55.97	28.87	27.10		55.97	28.87	27.10		1356.07
河　南	9.57	5.73	3.34	0.50	9.57	5.73	3.34	0.50	36.33
湖　北	114.16	49.12	50.25	14.79	106.37	48.92	48.45	9.00	387.94
湖　南	580.25	194.99	154.29	230.97	169.71	60.30	88.54	20.87	845.08
广　东	750.19	247.81	453.24	49.14	638.09	172.43	430.02	35.64	599.84
广　西	42.58	11.46	27.10	4.02	39.83	8.71	27.10	4.02	40.59
海　南	0.15		0.15		0.15		0.15		4.75
重　庆	126.32	85.78	35.82	4.72	102.44	69.59	29.68	3.17	150.86
四　川	28.38	14.29	12.59	1.50	27.32	14.29	11.83	1.20	68.88
贵　州	123.20		123.20		123.20		123.20		3.41
云　南	38.25	0.73	37.52		37.81	0.29	37.52		38.02
西　藏	1.10		1.10		1.10		1.10		2.50
陕　西	120.39	62.42	18.10	39.87	89.47	39.50	17.10	32.87	125.81
甘　肃	2.00		1.40	0.60	2.00		1.40	0.60	2.00
青　海									
宁　夏	6.70		6.70		6.70		6.70		77.74
新　疆	5.10		5.10		5.10		5.10		2.80

5-13-30 各地区出版物发行机构数和网点数

地区	发行机构(处)								新华书店系统出版社自办发行从业人数(人)	
	合计	国有书店及国有发行点	供销社	出版社	网上书店	文化教育广电邮政系统	新华书店系统外批发网点	集体个体零售	全部职工	国有书店及国有发行点
全　国	**167882**	**9985**	**1520**	**462**	**174**	**39264**	**6483**	**109994**	**147624**	**137606**
中　央	142	3		139					3234	824
地　方	167740	9982	1520	323	174	39264	6483	109994	144390	136782
北　京	8429	188			131	2483	1194	4433	5439	3805
天　津	2689	104		24			154	2407	2132	1924
河　北	6025	250		7		1436	215	4117	3008	2883
山　西	2908	409	30			535	117	1817	6086	6053
内蒙古	2180	227		7			45	1901	2567	2510
辽　宁	5372	209	322	12		526	298	4005	6260	5978
吉　林	2569	119		17	17	231	237	1948	2547	2547
黑龙江	2817	240	73	5	1	10	146	2348	3959	3905
上　海	9327	145		45	15	2390	388	6344	3322	2836
江　苏	11909	905		11	1	1645	173	9174	6783	6658
浙　江	10971	387		14	1	2242	423	7979	5902	5792
安　徽	7723	579		11	1	3576	330	3226	5029	4878
福　建	3932	242		3	1	1316	165	2209	3942	3900
江　西	3030	209	28	6		21	171	2595	4095	3974
山　东	7598	813	188	6		916	125	5550	10041	9996
河　南	8500	1400		12		2413	239	4436	14023	13894
湖　北	5404	335		22		664	188	4167	7795	7355
湖　南	8086	390		10	4	5010	163	2509	7551	7342
广　东	14487	537	798	20		3293	343	9496	10410	10174
广　西	4604	255	81	25		1520	74	2649	4368	4088
海　南	594	38		4		367	18	167	946	922
重　庆	3787	267		4		620	215	2681	2439	271
四　川	9370	240		16	1	3270	186	5600	8068	7762
贵　州	2862	313		1		736	134	1678	1812	1807
云　南	11726	306		5		1736	93	9586	5757	5749
西　藏	230	53		1		8		168	388	383
陕　西	4194	236		25		1597	269	2067	3107	2816
甘　肃	2278	317		9	1	82	179	1690	2899	2865
青　海	661	62				185	21	393	653	653
宁　夏	1014	30		1		436	33	514	693	693
新　疆	2464	177					147	2140	2369	2369

5-13-31 各地区出版印刷生产情况

地　区	企业数 (个)	工业销售产值 (万元)	印刷产量		装订产量 (万令)	用纸量 (万令)	用纸量 (万吨)
			黑白 (万令)	彩色 (万对开色令)			
全　国	**8484**	**12921603.84**	**28272.32**	**141916.54**	**29007.26**	**37860.18**	**1107.94**
北　京	838	943182.50	2461.36	10810.02	2835.53	3613.54	73.24
天　津	127	141553.95	193.88	2851.16	182.49	303.15	10.03
河　北	631	800135.30	1213.82	2190.29	2352.52	2304.02	25.64
山　西	179	152450.38	309.04	1893.40	226.84	502.04	16.57
内蒙古	93	40386.89	79.49	258.78	75.04	66.85	3.99
辽　宁	204	211992.11	1689.38	2405.60	970.34	291.14	13.45
吉　林	277	172300.25	1073.23	2025.09	510.89	454.25	7.90
黑龙江	196	134419.99	897.23	2151.72	481.37	320.95	7.63
上　海	256	900062.39	1231.47	10157.86	742.77	406.86	28.31
江　苏	475	754608.69	1721.10	5611.92	1722.10	1665.62	59.65
浙　江	322	1313404.92	1657.41	11401.53	1666.46	2319.79	131.42
安　徽	258	302869.77	1094.23	2715.25	809.97	1040.70	30.04
福　建	289	332925.36	456.09	1729.73	307.92	484.64	13.03
江　西	142	157974.31	530.61	1170.99	604.59	414.65	15.50
山　东	547	808284.04	2201.35	19543.39	2383.71	2242.12	111.69
河　南	393	309682.00	1073.39	2544.51	971.59	1174.62	31.65
湖　北	351	446877.97	1161.07	8242.98	1316.92	665.25	78.63
湖　南	451	609441.83	1204.10	2866.80	1265.65	2394.65	81.30
广　东	857	3064706.80	3149.38	36166.98	5417.66	13192.79	106.81
广　西	205	205419.00	1749.00	3190.00	640.00	450.00	60.00
海　南	26	23284.30	49.86	428.47	44.43	58.85	2.04
重　庆	206	182122.55	227.06	521.26	269.61	151.51	9.13
四　川	265	192908.17	1189.49	5228.57	1879.33	2091.95	91.57
贵　州	195	63245.12	370.94	1575.67	140.28	255.05	12.85
云　南	146	177599.61	273.73	1787.82	252.07	198.14	56.23
西　藏	5	7738.00	19.73	37.53	14.08	8.69	0.43
陕　西	197	328513.01	559.36	1218.48	450.46	434.56	12.88
甘　肃	101	70581.01	240.29	435.50	232.17	155.31	6.57
青　海	49	21496.78	70.21	67.29	39.06	38.18	2.22
宁　夏	85	22849.50	54.95	114.79	58.05	52.92	0.76
新　疆	118	28587.34	70.05	573.18	143.36	107.41	6.79

5-13-32 全国图书、期刊、报纸进出口情况

指标	出口			进口		
	种数（种次）	数量（万册、份）	金额（万美元）	种数（种次）	数量（万册、份）	金额（万美元）
总计	**954954**	**945.64**	**3711.00**	**879714**	**2881.87**	**26008.58**
图书	913328	707.23	3232.11	806076	568.57	9402.01
哲学、社会科学	198094	105.32	826.18	177503	61.11	1606.47
文化、教育	170183	124.24	552.61	142811	126.28	1745.86
文学、艺术	206848	129.70	601.51	132207	90.23	1271.30
自然、科学技术	100387	59.86	345.93	219256	107.59	3478.77
少儿读物	70337	140.47	264.86	42123	39.47	375.30
综合性图书	167479	147.64	641.03	92176	143.88	924.31
期刊	41065	194.79	423.97	72056	420.66	13828.96
报纸	561	43.61	54.91	1582	1892.65	2777.61

5-13-33 全国音像、电子出版物进出口情况

指标	出口			进口		
	种数（种次）	数量（盒、张）	金额（万美元）	种数（种次）	数量（盒、张）	金额（万美元）
总计	**10352**	**1018687**	**47.16**	**25267**	**629542**	**11382.70**
录音合计	216	3645	4.26	17868	100639	111.55
录音带(AT)				2423	3338	1.00
激光唱片(CD)	188	3459	4.16	15445	97301	110.55
数码激光唱盘(CD)	28	186	0.10			
录像合计	9413	1014224	42.72	4200	355992	118.91
录像带(VT)						
高密度激光唱盘(DVD—V)	2566	998513	21.66	4200	355992	118.91
激光数码试盘(VCD)	6847	15711	21.06			
电子出版物	723	818	0.18	3199	172911	11152.24

5-13-34 各地区版权合同登记情况

单位：份

地 区	合计	图书	期刊	音像制品	电子出版物	软件	电影	电视节目	其他
合 计	**15160**	**13303**	**234**	**306**	**418**	**453**	**2**	**1**	**443**
北 京	8631	8074	228		37	292			
天 津	184	159			1	10			14
河 北	24	24							
山 西	37	37							
内蒙古									
辽 宁	519	501		7	4	4	2	1	
吉 林	654	654							
黑龙江	45	45							
上 海	1192	795		206	191				
江 苏	852	568			8	127			149
浙 江	684	154		81	167	2			280
安 徽	136	132				4			
福 建	47	27		10	10				
江 西	535	535							
山 东	175	175							
河 南	216	216							
湖 北	134	134							
湖 南	337	334	2	1					
广 东									
广 西	37	37							
海 南									
重 庆	243	231				12			
四 川	150	148				2			
贵 州	29	29							
云 南	16	15		1					
西 藏									
陕 西	221	221							
甘 肃	2	2							
青 海									
宁 夏	4		4						
新 疆	56	56							

5-13-35 全国引进和输出版权情况

单位：项

项目	合计	图书	录音制品	音像制品	电子出版物	软件	电影	电视节目	其他
本年引进版权总数	**16602**	**13724**	**439**	**356**	**49**	**304**	**284**	**1446**	
美国	5284	4549	22	284	9	40	95	285	
英国	2429	1770	26	35	3	10		585	
德国	739	726	2	1	2	8			
法国	737	595		13		4		125	
俄罗斯	58	57		1					
加拿大	111	104	7						
新加坡	335	319		1				15	
日本	1766	1620	53	4	3	23	1	62	
韩国	1027	916	2	1	20	23		65	
香港地区	877	424	127	4	1	156	142	23	
澳门地区	24							24	
台湾地区	1747	1460	172	1	7	4	1	102	
其他	1468	1184	28	11	4	36	45	160	
本年输出版权总数	**5691**	**3880**	**36**	**8**	**187**			**1561**	**19**
美国	1147	244		5	139			759	
英国	178	176						2	
德国	120	89	14						17
法国	121	120						1	
俄罗斯	11	11							
加拿大	86	31		1				54	
新加坡	375	260						115	
日本	214	207						6	1
韩国	360	343	14		3				
香港地区	534	341			35			158	
澳门地区	6	6							
台湾地区	1395	1236			10			148	1
其他	1144	816	8	2				318	

5-13-36 国家综合档案馆基本情况

年 份	馆藏档案(万卷、万件)	照片档案(万张)	开放档案(万卷、万件)	利用档案(万卷、万件次)	档案馆建筑面积(万平方米)
1991	9637.4	371.0	2094.3	937.0	348.1
1992	10003.5	402.4	2018.7	773.8	255.7
1993	10726.8	435.5	2140.7	891.9	275.9
1994	10782.9	449.6	2454.6	674.4	268.3
1995	11318.3	485.5	2790.3	529.3	282.5
1996	11341.4	494.6	2939.2	485.4	297.5
1997	12222.9	553.0	3304.6	501.0	347.6
1998	12276.5	579.7	3556.5	446.5	310.7
1999	12866.8	584.5	3808.2	508.5	328.4
2000	13314.0	631.7	4072.0	494.4	336.2
2001	13756.6	642.8	4129.7	575.4	342.0
2002	14790.7	720.5	4301.1	548.8	351.0
2003	15945.9	797.4	4618.4	602.6	361.4
2004	17601.5	827.9	4868.3	813.9	376.8
2005	18688.7	908.8	5132.3	868.0	393.1
2006	21656.5	1277.2	5746.3	1166.4	406.1
2007	23675.3	1393.3	5875.5	1244.9	421.9
2008	25051.0	1505.3	6072.2	1257.4	465.4
2009	28089.2	1646.3	6687.4	1308.0	473.3
2010	32198.6	1809.2	7428.6	1417.3	504.4

5-13-37 体育系统机构数、从业人员数

单位：个、人

指 标	合 计		国家级		省级		地级		县级	
	机构数	人数	机构数	人数	机构数	人数	机构数	人数	机构数	人数
总 计	**7159**	**155527**	**44**	**5970**	**671**	**55852**	**2082**	**52607**	**4362**	**41098**
体育行政机关	3138	34741	1	225	31	1533	437	9004	2669	23979
运动项目管理部门	319	36157	23	1724	206	30751	81	3531	9	151
本科院校	7	4562	1	1025	6	3537				
职业、运动技术学院	14	3480			11	3354	3	126		
体育运动学校	230	15971			40	3015	175	12702	15	254
竞技体校	10	486			3	296	6	183	1	7
少儿体育运动学校(业余体校)	1683	24392			23	497	415	11379	1245	12516
单项运动学校	20	330			3	108	16	218	1	4
训练基地	56	3927	5	1677	22	1490	20	582	9	178
体育场馆	741	15776	1		54	3363	460	10089	226	2324
科研所	58	1285	2	219	27	828	29	238		
其他事业单位	715	12053	10	601	223	6440	345	3972	137	1040
其他	168	2367	1	499	22	640	95	583	50	645

5-13-38 运动员获世界冠军情况

单位：个

年　份	合计	奥运项目	非奥运项目	年　份	合计	奥运项目	非奥运项目
1959	1		1	1991	93	43	50
1961	3		3	1992	89	45	44
1963	4	1	3	1993	103	22	81
1965	5		5	1994	79	22	57
1971	4		4	1995	102	24	78
1973	3		3	1996	75	22	53
1975	2		2	1997	92	20	72
1977	4		4	1998	83	28	55
1978	4		4	1999	92	28	64
1979	12	1	11	2000	110	54	56
1980	3	2	1	2001	90	42	48
1981	25	6	19	2002	110	41	69
1982	13	8	5	2003	84	37	47
1983	39	6	33	2004	101	52	49
1984	37	24	13	2005	106	43	63
1985	46	8	38	2006	141	57	84
1986	26	8	18	2007	123	54	69
1987	69	30	39	2008	120	74	46
1988	54	22	32	2009	142	51	91
1989	82	32	50	2010	108	43	65
1990	54	18	36	**总计**	**2533**	**968**	**1565**

5-13-39 运动员创超世界纪录情况

单位：次

年　份	合计	奥运项目	非奥运项目	年　份	合计	奥运项目	非奥运项目
50年代	31	6	25	1994	72	7	65
60年代	114	2	112	1995	24	2	22
1970-1977	29		29	1996	30	8	22
1978	3		3	1997	43	3	40
1979	26		26	1998	68	4	64
1980	15		15	1999	50	1	49
1981	18		18	2000	30	7	23
1982	15		15	2001	12	5	7
1983	18	3	15	2002	33	7	26
1984	17	2	15	2003	16	5	11
1985	9	3	6	2004	16	3	13
1986	12	5	7	2005	21	8	13
1987	41	3	38	2006	25	8	17
1988	34	4	30	2007	10	3	7
1989	47		47	2008	16	7	9
1990	16	1	15	2009	22	7	15
1991	50	1	49	2010	15	5	10
1992	106	6	100	**总计**	**1228**	**136**	**1092**
1993	124	10	114				

5-13-40 各地区分技术等级运动员发展人数

单位：人

地区	合计	男	女	国际级	男	女	国家级	男	女	一级	男	女	二级	男	女
总计	**45659**	**28280**	**17379**	**298**	**146**	**152**	**1709**	**992**	**717**	**8944**	**4967**	**3977**	**34708**	**22175**	**12533**
国家直属	1602	908	694	224	108	116	1073	583	490	18	12	6	287	205	82
地方合计	44057	27372	16685	74	38	36	636	409	227	8926	4955	3971	34421	21970	12451
北京	1598	935	663							450	257	193	1148	678	470
天津	1060	564	496	7	2	5	70	36	34	146	71	75	837	455	382
河北	2875	1770	1105				22	19	3	528	269	259	2325	1482	843
山西	1050	644	406	2	2		42	24	18	150	72	78	856	546	310
内蒙古	1037	602	435							35	17	18	1002	585	417
辽宁	2192	1176	1016							444	222	222	1748	954	794
吉林	901	630	271				4	2	2	201	132	69	696	496	200
黑龙江	1548	892	656				21	9	12	445	251	194	1082	632	450
上海	2265	1260	1005	19	14	5	69	34	35	679	352	327	1498	860	638
江苏	2205	1325	880							632	285	347	1573	1040	533
浙江	1942	1107	835							472	247	225	1470	860	610
安徽	1014	568	446				1		1	2	1	1	1011	567	444
福建	1439	942	497				1	1		278	154	124	1160	787	373
江西	815	537	278				21	13	8	210	120	90	584	404	180
山东	4847	3160	1687	3		3	4	4		1215	740	475	3625	2416	1209
河南	2640	1828	812							626	361	265	2014	1467	547
湖北	1629	1302	327	2	1	1	21	11	10	187	121	66	1419	1169	250
湖南	1269	794	475	3	3		17	12	5	277	161	116	972	618	354
广东	2990	1765	1225	19	6	13	180	144	36	625	332	293	2166	1283	883
广西	1711	1114	597	7	2	5	45	27	18	184	100	84	1475	985	490
海南	177	113	64				6	5	1	10	10		161	98	63
重庆	2363	1461	902	2	2		49	23	26	371	192	179	1941	1244	697
四川	437	255	182							47	28	19	390	227	163
贵州	932	673	259	7	6	1	24	19	5	83	83		818	565	253
云南	1		1							1		1			
西藏	1030	616	414							145	84	61	885	532	353
陕西	739	457	282	3		3	14	9	5	184	106	78	538	342	196
甘肃	612	421	191							97	71	26	515	350	165
青海	42	19	23				7	4	3	26	11	15	9	4	5
宁夏	75	51	24							9	8	1	66	43	23
新疆	622	391	231				18	13	5	167	97	70	437	281	156

5-13-41 分项目和技术等级运动员发展人数

单位：人

项 目	合计	男	女	国际级	男	女	国家级	男	女	一级	男	女	二级	男	女
总计	**45659**	**28280**	**17379**	**298**	**146**	**152**	**1709**	**992**	**717**	**8944**	**4967**	**3977**	**34708**	**22175**	**12533**
田径	8669	5896	2773	12	9	3	87	59	28	995	596	399	7575	5232	2343
游泳	3085	1650	1435	80	38	42	145	77	68	756	408	348	2104	1127	977
跳水	321	167	154	2	2		24	8	16	172	93	79	123	64	59
水球	101	66	35	4		4	32	13	19	56	44	12	9	9	
花样游泳	69	5	64				26		26	11	5	6	32		32
体操	379	219	160	13	6	7	18	9	9	140	80	60	208	124	84
艺术体操	229	10	219				73	10	63	54		54	102		102
蹦床	123	61	62	4	3	1	29	19	10	20	9	11	70	30	40
举重	569	333	236	4	2	2	55	31	24	173	89	84	337	211	126
拳击	670	595	75	1	1		73	68	5	172	143	29	424	383	41
国际式摔跤	965	681	284	13	1	12	88	64	24	92	60	32	772	556	216
中国式摔跤	504	348	156				91	64	27	94	58	36	319	226	93
柔道	1106	590	516				37	18	19	235	120	115	834	452	382
跆拳道	1874	1138	736	1		1	15	10	5	376	206	170	1482	922	560
自行车	237	140	97	23	21	2	36	17	19	97	54	43	81	48	33
击剑	664	359	305	14	7	7	33	13	20	79	41	38	538	298	240
马术	1	1								1	1				
现代五项	20	11	9							15	10	5	5	1	4
射击	1018	518	500	4	3	1	19	9	10	485	264	221	510	242	268
射箭	283	171	112	3		3	12	8	4	110	63	47	158	100	58
赛艇	689	388	301	2	1	1	6	3	3	393	207	186	288	177	111
皮划艇	554	375	179	7	6	1	14	10	4	252	181	71	281	178	103
帆船	273	173	100	1		1	40	30	10	116	73	43	116	70	46
足球	4349	3151	1198				160	108	52	731	440	291	3458	2603	855
篮球	4746	3151	1595	71	33	38	6	2	4	700	403	297	3969	2713	1256
排球	2525	1332	1193	2		2	10	6	4	590	297	293	1923	1029	894
沙滩排球	103	52	51							17	9	8	86	43	43
乒乓球	2191	1261	930	1	1		23	14	9	160	78	82	2007	1168	839
羽毛球	897	520	377	1	1		14	11	3	215	118	97	667	390	277
网球	846	466	380				24	12	12	49	28	21	773	426	347
手球	681	352	329				94	40	54	76	26	50	511	286	225
曲棍球	377	119	258				48	21	27	103	38	65	226	60	166
棒球	300	283	17	2	1	1	54	54		64	48	16	180	180	
垒球	315		315	8		8	21		21	123		123	163		163
速度滑冰	171	99	72				4	2	2	77	44	33	90	53	37
短道速滑	70	45	25							40	25	15	30	20	10
花样滑冰	9	4	5							3	1	2	6	3	3
冰球	56	27	29				14	7	7	30	13	17	12	7	5
冰壶	16	13	3							3	3		13	10	3
高山滑雪	23	16	7				4	2	2	11	7	4	8	7	1
越野滑雪	22	12	10							12	4	8	10	8	2
跳台滑雪	7	3	4							5	1	4	2	2	
自由式滑雪	6	3	3							6	3	3			
单板滑雪															
冬季两项	2	2											2	2	
技巧	71	23	48	2	1	1	20	2	18	26	6	20	23	14	9

5-13-41 续表

单位：人

项目	合计	男	女	国际级	男	女	国家级	男	女	一级	男	女	二级	男	女
健美操	943	377	566				29	21	8	390	156	234	524	200	324
街舞															
软式网球	50	35	15							29	18	11	21	17	4
武术	2518	1696	822	5	4	1	120	77	43	311	201	110	2082	1414	668
滑水	19	6	13	1		1	3	1	2	6	1	5	9	4	5
潜水															
蹼泳	13	8	5							5	2	3	8	6	2
摩托艇	6	4	2	1	1		3	2	1	2	1	1			
围棋	531	434	97				1	1		40	37	3	490	396	94
国际象棋	355	226	129	2	2		9	3	6	88	61	27	256	160	96
中国象棋	341	210	131	1	1		2	1	1	53	36	17	285	172	113
桥牌															
登山	19	15	4				5	4	1	4	3	1	10	8	2
摩托车	1	1											1	1	
汽车															
铁人三项	19	12	7				7	4	3	4	3	1	8	5	3
高尔夫球															
保龄球															
掷球															
台球															
藤球															
壁球															
橄榄球															
车辆模型	20	16	4							4	1	3	16	15	1
航海模型	145	87	58				1	1		11	8	3	133	78	55
定向															
航空模型	66	55	11				1	1		18	15	3	47	39	8
跳伞	7	1	6							7	1	6			
滑翔															
运动飞机															
热气球															
轮滑	120	79	41	13	1	12	71	50	21	8	6	2	28	22	6
业余无线电	243	148	95							18	12	6	225	136	89
毽球															
门球															
舞龙舞狮															
龙舟															
钓鱼															
风筝															
信鸽															
体育舞蹈															
健美	57	41	16				8	5	3	11	8	3	38	28	10
拔河															
飞镖															
救生															
健身气功															
电子竞技															

5-13-42 各地区分等级教练员发展人数

单位：人

地区	合计	#女	国家级	#女	高级	#女	中级	#女	初级	#女
总　计	**1451**	**388**	**74**	**24**	**292**	**72**	**483**	**122**	**602**	**170**
国家直属	4		2						2	
地方合计	1447	388	72	24	292	72	483	122	600	170
北　京	99	31	1		17	1	33	8	48	22
天　津	6		4						2	
河　北	8	2	5	1			1		2	1
山　西										
内蒙古	1		1							
辽　宁	220	56	12	5	68	19	61	10	79	22
吉　林	11	3	1	1	3	1	3		4	1
黑龙江	215	57	9	4	57	16	97	23	52	14
上　海	76	25	1		1		16	1	58	24
江　苏	178	57	5		57	15	77	31	39	11
浙　江	28	12	7	3	3	1	12	6	6	2
安　徽	29	6	1	1	4		10	3	14	2
福　建	23	8	3	1	2	1	3	1	15	5
江　西	3		1				1		1	
山　东	22	6	5	2	2	1	4	1	11	2
河　南	74	19	1		14	5	33	9	26	5
湖　北	3	1			1		1	1	1	
湖　南	65	17	1	1	8	1	20	5	36	10
广　东	46	15	10	3	6	4	9	1	21	7
广　西	46	15	3	1	3	1	16	6	24	7
海　南	1	1	1	1						
重　庆	15	3			1		6		8	3
四　川	120	32			20	5	35	11	65	16
贵　州	30	7			9		6	1	15	6
云　南	9	4			1		3	1	5	3
西　藏										
陕　西	6				1		2		3	
甘　肃	64	5			9		21	2	34	3
青　海	13	1			2		3		8	1
宁　夏	1								1	
新　疆	35	5			3	1	10	1	22	3

【主要统计指标解释】

文化事业机构 指从事专业文化工作和为专业文化工作服务的独立建制的单位。不包括这些单位另外举办独立核算的其他机构和各部门的业余文化组织。

艺术表演观众人数(人次) 指售票、包场演出或民族地区免费演出的艺术表演观众人次数，不包括彩排审查和内部观摩演出的观看人次数。

艺术表演团体 指由文化部门主办或实行行业管理（经文化市场行政部门审批或已申报登记并领取相关许可证），专门从事表演艺术等活动的各类专业艺术表演团体，含民间职业剧团。如话剧团、方言话剧团、滑稽剧团、儿童剧团、歌剧团、舞剧团、歌舞剧团、歌舞团、曲艺团、杂技团、马戏团、木偶团、皮影团等以及由若干剧种组成的综合性专业艺术表演团体。不包括半工半艺、半农半艺的剧团。各类专业艺术表演团体，除部队系统外，均应统计。

文化馆（含综合性文化中心、群众艺术馆）、文化站 指专门从事群众文化活动的群众文化场馆。

文物及文化保护 指对具有历史、文化、艺术、科学价值，并经有关部门鉴定，列入文物保护范围的不可移动文物的保护和管理活动；对我国语言、文字、民间文化艺术、民俗等非物质遗产的文化保护和管理活动包括近现代重要史迹及具有代表性、纪念性的建筑物的保护（含革命遗址、纪念碑、名人故居）；寺庙、清真寺、教学及各种祠、堂、碑遗址的保护；古文化遗址、古墓地、古建筑、石窟寺、石记得等的保护；民族语言、文字遗产保护；民间艺术（民间传说、神话、歌谣、故事、音乐、舞蹈、戏曲、曲艺皮影、绘画、剪纸等）遗产保护；民间、民俗传统活动（传统节日、庆典、民族艺术活动、民族体育活动等）遗产保护；民族制作（建筑风格、服饰、家具、木器、陶器、铜器等）遗产保护；其他未列明的文物与文化保护。

博物馆 指为了研究、教育、欣赏的目的，收藏、保护、展示人类活动和自然环境的见证物，向公众开放，非营利性、永久性社会服务机构，包括以博物馆（院）、纪念馆（舍）、美术（艺术）馆、科技馆、陈列馆等专有名称开展活动的单位。

总藏量 指图书馆已编目的古籍、图书、期刊和报纸的合订本、小册子、手稿，以及缩微制品、录像带、录音带、光盘等视听文献资料数量之和。

藏品 藏品是文博机构根据收藏品的文化属性、自然属性等情况，所划分的文物藏品、标本藏品、模型藏品（含具有收藏、展示价值的雕塑、绘画等艺术作品）和复制品藏品的总和。本指标所统计的藏品是指报告期末，该机构已经整理并登记入账的藏品数。

公共广播节目套数 指经国家广电总局批准的、广播电视播出机构开办的不向听众收取收听费用，以为大众提供公共广播服务为主要目的，用固定频率播出，并编有整套自办节目时间表的广播节目套数。

全年公共广播节目播出时间 指广播电视播出机构自办节目频率内公共节目全年播出的时间，含节目重复播出时间。

全年广播剧播出数 指广播电视播出机构全年播出的广播剧的部数和集数，包括重复播出。

公共电视节目套数 指电视播出机构开办朱向观众收取收看费用，以为大众提供公共电视服务为主要目的，用固定频率播出的自办电视节目套数。

全年公共电视节目播出时间 指广播电视播出机构自办节目频率内全年播出公共电视节目的时间。含重复播出时间。

全年制作广播剧数量 指广播电视制作机构全年制作的广播剧的部数和集数。

全年制作电视剧数量 指广播电视制作机构本年制作完成的电视剧的部数和集数。

中、短波转播发射台 经省以上广电行政部门批准的有固定人员编制，固定频率和播出时间的中、短波发射台和转播台。

调频转播发射台 经省以上广电部门批准的有固定人员编制，固定频率和播出时间的调频发射台和转播台。

电视转播发射台 经省以上广电部门批准的有固定人员编制，固定频率和播出时间的电视发射台和转播台。

有线广播电视用户数 指通过广播电视有线传输网收看电视节目的家庭用户数，包括接收模拟信号和接收数字信号的有线电视用户数。不包括宾馆、单位、写字楼等集体用户。

数字电视用户数 指通过广播电视有线传输网收看数字信号电视节目的家庭用户数。

广播综合人口覆盖率 根据国家广电总局制定的《广播电视人口覆盖率统计技术标准和方法》进行统计调查的，在对象区内能接收到广播节目的人口数占全部总人口的比重，包括中央、省、地市、县广播节目综合覆盖人口。

电视发射转播台 经省以上广电部门批准的有固定人员编制，固定频率和播出时间的电视发射台和转播台。

电视节目综合人口覆盖率 根据国家广电总局制定的《广播电视人口覆盖率统计技术标准和方法》进行统计调查的，在对象区内采用无线、有线、卫星等技术手段能够收听看到，包括中央、省、地市、县电视节目，其中任意一套的人口数占全国总人口数的百分比。

有线电视入户率 计算公式为:（有线广播电视用户数/全国总户数）×100%

图书出版种数 图书的“种数”原则上以一个书名和一个定价单独发行的作为一种。内容完全相同的图书在一年内先后以几种不同版本、不同装帧形式（精、平装）、不同开张、不同定价或不同颜色（单色或彩色）出版均只计算最先出版的种数。

图书出版印数 指实际印装成书的数量。

使用“中国标准书号”合计 使用统一书号的主要有两类：1.各级技术标准文献；2.年画、年历画、台历、无书名页的单张美术印刷品或折页美术印刷品，不另加封面的出版物（如活页文选、活页歌篇、小件印品）等。

不使用“中国标准书号”部分合计 指图片、图标（GB）、部标（BB）等标准类文件印品、活页文选、活页歌篇、小件印品等。

少年儿童读物类图书和课本出版种数 少年儿童读物是指供初中及初中以下少年儿童阅读的书籍，课本是指供大、中、小学生及业余教育使用的书籍。

国家综合档案馆 指归口中央或地方各级档案行政管理部门直接管理的，按行政区划或历史时期设置的，收集和管理所辖范围内多种门类档案的档案馆。

5 第三产业部分行业主要业务指标

5-14 公共管理和社会组织

简要说明

本篇主要包括社会活动参与、公检法司、妇女干部情况等内容。

一、社会活动参与的内容主要包括历届全国人大代表情况、历届全国政协委员情况、全国工会组织情况。全国人大代表数由全国人大办公厅联络局提供，依全国人大换届情况每五年更新一次；全国政协委员数由全国政协办公厅人事局提供，依全国政协换届情况每五年更新一次；全国工会组织情况由全国总工会依据统计报表制度整理提供。

二、公检法司的资料主要包括公安机关的刑事案件立案情况和治安案件查处情况，交通、火灾事故情况，检察机关的办案情况，人民法院审理案件和收结案情况，以及律师、公证、调解工作等情况。资料分别由公安部、最高人民检察院、最高人民法院和司法部依据统计报表制度整理提供。

三、妇联干部情况主要包括分年龄、学历、政治面貌妇联系统专职干部情况和妇联干部的流动等情况。资料由全国妇联提供。

5-14-1 历届全国人民代表大会代表人数

届别	年份	代表总数(人)	#女代表	#少数民族代表	占代表总数比重(%) 女代表	少数民族代表
一届	1954	1226	147	177	12.0	14.4
二届	1959	1226	150	180	12.2	14.7
三届	1964	3040	542	373	17.8	12.3
四届	1975	2885	653	270	22.6	9.4
五届	1978	3497	740	381	21.2	10.9
六届	1983	2978	632	404	21.2	13.6
七届	1988	2970	634	445	21.3	15.0
八届	1993	2978	626	439	21.0	14.7
九届	1998	2979	650	428	21.8	14.4
十届	2003	2984	604	415	20.2	13.9
十一届	2008	2987	637	411	21.3	13.8

5-14-2 历届全国政治协商会议委员人数

届别	年份	委员总数(人)	#中国共产党委员	#少数民族委员	占委员总数比重(%) 中国共产党委员	少数民族委员
六届	1983	2042	811	179	39.7	8.8
七届	1988	2038	832	221	40.8	10.8
八届	1993	2093	831	241	39.7	11.5
九届	1998	2195	875	258	39.9	11.8
十届	2003	2238	895	262	40.0	11.7
十一届	2008	2237	892	250	39.9	11.2

5-14-3 妇联干部情况

单位：人

项　目	1990	1995	2005	2006	2007	2008	2009	2010
干部总数	**97566**	**82834**	**61565**	**75236**	**76144**	**77567**	**73059**	**78122**
按行政级别分								
司局级	132	321	255	314	304	344	658	355
县处级	1013	2739	3201	3300	3501	3391	3496	4013
科以下	96421	79774	58109	71622	72339	73832	68905	73754
按年龄分								
35岁以下	56761	24570	28355	32444	31309	32738	30020	31617
36-45岁	30332	47197	24897	31485	30758	31687	30702	33682
46-55岁	9512	10349	7976	10584	11836	12521	11101	11871
56岁以上	961	718	337	723	2241	621	1236	952
按政治面貌分								
共产党员	59097	54038	49516	60408	60259	61396	60248	63322
共青团员	21549	13271	4556	4010	3768	3954	3785	3624
民主党派	1136	1281	599	567	452	474	474	385
群众	15784	14244	6894	10251	11665	11743	8552	10791
按文化程度分								
博士研究生			13	10	65	65	29	23
硕士研究生		698	1127	1531	1973	2041	2261	2937
大学本科、大专学历	17615	30146	50380	60277	61972	68536	62211	67057
高中、中专及以下	79951	51990	10045	13418	12134	6925	8558	8105
按行政编制分								
行政编制	69158	65336	48994	54538	51482	49613	52036	54088
事业编制	7217	4944	10912	16733	20993	21481	17161	18132
招聘干部	21191	12554	1659	3965	3669	6473	3862	5902
#少数民族干部	14638	10834	9156	11500	10229	10304	10294	12118
干部参加学历教育情况								
博士研究生			43	10	8	9	18	8
硕士研究生		149	820	913	160	966	1000	841
大学、大专学历	6676	4025	6447	10839	10519	6319	7239	7064
干部参加非学历教育情况								
党校培训			18625	21654	24358	25094	26689	24022
参照公务员管理培训			23088	22883	21541	20443	19855	17056
岗位培训	37542	9391	22637	18503	19814	19607	18812	16041
干部流动情况								
调入	1273	2010	3385	5580	4674	4970	4610	6151
调出	8262	1629	2918	5120	4291	3547	3961	5644
省(区、市)妇联领导进同级								
党委	22	13	18	23	23	25	16	14
人大	24	88	33	14	28	30	27	25
政协	24	33	30	19	30	32	30	25

注：妇联干部指在妇联系统工作的专职干部。

5-14-4 工会组织情况

单位：万人

年 份	工会基层组织数(万个)	全国已建工会组织的基层单位的职工与会员人数				工会专职工作人员人数
		职工人数	#女职工	会员人数	#女会员	
1952	20.7	1393.2		1002.3		5.3
1957	16.5	2158.3		1746.7		
1962	16.5	2667.1		1922.0		8.6
1979	32.9	6897.2	2171.7	5147.3		17.9
1980	37.6	7448.2	2518.6	6116.5		24.3
1981	41.1	8183.0	2902.0	6843.9	2412.8	29.1
1982	43.3	8586.6	3065.9	7331.6	2629.3	32.2
1983	44.7	8845.7	3191.8	7693.4	2771.4	33.7
1984	46.6	9243.9	3370.3	8029.1	2950.3	41.9
1985	46.5	9643.0	3596.7	8525.8	3149.2	38.1
1986	50.2	9949.6	3664.3	8908.5	3309.2	45.9
1987	53.6	10411.8	3900.4	9336.5	3486.9	47.0
1988	56.4	10747.4	4434.9	9628.9	3647.0	47.4
1989	58.9	10998.6	4178.7	9909.2	3777.7	48.8
1990	60.6	11156.9	4291.0	10135.6	3897.7	55.6
1991	61.4	11351.4	4394.8	10389.1	3991.6	58.0
1992	61.7	11223.9	4377.1	10322.5	3974.0	58.0
1993	62.7	11103.8	4359.9	10176.1	3949.6	55.4
1994	58.3	11269.6	4483.2	10202.5	4018.1	56.0
1995	59.3	11321.4	4515.3	10399.6	4116.5	46.8
1996	58.6	11181.4	4500.0	10211.9	4093.1	60.5
1997	51.0	10111.5	4004.8	9131.0	3579.4	57.7
1998	50.4	9716.5	3882.0	8913.4	3546.7	48.4
1999	50.9	9683.0	3797.9	8689.9	3406.2	49.7
2000	85.9	11472.1	4534.5	10361.5	3917.3	48.2
2001	153.8	12997.0	5087.9	12152.3	4696.6	
2002	171.3	14461.5	5157.6	13397.8	4665.2	47.2
2003	90.6	13301.6	5079.3	12340.5	4601.2	46.5
2004	102.0	14436.7	5502.6	13694.9	5135.3	45.6
2005	117.4	15985.3	6016.3	15029.4	5574.8	47.7
2006	132.4	18143.6	6719.3	16994.2	6177.8	54.3
2007	150.8	20452.4	7494.5	19329.0	7042.2	60.2
2008	172.5	22487.5	8168.8	21217.1	7773.8	70.5
2009	184.5	24535.3	8652.6	22634.4	8248.4	74.6
2010	197.6	25345.4	9288.1	23996.5	8871.5	86.4

注：2003年起工会基层组织数统计口径有所调整。

5-14-5 律师、公证和调解工作基本情况

项　　目	2002	2003	2004	2005	2006	2007	2008	2009	2010
律师工作									
律师事务所　（个）	10873	11593	11823	12988	13096	13593	14467	15888	17230
律师工作人员　（人）	136684	142534	145196	153846	164516	143967	156710	173327	195170
#专职律师	90012	99793	100875	114471	122242	128172	140135	155457	176219
兼职律师	12186	6850	6966	7418	8068	7842	8116	8764	9294
聘请担任常年									
法律顾问的单位　（处）	265362	271669	282361	276097	279573	295990	314876	338179	369129
民事诉讼代理　（件）	767628	781452	853897	965956	1027117	1247877	1401147	1499105	1569043
经济诉讼代理　（件）	381146	405133	357326	376793	377999				
刑事诉讼辩护及代理　（件）	335267	324454	332688	354229	341619	495824	511971	564204	530800
行政诉讼代理　（件）	43703	48115	50778	50389	56657	56342	54666	57286	51011
非诉讼法律事务　（件）	827057	876696	904516	933346	915482	607049	729218	569304	549453
涉外及涉港澳台									
法律事务　（件）	26788	20622	37728	36361	10700				
法律咨询　（万人次）	487.41	430.25	471.05	441.48	520.13	381.83	350.86	383.08	474.51
代写法律事务文书　（万件）	119.70	120.27	123.16	120.07	145.32	715.37	720.99	684.22	723.72
公证工作									
公证处　（个）	3157	3175	3164	3160	3082	3031	3035	3023	3026
公证人员　（人）	19460	20015	19913	20789	31123	21060	33462	23077	24185
#公证员	12245	12093	11714	11738	21362	11616	22284	11282	11457
公证员助理	2556	3018	3644	4138	4709	4966	5469	5895	6678
办理公证文书　（万件）	1004.5	1010.4	1021.9	945.2	980.7	971.4	949.0	1075.1	1104.8
人民调解工作									
专职司法助理员　（人）	47173	46088	63438	61666	62573	60824	74147	72704	72698
人民调解委员会　（万个）	89.1	87.8	85.3	84.7	84.3	83.7	82.7	82.4	81.8
调解人员　（万人）	716.2	669.2	514.4	509.7	498.2	486.9	479.3	493.9	466.9
调解民间纠纷　（万件）	314.1	449.2	441.4	448.7	462.8	480.0	498.1	579.7	841.8

5-14-6 国内公证文书分类

分类	2009		2010	
	办证件数（件）	比重（%）	办证件数（件）	比重（%）
经济公证	**3055445**	**100.00**	**3137515**	**100.00**
购销	35534	1.16	55820	1.78
联营	13558	0.44	8903	0.28
拍卖	40545	1.33	27104	0.86
贷款	1389379	45.47	1532057	48.83
担保	84128	2.75	83410	2.66
招标、投标	96451	3.16	99307	3.17
技术合作	712	0.02	1123	0.04
供用电	8568	0.28	4591	0.15
劳务合同	46984	1.54	36143	1.15
建筑工程承包	16292	0.53	13514	0.43
工商服务业承包	4832	0.16	3084	0.10
农林牧副渔业承包	45069	1.48	72342	2.31
乡镇企业承包	2116	0.07	1244	0.04
财产租赁	8201	0.27	11502	0.37
企业租赁	5534	0.18	2116	0.07
资产经营协议	7702	0.25	9033	0.29
还款协议	104794	3.43	102966	3.28
土地使用权出让、转让	39761	1.30	25418	0.81
其他经济合同	182793	5.98	214996	6.85
法人(代表人)资格	30639	1.00	17397	0.55
法人委托书	122821	4.02	146072	4.66
公司章程	8434	0.28	3841	0.12
执行许可证明	12732	0.42	8691	0.28
提存	7808	0.26	5108	0.16
抵押登记	73635	2.41	88724	2.83
公司会议记录	11060	0.36	3936	0.13
其他	655363	21.45	559073	17.82
民事法律关系公证	**4386266**	**100.00**	**4550897**	**100.00**
收养	4371	0.10	4450	0.10
解除收养	5909	0.13	3227	0.07
继承权	518995	11.83	559626	12.30
遗嘱	94813	2.16	90917	2.00
产权	24788	0.57	17898	0.39
亲属关系	50971	1.16	65035	1.43
死亡	10197	0.23	10860	0.24
房屋买卖	358674	8.18	318810	7.01
房屋租赁	14722	0.34	11948	0.26
留学协议	12469	0.28	10017	0.22
遗赠扶养协议	13228	0.30	16083	0.35
委托书	1272431	29.01	1426942	31.36
赠与书	156738	3.57	165773	3.64
声明书	408656	9.32	425099	9.34
现场监督	75751	1.73	100459	2.21
签名印鉴属实	72805	1.66	74381	1.63
副本等与原本相符	99444	2.27	115865	2.55
宅基地使用权	10963	0.25	8546	0.19
证据保全	148985	3.40	162472	3.57
拆迁协议	63383	1.45	64188	1.41
计划生育	18831	0.43	9662	0.21
赡养协议	16143	0.37	11928	0.26
合伙协议	9676	0.22	10497	0.23
夫妻财产协议	47266	1.08	52521	1.15
其他民事协议	237535	5.42	223035	4.90
其他	638522	14.56	590658	12.98

5-14-7　涉外公证文书分类

分　类	2009		2010	
	办证件数 (件)	比　重 (%)	办证件数 (件)	比　重 (%)
合　计	**3082560**	**100.00**	**3099102**	**100.00**
收　养	12138	0.39	10195	0.33
遗　嘱	611	0.02	1793	0.06
出　生	444828	14.43	436985	14.10
死　亡	10221	0.33	11377	0.37
生存、居住	19237	0.62	17444	0.56
学　历	264292	8.57	256296	8.27
经　历	25555	0.83	27138	0.88
国　籍	41935	1.36	32072	1.03
婚姻状况	175394	5.69	172279	5.56
亲属关系	311480	10.10	336600	10.86
继 承 权	9757	0.32	5166	0.17
受、未受刑事处分	345678	11.21	345164	11.14
声 明 书	59395	1.93	69336	2.24
委 托 书	28527	0.93	35304	1.14
营业证书	16092	0.52	19471	0.63
公司章程	3367	0.11	3198	0.10
其他法律文书	33908	1.10	43187	1.39
职　称	10379	0.34	8662	0.28
法人资格	3313	0.11	3657	0.12
商标注册	148		472	0.02
贷　款	1030	0.03	826	0.03
担　保	1058	0.03	803	0.03
其他经济合同	4909	0.16	4427	0.14
副本等与原本相符	550533	17.86	544695	17.58
签名印鉴属实	213853	6.94	209498	6.76
其　他	494922	16.06	503057	16.23

5-14-8　调解民间纠纷分类

项　目	调　解　纠　纷 (件)		各类纠纷所占比重 (%)	
	2009	2010	2009	2010
合　计	**5797300**	**8418393**	**100.0**	**100.0**
#婚姻家庭	1143913	1596880	19.7	19.0
房屋、宅基地	364977	590628	6.3	7.0
邻　里	1241838	1791702	21.4	21.3
损害赔偿	545094	643448	9.4	7.6

5-14-9 在押服刑人员基本情况

单位：人

指　　标	2009	2010
年初在押服刑人数	1623394	1646593
#女　性	85167	90322
未成年	20662	18450
释放人数	387172	391380
年末在押服刑人数	1646593	1656773

注：1.未成年是指14-18岁服刑人员。
2.释放人员是指减刑释放、假释和刑满释放人员。

5-14-10 公安机关立案的刑事案件及构成

案件类别	立　案（起）		构　成（%）	
	2009	2010	2009	2010
合　计	**5579915**	**5969892**	**100.00**	**100.00**
杀　人	14667	13410	0.26	0.22
伤　害	172840	174990	3.10	2.93
抢　劫	283243	237258	5.08	3.97
强　奸	33286	33696	0.60	0.56
拐卖妇女儿童	6513	10082	0.12	0.17
盗　窃	3888579	4228369	69.69	70.83
诈　骗	381432	457350	6.84	7.66
走　私	1200	1105	0.02	0.02
伪造、变造货币,出售、购买、运输、持有、使用假币	4758	1565	0.09	0.03
其　他	793397	812067	14.22	13.60

注：2010年共破获刑事案件2329947起。

5-14-11 公安机关受理和查处治安案件数

案件类别	受　理（起）	查　处（起）	每万人口受理案件数（起/万人）
合　　计	**12757660**	**12122138**	**94.8**
扰乱单位秩序	145463	144340	1.1
扰乱公共场所秩序	391646	389983	2.9
寻衅滋事	142963	136670	1.1
阻碍执行职务	33171	32567	0.2
非法携带枪支、弹药、管制工具	84148	83677	0.6
违反危险物质管理规定	27845	27579	0.2
殴打他人	4258427	4125377	31.7
故意伤害	237471	222715	1.8
盗　窃	1994257	1678846	14.8
敲诈勒索	29905	26542	0.2
抢　夺	48736	38086	0.4
盗窃、损毁公共设施	19410	16745	0.1
伪造、变造、倒卖有价票证、凭证	16057	16043	0.1
违反旅馆业管理	175252	174826	1.3
违反房屋出租管理	182983	182431	1.4
诈　骗	170325	136500	1.3
卖淫、嫖娼	103215	102407	0.8
赌　博	387217	383567	2.9
毒品违法活动	357195	355769	2.7
其　他	3951974	3847468	29.4

5-14-12 交通事故情况

类　别	发生数（起）	死亡人数（人）	受伤人数（人）	直接财产损失（万元）
总　计	**219521**	**65225**	**254075**	**92633.5**
#重大事故	58244	65225	33964	43925.4
#特大事故	1244	5061	3636	5484.5
机动车	207156	62380	241823	90420.2
#汽　车	148367	46878	167897	81186.1
摩托车	51196	12369	66298	6742.8
拖拉机	4989	1908	5076	1012.9
非机动车	9735	1600	10596	1263.6
#自行车	1978	447	1853	266.3
行人乘车人	2565	1222	1576	920.3
其　他	65	23	80	29.5

5-14-13 各地区交通事故情况

地　区	发生数（起）	死亡人数（人）	受伤人数（人）	直接财产损失（万元）
全　国	**219521**	**65225**	**254075**	**92633.5**
北　京	4279	974	4857	2431.3
天　津	3165	950	3671	1987.1
河　北	5959	2693	5785	3890.8
山　西	6962	2449	8200	3593.7
内蒙古	4780	1375	5202	2359.8
辽　宁	6781	2129	6428	3124.9
吉　林	4438	1454	5178	2666.1
黑龙江	3466	1395	3740	2456.6
上　海	2176	1009	1862	956.6
江　苏	13793	5031	13234	4951.1
浙　江	21698	5382	23589	9047.2
安　徽	7901	2877	9596	2417.7
福　建	12714	2822	15430	4839.2
江　西	4126	1603	4938	4184.0
山　东	14560	4268	14611	5261.2
河　南	7890	1825	8710	3186.8
湖　北	6543	1944	7884	3436.5
湖　南	8413	2162	11621	4104.4
广　东	30370	6203	36518	8048.8
广　西	4351	2342	5375	1678.4
海　南	1488	471	2205	552.6
重　庆	5908	1017	8728	1225.9
四　川	13072	2931	16980	5398.5
贵　州	1764	1136	2906	1296.0
云　南	4739	1886	5900	2530.2
西　藏	781	409	969	620.4
陕　西	6004	1944	6144	3319.8
甘　肃	3090	1506	3728	1116.2
青　海	1206	573	1494	390.4
宁　夏	1806	442	2564	658.0
新　疆	5298	2023	6028	903.3

5-14-14 火灾事故情况

项目	合计	特大	重大	较大	一般
发生 (起)	132497		4	77	132416
死亡 (人)	1205		43	272	890
受伤 (人)	624		51	57	516
直接经济损失 (万元)	195945.2		11384.6	11773.3	172787.3
平均每起事故损失 (元)	14789		28461500	1529000	13049

5-14-15 各地区火灾事故情况

地区	发生数(起)	死亡人数(人)	受伤人数(人)	直接经济损失(万元)	人口火灾发生率(1/10万人)
全国	**132497**	**1205**	**624**	**195945.2**	**9.85**
北京	5468	32	13	4361.0	43.34
天津	1148	23	3	624.7	11.60
河北	4757	29	14	5692.6	6.52
山西	4439	26	14	6331.7	12.78
内蒙古	8789	51	14	5306.7	35.83
辽宁	5566	42	14	3756.5	13.09
吉林	7862	43	25	7129.1	28.86
黑龙江	2944	26	13	5444.2	7.66
上海	5702	43	54	7149.2	40.37
江苏	5296	85	52	8975.5	7.09
浙江	3834	88	42	6835.5	8.08
安徽	5173	35	21	8474.3	7.58
福建	4016	55	18	9374.8	11.38
江西	4715	21	11	8074.4	10.05
山东	7226	32	15	13315.0	7.58
河南	3534	16	13	3781.9	3.27
湖北	9383	25	9	3821.3	15.26
湖南	2915	33	4	8388.0	4.12
广东	6158	132	64	17825.1	7.23
广西	1287	32	14	6094.2	2.41
海南	1052	3	1	1201.3	11.74
重庆	5040	43	24	13689.3	15.26
四川	6204	37	21	11197.8	6.89
贵州	1661	73	41	4566.2	3.97
云南	2069	64	20	7363.9	4.57
西藏	219		11	623.9	7.45
陕西	4620	23	11	8354.2	11.93
甘肃	1141	16	13	2887.9	4.21
青海	1623	12	13	926.0	29.51
宁夏	3447	5	1	1338.2	53.64
新疆	5209	60	41	3040.9	24.07

5-14-16 人民检察院直接立案侦查案件情况

案件分类	受案（件）	立案件数（件）	#大案	立案人数（人）	#要案	结案件数（件）	结案人数（人）
合　计	**49969**	**32909**	**21732**	**44085**	**2723**	**34821**	**46253**
贪污贿赂案件小计	**38350**	**25560**	**18224**	**33858**	**2387**	**27091**	**35559**
贪污	16185	8707	5555	14370	406	9293	14991
贿赂	18458	13796	10586	15422	1810	14302	15968
挪用公款	3188	2833	2083	3603	113	3227	4037
集体私分	322	202		431	52	240	517
巨额财产来源不明	182	15		17	5	15	16
其他	15	7		15	1	14	30
渎职案件小计	**11619**	**7349**	**3508**	**10227**	**336**	**7730**	**10694**
滥用职权	3871	2408	1352	3168	188	2517	3298
玩忽职守	4766	3457	1594	4457	79	3654	4688
徇私舞弊	1669	736	255	1050	43	829	1162
其他	1313	748	307	1552	26	730	1546

注：结案中含上年旧存（以下各表同）。

5-14-17 人民检察院审查批准、决定逮捕犯罪嫌疑人和提起公诉被告人情况

案件分类	批捕、决定逮捕合计		决定起诉合计	
	件	人	件	人
合　计	**627642**	**931494**	**766394**	**1189198**
公安、安全、监狱机关提请小计	**614220**	**916209**	**736256**	**1148409**
危害国家安全案	424	1045	419	1223
危害公共安全案	52270	57563	89824	96964
破坏社会主义市场经济秩序案	25031	37532	30686	50775
侵犯公民人身、民主权利案	139023	186683	170905	238719
侵犯财产案	261319	404584	288987	463424
妨害社会管理秩序案	135980	228568	155242	297019
危害国防利益案	173	234	191	283
军人违反职责案			2	2
检察机关直接立案侦查案件小计	**13422**	**15285**	**30138**	**40789**
贪污贿赂案	12027	13635	24081	32221
渎职侵权案	1395	1650	6057	8568

5-14-18　人民检察院处理申诉案件情况

单位：件

案件分类	受　案	立案复查	结　案	
				#改变原决定
合　　计	**13586**	**10701**	**10948**	**977**
不服检察机关处理决定	**6583**	**5598**	**5824**	**968**
不服不批捕	1943	1735	1754	167
不服不起诉	2846	2573	2704	229
不服撤案	86	75	79	19
不服原免予起诉	108	87	95	17
其他	1600	1128	1192	536
不服法院刑事判决裁定	**7003**	**5103**	**5124**	**9**
刑罚执行中被害人申诉	2540	1902	1886	5
刑罚执行中被告人申诉	2376	1702	1720	2
刑罚执行完毕后被害人申诉	605	453	451	1
刑罚执行完毕后被告人申诉	1482	1046	1067	1

5-14-19　人民检察院出庭公诉情况

单位：件

案件类别	适用简易程序	出庭公诉					
			一　审	二　审			再　审
					上诉案	抗诉案	
合　　计	**286837**	**464140**	**451451**	**11992**	**9307**	**2685**	**697**
贪污贿赂	1900	23156	21859	1175	794	381	122
渎职侵权	786	4706	4558	127	65	62	21
刑事案件	284151	436276	425032	10690	8448	2242	554
军人违反职责		2	2				

5-14-20　人民检察院办理刑事抗诉案件情况

案件类别	提出抗诉（件）	撤回抗诉（件）	审判结果合计（件）				
				改　判		维持原判（件）	发回重审（件）
				（件）	（人）		
合　　计	**5425**	**505**	**3880**	**1506**	**2228**	**935**	**1439**
二审小计	**4405**	**480**	**3016**	**1258**	**1906**	**856**	**902**
贪污贿赂案件	582	72	453	151	179	128	174
渎职侵权案件	95	8	65	19	23	28	18
刑事案件	3728	400	2498	1088	1704	700	710
再审小计	**1020**	**25**	**864**	**248**	**322**	**79**	**537**
贪污贿赂案件	126	1	103	27	38	13	63
渎职侵权案件	21		10	3	4	2	5
刑事案件	873	24	751	218	280	64	469

5-14-21 人民检察院办理民事、行政抗诉案件情况

单位：件

案件类别	合　计	民事案件	行政案件
立　案	81451	76642	4809
提请抗诉	15367	14819	548
抗　诉	12139	11751	388
撤回抗诉	27	26	1
抗诉案件再审	9719	9485	234
改　判	3791	3691	100
发回重审	1023	1007	16
调　解	2588	2578	10
维持原判	1863	1781	82
其　他	454	428	26

5-14-22 人民检察院受理举报、控告、申诉案件情况

单位：件

案件类别	受　理	处　理		
			#分送检察机关	#转其他机关
合　计	**357253**	**353670**	**209220**	**66686**
首次举报	158995	157265	119723	10414
首次控告	75621	74939	26013	30660
首次申诉	122637	121466	63484	25612

5-14-23 人民检察院纠正违法情况

项　目	书面提出纠正		已纠正	
	(件次)	(人次)	(件次)	(人次)
合　计	**84949**		**80714**	
立案监督小计	44141		41906	
监督立案	32830		31203	
监督撤案	11311		10703	
侦查监督小计	34180		32599	
审查批捕环节	18880		18415	
审查起诉环节	15300		14184	
刑事审判监督	6628		6209	
刑罚执行监督小计		31535		31185
监管活动		20181		19942
超期羁押		525		525
减刑、假释、保外就医		10829		10718

5-14-24 人民法院审理一审案件情况

单位：件

年 份	收 案	刑 事	民 事	经济纠纷	行 政	海事海商
1978	447755	146968	300787			
1979	513789	123846	389943			
1980	763535	197856	565679			
1981	906051	232125	673926			
1982	1024160	245219	778941			
1983	1343164	542648	756436	43553	527	
1984	1355460	431357	838307	84813	983	
1985	1319741	246655	846391	225541	916	238
1986	1611282	299720	989409	321220	632	301
1987	1875229	289614	1213219	366110	5940	346
1988	2290624	313306	1455130	513046	8573	569
1989	2913515	392564	1815385	694907	9934	725
1990	2916774	459656	1851897	591462	13006	753
1991	2901685	427840	1880635	566592	25667	951
1992	3051157	422991	1948786	650601	27125	1654
1993	3414845	403267	2089257	892580	27911	1830
1994	3955475	482927	2383764	1051742	35083	1959
1995	4545676	495741	2718533	1275959	52596	2847
1996	5312580	618826	3093995	1515848	79966	3945
1997	5288379	436894	3277572	1478822	90557	4534
1998	5410798	482164	3375069	1450049	98350	5166
1999	5692434	540008	3519244	1529877	97569	5736
2000	5356294	560432	3412259	1290867	85760	6976
2001	5344934	628996	3459025	1149101	100921	6891
2002	5132199	631348	4420123		80728	
2003	5130760	632605	4410236		87919	
2004	5072881	647541	4332727		92613	
2005	5161170	684897	4380095		96178	
2006	5183794	702445	4385732		95617	
2007	5550062	724112	4724440		101510	
2008	6288831	767842	5412591		108398	
2009	6688963	768507	5800144		120312	
2010	6999350	779595	6090622		129133	

注：1.一审案件指人民法院按照诉讼级别管辖按第一审程序审理的案件。
2.2002年起，经济纠纷和海事海商并入民事案件中。

5-14-25 人民法院审理刑事一审案件收结案情况

单位：件

项 目	收 案	结 案
合 计	**779595**	**779641**
危害公共安全罪	88950	89028
破坏社会主义市场经济秩序罪	30386	30150
侵犯公民人身权利民主权利罪	184233	184729
侵犯财产罪	293561	294233
妨害社会管理秩序罪	153201	152873
危害国防利益罪	207	207
贪污贿赂罪	23889	23441
渎职罪	4489	4310
其 他	679	670
合计中含自诉案件	12540	12950

注：结案中含上年旧存(以下各表同)。

5-14-26 人民法院审理刑事案件罪犯情况

单位：人

年 份	刑事罪犯总 数	#青少年罪犯			青少年罪犯占刑事罪犯比重(%)
			不满18岁	18岁至25岁	
1997	526312	199212	30446	168766	37.9
1998	528301	208076	33612	174464	39.4
1999	602380	221153	40014	181139	36.7
2000	639814	220981	41709	179272	34.5
2001	746328	253465	49883	203582	34.0
2002	701858	217909	50030	167879	31.0
2003	742261	231715	58870	172845	31.2
2004	764441	248834	70086	178748	32.6
2005	842545	285801	82692	203109	33.9
2006	889042	303631	83697	219934	34.2
2007	931745	316298	87506	228792	33.9
2008	1007304	322061	88891	233170	32.0
2009	996666	302023	77604	224419	30.3
2010	1006420	287978	68193	219785	28.6

5-14-27 人民法院审理婚姻家庭、继承一审案件收结案情况

单位：件

项 目	收 案	结 案	调 解	判 决	驳 回	撤 诉	其 他
合 计	**1423180**	**1428340**	**698900**	**387185**	**5716**	**326353**	**10186**
婚姻家庭	1374136	1379463	673749	373883	5225	316979	9627
离 婚	1164521	1168810	567374	321316	4028	268793	7299
赡养纠纷	26648	26704	11237	6838	104	8200	325
抚养、扶养关系纠纷	50499	50547	31082	9584	217	9346	318
抚育费纠纷	24020	24269	11502	6902	116	5499	250
其 他	108448	109133	52554	29243	760	25141	1435
继承	49044	48877	25151	13302	491	9374	559
法定继承	28439	28285	15935	6861	218	4998	273
遗嘱继承	4054	4076	1790	1439	43	754	50
其 他	16551	16516	7426	5002	230	3622	236

5-14-28 人民法院审理合同纠纷一审案件收结案情况

单位：件

项 目	收 案	结 案	调 解	判 决	驳 回	撤 诉	其 他
合 计	**3222555**	**3239740**	**1108861**	**1016249**	**46110**	**1023670**	**44850**
借款合同	1021838	1024484	363417	355468	12158	281504	11937
买卖合同	551395	555553	203331	175600	6530	162040	8052
电信合同	131396	131099	40340	3478	427	86382	472
租赁合同	137546	138431	40150	48577	1804	46376	1524
劳动争议	321681	327407	140412	110257	8563	61176	6999
房地产合同	126879	128167	46614	47248	2036	30964	1305
供用动力合同	79208	79157	21235	8802	918	47862	340
建设工程合同	81547	82460	24458	32552	1733	21737	1980
农村承包合同	38229	38600	13367	10003	853	13795	582
承揽合同	68059	68379	23086	21987	818	21139	1349
其 他	664777	666003	192451	202277	10270	250695	10310

5-14-29 人民法院审理权属、侵权纠纷及其他民事一审案件收结案情况

单位：件

项目	收案	结案	调解	判决	驳回	撤诉	其他
合计	**1444887**	**1444615**	**563922**	**491173**	**18739**	**269040**	**101741**
所有权及其相关权利	333832	334986	116804	109793	7810	95793	4786
特别程序	123327	124560	1148	20541	4549	11540	86782
人身权纠纷	811839	808994	379203	310000	3438	110635	5718
#人身损害赔偿	782007	779340	368516	298696	3131	103733	5264
特殊侵权纠纷	45491	45411	17292	15893	886	10567	773
不当得利	21050	21124	4908	7339	484	7491	902
票据、证券、股票纠纷	2716	2924	775	1283	98	658	110
其他	106632	106616	43792	26324	1474	32356	2670

5-14-30 人民法院审理行政一审案件收结案情况

单位：件

项目	收案	结案	维持	撤销	驳回	撤诉	单独赔偿	其他
合计	**129133**	**129806**	**15184**	**7340**	**10014**	**57745**	**305**	**39218**
土地等资源	23218	23372	2416	1996	2244	11153	31	5532
公安	10553	10732	2564	488	560	4535	62	2523
城建	24975	25016	2046	1931	2791	11326	88	6834
交通运输	2619	2629	171	108	95	1896	9	350
工商	2723	2743	275	154	256	1291	5	762
环保	1865	1894	63	35	42	1273	1	480
计划生育	6117	6133	174	66	143	3112		2638
税务	398	402	31	14	26	245	2	84
卫生	1825	1869	68	34	51	668		1048
乡政府	3568	3656	315	260	298	2104	6	673
劳动和社会保障	9363	9387	2320	630	346	4195	1	1895
其他	41909	41973	4741	1624	3162	15947	100	16399

5-14-31　历年劳动争议处理情况

单位：件

项　　目	2000	2005	2006	2007	2008	2009	2010
上期未结案件数	**6374**	**17829**	**22165**	**25424**	**33084**	**83709**	**77926**
案件受理情况							
当期案件受理数	135206	313773	317162	350182	693465	684379	600865
#集体劳动争议案件数	8247	16217	13977	12784	21880	13779	9314
劳动者申诉案件数	120043	293710	301233	325590	650077	627530	558853
按争议原因分							
劳动报酬		103183	103887	108953	225061	247330	209968
社会保险		97519	100342	97731			
变更劳动合同	3829	7567	3456	4695			
解除劳动合同	21149	54858	55502	67565	139702	43876	31915
终止劳动合同	10816	14015	12366	12696			
其　他	12549						
劳动者当事人数　（人）	422617	744195	679312	653472	1214328	1016922	815121
#集体劳动争议	259445	409819	348714	271777	502713	299601	211755
案件处理情况							
结案数	130688	306027	310780	340030	622719	689714	634041
按处理方式分							
仲裁调解	41877	104308	104435	119436	221284	251463	250131
仲裁裁决	54142	131745	141465	149013	274543	290971	266506
其他方式	34669	69974	64880	71581	126892	147280	117404
按处理结果分							
用人单位胜诉	13699	39401	39251	49211	80462	95470	85028
劳动者胜诉	70544	145352	146028	156955	276793	255119	229448
双方部分胜诉	37247	121274	125501	133864	265464	339125	319565
案外调解案件数		**93561**	**130321**	**151902**	**237283**	**185598**	**163997**

5-14-32 各地区劳动争议处理情况

单位：件

地区	上期末结案件数	案件受理情况				
		当期案件受理数	#集体劳动争议案件数	#劳动者申诉案件数	劳动者当事人数(人)	#集体劳动争议
全国	**77926**	**600865**	**9314**	**558853**	**815121**	**211755**
北京	14301	61050	518	60077	61050	13199
天津	3071	15139	99	14349	17003	1963
河北	1667	14261	232	13941	20953	5467
山西	709	6481	138	5867	9274	1917
内蒙古	212	4069	90	3233	8278	2797
辽宁	2391	22741	550	21298	34237	10195
吉林	746	7528	107	2353	10388	2950
黑龙江	172	9082	80	8958	13127	2020
上海	6891	48746	91	46724	51246	2548
江苏	2709	56677	273	54743	67634	8521
浙江	2687	36080	602	34561	57009	21591
安徽	323	7282	115	6783	10845	2816
福建	731	13217	238	12594	19184	5924
江西	3107	10432	323	5067	13870	3945
山东	4480	38739	831	34733	54273	14455
河南	1351	18194	308	17877	23317	3242
湖北	1823	19850	309	19573	24343	4665
湖南	686	14660	806	13658	28698	11896
广东	22646	93307	1013	89465	144778	54163
广西	706	11753	58	11561	16387	2372
海南	1061	3629	49	3609	5701	1441
重庆	944	27821	702	25208	35626	8372
四川	944	26023	834	20124	35472	9106
贵州	569	9590	79	9149	12351	2494
云南	260	4635	183	4212	7727	2833
西藏	2	979	303	968	6964	5122
陕西	560	6787	122	6264	8280	1615
甘肃	1005	2786	62	2771	4678	1557
青海	25	547	46	533	1236	572
宁夏	209	2143	43	1987	2731	574
新疆	876	6064	100	6064	7712	1306
新疆兵团	62	573	10	549	749	117

5-14-32 续表 1

单位：件

地区	案件受理情况						
	按争议原因分						
	劳动报酬	社会保险待遇及福利	#养老保险	#医疗保险	#工伤保险	#福利	解除劳动合同
全国	**209968**	**145399**	**46668**	**12191**	**68073**	**8833**	**31915**
北京	37746	5024	4173	65	414	125	29
天津	4744	4454	2768	232	700	617	768
河北	3540	4921	2111	683	1652	163	684
山西	2662	1836	290	79	1419	48	317
内蒙古	1362	1475	391	71	968	31	211
辽宁	9109	5416	2003	807	2224	329	1326
吉林	1407	3461	1216	304	1876	43	157
黑龙江	2098	5052	1008	220	3640	296	179
上海	19832	7284				2317	1351
江苏	22107	12820	2928	314	8496	363	2327
浙江	12436	13589	3733	1261	7825	770	197
安徽	1936	2343	1065	176	1067	35	233
福建	5099	3484	582	178	2586	52	662
江西	2159	4426	2681	481	1102	183	498
山东	12185	8645	1657	709	4446	1014	2761
河南	3541	5951	3051	889	1119	241	1383
湖北	4453	6653	3483	1287	1474	409	1197
湖南	4410	1945	275	323	1228	47	2765
广东	37033	9744	1392	495	6572	789	9000
广西	2799	4229	1495	2001	397	196	1084
海南	642	1085	983		89	13	122
重庆	7650	6859	406	102	5916	118	960
四川	4534	10760	2934	733	6171	329	1388
贵州	1037	5463	1830	184	3408	36	219
云南	648	2082	783	296	959	44	95
西藏	822	68	28	1	38	1	7
陕西	950	1697	832	119	662	51	1154
甘肃	539	1107	571	24	434	38	204
青海	124	279	48	16	207	6	36
宁夏	309	979	628	13	252	85	115
新疆	1854	2119	1287	128	622	41	439
新疆兵团	201	149	36		110	3	47

5-14-32 续表 2

单位：件

地区	案件处理情况								案外调解案件数
	结案数	按处理方式分				按处理结果分			
		仲裁调解	仲裁裁决	仲裁撤诉	其他方式	用人单位胜诉	劳动者胜诉	双方部分胜诉	
全　国	**634041**	**250131**	**266506**	**87644**	**29760**	**85028**	**229448**	**319565**	**163997**
北　京	71276	18967	31630	17359	3320	11388	5123	54765	4947
天　津	15096	7405	4639	2681	371	2218	5722	7156	7414
河　北	15508	5420	7585	1385	1118	1236	9129	5143	5425
山　西	6624	2175	3353	345	751	342	4503	1779	1700
内蒙古	4175	1520	1903	399	353	666	2152	1357	748
辽　宁	22810	8836	10280	2605	1089	4273	12857	5680	1990
吉　林	7477	3996	2281	311	889	596	5875	1006	3076
黑龙江	8995	3786	4178	711	320	1168	5974	1853	1810
上　海	51473	14797	24743	10834	1099	9601	6700	35172	2806
江　苏	57822	30732	14468	11459	1163	6384	23305	28133	25306
浙　江	37417	22930	8715	4814	958	4456	12389	20572	4164
安　徽	7219	2933	3498	476	312	731	3543	2945	2418
福　建	13083	4917	5287	1579	1300	1487	6533	5063	6330
江　西	11920	6716	4039	709	456	993	7661	3266	1824
山　东	39210	17078	14136	5558	2438	5552	19372	14286	10502
河　南	17960	7603	8116	1668	573	2371	7340	8249	4856
湖　北	20867	8215	8044	2261	2347	2454	7924	10489	
湖　南	14487	4256	8572	1508	151	1086	7822	5579	5432
广　东	105242	35566	55225	11349	3102	15582	26036	63624	51640
广　西	12158	3092	7863	1042	161	1679	6038	4441	2657
海　南	3698	745	1973	709	271	228	2210	1260	228
重　庆	28323	12910	9601	2736	3076	4084	10625	13614	7478
四　川	26252	11222	10233	2879	1918	2826	13356	10070	1824
贵　州	9208	4315	3599	652	642	1130	4514	3564	2136
云　南	4683	1585	2521	345	232	456	3209	1018	2071
西　藏	972	850	109	8	5	21	827	124	131
陕　西	7062	2592	3733	41	696	1059	1836	4167	597
甘　肃	3378	939	1867	216	356	178	2177	1023	1482
青　海	539	208	221	41	69	39	396	104	4
宁　夏	2214	1135	739	202	138	248	1153	813	1207
新　疆	6273	2543	2950	698	82	435	2976	2862	1422
新疆兵团	620	147	405	64	4	61	171	388	372

【主要统计指标解释】

公证人员 指在公证处工作的人员总称，包括公证处主任、副主任、公证员、公证员助理(助理公证员)和其他从事辅助性工作的人员。

公证文书 指公证处根据当事人申请，依照事实和法律，按照法定程序制作的，具有法律效力的司法证明文书。

调解员 指在人民调解委员会担负调解民间纠纷工作的人员，包括调解委员会的委员和调解小组的调解员。

调解民间纠纷 指调解委员会按照法律规定，根据自愿原则，用说服教育的方法调解民间发生的有关民事权利和义务争执的件数，包括调解成功数和调解未成功数。

特大火灾 指造成30人以上死亡，或者100人以上重伤，或者1亿元以上直接财产损失的火灾。

重大火灾 指造成10人以上30人以下死亡，或者50人以上100人以下重伤，或者5000万元以上1亿元以下直接财产损失的火灾。

较大火灾 指造成3人以上10人以下死亡，或者10人以上50人以下重伤，或者1000万元以上5000万元以下直接财产损失的火灾。

一般火灾 指造成3人以下死亡，或者10人以下重伤，或者1000万元以下直接财产损失的火灾。

人民检察院直接立案侦查案件 指按照管辖的规定，由人民检察院直接立案侦查的贪污贿赂犯罪、渎职犯罪、国家机关工作人员利用职权实施的侵犯公民人身权利和民主权利的犯罪以及经省级人民检察院决定立案侦查的国家机关工作人员利用职权实施的其他重大犯罪案件。

要案 指县、处级以上的干部犯罪案件。该指标主要反映职务犯罪案件中县、处级以上干部被人民检察院依法立案侦查的情况。

批准逮捕 指人民检察院对公安机关、国家安全机关、监狱管理机关提请逮捕的犯罪嫌疑人进行审查，根据事实，依法作出逮捕决定。

决定逮捕 指人民检察院对直接立案侦查的案件，认为需要逮捕犯罪嫌疑人时，依据法律作出的逮捕决定。

青少年罪犯 指人民法院在报告期内判决发生法律效力的有罪判决中14周岁以上不满25周岁的罪犯。其中14周岁以上不满18周岁的罪犯为未成年罪犯。

行政案件 指公民、法人和其他组织不服行政机关作出的具体行政行为，向人民法院提起行政诉讼，人民法院依法审理的案件。

单独赔偿 指单独提起行政赔偿的案件。当事人对行政行为的合法性没有争议，就行政侵权造成的损害赔偿单独提起赔偿诉讼。

受理劳动争议案件数 指劳动争议仲裁委员会根据国家有关规定，对劳动争议当事人的申请予以审查，符合受理条件而正式立案、准备处理的劳动争议案件数。

6 第三产业复合性行业情况

简要说明

一、主要内容

入境旅游人数(外国人、港澳同胞和台湾同胞)、国内旅游人数，以及国际、国内旅游收入等。

二、统计范围

国际旅游和国内旅游。

三、调查方法

国内旅游人数、国际旅游收入和国内旅游收入等指标采取抽样调查方法，其余指标均为全面调查统计取得。

四、资料来源

本篇资料由国家统计局贸易外经统计司根据公安部和国家旅游局的资料编制。

入境国际旅游人数和国内居民出境人数来自公安部；各地区接待国际旅游者人数、国内旅游人数和国内旅游收入资料来自国家旅游局；国际旅游（外汇）收入，1994年以前由国家统计局贸易外经统计司根据国际旅游者在华花费外汇券统计资料整理提供，1994年及以后由国家旅游局整理提供。

6-1-1 历年入境旅游人数

单位：万人次

年 份	合 计	#过夜旅游者	外国人	港澳台同胞	#台湾同胞
1978	180.92	71.60	22.96	156.15	
1979	420.39	152.90	36.24	382.06	
1980	570.25	350.00	52.91	513.90	
1981	776.71	376.70	67.52	705.31	
1982	792.43	392.40	76.45	711.70	
1983	947.70	379.10	87.25	856.41	
1984	1285.22	514.10	113.43	1167.04	
1985	1783.31	713.30	137.05	1637.78	
1986	2281.95	900.10	148.23	2126.90	
1987	2690.23	1076.00	172.78	2508.74	
1988	3169.48	1236.10	184.22	2977.33	43.77
1989	2450.14	936.10	146.10	2297.19	54.10
1990	2746.18	1048.40	174.73	2562.34	94.80
1991	3334.98	1246.40	271.01	3050.62	94.66
1992	3811.49	1651.20	400.64	3394.34	131.78
1993	4152.69	1898.20	465.59	3670.49	152.70
1994	4368.45	2107.00	518.21	3838.72	139.02
1995	4638.65	2003.40	588.67	4038.40	153.23
1996	5112.75	2276.50	674.43	4422.86	173.39
1997	5758.79	2377.00	742.80	5006.09	211.76
1998	6347.84	2507.29	710.77	5625.00	217.46
1999	7279.56	2704.66	843.23	6425.52	258.46
2000	8344.39	3122.88	1016.04	7320.80	310.86
2001	8901.29	3316.67	1122.64	7778.65	344.20
2002	9790.83	3680.26	1343.95	8446.88	366.06
2003	9166.21	3297.05	1140.29	8025.92	273.19
2004	10903.82	4176.14	1693.25	9210.57	368.53
2005	12029.23	4680.90	2025.51	10003.71	410.92
2006	12494.21	4991.34	2221.03	10273.19	441.35
2007	13187.33	5471.98	2610.97	10576.36	462.79
2008	13002.74	5304.92	2432.53	10570.21	438.56
2009	12647.59	5087.52	2193.75	10453.84	448.40
2010	13376.22	5566.45	2612.69	10763.53	514.06

注：港澳台同胞来自香港特别行政区、澳门特别行政区和台湾省(下同)。

6-1-2 历年入境旅游人数增长速度

单位：%

年 份	合 计	#过夜旅游者	外国人	港澳台同胞	#台湾同胞
1979	132.4	113.5	57.8	144.7	
1980	35.6	128.9	46.0	34.5	
1981	36.2	7.6	27.6	37.2	
1982	2.0	4.2	13.2	0.9	
1983	19.6	-3.4	14.1	20.3	
1984	35.6	35.6	30.0	36.3	
1985	38.8	38.7	20.8	40.3	
1986	28.0	26.2	8.2	29.9	
1987	17.9	19.5	16.6	18.0	
1988	17.8	14.9	6.6	18.7	
1989	-22.7	-24.3	-20.7	-22.8	23.6
1990	12.1	12.0	19.6	11.5	75.2
1991	21.4	18.9	55.1	19.1	-0.1
1992	14.3	32.5	47.8	11.3	39.2
1993	9.0	15.0	16.2	8.1	15.9
1994	5.2	11.0	11.3	4.6	-9.0
1995	6.2	-4.9	13.6	5.2	10.2
1996	10.2	13.6	14.6	9.5	13.2
1997	12.6	4.4	10.1	13.2	22.1
1998	10.2	5.5	-4.3	12.4	2.7
1999	14.7	7.9	18.6	14.2	18.9
2000	14.6	15.5	20.5	13.9	20.3
2001	6.7	6.2	10.5	6.3	10.7
2002	10.0	11.0	19.7	8.6	6.4
2003	-6.4	-10.4	-15.2	-5.0	-25.4
2004	19.0	26.7	48.5	14.8	34.9
2005	10.3	12.1	19.6	8.6	11.5
2006	3.9	6.6	9.7	2.7	7.4
2007	5.5	9.6	17.6	3.0	4.9
2008	-1.4	-3.1	-6.8	-0.1	-5.2
2009	-2.7	-4.1	-9.8	-1.1	2.2
2010	5.8	9.4	19.1	3.0	14.6

6-1-3 按国籍分入境外国游客人数

单位：万人次

地　　区	2005	2006	2007	2008	2009	2010
总计	**2025.51**	**2221.03**	**2610.97**	**2432.53**	**2193.75**	**2612.69**
亚洲	**1249.99**	**1358.82**	**1606.12**	**1455.10**	**1377.93**	**1619.72**
#朝鲜	12.58	11.01	11.37	10.18	10.56	11.64
印度	35.65	40.51	46.25	43.66	44.89	54.93
印度尼西亚	37.76	43.30	47.71	42.63	46.90	57.34
日本	339.00	374.59	397.75	344.61	331.75	373.12
马来西亚	89.96	91.06	106.20	104.05	105.90	124.52
蒙古	64.20	63.12	68.20	70.53	57.67	79.44
菲律宾	65.40	70.42	83.30	79.53	74.89	82.83
新加坡	75.59	82.79	92.20	87.58	88.95	100.37
韩国	354.53	392.40	477.68	396.04	319.75	407.64
泰国	58.63	59.20	61.16	55.43	54.18	63.55
非洲	**23.80**	**29.38**	**37.91**	**37.84**	**40.12**	**46.36**
欧洲	**479.14**	**527.96**	**621.68**	**612.33**	**459.11**	**567.93**
#英国	49.96	55.26	60.51	55.15	52.88	57.50
德国	45.49	50.06	55.67	52.89	51.85	60.86
法国	37.20	40.22	46.34	43.00	42.48	51.27
意大利	19.70	19.53	21.52	19.44	19.14	22.92
荷兰	14.58	16.78	19.41	18.09	16.69	18.91
葡萄牙	4.38	4.45	4.83	4.39	4.36	4.77
瑞典	11.03	12.96	14.51	13.77	12.58	15.45
瑞士	5.14	5.79	6.46	6.34	6.26	7.43
俄罗斯	222.39	240.51	300.39	312.34	174.30	237.03
拉丁美洲	**16.05**	**19.58**	**15.95**	**26.03**	**23.10**	**30.05**
北美洲	**198.53**	**221.00**	**256.15**	**232.12**	**226.01**	**269.49**
#加拿大	42.98	49.91	57.72	53.47	55.03	68.53
美国	155.55	171.03	190.12	178.64	170.98	200.96
大洋洲及太平洋岛屿	**57.36**	**63.86**	**72.85**	**68.88**	**67.24**	**78.93**
#澳大利亚	48.30	53.81	60.74	57.15	56.15	66.13
新西兰	7.84	8.86	10.87	10.52	10.04	11.61
其他	**0.64**	**0.43**	**0.31**	**0.23**	**0.22**	**0.21**

6-1-4 历年国际旅游(外汇)收入及增长速度

单位：亿美元

年 份	收入合计	商品收入	劳务收入	增长速度 (%)	商品收入	劳务收入
1978	2.63	1.22	1.41			
1979	4.49	2.03	2.46	70.7	66.4	74.5
1980	6.17	3.15	3.02	37.4	55.2	22.8
1981	7.85	4.06	3.79	27.2	28.9	25.5
1982	8.43	4.31	4.12	7.4	6.2	8.7
1983	9.41	4.66	4.75	11.6	8.1	15.3
1984	11.31	5.65	5.66	20.2	21.2	19.2
1985	12.50	5.30	7.20	10.5	-6.2	27.2
1986	15.31	6.66	8.65	22.5	25.7	20.1
1987	18.62	7.78	10.84	21.6	16.8	25.3
1988	22.47	8.95	13.52	20.7	15.0	24.7
1989	18.60	6.30	12.30	-17.2	-29.6	-9.0
1990	22.18	7.75	14.43	19.2	23.0	17.3
1991	28.45	9.89	18.56	28.3	27.6	28.6
1992	39.47	12.90	26.57	38.7	30.4	43.2
1993	46.83	13.09	33.74	18.6	1.5	27.0
1994	73.23	26.45	46.78	56.4	102.1	38.6
1995	87.33	32.99	54.34	19.3	24.7	16.2
1996	102.00	34.50	67.50	16.8	4.6	24.2
1997	120.74	40.24	80.50	18.4	16.6	19.3
1998	126.02	41.39	84.63	4.4	2.9	5.1
1999	140.99	42.99	98.00	11.9	3.9	15.8
2000	162.24	47.54	114.70	15.1	10.6	17.0
2001	177.92	52.93	124.99	9.7	11.3	9.0
2002	203.85	58.71	145.14	14.6	10.9	16.1
2003	174.06	50.51	123.55	-14.6	-14.0	-14.9
2004	257.39	77.40	179.99	47.9	53.2	45.7
2005	292.96	91.26	201.70	13.8	17.9	12.1
2006	339.49	147.19	192.30	15.9	61.3	-4.7
2007	419.19	142.42	276.77	23.5	-3.2	43.9
2008	408.43	124.07	284.35	-2.6	-12.9	2.7
2009	396.75	127.63	269.12	-2.9	2.9	-5.4
2010	458.14	157.05	301.09	15.5	23.1	11.9

6-1-5 入境外国游客分组构成

单位：万人次

指　　标	2009		2010	
	人数	比重(%)	人数	比重(%)
总　　计	**2193.75**	**100.0**	**2612.69**	**100.0**
按性别分				
男	1430.15	65.2	1678.88	64.3
女	763.60	34.8	933.81	35.7
按年龄分				
14岁及以下	92.05	4.2	109.44	4.2
15-24岁	171.90	7.8	203.09	7.8
25-44岁	1004.28	45.8	1171.31	44.8
45-64岁	796.56	36.3	965.20	36.9
65岁以上	128.95	5.9	163.65	6.3
按事由分				
会议/商务	523.72	23.9	619.67	23.7
观光/休闲	1013.27	46.2	1238.20	47.4
探亲/访友	8.01	0.4	9.10	0.3
服务员工	227.37	10.4	246.27	9.4
其他	421.38	19.2	499.44	19.1
按入境方式分				
船舶	234.18	10.7	273.64	10.5
飞机	1254.88	57.2	1543.78	59.1
火车	53.35	2.4	60.76	2.3
汽车	276.43	12.6	341.91	13.1
徒步	374.91	17.1	392.61	15.0

6-1-6 国际旅游(外汇)收入

单位：亿美元

指　　标	2005	2006	2007	2008	2009	2010
总　　计	**292.96**	**339.49**	**419.19**	**408.43**	**396.75**	**458.14**
商品收入	**91.26**	**147.19**	**142.42**	**124.07**	**127.63**	**157.05**
商品销售	63.78	112.07	104.94	85.34	91.49	115.90
餐饮	27.48	35.12	37.48	38.73	36.14	41.15
劳务收入	**201.70**	**192.30**	**276.77**	**284.36**	**269.12**	**301.09**
长途交通	82.94	73.76	111.43	124.87	117.41	130.91
民航	59.28	66.63	87.91	90.47	85.84	98.08
铁路	9.04	2.79	7.71	13.46	12.77	12.47
汽车	7.18	3.10	6.94	10.47	9.58	10.81
轮船	7.44	1.24	8.87	10.47	9.22	9.56
游览	12.27	9.86	18.00	22.02	20.80	21.07
住宿	37.75	48.97	59.38	48.60	44.34	51.95
娱乐	17.02	12.53	21.10	29.70	28.82	31.72
邮电通讯	8.44	5.11	7.61	10.02	9.55	14.60
市内交通	10.30	12.01	12.42	13.55	13.29	10.68
其他服务	32.99	30.06	46.83	35.60	34.91	40.15

6-1-7 各地接待入境旅游者情况

地区	2009				2010			
	人数（万人次）	#外国人	人天数（万人天）	#外国人	人数（万人次）	#外国人	人天数（万人天）	#外国人
北京	412.51	342.92	1730.22	1494.02	490.07	421.63	2050.52	1813.26
天津	141.02	130.58	571.16	481.56	166.07	153.05	680.51	567.40
河北	84.22	74.69	190.85	172.46	97.74	85.31	225.60	199.81
山西	106.78	66.63	200.94	126.74	130.29	82.09	244.56	151.79
内蒙古	128.96	126.61	306.21	296.85	142.80	140.02	335.67	325.33
辽宁	293.20	250.74	916.77	794.68	361.80	307.01	1109.54	957.77
吉林	68.05	58.29	137.51	120.39	82.01	72.16	172.51	152.62
黑龙江	142.51	135.03	311.61	298.37	172.42	164.83	376.98	363.45
上海	533.39	439.05	1908.23	1539.80	733.72	593.12	2577.82	2075.17
江苏	556.83	396.07	2341.15	1677.50	653.55	473.50	2743.37	1966.85
浙江	570.64	377.60	1551.33	1062.27	684.71	447.41	1860.71	1267.16
安徽	156.16	97.75	305.48	198.81	198.42	117.40	389.81	243.11
福建	312.03	97.84	1367.17	567.05	368.14	115.27	1592.33	676.08
江西	96.43	38.76	195.13	79.56	113.97	39.92	222.02	76.86
山东	310.04	241.19	897.99	715.23	366.79	277.87	1088.02	844.06
河南	125.85	82.76	254.75	167.88	146.84	96.09	290.29	186.84
湖北	133.46	101.76	264.04	202.60	181.74	138.55	375.07	286.80
湖南	130.87	64.08	359.38	213.34	189.87	103.30	473.20	329.15
广东	2747.80	617.94	5621.93	1452.51	3140.93	733.28	6934.77	1881.15
广西	209.85	117.38	350.76	205.77	250.24	141.39	435.10	257.48
海南	55.15	37.21	157.35	123.22	66.33	47.40	181.07	148.68
重庆	104.81	84.80	297.40	246.07	137.02	103.96	418.23	328.60
四川	84.99	61.49	157.37	117.53	104.93	74.97	198.19	144.01
贵州	39.95	16.28	65.30	27.80	50.01	18.61	71.39	29.32
云南	284.49	191.79	545.77	346.18	329.15	231.23	615.20	421.37
西藏	17.49	16.25	44.82	41.67	22.83	21.41	58.45	55.07
陕西	145.08	114.42	415.84	334.43	212.17	155.24	556.80	400.01
甘肃	6.07	4.51	8.23	6.37	7.02	4.99	10.15	7.59
青海	3.61	2.47	10.03	7.61	4.67	3.39	13.58	10.08
宁夏	1.45	1.16	2.85	2.29	1.80	1.29	3.86	2.63
新疆	35.49	31.84	78.54	72.48	50.94	45.44	106.96	97.59

6-1-8 分地区入境旅游者人均天消费情况

单位：美元/人天

地 区	人均天花费		外国人		香港同胞		澳门同胞		台湾同胞	
	2009	2010	2009	2010	2009	2010	2009	2010	2009	2010
北 京	252.46	245.49	249.36	248.65	263.55	237.35	282.03	255.14	273.47	204.77
天 津	198.84	199.10	198.17	197.14	204.41	203.45	210.75	232.83	191.03	210.51
河 北	163.39	158.20	162.09	157.66	171.71	156.40	173.67	153.73	173.11	172.68
山 西	176.01	172.25	172.75	171.62	178.59	175.83	200.03	177.09	178.88	172.01
内蒙古	183.68	183.43	184.29	183.28	176.08	188.54	198.08	178.27	173.67	182.95
辽 宁	202.38	203.64	201.64	203.53	206.60	206.32	202.39	201.09	204.73	202.77
吉 林	176.25	176.34	177.36	177.51	166.06	173.48	168.06	174.87	183.26	165.08
黑龙江	190.44	190.69	194.26	200.11	165.78	190.18	190.29	230.76	166.24	129.06
上 海	248.48	245.08	248.53	244.24	246.69	240.18	246.82	235.07	250.46	263.15
江 苏	212.57	209.58	211.13	205.92	218.70	225.27	206.80	236.77	215.74	209.06
浙 江	209.34	209.12	211.77	206.87	200.46	229.22	197.72	208.33	202.47	213.95
安 徽	181.66	180.97	179.26	175.50	191.68	179.82	191.27	239.96	189.83	192.42
福 建	195.08	190.27	199.58	194.30	190.88	180.54	180.05	170.02	187.95	189.70
江 西	153.45	159.86	153.77	155.08	146.77	168.13	157.08	165.40	161.25	165.87
山 东	205.27	201.19	202.20	197.87	211.85	214.76	222.95	206.54	208.69	209.76
河 南	150.89	154.73	151.08	155.43	144.10	147.64	147.50	154.03	155.16	145.40
湖 北	193.43	192.84	189.80	197.92	195.48	186.17	214.48	183.22	191.14	190.39
湖 南	188.76	189.69	188.63	189.77	186.75	191.47	187.26	199.92	195.20	181.91
广 东	174.84	165.54	177.00	169.50	169.74	156.05	171.80	159.08	173.94	168.36
广 西	181.73	184.23	179.44	182.88	186.31	186.33	174.08	179.79	189.72	191.79
海 南	172.47	173.31	173.18	176.52	177.06	171.27	135.68	165.21	176.78	146.81
重 庆	172.65	173.25	162.10	171.93	183.00	178.38	212.65	182.76	223.55	172.65
四 川	175.63	175.45	181.78	173.49	157.53	177.99	155.81	186.64	155.22	181.75
贵 州	170.62	171.76	171.61	164.25	176.29	184.05	150.83	180.79	164.37	203.13
云 南	180.85	182.31	178.74	178.25	196.59	197.89	181.93	202.47	181.84	199.19
西 藏	174.52	176.56	176.28	177.32	142.92	160.14		175.94	187.08	186.97
陕 西	186.49	186.20	187.09	188.30	193.77	185.26	172.92	134.61	163.02	164.86
甘 肃	155.36	153.32	163.49	164.91	153.81	132.09	96.59	102.87	85.33	61.01
青 海	153.65	149.46	157.16	149.34	156.42	134.28	52.63	131.03	141.85	164.54
宁 夏	155.56	155.13	158.24	155.00	146.53	145.12	164.68	220.72	131.99	160.17
新 疆	176.40	170.66	179.99	173.05	145.95	152.05	116.67	150.23	165.38	179.04

6-1-9 主要城市接待入境旅游者情况

单位：万人次

城市	2007		2008		2009		2010	
	合计	#外国人	合计	#外国人	合计	#外国人	合计	#外国人
北京	435.48	382.61	379.04	335.72	412.51	342.92	490.07	421.63
天津	103.23	95.24	122.04	113.00	141.02	130.58	166.07	153.05
沈阳	45.60	37.88	47.64	39.96	49.53	41.52	55.03	46.09
大连	84.00	75.02	95.00	85.62	105.00	94.77	116.60	104.73
长春	20.02	16.48	21.70	18.77	21.71	18.33	24.98	21.98
哈尔滨	26.96	20.56	29.71	23.12	24.03	18.83	26.36	21.18
上海	520.10	442.61	526.47	441.62	533.39	439.05	733.72	593.12
南京	116.09	76.30	119.18	77.71	113.45	74.40	130.88	86.80
无锡	69.47	43.11	61.13	42.25	62.95	40.47	79.16	55.66
苏州	161.24	121.83	168.23	121.72	169.51	116.03	207.53	147.23
杭州	208.60	145.37	221.33	154.37	230.40	157.28	275.71	187.85
宁波	68.92	43.40	75.68	47.72	80.05	46.46	95.17	53.89
黄山	68.55	47.56	81.04	55.93	87.71	51.10	105.03	59.86
厦门	93.22	46.34	104.53	41.56	94.49	43.08	155.19	51.11
济南	16.06	9.70	17.02	10.74	18.70	11.61	23.10	15.33
青岛	108.03	92.42	80.08	69.77	100.07	80.14	108.05	82.66
武汉	52.98	43.43	53.40	42.78	66.90	52.63	92.79	70.17
广州	611.34	223.16	612.48	214.49	689.40	231.18	814.79	294.44
深圳	831.30	161.64	869.57	151.42	896.37	146.38	1020.60	167.58
珠海	282.04	50.66	286.22	49.31	297.84	47.86	325.14	56.73
中山	68.26	13.12	65.18	11.90	47.58	10.96	48.06	13.48
桂林	128.60	82.60	125.02	81.44	129.03	75.11	148.62	89.75
海口	14.95	9.26	13.61	8.53	10.32	6.18	13.29	7.45
三亚	52.20	44.77	51.15	41.16	31.78	23.29	41.59	32.45
重庆	76.17	62.24	87.19	74.28	104.81	84.80	137.02	103.96
成都	73.68	52.16	47.20	34.67	58.87	44.00	73.20	54.22
昆明	71.34	48.76	70.07	49.82	77.83	56.16	86.06	66.64
西安	100.01	85.09	63.20	53.58	70.06	61.61	84.18	73.21

6-1-10 国内旅游情况

年份	旅游人数（百万人次）	城镇居民	农村居民	旅游总花费（亿元）	城镇居民	农村居民
1994	524	205	319	1023.51	848.21	175.30
1995	629	246	383	1375.70	1140.10	235.60
1996	640	256	383	1638.38	1368.36	270.02
1997	644	259	385	2112.70	1551.83	560.87
1998	695	250	445	2391.18	1551.13	876.05
1999	719	284	435	2831.92	1748.23	1083.69
2000	744	329	415	3175.54	2235.26	940.28
2001	784	375	409	3522.37	2651.68	870.69
2002	878	385	493	3878.36	2848.09	1030.27
2003	870	351	519	3442.27	2404.08	1038.19
2004	1102	459	643	4710.71	3359.04	1351.67
2005	1212	496	716	5285.86	3656.13	1629.73
2006	1394	576	818	6229.70	4414.70	1815.00
2007	1610	612	998	7770.60	5550.40	2220.20
2008	1712	703	1009	8749.30	5971.75	2777.55
2009	1902	903	999	10183.69	7233.79	2949.90
2010	2103	1065	1038	12579.77	9403.81	3175.96

【主要统计指标解释】

旅游人数

1. 入境旅游人数：指报告期内来我国观光、度假、探亲访友、就医疗养、购物、参加会议或从事经济、文化、体育、宗教活动的外国人、港澳台同胞等入境游客。统计时，外国人、港澳台同胞每入境一次统计1人次。

2. 国内旅游人数：指在报告期内在中国（大陆）观光游览、度假、探亲访友、就医疗养、购物、参加会议或从事经济、文化、体育、宗教活动的中国（大陆）居民人数，其出游的目的不是通过所从事的活动谋取报酬。统计时，国内游客按每出游一次统计1人次。

国际旅游(外汇)收入 指入境游客在中国（大陆）境内旅行、游览过程中用于交通、参观游览、住宿、餐饮、购物、娱乐等全部花费。

国内旅游总花费 指国内游客在国内旅行、游览过程中用于交通、参观游览、住宿、餐馆、购物、娱乐等全部花费。

6 第三产业复合性行业情况

6-2 物流业

简要说明

一、主要内容

一个国家的物流发展水平，在一定程度上反映了综合国力和企业竞争力。本篇资料通过物流业的主要指标反映物流业发展的状况。

二、统计范围

本篇主要包括社会物流总额、社会物流总费用、物流业增加值、物流业固定资产投资额指标等。

三、资料来源

本篇资料来源于中国物流与采购联合会物流信息中心。

6-2-1 社会物流总额

单位：亿元

年 份	工业品	农产品	进口货物	再生资源	单位与居民物品	合计
1991	23418	3252	3395	198	27	30291
1992	31121	3335	4444	255	33	39188
1993	43780	4281	5990	382	42	54475
1994	62571	6104	9964	548	50	79237
1995	82584	7951	11029	607	59	102230
1996	89730	8618	11523	673	69	110614
1997	102501	8996	11817	746	78	124138
1998	107688	9160	11626	827	86	129388
1999	115827	9138	13736	917	98	139717
2000	142000	9634	18660	1017	116	171427
2001	163739	10291	20159	1127	126	195442
2002	196799	10986	24431	1249	132	233597
2003	249570	11261	34193	1385	187	296595
2004	324876	11970	46467	1535	190	383829
2005	413161	12748	54093	1776	205	481983
2006	516864	13546	63267	2059	240	595976
2007	660878	15849	72627	2436	493	752283
2008	798622	18638	78603	2529	1402	899793
2009	874058	19439	68570	2840	1632	966538
2010	1131031	22355	94305	4464	1975	1254130

注：1.本表根据国家相关部门统计资料核算。
2.2010年数据按快报数据核算。
3.本表按当年价格计算，以下各表同。

6-2-2 社会物流总额构成

单位：%

年 份	工业品	农产品	进口货物	再生资源	单位与居民物品	合计
1991	77.49	10.76	11.24	0.42	0.09	100.00
1992	79.62	8.53	11.37	0.40	0.09	100.00
1993	80.60	7.88	11.03	0.41	0.08	100.00
1994	78.97	7.70	12.58	0.69	0.06	100.00
1995	80.98	7.80	10.82	0.35	0.06	100.00
1996	81.36	7.81	10.45	0.31	0.06	100.00
1997	82.89	7.27	9.56	0.22	0.06	100.00
1998	83.65	7.12	9.03	0.13	0.07	100.00
1999	83.36	6.58	9.89	0.11	0.07	100.00
2000	83.25	5.65	10.94	0.09	0.07	100.00
2001	84.18	5.29	10.36	0.10	0.06	100.00
2002	84.61	4.72	10.50	0.10	0.06	100.00
2003	84.15	3.80	11.53	0.47	0.06	100.00
2004	84.64	3.12	12.11	0.40	0.05	100.00
2005	85.72	2.64	11.22	0.37	0.04	100.00
2006	86.73	2.27	10.62	0.35	0.04	100.00
2007	87.85	2.11	9.65	0.32	0.07	100.00
2008	88.76	2.07	8.74	0.28	0.16	100.00
2009	90.43	2.01	7.09	0.29	0.17	100.00
2010	90.18	1.78	7.52	0.36	0.16	100.00

6-2-3 社会物流总额增长率

上年=100　　　　单位：%

年　份	工业品	农产品	进口货物	再生资源	单位与居民物品	合计
1992	132.9	102.5	130.9	128.9	122.0	129.4
1993	140.7	128.4	134.8	150.1	124.7	139.0
1994	142.9	142.6	166.4	143.4	119.5	145.5
1995	132.0	130.3	110.7	110.8	118.2	129.0
1996	108.7	108.4	104.5	110.8	117.6	108.2
1997	114.2	104.4	102.5	110.8	112.6	112.2
1998	105.1	101.8	98.4	110.8	110.3	104.2
1999	107.6	99.8	118.2	110.8	114.0	108.0
2000	122.6	105.4	135.8	110.8	118.4	122.7
2001	115.3	106.8	108.0	110.8	108.6	114.0
2002	120.2	106.8	121.2	110.8	104.8	119.5
2003	126.8	102.5	140.0	110.8	141.7	127.0
2004	130.2	106.3	135.9	110.9	101.6	129.4
2005	127.2	106.5	116.4	115.7	107.9	125.6
2006	125.1	106.3	117.0	116.0	116.9	123.7
2007	127.9	117.0	114.8	118.3	121.1	126.2
2008	120.8	117.6	108.2	103.8	284.4	119.6
2009	109.4	104.3	87.2	112.3	116.4	107.4
2010	129.4	115.0	137.5	157.2	121.0	129.8

6-2-4 每单位GDP的物流需求系数

年　份	工业品	农产品	进口货物	再生资源	单位与居民物品	合计
1991	1.083	0.150	0.157	0.009	0.001	1.4
1992	1.168	0.125	0.167	0.010	0.001	1.5
1993	1.239	0.121	0.170	0.011	0.001	1.5
1994	1.298	0.127	0.207	0.011	0.001	1.6
1995	1.358	0.131	0.181	0.010	0.001	1.7
1996	1.261	0.121	0.162	0.009	0.001	1.6
1997	1.298	0.114	0.150	0.009	0.001	1.6
1998	1.276	0.109	0.138	0.010	0.001	1.5
1999	1.292	0.102	0.153	0.010	0.001	1.6
2000	1.431	0.097	0.188	0.010	0.001	1.7
2001	1.493	0.094	0.184	0.010	0.001	1.8
2002	1.635	0.091	0.203	0.010	0.001	1.9
2003	1.837	0.083	0.252	0.010	0.001	2.2
2004	2.032	0.075	0.291	0.010	0.001	2.4
2005	2.257	0.070	0.295	0.010	0.001	2.6
2006	2.468	0.065	0.302	0.010	0.001	2.8
2007	2.680	0.064	0.294	0.010	0.002	3.1
2008	2.543	0.059	0.250	0.008	0.004	2.9
2009	2.606	0.058	0.204	0.008	0.005	2.9
2010	2.842	0.056	0.237	0.011	0.005	3.2

6-2-5 社会物流总费用

单位：亿元

年 份	运输费用	保管费用	管理费用	社会物流总费用
1991	2879	1612	691	5182
1992	3379	1922	836	6137
1993	4507	2317	1074	7898
1994	5579	3276	1483	10338
1995	6455	4459	1970	12884
1996	7633	5109	2250	14993
1997	8218	5820	2629	16667
1998	8668	5625	2728	17021
1999	9533	5344	2937	17814
2000	10070	5975	3185	19230
2001	10813	6458	3348	20619
2002	12000	7281	3460	22741
2003	14068	8057	3570	25695
2004	16932	8981	4089	30002
2005	18639	10632	4590	33860
2006	21196	12695	5066	38957
2007	26648	15544	6074	48266
2008	31436	18560	6745	56741
2009	33628	19955	7244	60826
2010	38321	24044	8619	70984

注：1.本表根据国家相关部门统计资料核算。
2.本表数据依据全国第二次经济普查数据及GDP核算数据进行了调整。
3.2010年数据按快报数据核算。
4.本表按当年价格计算，以下各表同。

6-2-6 社会物流总费用构成

单位：%

年 份	运输费用	保管费用	管理费用
1991	55.6	31.1	13.3
1992	55.1	31.3	13.6
1993	57.1	29.3	13.6
1994	54.0	31.7	14.3
1995	50.1	34.6	15.3
1996	50.9	34.1	15.0
1997	49.3	34.9	15.8
1998	50.9	33.0	16.0
1999	53.5	30.0	16.5
2000	52.4	31.1	16.6
2001	52.4	31.3	16.2
2002	52.8	32.0	15.2
2003	54.7	31.4	13.9
2004	56.4	29.9	13.6
2005	55.0	31.4	13.6
2006	54.4	32.6	13.0
2007	54.0	33.1	12.9
2008	55.4	32.7	11.9
2009	55.3	32.8	11.9
2010	54.0	33.9	12.1

6-2-7 社会物流总费用增长情况

上年=100　　单位：%

年　份	运输费用	保管费用	管理费用	社会物流总费用
1992	117.4	119.3	120.9	118.4
1993	133.4	120.5	128.6	128.7
1994	123.8	141.4	138.0	130.9
1995	115.7	136.1	132.9	124.6
1996	118.3	114.6	114.2	116.4
1997	107.7	113.9	116.8	111.2
1998	105.5	96.7	103.8	102.1
1999	110.0	95.0	107.7	104.7
2000	105.6	111.8	108.4	107.9
2001	107.4	108.1	105.1	107.2
2002	111.0	112.7	103.3	110.3
2003	117.2	110.7	103.2	113.0
2004	120.4	111.5	114.5	116.8
2005	110.1	118.4	112.2	112.9
2006	113.7	119.4	110.4	115.1
2007	125.7	122.4	119.9	123.9
2008	118.0	119.4	111.0	117.6
2009	107.0	107.5	107.4	107.2
2010	114.0	120.5	119.0	116.7

6-2-8 社会物流总费用与GDP的比率

单位：%

年　份	运输费用	保管费用	管理费用	社会物流总费用
1991	13.3	7.5	3.2	24.0
1992	12.7	7.2	3.1	23.0
1993	12.8	6.6	3.0	22.4
1994	11.6	6.8	3.1	21.4
1995	10.6	7.3	3.2	21.2
1996	10.7	7.2	3.2	21.1
1997	10.4	7.4	3.3	21.1
1998	10.3	6.7	3.2	20.2
1999	10.6	6.0	3.3	19.9
2000	10.1	6.0	3.2	19.4
2001	9.9	5.9	3.1	18.8
2002	10.0	6.1	2.9	18.9
2003	10.4	5.9	2.6	18.9
2004	10.6	5.6	2.6	18.8
2005	10.2	5.8	2.5	18.5
2006	10.0	6.0	2.4	18.4
2007	10.0	5.8	2.3	18.2
2008	10.0	5.9	2.1	18.1
2009	10.0	6.0	2.2	18.1
2010	9.6	6.0	2.2	17.8

6-2-9 物流业增加值

单位：亿元

年 份	交通运输业物流增加值	仓储业物流增加值	贸易业物流增加值	邮政业物流增加值	物流业增加值合计
1991	1498	87	247	20	1851
1992	1735	116	300	22	2174
1993	2314	155	409	27	2906
1994	2855	218	546	35	3654
1995	3294	277	654	40	4265
1996	3903	297	751	45	4996
1997	4204	325	822	47	5398
1998	4609	335	871	44	5858
1999	5072	359	943	42	6416
2000	5338	434	1050	66	6887
2001	5723	489	1149	68	7429
2002	5982	576	1303	65	7927
2003	6882	649	1517	64	9112
2004	8193	731	1764	87	10776
2005	9154	860	2163	93	12271
2006	10386	1033	2697	313	14430
2007	13612	1265	2940	383	18200
2008	15854	1570	3648	437	21509
2009	16809	1737	4035	498	23078
2010	19746	2084	4897	582	27310

注：1.本表根据国家相关部门统计资料核算。
2.本表数据依据全国第二次经济普查数据及GDP核算数据进行了调整。
3.2010年数据按快报数据核算。
4.本表按当年价格计算，以下各表同。

6-2-10 物流业增加值构成

单位：%

年 份	交通运输业物流增加值	仓储业物流增加值	贸易业物流增加值	邮政业物流增加值
1991	80.9	4.7	13.3	1.1
1992	79.8	5.3	13.8	1.0
1993	79.7	5.3	14.1	0.9
1994	78.1	6.0	15.0	1.0
1995	77.2	6.5	15.3	0.9
1996	78.1	5.9	15.0	0.9
1997	77.9	6.0	15.2	0.9
1998	78.7	5.7	14.9	0.7
1999	79.1	5.6	14.7	0.6
2000	77.5	6.3	15.2	1.0
2001	77.0	6.6	15.5	0.9
2002	75.5	7.3	16.4	0.8
2003	75.5	7.1	16.7	0.7
2004	76.0	6.8	16.4	0.8
2005	74.6	7.0	17.6	0.8
2006	72.0	7.2	18.7	2.2
2007	74.8	7.0	16.2	2.1
2008	73.7	7.3	17.0	2.0
2009	72.8	7.5	17.5	2.2
2010	72.3	7.6	17.9	2.1

6-2-11 物流业增加值增长情况

上年=100 单位：%

年 份	交通运输业物流增加值	仓储业物流增加值	贸易业物流增加值	邮政业物流增加值	物流业增加值合计
1992	115.9	133.3	121.9	112.2	117.4
1993	133.4	133.6	136.2	121.0	133.6
1994	123.4	140.6	133.5	129.5	125.8
1995	115.4	127.1	119.7	115.5	116.7
1996	118.5	107.2	114.8	111.1	117.1
1997	107.7	109.4	109.6	104.7	108.1
1998	109.6	103.1	105.9	93.3	108.5
1999	110.1	107.2	108.3	95.0	109.5
2000	105.2	120.9	111.3	158.2	107.3
2001	107.2	112.7	109.5	103.1	107.9
2002	104.5	117.8	113.4	96.7	106.7
2003	115.0	112.7	116.4	97.8	115.0
2004	119.1	112.7	116.3	135.9	118.3
2005	111.7	117.6	122.6	107.2	113.9
2006	113.5	120.1	100.0	336.0	117.6
2007	131.1	122.5	109.0	122.2	126.1
2008	116.5	124.1	124.1	114.1	118.2
2009	106.0	110.6	110.6	114.0	107.3
2010	117.5	120.0	121.4	116.9	118.3

6-2-12 物流业增加值占GDP比重

单位：%

年 份	交通运输业物流增加值	仓储业物流增加值	贸易业物流增加值	邮政业物流增加值	物流业增加值合计
1991	6.9	0.4	1.1	0.1	8.6
1992	6.5	0.4	1.1	0.1	8.2
1993	6.5	0.4	1.2	0.1	8.2
1994	5.9	0.5	1.1	0.1	7.6
1995	5.4	0.5	1.1	0.1	7.0
1996	5.5	0.4	1.1	0.1	7.0
1997	5.3	0.4	1.0	0.1	6.8
1998	5.5	0.4	1.0	0.1	6.9
1999	5.7	0.4	1.1		7.2
2000	5.4	0.4	1.1	0.1	6.9
2001	5.2	0.4	1.0	0.1	6.8
2002	5.0	0.5	1.1	0.1	6.6
2003	5.1	0.5	1.1		6.7
2004	5.1	0.5	1.1	0.1	6.7
2005	5.0	0.5	1.2	0.1	6.7
2006	4.9	0.5	1.3	0.1	6.8
2007	5.1	0.5	1.1	0.1	6.8
2008	5.0	0.5	1.2	0.1	6.8
2009	5.0	0.5	1.2	0.1	6.9
2010	5.0	0.5	1.2	0.1	6.9

6-2-13 物流业增加值占第三产业增加值比重

单位：%

年　份	交通运输业物流增加值	仓储业物流增加值	贸易业物流增加值	邮政业物流增加值	物流业增加值合计
1991	20.7	1.2	3.4	0.3	25.6
1992	19.0	1.3	3.3	0.2	23.8
1993	19.3	1.3	3.4	0.2	24.2
1994	17.5	1.3	3.4	0.2	22.4
1995	16.4	1.4	3.3	0.2	21.2
1996	16.6	1.3	3.2	0.2	21.3
1997	15.5	1.2	3.0	0.2	19.9
1998	15.0	1.1	2.8	0.1	19.0
1999	14.9	1.1	2.8	0.1	18.8
2000	13.7	1.1	2.7	0.2	17.7
2001	12.8	1.1	2.6	0.2	16.6
2002	11.9	1.1	2.6	0.1	15.8
2003	12.2	1.2	2.7	0.1	16.2
2004	12.6	1.1	2.7	0.1	16.6
2005	12.5	1.2	3.0	0.1	16.8
2006	12.3	1.2	3.2	0.4	17.0
2007	12.2	1.1	2.6	0.3	16.3
2008	12.1	1.2	2.8	0.3	16.4
2009	11.8	1.2	2.8	0.3	16.1
2010	11.5	1.2	2.9	0.3	16.0

6-2-14 物流业固定资产投资额

单位：亿元

年　份	交通运输业	仓储、邮政业	贸易业	流通加工、包装业	物流业合计
1991	299.8	13.7	42.7	1.3	357.5
1992	496.6	27.5	122.7	3.3	650.0
1993	890.6	50.4	128.9	5.8	1075.6
1994	1284.5	70.6	163.1	9.1	1527.3
1995	1469.7	74.5	169.9	9.6	1723.6
1996	1776.3	86.3	150.1	8.1	2020.8
1997	2113.2	98.0	149.2	6.8	2367.2
1998	3082.0	128.0	185.0	6.5	3401.6
1999	3164.7	176.6	185.8	6.4	3533.5
2000	3194.6	158.0	194.5	7.7	3554.7
2001	3589.4	156.0	202.2	8.7	3956.4
2002	4154.9	154.9	231.7	12.0	4553.6
2003	4861.0	199.7	510.2	23.5	5594.4
2004	6319.6	378.0	838.7	34.2	7570.6
2005	7749.6	394.2	1103.8	45.5	9293.1
2006	9774.9	509.7	1827.0	57.8	12169.4
2007	10971.9	790.1	2444.0	74.9	14280.9
2008	13122.0	1122.0	3166.0	97.0	17508.0
2009	19475.0	1766.0	4451.0		25693.0
2010	23221.0	2238.0	5216.0		30675.0

注：1. 本表根据国家相关部门统计资料核算。
2. 2004年以后各年数据，在往年口径基础上新增加城镇集体、个体50万元以上项目。
3. 2010年数据按快报数核算。
4. 本表按当年价格计算，以下各表同。

6-2-15 物流业固定资产投资构成

单位：%

年 份	交通运输业	仓储、邮政业	贸易业	流通加工、包装业
1991	83.9	3.8	11.9	0.4
1992	76.4	4.2	18.9	0.5
1993	82.8	4.7	12.0	0.5
1994	84.1	4.6	10.7	0.6
1995	85.3	4.3	9.9	0.6
1996	87.9	4.3	7.4	0.4
1997	89.3	4.1	6.3	0.3
1998	90.6	3.8	5.4	0.2
1999	89.6	5.0	5.3	0.2
2000	89.9	4.4	5.5	0.2
2001	90.7	3.9	5.1	0.2
2002	91.2	3.4	5.1	0.3
2003	86.9	3.6	9.1	0.4
2004	83.5	5.0	11.1	0.5
2005	83.4	4.2	11.9	0.5
2006	80.3	4.2	15.0	0.5
2007	76.8	5.5	17.1	0.5
2008	74.9	6.4	18.1	0.6
2009	75.8	6.9	17.3	
2010	75.7	7.3	17.0	

6-2-16 物流业固定资产投资额增长情况

上年=100

单位：%

年 份	交通运输业	仓储、邮政业	贸易业	流通加工、包装业	物流业合计
1992	165.6	201.2	287.2	265.0	181.8
1993	179.3	183.2	105.1	173.6	165.5
1994	144.2	140.2	126.5	157.2	142.0
1995	114.4	105.4	104.2	105.5	112.9
1996	120.9	115.8	88.4	84.5	117.2
1997	119.0	113.6	99.4	84.3	117.1
1998	145.8	130.6	124.0	95.3	143.7
1999	102.7	137.9	100.4	97.9	103.9
2000	100.9	89.4	104.7	120.8	100.6
2001	112.4	98.8	104.0	113.1	111.3
2002	115.8	99.3	114.6	138.2	115.1
2003	117.0	128.9	220.2	195.5	122.9
2004	130.0	189.3	164.4	145.7	135.3
2005	122.6	104.3	131.6	132.9	122.8
2006	123.3	129.3	122.9	127.0	123.4
2007	110.8	155.0	133.8	129.6	117.4
2008	119.6	142.0	129.5	129.6	122.6
2009	148.4	157.5	140.6		147.6
2010	119.2	126.7	117.2		119.4

6-2-17 物流用主要设施

年份	铁路里程（万公里）	公路里程（万公里）	内河航道里程（万公里）	民用航空航线里程（万公里）	输油(气)管道里程（万公里）	民用货运汽车拥有量（万辆）	民用货运汽车吨位（万吨位）	民用运输船舶拥有量（艘）	铁路货车拥有量（辆）
1991	5.78	104.11	10.97	55.91	1.62	398.62	1633.11	385537	370054
1992	5.81	105.67	10.97	83.66	1.59	441.45	1834.00	373568	373233
1993	5.86	108.35	11.02	96.08	1.64	501.00	2114.27	372481	390097
1994	5.90	111.78	11.10	104.56	1.68	560.33	2396.34	353385	415919
1995	6.26	115.70	11.10	112.90	1.72	585.43	2370.93	364968	432731
1996	6.49	118.58	11.08	116.65	1.93	575.03	2280.62	326007	443893
1997	6.60	122.64	10.98	142.50	2.04	601.23	2392.50	265797	437686
1998	6.64	127.85	11.03	150.58	2.31	627.89	2408.94	260208	439326
1999	6.74	135.17	11.65	152.22	2.49	676.95	2730.42	242043	436236
2000	6.87	140.27	11.93	150.29	2.47	716.32	2889.22	229676	443902
2001	7.01	169.80	12.15	155.36	2.76	765.24	3056.67	210786	453620
2002	7.19	176.52	12.16	163.77	2.98	812.22	3244.33	202977	459017
2003	7.30	180.98	12.40	174.95	3.26	853.51	3405.50	204270	510327
2004	7.44	187.07	12.33	175.00	3.82	893.00	3563.42	210700	528005
2005	7.54	193.05	12.30	199.90	4.40	955.50	3866.86	207294	548368
2006	7.70	345.70	12.34	211.35	4.96	980.30		194360	564899
2007	7.80	358.40	12.30	234.30	5.56	1054.06		191771	577521
2008	8.00	373.00	12.30	246.20	5.83	1126.10		184190	588519
2009	8.55	386.08	12.37	234.51	6.90	1368.60		176932	603082
2010	9.12	400.82	12.42	276.51	7.85	1597.60		178407	622284

【主要统计指标解释】

社会物流总额 指报告期内从供应地向接受地实体流动的全部物品的价值总额。包括：进入需求领域的农产品总额；进入需求领域的工业品物流总额；进口货物物流总额；进入需求领域的再生资源物流总额；单位与居民物品物流总额。

社会物流总费用 指报告期内国民经济各方面用于社会物流活动的各项费用支出的总和。包括支付给运输、储存、装卸搬运、包装、流通加工、配送、信息处理等各个物流环节的费用；应承担的物品在物流期间发生的损耗费用；社会物流活动中因资金占用而应承担的利息支出；社会物流活动中发生的管理费用等。社会物流总费用划分为运输费用、保管费用、管理费用。

物流需求系数 指每单位GDP产出需要的物流总额。

物流业固定资产投资额 指报告期内物流相关行业建设项目累计完成的全部投资。

7 港澳台第三产业情况

7-1 香港第三产业情况

简要说明

一、本章资料反映香港特别行政区主要社会、经济发展情况。内容包括：土地、人口、就业、国民收入、国际收支平衡表、工业、能源、建筑、交通、对外贸易、财政金融、教育、房屋、卫生、社会保障等方面。

二、本章由香港特别行政区政府统计处向有关政府决策局／部门及公营机构搜集数据，国家统计局国际统计信息中心负责整理、编辑。

三、在统计工作方面，按中华人民共和国“香港特别行政区基本法”的有关原则，香港特别行政区保留其单独运作的统计系统，并负责编制和发布反映香港特别行政区情况的统计数据。由于香港和内地在使用统计名词及概念方面会有所不同，读者在比较两地数据时，请参考本章末的“主要统计指标解释”。

四、香港特别行政区是单独的关税地区，香港与内地之间的贸易，亦需办理进出口报关。在贸易统计方面，香港特别行政区对外贸易统计数据亦包括香港特别行政区与内地的贸易。

五、在外汇统计及与之有关的各方面，港币是香港特别行政区的法定货币，因此，除港币以外的货币（包括人民币）均视作外币。

六、更详细的统计资料及有关的技术细节，可参阅香港特别行政区政府统计处出版的《香港统计月刊》、《香港统计年刊》及各专题统计出版物。

七、本章节表中的符号使用说明：

本章节表中使用的部分符号与《中国统计年鉴》略有差异。“－”表示不适用；“空格”表示没有数字；“#”表示临时数字；“§”表示数字少于单位的一半。

7-1-1 主要统计指标概览

项　　目		2006	2007	2008	2009	2010
人口及生命统计						
年中人口	(万人)	685.7	692.6	697.8	700.4	706.8
粗出生率	(‰)	9.6	10.2	11.3	11.7	12.5
粗死亡率	(‰)	5.5	5.7	6.0	5.9	5.9
婴儿死亡率	(‰)	1.8	1.8	1.8	1.7	1.5
(按每千名登记活产婴儿计算)						
劳动、就业						
劳动人口	(万人)	357.2	363.0	364.9	367.7	365.4
劳动人口参与率	(%)	61.2	61.2	60.9	60.7	59.7
失业率	(%)	4.8	4.0	3.6	5.4	4.4
就业人数	(万人)	340.08	348.38	351.88	348.00	349.30
选定行业的就业人数①	(万人)					
制造				16.69	15.10	13.40
建筑				26.93	26.90	27.10
进出口贸易及批发				58.69	55.90	54.30
零售、住宿及膳食服务				55.92	55.60	57.10
运输、仓库、邮政及速递服务、资讯及通讯				43.20	42.60	42.60
金融、保险、地产、专业及商用服务				63.6	63.6	64.4
公共行政、社会及个人服务				84.6	86.1	87.9
实际工资指数②	(1992年9月=100)	115.9	117.6	123.4	120.2	121.7
对外商品贸易						
进口	(亿港元)	25998	28680	30253	26924	33648
港产品出口	(亿港元)	1345	1091	908	577	695
转口	(亿港元)	23265	25784	27334	24113	29615
对外服务贸易						
服务出口	(亿港元)	5651	6609	7186	6698	8269
服务进口	(亿港元)	2879	3322	3665	3406	3952
工业生产						
工业生产指数	(2008年=100)	108.7	107.2	100.0	91.7	95.0
工业电力消费量	(万亿焦耳)	14015	13104	12182	11143	11080
工业煤气消费量	(万亿焦耳)	903	895	905	902	917
土地、楼宇、建筑及地产						
新落成私人楼宇						
楼宇数目	(栋)	812	358	755	669	278
实用楼面面积	(万平方米)					
住宅		71.5	45.1	43.4	44.3	61.2
非住宅		67.3	57.8	66.3	37.2	52.8
获批准可动工兴建私人楼宇	(栋)					
初次呈交		480	313	273	403	512
重大修改		164	853	111	182	254
房屋及物业						
永久性房屋单位	(万个)					
公营租住房屋③		71.69	71.74	72.16	74.12	74.46
资助出售单位③④		39.17	39.76	39.70	39.58	39.29
私人房屋④⑤		136.86	138.61	139.87	140.94	142.34
总计		247.72	250.12	251.73	254.64	256.10

7-1-1 续表 1

项　　目	2006	2007	2008	2009	2010
运输、通讯、旅游					
进出香港货物					
总卸下 (万吨)	16366	16317	16571	15567	17282
总装上 (万吨)	11567	12229	12916	11745	12882
集装箱吞吐量 (万标准集装箱)	2354	2400	2449	2104	2370
电话服务 (万条操作线路)	384	409	411	419	426
访港旅客⑥ (万人次)	2525	2817	2951	2959	3603
政府收支、货币、金融 (亿港元)					
政府储备结余⑦	3693	4929	4944	5203	5954
政府收入总额⑦⑧	2880	3585	3166	3184	3765
政府开支总额⑦⑧	2294	2348	3151	2925	3014
货币供应量M3					
港元⑨	27955	33005	32613	36048	38782
外币⑩	22942	28393	30394	30220	32781
总计	50897	61398	63008	66268	71563
港汇指数(贸易总值(进口及整体出口)加权) (2000年1月=100)	96.1	91.9	87.1	88.2	86.2
消费价格指数					
(2009年10月至2010年9月=100)					
综合消费价格指数	92.0	93.8	97.8	98.4	100.7
甲类消费价格指数	93.3	94.4	97.8	98.3	100.8
乙类消费价格指数	91.5	93.5	97.8	98.4	100.6
丙类消费价格指数	91.1	93.5	97.9	98.5	100.6
教育 (人)					
小学学生人数	410516	385949	365056	344748	331112
中学学生人数⑪	489498	492410	489362	481188	458131
大专院校学生人数⑫	91564	171580	182499	158043	164857
卫生					
医生 (人)	11739	11961	12215	12424	12620
中医 (人)	5268	5540	5860	6048	6241
病床 (张)	34532	34928	35048	35062	35525
社会保障					
综合社会保障援助⑦					
个案数目⑬ (个)	294204	285773	289469	287822	282732
发放款项 (亿港元)	176	180	186	190	185
公共福利金⑦					
个案数目⑬ (个)	583474	594341	612128	627816	642979
发放款项 (亿港元)	55	60	88	89	91
交通意外伤亡援助⑦					
获批个案数目 (个)	7604	7841	7224	7350	7203
本地生产总值					
按2009年环比物量计算⑭					
年增长率 (%)	7.0	6.4	2.3	-2.7	7.0
本地生产总值 (亿港元)	15313	16291	16667	16223	17354
人均本地生产总值 (港元)	223309	235217	238856	231638	245536
按当年价格计算					
年增长率 (%)	6.7	9.5	3.8	-3.3	7.5
本地生产总值 (亿港元)	14754	16156	16770	16223	17439
人均本地生产总值 (港元)	215158	233266	240339	231638	246733

7-1-1 续表 2

项　　目		2006	2007	2008	2009	2010
本地居民生产总值						
按当年价格计算						
本地居民生产总值	(亿港元)	15027	16600	17603	16652	17804
人均本地居民生产总值	(港元)	219146	239682	252278	237758	251907
国外净要素收入	(亿港元)	273	444	833	429	366
国际收支平衡表	**(亿港元)**					
经常帐户		1781.7	1992.8	2295.1	1392.5	1082.4
资本及金融帐户		-2099.4	-2592.5	-2311.6	-1553.7	-1374.1
净误差及遗漏		317.7	599.7	16.6	161.2	291.7
整体的国际收支		467.4	1145.0	2638.7	5492.6	710.9
		(盈余)	(盈余)	(盈余)	(盈余)	(盈余)
国际投资头寸⑮						
国际投资头寸净值⑯	(亿港元)	40297	37736	48267	55844	53940
对外金融资产	(亿港元)	149987	211941	175213	198115	224315
对外金融负债	(亿港元)	109690	174205	126946	142271	170375

注：①由2009年开始，数字是按“香港标准行业分类2.0版”编制，其数列已作出后向估计至2008年。
②实际工资指数是从名义工资指数中，以2009至10年为基期的甲类消费物价指数扣除通胀的影响而计算出来。工资统计数字是按“香港标准行业分类2.0版”编制。
③房屋委员会售出的公营租住房屋单位归类为资助出售单位。
④资助出售单位包括房屋委员会及香港房屋协会售出而不可在公开市场买卖的屋宇单位。可在公开市场买卖的资助出售单位则归类为私人永久性房屋。
⑤数字包括作住宿用途的非住宅屋宇单位。
⑥访港旅客数字包括经澳门访港的非澳门居民。
⑦数字是以相应的财政年度为根据。例如2010年的数字代表2010至2011财政年度数字。
⑧2010年的数字有待审计署署长核实。
⑨所列数字已包括外币掉期存款。
⑩所列数字已扣除外币掉期存款。《中华人民共和国香港特别行政区基本法》说明,港元是香港特别行政区的法定货币。外币指港元以外的其他货币，因而人民币亦视作外币。
⑪数字涵盖日、夜校。
⑫是指香港城市大学、香港浸会大学、岭南大学、香港中文大学、香港教育学院、香港理工大学、香港科技大学和香港大学就读学生。数字包括大学教育资助委员会(教资会)资助课程及教资会资助院校本部和辖下持续进修部门开办的本地经评审自资课程的学生人数。
⑬于财政年度终结时的数字。除特别注明外，财政年度是由4月1日至翌年3月31日。
⑭以环比物量计算的本地生产总值及其组成部分的参照年，已由2008年重订为2009年。重订参照年会影响环比物量估算的数值，但不会改变其变动率。
⑮期末头寸。
⑯国际投资头寸净值是对外金融资产总值与对外金融负债总值之差。

7-1-2 按当年价格和以2009年环比物量计算生产法本地生产总值

单位: 亿港元

经济活动	2006	2007	2008	2009	2010
以当年价格计算的本地生产总值	**14753.57**	**16155.74**	**16770.11**	**16223.22**	
农业及渔业	8.54	9.00	8.28	10.49	
工业	1197.59	1131.39	1190.32	1133.75	
采矿及采石	0.93	1.15	0.97	0.41	
制造	393.03	317.29	309.93	282.27	
电力、燃气和自来水供应及废弃物管理	412.39	406.85	395.85	349.61	
建筑	391.24	406.11	483.57	501.46	
服务	13321.91	14661.09	14730.37	14364.27	
进出口贸易、批发及零售	3611.69	3746.14	3939.14	3658.80	
住宿及膳食服务	426.97	488.27	535.96	487.87	
运输、仓库、邮政及速递服务	1161.04	1197.28	982.45	990.48	
资讯及通讯	482.43	508.73	482.58	468.08	
金融及保险	2281.78	3047.64	2555.86	2355.81	
地产、专业及商用服务	1281.11	1465.62	1655.94	1735.83	
公共行政、社会及个人服务	2452.95	2543.91	2696.01	2794.53	
楼宇业权	1623.93	1663.52	1882.44	1872.86	
以基本价格计算的本地生产总值	14528.03	15801.48	15928.97	15508.51	
产品税	403.48	646.34	599.19	559.67	
统计差额①	-1.2%	-1.8%	1.4%	1.0%	
2009年环比物量计算的生产法本地生产总值					
农业及渔业	14.24	13.34	10.84	10.49	10.08
工业	1175.72	1171.78	1190.27	1133.75	1222.65
采矿及采石	0.45	0.51	0.49	0.41	0.29
制造	334.64	329.82	307.79	282.27	292.28
电力、燃气和自来水供应及废弃物管理	337.39	341.89	344.43	349.61	349.26
建筑	503.43	498.30	542.55	501.46	580.83
服务	13318.15	14241.98	14603.45	14364.27	15368.43
进出口贸易、批发及零售	3563.11	3779.68	4037.10	3658.80	4228.24
住宿及膳食服务	488.45	540.75	550.00	487.87	523.71
运输、仓库、邮政及速递服务	972.19	1022.27	1047.87	990.48	1077.15
资讯及通讯	442.07	470.92	463.75	468.08	475.63
金融及保险	1935.54	2277.99	2259.50	2355.81	2540.99
地产、专业及商用服务	1576.80	1678.98	1706.94	1735.83	1783.10
公共行政、社会及个人服务	2620.67	2659.05	2718.22	2794.53	2864.48
楼宇业权	1766.56	1815.40	1848.26	1872.86	1875.11
产品税	477.83	596.90	586.93	559.67	594.32

注：以环比物量计算生产法本地生产总值数字，是采用按年重订权数及环比连接法编制而成，以取代之前按固定2000年价格计算的物量数字。整体物量数值与其组成部分相加的总和可能存在差额。“不可相加性”是环比物量计算的一个技术属性。

①统计差额是以支出法编制的本地生产总值与按经济活动划分的本地生产总值的差额，这差额是由于使用不同数据来源及估算方法而引起的。统计差额是以占本地生产总值(以当时市价计算)的百分比形式作表达。

7-1-3 按行业划分的就业人数

单位：万人

行　业 (按香港标准行业分类1.1版分类)	2005	2006	2007
制造业	22.4	21.7	20.2
建筑业	26.4	26.9	27.5
批发、零售、进口与出口 贸易、饮食及酒店业	109.4	110.5	114.4
运输、仓库及通讯业	35.7	36.9	37.2
金融、保险、地产及商用服务业	50.3	52.6	54.8
社区、社会及个人服务业	87.0	89.2	92.1
其它	2.4	2.3	2.2
总计	**333.7**	**340.1**	**348.4**

7-1-3 续表

单位：万人

行　业 (按香港标准行业分类2.0版分类)	2008	2009	2010
制造业	16.7	15.1	13.4
建筑业	26.9	26.9	27.1
进出口贸易及批发业	58.7	55.9	54.3
零售、住宿及膳食服务业	55.9	55.6	57.1
运输、仓库、邮政及速递服务、资讯及通讯业	43.2	42.6	42.6
金融、保险、地产、专业及商用服务业	63.6	63.6	64.4
公共行政、社会及个人服务业	84.6	86.1	87.9
其它	2.2	2.2	2.3
总计	**351.9**	**348.0**	**349.3**

注：数字是根据每年1月至12月进行的「综合住户统计调查」结果，以及由统计处与跨部门人口分布推算小组共同编制按区议会分区划分年中人口估计数字编制。
从2009年开始，数字是按「香港标准行业分类2.0版」编制，其数列已作出后向估计至2008年。

7-1-4 按行业划分的就业人口名义和实际平均工资指数①

(1999年第一季度＝100)

行　业	2005	2006	2007	2008	2009	2010
名义平均工资指数						
制造业	144.6	148.5	153.8	158.8	155.6	155.2
进出口贸易、批发及零售业	155.7	158.3	161.5	169.6	166.6	170.9
运输业	146.3	146.1	148.9	153.5	151.8	153.4
住宿及膳食服务活动	125.9	127.9	129.2	134.5	130.2	133.3
金融及保险活动	161.2	167.3	167.9	178.1	173.5	178.7
地产租赁及保养管理	153.2	155.5	158.1	164.8	163.1	166.8
专业及商业服务	134.7	140.3	147.3	154.8	155.0	159.8
个人服务	161.9	169.8	189.5	192.2	185.6	190.9
所有选定行业②	146.4	149.8	153.5	160.5	157.5	161.3
实际平均工资指数						
制造业	114.0	114.9	117.8	122.1	118.7	117.1
进出口贸易、批发及零售业	122.7	122.5	123.7	130.3	127.1	129.0
运输业	115.3	113.1	114.1	118.0	115.8	115.8
住宿及膳食服务活动	99.2	99.0	99.0	103.4	99.3	100.6
金融及保险活动	127.0	129.5	128.6	136.9	132.4	134.9
地产租赁及保养管理	120.7	120.3	121.2	126.6	124.4	125.9
专业及商业服务	106.2	108.6	112.9	119.0	118.2	120.6
个人服务	127.6	131.4	145.2	147.7	141.6	144.1
所有选定行业②	115.3	115.9	117.6	123.4	120.2	121.7

注：指有关年度9月份的数字。由2009年3月开始，工资统计数字是按「香港标准行业分类2.0版」编制，其数列已作出后向估计至2004年。
①实际工资指数是从名义工资指数中，以2009至10年为基期的甲类消费物价指数扣除通胀的影响而计算出来。
②指香港「劳工收入统计调查」内工资统计所涵盖的所有行业，包括电力及燃气供应业、污水处理及废弃物管理业与出版活动业。

7-1-5　商品进出口贸易总额

单位：亿港元

贸易种类	2006	2007	2008	2009	2010
进口	25998.04	28680.11	30252.88	26923.56	33648.40
港产品出口	1345.27	1091.22	907.57	577.42	695.12
转口	23265.00	25783.92	27333.94	24113.47	29615.07
整体出口	24610.27	26875.13	28241.51	24690.89	30310.19
贸易总额	50608.31	55555.24	58494.39	51614.45	63958.59
商品贸易差额	-1387.77	-1804.97	-2011.37	-2232.68	-3338.21

7-1-6　商品进口及出口的主要供应地和目的地

单位：亿港元

贸易种类／主要国家／地区	2006	2007	2008	2009	2010
进口(供应地)	**25998.04**	**28680.11**	**30252.88**	**26923.56**	**33648.40**
中国内地	11929.52	13296.52	14107.35	12493.74	15297.51
日本	2681.40	2873.29	2975.52	2363.69	3081.61
新加坡	1648.37	1947.75	1949.51	1746.59	2374.07
中国台湾	1949.17	2051.02	1920.41	1756.49	2247.61
美国	1235.69	1387.68	1507.38	1421.37	1791.60
港产品出口(目的地)	**1345.27**	**1091.22**	**907.57**	**577.42**	**695.12**
中国内地	402.68	406.10	347.58	266.72	312.23
美国	331.59	238.78	188.60	73.17	83.56
新加坡	41.28	30.47	30.25	22.25	28.66
中国台湾	44.61	40.32	38.63	19.18	28.15
荷兰	79.58	29.22	22.52	18.63	26.39

7-1-7　商品转口的主要来源地和目的地

单位：亿港元

贸易种类／主要国家／地区	2006	2007	2008	2009	2010
转口(目的地)	**23265.00**	**25783.92**	**27333.94**	**24113.47**	**29615.07**
中国内地	11159.41	12677.22	13356.87	12365.77	15669.99
美国	3379.71	3443.24	3403.95	2779.20	3237.33
日本	1154.90	1167.03	1186.63	1072.18	1256.15
德国	707.53	780.96	920.11	788.30	797.76
印度	217.92	337.36	512.68	514.73	734.81
转口(来源地)	**23265.00**	**25783.92**	**27333.94**	**24113.47**	**29615.07**
中国内地	14612.92	15977.70	17076.96	15033.19	18209.64
日本	1886.49	2094.19	2177.20	1776.90	2168.61
中国台湾	1667.31	1893.47	1782.04	1563.11	2026.45
韩国	849.96	969.91	870.70	820.75	1109.57
美国	695.89	747.99	928.46	837.90	967.53

7-1-8 按标准国际贸易分类划分商品进口和出口

单位：亿港元

标准国际贸易分类	2000	2005	2006	2007	2008	2009	2010
进口	**16580**	**23295**	**25998**	**28680**	**30253**	**26924**	**33648**
0 粮食及活动物	574	566	615	724	922	1004	1177
1 饮料及烟叶	106	103	105	124	141	161	203
2 除燃料外的非食用未加工材料	232	212	242	256	294	214	284
3 矿物燃料、润滑油及有关物质	353	620	759	885	1119	901	1193
4 动物及植物油、脂肪及蜡	32	16	14	24	34	14	17
5 未列明的化学及有关产品	1046	1442	1555	1671	1713	1409	1803
6 主要按材料分类的制成品	2825	3443	3721	3870	3833	3132	3813
7 机械和运输设备	7078	12169	14011	15412	16152	14894	19235
8 杂项制成品	4324	4710	4963	5701	6031	5179	5908
9 未列入其他分类的货物及交易	9	14	14	14	14	14	15
港产品出口	**1810**	**1360**	**1345**	**1091**	**908**	**577**	**695**
0 粮食及活动物	17	14	14	14	16	16	20
1 饮料及烟叶	10	18	20	23	22	23	26
2 除燃料外的非食用未加工材料	19	34	41	52	59	35	61
3 矿物燃料、润滑油及有关物质	8	21	22	21	25	25	23
4 动物及植物油、脂肪及蜡	1	§	§	1	1	1	1
5 未列明的化学及有关产品	63	83	94	107	111	98	126
6 主要按材料分类的制成品	159	87	86	81	80	47	54
7 机械和运输设备	448	356	365	213	204	162	213
8 杂项制成品	1078	741	697	574	385	164	164
9 未列入其他分类的货物及交易	6	6	5	5	5	5	7
转口	**13917**	**21141**	**23265**	**25784**	**27334**	**24113**	**29615**
0 粮食及活动物	185	113	136	185	260	291	332
1 饮料及烟叶	62	52	58	68	78	78	93
2 除燃料外的非食用未加工材料	177	146	149	153	168	134	178
3 矿物燃料、润滑油及有关物质	34	44	49	45	58	33	31
4 动物及植物油、脂肪及蜡	10	4	3	4	5	3	4
5 未列明的化学及有关产品	750	1015	1117	1225	1247	1062	1306
6 主要按材料分类的制成品	2163	2667	2884	3029	3062	2486	3154
7 机械和运输设备	5608	11526	13111	14548	15597	14097	18019
8 杂项制成品	4922	5559	5739	6507	6834	5904	6472
9 未列入其他分类的货物及交易	7	16	19	22	25	25	27

注：§少于0.5亿港元。

7-1-9 按主要服务组别划分的服务出口及进口

单位：亿港元

主要服务组别	2006	2007	2008	2009	2010
服务出口					
运输服务	1741.86	1995.61	2249.53	1836.18	2350.47
旅游服务	903.99	1073.04	1191.71	1271.93	1722.71
保险服务	32.40	36.48	42.62	38.47	42.69
金融服务①	719.97	970.49	934.25	874.84	979.51
商贸服务及其他与贸易相关的服务	1782.70	1989.76	2159.39	2067.55	2477.73
其他服务	469.63	543.10	608.79	609.31	695.45
总计	5650.54	6608.47	7186.30	6698.29	8268.56
服务进口					
运输服务	902.34	1086.27	1232.89	949.30	1131.68
旅游服务	1090.88	1173.46	1253.26	1214.62	1356.61
保险服务	47.64	55.43	56.51	52.70	62.37
金融服务	156.71	218.95	244.26	256.19	272.08
商贸服务及其他与贸易相关的服务	209.67	242.98	268.66	270.05	333.62
其他服务	471.76	545.30	609.25	663.15	795.65
总计	2879.00	3322.40	3664.84	3406.01	3952.01
服务出口净额	**2771.54**	**3286.07**	**3521.46**	**3292.28**	**4316.55**

注：①金融服务出口的数字已采纳了根据香港金融管理局最新发布的数据而估算的数字。

7-1-10 按主要目的地和来源地划分的服务出口及进口

单位：亿港元

目的地／来源地	2006	2007	2008	2009	2010
服务出口①②					
中国内地	1370.07	1614.61	1755.22	1772.13	
美国	1190.30	1391.46	1505.92	1399.63	
英国	442.38	520.06	539.10	511.30	
日本	401.31	449.53	459.63	423.13	
中国台湾	363.22	361.98	366.97	297.35	
其他	1778.68	2142.46	2421.26	2173.05	
所有目的地	5545.96	6480.09	7048.10	6576.61	8168.78
服务进口①					
中国内地	764.86	879.28	933.23	900.93	
美国	426.41	486.48	537.86	506.67	
日本	242.76	272.88	305.37	264.62	
英国	224.58	246.99	263.63	247.51	
新加坡	152.02	184.67	212.25	197.73	
其他	1058.93	1239.55	1389.25	1248.54	
所有来源地	2869.55	3309.85	3641.58	3366.00	3928.49

注：①由于金融中介服务没有按区域细分数字，本统计表内的数字不包括金融中介服务数字，因此载于本统计表内所有目的地／来源地的数字不等同于表7-1-9所有服务的相关数字。
②服务出口的数字已采纳了根据香港金融管理局最新发布的数据而估算的数字。

7-1-11 货物及服务进出口占本地生产总值比重

单位：%

指　标	2000	2005	2006	2007	2008	2009	2010
本地生产总值　(亿港元)	13177	13826	14754	16156	16770	16223	17439
对外商品贸易							
进口	124.21	167.16	174.62	176.56	180.33	166.61	194.69
出口							
港产品出口	13.73	9.86	9.41	7.25	6.06	4.71	4.71
转口	105.62	153.00	157.83	159.80	163.52	149.07	170.83
对外服务贸易							
服务出口	23.91	35.83	38.30	40.90	42.85	41.29	47.42
服务进口	14.60	19.11	19.51	20.56	21.85	20.99	22.66

7-1-12 按居住国家和地区划分的访港旅客人数

单位：万人次

居住国家／地区	2006	2007	2008	2009	2010
中国内地	1359.1	1548.6	1686.2	1795.7	2268.4
南亚及东南亚	266.0	288.8	293.6	288.5	350.1
中国台湾	217.7	223.9	224.0	201.0	216.5
北亚	203.0	220.1	222.9	182.3	220.8
欧洲、非洲及中东	191.7	218.9	209.4	196.9	217.4
美洲	163.1	178.4	168.5	156.8	175.0
澳大利亚、新西兰及南太平洋	66.8	75.7	76.3	70.8	76.9
中国澳门	57.8	62.6	69.7	67.1	78.0
总计	**2525.1**	**2816.9**	**2950.7**	**2959.1**	**3603.0**
	(+8.1)	(+11.6)	(+4.7)	(+0.3)	(+21.8)

注：括号内数字表示与去年比较的变动百分比。

7-1-13 按居住国家和地区划分的访港旅客人均消费和逗留时间

国家和地区	2000	2005	2006	2007	2008	2009	2010
过夜旅客人均消费 （港元）	**4612**	**4663**	**4799**	**5122**	**5439**	**5770**	**6728**
中国内地	4868	4554	4705	5193	5676	6620	7453
南亚及东南亚	4268	4377	4550	4773	4744	4460	5251
中国台湾	4839	4916	5329	5015	5126	5117	5197
北亚	4571	4300	4316	4303	4306	3893	4976
欧洲、非洲及中东	4591	5331	5366	5640	6045	5127	6674
美洲	5076	5477	5505	5744	5760	4914	6476
澳大利亚、新西兰及南太平洋	3983	5068	5463	5589	6181	5330	7050
中国澳门	1622	2765	2802	2772	3041	3069	3824
入境不过夜旅客人均消费 （港元）	**640**	**810**	**1015**	**1239**	**1498**	**1798**	**1846**
中国内地	1143	1247	1537	1832	2138	2352	2356
南亚及东南亚	437	244	269	353	458	706	543
中国台湾	500	195	225	229	268	568	610
北亚	340	204	198	221	394	444	377
欧洲、非洲及中东	347	301	420	417	409	567	560
美洲	369	320	325	373	339	476	329
澳大利亚、新西兰及南太平洋	377	547	464	510	574	560	573
中国澳门	721	1284	1590	1661	1576	2347	2299
过夜旅客逗留时间 （夜数）	**3.0**	**3.7**	**3.5**	**3.3**	**3.3**	**3.2**	**3.6**
中国内地	3.3	4.2	3.9	3.6	3.5	3.4	3.9
南亚及东南亚	3.1	3.2	3.3	3.2	3.2	3.1	3.2
中国台湾	2.3	2.5	2.5	2.5	2.5	2.5	2.5
北亚	2.4	2.2	2.2	2.1	2.1	2.1	2.2
欧洲、非洲及中东	3.6	3.3	3.3	3.2	3.4	3.4	3.9
美洲	3.4	3.4	3.4	3.3	3.4	3.4	3.9
澳大利亚、新西兰及南太平洋	3.5	3.4	3.4	3.3	3.3	3.4	3.8
中国澳门	2.7	2.3	2.2	2.1	2.1	2.1	2.2

7-1-14 按主要货物装卸地点划分的集装箱吞吐量

单位：万标准集装箱单位

项 目	2006	2007	2008	2009	2010
集装箱吞吐量	**2353.9**	**2399.8**	**2449.4**	**2104.0**	**2369.9**
集装箱码头					
抵港					
载货集装箱	626.5	676.2	711.8	658.4	722.0
空集装箱	161.4	165.8	164.7	94.9	120.9
离港					
载货集装箱	767.7	837.3	835.6	696.8	794.4
空集装箱	49.2	52.9	60.5	65.8	72.6
集装箱码头以外					
抵港					
载货集装箱	310.1	276.3	272.2	211.6	270.4
空集装箱	108.4	85.8	91.4	86.1	81.9
离港					
载货集装箱	230.1	200.9	207.6	205.8	213.5
空集装箱	100.5	104.7	105.6	84.6	94.4

注：标准集装箱是20英尺×8英尺×8英尺。

7-1-15 按运输方式划分的进出香港货物

单位：万吨

项 目	2006	2007	2008	2009	2010
卸下	**16365.7**	**16316.9**	**16571.1**	**15566.9**	**17282.1**
空运	130.0	135.2	132.7	126.3	147.9
水运	14154.2	14132.4	14597.7	13929.3	15426.3
海运	10657.9	10943.5	11022.0	10561.2	11444.7
河运	3496.3	3188.9	3575.7	3368.1	3981.6
道路运输	2066.0	2037.2	1831.7	1504.4	1705.0
铁路运输①	15.5	12.1	9.0	6.8	2.9
装上	**11566.5**	**12228.6**	**12916.2**	**11744.6**	**12881.7**
空运	228.0	239.0	230.1	208.4	264.9
水运	9669.6	10410.9	11342.5	10367.3	11355.2
海运	5962.9	6791.2	6975.5	5597.9	6755.7
河运	3706.8	3619.7	4367.1	4769.4	4599.5
道路运输	1666.0	1576.7	1341.7	1167.2	1261.0
铁路运输①	2.9	2.0	1.9	1.6	0.7

注：①数字不包括家畜。香港铁路有限公司已于2010年6月16日起，停办铁路货运业务。

7-1-16 通讯及互联网服务

项目		2006	2007	2008	2009	2010
邮递服务						
信件邮件	(亿件物品)	13.2	14.0	14.0	13.1	12.8
包裹	(万件)	92.9	104.6	118.9	125.4	132.9
电话服务①②	**(万条操作线路)**					
住宅		213.5	228.2	227.4	236.0	240.7
商用		170.1	180.7	183.4	182.9	185.4
总计		383.6	408.9	410.8	418.8	426.0
图文传真②	**(万条操作线路)**	**37.5**	**35.2**	**31.9**	**28.6**	**26.0**
对外电话通讯量	**(万分钟)**					
拨出③		654220	723918	765677	775859	772715
拨入④		223301	226179	234355	227078	258159
对外专用电报通讯量	**(万分钟)**					
发出		18.6	11.2	7.3	3.9	5.2
收到		57.7	40.8	27.8	14.1	10.4
转接⑤		35.9	9.6	5.4	-	-
本地电报机电讯	**(万分钟)**	**85.9**	**68.2**	**30.9**	**24.4**	**20.5**
公共无线电传呼接收器②	**(户)**	**123102**	**140840**	**117997**	**117444**	**104851**
公共流动电话用户系统②⑥⑦	**(户)**	**5153303**	**5698205**	**6089985**	**6377392**	**6816033**
		(9444140)	**(10588504)**	**(11374224)**	**(12206910)**	**(13416011)**
互联网服务						
持牌互联网服务供应商数目②	(个)	199	191	192	189	184
持牌互联网服务供应商客户数目②⑧	(个)					
以拨号接驳的已登记客户户口(不包括互联网储值卡)⑨⑩		632193	634161	621420	644078	741511
作拨号接驳用途的互联网储值卡		1000	500	300	300	
以私人租用线路接驳的已登记客户户口⑨		1641	1913	1724	1571	1580
宽带互联网接驳客户户口⑨⑩		1717310	1853026	1921258	2033352	2126962
互联网使用量⑧						
客户通过公共电话网络接驳⑪	(万分钟)	61860	40403	30461	25922	17868
客户通过宽带网络接驳⑫	(太字节)⑬	974254	1196601	1289080	1435691	1652942

注：①数字包括直通内线式电话线、图文传真线及电文线路的直拨服务。由2007年12月起,数字包括网际规约(IP)电话或网络电话(VoIP)服务的客户数目。
②数字为该年年底数字。
③数字也包括图文传真及数据。
④估计数字。
⑤由2008年11月1日起，有关的服务已经终止。
⑥数字不包括储值智能卡。包括储值智能卡的数字于括号内展示。
⑦自2004年开始数字包括第3代流动服务。
⑧数字为根据互联网服务供应商申报的估计数字，并不包括不属于持牌互联网服务供应商客户的使用者。
⑨已登记客户户口指互联网服务供应商的客户户口(包括免费的客户户口)。拥有超过一个客户登入识别码的登记客户户口只算作一个已登记的客户户口。数字不包括只获提供电邮地址的客户户口。
⑩由于有一家互联网服务供货商修正其客户统计数字，因此2006年至2008年的已登记客户户口统计数字已作出修订。
⑪不包括通过私人租用线路接驳及使用宽带服务的客户。
⑫宽带是指采用各类数字式用户线路（xDSL)、本地多点配送系统(LMDS)、光纤到楼（FTTB)、电缆调制解调器等技术以每秒1.5兆比特或以上的速度传送数据的容量。
⑬1个太字节 ＝ 8万亿比特。

7-1-17 15岁及以上人口受教育程度

项目	2006		2007		2008		2009		2010	
	人数(万人)	百分比	人数(万人)	百分比	人数(万人)	百分比	人数(万人)	百分比	人数(万人)	百分比
总计										
男	274.96	47.15	277.95	46.88	279.61	46.65	282.82	46.70	282.88	46.20
女	308.26	52.85	314.89	53.12	319.77	53.35	322.84	53.30	329.41	53.80
未受教育/幼儿园①										
男	7.65	1.31	7.27	1.23	7.28	1.21	7.36	1.21	8.09	1.32
女	26.46	4.54	25.51	4.30	25.45	4.25	24.41	4.03	24.83	4.06
小学										
男	48.93	8.39	48.11	8.11	48.43	8.08	47.39	7.83	45.16	7.38
女	59.74	10.24	60.03	10.13	60.89	10.16	59.83	9.88	58.67	9.58
初中										
男	51.01	8.75	50.30	8.49	50.23	8.38	50.28	8.30	49.70	8.12
女	44.99	7.71	46.93	7.92	46.26	7.72	47.43	7.83	47.49	7.76
高中										
男	96.30	16.51	98.02	16.53	98.85	16.49	100.14	16.53	101.39	16.56
女	109.26	18.73	112.38	18.96	114.97	19.18	117.20	19.35	121.53	19.85
高等教育										
非学位课程②										
男	23.07	3.95	24.25	4.09	24.15	4.03	23.92	3.95	22.37	3.65
女	23.74	4.07	23.99	4.05	24.84	4.14	24.07	3.97	22.54	3.68
学位课程③										
男	48.00	8.23	50.00	8.43	50.68	8.45	53.72	8.87	56.17	9.17
女	44.07	7.56	46.06	7.77	47.35	7.90	49.91	8.24	54.35	8.88

注：数字是根据每年1月至12月进行的“综合住户统计调查”结果，以及由统计处与跨部门人口分布推算小组共同编制按区议会分区划分年中人口估计数字编制。

① 包括所有幼儿园及幼儿中心班级。

② 包括所有在香港或以外地区专上学院的高级文凭、专业文凭及其它同等程度的专上课程。

③ 包括所有在香港或以外地区专上学院的学士学位、研究生修课及专题研究课程。

7-1-18 研究及发展经费支出及人员情况

年份	研究及发展经费支出(百万港元)			研究及发展人员数目①（以相当于全日制的人数计算）			
	总计	资本支出	经常支出	总计	研究人员	技术人员	其他辅助人员
2000	6218	496	5722	9802	7728	1374	699
2005	10922	2228	8694	22054	18024	2346	1683
2006	11947	1844	10103	22977	18325	3176	1475
2007	12407	1147	11261	23644	19553	2603	1487
2008	12293	914	11379	22005	18450	2286	1269
2009	12833	813	12020	23281	19283	2463	1535

注：① 研发人员的数目是以「相当于全日制的人数」计算，其定义为雇员于统计年内实际参与研发活动的工作月数除以12。

7-1-19 香港国际收支平衡表

标准组成部分①	2006	2007	2008	2009	2010
经常帐户②	**1781.66**	**1992.79**	**2295.06**	**1392.49**	**1082.44**
货物	-1089.83	-1536.72	-1800.91	-2082.20	-3338.05
服务	2771.54	3286.07	3521.46	3292.28	4316.55
收益	273.48	444.37	833.06	428.66	365.68
经常转移	-173.53	-200.93	-258.55	-246.25	-261.74
资本及金融帐户②	**-2099.35**	**-2592.47**	**-2311.62**	**-1553.71**	**-1374.10**
资本转移	-29.00	103.38	163.93	362.10	406.47
直接投资	6.35	-525.77	703.93	-899.00	-557.30
有价证券投资	-2078.79	-214.52	-2951.48	-3324.17	-4728.75
金融衍生工具	259.25	435.34	633.38	245.60	291.56
其他投资	210.19	-1245.92	1777.32	7554.38	3924.78
储备资产（变动净值)③	-467.35	-1144.98	-2638.69	-5492.62	-710.86
净误差及遗漏④	**317.69**	**599.68**	**16.56**	**161.22**	**291.66**
整体的国际收支	**467.35**	**1144.98**	**2638.69**	**5492.62**	**710.86**
	(盈余)	**(盈余)**	**(盈余)**	**(盈余)**	**(盈余)**

注：①根据国际收支平衡表的会计常规，某标准组成部分的净贷方数字以正数显示，而净借方则以负数显示。
②经常帐差额的正数显示盈余而负数则显示赤字。在资本及金融帐方面，正数显示净资金流入而负数则显示净资金流出。由于对外资产的增加是属于借方帐目而减少则属贷方帐目，因此负数的储备资产变动净值显示储备资产的增加，而正数则显示减少。
③在国际收支平衡架构下储备资产变动净值的估计是指交易数字。因计价方式改变(包括价格变动及汇率变动)及分类重组所导致的影响并不包括在内。
④原则上，贷方和借方各项帐目的净总和应相等于零。但实际上，贷方和借方帐目的资料是透过不同的来源搜集，基于各种原因会有差异。为了令贷方和借方帐目的总和相等，便须加进一个余额项目,以反映平衡表的「净误差及遗漏」。

7-1-20 香港国际投资头寸（期末头寸）

概括组成部分	2006	2007	2008	2009	2010
资产	**149987.00**	**211940.93**	**175212.61**	**198114.97**	**224314.74**
在外地的直接投资	52645.23	78889.93	59061.75	64537.22	73740.64
有价证券投资	45134.98	60740.91	43182.41	62934.49	72225.22
金融衍生工具	1752.04	3736.19	6753.11	3792.24	4580.98
其他投资	40094.63	56667.08	52068.23	47014.93	52877.68
储备资产	10360.11	11906.82	14147.10	19836.09	20890.22
负债	**109689.82**	**174205.03**	**126945.89**	**142271.04**	**170374.89**
在香港的直接投资	57719.14	91865.49	63258.37	72620.53	85334.44
有价证券投资	20187.54	37260.25	17819.04	26431.79	31306.14
金融衍生工具	1583.38	2538.36	5726.47	3104.78	3785.62
其他投资	30199.76	42540.93	40142.01	40113.93	49948.68
国际投资头寸净值①	**40297.17**	**37735.90**	**48266.72**	**55843.94**	**53939.86**

注：①国际投资头寸净值是对外金融资产总值与对外金融负债总值之差。

7-1-21 外币兑换率及港汇指数

单位：每单位外币兑换港元(另有说明除外)

项　　目	2006	2007	2008	2009	2010
年内平均数字①					
澳元	5.85	6.55	6.63	6.16	7.15
加拿大元	6.85	7.30	7.34	6.83	7.54
人民币（每百港元）	102.65	97.09	89.00	88.16	86.93
欧元	9.77	10.70	11.45	10.82	10.31
日元	0.0669	0.0664	0.0756	0.0830	0.0888
马来西亚林吉特	2.12	2.27	2.34	2.20	2.42
新台币	0.24	0.24	0.25	0.24	0.255
菲律宾比索	0.15	0.17	0.18	0.17	0.175
英镑	14.33	15.62	14.42	12.16	12.01
韩圆	0.0081	0.0084	0.0072	0.0061	0.0067
新加坡元	4.89	5.18	5.51	5.34	5.71
瑞士法郎	6.21	6.51	7.21	7.16	7.47
泰铢	0.21	0.24	0.24	0.23	0.245
美元	7.768	7.801	7.787	7.752	7.769
特别提款权	11.43077	11.94216	12.31358	11.95320	11.85099
港汇指数（2000年1月=100）					
贸易总值(进口及整体出口)加权	96.10	91.90	87.10	88.20	86.20
进口货值加权	96.80	92.50	87.10	87.90	85.30
整体出口货值加权②	95.50	91.30	87.20	88.50	87.20
年底数字③					
澳元	6.13	6.87	5.37	6.98	7.92
加拿大元	6.68	7.99	6.37	7.38	7.78
人民币　（每百港元）	100.45	93.14	88.64	87.83	84.63
欧元	10.26	11.49	10.93	11.20	10.39
日元	0.0654	0.0697	0.0860	0.0841	0.0956
马来西亚林吉特	2.20	2.36	2.24	2.26	2.52
新台币	0.25	0.25	0.25	0.25	0.275
菲律宾比索	0.17	0.19	0.17	0.17	0.178
英镑	15.22	15.59	11.21	12.50	12.04
韩圆	0.0084	0.0083	0.0062	0.0067	0.0069
新加坡元	5.07	5.43	5.38	5.54	6.06
瑞士法郎	6.38	6.93	7.33	7.53	8.31
泰铢	0.22	0.26	0.22	0.23	0.259
美元	7.78	7.80	7.75	7.76	7.775
特别提款权	11.69521	12.32911	11.93863	12.15900	11.98913
港汇指数（2000年1月=100）					
贸易总值(进口及整体出口)加权	94.30	88.60	88.30	86.70	83.60
进口货值加权	94.90	89.00	87.70	86.30	82.20
整体出口货值加权②	93.60	88.30	89.00	87.20	85.20

注：《中华人民共和国香港特别行政区基本法》说明，港元是香港特别行政区的法定货币。外币指港元以外的其他货币，因而人民币亦视作外币。

①数字是指年内每日电汇或现钞收市中间兑换价的平均值。

②包括转口和港产品出口。

③数字是该年最后一个交易日的电汇或现钞收市中间兑换价。

7-1-22 货币供应量

(年底数字)　　单位：亿港元

项　　目	2006	2007	2008	2009	2010
法定纸币及硬币的流通量					
由商业银行发行	1573.85	1634.35	1772.25	2001.85	2267.05
由政府发行	71.15	78.00	85.72	87.30	91.82
总计	1645.00	1712.35	1857.97	2089.15	2358.87
由认可机构持有的法定纸币及硬币	142.69	132.22	153.17	145.96	170.81
由公众持有的法定纸币及硬币	1502.31	1580.13	1704.80	1943.19	2188.06
货币供应量：就外币掉期存款作出调整					
货币供应量 M_1					
港元	3879.09	4543.42	4911.15	6712.41	7300.93
外币	1037.39	1623.66	1547.18	2305.78	2871.34
总计	4916.48	6167.09	6458.33	9018.19	10172.27
货币供应量 M_2					
港元①	27776.79	32810.17	32398.57	35877.17	38667.91
外币②	22766.53	28253.31	30282.01	30145.93	32694.84
总计	50543.32	61063.48	62680.58	66023.10	71362.75
货币供应量 M_3					
港元①	27955.45	33005.00	32613.06	36048.43	38781.95
外币②	22941.96	28392.58	30394.45	30220.01	32780.69
总计	50897.41	61397.58	63007.51	66268.43	71562.64
货币供应量：未就外币掉期存款作出调整					
货币供应量 M_2					
港元	27769.55	32804.47	32393.75	35873.30	38665.70
外币	22773.77	28259.01	30286.82	30149.80	32697.05
总计	50543.32	61063.48	62680.58	66023.10	71362.75
货币供应量 M_3					
港元	27948.21	32999.30	32608.24	36044.56	38779.74
外币	22949.20	28398.28	30399.26	30223.87	32782.90
总计	50897.41	61397.58	63007.51	66268.43	71562.64

注：《中华人民共和国香港特别行政区基本法》说明，港元是香港特别行政区的法定货币。外币指港元以外的其他货币，因而人民币亦视作外币。
①所列数字已包括外币掉期存款。
②所列数字已扣除外币掉期存款。

7-1-23 股票价格指数、证券交易成交额及市场总值

项　　目	2006	2007	2008	2009	2010
香港上市①					
主板					
股票价格指数					
恒生指数②（1964年7月31日=100）					
最高	20049.0	31958.4	27853.6	23099.6	24988.6
最低	14844.0	18659.2	10676.3	11344.6	18971.5
收市	19964.7	27812.7	14387.5	21872.5	23035.5
分类指数					
(1984年1月13日= 975.47)					
金融					
最高	32621.1	48000.5	39543.2	37385.1	37707.7
最低	26583.6	29619.9	17235.7	15457.9	28778.5
收市	32428.7	39526.3	21793.5	34170.8	33789.2
公用事业					
最高	35991.9	41664.0	45501.9	38609.9	43624.1
最低	30563.6	33291.0	27510.7	33049.6	35796.8
收市	35793.7	41065.1	33841.4	37585.2	41748.9
地产					
最高	23146.9	40025.0	39305.3	30271.8	33816.1
最低	17944.1	22149.3	13015.5	14226.0	23817.2
收市	23144.1	38080.0	16974.1	28147.4	29980.3
工商业					
最高	10714.6	19001.2	16619.8	11866.0	13611.3
最低	7115.0	9991.6	5290.1	6585.4	10167.5
收市	10620.3	16568.0	7894.2	11452.9	12974.4
恒生综合指数					
(2000年1月3日= 2 000)					
最高	2809.0	4580.1	3940.6	3186.1	3519.3
最低	1944.2	2557.1	1434.4	1634.8	2621.3
收市	2802.7	3935.4	1982.6	3052.0	3248.2
恒生综合行业指数③					
(2000年1月3日= 2 000)					
能源业					
最高	9440.7	20327.9	17106.9	13243.9	15472.2
最低	7117.3	7696.3	4124.9	5811.0	11010.8
收市	9331.7	16203.5	7225.8	12811.5	14928.9
原材料业					
最高	10579.1	24423.1	19252.5	11465.4	12245.1
最低	7452.1	10108.7	2636.3	4264.1	8554.0
收市	10575.6	19031.0	5041.5	10822.5	11294.0
工业制品业					
最高	1588.7	2205.1	1885.4	1474.5	2071.4
最低	1396.0	1379.8	459.4	646.5	1247.7
收市	1400.6	1867.4	760.5	1401.3	1933.8
消费品制造业					
最高	3772.0	5441.2	5164.9	5287.7	6315.7
最低	2614.7	3585.2	1817.7	2267.7	4549.8
收市	3769.5	5041.1	2389.4	5175.4	5655.0
服务业					
最高	3439.7	5723.7	5285.6	3427.0	4458.0
最低	2872.1	3409.6	1451.1	1685.0	3068.8
收市	3436.3	5168.4	1960.3	3345.3	4191.2
电讯业					
最高	1611.0	3291.5	2914.4	1916.2	1772.2
最低	1157.5	1488.5	1114.1	1304.2	1488.8
收市	1581.7	2885.3	1605.3	1529.3	1657.9

7-1-23 续表 1

项 目	2006	2007	2008	2009	2010
公用事业					
最高	4530.7	6057.9	5955.8	5141.7	5522.4
最低	3554.8	4299.4	3304.0	4098.7	4681.5
收市	4515.9	5909.5	4276.8	4953.6	5261.4
金融业					
最高	3418.0	4931.6	4096.7	3944.1	3989.2
最低	2428.2	2930.1	1752.6	1718.9	3032.1
收市	3382.2	3999.3	2280.9	3599.2	3572.8
地产建筑业					
最高	2885.5	4867.5	4353.0	3155.7	3348.2
最低	2068.2	2715.6	1223.0	1464.1	2378.7
收市	2884.7	4321.0	1809.3	2916.3	3047.1
信息科技业					
最高	2136.6	2771.7	2372.8	2672.8	2879.3
最低	1335.2	1767.0	649.7	762.5	2095.2
收市	2100.2	2367.9	874.9	2669.2	2483.2
综合企业					
最高	2138.4	3105.9	2923.4	2204.6	2801.8
最低	1757.3	2031.7	973.3	1144.4	1794.3
收市	2128.1	2815.2	1307.2	2171.3	2654.9
恒生综合市值指数					
(2000年1月3日= 2 000)					
恒生综合大型股指数④					
最高	2111.5	2561.9	2437.2	1849.4	2022.9
最低	1811.1	1947.5	1095.8	846.8	1529.2
收市	2108.9	2401.0	1226.0	1760.4	1862.0
恒生综合中型股指数④					
最高	4273.6	6079.1	5539.4	4618.2	5285.0
最低	2843.4	3980.6	2064.7	2264.6	3799.4
收市	4273.0	5521.4	2569.5	4515.2	4895.3
恒生综合小型股指数④					
最高	2380.5	3544.7	3204.1	2406.7	3006.8
最低	1880.9	2299.3	831.9	1033.1	2040.4
收市	2338.1	3159.5	1101.3	2338.4	2804.9
恒生中国企业指数⑤					
(2000年1月3日= 2 000)					
最高	10455.5	20609.1	16323.7	13863.0	14219.5
最低	5318.9	8426.8	4792.4	6404.0	10726.5
收市	10340.4	16124.7	7891.8	12794.1	12692.4
恒生香港中资企业指数					
(2000年1月3日= 2 000)					
最高	3363.5	7107.9	6162.6	4457.4	4486.6
最低	1931.3	3112.7	2172.6	2749.9	3498.5
收市	3330.1	6111.2	3292.4	4059.9	4170.2
恒生中国H股金融行业指数⑥					
(2004年3月5日= 5 033.14)					
最高	13280.4	23956.5	18545.8	19325.7	20098.2
最低	9745.6	10145.1	6636.1	8568.4	14937.3
收市	12935.5	18121.1	10186.0	17677.0	17681.7
恒生中国内地100⑦					
(2000年1月3日= 2 000)					
最高	5535.0	10906.7	8971.1	7322.2	7858.1
最低	3077.6	4783.1	2746.4	3587.6	5994.1
收市	5514.8	8927.6	4330.2	6983.7	7133.9

7-1-23 续表 2

项 目	2006	2007	2008	2009	2010
恒生中国内地25					
(2000年1月3日= 2 000)					
最高	6505.6	12203.3	9968.9	8285.9	8849.8
最低	3549.5	5383.2	3226.7	4186.9	6756.8
收市	6442.4	9870.5	5097.8	7720.0	8051.9
恒生香港35⑧					
(2000年1月3日= 2 000)					
最高	2230.7	3126.1	3009.6	2287.3	2721.0
最低	1780.1	2094.5	1174.6	1125.4	1931.3
收市	2230.4	2965.0	1419.8	2207.3	2568.8
恒生房地产基金指数⑨					
(2005年11月25日= 3 000)					
最高	-	-	2233.9	3458.6	4673.1
最低	-	-	1551.1	1993.9	3392.6
收市	-	-	2217.0	3403.2	4668.6
跨市场及内地上市①					
恒生神州50指数(美元)⑩					
(2000年1月3日= 2 000)					
最高	-	-	6764.2	7118.2	6900.0
最低	-	-	3085.2	3885.0	5463.0
收市	-	-	4159.4	6776.6	6156.5
恒生AH股溢价指数⑪					
最高	-	197.8	213.5	167.7	125.2
最低	-	129.0	105.7	109.9	91.8
收市	-	179.1	119.3	120.9	98.8
恒生AH股A+H指数(美元)⑪					
(2006年1月3日= 1 000)					
最高	-	3837.0	3198.0	2481.5	2445.6
最低	-	2191.5	1009.0	1272.7	1874.7
收市	-	3149.8	1371.7	2334.5	2177.9
恒生AH股A指数(人民币)⑪					
(2006年1月3日= 1 000)					
最高	-	4949.8	4479.9	2638.5	2437.9
最低	-	2699.6	1253.5	1407.2	1728.2
收市	-	4285.4	1395.9	2400.7	1910.4
恒生AH股H指数(港币)⑪					
(2006年1月3日= 1 000)					
最高	-	3332.9	2647.2	2326.4	2443.2
最低	-	1741.0	791.6	1050.7	1819.4
收市	-	2645.3	1296.3	2153.5	2201.4
恒生A股行业龙头指数(人民币)⑫					
(2005年7月1日= 1 000)					
最高	-	-	-	3838.5	3773.9
最低	-	-	-	3177.4	2583.2
收市	-	-	-	3752.3	3050.9
主板					
标准普尔/香港交易所大型股指数					
(2003年2月28日= 10 000)					
最高	24446.6	38585.1	33684.7	26565.3	29488.0
最低	17098.6	21912.5	13569.0	14169.8	22345.5
收市	24378.8	33709.0	17891.2	25565.0	27392.8
成交金额(亿港元)	83326.3	215062.7	176007.1	154394.9	170764.1
市场总值⑬(亿港元)	132488.2	205364.6	102535.9	177692.7	209422.8

7-1-23 续表 3

项　　目	2006	2007	2008	2009	2010
创业板					
标准普尔／香港交易所创业板指数(2003年2月28日=1 000)					
最高	1342.6	1793.9	1347.5	731.3	897.3
最低	1005.5	1209.8	343.2	349.5	686.1
收市	1224.7	1349.6	385.5	677.0	810.5
成交金额（亿港元）	436.8	1592.6	520.9	757.6	1336.7
市场总值⑬(亿港元)	888.9	1610.8	451.6	1050.4	1346.7

注：对于最高和最低指数，恒生指数有限公司是根据期内每日即市指数编制，而标准普尔/香港交易所则根据期内每日收市指数编制。
①恒生指数系列已于2010年3月8日重整，并按指数成份股的上市地域分类为香港上市、跨市场及内地上市。
②恒生指数的计算方法由总市值加权法改为以流通市值加权法计算，并为每只成份股的比重上限设定为15%。
③2006年9月11日起，行业指数由9个增加至11个。“能源业”及“原材料业”是从原来的“资源矿产业”及“工业制品业”分拆，“电讯业”从“服务业”中分拆出来。
④由2010年3月8日起，“恒生综合大型股指数”、“恒生综合中型股指数”及“恒生综合小型股指数”分别沿用“恒生香港大型股指数”、“恒生香港中型股指数”及“恒生香港小型股指数”的历年数值计算指数。
⑤由2006年3月6日起，计算方法改为以流通市值加权法计算，并为每只成份股的比重上限设定为15%。
⑥于2006年11月27日推出，2006年的最高及最低指数指由2006年11月27日至12月底期间的数字。
⑦由2010年3月8日起，“恒生中国内地100”沿用“恒生中国内地流通指数”的历年数值计算指数。
⑧由2010年3月8日起，“恒生香港35”沿用“恒生香港25”的历年数值计算指数。
⑨于2008年10月27日推出。2008年的最高及最低指数指由2008年10月27日至12月底期间的数字。
⑩于2008年6月30日推出。2008年的最高及最低指数指由2008年6月30日至12月底期间的数字。
⑪于2007年7月9日推出。2007年的最高及最低指数指由2007年7月9日至12月底期间的数字。
⑫于2009年9月21日推出。2009年的最高及最低指数指由2009年9月21日至12月底期间的数字。
⑬年底数字。

7-1-24 按种类划分的固体废物量

单位：吨/日

种　　类	2006	2007	2008	2009	2010
于堆填区弃置的固体废物					
都市固体废物①					
家居废物②	6630	6370	6080	6020	6140
商业废物③	2060	2190	2280	2320	2350
工业废物④	590	620	660	630	630
小计	9280	9180	9020	8960	9110
整体建筑废物①⑤	4130	3160	3090	3120	3580
特殊废物⑥	1640	1560	1390	1240	1120
总计	**15040**	**13900**	**13500**	**13330**	**13820**
已回收都市固体废物⑦	7780	7700	8590	8720	

注：①都市固体废物包括运往弃置设施的家居废物、商业废物及工业废物，但不包括建筑废物及已回收都市固体废物。
②家居废物包括使用后的住宅固体废物，及由公共洁净服务收集的废物。
③商业废物包括所有类型的商业活动产生的固体废物。
④工业废物包括由工业活动产生的固体废物，但不包括化学废物及建筑废料。自2007年开始运往堆填区处置并包括在工业废物类别的废弃混凝土已被重新归类于整体建筑废物，有关的数量已从工业废物类别中扣除。
⑤建筑废物包括由建筑及拆卸活动所产生的废物，但不包括可运往公众填土区作填海用途的物料。在堆填区弃置的整体建筑废物包括来自建筑地盘的建筑废物，以及在建筑地盘以外设立的混凝土配料厂和水泥/砂浆生产厂所产生的废弃混凝土。
⑥特殊废物包括弃置于堆填区的动物尸体、屠房废物、报废货物、滤水厂及污水处理后的污泥、污水处理厂的隔滤物、禽畜废物、医疗废物及化学废物。
⑦都市固体废物回收后会在本地或香港以外地方循环再造。

【主要统计指标解释】

年中人口 是以“居住人口”方法编制，利用“居住人口”方法所编制的人口估计称为“居港人口”。“居港人口”包括“常住居民”和“流动居民”。“常住居民”指两类人士：（a）在统计时点之前的6个月内，在港逗留最少3个月，又或在统计时点之后的6个月内，在港逗留最少3个月的香港永久性居民，不论在统计时点他们是否身在香港；及（b）在统计时点身在香港的香港非永久性居民。至于“流动居民”，是指在统计时点之前的6个月内，在港逗留最少一个月但少于3个月，又或在统计时点之后的6个月内，在港逗留最少1个月但少于3个月的香港永久性居民，不论在统计时点他们是否身在香港。根据新的编制方法，旅客并不包括在香港人口内。

粗出生率 指某一年内的活产婴儿数目相对该年年中每千名人口的比率。

粗死亡率 指某一年内的死亡人数相对该年年中每千名人口的比率。

婴儿死亡率 指某一年内一岁以下婴儿死亡人数相对该年每千名活产婴儿的比率。

总和生育率 指某年的每一千名妇女，若她们在生育龄期（即15至49岁）经历了一如该年的年龄别生育率，其一生中活产子女的平均数目。

出生时平均预期寿命 指某年出生人士，若其一生经历一如该年的年龄性别死亡率所反映的死亡情况，他／她预期能活的年数。

劳动人口 指15岁及以上陆上非住院人口，并符合就业人口或失业人口定义的人士。

劳动人口参与率 指劳动人口占所有15岁及以上陆上非住院人口的比例。

就业人口 包括在统计前7天内有做工赚取薪酬或利润或有一份正式工作的15岁及以上人士。无酬家庭从业人员及在统计前7天内正休假的就业人士亦包括在内。

失业人口 包括所有15岁及以上人士在（a）统计前7天内并无职位，且并无为赚取薪酬或利润而工作；（b）统计前7天内随时可工作；及（c）在统计前30天内有找寻工作。一名15岁或以上的人士，如果他/她符合上述（a）和（b）的条件，但由于相信没有工作可做而在统计前30天内没有找寻工作，仍会被界定为失业，即所谓“因灰心而不求职的人士”。失业人口亦包括那些并无职位，有找寻工作，但由于暂时生病而不能工作的人士；及并无职位，且随时可工作，但由于已为于稍后时间担当的新工作或开展的业务作出安排；或正期待返回原来的工作岗位而没有找寻工作的人士。

失业率 指失业人士在劳动人口中所占的比例。

每月就业收入 指上月从事所有工作所获得的收入。就雇员来说，收入包括工资和薪金、花红、佣金、小费、房屋津贴、逾时工作津贴、勤工津贴及其它现金津贴，但不包括补薪。就雇主和自营作业人士而言，收入是指从自己拥有的企业提取作个人及家居用途的款额。如果提取作个人及家居用途的款额资料未能提供，则将会搜集有关从业务所得的净收入数据。

本地生产总值 指一个国家或地区的所有常住生产单位，在一个指定的期间内，未扣除固定资本消耗的生产总值。

人均本地生产总值 指把该国家或地区在某统计年的本地生产总值除以该国家或地区在该年的人口总数而得的数字。

本地居民生产总值 指一个国家或地区的居民，由从事各项经济活动而赚取的总收益，不论该等经济活动是否在该国家或地区的经济领域内进行。换言之，编制本地居民生产总值应包括本地居民在经济领域内或领域外从事各类经济活动的收益，而扣除非本地居民在经济领域内从事经济活动的收益。计算本地居民生产总值，可用以下方程式：

本地居民生产总值= 本地生产总值+ 本地居民从经济领域外所赚取的要素收益-非本地居民从经济领域内所赚取的要素收益，而当中的要素收益组成部分主要分为投资收益及雇员报酬，而投资收益包括了直接投资收益、有价证券投资收益及其它投资收益。

人均本地居民生产总值 指把该国家或地区在某统计年的本地居民生产总值除以该国家或地区在该年的人口总数而得的数字。

国际收支平衡表 有系统地载录，在指定期间内，某经济体系与世界其它各地的各类经济交易的统计表。完整的国际收支平衡表包括以下两个主要核算帐：(甲）经常帐；及（乙）资本及金融帐。

经常帐户 是主要量度实质资源的流动，包括货物的进出口、服务的输入及输出，从外地应收及应付予外地的收益，以及往来外地的经常转移。

货物 包括所有可移动的货物，其拥有权由本地居民转至非本地居民（出口）或由非本地居民转至本地居民（进口）。货物包括一般商品、用作加工的物资、各种运输工具在港口购买的货物、货物修理，以及非货币黄金。

服务 包括由本地居民向非本地居民（输出）或由非本地居民向本地居民（输入）所提供的服务。服务交易是按服务类别分类，分别为运输服务、旅游服务、保险服务、金融服务及其它服务。

收益 是提供生产要素而赚取的所得，包括本地居民从非本地居民（应收收益）或非本地居民从本地居民（应付收益）所赚取的所得。

经常转移 指一个经济体系的本地居民，在无同等经济价值报偿的情况下，对非本地居民提供／从非本地居民接受实质或金融资源，而该等资源在转移后会被立刻或短时间内消耗。

资本帐户 量度资本转移及非生产、非金融资产的对外交易。

金融帐户 记录本地居民与非本地居民之间的金融资产及负债交易。它显示某经济体系如何融资以进行其对外交易。金融帐内的交易可归类为直接投资、有价证券投资、金融衍生工具、其它投资及储备资产。

资本转移 指在无经济价值报偿下，固定资产的转移或债务的减免。

直接投资 指一个经济体系的投资者对另一经济体系的企业所作的对外投资，并对该企业拥有持久利益及在管理经营决定上具有相当程度的影响力或控制权。

有价证券投资 指对非本地的股本证券及债务证券（例如中长期债券、货币市场工具）所作的投资，而投资者对投资于该等企业并无持久的利益或在管理方面的影响力。

金融衍生工具 是一种与某种特定的金融工具、指标或商品有连系的金融工具，使特定的金融风险本身能透过这种工具而进行交易（包括在交易所内及场外）。

其它投资 指直接投资、有价证券投资、金融衍生工具及储备资产以外对非本地居民的其它金融申索及负债。其它投资包括非作销售的贷款、货币和存款、贸易信贷及金融租赁等 。

储备资产 指一个经济体系的金融当局（在香港是指香港金融管理局）可直接用来支付对外收支赤字，及可用于干预外汇市场以影响汇率从而间接调节该等赤字的外币资产。

国际投资头寸 是在一特定时点上一个经济体系的对外金融资产及负债存量的资产负债表。国际投资头寸中的对外金融资产意指本地居民透过拥有有商业和交易价值的指定投资工具方式而产生对非本地居民的申索，以及不牵涉债务人的其他金融资产（如黄金）。而对外金融负债则指本地居民对非本地居民所要承担的金融申索。国际投资头寸的分类与国际收支平衡表内的金融帐完全一致，资产及负债分为直接投资、有价证券投资、金融衍生工具及其它投资。国际投资头寸的资产项目亦包括储备资产在内。有关投资组成部分的详细解释，请参阅国际收支平衡表内金融帐组成部分的解释。

国际投资头寸净值 是对外金融资产总值与对外金融负债总值之差。

工业生产指数 量度本地制造业生产量的实际变动，即扣除价格调整因素后的本地生产量变动。

实用楼面面积 指各层楼面面积总和，但不包括楼梯、公共信道空间、升降机等候处、盥洗室、厕所、厨房、及为楼宇提供升降机、空调系统、或类似设施而安装的机械所占用的空间。

获批准可动工兴建楼宇 指获屋宇署签发《同意书》动工兴建的楼宇。这种《同意书》是发给私人发展计划（包括香港房屋协会的计划）及香港房屋委员会的私人机构参建居屋计划。

初次呈交 就一项建筑工程初次呈交建筑事务监督批准的图则。

重大修改 指经过大规模修改的建筑图则，而这些图则必须从根本上接受重新评估。1 自置居所住户 指住户拥有其居住的屋宇单位业权。

全租户 指住户向居于别处的人士租住整个屋宇单位自住，没有分租，单位内也没有其它的住户。

合租户 指两个或以上的住户，分别向居于别处的人士租用部分单位居住。

二房东 指住户向居于别处的人士租住整个屋宇单位，并把部分单位分租予其它住户。

三房客 指住户向居于同一屋宇单位内的人士租用部分单位居住。

免租 指住户免费在屋宇单位内居住，不论是否获得业主同意，但不包括本身是业主或由雇主提供居所的住户。

居所由雇主提供 指住户居住在由其成员之一的雇主提供的居所，包括以象征式租金向雇主租住屋宇单位的住户。假如住户使用由雇主提供的房屋津贴租住居所，则租住权不属于“居所由雇主提供”类别。

进口货物 指在香港以外出产或制成的货物，输入香港供本地使用或转口，以及再进口的香港产品。其货值是以到岸价值计算。

港产品出口货物 指香港的天然产品或在香港经过制造工序，以致其基本原料的形状、性质、式样或用途受到永久改变的产品。如果产品在香港只进行简单的稀释、包装、入樽、烘干、简单装配、分类、装饰等过程，则该产品并不能以香港作为来源地。其货值是以离岸价值计算。

转口货物 指输出曾经自外地输入香港的货物，而这些货物并没有在香港经过任何制造工序，以致永久改变其形状、性质、式样或用途。其货值是以离岸价值计算。

输往中国内地作外发加工用途的出口货物 指那些从香港或经香港出口往中国内地加工的原料或半制成品，经加工后成为制成品，并以合约安排再进口香港。

有关外发加工从中国内地输入的进口货物 指那些加工后从中国内地进口香港的货物，其中全部或部分原料或半制成品是以合约安排从香港或经香港出口往中国内地加工。

原产地为中国内地而涉及外发中国内地加工、并输往其它地方的转口货物 指那些经香港转口的制成品，其中全部或部分原料或半制成品是以合约安排从香港或经香港出口往中国内地加工，而加工后的货物再进口香港。

直接投资 指一个经济体系的投资者对另一经济体系的企业所作的对外投资，并对该企业拥有持久利益及在管理经营决定上具有相当程度的影响力或控制权。在统计上，若投资者持有某一企业10%或以上的股权，便被视为能长期有效地影响有关企业的管理经营决定。直接投资包括股本资本、再投资收益及其它资本。股本资本包括所持有分行的股本，附属及联营公司的股票。再投资收益是指投资者从其附属或联营公司应得但未以股息形式分发的利润。其它资本主要涉及公司之间长期或短期的债务交易，包括母公司与其附属公司、联营公司及分行之间的借贷。

外来直接投资 指境外居民在香港的企业所作的直接投资。跨国企业在香港经营的分行或附属公司，是外来直接投资的典型例子。

直接投资头寸 指某一特定日子香港居民在境外投资的价值或接受外来投资的价值。

直接投资流动 指某一时段内香港居民于境外投资或接受外来投资的投入或撤走。

向外直接投资 指香港居民投资者在境外的企业所作的直接投资。

贷款基金 提供资金予如房屋贷款和教育贷款等贷款计划。基金收入主要来自政府一般收入帐目转拨的款项、偿还的贷款及贷款利息。

港汇指数 是量度港元兑主要贸易伙伴的货币的汇率加权平均值变动情况的指数，作为反映港元相对各种选定货币强弱的整体指标。在2002年1月1日，欧元的纸币及硬币取代各参与国家的货币成为法定货币。因此，港汇指数的货币篮子亦已更新。由2002年1月2日起，新系列港汇指数（包括14种货币及以2000年1月 = 100）已取代旧港汇指数系列。

外币兑换率 指外币兑港元的电汇或现钞收市中间兑换价。

认可机构 包括持牌银行、有限制牌照银行及接受存款公司。持牌银行可接受任何金额及期限的存款。随着撤销利率限制的最后阶段在2001年7月3日生效，各类存款利率再无任何限制。至于有限制牌照银行，它们可接受金额不少于港币50万元的任何期限的定期存款。接受存款公司则可接受金额不少于港币10万元而期限不少于3个月的定期存款。有限制牌照银行及接受存款公司均无任何存款利率限制。

外币掉期存款 指顾客在现货市场购买外币，然后存入认可机构，但同时订下远期合约，将该笔外币（本金加利息）在存款到期时售予认可机构。从分析角度来看，这类掉期存款应当作港元定期存款。

货币供应量（M_1） 指市民持有的法定纸币和硬币加上持牌银行的客户活期存款。

货币供应量（M_2） 指货币供应量M_1所包括的项目，加上持牌银行的客户储蓄及定期存款，再加上持牌银行发行而由非认可机构持有的可转让存款证。

货币供应量（M_3） 指货币供应量M_2所包括的各项，加上有限制牌照银行及接受存款公司客户的存款，再加上以上两类认可机构发行而由非认可机构持有的可转让存款证。

恒生指数 是以加权资本市值法计算（即发行股数乘以股价），该指数内的三十三只成份股划分为四个行业类别指数，包括工商、金融、地产及公用事业，其总市值占香港联合交易所有限公司所有上市股份总市值大约百分之六十。

消费物价指数 量度住户一般所购买的消费商品和服务的价格水平随时间而变动的情况。消费物价指数的按年变动率被广泛地用作反映消费者所面对的通货膨胀的指标。不同的消费物价指数数列反映消费物价转变对不同开支组别的住户的影响。甲类、乙类及丙类消费物价指数分别根据较低、中等及较高开支范围的住户的开支模式编制而成。综合消费物价指数是根据以上所有住户的整体开支模式而编制，反映消费物价转变对整体住户的影响。每个项目的开支权数，是其在住户总开支中所占的比重。开支权数是根据住户开支统计调查的结果而制订的。并会每隔五年更新一次，以确保相应的消费物价指数能准确地反映不同开支范围住户的最新开支模式。

教育程度 指某人在学校或其它教育机构修读达到的最高教育水平，不论他／她有否完成该课程。计算教育程度时，只包括正式课程，即须最少为期一个学年，入学须具指定学历资格（大部分由香港公开大学提供的副学位及学位课程除外），以及设有考试或指定评核成绩的程序。

社会保障计划 旨在帮助社会上需要经济或物质援助的人士，应付基本及特别需要。这个无须供款的社会保障制度，包括综合社会保障援助计划、公共福利金计划、暴力及执法伤亡赔偿计划、交通意外伤亡援助计划和紧急救济。

综合社会保障援助计划 是以入息补助方法，为那些在经济上无法自给的人士提供安全网，使他们的入息达到一定水平，以应付生活上的基本需要。申请人必须符合居港规定及通过入息及资产审查。

公共福利金计划 是为严重残疾或年龄在65岁或以上的香港居民，每月提供现金津贴，以应付因严重残疾或年老而引致的特别需要。这项计划包括普通伤残津贴、高额伤残津贴、普通高龄津贴及高额高龄津贴。除普通高龄津贴外，在本计划下发放的津贴均无须申请人接受经济状况调查。

暴力及执法伤亡赔偿计划 是提供现金援助给因暴力罪行或因执法人员使用武器执行职务以致受伤的人士或这些人士的受养人（如受害人因伤死亡）。申请人亦无须接受经济状况调查。

交通意外伤亡援助计划 是向道路交通意外受害士，或这些人士的受养人（如受害人因伤死亡）迅速提供经济援助，而无须考虑计划受惠人的经济状况，或有关交通意外是因谁人的过失而造成。援助金按意外受害人的伤亡情况支付；至于财物损失，则不在援助范围内。

紧急救济 天灾或其它不幸事故（例如火灾、台风、水灾、暴雨、山泥倾泻、塌屋）的灾民，及因楼宇成为危楼而遭发出封闭令以致被着令撤离家园的受影响人士，均可获得紧急救济。

7 港澳台第三产业情况

7-2 澳门第三产业情况

简要说明

一、本章资料反映澳门特别行政区主要社会、经济发展情况。内容包括：土地、人口、就业、国民经济核算、工业、能源、建筑、交通通讯、对外贸易、财政金融、物价、教育、卫生、房屋、社会保障等方面。

二、本章涉及的1999年及以前数据均指原名为“澳门地区”的数据。

三、本章由澳门特别行政区政府统计暨普查局提供所有数据，国家统计局国际统计信息中心负责整理、编辑。

四、在统计工作方面，按中华人民共和国“澳门特别行政区基本法”的有关原则，澳门特别行政区保留其单独运作的统计系统，并负责编制和发布反映澳门特别行政区情况的统计数据。由于澳门和内地在使用统计名词及概念方面会有所不同，读者在比较两地数据时，请参考本章末的“主要统计指标解释”。

五、澳门特别行政区是单独的关税地区，澳门与内地之间的贸易，亦需办理进出口报关。在贸易统计方面，澳门特别行政区对外商品贸易统计数据亦包括澳门特别行政区与内地的贸易。

六、在外汇统计及与之有关的各方面，澳门元是澳门特别行政区的法定货币，因此，除澳门元以外的货币（包括人民币）均视作外币。

七、更详细的统计资料及有关的技术细节，可参阅澳门特别行政区政府统计暨普查局出版的《统计月刊》、《统计年鉴》及各专题统计出版物。

八、本章节表中的符号使用说明：“_”表示绝对数值为零；“空格”表示没有数字或未能提供；“o”表示数据小于本表最小单位半数；“*”或“①”等表示本表下有注解；“#”表示保密资料；“…”表示不适用。

7-2-1 主要统计指标概览

项目		2006	2007	2008	2009	2010
人口及生命统计						
年中人口估计	(万人)	49.9	52.6	55.2	54.4	54.5
出生率	(‰)	8.1	8.6	8.5	8.8	9.4
死亡率	(‰)	3.1	2.9	3.2	3.1	3.3
劳动、就业①						
劳动人口	(万人)	27.5	31.0	33.3	32.9	32.8
劳动力参与率	(%)	65.9	69.2	70.6	72.0	71.5
失业率	(%)	3.8	3.1	3.0	3.6	2.8
就业不足率	(%)	1.0	1.0	1.6	1.9	1.8
就业人口	(万人)	26.5	30.0	32.3	31.8	31.8
建筑业		3.1	3.9	3.8	3.3	2.7
批发及零售业		3.6	3.8	4.0	4.1	4.2
酒店及饮食业		3.0	3.5	4.1	4.4	4.3
团体、社会及个人的其他服务		5.3	6.9	7.9	7.5	7.6
对外商品贸易						
出口	(亿澳门元)	205	204	160	77	70
本地产品出口	(亿澳门元)	144	135	96	30	24
再出口	(亿澳门元)	61	69	64	47	46
进口	(亿澳门元)	365	431	430	369	441
贸易价格比率(2006=100)		100	96	94	94	93
工业生产						
工业电力消耗量	(亿千瓦小时)	2	2	2	2	2
建筑（私人部门）						
新建及扩建楼宇						
单位数目	(个)	3026	2051	1177	3251	4527
总面积	(万平方米)	128	193	58	141	127
新动工的楼宇单位数目	(个)	3871	4390	2046	1547	870
新动工的楼宇						
总面积	(万平方米)	99	220	53	23	18
楼宇单位买卖数目	(个)	26400	32250	21516	17310	29617
不动产买卖契约数目	(宗)	13593	14558	9712	9111	12707
不动产按揭贷款数目	(宗)	9156	13250	11847	8965	15127
运输、通讯、旅游						
进出澳门重型货运车辆数目	(万次)	66.5	67.4	56.4	40.3	35.8
进出澳门的客船班	(万次)	10	11	11	13	15
澳门国际机场的商业航班	(万次)	4.8	4.9	4.6	3.7	3.5
登记车辆②	(万辆)	16.4	17.6	18.3	18.9	19.7
电话线	(万条)	81.3	97.2	110.9	120.9	129.1
访澳旅客③	(万人次)	2200	2700	2293	2175	2497
酒店业入住率	(%)	72	77	74	71	80
财政收支、货币、金融	**(亿澳门元)**					
财政总收入④		372	537	623	699	796
财政总支出④		273	233	304	355	378
货币供应(广义货币供应量M_2)						
澳门元		453	510	541	597	680
港元		910	1015	992	1138	1330
其他货币		326	331	365	387	422
总计		1689	1855	1898	2122	2433
本地/私人部门贷款及垫款		488	683	889	973	1268

7-2-1 续表

项　　目		2006	2007	2008	2009	2010
居民消费价格指数						
(2008年4月至2009年3月=100)						
综合消费价格指数		87.4	92.3	100.2	101.4	104.3
甲类消费价格指数		87.1	92.3	100.7	101.5	103.8
乙类消费价格指数		87.5	92.3	100.1	101.4	104.4
房屋（期末值）						
公共房屋⑤	(套)	6637	6681	6253	7165	8174
教育⑥						
幼儿教育学生	(人)	9453	9149	9270	9923	
小学生	(人)	32674	29995	27481	25475	
中学生	(人)	44988	41124	39463	36622	
高等教育学生	(人)	17462	18743	20917	22289	
医疗卫生						
医生	(人)	1235	1323	1373	1415	1464
护士	(人)	1212	1335	1415	1491	1536
病床	(张)	980	1014	1030	1109	1172
社会保障						
受益人数目	(人)	204002	228125	250476	259280	276348
供款单位数目	(个)	13760	15278	17175	34260	34294
总发放援助次数	(万次)	24.0	23.7	40.8	45.4	52.3
总发放金额	(万澳门元)	26672	31753	43616	66815	74840
治安						
罪案数目	(宗)	10855	12921	13864	12406	11649
囚犯数目	(期末值,人)	859	812	912	930	929
本地生产总值						
按以环比物量(2009年)计算						
支出法本地生产总值实际增长率	(%)	14.5	14.5	3.4	1.6	26.4
本地生产总值	(亿澳门元)	1414.2	1618.8	1674.0	1700.9	2149.4
人均本地生产总值	(万澳门元)	28.3	30.8	30.5	31.3	39.4
按当年价格计算						
支出法本地生产总值名义增长率	(%)	23.5	24.6	14.6	2.5	31.5
本地生产总值	(亿澳门元)	1162.1	1448.2	1660.1	1700.9	2237.4
人均本地生产总值	(万澳门元)	23.3	27.5	30.2	31.3	41.0

注：①2009年起劳动人口的年龄下限由14岁改为16岁。
②自2008年开始不包括单车。
③自2008年开始访澳旅客不包括外地雇员及学生等。
④由于公共会计编制方法及概念的改变，2007年与前期的收支及入账方式有所不同，因此2007年的收支项目不宜与前期资料直接比较。2010年数字在日后得到更多资料时会作出修订。
⑤不包括以出售房屋。
⑥不包括特殊教育学生。第n年的学生人数是指n/n+1学年年终学生人数。

7-2-2 本地生产总值(按当年价格计算)

年 份	本地生产总值		本地生产总值与上年比较的实际增长率(%)	人均本地生产总值	
	(亿澳门元)	(亿美元)		(澳门元)	(美元)
1992	385.1	48.3	13.3	103828	13024
1993	442.1	55.5	5.2	115137	14450
1994	492.8	61.9	4.3	124192	15602
1995	552.5	69.3	3.3	134983	16941
1996	561.2	70.5	-0.4	135208	16972
1997	563.6	70.7	-0.3	135055	16935
1998	523.4	65.6	-4.6	123951	15535
1999	500.3	62.6	-2.4	117055	14647
2000	514.2	64.1	5.7	119420	14879
2001	521.2	64.9	2.9	120063	14945
2002	560.8	69.8	8.9	127935	15925
2003	633.4	79.0	12.6	142314	17742
2004	820.1	102.2	26.9	179478	22372
2005	941.2	117.5	8.5	197673	24676
2006	1162.1	145.2	14.5	232725	29088
2007	1448.2	180.2	14.5	275450	34277
2008	1660.1	207.0	3.4	302413	37705
2009	1700.9	213.0	1.6	312512	39141
2010①	2237.4	279.6	26.4	409828	51214

注：①估算数字在日后得到更多资料时会作出修订。

7-2-3 支出法本地生产总值①

单位：亿澳门元

本地生产总值组成部份	2006	2007	2008	2009	2010①
按当年价格计算本地生产总值	**1162.1**	**1448.2**	**1660.1**	**1700.9**	**2237.4**
居民消费支出	324.3	378.8	442.7	461.5	507.5
政府最终消费支出	100.6	124.7	141.5	160.1	175.0
固定资本形成总额	391.1	535.1	502.7	318.9	274.8
存货增加	10.4	8.9	13.1	2.2	2.6
货物出口	204.6	204.3	167.8	86.7	83.1
减:货物进口	461.6	577.3	573.8	434.0	500.1
服务出口	845.2	1152.6	1445.6	1515.2	2309.1
减:服务进口	252.5	378.9	479.5	409.6	614.5
人均本地生产总值 (澳门元)	**232725**	**275450**	**302413**	**312512**	**409828**
以环比物量(2009年)计算本地生产总值	**1414.2**	**1618.8**	**1674.0**	**1700.9**	**2149.4**
居民消费支出	386.7	426.3	451.0	461.5	491.3
政府最终消费支出	122.6	140.4	143.6	160.1	168.8
固定资本形成总额	446.3	553.2	471.2	318.9	256.8
存货增加	11.7	9.6	12.5	2.2	2.4
货物出口	213.7	214.7	167.5	86.7	80.4
减:货物进口	514.9	623.7	571.4	434.0	480.6
服务出口	995.5	1273.0	1458.6	1515.2	2228.4
减:服务进口	274.8	395.4	468.7	409.6	598.0
人均本地生产总值 (澳门元)	**283222**	**307894**	**304937**	**312512**	**393701**

注：①估算数字在日后得到更多资料时会作出修订。

7-2-4 生产法本地生产总值

单位：亿澳门元

经济活动	2005	2006	2007	2008	2009①
第二产业	106.0	167.4	203.9	198.1	125.5
采矿业	0.1	0.1	0.1	o	o
制造业	30.0	33.9	30.7	23.8	16.8
电力、煤气及水供应	13.3	14.6	12.3	13.7	14.6
建筑业	62.6	118.9	160.8	160.6	94.0
第三产业	589.5	676.3	856.9	947.6	1011.3
批发零售、维修、酒店、餐厅及酒楼业	72.2	84.6	105.2	136.3	158.3
运输、仓储及通信业	33.4	37.3	42.6	39.3	42.1
金融保险、不动产、租赁及商业服务	157.9	197.4	243.5	263.9	263.5
公共行政、社会服务及个人服务（包括博彩业）	325.9	357.0	465.6	508.2	547.4
以基本价格按生产法估算的本地生产总值	695.5	843.8	1060.8	1145.8	1136.8
加产品税	194.6	228.9	340.7	452.3	473.0
以当年市场价格按生产法估算的本地生产总值	890.0	1072.7	1401.5	1598.0	1609.7
以当年市场价格按支出法估算的本地生产总值	921.4	1137.0	1419.3	1616.7	1654.6
统计差额(%)	-3.4	-5.7	-1.3	-1.2	-2.7

注：①估算数字在日后得到更多资料时会作出修订。

7-2-5 生产法本地生产总值结构

单位：%

经济活动	2005	2006	2007	2008	2009①
第二产业	15.2	19.8	19.2	17.3	11.0
采矿业	o	o	o	o	o
制造业	4.3	4.0	2.9	2.1	1.5
电力、煤气及水供应业	1.9	1.7	1.2	1.2	1.3
建筑业	9.0	14.1	15.2	14.0	8.3
第三产业	84.8	80.2	80.8	82.7	89.0
批发零售、维修、酒店、餐厅及酒楼业	10.4	10.0	9.9	11.9	13.9
运输、仓库及通信业	4.8	4.4	4.0	3.4	3.7
金融、保险、不动产、租赁及商业服务	22.7	23.4	23.0	23.0	23.2
公共行政、社会服务及个人服务（包括博彩业）	46.9	42.3	43.9	44.4	48.2
以基本价格按生产法估算的本地生产总值	100.0	100.0	100.0	100.0	100.0

注：①估算数字在日后得到更多资料时会作出修订。

7-2-6 按行业划分的就业人口

单位：万人

行　　业	2008	2009①	2010①
总数	**32.30**	**31.75**	**31.83**
农业、畜牧业、狩猎、林业、捕渔业及采矿业	0.06	0.11	0.06
制造业	2.46	1.70	1.53
电力、气体及水的生产与供应业	0.09	0.10	0.09
建筑业	3.84	3.27	2.75
批发及零售业	3.96	4.15	4.23
酒店及饮食业	4.13	4.37	4.32
运输、仓储及通信业	1.60	1.67	1.85
金融业	0.75	0.75	0.74
不动产业务、租赁及向企业提供的服务	2.38	2.56	2.77
公共行政及社保事务	2.02	2.03	2.16
教育	1.15	1.23	1.18
医疗卫生及社会福利	0.65	0.73	0.81
团体、社会及个人的其他服务	7.89	7.52	7.61
雇用佣人的家庭	1.33	1.57	1.71
其他及不详	o	o	0.01

注：①2009年起劳动人口的年龄下限由14岁改为16岁。

7-2-7 按行业划分的每月工作收入中位数

单位：澳门元

行　　业	2008	2009	2010
总数	**8000**	**8500**	**9000**
制造业	4000	5000	6000
电力、气体及水的生产与供应业	15000	15000	16000
建筑业	10000	9000	9500
批发及零售业	7000	7000	7500
酒店及饮食业	6100	6500	7000
运输、仓储及通信业	8500	8500	8500
金融业	11000	12000	13000
不动产业务、租赁及向企业提供的服务	5600	6000	6400
公共行政及社保事务	18000	19600	19500
教育	12000	13000	13300
医疗卫生及社会福利	10000	10300	10000
团体、社会及个人的其他服务	12000	12000	12000
雇用佣人的家庭	2700	2800	3000

7-2-8 主要商品进出口总额及占本地生产总值比重

单位：亿澳门元

贸易种类	2006	2007	2008	2009	2010
商品进出口总额	**570**	**635**	**591**	**446**	**511**
出口	**205**	**204**	**160**	**77**	**70**
本地产品出口	144	135	96	30	24
再出口	61	69	64	47	46
进口	**365**	**431**	**430**	**369**	**441**
进出口差额	-161	-227	-270	-292	-372
出口/进口比率 (%)	56.0	47.4	37.2	20.8	15.8
占本地生产总值比重 (%)					
出口	**18.0**	**14.1**	**9.7**	**4.5**	**3.1**
本地产品出口	12.6	9.3	5.8	1.7	1.1
再出口	5.4	4.8	3.9	2.8	2.0
进口	**32.1**	**29.8**	**25.9**	**21.7**	**19.7**

7-2-9 主要商品进口原产地和出口目的地

单位：亿澳门元

主要国家/地区	2006	2007	2008	2009	2010
进口(原产地)					
中国内地	164.7	183.8	169.3	115.7	137.2
中国香港	37.2	43.6	43.7	40.4	46.3
欧盟	47.9	67.6	71.0	78.1	99.6
日本	30.5	38.7	36.4	30.4	38.1
中国台湾	11.7	15.0	14.2	11.2	10.8
美国	20.0	24.3	23.8	22.2	26.2
出口(目的地)					
美国	90.2	82.9	64.0	13.1	7.8
欧盟	40.0	37.2	15.9	6.3	4.1
中国内地	30.4	30.3	19.7	11.2	11.0
中国香港	22.9	26.7	31.6	30.1	30.0

7-2-10 按标准国际贸易分类划分的商品进口和出口

单位：百万澳门元

标准国际贸易分类	2005			2009			2010		
	进口	出口	出进口比率(%)	进口	出口	出进口比率(%)	进口	出口	出进口比率(%)
总数	**31340**	**19823**	**63.3**	**36902**	**7673**	**20.8**	**44118**	**6960**	**15.8**
0 粮食及活动物	2012	67	3.3	3498	97	2.8	4142	108	2.6
1 饮料及烟叶	1863	256	13.7	2688	322	12.0	3409	473	13.9
2 除燃料外的非食用未加工材料	196	54	27.6	164	67	40.9	196	73	37.2
3 矿物燃料、润滑油及有关物质	3041	808	26.6	4741	#	#	5285	#	#
4 动物及植物油、脂肪及蜡	57	o	…	121	1	0.8	124	1	0.8
5 未列明的化学及有关产品	1514	183	12.1	2540	307	12.1	3026	269	8.9
6 主要按材料分类的制成品	8129	2716	33.4	3381	933	27.6	3107	1011	32.5
7 机械和运输设备	7839	1616	20.6	8823	1175	13.3	10473	1025	9.8
8 杂项制成品	6672	14124	211.7	10907	4073	37.3	14281	3182	22.3
9 未列入其他分类的货物及交易	17	#	#	#	#	#	#	#	#

7-2-11 按居住国家和地区划分的入境旅客人数

单位：万人次

居住国家和地区	2006	2007①	2008②	2009	2010
总数	**2199.8**	**2700.3**	**2293.3**	**2175.3**	**2496.5**
亚洲			2216.2	2108.5	2427.3
中国内地	1198.6	1487.3	1161.3	1099.0	1322.9
中国香港	694.1	817.7	701.6	672.8	746.6
中国台湾	143.8	144.4	131.6	129.3	129.3
日本	22.0	29.9	36.7	37.9	41.4
马来西亚	20.3	40.2	42.9	33.3	33.8
菲律宾	17.6	25.6	28.3	24.7	24.8
韩国	16.3	22.5	28.0	20.5	33.2
新加坡	12.6	19.0	26.4	25.7	25.7
其他	…	…	59.4	65.5	69.7
美洲	22.0	30.6	31.3	27.9	29.7
欧洲	19.1	25.7	27.2	23.6	24.4
大洋洲	8.4	13.4	15.7	13.5	12.8
非洲及其他③	…	…	2.9	1.8	2.3

注：①包括经跨境工业区入境旅客之数字。
②自2008年开始，入境旅客人次不包括外地雇员及留学生等，故不适宜与2007年直接比较。
③2008年包括中东旅客。

7-2-12 按居住国家和地区划分的被访旅客人均消费

单位：澳门元

国家和地区	2000	2005	2007	2008	2009	2010②
人均消费①	**1367**	**1523**	**1637**	**1729**	**1616**	**1518**
中国内地	2401	3078	3080	3571	3040	2039
中国香港	934	898	1085	1109	1159	811
中国台湾	942	1336	1447	1361	1349	677
日本	1187	952	995	967	1286	1394
东南亚	1876	1458	1452	1864	1659	1319
欧洲	1117	824	905	1008	1226	1148
美洲	1078	1317	1304	1075	1311	1064
大洋洲	1165	1042	1267	1093	1284	1254
其他	1425	996	893	1198	1574	1581
非购物消费①	**754**	**851**	**945**	**1027**	**983**	**745**
中国内地	839	1221	1152	1378	1122	749
中国香港	730	689	856	873	909	656
中国台湾	605	895	998	1005	946	495
日本	481	670	798	784	1118	1240
东南亚	1450	948	962	1269	1102	951
欧洲	864	691	741	872	1068	1011
美洲	838	1038	1055	860	1043	878
大洋洲	919	800	1007	916	1053	1022
其他	1129	754	776	1014	1306	1311
购物消费	**612**	**672**	**692**	**702**	**633**	**773**
中国内地	1561	1856	1928	2193	1918	1290
中国香港	204	209	229	236	250	155
中国台湾	336	441	450	356	404	182
日本	706	282	197	183	169	154
东南亚	426	509	490	596	557	369
欧洲	252	132	164	136	159	136
美洲	240	279	249	215	267	185
大洋洲	246	242	260	177	231	232
其他	296	242	117	184	268	270

注：①不包括博彩消费。
②2010年旅客消费是经统计推算的结果，而前期的为样本值。

7-2-13 零售业销售额

单位：亿澳门元

项　　目	2006	2007	2008	2009	2010
零售业销售总额	**106.59**	**141.95**	**193.91**	**223.54**	**298.51**
百货①	12.57	16.30	23.71	33.36	44.23
超级市场	11.79	13.79	17.41	19.07	21.22
汽车	13.45	17.44	16.21	15.28	21.99
钟表金饰	14.22	21.92	36.05	48.09	71.65
成人服装	8.73	12.10	16.68	20.93	28.29
车用燃料	5.88	6.72	8.69	6.81	7.80
家用燃料	5.35	6.54	7.53	4.93	6.10
家庭电器	4.48	4.61	4.89	5.30	6.43
药房	3.78	4.54	5.49	5.88	7.37
其他	26.34	37.99	57.25	63.89	83.43

注：①包括出售粮食、饮品及烟草以外的非专门零售店铺。

7-2-14 按出入境方式统计的对外商品贸易

单位：万吨

项　　目	2006	2007	2008	2009	2010
入境①	**7407.9**	**8152.0**	**8055.6**	**8081.6**	**7901.6**
海路	384.8	400.6	309.6	169.1	169.2
空路	2.4	2.4	1.7	1.3	1.4
陆路	277.4	286.5	226.1	133.6	100.4
其他②	6743.3	7462.4	7518.2	7777.6	7630.7
出境①	**69.9**	**69.1**	**59.1**	**41.4**	**47.0**
海路	30.0	30.8	27.0	15.9	20.8
空路	6.6	6.0	3.6	2.5	2.8
陆路	13.9	11.4	10.7	8.1	10.2
其他②	19.4	20.8	17.7	14.8	13.3

注：①包括转运货物。
②包括邮递及以管道运输方式进出澳门的货物。

7-2-15 海路集装箱总吞吐量

单位：标准集装箱

项　　目	2006	2007	2008	2009	2010
入境	60090	67011	66306	53071	55390
出境	62289	63741	57334	34574	35090
转口	10356	7935	2697	903	838

注：标准集装箱为 20英尺 x 8英尺 x 8英尺。

7-2-16 通信服务

项　　目	2006	2007	2008	2009	2010
邮递服务　（万件）					
信件邮件	2629	2775	3034	3069	3136
包裹	0.7	0.7	0.8	0.8	0.8
电话服务　（万户）					
固网电话用户	17.7	17.8	17.6	17.1	16.8
移动电话用户	30.2	35.6	39.6	42.0	45.9
储值卡	33.5	43.8	53.7	61.7	66.3
对外电话通讯量　（万分钟）					
拨出	21000	24745	26707	25795	31026
拨入	16457	18988	20621	19635	23134
传呼机用户　（户）	**1891**	**2782**	**2780**	**3097**	**3204**
互联网					
登记用户　（用户）	105283	119913	128502	143353	170462
总使用时数　（万小时）	12152	17860	25291	34042	42277

7-2-17 14岁及14岁以上人口受教育程度

项 目	1996中期人口统计		2001人口普查		2006中期人口统计	
	人数(万人)	百分比	人数(万人)	百分比	人数(万人)	百分比
总计	**31.31**	**100.0**	**34.97**	**100.0**	**43.36**	**100.0**
男	14.68	46.9	16.45	47.0	20.97	48.4
女	16.62	53.1	18.52	53.0	22.39	51.6
从未入学/学前教育	2.63	8.4	2.10	6.0	2.06	4.7
男	0.69	2.2	0.48	1.4	0.50	1.1
女	1.94	6.2	1.62	4.6	1.56	3.6
小学	12.70	40.6	13.64	39.0	13.28	30.6
男	6.08	19.4	6.63	19.0	6.59	15.2
女	6.62	21.2	7.01	20.0	6.69	15.4
初中	8.93	28.5	9.45	27.0	12.07	27.8
男	4.25	13.6	4.43	12.7	6.00	13.8
女	4.68	14.9	5.02	14.3	6.07	14.0
高中	4.83	15.4	6.63	18.9	10.43	24.0
男	2.47	7.9	3.32	9.5	5.16	11.9
女	2.36	7.5	3.31	9.5	5.27	12.1
高等教育						
高等专科	0.25	0.8	0.75	2.1	0.64	1.5
男	0.09	0.3	0.29	0.8	0.26	0.6
女	0.16	0.5	0.46	1.3	0.38	0.9
大学	1.93	6.2	2.39	6.8	4.86	11.2
男	1.09	3.5	1.29	3.7	2.44	5.6
女	0.84	2.7	1.10	3.2	2.42	5.6
其他①	0.03	0.1	0.02	0.1	0.03	0.1
男	0.02	o	0.01	o	0.02	o
女	0.02	0.1	0.01	o	0.01	o

注：①在2001人口普查及2006中期人口统计时，有关数据指接受特殊教育的居住人口。

7-2-18 外币兑换率

单位：一单位外币兑换的澳门元

项 目	2006	2007	2008	2009	2010
年内平均数字					
澳元	6.0169	6.7351	6.8552	6.3269	7.3560
欧元	10.0272	11.0049	11.8092	11.1309	10.6088
韩圆	0.0084	0.0087	0.0074	0.0063	0.0069
美元	8.0006	8.0360	8.0206	7.9842	8.0022
新台币	0.2462	0.2447	0.2548	0.2418	0.2540
英镑	14.6993	16.0887	14.8965	12.5159	12.3650
港元	1.0300	1.0300	1.0300	1.0300	1.0300
日元	0.0689	0.0683	0.0776	0.0854	0.0913
马来西亚林吉特	2.1797	2.3374	2.4124	2.2669	2.4884
新西兰元	5.1889	5.9128	5.7341	5.0721	5.7722
人民币	1.0025	1.0560	1.1546	1.1688	1.1818
新加坡元	5.0294	5.3325	5.6788	5.4955	5.8747
瑞士法郎	6.3801	6.6998	7.4326	7.3721	7.6883
年底数字					
澳元	6.3291	7.0632	5.5103	7.1671	8.1437
欧元	10.5194	11.8411	11.2787	11.4645	10.6642
韩圆	0.0086	0.0086	0.0063	0.0069	0.0071
美元	8.0059	8.0341	7.9824	7.9878	8.0158
新台币	0.2451	0.2472	0.2437	0.2483	0.2749
英镑	15.7020	16.0501	11.5326	12.8428	12.3732
港元	1.0300	1.0300	1.0300	1.0300	1.0300
日元	0.0673	0.0716	0.0884	0.0864	0.0984
马来西亚林吉特	2.2673	2.4254	2.3021	2.3342	2.5996
新西兰元	5.6434	6.2341	4.6102	5.7920	6.1826
人民币	1.0244	1.0999	1.1678	1.1698	1.2103
新加坡元	5.2117	5.5630	5.5520	5.6938	6.2205
瑞士法郎	6.5485	7.1481	7.5569	7.7128	8.5753

注：《中华人民共和国澳门特别行政区基本法》规定，澳门元是澳门特区的法定货币。外币指澳门元以外的其他货币，因而人民币亦视作外币。

7-2-19 货币供应

(年底数字) 单位：亿澳门元

项 目	2006	2007	2008	2009	2010
狭义货币供应量M_1	**182.6**	**226.1**	**247.3**	**306.1**	**347.3**
分类一：澳门元	83.8	96.0	130.1	149.7	158.8
港元	80.4	111.8	103.5	145.4	173.4
其他货币	18.4	18.2	13.6	10.9	15.1
分类二：流通货币(澳门元)	34.0	39.3	44.0	49.1	54.1
活期存款	148.5	186.8	203.3	257.0	293.2
广义货币供应量$M_2$①	**1689.1**	**1855.4**	**1897.9**	**2122.3**	**2432.6**
分类一：澳门元	453.2	509.8	541.0	597.5	680.4
港元	910.1	1014.9	992.4	1137.8	1330.1
其他货币	325.8	330.7	364.5	387.0	422.1
分类二：狭义货币供应量$M_1$②	182.6	226.1	247.3	306.1	347.3
准货币负债③	1506.6	1629.3	1650.6	1816.3	2085.3
储蓄存款	451.9	518.8	582.6	825.0	899.4
通知存款	11.5	15.4	13.1	8.4	6.5
定期存款	1043.1	1094.9	1054.9	982.3	1176.7

注：① $M_2=M_1+$准货币负债。
② 货币供应量M_1只包括流通货币及活期存款。储蓄存款则变为准货币负债的组成部份。
③ 准货币负债：包括储蓄存款、通知存款、定期存款、其他存款及存款证明书。

【主要统计指标解释】

紧急救济 天灾或其它不幸事故（例如火灾、台风、水灾、暴雨、山泥倾泻、塌屋）的灾民，及因楼宇成为危楼而遭发出封闭令以致被着令撤离家园的受影响人士，均可获得紧急救济。

本地生产总值 反映每年在澳门特区生产的货物和提供各种服务的总量。本年鉴中的本地生产总值用支出法及生产法估算，支出法等于私人消费支出、政府最终消费支出、固定资本形成总额、库存变化和货物及服务出口净值（出口减进口）的总和。而生产法等于各经济行业的增加值总额的总和，这种方法可以评估澳门特区的产业结构。

婴儿死亡率 参考期内年龄在1岁或以下的死亡人数与出生活婴数目的千分比。

自然增长率 参考期内出生人数和死亡人数差额与平均人口之千分比。

出生率 参考期内出生活婴数目与平均人口之千分比。

死亡率 参考期内死亡人数与平均人口之千分比。

幼儿教育 为期3年，对象是年龄3-5岁的儿童。在报名当年的12月31日年满3岁的幼儿可报读幼儿教育第一年。

小学教育 为期6年，完成幼儿教育或在报名当年的12月31日年满6岁的儿童可报读小学教育第一年。就读小学的最高年龄为15岁。

中学教育 由两个阶段组成：初中教育及高中教育。大学预科亦被视为中学教育。

（1）初中教育 为期3年，合格完成小学教育者可以入读。就读初中最大年龄为18岁，但在特别情况下，经教育机构决定，可以逾越此年限。

（2）高中教育 为期3年，合格完成初中教育者可以入读。就读高中最大年龄为21岁，但在特别情况下，经教育机构决定，可以逾越此年限。

职业技术教育 以培训初级及中级程度的技术及专业人员为目的之课程。

高等教育 包括大学教育及高等专科教育。

特殊教育 指专为有精神、感官、身体、沟通等方面有特殊需要人士所开办的课程。

成人教育 指小学、中学、高等教育系统以外为15岁或以上人士所开办的各种有组织、有系统的学习活动。

劳动人口 在参考期间，可参与生产商品或提供服务之14岁或以上人士的总合。包括就业人口及失业人口。

就业人口 在参考期间，为了报酬、利润或家庭收入而工作至少1小时的16岁或以上人士的总合。这包括了那些被雇用而没有上班，但与雇主保持正式的工作联系的人士，又或属公司东主，但因特别原因而暂时没有上班的人士。

失业人口 在参考期间，年龄在16岁或以上，没有工作或与雇主没有联系，但随时可接受有酬工作或自己做生意，并在过去30日有寻找工作的人士。

就业不足人口 在参考期间，不论其职业身份，非自愿地工作少于35小时，并可随时接受更多的工作或正在寻找更多工作之就业人口。

劳动力参与率 指劳动人口在16岁或以上的澳门人口中所占的比例。

失业率 指失业人口在劳动人口中所占的比例。

就业不足率 指就业不足人口在劳动人口中所占的比例。

访澳旅客 指任何非以澳门特区为常居地的人士，其连续在澳门的逗留时间少于12个月，旅客之旅游目的并非在澳门特区参与任何有偿活动。

酒店入住率 入住客房数量与可供应客房数量之百分比。

进口 将产自外地的货物输入澳门特区，但再进口和转运制度下输入者除外。

出口 将货物输出澳门特区，但暂时出口和转运制度下输出者除外。

本地产品出口 将原产地为澳门特区的任何货物输出澳门特区。

再出口 指原进口的货物未经加工输出澳门特区；或虽加工，但不能取得澳门特区产地资格。

转运 货物经过澳门特区而运到下一目的地。

原产地 农业产品种植之国家／地区、矿产开采之国家／地区、工业产品生产之国家／地区，被视为原产地国家／地区。若工业产品的制造工序于两个或以上的国家／地区进行，应以进行最后转变成型工序的国家／地区为原产地，再包装、分类及混合等工序不能构成最后转变成型工序；当产品入口国对相关货物产地来源有特定规定时，应遵从有关规定。

目的地 指货物实际最后到达的国家或地区(不论在运输途中有或没有中断)。如有中间国家或地区，只要不在中间国家或地区内进行商业交易，最后到达的国家或地区都可被视为目的地。

贸易价格比率指数 即货物出口单位价格指数与货物进口单位价格指数之比率。

单位 指永久性楼宇之一个或多个间格及其附属建筑物。每一个单位具有独立入口与楼宇内之公用地方相通，具有合法条件进行分层物业登记和作独立转让。

楼宇建筑面积 等于所有楼层之面积总和。楼面面积的计算方法是从外墙起量度，同时亦包括大堂面积、楼梯、升降机所占面积以及所有公用地方面积。

居民消费价格指数 反映澳门特区住户于购买一篮子之指定商品或服务时，在不同时间该等商品或服务之价格变动。

狭义货币供应量M_1 为流通货币及活期存款之和。

广义货币供应量M_2 指狭义货币供应量M_1加上准货币负债。准货币负债指储蓄存款、通知存款、定期存款、其他存款和存款证明书。

财务活动 由财务资产及财务负债组成。

7 港澳台第三产业情况

7-3　台湾第三产业情况

简要说明

一、本章资料反映台湾省主要社会、经济发展情况，重点反映第三产业情况。内容包括:人口、就业、国民经济核算、工业、交通通讯、对外贸易、财政金融、物价、教育、社会保障等方面。

二、本章资料来自台湾省行政院主计处统计资料，国家统计局国际统计信息中心负责整理、编辑，表内另有说明除外。

三、由于台湾省和内地在使用统计名词及概念方面会有所不同，读者在比较两地数据时，请参考本章末的“主要统计指标解释”。

四、更详细的统计资料及有关的技术细节，可参阅台湾省行政院主计处出版的《统计月报》、《统计年鉴》及各专题统计出版物。

五、本章节表中的符号使用说明:“①”等表示本表下有注解。

7-3-1 主要统计指标概览

指　　标		2006	2007	2008	2009	2010
人口						
户籍登记人口数①	(万人)	2288	2296	2304	2312	2316
人口自然增长率	(‰)	3.01	2.76	2.40	2.07	0.91
人口密度①	(人/平方公里)	632	634	637	639	640
性别比①	(女=100)	103	102	102	101	101
劳动、就业						
劳动力人口	(万人)	1052	1071	1085	1092	1107
劳动力参与率	(%)	58	58	58	58	58
男		67	67	67	66	67
女		49	49	50	50	50
工业就业人口比率	(%)	36	37	37	36	36
服务业就业人口比率	(%)	58	58	58	59	59
失业率	(%)	3.9	3.9	4.1	5.9	5.2
工业及服务业月人均薪资	(新台币元)	43493	44414	44424	42176	44430
工业		42507	43302	43233	40032	42869
服务业		44359	45380	45450	43914	45720
生活环境						
月人均用电量	(千瓦小时)	145	147	145	146	147
月人均用水量	(立方米)	11	11	11	11	11
公共安全						
刑案发生率	(件/10万人)	2247	2146	1972	1673	1607
犯罪人口率	(人/10万人)	1004	1160	1179	1135	1164
刑案破获率	(%)	67	75	77	81	80
少年疑犯人数(12-17岁)	(人)	10384	10881	11283	10762	11102
火灾发生次数	(次)	4332	3392	2886	2621	2186
死伤人数	(人)	596	518	405	413	391
机动车肇事率	(件/万辆)	80	80	81	87	93
道路交通事故伤亡人数						
死亡	(人)	3140	2573	2224	2092	2047
受伤	(人)	211176	216927	227423	246994	265165
健康保险	**(万人)**					
全民健保参保人数		2248	2280	2292	2303	2307
公教人员保险		59	59	59	60	60
劳工保险		868	880	880	903	940
农民保险		162	160	157	154	151
工业						
受雇者劳动生产力指数	(2006年＝100)	100.0	106.8	105.7	106.3	124.0
工业生产指数	(2006年＝100)	100.0	107.8	105.9	97.3	123.5
制造业		100.0	108.3	106.7	98.2	126.2
房屋建筑工程业		100.0	99.5	90.3	73.1	65.9
工业生产价值	(新台币亿元)	127203	140456	139777	114496	147160
商业及对外贸易						
营利事业家数①	(万家)	119.0	118.8	117.9	118.6	121.4
营利事业销售额	(新台币亿元)	346047.1	360667.0	354099.3	301443.1	363712.0
货物进出口额	(亿美元)	4267	4660	4961	3780	5258
出口		2240	2467	2556	2037	2746
进口		2027	2193	2404	1744	2512
出(入)超		213	274	152	293	234
对日出(入)超		-300	-300	-290	-217	-339
对美出(入)超		97	56	45	54	61
对港出(入)超		355	362	312	283	362
外销订单	(亿美元)	2993	3458	3517	3224	4067

7-3-1 续表

指　　标		2006	2007	2008	2009	2010
运输通信						
交通运输客运人数	(亿人)					
铁路		5.5	6.0	6.9	7.2	7.8
公路		10.1	10.2	10.5	10.4	10.5
航空	(万人)					
省内		1737	1271	985	923	973
省外		2377	2443	2320	2310	2774
高速公路收费站通行车辆数	(万辆次)	57471	56964	54355	53957	55506
每百人机动车辆数①	(辆)	88.8	90.2	91.6	92.4	93.8
港埠货物装卸量	(万计费吨)	70651	71026	66828	60575	65540
旅游	**(万人次)**					
出省旅游人数		867	896	847	814	942
来台湾旅客人数		352	372	385	440	557
财政、金融						
赋税实征净额②	(新台币亿元)	16008	17339	17604	15303	16222
直接税	(%)	60.4	63.1	65.1	62.4	58.5
间接税	(%)	40	37	35	38	42
外汇存底①	(亿美元)	2661.5	2703.1	2917.1	3482.0	3820.1
汇率						
1美元③	(新台币)	32.65	32.49	32.91	32.08	30.42
1日元③	(新台币)	0.2760	0.2916	0.3656	0.3491	0.3753
货币总计数M2①	(新台币亿元)	257988	260394	278632	294629	310361
年增率	(%)	5.3	0.9	7.0	5.7	5.3
存款①	(新台币亿元)	259420	262088	279779	295559	310880
放款与投资①	(新台币亿元)	201539	206269	213315	214906	228212
再贴现率①	(年息百分比率)	2.750	3.375	2.000	1.250	1.625
股价指数(1966年＝100)		6842	8510	7024	6460	7950
国际收支余额	(亿美元)	60.9	-40.2	262.7	541.3	401.7
经常帐户		263.2	351.5	275.1	429.1	399.0
资本帐户		-1.2	-1.0	-3.3	-1.0	-1.1
金融帐户		-196.2	-389.5	-16.6	135.6	2.3
价格指数年增长率(2006年=100)	**(%)**					
批发		5.6	6.5	5.2	-8.7	5.5
消费者		0.6	1.8	3.5	-0.9	1.0
进口		8.8	9.0	8.8	-9.6	7.0
出口		2.5	3.6	-2.1	-6.6	2.0
经济核算	**(新台币亿元)**					
本地居民生产总值		125552	132433	129348	128908	140206
本地生产总值		122435	129105	126202	124772	136035
最终消费		87176	90276	91736	91973	95555
固定资本形成总额		27307	28414	26659	23557	29533
商品及服务出口		83257	93041	92087	77966	100186
减：商品及服务进口		75768	82769	85884	67202	90479
GDP增长率	(%)	5.4	6.0	0.7	-1.9	10.9
农业		13.8	-2.4	0.1	-3.0	-0.8
工业		7.8	9.0	0.2	-4.3	24.1
服务业		4.2	4.4	1.1	0.7	5.5
产业结构	(%)					
农业		1.6	1.5	1.6	1.7	1.6
工业		31.3	31.4	29.1	29.0	31.3
服务业		67.1	67.1	69.4	69.3	67.1
人均本地居民生产总值	(新台币元)	550099	577869	562439	558565	605921
人均本地居民生产总值	(美元)	16911	17596	17833	16895	19155
居民储蓄总值	(新台币亿元)	37095	40234	36681	35685	43793
储蓄率	(%)	29.6	30.4	28.4	27.7	31.2

注：①为年底数。②为年度资料。③卖出汇率，且为年底数。

7-3-2　本地生产总值部门构成

单位：%

年　份	本地生产总值（新台币亿元）	农业	工业				服务业				
				制造业	水、电、燃气业及污染治理业	建筑业		批发、零售业	金融及保险业	不动产业	咨讯及通讯传播业
2003	106963	1.72	31.28	26.19	2.31	2.37	67.25	16.69	7.55	8.35	3.77
2004	113653	1.68	31.76	26.81	1.99	2.53	66.58	17.08	7.56	8.15	3.60
2005	117403	1.67	31.31	26.58	1.93	2.43	67.20	17.66	7.67	8.18	3.50
2006	122435	1.61	31.33	26.46	1.84	2.72	67.06	17.88	7.28	8.54	3.39
2007	129105	1.48	31.22	26.38	1.62	2.77	66.77	18.13	7.22	8.49	3.43
2008	126202	1.60	29.04	24.82	1.18	2.88	69.32	18.94	7.26	8.78	3.61
2009	124772	1.73	28.83	23.73	2.02	2.67	68.99	18.59	6.38	9.13	3.68
2010	136035	1.58	31.34	26.27	1.83	2.77	67.08	18.18	6.37	8.59	3.47

7-3-3　本地居民生产总值

年　份	本地居民生产总值			人均本地居民生产总值	
	新台币亿元	实际年增长率 %	亿 美 元①	新 台 币 元	美 元①
2003	110251	4.5	3203	488645	14197
2004	117374	6.4	3511	518280	15503
2005	120311	3.8	3739	529313	16449
2006	125552	5.5	3860	550099	16911
2007	132433	6.0	4033	577869	17596
2008	129348	0.5	4101	562439	17833
2009	128908	-1.2	3899	558565	16895
2010	140206	10.6	4432	605921	19155

注：①按当年汇率折算。

7-3-4 劳动力和就业状况

项目		2006	2007	2008	2009	2010
劳动力总计	**（万人）**	**1052.2**	**1071.3**	**1085.3**	**1091.7**	**1107.0**
男		605.6	611.6	617.3	618.0	624.2
女		446.7	459.7	468.0	473.7	482.8
就业人数	**（万人）**	**1011.1**	**1029.4**	**1040.3**	**1027.9**	**1049.3**
男		581.0	586.8	590.2	577.6	588.0
女		430.1	442.6	450.1	450.2	461.3
就业者行业构成	**（%）**	**100.0**	**100.0**	**100.0**	**100.0**	**100.0**
农、林、渔、牧业		5.5	5.3	5.1	5.3	5.2
工业		36.6	36.8	36.8	35.8	35.9
矿业及土石采取业		0.1	0.1	0.1	0.0	0.0
制造业		27.5	27.6	27.7	27.1	27.3
电力及燃气供应业		0.3	0.3	0.3	0.3	0.3
用水供应及污染整治业		0.6	0.6	0.7	0.7	0.7
建筑业		8.2	8.2	8.1	7.7	7.6
服务业		57.9	57.9	58.0	58.9	58.8
批发及零售业		17.4	17.3	17.0	16.9	16.6
运输及仓储业		4.1	4.0	4.0	3.9	3.9
金融及保险业		4.0	3.9	4.0	4.0	4.1
咨讯及通讯传播		2.1	2.0	2.0	2.0	2.0
住宿及餐饮业		6.6	6.6	6.6	6.7	6.9
教育服务业		5.6	5.7	5.8	6.0	5.9
公共行政		3.3	3.2	3.3	3.7	3.7
失业人数	**（万人）**	**41.1**	**41.9**	**45.0**	**63.9**	**57.7**
失业率	**（%）**	**3.9**	**3.9**	**4.1**	**5.9**	**5.2**

7-3-5 服务业就业人员月平均工资

单位：新台币元

年份	服务业月平均工资					
		批发、零售业	运输、仓储业	金融、保险业	不动产业	专业、科学及技术服务
2003	44153	39610	45934	64645	40431	47429
2004	44396	39819	46986	66671	39781	49311
2005	44290	39545	48618	65113	38819	50890
2006	44359	39380	48460	69054	38313	51740
2007	45380	39475	49234	75732	37877	53281
2008	45450	39980	49800	71319	40343	54524
2009	43914	40154	48068	67513	38720	49969
2010	45720	41970	49161	73663	41154	52942

7-3-6 货物进出口额

年份	按新台币计算（新台币亿元）			按美元计算（亿美元）		
	进出口总额	出口	进口	进出口总额	出口	进口
2003	95829	51730	44100	2786	1506	1280
2004	117539	60972	56567	3511	1824	1688
2005	122517	63745	58772	3810	1984	1826
2006	138837	72793	66043	4267	2240	2027
2007	152997	80879	72118	4659	2467	2193
2008	155615	80104	75511	4961	2556	2404
2009	124661	67089	57572	3780	2037	1744
2010	166003	86568	79435	5258	2746	2512

7-3-7 出口与进口货物分类

单位：亿美元

年份	出口				进口			
	出口额	农产品	农产加工品	工业产品	进口额	资本设备	原材料	消费品
2003	1506.0	3.9	17.7	1484.4	1280.1	262.6	897.1	120.4
2004	1823.7	3.9	20.8	1798.9	1687.6	361.8	1187.4	138.3
2005	1984.3	3.8	21.1	1959.4	1826.1	347.0	1321.7	157.5
2006	2240.2	3.5	18.5	2218.2	2027.0	345.2	1527.9	153.9
2007	2466.8	4.1	18.7	2444.0	2192.5	355.7	1677.6	159.3
2008	2556.3	5.4	21.7	2529.2	2404.5	326.9	1908.5	169.1
2009	2036.7	5.0	18.5	2013.3	1743.7	257.2	1325.0	161.5
2010	2746.0	7.5	21.7	2716.8	2512.4	417.8	1895.6	199.0

7-3-8 货物进口来源和出口去向

单位：亿美元

项目	2006	2007	2008	2009	2010
进口来源					
中国香港	18.8	18.3	14.9	11.2	16.3
日本	462.8	459.4	465.1	362.2	519.2
韩国	150.0	151.6	131.7	105.1	160.6
新加坡	51.1	47.9	48.3	48.1	76.4
马来西亚	60.5	61.9	67.6	45.5	77.0
泰国	33.2	36.1	32.5	26.8	38.3
法国	22.2	23.8	22.9	17.8	22.5
德国	61.4	70.7	74.7	56.7	82.6
意大利	15.5	14.8	16.4	18.3	19.5
英国	17.8	19.2	19.2	12.3	16.7
加拿大	13.7	17.0	17.9	11.5	15.3
美国	226.6	265.1	263.3	181.5	253.8
澳大利亚	53.5	61.2	82.7	59.7	89.2
印度尼西亚	52.0	57.8	72.9	51.8	60.2
菲律宾	27.8	22.8	22.4	16.1	23.2
越南	8.5	10.4	12.1	9.2	12.8
沙特阿拉伯	97.6	104.1	151.7	86.6	118.6
荷兰	23.4	27.8	23.5	18.6	32.0
出口去向					
中国香港	373.8	379.8	326.9	294.5	378.1
日本	163.0	159.3	175.6	145.0	180.1
韩国	71.5	77.9	87.1	73.0	106.8
新加坡	92.8	105.0	116.8	86.1	121.0
马来西亚	49.4	53.9	55.1	40.6	59.5
泰国	45.8	52.0	49.1	38.3	52.9
法国	15.7	17.1	17.3	13.7	17.0
德国	50.1	51.8	57.3	47.0	65.1
意大利	22.0	24.1	24.5	17.9	24.5
英国	35.1	36.2	36.3	29.8	36.2
加拿大	17.7	18.5	18.5	14.6	19.5
美国	323.6	320.8	307.9	235.5	314.7
澳大利亚	27.2	32.3	34.9	23.5	31.3
印度尼西亚	25.0	29.1	35.7	32.3	45.1
菲律宾	44.8	49.2	47.8	44.3	59.8
越南	48.7	68.6	79.5	59.9	75.3
沙特阿拉伯	5.3	7.3	9.9	6.7	10.0
荷兰	44.1	44.1	45.7	42.3	52.6

7-3-9 旅游人数及外汇收入

指　标		2006	2007	2008	2009	2010
离境旅游人数	**（万人次）**	**867.1**	**896.4**	**846.5**	**814.3**	**941.5**
来台旅游人数	**（万人次）**	**352.0**	**371.6**	**384.5**	**439.5**	**556.7**
华　侨		66.4	72.7	88.3	162.5	233.2
外国人		285.6	298.9	296.3	277.0	323.6
旅游收入总额	**（亿美元）**		**118.8**	**117.7**	**123.9**	**162.6**
来台旅客						
旅游外汇收入	（亿美元）	51.36	52.14	59.36	68.16	87.19
旅客人均停留时间	（夜）	6.9	6.5	7.3	7.2	7.1
旅客人均每日消费	（美元）	211	215	211	216	222

资料来源：台湾《主计月报》、台湾交通部观光局。

7-3-10 铁路和公路客货运量

年　份	铁　路				公　路			
	客运量（万人）	客运周转量（万人公里）	货运量（万吨）	货物周转量（万吨公里）	客运量（万人）	客运周转量（万人公里）	货运量（万吨）	货物周转量（万吨公里）
2003	47800	1117800	1670	86400	99200	1474400	51300	2873500
2004	52000	1205100	1700	90900	101900	1577800	54900	3102900
2005	53100	1225500	1930	98200	101300	1610000	56200	3121000
2006	55400	1235200	1910	99700	101400	1638600	59400	3121800
2007	60300	1576900	1740	89000	102100	1597900	61800	3054700
2008	69000	1906600	1660	93300	105400	1578300	60400	3016000
2009	71900	1927700	1410	77600	103900	1588200	59700	2907100
2010	77900	2093100	1510	87300	104500	1584300	62800	2963200

7-3-11 港口旅客、货物运量

年 份	客运量(万人)			货运量(万吨)		
	总计	进港	出港	总计	进港	出港
2000	48.16	23.44	24.71	21738	16625	5114
2001	55.06	26.46	28.60	23407	17286	6121
2002	46.48	22.23	24.26	24702	18275	6427
2003	36.25	17.42	18.83	26144	19293	6850
2004	39.40	18.06	21.34	29168	21346	7821
2005	40.54	19.35	21.19	28062	20243	7819
2006	31.47	14.85	16.62	27423	19720	7702
2007	42.58	20.61	21.98	29234	21404	7830
2008	50.66	24.21	26.45	28126	20838	7288
2009	57.58	27.77	29.80	24871	18354	6517
2010	66.96	32.53	34.44			

资料来源：台湾交通部。

7-3-12 港口集装箱及货物装卸量

年 份	折合20英尺标准集装箱(TEU)			装卸量(万收费吨)		
	总计	进港	出港	总计	装货量	卸货量
2000	10510762	5230686	5280075	56695	22373	34322
2001	10427714	5193943	5233771	55287	22115	33172
2002	11608634	5778686	5829948	60671	24391	36280
2003	12094753	6068883	6025870	63558	25464	38094
2004	13034362	6543943	6490419	69624	27711	41913
2005	12796813	6421921	6374892	68793	27339	41454
2006	13107896	6516355	6591541	70651	27972	42679
2007	13726551	6888324	6838227	71026	28818	42208
2008	12977393	6488717	6488677	66828	27153	39675
2009	11710266	5875874	5834402	60575	24435	36140
2010	12736807	6348983	6387824	65540	26584	38956

资料来源：台湾交通部。

7-3-13 民航旅客、货物运量

年 份	客运量（万人次）	国际线	省内线	过境	货运量（万吨）	国际线	省内线
2000	4841	1978	2665	198	133.82	121.49	3.39
2001	4608	1950	2461	197	131.02	103.56	3.74
2002	4419	2006	2189	223	151.39	113.76	4.42
2003	3788	1591	2005	191	162.27	118.60	4.37
2004	4412	2076	2100	237	182.31	125.49	4.06
2005	4427	2249	1929	249	181.88	121.60	3.74
2006	4373	2377	1736	259	180.96	120.80	4.02
2007	3977	2443	1271	263	170.87	119.11	4.00
2008	3524	2320	985	218	158.72	103.54	3.67
2009	3438	2310	923	205	144.54	93.30	3.69
2010	3946	2774	973	199	186.79	116.39	3.67

资料来源：台湾交通部民航局。

7-3-14 邮政及电信营运量

项 目		2006	2007	2008	2009	2010
邮政						
函件	（亿件）					
收寄		26.6	26.7	26.5	26.3	27.3
投递		31.9	31.1	31.9	29.4	30.1
包裹	（万件）					
收寄		1789.7	1995.9	2426.9	2535.1	2635.2
投递		1890.1	2156.1	2622.9	2698.0	2932.6
电信						
市内电话用户数	（万户）	1347.3	1330.2	1308.2	1282.1	1269.6
公共电话话机数	（万部）	11.1	10.0	9.6	9.1	8.8
移动电话用户数	（万户）	2324.9	2428.7	2541.3	2695.9	2784.0
无线寻呼机用户数	（万户）	107.0	105.0	113.7	112.1	109.5
数字式低功率无线电话用户数	（万户）	137.1	148.0	145.9	137.4	91.7
综合业务数字网用户数	（万户）	6.3	6.2	7.0	8.9	10.6
国际互联网用户数	（万户）	703.7	597.4	602.7	566.8	588.8
国际电话去话分钟数	（万分钟）	384102	387945	399388	419273	465085

7-3-15 入学率和教育经费

单位：%

年份	粗入学率(6-21岁)			每千人口高等教育学生数②	15岁以上人口识字率③	教育经费占GNP比重	公共教育经费占政府支出比重
	初等教育(6-11岁)	中等教育(12-17岁)	高等教育①(18-21岁)				
1996	101.1	95.8	40.9	34.3	94.3	5.3	19.5
1997	100.6	97.2	43.1	37.6	94.7	5.0	18.9
1998	99.8	98.6	47.0	40.7	94.9	6.3	18.5
1999	99.7	99.6	50.5	44.6	95.3	6.3	18.8
2000	100.5	99.2	56.1	49.4	95.6	5.3	19.0
2001	99.7	99.4	63.0	54.1	95.8	5.8	19.3
2002	100.0	99.3	67.6	56.8	96.0	5.8	21.3
2003	99.5	99.0	72.4	58.3	97.0	5.8	21.2
2004	100.8	98.3	78.1	58.8	97.2	5.6	21.6
2005	100.3	97.9	82.0	58.7	97.3	5.7	22.0
2006	99.5	99.1	83.6	59.1	97.5	5.6	23.4
2007	100.8	98.7	85.3	59.2	97.6	5.4	23.1
2008	100.7	99.2	83.2	59.4	97.8	5.7	23.2
2009	101.4	99.0	82.2	58.7	97.9	6.3	25.1
2010	99.7	100.3	83.8	58.6	98.0		

注：① 不含五专前三年、研究所及进修教育。②不含五专前三年。③年底资料。

7-3-16 科技人员数和科研开发经费

年份	科技人员数(人)				科研开发经费			每万人口研究人员数(人)
	总计	研究人员	技术人员	支援人员	金额(新台币亿元)	占GDP比重(%)	政府投入经费所占比重(%)	
1995	105822	47867	44246	13709	1250.31	1.72	43.7	22.4
1996	116853	53754	46844	16255	1379.55	1.74	41.6	25.0
1997	129165	56419	54190	18556	1563.21	1.82	40.2	25.9
1998	129305	62586	51158	15561	1764.55	1.91	38.3	28.5
1999	134845	67165	51754	15926	1905.20	1.97	32.5	30.4
2000	137622	69526	51581	16515	1976.31	1.94	33.4	31.2
2001	138409	73239	48886	16283	2049.74	2.06	33.3	32.7
2002	162340	93139	51820	17381	2244.28	2.16	35.2	41.4
2003	172950	100164	55541	17245	2429.42	2.27	35.2	44.3
2004	187001	108891	60425	17684	2632.71	2.32	33.6	48.0
2005	195721	115954	62298	17469	2809.80	2.39	31.5	50.9
2006	212483	126168	67715	18600	3070.37	2.51	31.4	55.2
2007	228551	135918	72709	19924	3313.86	2.57	29.9	59.2
2008	240876	143862	77117	19897	3514.05	2.78	28.2	62.4
2009	256019	154818	80163	21038	3671.74	2.94	28.9	67.0

7-3-17 金融概况

年 份	货币供应量（新台币亿元）	流动性负债①（新台币亿元）	储备货币（新台币亿元）	主要金融机构存款（新台币亿元）	主要金融机构放款与投资（新台币亿元）	再贴现率（年息%）	汇率(卖出价)（新台币/美元）
2003	65528	273807	16194	217469	165351	1.38	34.02
2004	73680	299984	17177	232565	179640	1.75	31.78
2005	78711	325466	17585	247095	193602	2.25	32.88
2006	82226	351722	18832	259420	201539	2.75	32.65
2007	82200	370012	19475	262088	206269	3.38	32.49
2008	81537	389321	21254	279779	213315	2.00	32.91
2009	105116	417768	23040	295559	214906	1.25	32.08
2010	114571	445919	25018	310880	228212	1.63	30.42

注：①含债券型基金。

7-3-18 国际收支

单位：亿美元

年 份	A.经常帐户					B.资本帐户			合计	C.金融帐户	
	合计	商品贸易净额	服务净额	收入净额	经常转移净额	合计	收入	支出	(A+B)	合计	对外直接投资
2003	305.0	261.4	-24.7	95.6	-27.2	-0.9		-0.9	304.2	76.3	-56.8
2004	197.3	173.6	-49.4	111.3	-38.3	-0.8	0.1	-0.8	196.5	71.7	-71.5
2005	175.8	194.6	-66.5	90.4	-42.6	-1.2		-1.2	174.6	23.0	-60.3
2006	263.2	242.2	-35.4	95.8	-39.4	-1.2		-1.2	262.0	-196.2	-74.0
2007	351.5	304.5	-16.4	101.3	-37.8	-1.0		-1.0	350.6	-389.5	-111.1
2008	275.0	184.8	18.5	99.8	-28.0	-3.3		-3.4	271.7	-16.6	-102.9
2009	429.1	305.5	19.9	125.1	-21.5	-1.0		-1.0	428.2	135.6	-58.8
2010	399.0	268.7	25.9	131.5	-27.1	-1.1	0.1	-1.2	397.9	2.3	-111.8

7-3-18 续表

单位：亿美元

年 份	C.金融帐户							合计	D.误差	国际收支余额	E.准备与
	外商直接投资	证券投资		衍生性金融产品		其他投资					
		资产	负债	资产	负债	资产	负债	(A至C)	与遗漏	(A至D)	相关项目
2003	4.5	-347.6	295.7	5.2	-7.3	39.4	143.3	380.5	-9.5	370.9	-370.9
2004	19.0	-218.2	171.5	8.9	-17.3	4.1	175.2	268.2	-2.3	266.0	-266.0
2005	16.3	-339.0	310.5	9.1	-19.1	-62.5	168.2	197.6	2.9	200.6	-200.6
2006	74.2	-407.8	218.1	19.3	-29.0	-12.7	15.5	65.8	-5.0	60.9	-60.9
2007	77.7	-449.7	49.0	36.9	-39.8	-68.5	115.9	-38.9	-1.3	-40.2	40.2
2008	54.3	35.3	-157.8	79.4	-63.5	106.2	32.4	255.1	7.6	262.7	-262.7
2009	28.1	-317.0	213.7	53.4	-44.9	257.5	3.5	563.8	-22.5	541.3	-541.3
2010	24.9	-334.6	128.1	47.9	-41.7	117.2	172.3	400.2	1.5	401.7	-401.7

【主要统计指标解释】

就业人口 于资料标准周内，年满15岁从事有酬工作者或工作在15小时以上的无酬家属工作者。

失业人口 于资料标准周内，年满15岁同时具有无工作、随时可以工作及正在寻找工作者。此外尚包括等待恢复工作者及已找到职业而未开始工作也无报酬者。

就业人员工资 包括经常性工资、加班费及其他非经常性工资。

劳动生产力指数 劳动生产力是指在单位时间内，每一劳工所能生产的产量。此项指数可衡量劳动生产力的变动趋势。

初等教育 小学教育。

中等教育 初中、高中、高职及五专前三年。

高等教育 大专院校(扣除五专前三年)及研究所硕士、博士班教育。

各级教育粗入学率 为(各该级教育学生人数/各该级教育学龄人口数)×100；其中高等教育学龄学生人数仅含大专院校扣除五专前三年及研究所(含硕士、博士班)的学生人数。

本地居民生产总值(GNP) 为某一期间本地常住居民提供生产要素从事生产所创造的附加值或报酬(不论在地区内或国外)，即等于地区内生产总值加国外要素所得收入净额。

本地生产总值(GDP) 为某一期间本地及非本国常住居民提供生产要素在地区内从事生产所创造的附加值。

经济增长率 指某一期间的实际本地生产总值的增长率。

储蓄率 据居民储蓄总值与本地居民生产总值之比。

商业与对外贸易 包括进口与出口。出口货物以通关放行装船(机)离岸日为统计时间，以离岸价格(F.O.B.)计价；进口货物经办妥通关手续，或存入保税关栈的货物，以其提出关栈报运进口放行日为统计时间，以到岸价格(C.I.F.)计价。出口国别是以出口货物的出口商所申报的运销地分列，其运销地有数处得随时变更者，以最终的运销地为准；进口国别是按原产国别分列。

客运周转量 指于某特定时间内，铁路、公路客运运输所运送旅客运程的总和，或每架次飞机所载运的旅客人数与其航行里程乘积之和。可用以推算该时间内的客运收入。

货运周转量 指于某特定时间内，铁路、公路、航空货运运输所运送货物的重量与其运程乘积之和。可用以推算该时间内的货运收入。

批发价格 指企业间相互交易的地区内生产物品出厂价格及进出口物品的价格，以反映生产厂商出售原材料、半成品及制成品等价格变动情况。

消费价格 以台湾地区(包括城市和农村)为范围所编制的零售价格指数，以此衡量台湾地区一般家庭为消费需要所购买的商品与服务价格水平的变动情况。

进口及出口价格 以台湾地区进出口商品为调查价格范围，以此衡量进出口商品价格水平的变动情况。

道路交通事故 指造成人员死亡或受伤的案件，死亡人数包括立即死亡及事故发生后24小时内死亡。

社会保险 社会保险是包括全民健康保险(1995年3月开办)、劳工保险、就业保险(2003年1月开办)、公务人员保险、退休人员保险、私立学校教职员保险、农民健康保险及军人保险。

储备货币 包括存款货币机构与中华邮政公司储汇处的准备金及社会大众持有的通货二项。

流动性负债 指金融机构及债券型基金的流动性负债，包括金融机构以外部门持有通货，金融机构收受企业及个人的各种存款、货币市场共同基金与信托资金，保险业提列的人寿保险准备，以及企业及个人持有金融债券、央行发行的国库券与储蓄券；自 1994 年 1 月资料起，尚加计企业及个人持有上列机构的附买回交易余额与外国人持有的新台币存款；自 1999 年 1 月资料起，尚包括企业及个人持有债券型基金。

存款货币 指企业及个人在货币机构的支票存款、活期存款及活期储蓄存款。

货币总计数 M_{1a}指通货净额加企业及个人(含非营利团体)在货币机构的支票存款及活期存款；M_{1b} 是通货净额加存款货币，或 M_{1a} 加个人(含非营利团体)在货币机构的活期储蓄存款(目前仅个人及非营利团体可以开设储蓄存款帐户)。M_2 指 M_{1b} 加准货币。

附录一

世界及主要国家第三产业主要统计资料

简要说明

一、本章选取了四十余个国家和地区主要宏观经济指标和第三产业方面统计指标，力求反映国家或地区经济概貌同时重点介绍第三产业情况。如需了解这些国家和地区其他指标，请参阅国家统计局国际统计信息中心编辑的《国际统计年鉴》。

二、中国数据未包括中国香港特别行政区、中国澳门特别行政区和中国台湾省的相关数据。

三、所有国家和地区的数据均来自于有关国际组织，每张表均附有资料来源。

四、经过有关国际组织调整，数据口径基本一致。

五、一些数据的合计数或相对数，因受进位的影响，不一定等于分项的累加。

六、本章中使用的符号含义如下："空格"表示无该项数据或该项统计数据不详；"…"表示数据不够本表最小单位数的一半；"I"表示因统计口径的调整，与之前数据不严格可比。

附录1-1　国内生产总值

单位：亿美元

国家和地区	1990	2000	2005	2006	2007	2008	2009	2010
世　界	**218994**	**322110**	**456207**	**494547**	**558049**	**612575**	**581121**	**630488**
中　国	3569	11985	22569	27130	34941	45218	49913	58786
中国香港	769	1691	1778	1899	2071	2154	2093	2245
中国澳门	30	61	115	142	186	216	217	
孟加拉国	301	471	603	619	684	796	894	1001
文　莱	35	60	95	115	122	144	107	
柬埔寨		37	63	73	86	104	105	113
印　度	3175	4602	8340	9513	12424	12138	13806	17290
印度尼西亚	1144	1650	2859	3646	4321	5102	5394	7066
伊　朗	1160	1013	1920	2229	2861	3382	3310	
以色列	525	1247	1342	1458	1670	2021	1954	2173
日　本	30580	46674	45522	43626	43779	48799	50330	54978
哈萨克斯坦	269	183	571	810	1049	1334	1153	1430
韩　国	2638	5334	8449	9518	10492	9314	8341	10145
老　挝	9	17	27	35	43	55	61	75
马来西亚	440	938	1378	1565	1866	2218	1931	2378
蒙　古	26	11	25	34	42	56	46	61
巴基斯坦	400	740	1096	1275	1432	1639	1620	1748
菲律宾	443	810	1031	1222	1494	1736	1683	1996
新加坡	368	927	1254	1453	1773	1894	1833	2227
斯里兰卡	80	163	244	283	324	407	421	496
泰　国	853	1227	1764	2071	2470	2726	2637	3188
越　南	65	312	529	609	711	903	971	1036
埃　及	431	998	897	1075	1305	1628	1890	2189
尼日利亚	285	460	1122	1469	1659	2071	1686	1937
南　非	1120	1329	2471	2610	2862	2753	2828	3637
加拿大	5827	7249	11338	12786	14241	14991	13361	15741
墨西哥	2627	5814	8489	9523	10359	10962	8828	10397
美　国	57508	98988	125797	133362	139950	142969	140439	145824
阿根廷	1414	2842	1832	2141	2608	3267	3071	3687
巴　西	4620	6447	8822	10889	13660	16526	15945	20879
委内瑞拉	470	1171	1455	1835	2265	3111	3261	3879
捷　克	349	567	1245	1426	1742	2161	1902	1922
法　国①	12442	13263	21366	22557	25824	28318	26245	25600
德　国	17145	19002	27884	29186	33291	36345	33300	33097
意大利	11334	10973	17777	18634	21162	22965	21112	20514
荷　兰	2949	3851	6385	6777	7826	8734	7946	7834
波　兰	590	1713	3039	3417	4253	5294	4306	4686
俄罗斯联邦	5168	2597	7640	9899	12997	16608	12220	14798
西班牙	5210	5807	11302	12348	14419	15939	14641	14074
土耳其	1507	2666	4830	5309	6472	7303	6146	7353
乌克兰	815	313	861	1078	1427	1804	1172	1379
英　国	10126	14776	22801	24441	28110	26575	21732	22461
澳大利亚	3145	4169	6960	7493	8568	10394	9248	
新西兰	445	516	1110	1106	1383	1178	1267	

注：①包括法属圭亚那、瓜德罗普、马提尼克和留尼汪。
资料来源：世界银行WDI数据库。

附录1-2 国内生产总值增长率

单位：%

国家和地区	2000	2005	2006	2007	2008	2009	2010
中　　国	8.40	11.30	12.70	14.20	9.60	9.20	10.30
中国香港	7.95	7.08	7.02	6.39	2.31	-2.67	6.81
孟加拉国	5.60	6.30	6.53	6.31	5.96	5.79	6.02
文　　莱	2.85	0.39	4.40	0.16	-1.94	-1.77	4.10
柬 埔 寨	8.77	13.25	10.77	10.21	6.69	-1.96	6.02
印　　度	4.44	9.17	9.66	9.88	6.18	6.76	10.37
印度尼西亚	5.35	5.69	5.50	6.35	6.01	4.58	6.11
伊　　朗	5.14	4.67	5.85	7.83	1.04	0.07	1.03
以 色 列	9.14	4.87	5.70	5.32	4.23	0.80	4.61
日　　本	2.86	1.93	2.04	2.36	-1.16	-6.28	3.94
哈萨克斯坦	9.80	9.70	10.70	8.90	3.20	1.18	7.00
韩　　国	8.80	3.96	5.18	5.11	2.30	0.20	6.11
老　　挝	6.32	6.77	8.65	7.84	7.79	7.59	7.75
马来西亚	8.68	5.33	5.85	6.48	4.71	-1.71	7.16
蒙　　古	3.92	7.25	18.78	10.25	8.90	-1.27	6.14
巴基斯坦	4.26	7.67	6.15	5.64	1.64	3.37	4.79
菲 律 宾	5.97	4.95	5.34	7.09	3.69	1.06	7.33
新 加 坡	9.07	7.38	8.70	8.78	1.49	-0.77	14.47
斯里兰卡	6.02	6.24	7.67	6.80	5.95	3.80	9.13
泰　　国	4.75	4.61	5.09	5.04	2.48	-2.33	7.80
越　　南	6.79	8.44	8.23	8.46	6.31	5.32	6.78
埃　　及	5.38	4.47	6.84	7.09	7.16	4.67	5.15
尼日利亚	5.32	5.39	6.21	6.97	5.98	6.96	8.39
南　　非	4.16	5.28	5.60	5.57	3.58	-1.68	2.78
加 拿 大	5.23	3.02	2.82	2.20	0.52	-2.46	3.07
墨 西 哥	5.98	3.18	5.15	3.25	1.50	-6.11	5.52
美　　国	4.14	3.05	2.67	1.95	0.00	-2.63	2.83
阿 根 廷	-0.79	9.18	8.47	8.64	6.79	0.84	9.16
巴　　西	4.31	3.16	3.96	6.09	5.16	-0.64	7.49
委内瑞拉	3.69	10.32	9.87	8.15	4.78	-3.29	-1.90
捷　　克	3.65	6.32	6.81	6.13	2.46	-4.15	2.32
法　　国	4.08	1.96	2.42	2.32	0.09	-2.55	1.49
德　　国	3.47	0.91	3.57	2.78	0.70	-4.67	3.50
意 大 利	3.69	0.66	2.04	1.48	-1.32	-5.22	1.30
荷　　兰	3.94	2.05	3.39	3.92	1.88	-3.91	1.75
波　　兰	4.25	3.62	6.23	6.79	5.13	1.65	3.82
俄罗斯联邦	10.05	6.39	8.15	8.54	5.23	-7.80	3.96
西 班 牙	5.05	3.62	4.02	3.57	0.86	-3.72	-0.15
土 耳 其	6.77	8.40	6.89	4.67	0.66	-4.69	8.20
乌 克 兰	5.85	2.75	7.36	7.94	1.95	-14.82	4.21
英　　国	3.92	2.17	2.79	2.69	-0.06	-4.87	1.25
澳大利亚	3.32	3.13	2.61	4.59	2.59	1.33	2.75
新 西 兰	4.39	3.27	0.99	2.84	-0.15	-2.09	1.52

资料来源：国际货币基金组织WEO数据库。

附录1-3 国内生产总值产业构成

单位：%

国家和地区	第一产业			第二产业			第三产业		
	2000	2008	2009	2000	2008	2009	2000	2008	2009
中　国	15.1	10.7	10.4	45.9	47.5	46.3	39.0	41.8	43.4
中国香港	0.1			13.4	8.0		86.5	92.0	
中国澳门				15.7	15.7		90.3	84.3	
孟加拉国	25.5	19.0	18.7	25.3	28.5	28.7	49.2	52.5	52.6
文　莱	1.0			63.7			35.3		
柬埔寨	37.8	34.9	35.3	23.0	23.8	22.6	39.1	41.3	42.0
印　度	23.4	17.6	17.8	26.2	28.2	27.0	50.5	54.2	55.3
印度尼西亚	15.6	14.7	15.8	45.9	48.8	49.1	38.5	36.5	35.2
伊　朗	13.7	10.1		36.7	44.9		49.5	45.0	
日　本	1.8	1.5		32.4	28.0		65.8	70.6	
哈萨克斯坦	8.7	5.7	6.4	40.5	43.3	40.3	50.9	51.0	53.3
韩　国	4.6	2.7	2.6	38.1	36.5	36.5	57.3	60.8	60.9
老　挝	52.6	34.7		22.9	28.2		24.6	37.1	
马来西亚	8.6	10.2	9.5	48.3	48.1	44.3	43.1	41.7	46.2
蒙　古	32.7	21.1	23.5	20.3	39.8	32.7	47.0	39.2	43.8
缅　甸	57.2			9.7			33.1		
巴基斯坦	25.9	20.3	21.6	23.3	26.8	24.3	50.8	52.9	54.2
菲律宾	15.8	14.9	14.8	32.3	31.7	30.2	52.0	53.4	55.0
新加坡	0.1	0.1		35.6	25.9	26.3	64.3	74.0	
斯里兰卡	19.9	13.4	12.6	27.3	29.4	29.7	52.8	57.3	57.7
泰　国	9.0	11.7	11.6	42.0	44.2	43.3	49.0	44.2	45.1
越　南	24.5	22.2	20.9	36.7	39.8	40.2	38.7	38.0	38.9
埃　及	16.7	13.2	13.7	33.1	37.5	37.3	50.1	49.3	49.0
尼日利亚		30.7			41.4			27.9	
南　非	3.3	3.2	3.0	31.8	32.5	31.1	64.9	64.4	65.9
加拿大	2.3			33.2			64.5		
墨西哥	4.2	3.7	4.3	28.0	36.4	34.8	67.8	59.9	60.9
美　国	1.2	1.2		23.4	21.3		75.4	77.5	
阿根廷	5.0	9.8	7.5	27.6	32.3	31.8	67.4	57.9	60.7
巴　西	5.6	5.9	6.1	27.7	27.9	25.4	66.7	66.2	68.5
委内瑞拉	4.2			49.7			46.1		
捷　克	3.9	2.5	2.3	38.1	37.6	37.2	58.0	59.9	60.5
法　国①	2.8	2.0	1.7	22.9	20.3	18.8	74.3	77.7	79.4
德　国	1.3	0.9	0.8	30.3	29.6	26.5	68.5	69.5	72.7
意大利	2.8	2.0	1.8	28.4	26.9	25.1	68.8	71.1	73.1
荷　兰	2.6	1.8	1.7	24.9	25.6	24.0	72.4	72.6	74.3
波　兰	5.0	3.7	3.6	31.7	32.0	30.5	63.3	64.2	65.9
俄罗斯联邦	6.4	4.4	4.7	38.0	35.9	32.8	55.6	59.7	62.5
西班牙	4.4	2.7	2.7	29.2	28.4	26.2	66.4	68.9	71.2
土耳其	11.3	8.6	9.4	31.5	27.7	25.8	57.2	63.7	64.9
乌克兰	17.1	8.3	8.2	36.3	36.9	29.4	46.6	54.8	62.4
英　国	1.0	0.8	0.7	27.3	22.6	21.0	71.7	76.7	78.2
澳大利亚	3.5	2.6		26.9	29.1		69.6	68.4	
新西兰	8.8			25.1			66.1		

注：①包括法属圭亚那、瓜德罗普、马提尼克和留尼汪。
资料来源：世界银行WDI数据库。

附录1-4 按生产法计算的第三产业行业增加值

单位：亿本币

国家和地区	2000	2005	2006	2007	2008
中　国					
按当年价格计算					
国内生产总值	**99215**	**184937**	**216314**	**265810**	**314045**
增加值总计(按基本价格计算)	**99215**	**184937**	**216314**	**265810**	**314045**
第三产业					
批发、零售贸易；机动车及个人、家庭用品修理业	8159	13966	16531	20938	26182
旅馆和饭店业	2146	4196	4793	5548	6616
交通运输、仓储和邮政业	6161	10666	12183	14601	16363
金融中介	4087	6087	8099	12338	14863
房地产、租赁及商务活动		11646	14161	18505	
公共管理和国防；社会基本保障					
教育；卫生和社会工作；其他团体、社会和个人服务活动	13744				
按2005年价格计算①					
国内生产总值		**184937**	**208381**	**237893**	**260813**
增加值总计		**184937**	**208381**	**237893**	**260813**
第三产业					
批发和零售业		13966	16685	20058	23237
旅馆和饭店业		4196	4723	5177	5674
交通运输、仓储和邮政业		10666	11729	13114	14074
金融业		6087	7663	9777	11081
房地产业		8516	9835	12230	12347
其他服务业		31488	34877	38824	43084
印　度					
按当年价格计算					
国内生产总值	**210231**	**370647**	**428398**	**494786**	**557445**
增加值总计(按基本价格计算)	**195428**	**345991**	**400989**	**461765**	**531377**
第三产业					
批发、零售贸易；机动车及个人、家庭用品修理业	25670	51476	60726	69397	79594
旅馆和饭店业	2513	5436	6607	7795	8140
运输、仓储和通讯	15030	28254	32524	36714	42008
金融中介	10625	18467	21783	25189	30028
房地产、租赁及商务活动	15386	32181	38243	45984	55667
公共管理和国防；社会基本保障	13260	19991	21535	24483	32331
教育；卫生和社会工作；其他团体、社会和个人服务活动	15952	27466	30729	34842	41227
按2004年价格计算					
国内生产总值		**354000**	**387000**	**425000**	**447000**
增加值总计(按基本价格计算)		**330000**	**363000**	**396000**	**423000**
第三产业					
批发、零售贸易；机动车及个人、家庭用品修理业		48800	54100	59000	62800
旅馆和饭店业		5170	5920	6680	6460
运输、仓储和通讯		28200	31900	36000	40200
金融中介		19900	24100	28100	32000
房地产、租赁及商务活动		30400	33500	37000	39600
公共管理和国防；社会基本保障		19100	19400	20800	25300
教育；卫生和社会工作；其他团体、社会和个人服务活动		26300	27500	29200	31600

附录1-4 续表 1

单位：亿本币

国家和地区	2000	2005	2006	2007	2008
印度尼西亚②					
按当年价格计算					
国内生产总值	**1390**	**2770**	**3340**	**3950**	**4950**
增加值总计（按基本价格计算）	**1390**	**2770**	**3340**	**3950**	**4950**
第三产业					
批发、零售贸易；机动车及个人、家庭用品修理业；旅馆和饭店业	224	432	502	592	691
运输、仓储和通讯	65	181	232	264	312
金融中介，房地产、租赁及商务活动	115	231	269	305	368
公共管理和国防；社会基本保障	69	135	168	205	258
教育；卫生和社会工作；其他团体、社会和个人服务活动	60	141	168	193	224
按2000年价格计算					
国内生产总值	**1390**	**1750**	**1850**	**1960**	**2080**
增加值总计（按基本价格计算）	**1390**	**1750**	**1850**	**1960**	**2080**
第三产业					
批发、零售贸易；机动车及个人、家庭用品修理业；旅馆和饭店业	224	294	313	340	364
交通运输、仓储和通讯业	65	109	125	142	166
金融中介；房地产、租赁及商务活动	115	161	170	184	199
公共管理和国防；社会基本保障	70	74	77	81	84
教育；卫生和社会工作；其他团体、社会和个人服务活动	60	87	94	101	109
日　　本②					
按当年价格计算					
国内生产总值	**503**	**502**	**507**	**516**	
增加值总计（按市场价格计算）	**523**	**522**	**525**	**528**	
第三产业					
批发、零售贸易；机动车及个人、家庭用品修理业；旅馆和饭店业	71	69	68	69	
运输、仓储和通讯	35	34	34	34	
金融中介	30	35	35	34	
房地产、租赁及商务活动	58	60	60	61	
公共管理和国防；社会基本保障	27	28	29	29	
教育；卫生和社会工作；其他团体、社会和个人服务活动	130	136	140	142	
按2000年价格计算					
国内生产总值	**503**	**537**	**548**	**561**	
增加值总计（按基本价格计算）③	**523**	**559**	**567**	**573**	
第三产业					
批发、零售贸易；机动车及个人、家庭用品修理业；旅馆和饭店业	71	71			
运输、仓储和通讯	35	38			
金融中介	30	35			
房地产、租赁及商务活动	100	112			
公共管理和国防；社会基本保障	28	30			
教育；卫生和社会工作；其他团体、社会和个人服务活动	88	96			

附录1-4 续表 2

单位：亿本币

国家和地区	2000	2005	2006	2007	2008
韩　国②					
按当年价格计算					
国内生产总值	**603**	**865**	**909**	**975**	**1030**
增加值总计(按基本价格计算)	**539**	**776**	**815**	**875**	**920**
第三产业					
批发、零售贸易；机动车及个人、家庭用品修理业	54	67	71	75	81
旅馆和饭店业	15	18	19	21	23
运输、仓储和通讯	37	54	55	59	61
金融中介；房地产、租赁及商务活动	105	158	166	180	191
金融中介	31	53	55	61	65
房地产、租赁及商务活动	74	104	111	119	126
公共管理和国防；社会基本保障	30	48	52	56	59
教育	28	47	51	56	61
卫生和社会工作	15	29	32	35	38
其他团体、社会和个人服务活动	17	27	29	31	33
雇人的私人住户	0.2	0.2	0.2	0.2	0.2
按2005年价格计算					
国内生产总值	**695**	**865**	**910**	**957**	**978**
增加值总计(按基本价格计算)	**621**	**776**	**816**	**860**	**881**
第三产业					
批发、零售贸易；机动车及个人、家庭用品修理业	62	67	70	73	74
旅馆和饭店业	16	18	19	20	20
运输、仓储和通讯	38	54	56	59	62
金融中介	38	53	56	62	65
房地产、租赁及商务活动	95	112	116	120	122
公共管理和国防；社会基本保障	43	48	51	52	53
教育	38	47	49	50	52
卫生和社会工作	24	29	30	33	34
其他团体、社会和个人服务活动	21	27	29	31	31
雇人的私人住户	0.3	0.2	0.2	0.2	0.2
马来西亚					
按当年价格计算					
国内生产总值	**3564**	**5224**	**5744**	**6398**	**7387**
增加值总计(按基本价格计算)	**3679**	**5334**	**5869**	**6527**	**7512**
第三产业					
批发、零售贸易；机动车及个人、家庭用品修理业	400	553	604	691	813
旅馆和饭店业	80	112	124	142	163
运输、仓储和通讯	249	360	389	426	458
金融中介	326	441	486	533	579
房地产、租赁及商务活动	157	212	237	286	294
公共管理和国防；社会基本保障	226	344	381	442	540
教育	16	24	26	30	35
卫生和社会工作	15	28	30	35	39
其他团体、社会和个人服务活动	175	215	223	233	245
雇人的私人住户	7	9	10	10	11
按2000年价格计算					
国内生产总值	**3560**	**4490**	**4760**	**5050**	**5280**
增加值总计(按基本价格计算)	**3680**	**4610**	**4890**	**5190**	**5420**
第三产业					
批发、零售贸易；机动车及个人、家庭用品修理业	400	512	548	615	676
旅馆和饭店业	80	101	107	119	127
运输、仓储和通讯	249	329	352	381	407
金融中介	326	451	486	539	580
房地产、租赁及商务活动	157	205	227	268	272
公共管理和国防；社会基本保障	226	304	334	350	389
教育	16	22	23	27	31
卫生和社会工作	15	26	29	32	35
其他团体、社会和个人服务活动	175	205	211	218	226
雇人的私人住户	7	9	9	9	9

附录1-4 续表 3

单位：亿本币

国家和地区	2000	2005	2006	2007	2008
菲 律 宾					
按当年价格计算					
国内生产总值	**33547**	**54440**	**60312**	**66473**	**74232**
增加值总计（按基本价格计算）	**33547**	**54440**	**60312**	**66473**	**74232**
第三产业					
批发、零售贸易；机动车及个人、家庭用品修理业	4730	7769	8779	9815	10882
旅馆和饭店业	630	959	1054	1192	1300
运输、仓储和通讯	1990	4139	4462	4784	5088
金融中介	1491	2634	3114	3620	4049
房地产、租赁及商务活动	2753	5056	5681	6318	7150
公共管理和国防；社会基本保障	3198	4139	4516	4733	5196
教育	778	1434	1550	1702	1782
卫生和社会工作	458	888	972	1074	1166
其他团体、社会和个人服务活动	1407	2287	2551	2823	3099
按1985年价格计算					
国内生产总值	**9730**	**12100**	**12800**	**13700**	**14200**
增加值总计（按基本价格计算）	**9730**	**12100**	**12800**	**13700**	**14200**
第三产业					
批发、零售贸易；机动车及个人、家庭用品修理业	1530	2040	2160	2340	2370
旅馆和饭店业	128	152	161	176	181
运输、仓储和通讯	682	1050	1110	1210	1260
金融中介	467	646	719	813	834
房地产、租赁及商务活动	568	777	835	900	965
公共管理和国防；社会基本保障	485	538	552	566	598
教育	80	97	100	102	99
卫生和社会工作	114	158	164	173	175
其他团体、社会和个人服务活动	301	384	412	445	468
新 加 坡					
按当年价格计算					
国内生产总值	**1598**	**2018**	**2233**	**2586**	**2664**
增加值总计（按基本价格计算）	**1486**	**1909**	**2121**	**2421**	**2511**
第三产业					
批发、零售贸易；机动车及个人、家庭用品修理业④	205	339	398	463	479
旅馆和饭店业	34	38	43	50	55
运输、仓储和通讯	208	280	289	334	343
金融中介	172	219	255	319	342
房地产、租赁及商务活动	199	231	260	318	380
公共管理和国防；社会基本保障					
教育；卫生和社会工作；其他团体、社会和个人服务活动⑤	158	204	217	233	254
雇人的私人住户	67	69	86	111	136
按2000年价格计算					
国内生产总值	**1600**	**1980**	**2160**	**2330**	**2370**
增加值总计（按基本价格计算）	**1490**	**1850**	**2020**	**2180**	**2230**
第三产业					
批发、零售贸易；机动车及个人、家庭用品修理业④	205	315	347	375	390
旅馆和饭店业	34	35	38	40	41
运输、仓储和通讯	208	271	289	308	321
金融中介	172	216	242	279	296
房地产、租赁及商务活动	199	230	245	271	293
公共管理和国防；社会基本保障					
教育；卫生和社会工作；其他团体、社会和个人服务活动⑤	158	196	204	213	225
雇人的私人住户	67	78	80	81	82

附录1-4 续表 4

单位：亿本币

国家和地区	2000	2005	2006	2007	2008
泰　国					
按当年价格计算					
国内生产总值	**49227**	**70929**	**78502**	**85298**	**90755**
增加值总计(按基本价格计算)	**49227**	**70929**	**78502**	**85298**	**90755**
第三产业					
批发、零售贸易；机动车及个人、家庭用品修理业	8476	10420	11202	12135	12830
旅馆和饭店业	2752	3469	3861	4168	4377
运输、仓储和邮电业	3959	5196	5693	6265	6432
金融中介	1458	2649	2862	3089	3503
房地产、租赁及商务活动	1618	1985	2088	2154	2166
公共管理和国防；社会基本保障	2110	3261	3500	3739	4004
教育	1965	2810	3168	3604	3778
卫生和社会工作	967	1352	1500	1639	1694
其他团体、社会和个人服务活动	738	1237	1287	1195	1233
雇人的私人住户	70	85	87	92	97
按1988年价格计算					
国内生产总值	**30100**	**38600**	**40600**	**42600**	**43600**
增加值总计(按基本价格计算)	**30100**	**38600**	**40600**	**42600**	**43600**
第三产业					
批发、零售贸易；机动车及个人、家庭用品修理业	4750	5420	5610	5890	5980
旅馆和饭店业	1130	1360	1510	1580	1610
运输、仓储和通讯	2900	3840	4080	4320	4300
金融中介	840	1360	1410	1490	1590
房地产、租赁及商务活动	1200	1510	1600	1650	1690
公共管理和国防；社会基本保障	953	1160	1150	1190	1210
教育	838	961	993	1090	1070
卫生和社会工作	414	485	509	542	538
其他团体、社会和个人服务活动	573	852	876	831	836
雇人的私人住户	34	37	36	37	38
越　南②					
按当年价格计算					
国内生产总值	**442**	**839**	**974**	**1140**	**1480**
增加值总计(按基本价格计算)	**442**	**839**	**974**	**1140**	**1480**
第三产业					
批发、零售贸易；机动车及个人、家庭用品修理业	63	114	133	156	205
旅馆和饭店业	14	29	36	45	65
运输、仓储和通讯	17	37	44	51	67
金融中介	8	15	18	21	27
房地产、租赁及商务活动	19	34	37	44	54
公共管理和国防；社会基本保障	12	23	27	31	41
教育	15	27	31	35	39
卫生和社会工作	6	12	14	16	19
其他团体、社会和个人服务活动	15	27	31	36	46
雇人的私人住户	1	1	2	2	3
按1994年价格计算					
国内生产总值	**274**	**393**	**425**	**461**	**490**
增加值总计(按基本价格计算)	**274**	**393**	**425**	**461**	**490**
第三产业					
批发、零售贸易；机动车及个人、家庭用品修理业	45	64	69	76	80
旅馆和饭店业	9	14	15	17	19
运输、仓储和通讯	11	15	17	19	21
金融中介	6	8	9	10	10
房地产、租赁及商务活动	12	15	15	16	16
公共管理和国防；社会基本保障	8	11	11	12	13
教育	9	13	14	16	17
卫生和社会工作	4	6	6	7	7
其他团体、社会和个人服务活动	9	13	14	15	16
雇人的私人住户	1	1	1	1	1

附录1-4 续表 5

单位：亿本币

国家和地区	2000	2005	2006	2007	2008
埃　　及					
按当年价格计算					
国内生产总值	**3458**	**5682**	**6430**	**7448**	**8955**
增加值总计(按基本价格计算)	**3546**	**5843**	**6550**	**7105**	**8554**
第三产业					
批发、零售贸易；机动车及个人、家庭用品修理业	539	631	660		
旅馆和饭店业	66	177	247	767	924
运输、仓储和通讯	257	574	580		
金融中介	401	461	495		
房地产、租赁及商务活动	110	173	215	667	797
公共管理与国防；社会基本保障	326	527	581		
教育		149	171		
卫生和社会工作⑥	11	74	90		
其他团体、社会和个人服务活动	285	229	245		
按1996年价格计算					
国内生产总值	**3200**				
增加值总计(按基本价格计算)⑦	**2970**				
第三产业					
批发、零售贸易；机动车及个人、家庭用品修理业					
旅馆和饭店业	50				
运输、仓储和通讯	276				
金融中介；房地产、租赁及商务活动	239				
公共管理和国防；社会基本保障	483				
南　　非					
按当年价格计算					
国内生产总值	**9221**	**15711**	**17674**	**20171**	**22838**
增加值总计(按基本价格计算)	**8382**	**14011**	**15723**	**17932**	**20580**
第三产业					
批发、零售贸易；机动车及个人、家庭用品修理业；旅馆和饭店业	1227	1950	2158	2389	2718
运输、仓储和通讯	809	1395	1538	1638	1884
金融中介	686	1073			
房地产、租赁及商务活动	876	1862			
公共管理和国防；社会基本保障	1332	2086	2301	2561	2957
教育；卫生和社会工作；其他团体、社会和个人服务活动	282	545	617	692	736
雇人的私人住户	232	340	363	401	452
按2005年价格计算					
国内生产总值	**13000**	**15700**	**16600**	**17500**	**18100**
增加值总计(按基本价格计算)	**11600**	**14000**	**14800**	**15600**	**16200**
第三产业					
批发、零售贸易；机动车及个人、家庭用品修理业；旅馆和饭店业	1620	1950	2070	2180	2200
运输、仓储和通讯	1030	1390	1470	1560	1620
金融中介；房地产、租赁及商务活动	2170	2960	3240	3490	3770
公共管理和国防；社会基本保障	1910	2090	2150	2240	2330
教育；卫生和社会工作；其他团体、社会和个人服务活动	484	545	568	608	627
雇人的私人住户	275	340	363	375	391

附录1-4 续表 6

单位：亿本币

国家和地区	2000	2005	2006	2007	2008
巴　西					
按当年价格计算					
国内生产总值	**11795**	**21472**	**23695**	**26613**	
增加值总计（按基本价格计算）	**10217**	**18423**	**20344**	**22879**	
第三产业					
批发、零售贸易；机动车及个人、家庭用品修理业	1692	3084	3518	4094	
旅馆和饭店业	182	300	367	417	
运输、仓储和邮电业	866	1647	1757	1975	
金融中介	609	1299	1464	1756	
房地产、租赁及商务活动	1154	1659	1761	1945	
公共管理与国防；社会基本保障	964	1838	2048	2259	
教育	536	822	945	1097	
卫生和社会工作；	399	657	766	895	
其他团体、社会和个人服务活动	411	672	753	805	
按上年价格计算					
国内生产总值	**11100**	**20000**	**22300**	**25100**	
增加值总计（按基本价格计算）	**9640**	**17200**	**19100**	**21500**	
第三产业					
批发、零售贸易；机动车及个人、家庭用品修理业；旅馆和饭店业	1620	3150	3570	4190	
旅馆和饭店业		283	318	380	
运输、仓储和邮电业	587	1480	1680	1860	
金融中介	693	1020	1410	1680	
房地产、租赁及商务活动	1180	1580	1710	1850	
公共管理和国防；社会基本保障	1440	1620	1910	2120	
教育		771	821	923	
卫生和社会工作		643	692	807	
其他社区、社会和私人服务活动		610	697	768	
加 拿 大					
按当年价格计算					
国内生产总值	**10766**	**13739**	**14492**	**15329**	**16001**
增加值总计（按基本价格计算）	**9999**	**12806**	**13535**		
第三产业					
批发、零售贸易；机动车及个人、家庭用品修理业	1096	1495	1609		
旅馆和饭店业	234	283	296		
运输、仓储和通讯	702	918	981		
金融中介	595	768	841		
房地产、租赁及商务活动	1904	2482	2633		
公共管理和国防；社会基本保障	565	716	750		
教育	468	596	648		
卫生和社会工作	602	803	853		
其他团体、社会和个人服务活动	285	365	392		
按2002年价格计算					
国内生产总值	**11000**	**12500**	**12800**	**13200**	**13200**
增加值总计（按基本价格计算）	**10300**	**11600**	**12000**	**12300**	**12300**
第三产业					
批发、零售贸易；机动车及个人、家庭用品修理业	1110	1390	1470	1540	1570
旅馆和饭店业	246	260	262	266	272
运输、仓储和通讯	724	851	881	901	910
金融中介	613	704	758	797	817
房地产、租赁及商务活动	1960	2350	2440	2530	2590
公共管理和国防；社会基本保障	581	650	671	686	705
教育	505	554	567	587	604
卫生和社会工作	660	727	747	770	792
其他团体、社会和个人服务活动	303	345	360	366	370

附录1-4 续表 7

单位：亿本币

国家和地区	2000	2005	2006	2007	2008
墨 西 哥					
按当年价格计算					
国内生产总值	**54917**	**92207**	**103469**	**111777**	**120918**
增加值总计(按基本价格计算)	**50446**	**89718**	**101225**	**109450**	**120018**
第三产业					
批发、零售贸易；机动车及个人、家庭用品修理业	8191	14854	16508	17928	
旅馆和饭店业	2466	2379	2495	2647	
运输、仓储和通讯	5568	8227	9237	10095	
金融中介	1145	3323	3700	4352	
房地产、租赁及商务活动	4910	15278	16624	17790	
公共管理与国防；社会基本保障	1993	3579	3903	4200	
教育	2872	4366	4743	5135	
卫生和社会工作	1613	2600	2842	3101	
其他团体、社会和个人服务活动	5688	1046	1119	1229	
雇人的私人住户		435	463	505	
按2003年价格计算					
国内生产总值		**81200**	**85100**	**88100**	**89400**
增加值总计(按基本价格计算)		**78600**	**82700**	**85800**	**87400**
第三产业					
批发、零售贸易；机动车及个人、家庭用品修理业		13100	13900	14600	
旅馆和饭店业		2220	2250	2310	
运输、仓储和通讯		7450	8020	8450	
金融中介		2980	3470	3830	
房地产、租赁及商务活动		13600	14100	14500	
公共管理和国防；社会基本保障		3200	3190	3220	
教育		3870	3870	3950	
卫生和社会工作		2300	2480	2470	
其他团体、社会和个人服务活动		954	975	1010	
雇人的私人住户		406	415	436	
美 国					
按当年价格计算					
国内生产总值	**98988**	**125797**	**133362**	**140108**	**143694**
增加值总计(按基本价格计算)	**91002**	**114952**	**121901**	**127784**	
第三产业					
批发、零售贸易；机动车及个人、家庭用品修理业⑧	12541	15471	16398	16978	
旅馆和饭店业	2614	3336	3580	3795	
运输、仓储和通讯	6363	7388	7719	8194	
金融中介；房地产、租赁及商务活动	30844	40205	42855	45331	
金融中介	7405	9895	10609	10914	
房地产、租赁及商务活动	23439	30310	32246	34417	
公共管理和国防；社会基本保障	6947	9351	9813	10384	
教育	4716	6258	6596	6983	
卫生和社会工作	5992	8561	9048	9574	
其他团体、社会和个人服务活动	3619	4661	4852	5091	
雇人的私人住户	136	150	161	177	
按2000年价格计算					
国内生产总值	**97600**	**109000**	**112000**	**115000**	
增加值总计(按基本价格计算)	**91000**	**102000**	**105000**	**107000**	
第三产业					
批发零售、机动车及日用品修理、家庭用品修理业⑧	12500	15300	15800	16200	
旅馆和饭店业	2610	2860	2950	3000	
运输、仓储和通讯	6360	7640	7900	8230	
金融中介	7400	8900	9460	9460	
房地产、租赁及商务活动	23400	26600	27500	28700	
公共管理和国防；社会基本保障	6950	7620	7650	7750	
教育	4720	5000	5050	5150	
卫生和社会工作	5990	7240	7480	7630	
其他团体、社会和个人服务活动	3620	3870	3880	3920	
雇人的私人住户	136	129	133	141	

附录1-4 续表 8

单位：亿本币

国家和地区	2000	2005	2006	2007	2008
法　国					
按当年价格计算					
国内生产总值	**14414**	**17261**	**18064**	**18953**	**19485**
增加值总计(按基本价格计算)	**12907**	**15478**	**16143**	**16984**	**17505**
第三产业					
批发、零售贸易；机动车及个人、家庭用品修理业	1357	1615	1645	1695	1775
旅馆和饭店业	302	367	383	405	408
运输、仓储和通讯	776	998	1027	1082	1117
金融中介	664	753	792	793	809
房地产、租赁及商务活动	3296	4226	4546	4855	5035
公共管理和国防；社会基本保障	1009	1182	1216	1261	1300
教育	722	842	861	889	912
卫生和社会工作	972	1304	1370	1445	1514
其他团体、社会和个人服务活动	422	546	574	605	626
雇人的私人住户	66	88	90	96	102
按2000年价格计算					
国内生产总值	**14400**	**15700**	**16000**	**16400**	**16400**
增加值总计(按基本价格计算)	**12900**	**14000**	**14300**	**14600**	**14700**
第三产业					
批发、零售贸易；机动车及个人、家庭用品修理业	1360	1420	1450	1490	1500
旅馆和饭店业	302	302	307	315	313
运输、仓储和通讯	776	933	982	1020	1020
金融中介	664	736	769	797	803
房地产、租赁及商务活动	3300	3680	3820	3930	3970
公共管理和国防；社会基本保障	1010	1030	1040	1060	1070
教育	722	714	708	709	707
卫生和社会工作	972	1080	1090	1120	1140
其他团体、社会和个人服务活动	422	492	502	514	520
雇人的私人住户	66	71	72	74	77
德　国					
按当年价格计算					
国内生产总值	**20625**	**22422**	**23251**	**24282**	**24958**
增加值总计(按基本价格计算)	**18562**	**20239**	**20972**	**21766**	**22392**
第三产业					
批发、零售贸易；机动车及个人、家庭用品修理业	2053	2082	2124	2193	2314
旅馆和饭店业	301	331	337	370	380
运输、仓储和通讯	1018	1162	1220	1233	1280
金融中介	778	958	939	860	842
房地产、租赁及商务活动	4332	4980	5194	5534	5750
公共管理和国防；社会基本保障	1180	1217	1221	1236	1269
教育	834	928	915	957	981
卫生和社会工作	1241	1468	1508	1529	1585
其他团体、社会和个人服务活动	912	973	986	1010	1037
雇人的私人住户	62	68	69	71	73
按2000年价格计算					
国内生产总值	**20600**	**21200**	**21900**	**22500**	**22700**
增加值总计(按基本价格计算)	**18600**	**19300**	**19900**	**20500**	**20800**
第三产业					
批发、零售贸易；机动车及个人、家庭用品修理业	2050	2160	2170	2190	2220
旅馆和饭店业	301	293	294	324	324
运输、仓储和通讯	1020	1150	1220	1270	1300
金融中介	778	644	710	759	761
房地产、租赁及商务活动	4330	4810	4940	5160	5250
公共管理和国防；社会基本保障	1180	1160	1160	1170	1180
教育	834	825	824	841	837
卫生和社会工作	1240	1430	1480	1530	1600
其他团体、社会和个人服务活动	912	896	894	908	917
雇人的私人住户	62	62	63	64	66

附录1-4　续表 9

单位：亿本币

国家和地区	2000	2005	2006	2007	2008
意 大 利					
按当年价格计算					
国内生产总值	**11911**	**14295**	**14854**	**15462**	**15679**
增加值总计(按基本价格计算)	**10640**	**12844**	**13248**	**13829**	**14091**
第三产业					
批发、零售贸易；机动车及个人、家庭用品修理业	1354	1513	1528	1559	1551
旅馆和饭店业	416	483	502	530	541
运输、仓储和通讯	777	978	981	1023	1031
金融中介	498	619	631	725	764
房地产、租赁及商务活动	2134	2834	2935	3045	3179
公共管理和国防；社会基本保障	631	837	864	880	913
教育	523	624	643	670	679
卫生和社会工作	572	738	776	770	829
其他团体、社会和个人服务活动	322	366	380	393	395
雇人的私人住户	92	120	125	135	147
按2000年价格计算					
国内生产总值	**11900**	**12400**	**12700**	**12900**	**12700**
增加值总计(按基本价格计算)	**10600**	**11100**	**11400**	**11500**	**11400**
第三产业					
批发、零售贸易；机动车及个人、家庭用品修理业	1350	1360	1380	1400	1360
旅馆和饭店业	416	395	408	418	416
运输、仓储和通讯	777	921	925	954	949
金融中介	498	531	563	625	642
房地产、租赁及商务活动	2130	2330	2370	2390	2390
公共管理和国防；社会基本保障	631	683	684	689	689
教育	523	539	540	543	543
卫生和社会工作	572	641	651	655	658
其他团体、社会和个人服务活动	322	299	307	311	306
雇人的私人住户	92	106	110	114	118
荷　　兰					
按当年价格计算					
国内生产总值	**4180**	**5134**	**5402**	**5687**	**5959**
增加值总计(按基本价格计算)	**3734**	**4562**	**4790**	**5046**	**5290**
第三产业					
批发、零售贸易；机动车及个人、家庭用品修理业	520	592	622	661	668
旅馆和饭店业	76	85	88	93	90
运输、仓储和通讯	266	332	339	351	350
金融中介	227	351	324	294	327
房地产、租赁及商务活动	791	906	1003	1117	1170
公共管理和国防；社会基本保障	261	325	332	346	362
教育	162	213	218	230	240
卫生和社会工作	272	400	416	440	466
其他团体、社会和个人服务活动	114	140	145	151	154
雇人的私人住户	15	20	20	21	22
按2000年价格计算					
国内生产总值	**4180**	**4460**	**4610**	**4780**	**4880**
增加值总计(按基本价格计算)	**3730**	**4000**	**4130**	**4280**	**4380**
第三产业					
批发、零售贸易；机动车及个人、家庭用品修理业	520	579	623	657	669
旅馆和饭店业	76	67	69	70	67
运输、仓储和通讯	266	321	331	345	350
金融中介	227	270	284	304	320
房地产、租赁及商务活动	791	807	843	881	904
公共管理和国防；社会基本保障	261	278	279	282	285
教育	162	165	165	165	165
卫生和社会工作	272	321	328	338	349
其他团体、社会和个人服务活动	114	120	124	127	127
雇人的私人住户	15	16	16	16	16

附录1-4 续表 10　　　　　　　　　　单位：亿本币

国家和地区	2000	2005	2006	2007	2008
俄罗斯联邦					
按当年价格计算					
国内生产总值	**73057**	**216254**	**269035**	**332581**	**414447**
增加值总计(按基本价格计算)	**65304**	**189761**	**235422**	**284951**	**353892**
第三产业					
批发、零售贸易；机动车及个人、家庭用品修理业		36494	47261	57450	73660
旅馆和饭店业		1706	2112	2863	3590
运输、仓储和邮电业	5929	19251	22839	27521	32102
金融中介	912	7590	10501	12538	15398
房地产、租赁及商务活动	6157	18482	23111	31028	39799
公共管理与国防；社会基本保障	3058	9591	11892	14664	18844
教育	1794	4941	6205	7699	9687
卫生和社会工作	1460	5663	7676	9505	11918
其他团体、社会和个人服务活动	100	3260	4222	5221	6144
按2003年价格计算					
国内生产总值		**151000**	**163000**	**176000**	**186000**
增加值总计(按基本价格计算)		**134000**	**145000**	**156000**	**165000**
第三产业					
批发、零售贸易；机动车及个人、家庭用品修理业		30900	35300	39700	43000
旅馆和饭店业		1100	1200	1380	1520
运输、仓储和通讯		14800	16300	16800	18100
金融中介		4890	5390	6060	6470
房地产、租赁及商务活动		14600	16000	19200	21200
公共管理与国防；社会基本保障		6600	6770	7030	7280
教育		3210	3230	3260	3290
卫生和社会工作		3870	3930	4030	4060
其他团体、社会和个人服务		2530	2750	2960	3080
西 班 牙					
按当年价格计算					
国内生产总值	**6303**	**9088**	**9843**	**10527**	**10885**
增加值总计(按基本价格计算)	**5706**	**8138**	**8768**	**9438**	**9962**
第三产业					
批发、零售贸易；机动车及个人、家庭用品修理业	640	871	929	994	1061
旅馆和饭店业	434	610	652	681	722
运输、仓储和邮电业	418	563	601	641	663
金融中介	263	377	414	500	534
房地产、租赁及商务活动	848	1341	1486	1628	1754
公共管理与国防；社会基本保障	355	485	529	573	616
教育	279	389	414	446	482
卫生和社会工作	290	449	484	534	589
其他团体、社会和个人服务	204	305	324	351	376
雇人的私人住户	58	71	74	77	79
按2000年价格计算					
国内生产总值	**6300**	**7400**	**7700**	**7970**	**8040**
增加值总计(按基本价格计算)	**5710**	**6640**	**6910**	**7180**	**7260**
第三产业					
批发、零售贸易；机动车及个人、家庭用品修理业	640	734	759	803	818
旅馆和饭店业	434	476	487	494	497
运输、仓储和邮电业	418	475	491	516	519
金融中介	263	394	449	502	506
房地产、租赁及商务活动	848	1020	1070	1120	1140
公共管理与国防；社会基本保障	355	412	431	449	467
教育	279	323	332	345	359
卫生和社会工作	290	359	373	394	416
其他团体、社会和个人服务	204	251	258	270	279
雇人的私人住户	58	67	69	70	69

附录1-4　续表 11　　　　单位：亿本币

国家和地区	2000	2005	2006	2007	2008
英　国					
按当年价格计算					
国内生产总值	**9765**	**12541**	**13258**	**13989**	**14484**
增加值总计(按基本价格计算)	**8643**	**11167**	**11811**	**12457**	**12988**
第三产业					
批发、零售贸易；机动车及个人、家庭用品修理业	1039	1321			
旅馆和饭店业	260	327			
运输、仓储和通讯	693	811			
金融中介	461	939			
房地产、租赁及商务活动	1945	2665			
公共管理和国防；社会基本保障	427	549			
教育	481	623			
卫生和社会工作	554	815			
其他团体、社会和个人服务活动	382	535			
雇人的私人住户	40	53			
按2003年价格计算					
国内生产总值	**10600**	**12000**	**12300**	**12700**	**12800**
增加值总计(按基本价格计算)	**9490**	**10700**	**11000**	**11300**	**11400**
第三产业					
批发、零售贸易；机动车及个人、家庭用品修理业	1070	1280			
旅馆和饭店业	273	323			
运输、仓储和通讯	710	815			
金融中介	678	887			
房地产、租赁及商务活动	2170	2660			
公共管理和国防；社会基本保障	472	528			
教育	564	595			
卫生和社会工作	633	756			
其他社区、社会和私人服务活动	445	490			
雇人的私人住户	45	50			
澳大利亚					
按当年价格计算					
国内生产总值	**7089**	**10008**	**10913**	**11818**	**12531**
增加值总计(按基本价格计算)	**6479**	**9218**	**10072**	**10917**	**11569**
第三产业					
批发、零售贸易；机动车及个人、家庭用品修理业	635	885	950	1064	1113
旅馆和饭店业	183	238	256	269	285
运输、仓储和通讯	590	804	899	949	1061
金融中介	574	919	1141	1200	1246
房地产、租赁及商务活动	1313	1761	1898	2167	2284
公共管理和国防；社会基本保障	359	519	558	574	613
教育	310	429	458	478	502
卫生和社会工作	381	556	606	653	703
其他社区、社会和私人服务活动⑨	206	277	292	310	329
按2006年价格计算					
国内生产总值	**8580**	**10100**	**10500**	**10800**	
增加值总计(按基本价格计算)	**7910**	**9310**	**9620**	**10000**	
第三产业					
批发、零售贸易；机动车及个人、家庭用品修理业	833	1010	1040	1080	
旅馆和饭店业	173	201	205	205	
运输、仓储和通讯	538	682	730	777	
金融中介	579	704	766	803	
房地产、租赁及商务活动	1690	2010	2060	2150	
公共管理和国防；社会基本保障	350	387	407	407	
教育	396	424	430	437	
卫生和社会工作	482	602	617	648	
其他社区、社会和私人服务活动⑨	284	330	348	360	

注：①数据来源于《中国统计年鉴》。②万亿本币。③按市场价格计算。④指批发零售贸易。⑤包括金融管理和国防、社会基本保障。⑥指私人非营利机构提供居民的服务。⑦按要素价格计算。⑧修理业包括在其他团体、社会和个人服务中。⑨包括雇人的私人住户。

资料来源：联合国数据库。

附录1-5　按行业分类的第三产业就业人员

单位：万人

国家和地区	2000	2005	2006	2007	2008
中　　国					
按第三版ISIC分类					
就业人员		**11404.0**	**11713.2**	**12024.4**	
第三产业					
批发、零售贸易；机动车及个人、家庭用品修理业		544.0	515.7	506.9	
旅馆和饭店业		181.2	183.9	185.8	
运输、仓储和通讯		613.9	612.7	623.1	
金融中介		359.3	367.4	389.7	
房地产、租赁及商务活动		592.7	626.1	657.1	
公共管理和国防；社会基本保障		1240.8	1265.6	1291.2	
教育		1483.2	1504.4	1520.9	
卫生和社会工作		508.9	525.4	542.8	
其他团体、社会和个人服务活动		122.5	122.4	125.0	
行业不明确		364.4	381.8	401.1	
印度尼西亚					
按第三版ISIC分类					
就业人员	**8983.8**	**9395.8**	**9545.7**	**9993.0**	**10255.3**
第三产业					
批发、零售贸易；机动车及个人、家庭用品修理业	1522.5	1674.8	1738.3	1653.1	1715.3
旅馆和饭店业	326.4	116.1	183.3	402.3	406.9
运输、仓储和通讯	455.4	565.3	566.2	595.9	618.0
金融中介	46.9	55.6	67.8	74.0	69.1
房地产、租赁及商务活动	41.4	58.6	66.8	66.0	76.9
公共管理和国防；社会基本保障	284.1	258.7	283.7	267.9	252.1
教育	241.3	287.2	317.9	346.0	328.6
卫生和社会工作	43.8	65.1	70.1	68.3	74.4
其他团体、社会和个人服务活动	181.7	145.0	217.2	324.6	421.3
雇人的私人住户	206.5	270.3	241.6	188.5	222.9
域外组织和机构		0.4	1.1	0.4	0.8
行业不明确		6.1	4.2	6.3	9.8
日　　本					
按第三版ISIC分类					
就业人员	**6446.0**	**6356.0**	**6382.0**	**6412.0**	**6385.0**
第三产业					
批发、零售贸易；机动车及个人、家庭用品修理业		1186.0	1180.0	1178.0	1169.0
旅馆和饭店业		343.0	337.0	342.0	334.0
运输、仓储和通讯	414.0	385.0	396.0	397.0	391.0
金融中介		157.0	155.0	155.0	164.0
房地产、租赁及商务活动		729.0	741.0	761.0	771.0
公共管理和国防；社会基本保障		229.0	222.0	226.0	223.0
教育		286.0	287.0	284.0	288.0
卫生和社会工作		553.0	571.0	579.0	598.0
其他团体、社会和个人服务活动		355.0	360.0	354.0	357.0
行业不明确者		74.0	71.0	77.0	74.0
韩　　国①					
按第三版ISIC分类					
就业人员	**2115.6**	**2285.6**	**2315.1**	**2343.3**	**2357.7**
第三产业					
批发、零售贸易；机动车及个人、家庭用品修理业	383.3	374.8	371.3	367.3	363.1
旅馆和饭店业	191.9	205.8	204.9	204.9	204.4
运输、仓储和通讯	126.0	142.9	147.0	149.8	187.5
金融中介	75.2	74.6	78.6	80.6	82.1
房地产、租赁及商务活动	136.1	203.7	216.8	235.0	221.9
公共管理和国防；社会基本保障	75.8	79.1	80.1	79.7	84.0
教育	119.1	156.8	165.8	174.0	178.4
卫生和社会工作	42.8	64.6	68.6	74.0	84.2
其他团体、社会和个人服务活动	125.1	172.7	178.1	172.4	178.2
雇人的私人住户	18.6	13.0	13.8	16.1	15.0
域外组织和机构	1.9	2.4	2.0	1.5	1.6

附录1-5　续表 1　　　　　　　　　　　　　　　　　　单位：万人

国家和地区	2000	2005	2006	2007	2008
马来西亚①②					
按第三版ISIC分类					
就业人员	**932.2**	**1004.5**	**1027.5**	**1053.8**	**1066.0**
第三产业					
批发、零售贸易；机动车及个人、家庭用品修理业		162.0	165.1	171.2	172.9
旅馆和饭店业		67.2	72.1	76.1	78.4
运输、仓储和通讯	42.3	54.5	54.0	53.8	58.3
金融中介		24.7	24.2	28.2	27.6
房地产、租赁及商务活动		45.9	50.8	55.8	55.3
公共管理和国防；社会基本保障		72.9	67.4	71.6	75.1
教育		60.7	60.0	63.3	65.7
卫生和社会工作		21.3	22.3	23.9	25.3
其他团体、社会和个人服务活动		23.5	24.7	26.7	27.4
雇人的私人住户		26.1	25.5	27.3	25.3
域外组织和机构		0.2	0.1	0.2	0.1
菲 律 宾①					
按第三版ISIC分类					
就业人员	**2745.2**	**3231.3**	**3263.6**	**3356.0**	**3408.9**
第三产业					
批发、零售贸易；机动车及个人、家庭用品修理业		614.7	620.2	635.4	644.6
旅馆和饭店业		86.1	88.7	90.7	95.3
运输、仓储和通讯	198.6	245.1	248.3	259.9	259.0
金融中介		34.1	34.4	35.9	36.8
房地产、租赁及商务活动		73.4	78.3	88.5	95.3
公共管理和国防；社会基本保障		148.1	148.5	155.1	167.6
教育		97.8	99.9	103.5	107.1
卫生和社会工作		37.5	35.9	37.3	39.1
其他团体、社会和个人服务活动		77.5	80.1	84.9	83.3
个体经营单位		151.7	161.2	174.0	172.9
域外组织和机构		0.1	0.2	0.2	0.2
新 加 坡					
按第三版ISIC分类					
就业人员	**209.5**	**164.7**	**179.7**	**180.3**	**185.2**
第三产业					
批发、零售贸易；机动车及个人、家庭用品修理业	28.7	30.4	30.1	27.7	27.0
旅馆和饭店业	11.4	10.3	12.9	12.3	12.0
运输、仓储和通讯	23.3	22.8	24.9	26.8	26.9
金融中介	9.6	10.2	10.6	11.0	12.4
房地产、租赁及商务活动	19.6	20.7	21.7	22.4	23.8
公共管理和国防；社会基本保障；教育			22.3	22.4	
卫生和社会工作			7.1	7.2	
其他团体、社会和个人服务活动；雇人的私人住户；域外组织和机构			8.1	8.7	
泰　　国①					
按第三版ISIC分类					
就业人员	**3300.1**	**3630.2**	**3634.5**	**3712.2**	**3783.7**
第三产业					
批发、零售贸易；机动车及个人、家庭用品修理业		529.7	540.2	552.5	563.5
旅馆及饭店业		230.0	221.5	230.3	235.3
运输、仓储和通讯	95.1	107.6	105.3	102.7	109.1
金融中介		34.0	35.0	35.0	39.6
房地产、租赁及商务活动		65.2	65.9	71.7	71.7
公共管理和国防；社会基本保障		109.6	117.0	128.7	130.3
教育		112.2	108.0	108.5	109.8
卫生和社会工作		61.1	60.3	64.7	72.0
其他团体、社会和个人服务活动		71.9	71.0	71.8	81.9
雇人的私人住户		24.2	22.2	22.9	19.6
域外组织和机构		0.2	…	0.1	0.1
行业不明确者		4.8	6.6	5.1	3.9

附录1-5 续表 2　　单位：万人

国家和地区	2000	2005	2006	2007	2008
越　南					
按第三版ISIC分类					
就业人员	**3836.8**	**4252.7**	**4333.9**	**4417.4**	**4491.6**
第三产业					
批发、零售贸易；机动车及个人、家庭用品修理业	411.6				
旅馆及饭店业	50.6				
运输、仓储和通讯	112.6				
金融中介	10.5				
房地产、租赁及商务活动	10.6				
公共管理和国防；社会基本保障	59.5				
教育	91.8				
卫生和社会工作	26.9				
其他团体、社会和个人服务活动	72.4				
雇人的私人住户	9.2				
域外组织和机构	0.3				
埃　及①②					
按第三版ISIC分类					
就业人员	**1720.3**	**1934.2**	**2044.4**	**2172.4**	**2250.7**
第三产业					
批发、零售贸易；机动车及个人、家庭用品修理业	200.7	214.1	217.2	230.7	238.7
旅馆和饭店业	26.9	36.6	41.1	37.1	46.2
运输、仓储和通讯	112.6	132.3	135.7	145.2	157.5
金融中介	18.6	16.9	17.5	19.5	16.6
房地产、租赁及商务活动	31.3	40.1	43.2	45.2	44.8
公共管理和国防；社会基本保障	182.5	185.0	190.2	197.5	189.0
教育	179.0	190.8	197.0	208.0	204.2
卫生和社会工作	53.2	50.3	54.6	57.3	58.3
其他团体、社会和个人服务活动	34.3	46.5	50.8	53.9	57.4
雇人的私人住户	4.9	5.3	4.5	5.2	6.6
域外组织和机构		0.3	0.3	0.1	0.3
行业不明确者	0.2	3.4	4.6	3.4	2.6
南　非					
按第三版ISIC分类					
就业人员	**1223.8**	**1230.1**	**1280.0**	**1323.4**	**1371.3**
第三产业					
批发、零售贸易；机动车及个人、家庭用品修理业；旅馆和饭店业	247.6	302.4	305.5	295.2	314.1
运输、仓储和通讯	58.2	61.6	61.1	59.6	76.7
金融中介；房地产、租赁及商务活动	97.6	129.6	130.9	134.0	164.6
公共管理和国防；社会基本保障；教育；卫生和社会工作；其他团体、社会和个人服务活动	208.4	219.2	231.9	245.2	262.4
雇人的私人住户	114.6	106.7	110.8	124.4	123.2
行业不明确者	10.3	2.9	3.3	5.1	0.3
巴　西③					
按第三版ISIC分类					
就业人员	**6563.0**	**8718.9**	**8931.8**	**9078.6**	
第三产业					
批发、零售贸易；机动车及个人、家庭用品修理业	1089.9	1550.3	1574.8	1630.9	
旅馆和饭店业	307.2	318.7	339.5	335.1	
运输、仓储和通讯	331.9	396.7	406.4	437.4	
金融中介	82.4	100.7	107.1	118.1	
房地产、租赁及商务活动	376.4	493.7	543.1	549.9	
公共管理和国防；社会基本保障	352.3	426.7	445.2	450.4	
教育	382.2	468.4	485.6	505.2	
卫生和社会工作	215.2	297.7	316.2	332.7	
其他团体、社会和个人服务活动	239.2	330.1	380.0	371.1	
雇人的私人住户	501.6	666.6	678.2	673.2	
域外组织和机构	0.3	0.7	0.4	0.3	
行业不明确者	83.6	19.8	21.8	20.9	

附录1-5　续表 3

单位：万人

国家和地区	2000	2005	2006	2007	2008
加　拿　大①					
按第三版ISIC分类					
就业人员	**1476.4**	**1617.0**	**1648.4**	**1686.6**	**1712.6**
第三产业					
批发、零售贸易；机动车及个人、家庭用品修理业	254.9	284.0	289.2	294.7	295.1
旅馆和饭店业	93.8	100.5	101.5	106.9	107.4
运输、仓储和通讯	112.3	115.4	109.7	112.5	114.8
金融中介	60.8	70.7	74.5	76.0	78.6
房地产、租赁及商务活动	173.1	199.2	207.1	214.3	217.6
公共管理和国防；社会基本保障	77.0	83.1	83.4	86.2	92.4
教育	97.4	110.6	115.8	118.3	119.3
卫生和社会工作	151.4	173.5	178.6	184.6	190.3
其他团体、社会和个人服务活动	66.0	74.2	81.7	86.8	86.7
雇人的私人住户	7.9	6.2	5.9	6.0	7.3
域外组织和机构	0.3	0.3	0.3	0.3	0.2
墨　西　哥④					
按第三版ISIC分类					
就业人员	**3804.5**	**4079.2**	**4219.8**	**4290.7**	**4386.7**
第三产业					
批发、零售贸易；机动车及个人、家庭用品修理业	834.2	933.3	959.5	982.1	997.4
旅馆和饭店业	180.1	243.8	251.5	267.1	283.7
运输、仓储和通讯	172.4	184.7	200.1	194.3	203.4
金融中介	29.5	30.7	36.3	40.4	40.6
房地产、租赁及商务活动	117.3	182.9	192.5	205.0	218.9
公共管理和国防；社会基本保障	174.3	191.7	203.2	204.1	217.2
教育	188.7	218.1	225.2	231.9	232.6
卫生和社会工作	106.5	113.6	116.1	121.3	125.3
其他团体、社会和个人服务活动	123.3	132.8	136.9	137.4	146.9
雇人的私人住户	170.0	169.4	175.6	185.8	185.2
域外组织和机构	0.2	0.4	0.3	0.7	0.4
行业不明确者	15.1	24.8	31.0	31.2	33.3
美　　国①⑤					
按第三版ISIC分类					
就业人员	**13520.8**	**14173.0**	**14442.7**	**14604.7**	**14536.2**
第三产业					
批发、零售贸易；机动车及个人、家庭用品修理业		2140.4	2132.8	2093.7	2058.5
旅馆和饭店业		930.6	947.4	958.2	979.5
运输、仓储和通讯	829.4	618.4	626.9	645.7	650.1
金融中介		703.5	725.4	730.6	727.9
房地产、租赁及商务活动		1746.1	1810.5	1880.2	1848.9
公共管理和国防；社会基本保障		653.0	652.4	674.6	676.3
教育		1226.4	1252.2	1282.8	1316.9
卫生和社会工作		1691.0	1741.6	1783.4	1823.3
其他团体、社会和个人服务活动；雇人的私人住户；域外组织和机构和行业不明确者		1318.7	1333.2	1337.1	1345.8
法　　国					
按第三版ISIC分类					
就业人员	**2368.9**	**2497.8**	**2513.4**	**2556.5**	**2591.3**
第三产业					
批发、零售贸易；机动车及个人、家庭用品修理业		333.5	335.3	353.9	342.1
旅馆和饭店业		85.1	91.1	87.9	87.1
运输、仓储和通讯		158.5	151.9	160.3	164.1
金融中介		75.3	80.7	82.6	79.3
房地产、租赁及商务活动		254.7	266.3	266.6	278.5
公共管理和国防；社会基本保障		234.8	240.7	256.3	265.3
教育		174.4	177.7	173.6	179.2
卫生和社会工作		297.0	306.6	314.3	321.5
其他团体、社会和个人服务活动		111.3	110.3	115.7	116.2
雇人的私人住户		60.5	58.1	59.2	60.8
域外组织和机构		1.6	1.8	1.9	1.9
行业不明确者		29.1	3.2	3.6	20.2

附录1-5 续表 4 单位：万人

国家和地区	2000	2005	2006	2007	2008
德　国					
按第三版ISIC分类					
就业人员	**3660.4**	**3656.6**	**3732.2**	**3816.3**	**3873.4**
第三产业					
批发、零售贸易；机动车及个人、家庭用品修理业	519.0	525.7	528.1	530.8	529.0
旅馆和饭店业	121.9	129.5	138.1	142.8	145.9
运输、仓储和通讯	200.8	194.9	206.0	214.8	214.7
金融中介	133.3	130.7	130.6	130.3	130.1
房地产、租赁及商务活动	292.3	352.2	373.5	390.9	417.2
公共管理和国防；社会基本保障	310.3	287.9	290.1	291.6	283.6
教育	192.8	210.0	217.4	223.7	229.0
卫生和社会工作	369.6	415.0	426.4	439.8	451.5
其他团体、社会和个人服务活动	194.4	215.3	212.5	205.8	211.2
雇人的私人住户	13.7	17.9	18.7	20.6	21.6
域外组织和机构	3.3	3.4	2.9	2.9	3.3
意 大 利					
按第三版ISIC分类					
就业人员	**2122.5**	**2256.3**	**2298.8**	**2322.2**	**2340.5**
第三产业					
批发、零售贸易；机动车及个人、家庭用品修理业	337.7	341.6	352.2	354.1	354.0
旅馆和饭店业	81.4	106.0	111.4	115.4	117.9
运输、仓储和通讯	119.0	123.9	122.4	125.7	129.4
金融中介	66.2	64.0	67.5	66.5	65.3
房地产、租赁及商务活动	147.8	237.6	243.4	254.2	261.8
公共管理和国防；社会基本保障	194.2	144.0	144.3	141.8	143.6
教育	146.7	154.1	159.7	160.6	158.4
卫生和社会工作	128.8	154.9	157.0	157.5	165.9
其他团体、社会和个人服务活动	90.5	109.3	116.4	116.7	113.6
雇人的私人住户	19.6	30.3	32.4	34.9	41.9
域外组织和机构	2.0	1.7	1.2	2.2	3.6
荷　兰					
按第三版ISIC分类					
就业人员	**779.8**	**795.8**	**810.8**	**831.0**	**845.7**
第三产业					
批发、零售贸易；机动车及个人、家庭用品修理业	125.2	115.3	120.0	121.1	118.6
旅馆和饭店业	27.4	31.9	33.4	35.2	33.7
运输、仓储和通讯	46.9	48.9	50.0	50.6	51.2
金融中介	27.4	25.8	26.4	25.8	24.5
房地产、租赁及商务活动	93.7	94.5	97.4	104.5	109.9
公共管理和国防；社会基本保障	48.9	52.9	52.9	54.1	54.1
教育	46.5	50.8	52.2	53.4	54.9
卫生和社会工作	105.2	120.4	124.9	131.0	135.3
其他团体、社会和个人服务活动	35.5	31.6	33.3	38.1	38.9
雇人的私人住户	0.3	0.4	0.5	0.5	0.6
域外组织和机构	0.2				
行业不明确者	35.9	39.0	35.9	36.0	47.9
俄罗斯联邦⑥					
按第三版ISIC分类					
就业人员	**6507.0**	**6816.9**	**6885.5**	**7057.0**	**7096.5**
第三产业					
批发、零售贸易；机动车及个人、家庭用品修理业	788.7	1038.3	1059.9	1109.6	1077.4
饭店和旅馆业	92.4	129.7	139.2	134.4	146.7
运输、仓储和通讯	548.4	624.9	621.1	657.3	656.0
金融中介	84.3	96.2	106.0	124.9	131.6
房地产、租赁及商务活动	202.8	403.9	414.8	441.0	444.8
公共管理和国防；社会基本保障	482.4	481.5	487.6	490.3	540.9
教育	591.1	620.4	619.8	642.0	644.2
卫生和社会工作	439.2	470.1	489.6	517.7	524.3
其他团体、社会和个人服务活动	483.6	224.7	238.8	243.9	258.0
雇人的私人住户	2.1	2.6	2.1	1.6	4.3
域外组织和机构	0.4	0.4	0.4		0.5

附录1-5 续表 5

单位：万人

国家和地区	2000	2005	2006	2007	2008
西 班 牙①⑤					
按第三版ISIC分类					
就业人员	**1550.6**	**1897.3**	**1974.8**	**2035.6**	**2025.8**
第三产业					
批发、零售贸易；机动车及个人、家庭用品修理业	251.2	288.7	298.4	312.9	323.9
饭店和旅馆业	100.4	129.1	140.3	145.1	145.3
运输、仓储和通讯	93.0	111.7	115.8	117.7	118.2
金融中介	41.2	45.7	47.3	50.0	50.7
房地产、租赁及商务活动	113.6	167.8	185.7	201.7	207.4
公共管理和国防；社会基本保障	97.5	119.7	122.2	123.8	127.7
教育	84.1	109.1	110.9	111.2	113.3
卫生和社会工作	83.0	113.5	118.1	122.9	127.7
其他团体、社会和个人服务活动	60.4	79.4	81.5	84.6	85.3
雇人的私人住户	42.7	68.3	76.1	77.0	75.3
域外组织和机构	0.2	0.6	0.7	0.2	0.2
英 国⑤					
按第三版ISIC分类					
就业人员	**2739.9**	**2866.5**	**2892.6**	**2910.0**	**2947.5**
第三产业					
批发、零售贸易；机动车及个人、家庭用品修理业	421.6	435.5	423.7	416.0	431.6
旅馆和饭店业	115.8	124.9	127.0	129.9	128.3
运输、仓储和通讯	186.1	197.3	194.0	195.6	196.3
金融中介	118.8	120.6	125.3	126.3	127.9
房地产、租赁及商务活动	304.0	328.7	332.8	348.4	360.2
公共管理和国防；社会基本保障	169.1	199.5	204.5	203.8	209.2
教育	220.4	260.1	267.3	264.5	268.6
卫生和社会工作	299.3	348.3	358.2	346.2	364.1
其他团体、社会和个人服务活动	151.9	158.4	163.2	168.1	167.5
雇人的私人住户	13.5	12.1	12.5	12.0	13.8
域外组织和机构	2.3	0.8	2.1	1.1	1.3
行业不明确者	7.4	6.5	7.5	10.5	10.2
澳大利亚①					
按第三版ISIC分类					
就业人员	**895.1**	**996.9**	**1021.8**	**1051.2**	**1074.1**
第三产业					
批发、零售贸易；机动车及个人、家庭用品修理业	175.9	176.5	178.5	182.3	184.7
旅馆和饭店业	45.5	69.2	66.7	70.4	70.8
运输、仓储和通讯	58.8	63.4	64.1	67.9	69.6
金融中介	33.3	37.5	38.7	40.7	40.2
房地产、租赁及商务活动	106.2	121.3	128.0	129.2	132.6
公共管理和国防；社会基本保障	45.7	61.2	62.6	64.2	64.5
教育	61.3	72.0	74.2	77.1	80.8
卫生和社会工作	85.0	101.6	107.8	109.8	113.0
其他团体、社会和个人服务活动	43.6	46.0	47.1	50.0	50.3
雇人的私人住户	0.7	…	0.1	0.2	0.2
域外组织和机构	0.1	0.1	0.1	0.1	
行业不明确	0.2	2.4	2.8	3.2	

注：①不包括军人。②15至64岁。③10岁及以上。④14岁及以上。⑤16岁及以上。⑥15至72岁。
资料来源：国际劳工组织数据库。

附录1-6 按行业分类的第三产业雇员平均工资

单位：本币

国家和地区	2000	2005	2006	2007	2008
中　国					
按第三版ISIC分类					
雇员每月收入①	780.9	1530.3	1750.1	2077.7	2435.8
第三产业					
批发、零售贸易；机动车及个人、家庭用品修理业；旅馆和饭店业	599.2	1270.1	1478.0	1740.7	2128.2
运输、仓储和通讯	1026.6	1779.3	2051.9	2369.5	2733.0
金融中介	1123.2	2685.7	3273.3	4119.6	5153.4
房地产、租赁及商务活动	1051.3	1715.1	1881.5	2202.1	2527.3
公共管理和国防；社会基本保障②	836.9	1708.8	1906.9	2347.6	2746.3
教育③	790.2	1539.2	1761.2	2180.2	2515.4
卫生和社会工作④	910.8				
中国香港					
按第二版ISIC分类					
雇员每月工资率	11573.7	10671.1	10985.1	11378.5	11358.9
第三产业					
批发、零售贸易；旅馆和饭店业	11959.3	11704.9	11912.6	11916.3	12032.5
运输、仓储和通讯	12799.8	13303.6	12772.8	13061.1	14101.2
金融、保险、房地产及商务活动	11429.4	9815.3	10239.3	11195.0	10799.4
社团、社会及个人服务	6749.6	5934.3	6000.3	6570.1	6600.0
中国澳门					
按第三版ISIC分类					
雇员每月收入					
第三产业					
批发、零售贸易；机动车及个人、家庭用品服务业	4533.0	4888.0	5576.0	6000.0	7000.0
旅馆和饭店业	4099.0	4468.0	4885.0	5500.0	6100.0
运输、仓储和通讯	5649.0	6455.0	6924.0	7800.0	8500.0
金融中介	7726.0	8691.0	8825.0	9800.0	11000.0
房地产、租赁及商务活动	3957.0	4198.0	4675.0	5500.0	5600.0
公共管理和国防；社会基本保障	13742.0	14521.0	14793.0	14900.0	18000.0
教育	9095.0	9503.0	9636.0	9900.0	12000.0
卫生和社会工作	9137.0	9705.0	8029.0	9900.0	10000.0
其他社团、社会和个人服务	6156.0	7837.0	9537.0	11600.0	12000.0
雇人的私人住户	2816.0	2609.0	2543.0	2500.0	2700.0
以色列					
按第三版ISIC分类					
雇员每月收入		7324.0	7576.0	7749.0	8075.0
第三产业					
批发、零售贸易；机动车及个人、家庭用品服务业		6470.0	6617.0	6794.0	7023.0
旅馆和饭店业		3488.0	3575.0	3658.0	3765.0
运输、仓储和通讯		8676.0	8891.0	8931.0	9116.0
金融中介		13597.0	14966.0	14906.0	15732.0
房地产、租赁及商务活动		7344.0	7696.0	8015.0	8513.0
公共管理和国防；社会基本保障		11364.0	11845.0	12082.0	12381.0
教育		5746.0	5868.0	6004.0	6375.0
卫生和社会工作		6231.0	6329.0	6492.0	6705.0
其他社团、社会和个人服务		5072.0	5076.0	5230.0	5343.0

附录1-6 续表 1

单位：本币

国家和地区	2000	2005	2006	2007	2008
哈萨克斯坦					
按第三版ISIC分类					
雇员每月收入	14374.0	33807.0	40800.0	52500.0	60805.0
第三产业					
批发、零售贸易；机动车及个人、家庭用品服务业	12961.0	33500.0	40200.0	49300.0	59330.0
旅馆和饭店业	15979.0	47400.0	48700.0	56800.0	64382.0
运输、仓储和通讯	18788.0	49000.0	58900.0	70400.0	83012.0
金融中介	36140.0	79500.0	97500.0	121600.0	138544.0
房地产、租赁及商务活动	16672.0	50700.0	60500.0	78200.0	93557.0
公共管理和国防；社会基本保障	11758.0	31200.0	35600.0	45600.0	47276.0
教育	8512.0	20300.0	24000.0	31900.0	34454.0
卫生和社会工作	7267.0	18000.0	21300.0	33100.0	35775.0
其他社团、社会和个人服务	12857.0	39100.0	43100.0	52300.0	61369.0
域外组织和机构		137500.0	167200.0	177200.0	173860.0
印度尼西亚					
按第二版ISIC分类					
付酬雇员每月工资率⑤	473.1	395.0	473.1		
第三产业					
批发、零售贸易，旅馆和饭店业	518.3	412.6	518.3		
运输、仓储和通讯	781.2	660.2	781.2		
金融保险，房地产和商务服务	1478.9	1197.1	1478.9		
团体、社会和个人服务	969.6	858.5	969.6		
行业不明确者	377.4	366.8	377.4		
按第三版ISIC分类					
付酬雇员每月工资率⑤				908.8	976.9
第三产业					
批发、零售贸易；机动车及个人、家庭用品修理业				858.9	963.7
旅馆和饭店业				859.7	903.7
运输、仓储和通讯				1135.1	1231.9
金融中介				1739.1	1847.1
房地产、租赁及商务活动				1465.5	1554.8
公共管理和国防；社会基本保障				1702.9	1835.3
教育				1357.8	1435.1
卫生和社会工作				1500.9	1577.4
其他团体、社会和个人服务活动				798.5	833.4
雇人的私人住户				463.8	548.9
域外组织和机构				2552.9	2590.9
行业不明确者				663.3	858.9
日　本					
按第三版ISIC分类					
雇员每月收入⑤					
第三产业					
批发、零售贸易；机动车及个人、家庭用品修理业⑥		306.1	295.7	295.5	305.3
旅馆和饭店业		239.4	240.5	239.5	244.6
信息和通讯		358.1	367.9	372.4	355.0
金融中介	355.0	373.3	373.1	377.3	368.6

附录1-6 续表 2

单位：本币

国家和地区	2000	2005	2006	2007	2008
房地产活动	335.6	334.0	335.8	339.3	327.0
公共管理和国防；社会基本保障					
教育		393.1	381.8	382.9	376.8
卫生和社会工作		276.5	272.4	269.8	273.9
其他团体、社会和个人服务活动					
韩　国					
按第三版ISIC分类					
雇员每月收入⑤⑦					
第三产业					
批发、零售贸易；机动车及个人、家庭用品修理业	1548.0	2408.4	2542.6	2693.3	2889.4
旅馆和饭店业	1106.0	1600.0	1615.1	1622.3	1929.1
运输、仓储和通讯	1744.0	2111.0	2381.9	2520.2	2659.6
金融中介	2396.0	3748.1	4077.0	4403.4	3906.7
房地产、租赁及商务活动	1495.0	2114.0	2290.2	2424.1	2556.8
公共管理和国防；社会基本保障					
教育	1932.4	2724.3	2874.8	2893.0	3182.7
卫生和社会工作		2259.0	2460.9	2544.2	2597.0
其他团体、社会和个人服务活动	1756.0	2224.3	2262.7	2362.1	2475.6
蒙　古					
按第三版ISIC分类					
雇员每月收入⑤		101.2	127.7	173.0	274.2
第三产业					
批发、零售贸易；机动车及个人、家庭用品修理业		73.0	85.7	123.1	193.8
旅馆和饭店业		116.1		153.2	
运输、仓储和通讯		112.4	129.7	174.1	255.6
金融中介		163.9	255.5	361.9	471.4
房地产、租赁及商务活动		68.3		132.4	
公共管理和国防；社会基本保障		106.2		194.0	327.3
教育		92.8		174.3	289.2
卫生和社会工作		84.6	116.5	166.0	295.8
其他团体、社会和个人服务活动		68.4	91.3	147.1	213.9
菲律宾					
按第三版ISIC分类					
雇员每日工资率					
第三产业					
批发、零售贸易；机动车及个人、家庭用品修理业		223.5	237.5	246.1	249.9
旅馆和饭店业		220.6	238.8	247.2	251.3
运输、仓储和通讯		295.5	310.7	340.2	357.1
金融中介		477.8	477.9	460.8	495.8
房地产、租赁及商务活动		342.7	366.7	390.1	412.3
公共管理和国防；社会基本保障		422.2	417.9	419.1	415.5
教育		439.6	471.0	477.3	487.5
卫生和社会工作		402.9	415.0	416.6	417.3
其他团体、社会和个人服务活动		271.0	287.1	278.3	287.9
雇人的私人住户		108.1	119.4	119.6	122.6
域外组织和机构		651.1	595.7	1491.6	726.1

附录1-6　续表 3

单位：本币

国家和地区	2000	2005	2006	2007	2008
新 加 坡					
按第三版ISIC分类					
雇员每月收入	3063.0	3444.0	3554.0	3773.0	3977.0
第三产业					
批发、零售贸易；机动车及个人、家庭用品修理业	2721.0	3017.0	3101.0	3262.0	3441.0
旅馆和饭店业	1332.0	1333.0	1381.0	1442.0	1504.0
运输、仓储和邮电业	3105.0	3610.0	3938.0	4222.0	
金融中介	4931.0	5949.0	6291.0	6768.0	7153.0
房地产、租赁及商务活动	3281.0	3477.0	3314.0	3518.0	
公共管理和国防；社会基本保障⑧	3336.0	3686.0	3831.0	4074.0	4168.0
教育					
卫生和社会工作					
其他团体、社会和个人服务活动					
域外组织和机构					
雇人的私人住户					
泰　　国					
按第三版ISIC分类					
雇员每月工资率			7978.5	7357.4	8912.7
第三产业					
批发、零售贸易；机动车及个人、家庭用品修理业		6726.7	7399.2	7455.6	8128.2
旅馆和饭店业		5489.5	6055.6	6011.1	6843.1
运输、仓储和通讯		9843.5	13088.0	11745.9	13661.9
金融中介		18780.3	18479.9	18364.0	19941.6
房地产、租赁及商务活动		10010.3	11058.1	10792.6	12395.3
公共管理和国防；社会基本保障		28944.5	12236.0	11924.5	12833.2
教育		9840.1	16413.5	13531.8	18059.8
卫生和社会工作		11070.7	11043.8	10177.9	11705.4
其他团体、社会和个人服务		6510.3	6937.5	6825.6	8476.8
雇人的私人住户		4206.3	4792.7	4903.1	5155.8
域外组织和机构		19039.3	12275.0	33664.2	22414.8
行业不明确者		12986.5	11522.0	11087.3	14040.8
埃　　及					
按第三版ISIC分类					
工资收入者每周收入	162.0	207.0	229.0	252.0	
第三产业					
批发、零售贸易；机动车及个人、家庭用品修理业	156.0	210.0	241.0	243.0	
旅馆和饭店业	104.0	156.0	149.0	178.0	
运输、仓储和通讯	138.0	247.0	286.0	301.0	
金融中介	215.0	367.0	359.0	480.0	
房地产、租赁及商务活动	261.0	386.0	227.0	246.0	
公共管理与国防；社会基本保障					
教育	111.0	93.0	98.0	111.0	
卫生和社会工作	77.0	86.0	130.0	132.0	
其他团体、社会和个人服务活动	105.0	154.0	133.0	137.0	

附录1-6 续表 4 单位：本币

国家和地区	2000	2005	2006	2007	2008
南　非					
按第二版ISIC分类					
雇员每月收入					
第三产业					
批发、零售业、旅馆和饭店业		4819.0	5259.0	5677.0	6411.0
运输、仓储和通讯		10422.0	10672.0	11170.0	12047.0
金融保险、房地产和商务服务		7444.0	8826.0	9782.0	10418.0
社会和个人服务活动		8384.0	8942.0	9809.0	10927.0
加拿大					
按第三版ISIC分类					
雇员每周收入⑨	655.6	737.3	755.5	788.2	810.5
第三产业					
批发、零售贸易；机动车及个人、家庭用品修理业	538.5	573.3	591.2	607.1	621.5
旅馆和饭店业	273.3	288.5	299.7	318.4	331.1
运输、仓储和通讯	747.6	859.5	858.3	896.6	909.6
金融中介	844.3	933.9	966.4	1010.8	1014.7
房地产、租赁及商务活动	697.6	777.2	798.8	847.5	878.3
公共管理和国防；社会基本保障	781.2	925.5	951.0	1007.5	1040.5
教育	673.9	779.6	808.2	834.6	862.6
卫生和社会工作	562.4	667.4	687.7	705.6	743.9
其他团体、社会和个人服务	459.3	551.1	557.8	582.8	605.7
墨西哥					
按第三版ISIC分类					
雇员每月收入	2938.5	4173.8	4425.9	4716.3	4800.9
第三产业					
批发、零售贸易；机动车及个人、家庭用品修理业	2538.4	3726.7	3971.1	4154.0	4236.4
旅馆和饭店业	2166.9	3330.9	3519.4	3760.6	3893.2
运输、仓储和通讯	3694.6	4795.9	5151.9	5647.3	5854.9
金融中介	6597.4	7773.7	8087.7	8876.9	8976.4
房地产、租赁及商务活动	3874.9	4658.1	5039.7	5155.0	5181.2
公共管理与国防；社会基本保障	4236.7	5812.4	6130.9	6498.4	6565.3
教育	4418.7	5938.1	6267.7	6549.6	6640.9
卫生和社会工作	4086.1	5929.8	6315.7	6620.5	6741.2
其他团体、社会和个人服务	2883.7	4031.9	4150.6	4622.8	4556.4
雇人的私人住户	1225.8	1980.9	2167.7	2340.7	2401.1
美　国					
按第三版ISIC分类					
工资收入者每小时收入					
第三产业					
批发、零售贸易；机动车及个人、家庭用品修理业	14.0	16.1	16.8	17.4	18.1
旅馆和饭店业	7.9	8.8	9.2	9.8	10.2
运输、仓储和通讯					
金融中介					
房地产、租赁及商务活动					
公共管理和国防；社会基本保障					
教育					
卫生和社会工作	14.0	17.1	17.8	18.5	19.3
其他团体、社会和个人服务					

附录1-6 续表 5

单位：本币

国家和地区	2000	2005	2006	2007	2008
法　　国					
按第三版ISIC分类					
工资收入者每小时收入					
第三产业					
批发、零售贸易；机动车及个人、家庭用品修理业	12.3	14.4	14.7	15.2	
旅馆和饭店业	9.4	11.3	11.7	12.1	
运输、仓储和通讯	12.8	15.0	15.6	16.1	
金融中介	20.1	23.6	24.4	26.0	
房地产、租赁及商务活动	14.7	17.5	18.0	18.5	
公共管理和国防；社会基本保障					
教育					
卫生和社会工作					
其他团体、社会和个人服务活动					
雇人的私人住户					
德　　国					
按第三版ISIC分类					
雇员每小时收入					
第三产业					
批发、零售贸易；机动车及个人、家庭用品修理业				16.6	17.0
旅馆和饭店业				11.0	11.1
运输、仓储和通讯				15.4	15.7
金融中介				23.0	23.8
房地产、租赁及商务活动				17.8	18.4
公共管理和国防；社会基本保障					
教育				18.0	18.6
卫生和社会工作				17.4	17.8
其他团体、社会和个人服务活动				17.1	17.7
意 大 利					
按第三版ISIC分类					
工资收入者每小时工资率指数⑩	112.4	99.2	102.0	104.6	108.0
第三产业					
批发、零售贸易；机动车及个人、家庭用品修理业	116.6	99.2	100.7	102.9	104.9
旅馆和饭店业	112.1	99.3	100.5	101.6	107.5
运输、仓储和通讯	108.1	97.8	101.5	103.9	107.6
金融中介					
房地产、租赁及商务活动	110.0	99.0	101.2	103.3	105.5
公共管理和国防；社会基本保障					
教育		98.6	100.2	101.4	108.7
卫生和社会工作		99.0	100.0	106.0	106.0
荷　　兰					
按第三版ISIC分类					
雇员每月收入	2368.7	2836.0			
第三产业					
批发、零售贸易；机动车及个人、家庭用品修理业	2125.5	2523.0			
旅馆和饭店业	1720.7	2018.0			
运输、仓储和通讯	2240.3	2575.0			

附录1-6 续表 6 单位：本币

国家和地区	2000	2005	2006	2007	2008
金融中介	2839.3	3613.0			
房地产、租赁及商务活动	2679.6	3164.0			
公共管理和国防；社会基本保障	2621.0	3058.0			
教育	2735.8	3221.0			
卫生和社会工作	2398.2	2972.0			
其他团体、社会和个人服务活动	2277.1	2773.0			
波　兰					
按第三版ISIC分类					
雇员每月收入	1893.7	2360.6	2475.9	2672.6	2943.9
第三产业					
批发、零售贸易；机动车及个人、家庭用品修理业	1589.9	1921.9	2014.2	2193.5	2400.6
旅馆和饭店业	1301.5	1512.6	1559.3	1660.9	1816.8
运输、仓储和通讯	2144.4	2591.9	2650.0	2803.3	3104.2
金融中介	3257.7	4244.6	4474.5	4882.4	5117.2
房地产、租赁及商务活动	2133.4	2483.8	2612.6	2834.2	3103.3
公共管理和国防；社会基本保障	2432.4	3060.7	3214.7	3369.0	3794.0
教育	1835.0	2471.0	2573.1	2711.9	2965.4
卫生和社会工作	1479.9	1954.1	2101.8	2463.5	2868.3
其他社区、社会和私人服务活动	1891.5	2294.9	2385.3	2506.7	2749.5
俄罗斯联邦					
按第三版ISIC分类					
雇员每月收入		8555.0	10634.0	13593.0	17290.0
第三产业					
批发、零售贸易；机动车及个人、家庭用品修理业		6552.0	8235.0	11476.0	14927.0
旅馆和饭店业		6033.0	7522.0	9339.0	11536.0
运输、仓储和邮电业		11351.0	13390.0	16452.0	20761.0
金融中介		22728.0	27886.0	34880.0	41872.0
房地产、租赁及商务活动		10237.0	12763.0	16642.0	21275.0
公共管理与国防；社会基本保障		10999.0	13477.0	16896.0	21344.0
教育		5430.0	6983.0	8778.0	11317.0
卫生和社会工作		5906.0	8060.0	10037.0	13049.0
其他团体、社会和个人服务		6291.0	7996.0	10392.0	13539.0
域外组织和机构		18922.0	26990.0	30339.0	36083.0
西 班 牙					
按第三版ISIC分类					
雇员每小时收入⑪					
第三产业					
批发、零售贸易；机动车及个人、家庭用品修理业	8.0	9.6	10.0	10.3	10.7
旅馆和饭店业	6.4	7.6	8.0	8.3	8.6
运输、仓储和邮电业	10.9	12.7	13.0	13.4	14.2
金融中介	18.5	22.8	23.5	24.6	25.4
房地产、租赁及商务活动	8.5	10.8	11.4	12.0	12.5
公共管理与国防；社会基本保障					
教育	12.4	15.4	15.9	16.5	16.9
卫生和社会工作	11.8	14.4	15.3	16.5	17.2
其他团体、社会和个人服务	8.8	10.2	10.6	11.1	11.6

附录1-6　续表 7　　　　　　　　　　　　　　　　单位：本币

国家和地区	2000	2005	2006	2007	2008
英　国					
按第三版ISIC分类					
雇员每小时收入⑨	10.7	13.1	13.6	14.0	
第三产业					
批发、零售贸易；机动车及个人、家庭用品修理业	9.1	10.6	11.0	11.4	
旅馆和饭店业	6.8	7.9	8.4	8.5	
运输、仓储和通讯	9.9	11.9	12.4	13.0	
金融中介	16.2	19.5	19.9	20.9	
房地产、租赁及商务活动	12.4	15.1	15.6	16.1	
公共管理和国防；社会基本保障	11.0	13.4	13.7	14.1	
教育	12.0	14.6	15.0	15.3	
卫生和社会工作	9.9	13.0	13.4	13.8	
其他社区、社会和私人服务活动	10.3	12.6	13.1	13.0	
雇人的私人住户	7.0	8.3	9.1	9.1	
域外组织和机构	11.2		14.6	17.3	
澳大利亚					
按第三版ISIC分类					
雇员每小时工资⑫					
第三产业					
批发、零售贸易；机动车及个人、家庭用品修理业	16.5		22.6		
旅馆和饭店业	14.7		19.2		
运输、仓储和通讯	20.4		26.8		
金融中介	21.1		29.5		
房地产、租赁及商务活动	19.6		26.8		
公共管理和国防；社会基本保障	22.7		29.5		
教育	21.7		29.3		
卫生和社会工作	19.5		24.4		
其他社区、社会和私人服务活动	18.0		24.7		
新 西 兰					
按第三版ISIC分类					
雇员每小时工资					
第三产业					
批发、零售贸易；机动车及个人、家庭用品修理业	15.2	17.1	17.9	18.7	19.5
旅馆和饭店业	11.6	13.4	13.5	14.2	15.0
运输、仓储和通讯	17.7	20.1	21.7	21.8	23.2
金融中介	23.4	28.8	29.3	31.1	31.0
房地产、租赁及商务活动	20.0	23.3	25.0	25.9	26.6
公共管理和国防；社会基本保障	21.2	26.0	26.8	28.0	30.1
教育	20.6	26.1	28.9	29.3	30.3
卫生和社会工作	18.1	21.2	22.6	23.8	25.3
其他社区、社会和私人服务活动	17.4	20.3	20.1	21.3	22.7

注：①指城镇国有、集体和其他单位雇员工资。②指国家机关、社会组织。③包括文化艺术、广播电视。④包括体育活动。⑤千本币。⑥不包括机动车及个人、家庭用品修理业。⑦包括家庭补助和各种实物的价值，5人及以上企业。⑧包括“教育、卫生和社会工作；其他团体、社会和个人服务活动”、“雇人的私人住户”和“行业不明确者”。⑨包括加班收入。⑩2000年数据为2000年12月为100，其余为2005年12月为100。⑪包括加班收入和不定期报酬。⑫指从事非管理工作的雇员。

资料来源：国际劳工组织数据库。

附录1-7 货物贸易进口总额

单位：亿美元

国家和地区	2000	2005	2006	2007	2008	2009	2010
世　界	**67240**	**108550**	**124370**	**143000**	**165200**	**127180**	**153760**
中　国	2251	6600	7915	9561	11326	10059	13951
中国香港	2140	3002	3358	3701	3930	3522	4420
中国澳门	26	45	52	60	59	48	61
孟加拉国	89	139	160	186	239	218	278
文　莱	11	15	17	21	26	25	34
柬埔寨	19	39	48	54	65	59	75
印　度	515	1429	1784	2294	3210	2572	3227
印度尼西亚	436	755	803	928	1270	900	1317
伊　朗	139	400	408	449	574	505	627
以色列	377	471	503	590	677	493	613
日　本	3795	5159	5791	6222	7625	5520	6926
哈萨克斯坦	50	174	237	328	379	284	298
韩　国	1605	2612	3094	3568	4353	3231	4252
老　挝	5	9	11	11	14	14	18
马来西亚	820	1146	1312	1470	1569	1238	1647
蒙　古	6	12	15	21	36	21	33
缅　甸	24	19	26	33	43	43	47
巴基斯坦	109	254	298	326	423	317	378
菲律宾	370	495	541	580	604	459	583
新加坡	1345	2000	2387	2632	3198	2458	3108
斯里兰卡	72	88	103	113	140	102	136
泰　国	619	1182	1288	1400	1792	1337	1824
越　南	156	368	450	627	807	699	848
埃　及	146	224	273	371	484	449	529
尼日利亚	87	208	265	348	500	339	370
南　非	297	623	787	884	1005	732	940
加拿大	2448	3224	3590	3902	4190	3299	4015
墨西哥	1795	2282	2635	2902	3183	2415	3106
美　国	12593	17327	19181	20204	21695	16053	19681
阿根廷	252	287	342	447	574	388	564
巴　西	591	776	958	1266	1824	1337	1915
捷　克	320	765	932	1182	1420	1050	1262
法　国	3389	5041	5419	6309	7155	5601	6058
德　国	4972	7771	9067	10550	11851	9263	10671
意大利	2388	3848	4426	5117	5619	4151	4839
荷　兰	2183	3638	4168	4926	5809	4432	5167
波　兰	490	1016	1270	1657	2088	1495	1738
俄罗斯联邦	447	1254	1643	2235	2919	1918	2484
西班牙	1561	2888	3287	3893	4208	2932	3122
土耳其	545	1168	1396	1701	2020	1409	1855
乌克兰	140	361	450	606	855	455	609
英　国	3481	5137	6014	6229	6330	4829	5575
澳大利亚	715	1253	1393	1653	2003	1655	2016
新西兰	139	262	264	309	344	256	306

资料来源：世界贸易组织数据库。

附录1-8　货物贸易出口总额

单位：亿美元

国家和地区	2000	2005	2006	2007	2008	2009	2010
世　界	**64560**	**104890**	**121130**	**140000**	**161160**	**125220**	**152380**
中　国	2492	7620	9690	12205	14307	12016	15778
中国香港	2027	2921	3227	3494	3702	3294	4010
中国澳门	25	25	26	25	20	10	9
孟加拉国	64	93	118	125	154	151	192
文　莱	39	62	76	77	103	72	92
柬埔寨	14	31	37	41	47	43	50
印　度	424	996	1218	1502	1948	1649	2162
印度尼西亚	654	870	1035	1180	1396	1196	1582
伊　朗	287	563	770	887	1137	788	1009
以色列	314	428	468	541	613	479	584
日　本	4792	5949	6467	7143	7814	5807	7698
哈萨克斯坦	88	278	383	478	712	432	592
韩　国	1723	2844	3255	3715	4220	3635	4664
老　挝	3	6	9	9	11	10	16
马来西亚	982	1410	1607	1762	1995	1574	1988
蒙　古	5	11	15	19	25	19	29
缅　甸	16	38	46	63	69	67	86
巴基斯坦	90	161	169	178	203	175	215
菲律宾	398	413	474	505	491	384	514
新加坡	1378	2296	2718	2993	3382	2698	3519
斯里兰卡	54	63	69	77	85	73	85
泰　国	691	1109	1297	1539	1778	1524	1953
越　南	145	324	398	486	627	571	722
埃　及	53	129	167	192	262	231	264
尼日利亚	210	505	587	645	818	530	790
南　非	300	516	582	698	808	617	818
加拿大	2766	3605	3882	4207	4565	3167	3872
墨西哥	1664	2142	2500	2718	2913	2297	2984
美　国	7819	9011	10260	11482	12874	10560	12781
阿根廷	263	404	465	558	700	557	685
巴　西	551	1185	1378	1606	1979	1530	2019
捷　克	291	781	949	1225	1468	1130	1330
法　国	3276	4634	4959	5596	6159	4846	5205
德　国	5518	9709	11081	13212	14462	11200	12688
意大利	2405	3731	4169	4999	5427	4069	4478
荷　兰	2331	4064	4636	5508	6379	4979	5719
波　兰	317	894	1108	1401	1705	1365	1559
俄罗斯联邦	1056	2438	3036	3544	4716	3034	4000
西班牙	1153	1926	2137	2533	2815	2273	2445
土耳其	278	735	855	1073	1320	1021	1139
乌克兰	146	342	384	493	670	398	515
英　国	2854	3845	4487	4391	4597	3529	4047
澳大利亚	639	1061	1234	1414	1873	1543	2124
新西兰	133	217	224	269	306	249	314

资料来源：世界贸易组织数据库。

附录1-9 服务贸易进口总额

单位：亿美元

国家和地区	2000	2005	2006	2007	2008	2009	2010
世　界	**14564**	**23722**	**26575**	**31704**	**36223**	**32137**	**35027**
中　国	359	832	1003	1293	1580	1581	1922
中国香港	246	338	369	424	469	444	512
中国澳门	8	16	19	27	35	31	46
孟加拉国	15	20	21	27	35	32	39
文　莱	8	9	10	11	12	12	
柬埔寨	3	6	8	9	9	9	11
印　度	189	468	582	704	878	803	1169
印度尼西亚	154	218	212	241	280	276	326
伊　朗	22	104	114	148	172	174	
以色列	117	135	144	173	196	169	174
日　本	1052	1224	1339	1487	1674	1470	1552
哈萨克斯坦	18	74	86	115	109	99	102
韩　国	332	590	693	840	954	795	930
老　挝				…	1	1	
马来西亚	166	218	234	285	301	273	320
蒙　古	2	5	5	5	6	5	8
缅　甸	3	5	5				
巴基斯坦	21	72	81	84	93	59	64
菲律宾	52	58	62	74	83	85	106
新加坡	300	551	649	744	872	791	961
斯里兰卡	16	21	24	26	30	25	
泰　国	153	269	328	382	460	375	454
越　南	33	44	51	71	79	68	84
埃　及	72	95	103	131	163	128	127
尼日利亚	31	64	118	156	226	161	
南　非	57	118	139	161	165	144	180
加拿大	436	649	718	817	880	776	894
墨西哥	167	209	223	232	250	214	231
美　国	2032	2706	3050	3346	3650	3343	3579
阿根廷	90	74	82	106	130	117	136
巴　西	156	224	271	347	444	441	596
捷　克	54	101	118	143	178	187	240
法　国	644	1060	1121	1283	1403	1260	1257
德　国	1358	2101	2241	2587	2884	2525	2563
意大利	546	884	980	1186	1272	1071	1082
荷　兰	499	836	860	974	1113	1075	1089
波　兰	89	154	194	237	297	236	273
俄罗斯联邦	162	378	437	568	736	592	699
西班牙	328	668	779	957	1040	867	855
土耳其	76	103	107	145	166	155	182
乌克兰	26	70	86	111	158	111	110
英　国	969	1585	1703	1962	1947	1575	1564
澳大利亚	186	299	316	392	476	407	498
新西兰	44	82	78	91	96	78	90

资料来源：世界贸易组织数据库。

附录1-10 服务贸易出口总额

单位：亿美元

国家和地区	2000	2005	2006	2007	2008	2009	2010
世　界	**14807**	**24962**	**28315**	**34087**	**38404**	**33841**	**36639**
中　国	301	739	914	1217	1464	1286	1702
中国香港	404	637	727	846	920	863	1080
中国澳门	33	84	102	139	175	185	280
孟加拉国	3	5	6	7	9	9	12
文　莱	2	6	7	8	9	9	
柬 埔 寨	4	11	12	15	16	16	17
印　度	160	522	695	866	1038	902	1095
印度尼西亚	51	126	111	121	147	132	165
伊　朗	14	49	55	68	79	75	
以 色 列	153	175	192	211	243	220	243
日　本	694	1021	1151	1271	1464	1259	1376
哈萨克斯坦	9	20	26	33	40	38	38
韩　国	308	483	553	714	894	725	816
老　挝	1	2	2	3	4	4	
马来西亚	138	195	216	294	303	287	325
蒙　古	1	4	5	6	5	4	5
缅　甸	5	2	3				
巴基斯坦	13	20	22	22	25	25	28
菲 律 宾	34	45	64	98	97	102	124
新 加 坡	284	555	661	848	990	932	1117
斯里兰卡	9	15	16	18	20	19	
泰　国	138	200	246	301	331	297	340
越　南	27	42	51	64	70	57	75
埃　及	97	144	158	197	247	213	238
尼日利亚	18	14	21	11	18	18	
南　非	49	110	119	135	124	117	141
加 拿 大	393	544	589	638	664	575	663
墨 西 哥	136	161	164	176	185	154	162
美　国	2736	3526	3934	4625	5105	4760	5150
阿 根 廷	48	65	79	102	119	108	128
巴　西	90	149	179	226	288	262	303
捷　克	68	118	139	168	217	202	223
法　国	821	1215	1277	1482	1654	1420	1400
德　国	797	1606	1878	2219	2558	2258	2299
意 大 利	560	883	974	1104	1145	940	970
荷　兰	484	901	945	1091	1230	1114	1113
波　兰	104	162	205	286	353	286	317
俄罗斯联邦	96	247	309	390	505	411	437
西 班 牙	521	940	1055	1267	1417	1215	1208
土 耳 其	193	264	252	286	344	326	327
乌 克 兰	38	89	108	137	173	133	160
英　国	1186	2041	2323	2836	2822	2283	2272
澳大利亚	194	304	324	398	445	409	477
新 西 兰	44	86	81	93	91	78	89

资料来源：世界贸易组织数据库。

附录1-11 外汇储备与黄金储备

国家和地区	外汇储备（亿美元）			黄金储备（万盎司）		
	2000	2009	2010	2000	2009	2010
中　国	1655.7	23991.5	28473.4	1270.0	3389.0	
中国香港	1055.5	2557.7	2686.5	6.7	6.7	6.7
孟加拉国	14.9	95.0	99.0	10.9	11.3	
文　莱	3.6	10.0	12.1			
柬埔寨	5.0	27.4	31.5	40.0	40.0	
印　度	372.6	2585.8	2678.1	1150.0	1790.0	1790.0
印度尼西亚	282.8	605.7	899.7	310.1	235.0	235.0
以色列	231.6	590.9	692.7			
日　本	3472.1	9969.6	10362.6	2455.0	2460.0	2460.0
韩　国	958.6	2652.0	2869.3	43.9	46.4	46.4
老　挝	1.4	5.3	6.2	1.7	28.3	
马来西亚	274.3	928.7	1023.2	117.0	117.0	
蒙　古	1.8	12.2	21.2	8.5	3.0	
巴基斯坦	15.0	99.4	131.2	209.1	210.4	
菲律宾	129.8	375.0	539.9	723.0	499.0	495.0
新加坡	799.5	1874.2	2226.9	409.6	409.6	409.6
斯里兰卡	9.8	45.2	66.3	33.6	17.0	
泰　国	319.3	1331.4	1651.6	236.7	269.8	323.5
越　南	34.2	160.3	120.5			
埃　及	129.1	309.5	323.5	243.2	243.1	243.1
尼日利亚	99.1	423.8	323.4	68.7	68.7	
南　非	57.9	324.3	354.2	590.0	401.4	401.6
加拿大	290.2	426.0	448.9	12.0	10.0	10.0
墨西哥	351.3	941.0	1148.8	24.9	27.6	22.7
美　国	313.3	505.2	520.8	26160.0	26149.9	26149.9
阿根廷	244.2	429.2	466.2		176.1	176.1
巴　西	324.3	2318.9	2805.7	109.7	108.0	108.0
委内瑞拉	126.3	176.9	91.9	1024.0	1160.0	
捷　克	129.9	396.7	403.4	45.0	41.5	40.8
法　国	321.2	277.3	362.1	9700.0	7830.1	7830.1
德　国	496.7	369.3	373.6	11151.9	10953.1	10934.4
意大利	224.2	345.2	356.8	7882.9	7882.9	7882.9
荷　兰	69.9	86.1	89.0	2931.5	1969.1	1969.1
波　兰	253.2	733.9	863.2	330.6	330.9	330.9
俄罗斯联邦	242.6	4058.2	4329.5	1235.9	2086.7	2535.5
西班牙	293.5	127.9	133.1	1700.0	905.4	905.4
土耳其	221.7	691.8	790.5	373.9	373.3	373.3
乌克兰	11.0	254.9	333.2		86.8	88.5
英　国	460.8	380.3	493.3	1935.8	1000.0	997.5
澳大利亚	167.6	330.0	327.9	256.3	256.7	256.7
新西兰	30.0	139.8	151.3			

资料来源：国际货币基金组织IFS数据库。

附录1-12　外商直接投资

单位：亿美元

国家和地区	外商直接投资			对外直接投资		
	2000	2009	2010	2000	2009	2010
世　界	**14026.8**	**11850.3**	**12436.7**	**12321.2**	**11705.3**	**13233.4**
中　国	407.2	950.0	1057.4	9.2	565.3	680.0
中国香港	619.4	523.9	689.0	593.7	639.9	760.8
中国澳门		27.7	25.6		-7.1	-2.7
孟加拉国	5.8	7.0	9.1		0.3	0.2
文　莱	5.5	3.7	5.0	0.3	0.1	0.1
柬埔寨	1.5	5.4	7.8	0.2	0.2	0.2
印　度	35.9	356.5	246.4	5.1	159.3	146.3
印度尼西亚		48.8	133.0		22.5	26.6
伊　朗	1.9	30.2	36.2	0.2	3.6	3.5
以色列	69.6	44.4	51.5	33.4	17.0	79.6
日　本	83.2	119.4	-12.5	315.6	747.0	562.6
哈萨克斯坦	12.8	137.7	99.6	0.0	31.2	78.1
韩　国	90.0	75.0	68.7	42.3	172.0	192.3
老　挝	0.3	3.2	3.5	0.1	0.0	0.1
马来西亚	37.9	14.3	91.0	20.3	79.3	133.3
蒙　古	0.5	6.2	16.9		0.5	0.6
缅　甸	2.1	5.8	7.6			
巴基斯坦	3.1	23.4	20.2	0.1	0.7	0.5
菲律宾	22.4	19.6	17.1	1.3	3.6	4.9
新加坡	164.8	152.8	386.4	59.2	184.6	197.4
斯里兰卡	1.7	4.0	4.8	0.0	0.2	0.5
泰　国	34.1	49.8	58.1	-0.2	41.2	51.2
越　南	12.9	76.0	81.7		7.0	8.5
埃　及	12.4	67.1	63.9	0.5	5.7	11.8
尼日利亚	13.1	86.5	61.0	1.7	15.4	9.2
南　非	8.9	53.7	15.5	2.7	11.5	4.5
加拿大	668.0	214.1	234.1	446.8	416.7	385.9
墨西哥	181.1	153.3	186.8	3.6	70.2	143.5
美　国	3140.0	1528.9	2282.5	1426.3	2826.9	3289.1
阿根廷	104.2	40.2	63.4	9.0	7.1	9.6
巴　西	327.8	259.5	484.4	22.8	-100.8	115.2
委内瑞拉	47.0	-31.1	-14.0	5.2	18.3	23.9
捷　克	49.9	29.3	67.8	0.4	9.5	17.0
法　国	432.5	340.3	339.1	1774.5	1029.5	841.1
德　国	1982.8	376.3	461.3	565.6	782.0	1048.6
意大利	133.8	200.7	95.0	123.2	212.7	210.1
荷　兰	638.5	345.1	-161.4	756.4	269.3	319.0
波　兰	94.5	137.0	96.8	0.2	52.2	47.0
俄罗斯联邦	27.1	365.0	411.9	31.8	436.7	517.0
西班牙	395.8	91.4	245.5	582.1	97.4	216.0
土耳其	9.8	84.1	90.7	8.7	15.5	17.8
乌克兰	6.0	48.2	65.0		1.6	7.4
英　国	1187.6	711.4	459.1	2333.7	443.8	110.2
澳大利亚	156.1	257.2	324.7	42.2	161.6	264.3
新西兰	13.5	-12.9	5.6	6.1	-3.1	5.9

资料来源：联合国贸易和发展会议数据库。

附录1-13 货币汇率(年平均价)

单位：1美元合本币数

国家和地区	2000	2005	2007	2008	2009	2010
中　　国	8.28	8.19	7.61	6.95	6.83	6.77
中国香港	7.79	7.78	7.80	7.79	7.75	7.77
中国澳门	8.03	8.01	8.04	8.02	7.98	8.00
孟加拉国	52.14	64.33	68.88	68.60	69.04	69.65
文　　莱	1.72	1.66	1.51	1.42	1.46	1.36
柬 埔 寨	3840.75	4092.50	4056.17	4054.17	4139.33	4196.18
印　　度	44.94	44.10	41.35	43.51	48.41	45.73
印度尼西亚	8421.78	9704.74	9141.00	9698.96	10389.94	9097.17
伊　　朗	1765.30	8963.96	9281.15	9428.53	9864.30	10254.18
以 色 列	4.08	4.49	4.11	3.59	3.93	3.74
日　　本	107.77	110.22	117.75	103.36	93.57	87.78
哈萨克斯坦	142.13	132.88	122.55	120.30	147.50	147.35
韩　　国	1130.96	1024.12	929.26	1102.05	1276.93	1156.06
老　　挝	7887.64	10655.17	9603.16	8744.22	8516.05	8370.48
马来西亚	3.80	3.79	3.44	3.34	3.53	3.22
蒙　　古	1076.67	1205.25	1170.40	1165.80	1437.80	1358.93
缅　　甸	6.43	5.76	5.56	5.39	5.52	5.60
巴基斯坦	53.65	59.51	60.74	70.41	81.71	85.19
菲 律 宾	44.19	55.09	46.15	44.32	47.68	45.11
新 加 坡	1.72	1.66	1.51	1.42	1.46	1.36
斯里兰卡	77.01	100.50	110.62	108.33	114.95	113.07
泰　　国	40.11	40.22	34.52	33.31	34.29	31.69
越　　南	14167.75	15858.92	16105.13	16302.25	17065.08	18549.10
埃　　及	3.47	5.78	5.64	5.43	5.55	5.61
尼日利亚	101.70	131.27	125.81	118.55	148.90	149.14
南　　非	6.94	6.36	7.05	8.26	8.47	7.32
加 拿 大	1.49	1.21	1.07	1.07	1.14	1.03
墨 西 哥	9.46	10.90	10.93	11.13	13.51	12.64
美　　国	1.00	1.00	1.00	1.00	1.00	1.00
阿 根 廷	1.00	2.90	3.10	3.14	3.71	3.90
巴　　西	1.83	2.43	1.95	1.83	2.00	1.76
委内瑞拉	0.68	2.09	2.15	2.15	2.15	2.59
捷　　克	38.60	23.96	20.29	17.07	19.06	19.10
法　　国	1.09	0.80	0.73	0.68	0.72	
德　　国	1.09	0.80	0.73	0.68	0.72	
意 大 利	1.09	0.80	0.73	0.68	0.72	
荷　　兰	1.09	0.80	0.73	0.68	0.72	
波　　兰	4.35	3.24	2.77	2.41	3.12	3.02
俄罗斯联邦	28.13	28.28	25.58	24.85	31.74	30.37
西 班 牙	1.09	0.80	0.73	0.68	0.72	
土 耳 其	0.63	1.34	1.30	1.30	1.55	1.50
乌 克 兰	5.44	5.13	5.05	5.27	7.79	7.94
英　　国	0.66	0.55	0.50	0.54	0.64	0.65
澳大利亚	1.73	1.31	1.20	1.19	1.28	1.09
新 西 兰	2.20	1.42	1.36	1.42	1.60	1.39

资料来源：世界银行WDI数据库。

附录1-14　铁路货运和客运周转量

国家和地区	铁路货运周转量(亿吨公里)			铁路客运周转量(亿人公里)		
	2000	2008	2009	2000	2008	2009
世界	**37.54**	**53.21**		**13.89**	**22.64**	
高收入国家	**106.58**	**111.39**	**81.10**	**70.52**	**67.59**	**71.75**
中等收入国家	**32.60**	**43.90**	**47.64**	**10.70**	**11.20**	
中国	13336.06	25118.04	25239.17	4414.68	7728.34	7878.90
孟加拉国	7.77	8.70		39.41	56.09	56.09
柬埔寨	0.92			0.45		
印度	3052.01	5213.71	5514.48	4306.66	7699.56	8380.32
印度尼西亚		43.90			143.44	
伊朗	141.79	218.29	205.40	71.19	139.00	153.12
以色列	11.73	10.55	10.55	7.81	19.68	19.68
日本	223.13	230.32	221.00	2407.93	2558.65	2535.55
哈萨克斯坦	1249.83	2149.07	1973.02	102.15	144.50	148.60
韩国	108.03	115.66	92.73	280.97	320.25	312.98
马来西亚	9.07	13.50	13.84	13.12	22.68	15.27
蒙古	42.93	82.61	78.52	10.70	14.00	10.09
巴基斯坦	37.54	61.87	61.87	184.95	247.31	247.31
菲律宾	0.01			1.71		
斯里兰卡	0.88	1.35			47.67	
泰国	33.84	31.61	31.61	99.35	80.37	80.37
越南	19.02	39.10	38.07	32.00	46.59	41.29
埃及	39.80	41.88	38.40	349.60	408.30	408.37
尼日利亚	1.05			3.63		
南非	1066.05	1060.14	1133.42	118.90	138.65	
加拿大		3581.54	2582.80		30.56	29.01
墨西哥		711.36		0.82	1.78	4.49
美国	21421.45	27882.30	24311.81		99.35	94.76
阿根廷		128.71	120.25			
巴西	1538.63	2677.00				
委内瑞拉	0.54					
捷克	172.20	159.61	112.49	72.66	67.59	64.62
法国	554.48	415.30	264.82	698.60	882.83	876.67
德国	806.34	911.78	939.46	743.88	769.97	767.72
意大利	228.34	199.18	135.69	448.49	469.98	455.90
荷兰	38.19			147.60	153.13	154.00
波兰	555.62	392.00	299.40	242.26	179.58	164.54
俄罗斯联邦	13732.00	24000.00	18653.05	1671.00	1758.00	1535.00
西班牙	120.42	102.24	73.48	197.84	233.44	229.59
土耳其	97.61	101.04	96.81	58.32	50.97	53.74
乌克兰	1728.40	2570.06	1961.88	517.67	530.56	483.27
英国	180.90	125.12		382.00	517.59	514.67
澳大利亚	340.50	610.89	620.83	12.65	15.26	15.46
新西兰	40.78					

资料来源：世界银行WDI数据库。

附录1-15　空运货物周转量和客运量

国家和地区	空运货物周转量（万吨公里）			航空客运量（万人）		
	2000	2008	2009	2000	2008	2009
世　界	**11825721**	**14919839**	**20213599**	**167406**	**220822**	**227090**
高收入国家	**9970285**	**11924598**	**17000555**	**135323**	**158142**	**159136**
中等收入国家	**1787940**	**2925803**	**3135092**	**31281**	**61480**	**66664**
低收入国家	**67496**	**69439**	**77952**	**802**	**1200**	**1290**
中　国	390008	1138606	1197644	6189	19100	22906
中国香港	511151	898590	1329318	1438	2540	2397
中国澳门	2190	9806	3212	153	187	143
孟加拉国	19387	8422	1	133	122	141
文　莱	14023	10420	9044	86	108	100
柬埔寨		66	99		21	18
印　度	54765	123394	123516	1730	4988	5445
印度尼西亚	40854	39458	27692	992	2977	2742
伊　朗	7372	9732	9577	872	1203	1305
以色列	88570	90186	98461	444	456	461
日　本	867205	817281	1048567	10912	9702	8690
哈萨克斯坦	1175	1649	1458	46	128	119
韩　国	765134	872681	1516261	3433	3608	3417
老　挝	167	258	237	21	32	30
马来西亚	186384	244446	285326	1656	2242	2377
蒙　古	844	593	256	25	36	26
缅　甸	77	283	261	44	164	153
巴基斯坦	34031	31980	30391	529	561	530
菲律宾	28995	27736	22745	576	951	1048
新加坡	600489	731016	739096	1670	2105	1843
斯里兰卡	25571	33146	27900	176	295	242
泰　国	171288	228896	213255	1739	1999	1962
越　南	11733	29576	31150	288	999	1107
埃　及	27806	19548	18031	452	669	622
尼日利亚	882	1004	797	51	146	137
南　非	68757	76089	67641	800	1314	1250
加拿大	189611	138867	134694	4177	5372	5258
墨西哥	30986	48279	71406	2089	1883	1573
美　国	3017198	3931360	6168355	66533	70178	67942
阿根廷	29665	13169	11166	892	615	569
巴　西	172790	180706	178230	3129	5876	6795
委内瑞拉	3310	217	186	430	577	512
捷　克	3222	2717	2238	223	497	505
法　国	522434	618780	662489	5258	6121	5832
德　国	712771	835288	1018772	5796	10794	10340
意大利	174841	127902	40000	3042	3067	3319
荷　兰	436734	490338	452033	2090	2960	2911
波　兰	7783	7892	5548	234	463	428
俄罗斯联邦	104141	239959	230555	1769	3794	3440
西班牙	87950	130644	107959	3971	5521	4929
土耳其	38504	48067	85603	1219	2551	3134
乌克兰	1220	6336	6323	95	346	343
英　国	516087	628383	661513	7044	10471	10246
澳大利亚	173074	221244	276929	3258	5149	5003
新西兰	81714	92085	79930	1078	1295	1210

资料来源：世界银行WDI数据库。

附录1-16　电话主线和移动电话普及率

国家和地区	电话主线(条/千人)			移动电话(部/千人)		
	2000	2008	2009	2000	2008	2009
世　界	**160.46**	**186.85**	**179.88**	**121.55**	**603.07**	**690.23**
高收入国家	**553.35**	**461.41**	**450.44**	**498.36**	**1060.00**	**1110.70**
中等收入国家	**89.22**	**152.11**	**145.45**	**48.83**	**562.92**	**666.29**
低收入国家	**5.92**	**11.11**	**11.58**	**2.55**	**202.32**	**250.69**
中　国	114.70	257.28	235.59	67.52	484.07	561.04
中国香港	589.02	587.57	598.03	817.31	1659.59	1742.92
中国澳门	401.08	334.34	316.90	319.92	1772.40	1928.32
孟加拉国	3.49	8.40	9.39	1.98	279.00	310.69
文　莱	241.40	205.94	201.53	284.88	1016.77	1066.64
柬埔寨	2.42	2.96	3.66	10.23	290.96	377.77
印　度	31.93	33.25	32.08	3.52	304.30	454.49
印度尼西亚	32.46	133.62	147.67	17.87	618.35	692.49
伊　朗	148.37	344.65	353.95	15.05	597.58	720.88
以色列	472.89	441.11	436.73	699.63	1228.93	1212.36
日　本	488.35	379.21	347.79	526.40	864.46	900.89
哈萨克斯坦	123.24	220.65	236.84	13.26	951.29	943.81
韩　国	550.18	438.73	395.70	570.46	938.28	983.53
老　挝	7.57	20.60	20.92	2.35	325.87	511.78
马来西亚	199.12	158.88	156.98	220.07	1025.86	1105.98
蒙　古	49.18	75.91	70.71	64.71	667.56	842.03
缅　甸	5.82	16.37	16.23	0.29	7.41	8.96
巴基斯坦	22.11	26.59	23.91	2.22	529.88	606.81
菲律宾	39.41	45.12	44.57	83.08	753.94	809.81
新加坡	483.13	383.75	371.40	682.09	1317.42	1333.71
斯里兰卡	41.01	170.99	169.23	22.99	549.83	694.23
泰　国	89.68	104.23	103.65	49.02	920.07	1225.68
越　南	32.75	343.24	351.66	10.16	811.96	1014.74
埃　及	78.14	145.38	124.25	19.38	506.24	666.90
尼日利亚	4.43	8.65	9.17	0.24	416.56	472.43
南　非	112.77	90.69	87.59	189.52	922.26	941.52
加拿大	677.29	547.86	540.94	283.62	663.21	684.09
墨西哥	125.88	192.68	180.81	143.70	708.07	777.50
美　国	682.25	508.11	504.87	387.98	888.71	971.98
阿根廷	213.71	244.29	242.43	175.64	1166.13	1288.37
巴　西	177.56	214.80	214.20	133.13	784.71	897.93
委内瑞拉	104.31	229.74	241.92	224.06	981.36	990.82
捷　克	376.87	217.21	199.42	423.04	1321.92	1359.24
法　国	577.07	562.00	566.94	493.29	930.87	950.92
德　国	610.87	622.34	594.77	586.33	1285.14	1282.36
意大利	476.80	355.09	353.70	741.83	1509.91	1504.67
荷　兰	620.96	444.93	442.80	675.33	1254.26	1281.33
波　兰	284.64	255.09	250.49	175.46	1152.14	1167.84
俄罗斯联邦	219.20	316.29	315.84	22.30	1405.58	1624.96
西班牙	424.80	443.42	436.43	602.66	1090.48	1109.52
土耳其	276.79	236.79	221.00	242.76	890.55	839.12
乌克兰	211.83	284.85	283.13	16.64	1203.99	1202.68
英　国	598.17	540.81	543.59	737.82	1259.81	1299.77
澳大利亚	524.72	437.20	412.34	447.03	1032.11	1107.21
新西兰	474.62	409.94	433.29	399.71	1082.25	1089.02

资料来源：世界银行WDI数据库。

附录1-17 互联网服务商

单位：个/百万人

国家和地区	2005	2006	2007	2008	2009	2010
世　界	**65.09**	**73.45**	**95.80**	**111.35**	**113.48**	**155.66**
高收入国家	**358.97**	**417.50**	**548.95**	**638.73**	**692.77**	**904.96**
中等收入国家	**2.50**	**3.00**	**4.06**	**5.15**	**5.94**	**8.81**
低收入国家	**0.12**	**0.13**	**0.20**	**0.28**	**0.35**	**0.56**
中　国	0.33	0.45	0.68	0.94	1.19	1.92
中国香港	162.33	194.40	240.98	287.77	352.39	455.17
中国澳门	53.32	60.01	89.66	95.03	133.84	208.19
孟加拉国	0.02	0.02	0.04	0.09	0.18	0.29
文　莱	13.51	18.55	28.58	30.59	42.53	63.88
柬埔寨	0.07	0.14	0.49	0.82	1.49	1.59
印　度	0.60	0.74	1.00	1.28	1.56	2.22
印度尼西亚	0.47	0.59	0.75	1.03	1.39	2.06
伊　朗	0.29	0.40	0.31	0.28	0.33	0.75
以色列	162.77	182.32	227.99	272.69	290.93	399.10
日　本	257.70	331.40	399.25	471.68	519.59	650.20
哈萨克斯坦	0.86	1.18	1.03	1.98	3.27	5.28
韩　国	20.03	60.11	498.95	695.70	926.66	1140.44
老　挝	0.34	0.17	0.66	0.16	0.48	0.78
马来西亚	14.71	17.09	22.07	27.32	33.60	42.20
蒙　古	3.14	4.26	7.28	8.71	8.24	10.74
缅　甸	0.02	0.04	0.02		0.02	0.06
巴基斯坦	0.30	0.43	0.41	0.54	0.62	0.98
菲律宾	2.46	3.25	3.95	4.57	5.26	6.64
新加坡	275.45	296.95	359.59	390.34	420.84	523.12
斯里兰卡	1.78	1.96	2.55	3.18	3.55	4.50
泰　国	4.73	5.71	7.06	9.11	9.81	13.38
越　南	0.14	0.14	0.60	1.11	1.86	3.08
埃　及	0.51	0.67	0.80	0.99	1.43	2.20
尼日利亚	0.17	0.25	0.49	0.79	0.81	1.21
南　非	20.38	23.13	30.61	36.73	40.43	62.63
加拿大	569.11	644.00	812.38	906.60	983.91	1236.56
墨西哥	8.37	9.96	13.34	15.68	17.25	21.54
美　国	784.54	870.35	1060.54	1173.70	1234.13	1443.25
阿根廷	10.79	11.89	15.57	18.25	19.71	25.92
巴　西	14.17	16.18	20.29	23.91	25.94	40.64
委内瑞拉	4.63	5.18	6.22	6.77	7.43	7.42
捷　克	41.52	64.27	104.61	150.51	185.51	317.90
法　国	78.95	96.00	140.07	171.06	209.82	306.18
德　国	274.16	348.77	459.52	549.79	641.11	873.54
意大利	44.21	52.92	72.93	92.79	109.28	154.19
荷　兰	327.15	412.58	780.51	1105.04	1414.05	2275.70
波　兰	21.96	38.04	55.19	84.69	123.02	210.83
俄罗斯联邦	2.43	3.15	4.46	7.33	10.54	20.35
西班牙	81.66	100.24	142.72	170.19	193.00	232.73
土耳其	17.27	24.89	38.60	57.23	66.12	95.13
乌克兰	1.32	1.86	2.84	4.28	6.00	13.27
英　国	466.02	559.23	754.52	904.85		1395.71
澳大利亚	498.07	579.09	805.36	990.54	1212.21	1760.95
新西兰	489.85	587.87	828.47	980.11	1059.13	1488.55

资料来源：世界银行WDI数据库。

附录1-18 国际互联网用户

单位：个/千人

国家和地区	2000	2005	2006	2007	2008	2009
世 界	**67.36**	**160.39**	**177.58**	**207.71**	**239.34**	**270.60**
高收入国家	**305.45**	**594.33**	**619.31**	**664.96**	**693.95**	**722.01**
中等收入国家	**17.11**	**82.71**	**100.53**	**132.69**	**170.18**	**207.27**
低收入国家	**1.27**	**9.32**	**13.70**	**15.89**	**20.02**	**25.74**
中 国	17.82	85.79	106.01	161.30	224.96	288.41
中国香港	278.35	614.20	653.52	571.97	591.01	613.96
中国澳门	136.09	348.63	433.18	463.87	492.23	522.15
孟加拉国	0.71	2.42	2.89	3.17	3.47	3.81
文 莱	89.96	364.66	421.86	452.78	680.46	797.83
柬 埔 寨	0.47	3.17	4.68	4.89	5.08	5.27
印 度	5.41	24.67	29.01	40.90	45.40	53.06
印度尼西亚	9.26	36.02	47.65	57.86	79.17	86.97
伊 朗	9.77	178.04	156.92	183.04	319.64	382.90
以 色 列	201.94	243.27	269.23	464.62	478.87	497.20
日 本	299.52	667.51	685.21	740.82	751.57	777.23
哈萨克斯坦	6.72	29.71	32.66	40.04	108.91	333.59
韩 国	405.04	710.46	732.86	779.97	802.42	809.08
老 挝	1.11	8.50	11.70	16.41	35.45	47.47
马来西亚	213.85	486.29	516.38	557.05	558.00	576.08
蒙 古	12.56	105.22	120.10	122.54	124.94	131.04
缅 甸		0.65	1.82	2.17	2.20	2.20
巴基斯坦		67.41	75.40	107.63	111.37	119.91
菲 律 宾	19.82	53.98	57.41	59.74	62.18	64.74
新 加 坡	322.75	618.54	593.16	676.66	696.37	733.50
斯里兰卡	6.49	17.80	25.14	38.57	57.72	87.48
泰 国	36.89	150.26	171.61	200.30	238.92	258.05
越 南	2.58	128.88	174.52	209.88	241.66	274.98
埃 及	6.41	116.98	125.53	147.63	166.48	200.43
尼日利亚	0.64	35.49	55.45	67.69	158.60	284.25
南 非	54.55	76.27	77.52	82.18	85.81	89.62
加 拿 大	421.55	679.08	703.20	727.79	753.08	777.27
墨 西 哥	51.63	188.67	197.31	209.95	218.71	264.72
美 国	439.45	695.74	705.71	735.21	757.72	781.39
阿 根 廷	70.39	177.21	209.27	259.47	281.13	304.00
巴 西	28.71	210.23	281.78	308.84	375.20	392.00
委内瑞拉	33.73	126.23	153.15	208.12	258.52	311.67
捷 克	97.34	351.28	477.23	515.99	623.36	636.88
法 国	143.64	429.69	468.86	658.51	704.06	712.68
德 国	301.67	686.59	721.74	752.30	780.56	795.36
意 大 利	231.79	353.83	380.16	407.42	443.60	485.48
荷 兰	439.55	807.73	828.28	862.29	878.56	899.64
波 兰	72.81	388.44	446.05	486.15	531.00	588.48
俄罗斯联邦	19.82	152.29	180.27	246.31	319.83	420.87
西 班 牙	136.25	475.07	497.57	540.94	581.91	611.82
土 耳 其	37.62	154.60	182.40	286.30	343.70	353.00
乌 克 兰	7.12	37.36	44.88	137.61	224.83	332.55
英 国	268.29	696.19	687.85	749.90	781.65	831.88
澳大利亚	468.00	632.47	649.34	678.61	707.83	720.31
新 西 兰	475.07	623.66	665.71	691.76	713.77	834.14

资料来源：世界银行WDI数据库。

附录1-19 国际旅游收支

单位：亿美元

国家和地区	国际旅游支出			国际旅游收入		
	2000	2008	2009	2000	2008	2009
世　　界	**5315.57**	**10371.98**	**9237.37**	**5700.78**	**11421.97**	**10184.51**
高收入国家	**4461.17**	**8013.36**	**7021.91**	**4541.54**	**8347.41**	**7377.88**
中等收入国家	**820.78**	**2302.76**	**2168.27**	**1127.60**	**2972.01**	**2711.49**
低收入国家	**28.37**	**67.97**	**64.59**	**33.04**	**108.80**	**101.68**
中　　国	141.69	409.87	471.08	173.18	441.30	426.32
中国香港	125.02	160.95	159.60	81.98	202.36	208.84
孟加拉国	4.71	7.35	6.51	0.50	0.75	0.76
柬 埔 寨	0.52	1.80	1.62	3.45	13.98	13.12
印　　度	36.86	120.83	115.07	35.98	124.62	115.09
印度尼西亚	31.97	88.01	95.79	49.75	81.50	67.73
伊　　朗	6.71	94.82		6.77	21.96	
以 色 列	37.33	44.45	38.69	46.11	50.30	43.32
日　　本	426.43	389.76	347.88	59.70	137.81	125.37
哈萨克斯坦	4.83	13.61	13.20	4.03	12.55	11.84
韩　　国	79.45	214.56	146.48	85.27	134.79	129.27
老　　挝	0.08	0.51	0.91	1.14	2.80	2.71
马来西亚	25.43	77.24	71.96	58.73	185.53	172.31
蒙　　古	0.54	2.49	2.42	0.43	2.72	2.53
缅　　甸	0.30			1.95		
巴基斯坦	5.74	21.63	10.98	5.51	9.86	9.03
菲 律 宾	18.41	25.53	29.89	23.34	30.24	28.37
新 加 坡	45.35	151.36	158.08	51.42	107.19	92.00
斯里兰卡	3.83	7.77	7.35	3.88	8.03	7.54
泰　　国	32.18	67.00	56.59	99.35	224.97	194.21
越　　南		13.00	11.00		39.30	30.50
埃　　及	12.06	33.90	29.41	46.57	121.04	117.57
尼日利亚	6.10	110.09	53.08	1.86	9.59	7.91
南　　非	26.84	69.04	64.20	33.38	91.78	86.83
加 拿 大	151.25	339.08	302.32	130.35	182.28	155.55
墨 西 哥	63.65	101.85	86.28	91.33	146.47	123.09
美　　国	913.17	1178.86	1052.02	1186.30	1663.75	1475.54
阿 根 廷	54.60	59.62	57.59	31.95	52.96	44.78
巴　　西	45.48	132.69	128.97	19.69	61.09	56.35
委内瑞拉	16.47	25.66	22.34	4.69	9.84	8.53
捷　　克	12.76	47.29	41.57	29.73	82.13	73.96
法　　国	267.01	502.12	459.38	392.45	677.83	584.80
德　　国	576.01	1060.20	927.38	249.43	534.95	475.05
意 大 利	181.69	378.03	343.29	287.06	487.57	418.72
荷　　兰	136.49	222.12	210.76	112.85	205.26	178.76
波　　兰	34.17	106.89	78.42	61.28	128.37	98.53
俄罗斯联邦	88.48	270.10	235.29	34.29	157.74	123.00
西 班 牙	77.10	268.39	214.82	326.56	702.44	585.86
土 耳 其	17.13	41.27	46.27	76.36	250.31	245.56
乌 克 兰	5.61	45.85	37.51	5.63	67.22	43.49
英　　国	470.09	835.84	611.30	299.78	462.85	385.45
澳大利亚	87.80	243.48	214.59	130.16	279.97	278.64
新 西 兰	12.35	29.83	25.59	22.72	51.30	43.96

资料来源：世界银行WDI数据库。

附录1-20 国际旅游人数

单位：万人

国家和地区	国外游客到达人数			出国旅游人数		
	2000	2008	2009	2000	2008	2009
世　界	**69020.9**	**92911.9**	**89309.5**	**73058.8**	**98266.4**	**96154.1**
高收入国家	**47622.7**	**56017.4**	**53324.6**	**47947.4**	**57668.9**	**56110.5**
中等收入国家	**19699.6**	**34238.2**	**33385.3**	**17945.4**	**33484.3**	
低收入国家	**704.5**	**1566.6**				
中　国	3122.9	5304.9	5087.5	1047.3	4584.4	4765.6
中国香港	881.4	1731.9	1692.6	461.1	8191.1	8195.8
中国澳门	519.7	1061.0	1040.2	14.4	22.9	20.6
孟加拉国	19.9	46.7	26.7	112.8	87.5	225.4
文　莱	98.4	22.6	15.7			
柬埔寨		200.1	204.6	4.1	78.6	34.0
印　度	264.9	528.3	510.9	441.6	1086.8	1106.7
印度尼西亚	506.4	623.4	632.4	220.5	548.6	505.3
伊　朗	134.2	203.4		228.6		
以色列	241.7	257.2	232.1	353.0	420.7	400.7
日　本	475.7	835.1	679.0	1781.9	1598.7	1544.6
哈萨克斯坦	147.1	344.7	311.8	124.7	524.3	
韩　国	532.2	689.1	781.8	550.8	1199.6	949.4
老　挝	19.1	129.5	123.9			
马来西亚	1022.2	2205.2	2364.6	3053.2		
蒙　古	13.7	44.6	41.1			
缅　甸	20.8	19.3	24.3			
巴基斯坦	55.7	82.3				
菲律宾	199.2	313.9	301.7	167.0		
新加坡	606.2	777.8	748.9	444.4	682.8	696.1
斯里兰卡	40.0	43.8	44.8	52.4	96.6	96.3
泰　国	957.9	1458.4	1415.0	190.9	390.8	453.5
越　南	214.0	423.6	374.7			
埃　及	511.6	1229.6	1191.4	296.4		
尼日利亚	81.3	131.3				
南　非	587.2	959.2	993.4	383.4	442.9	442.4
加拿大	1962.7	1714.2	1573.7	1918.2	2703.7	
墨西哥	2064.1	2263.7	2145.4	1107.9	1445.0	1394.2
美　国	5123.8	5793.7	5488.4	6132.7	6356.4	6141.9
阿根廷	290.9	470.0	432.9	495.3	461.4	497.5
巴　西	531.3	505.0	480.2	322.8	518.1	495.2
委内瑞拉	46.9	74.5	61.5	95.4	174.5	165.1
捷　克	477.3	664.9	603.2		768.5	661.8
法　国	7719.0	7921.8	7680.0	1988.6	2334.7	
德　国	1898.3	2488.4	2422.0	7440.0	7300.0	7230.0
意大利	4118.1	4273.4	4323.9	2199.3	2828.4	2906.0
荷　兰	1000.3	1010.4	992.1	1389.6	1845.8	1840.8
波　兰	1740.0	1296.0	1189.0	5667.7	5024.3	
俄罗斯联邦	2116.9	2367.6		1837.1	3653.8	
西班牙	4640.3	5719.2	5223.1	410.0	1122.9	1284.4
土耳其	958.6	2499.4	2550.6	528.4	987.0	1049.3
乌克兰	643.1	2544.9	2079.8	1342.2	1549.9	1533.4
英　国	2321.2	3014.2	2819.9	5683.7	6901.1	5861.4
澳大利亚	493.1	558.6	558.4	349.8	580.8	628.5
新西兰	178.0	241.1	242.2	128.3	196.5	191.7

资料来源：世界银行WDI数据库。

【主要统计指标解释】

国内生产总值 指生产活动总成果，等于所有常住单位创造的增加值的总和(包括产出价值中未包括的产品税，不包括各项产品补贴)，等于按购买者价格计算的货物和服务最终使用价值(不包括中间消费)减去进口的货物和服务价值，或等于常住生产单位初次收入分配的总和。

按当年价格计算的国内生产总值 是按报告期价格计算的国内生产总值，即名义国内生产总值。

不变价格国内生产总值 指国内生产总值的物量绝对量。不变价格国内生产总值等于按基期价格衡量的价值。理论上，价值量中的价格和数量应该是对应的，但是不变价格国内生产总值采用基期价格替代当期价格。实践中两种主要方法都在计算。

三次产业 根据《国际标准产业分类》（ISIC）第三版划分。

第一产业，即农业，指《国际标准产业分类》第三版中第1类至第5类，包括林业、狩猎业、渔业、种植业和畜牧业。

第二产业，指《国际标准产业分类》第三版中第10类至第45类，包括采掘业，制造业，电力、煤气和水的供应业以及建筑业。

第三产业，即服务业，指《国际标准产业分类》第三版中第50类至第99类。包括批发零售贸易业（包括旅馆和饭店业）、交通运输业、政府、金融、专业服务和个人服务，例如教育、卫生、房地产服务，还包括虚拟的银行服务费、进口税和加工或调整数据时的统计误差。

增加值总额 等于总产出减去中间消耗。用于衡量单个生产者、行业或部门生产活动对国内生产总值的贡献。增加值总额是国民核算账户（SNA）中初次收入形成的来源，因此被（从生产账户）结转到初次收入分配账户中进行反映。

按基本价格计算的增加值总额 等于按基本价格计算的总产出减去按购买者价格计算的中间消耗。基本价格等于生产者出售一个单位的货物和服务得到的收入，减去由此应付的税金，加上收到的补贴。基本价格作为生产或销售的价格单位，不包括生产者的运输费用。

按要素成本计算的增加值总额 等于按市场价格计算的增加值总额减间接税与产品补贴。

按生产者价格计算的增加值总额 等于按生产者价格计算的总产出减去按购买者价格计算的中间消耗。

就业人员 为一定年龄以上，在特定短期（一周或一天）内，属于下列类型的所有人：

（1）有酬从业人员，包括两类：① 正在工作的人，指在参考期内做某些工作以得到现金或实物形式工资或薪金的人员；②有工作岗位但目前不工作的人，指现在有工作，却在短期内暂时不上班，但同时与工作单位有正式联系的人。这种正式联系，可以按照如下的一项或多项标准，根据各国的不同情况予以判断：1）持续领到工资或薪金；2）保证在暂时的不上班状态终止后返回该岗位，或对返回的时间有协议；3）在不工作的这段时间里，该从业者能得到补偿而无须接受其他工作。军人应被包括在有酬从业人员中。

（2）自营就业者，包括两类：①正在工作，指在短期时间内以利润或家庭收入为目的，从事某些工作得到现金或实物的人；②拥有企业而不工作的人，指自己拥有企业（如商业企业，农场，服务性企业），在一定时期内因特殊原因暂不工作的人。

工资 定期以现金或以实物形式支付给雇员的报酬，包括对雇员工作时间、完成的工作量和未工作的有酬时间（如年休假，法定假日）支付的劳动报酬。工资不包括雇主为其雇员支付的社会保险和养老金缴款、雇员因此而得到的收益、解雇和辞职时加发的工资。

收入 同雇员的总报酬相联系，即雇主付给的扣除各项费用(税收、雇员社会保险和养老保险费，人身保险费，工会费和其他支付费用)以前的总数。收入应包括直接工资和薪金、为未工作时间支付的报酬(不包括解雇费和解雇补偿费)奖金、赏金以及雇主直接为雇员支付的住户和家庭补贴。

贸易体系 是指贸易国家进行对外货物贸易统计所采用的统计制度。它有总贸易体系(又称一般贸易体系）和专门贸易体系(又称特殊贸易体系)两种类型。总贸易体系数值大于相应的专门贸易体系数值。

总贸易体系以货物通过国境作为统计进出口的标准。专门贸易体系则以货物通过关境或结关作为统计进出口的标准。

总贸易体系和专门贸易体系说明的是不同的问题。前者说明一国在国际商品流通中所处的地位和所起的作用；后者说明一国作为生产者和消费者在国际贸易中的地位。

出口 即货物离开一国的统计疆界。在总贸易体系中，一国的统计疆界与它的经济领土是一致的。在专门贸易体系中，一国的统计疆界只包括一部分经济领土，一般这部分与货物自由贸易区是一致的。自由贸易地区是一国经济疆界的一部分，在此间货物可以无进口税限制地流通。一般采用离岸价。

进口 指货物进入一国统计疆界。在总贸易体系中，进口包括直接为国内使用的进口，流入入境加工仓库的进口，注入海关仓库和自由区的进口；在专门贸易体系中，进口包括直接进入国内市场为国内使用的商品的进口，由海关仓库和自由区进入国内市场的进口，以及流向入境加工仓库的进口。一般采用到岸价。

服务贸易 服务(原为非要素服务)指无形商品的经济产出。它可以在同一时间产生、转让和消费。商品服务的出口（贷方和收入）和进口（借方和支付）来自于国际收支统计中的国际服务交易统计，其概念、定义和分类与国际货币基金组织1993年《国际收支手册》第五版一致。

外汇储备 一国当局可以使用和控制的外汇资产，它可直接用来弥补国际收支不平衡或间接用来平衡国际收支。

黄金储备 （货币黄金）一国当局拥有的、作为储备资产的黄金。

国际旅游支出 是指出境游客在他国的旅游消费，包括在国际旅行时，搭乘他国运输工具所支付的交通费（有些国家不包括这项交通费）。除非特别声明外，国际旅游支出包括境外一日游客（不过夜游客）在访问地的消费。

国际旅游收入 是指入境游客（过夜旅客）在本国的旅游消费，包括国际旅行时，入境游客搭乘本国运输工具所付给本国的交通费（有些国家不包括这项交通费）。国际旅游收入包括目的地国接受的所有商品和服务的支付。除特别声明外，国际旅游收入可以包括入境一日游游客（不过夜游客）在本国的消费。